I0213124

# Czasy i Przyjaźnie

# Stanisław Wujastyk

# Czasy i Przyjaźnie

*Opracowanie*
Emilia Ryczkowska
Aleksander Wójtowicz

*Posłowie*
Jerzy Święch

Uniwersytet Marii Curie-Skłodowskiej w Lublinie

Lublin

2010

Zakład Literatury Współczesnej
Instytut Filologii Polskiej
Uniwersytet Marii Curie-Skłodowskiej
Pl. Marii Curie-Skłodowskiej 4 A, 20-031 Lublin, Polska

Pierwsze wydanie: 2010
Druk i dystrybucja: lulu.com

Copyright © 2010 by Stanisław Wujastyk
Autorskie prawa osobiste: Stanisław Wujastyk

Opis bibliograficzny dostępny w Bibliotece Narodowej (Warszawa)

Skład książki został dokonany przy użyciu czcionki „Antykwa Półtawskiego", zaprojektowanej w latach 1920-30 przez polskiego artystę-grafika i typografa Adama Półtawskiego. Była ona powszechnie stosowana przez polskie domy wydawnicze w czasach, kiedy używano metalowych czcionek (do lat sześćdziesiątych dwudziestego wieku). Elektroniczna replika „Antykwy Półtawskiego" została przygotowana przez Bogusława Jackowskiego, Janusza M. Nowackiego i Piotra Strzelczyka przy wsparciu GUST-u (Polskiej Grupy Użytkowników Systemu TEX). Skład przy użyciu TEX z kodowaniem XƎLᴬTEX, UTF8 oraz polskim pakietem Polyglossia, w systemie Ubuntu GNU/Linux.

Zdjęcie na okładce dzięki uprzejmości Erin Pettigrew

ISBN-13    978-83-227-3155-0

# Spis treści

i

ii

# I  Słowo od autora

# Pierwsza modlitwa do Matki Boskiej

Od śmierci Ziemi w czas Potopu minęły wieki. Pan wezwał przed oblicze swoje Gabriela i rzekł: „Wiesz, nad czym przemyśliwałem od dni, w których synowie Seta okazali się nie lepsi niż ongiś Kainowi, ale nad którymi wciąż unosi się moja tęcza. Czas nadszedł. Wybrałem Ją. Idź do Marii w Nazarecie. Już dałem Jej poznać, że wielkie będą Jej przeznaczenia. Dziś zanieś Jej moje posłanie".

Gabriel stanął przed Marią. Najwspanialszy z archaniołów, dumny, bo niósł wielkie Pana Słowo i ... Jej ciekawy. Nagła jego obecność wzbudziła w Niej bojaźń, zdumienie, lecz te stopniowo opuściły Ją. W oczach Jej zabłysła radość! Spoglądała na niego spokojnie. Oczekiwała.

Gabriel milczał. Maria, coraz bardziej świadoma swej śmiałości, opuściła oczy. Zarumieniła się. Naonczas archanioł, widząc Jej poddanie się, powitał Ją łagodnie: „Zdrowaś Maryjo... ".

I że rumieniec Jej – pogłębił się, Gabriel nagrodził Jej pokorę wyjawieniem: „Łaskiś pełna.... Pan z Tobą... ". Słysząc te słowa, Maria osunęła się na kolana, zniżyła czoło, a twarz Jej pobladła. Gabriel napełniał Jej serce posłaniem Pana, oszałamiał je radością najwyższej służby Panu — jako Jego Wybranka — ale i przeczuciem najwyższego bólu, jaki Jej Pan gotował u cierniowego końca. Usłyszała słowa: „Błogosławionaś Ty między niewiastami... ". I wstrząsnęła Nią trwoga, nieumniejszona blaskiem tej chwały. Gdy Gabriel, uniesiony ogromem swego posłania, zwiastował: „I błogosławiony Owoc żywota Twojego — JEZUS!" i skłonił promienistą głowę, Maria struchlałymi palcami dotknę-

3

ła warg. Wyszeptała: „Niech mi się stanie według Słowa Pana". I gdy podniosła się z kolan, zobaczył Ją Gabriel, wspaniały sługa Pana i Jezusa, Jej Syna Jedynego, skromną w majestacie Pana. I stało się, że Gabriel ukląkł przed Nią, szepcząc: „Święta Mario, Matko Boża, módl się za nami, teraz i przez wieki wieków. Amen".

# Orzeł i gołębica

„Orzeł i gołębica" to jedna z legend hinduskich. Znaleźć ją można w wielu językach Azji.

Noc dawno wstała nad ogromnym krajem Kaszi, ziemia pociemniała, ale górą niebo wciąż było nadzwyczajnie jasne.

Pierwsi tę długotrwałą jasność zauważyli dwaj wiekowi strażnicy, co stali u stóp olbrzymich schodów pałacu króla. Wycknięci z zadumy, obracali głowy, patrzyli w górę, oglądali się na szczyt schodów, na mozaikowy taras, na otwarte skrzydła drzwi pałacu z kości słoniowej, rzeźbione drzwi prowadzące do wnętrza sali tronowej – przed oblicze króla.

Szczyt schodów, taras i drzwi odbijały blaski światła jak w dzień. Naraz wstrząsnął starcami tragiczny krzyk białych pawi, które w pysznych ogrodach okalających pałac z nagła poczęły owrzaskiwać się na trwogę.

– Co oznacza ta światłość na niebie? – przeląkł się jeden ze strażników królewskich. – Podobnej jasności w wieczorną porę nie pamiętam, chociaż na warcie stoję ku chwale króla co dnia od młodości. Jak i ty. –

– Oby to nie był zły omen! – rzekł drugi. – Oby się królowi naszemu nic złego nie stało. –

– Oby to nie był zły omen. – skwapliwie powtórzył pierwszy strażnik. – Tak szlachetnego króla nie miała żadna inna ziemia i nie miało królestwo Kaszi aż do naszych dni. Oby bogowie go chronili. –

– Oby bogowie go chronili. Patrz, już ciemni się. – Jakoż noc znów poderwała się jak ciemny ptak, szybkim skrzydłem obleciała nieboskłon, ciemnością połączyła niebo z ziemią i odjęła je oczom ludzi. Lecz z ciemności wyiskrzyły się gwiazdy i uparcie patrzyły na kraj Kaszi, jak błyszczące oczy bogów. Pałac zmierzchł i zgasł. Pawie długo w noc krzyczały. ... i tak w rzeczywistości było. Tego wieczora bogowie oczy skierowali na Kaszi, na ludzi tej ziemi, na pałac i długą chwilę patrzyli na króla. Głosy jego poddanych mówiły im o cnotach króla już od pół wieku, od chwili, gdy wstąpił na tron. I od pół wieku wzrastał chór wielbiący miłosierdzie króla, bo ta była najgorętszą z jego cnót.

Bogom nie wystarcza świadectwo ludzi. Widząc, że król stary jest i zejść może z ziemi niepoddany ostatecznej Próbie obmyślali, jakim poddać go doświadczeniom.

Zdarzyło się więc następnego dnia, kiedy król siedział w sali tronowej, w otoczeniu ministrów, panów, rycerzy i różnych obywateli, zajęty sprawami bezpieczeństwa poddanych u granic państwa, zgody ze złymi sąsiadami, rozsądzaniem sporów, jakie wciąż powstają między ludźmi małego umysłu i ducha, zdarzyło się tedy w czas tego królewskiego trudu, że przez otwarte drzwi wpadła do sali tronowej gołębica ścigana przez orła.

Mały ptak leciał i rozglądał się, gdzie się skryć od szumu skrzydeł, od pazurów orłowych. Że nie starczało mu sił, by wzbić się do korony filarów, co wspierały mozaiki sufitu – rzucił się nisko, w ludzki tłum.

Poddani królewscy, panowie i ministrowie, bojąc się orła, uciekali na boki, krzycząc i odpędzając gołębicę. Odsłonili tron. Gołębica rzuciła się do tronu, do jego stóp.

Król patrzył na orła, na ściganą gołąbkę i gdy była blisko – uchylił szaty. Pod szatę wpadła gołębica z drżącymi skrzydłami.

Orzeł runął na posadzkę w miejscu, gdzie ją porwać mierzył i z rozrzuconymi skrzydłami, na brzuchu, sunął przed tron. Ale wnet szponami wyhamował pęd, poderwał się. Ze wstydu i wściekłości trząsł się.

Milczał król, milczeli obecni.

Nagle orzeł podrzucił w górę łeb wspaniały i oczy wpił w królewskie oczy.

– To moja zdobycz! To mój łup! Oddaj mi ją! – zakrzyczał.

– Nie – odrzekł król – Ta gołębica schroniła się u mnie. Przygarnąłem ją i nie zawiodę jej ufności. –

– Gołębie to mój żer! – odkrzyknął orzeł – Jeśli uchowasz ją, to zagłodzisz mnie! Czy taka jest twoja sprawiedliwość? –

– Nie – odparł król – Z pewnością nie. Otrzymasz inne pożywienie, jakie chcesz i w takiej samej wadze. –

– Jakie chcę? – powtórzył orzeł – Jakie chcę i w równej wadze? –

– Tak – potwierdził król – Otrzymasz pożywienie, jakie chcesz. – Orłowi w oczach zabłysły rubiny. Przekrzywił łeb.

– Czy nawet, jeśli zechcę ... twego własnego ciała, królu? – zakrakał.

– Nawet.... Tak. Otrzymasz. – odpowiedział król.

Wtedy orzeł wybuchnął śmiechem, którym wstrząsnął pałac i zatargał ludźmi jak trzciną. Skrzydłami rozpętał wicher, w zawiei piór podniósł się i siadł na drzwiach z kości słoniowej. I z góry szarpał ich śmiechem, aż pokurczyły się najmężniejsze serca, a czoła zarosiły potem trwogi....

– Żądam! – wrzasnął wreszcie – Żądam, by gołębicę zważono ciałem króla! To ciało – to będzie mój królewski żer!. –

Oniemieli obecni. W ten upalny dzień chwycił ich ziąb. Wszystkie spojrzenia przeniosły się na tron.

– Niech się stanie, jak chcesz – powiedział król. Ministrowi wydał rozkazy. I przymknął oczy.

Wówczas stało się tak cicho, że słychać było trzepotanie serca gołąbki koło serca króla.

Minister jakby nie zrozumiał. Król podniósł powieki, zmarszczył brwi i po raz drugi skinął na ministra. Ten otrząsnął się z drętwoty i szedł do bocznych drzwi.

– Stój! – krzyknął orzeł – Ciało będzie odcinane tylko z prawej strony króla. Przynieś ostre noże, bo hartowne to ramię, mocna pierś!. –

– Nie! – wydarło się z wszystkich ust.

– Niech się tak stanie – rzekł król.

Minister ręce wyrzucił do góry w proteście, lecz zaraz schylił się przed słowem króla. Gdy wyprostował się, by iść i spełnić rozkazy, orzeł zatrzymał go znowu.

– I żądam jeszcze, królu – sączył słowa – by twoja żona i twój syn byli tu obecni i patrzyli na twe poświęcenie. Niech się z twej wielkości cieszą. Tak musisz okupić moje upokorzenie – jeśliś sprawiedliwy! – Zajęczał tłum.

– Stanie się, jak rzekłeś – odpowiedział król. I przynaglił ministra, by czynił przygotowania bez zwłoki.

Wkrótce obecni zasiedli w półkole przed tronem i milcząc patrzyli, jak przynoszono wagę czułą, jak ostrzono cienkie, wyciągane ze stali noże, jak obnażano bok i ramię króla. Najdzielniejszy rycerz królewski gotował się do wykonania rozkazu. Żona króla i syn musieli zasiąść najbliżej.

Gdy rycerz wziął do ręki błyszczący nóż, orzeł załopotał piórami przeskakując na lewe skrzydło drzwi, by lepiej widzieć operację. I patrzył chciwie.

Rycerz ciął. Od boku króla oddzielił płat ciała i położył go na wagę. I powtarzał cięcia i na wagę kładł płat ciała za płatem – przeciw gołębicy. Ale nie ruszała się szala. Czym więcej szczodrego ciała króla rycerz odcinał i na wagę kładł, tym straszniej czyniło się w tronowej sali, bo nie ruszała się szala.... Nie drgnęła!

Czym więcej krwawej daniny płacił król, tym cięższą stawała się gołąbka, której życie chronił. Nie mógł rycerz zrównoważyć szal, choć mu dłoń omdlała.

Wtem świadkowie ujrzeli, że z lewego oka króla upadła jedna łza.

– Stać! – wykrzyknął orzeł – Nie chcę poświęceń, których żałujesz. Twoje łzy niszczą wartość daru! –

– O, nie, potężny orle – odrzekł król łagodnie – O, nie, wielki ptaku, mylisz się. Oto tylko lewa strona mego ciała płacze, a płacze nad dolą słabych i prześladowanych. Bo dane jest tylko mej prawej stronie cierpieć... –

Na te słowa króla podniósł się wielki płacz wśród ludzi. Rycerz znowu wyciągnął dłoń, by ciąć, gdy wtem – postacie orła i gołąbki znikły. W ich miejsce stanęli, odziani w promieniejące szaty, dwaj bogowie: bóg Indra i bóg Agni.

Przemówił Indra. Głos jego tłumiło wzruszenie.

– Wielkość podobna tej porusza niebo – Indra rzekł – Bądź błogosławiony królu Kaszi, opiekunie niewinnych, ty, który płoniesz ogniem miłości. Przed takimi jak ty nawet bogowie muszą przyklęknąć, by oddać cześć... ". –

Głos Indry rozpłynął się w ciszy. Obecni zobaczyli, że postacie bogów skłaniają się przed królem. Za ich przykładem uklękli. A kiedy znów podnieśli głowy – wydało się im, że prześnili sen: rany króla znikły!

Ale szramy na jego boku, piersi i ramieniu świadczyły o prawdziwości próby.

Król żył i rządził krajem Kaszi długie jeszcze lata, bowiem oczy bogów, błyszczące jak gwiazdy, czuwały nad nim z nieba.

# II  Dawnymi czasy

# Co się w Wysokim przez pewien czas działo

Nazywało się Wysokie, ale gdzie mu tam było do jakichś wyniosłości. Nawet nie stało na porządnej górze, lecz właśnie w dole, za pagórem. Zasłonięte tak, że gdy się doń zbliżało traktem od Lublina – widać było tylko krzyż na czubku wieżycy parafialnego kościoła, który stanowił jedyną ozdobę dziurawego miasta.

Piękny był gotycki kościół Wysokiego.

Co za gradację określeń miało to Wysokie! Oficjalnie zwało się osadą i nie zasługiwało na większy splendor w piśmie. Lecz okoliczni mieszkańcy, szanując siebie, mówili o nim jako o „miasteczku". A już obywatele jego, choć nie wiedzieli co to „lokalny patriotyzm", powiadali, że mieszkają w „mieście" Wysokim. Było ich ze trzystu ojców rodzin, znikoma siła, więc nikogo nie przekonali. Toteż do końca kochana dziura była dla mnie miasteczkiem.

Jak było małe niech świadczy fakt, że prawy Gniady, znacznie głupszy od lewego Gniadego, swego stałego towarzysza w zaprzęgu, poznał je w dwa tygodnie.

Leniwa była to bestia, choć prezencji nie byle jakiej, toteż znajomość miejscowej geografii wykorzystywał niepoczciwie. Tym łatwiej, że lewy, mędrzec obojętny, pozwalał mu rej wodzić w zaprzęgu. Gdyby nie cierpliwa, ojcowska wyrozumiałość oraz dobre maniery furmańskie Bartłomieja, przejazdy przez miasteczko byłyby dla prawego przeżyciem ostrym, ostrością nagłego podcinania batem. Ledwie bowiem bryczka przetoczyła się przez pagór ku miasteczku,

Gniady ściągał dyszel w prawo i strzygąc uszami i lewym okiem, próbował zatrzymać się przed cmentarzem. Gdy ta próba nie udawała się, dreptał truchtem wzdłuż cmentarnych sztachet, pozostawiając z lewej strony obejścia, w których „siedzieli" pszczelarz i ministrant Kaliński, znany z rudych, ogromnych wąsów, kilku Sadłów, chudych kuzynów (przekornie chudych, bo Sadlanki były „obsiadłe" i „w sobie") i kilku Flisów. Wkrótce kończyły się te zabudowania i otwierała się przestrzeń miejscowych Błoni – pastwiska gęsi – z jednym tylko budynkiem pośrodku, kuźnią pana Kowalskiego zza rzeki. Z prawej zaś sztachety umykały pod kątem prostym ku dłuższemu bokowi cmentarza i już Gniady nerwowo skręcał pod górkę, ku poczcie. Od tej chwili Bartłomiej zwiększał czujność, gdyż wiedział, że Gniady, nie dopuszczony do Agencji Poczt i Telegrafów, będzie usiłował dostać się do Apteki.

W środku miasteczka schodziły się dwie polskie drogi. Ta, którą przybiegały Gniade, była traktem lubelskim. Z prawej, pod ostrym kątem, dołączała „ulica". Bez nazwy oczywiście, bo i po co, skoro tam stała Apteka!

Przy tym zbiegu dróg, w samym sercu miasteczka i miejscu bardzo ciasnym, Gniady robił świństwo i na oczach Arona Mameli – rzeźnika, Krzywego Szyji – towary łokciowe, Herszka Mameli – brata rzeźnika, Wojtowicza – restauratora, oraz, bywało, grupy innych obywateli i gapiów – gwałtownym zrywem skręcał ku Aptece tak, iż bryczka omalże stawała w poprzek klina dróg.

Tu, utrzymywany w lejcach, Gniady zazwyczaj słyszał:
– Tfy! Ścierwo juchaa! Zło krew, nie kuń! –
Niezadowolony, ganaszował ładny kark i nadawał ostrzejsze tempo partnerowi. Oba szparko przebiegały na drugi koniec miasteczka, by znów za przewodnictwem niestrudzonego w próbach łobuza wykręcać do Gminy. Gdy i temu Bartłomiej zapobiegał, pozostawała ostatnia nadzieja – Kościół i Plebania. Ponieważ Plebania i Kościół stały niemal dokładnie naprzeciw Gminy, Gniady musiał

spieszyć się. Szybki rzut w prawo – nie? Szybszy w lewo! Stąd dyszel, a za dyszlem przednie koła, a za przednimi kołami cały pojazd wahał się co do kierunku i zdążał ku wylotowi z miasteczka wesołym, roztańcowanym zygzakiem. Ale zaraz za opłotkami ten sztuczny zryw się kończył. Gościniec szedł pod górę, Gniady opuszczał uszy i oczy mu matowiały. Wiedział – droga długa. Ech! Końskie życie....

Gdyby się tam zatrzymało bryczkę i z podniesienia gościńca obejrzało na Wysokie – widok byłby bardziej rozległy, bo nie przesłonięty drzewami i narzucałby porównanie. Kiepskie, słabowite i szczególnie uprzykrzone dla pana Paralewskiego. Mianowicie ogólny zarys Wysokiego przypominał kształt chłopa–wielugusa, a ten chłop choć miał serce – Kościół w głowie, rozum – Gminę w gardle, to przecież zwój nerwowy – Agencję Pocztową wraz z jej kierownikiem, panem Paralewskim – w pępku. Aptekarz i felczer „siedzieli" gdzieś w okolicy nerek. Nogami opierał się: prawą o cmentarz katolicki, lewą o kierkut.

Ostatecznie prawdą jest, że człowiek nogami celuje do grobu. Prawda, że nerki oczyszczają i ratują ciało, *plexus solaris* niedaleko pępka kwateruje, że Gmina, bywało, w gardle stawała, a Kościół przez pewien czas tylko w głowie mieli obywatele.

Spoczywał ten chłop wielgachny nad wąską strugą nazywaną Por. Słuchał klekotu babskich kijanek, krzyku gęsi, szumu brzóz i topoli, turkotu wozów. Nadstawiał ucha ku dźwiękom z kuźni pana Kowalskiego, lubował się hurgotem parowego młyna, a wieczorami stale się dziwował i oczom nie dowierzał; brzuch miał oświetlony elektryczną lampą, prądem z młyna. Zimą Por zamarzał, śnieg zasypywał wszelki ślad po nim, z ciała wielkoluda pozostawał tylko szkielet.

*Memento mori.*

Ale tymczasem obywatele żyli i rozmnażali się.

Jak zawsze, pracujący umysłowo i artyści wybijali się

na plan pierwszy. Artystów nie było wielu, ale w dobrych czasach wystarczało ich do wystawienia żwawej rewii albo nawet Bolszewików w Polskim Dworze. Przyszły jednak czasy złe. Aktor główny i intelektualista, pan Paralewski, stracił mołojecką sławę. Użyczył był bowiem talentów polityce. W jakiejś przedwyborczej mowie malował grozę sytuacji. Do napięcia wyobraźni słuchaczy użył elementu potwora. Podejście chytre i wskazane, ale ścieżka śliska. Elokwencja towarzyszyła mu do chwili, w której potwora nazwał. Gdy to uczynił – zbladła i rozwiała się. Paralewski został sam.

– To jest jak krokodyl! ... Krokodyl jest jak.... Jak z krokodylem trzeba! Bo krokodylowi!... Krokodyl, mówię wam! ... –

Chłopy ryknęły śmiechem. Jak zamówieni chichotali, drygali, trykali się, i huczeli, huczeli, żeby o wilku mówił, albo o dziku, albo o niedźwiedziu nawet... Ale kto by się w Wysokim zlękł krokodyla?

Paralewski zsiniał i z balkonu Apteki zstąpił w niesławę.

Zgrupowani wokół niego aktorzy rozpierzchli się i przycupnęli. Na strzaskanym Parnasie pozostał tylko jeden artysta. Mały i niepozorny jak mysikrólik, z głową przechyloną w tył i ku lewej stronie, co mu nadawało wyraz zamyślenia, artysta zasługujący się Panu Bogu najbardziej bezpośrednio – organista, pan Fidelis. Osobistość.

Pan Fidelis był również filozofem. Często miewał wyraz twarzy szczególnie skupiony i utrapiony, a wtedy wszyscy wiedzieli, że pilnie rozważa, w którym szynku urżnąć się najtaniej. Jak większość organistów cierpiał na zawodową chorobę zwaną „organiścina". Ale cierpiał nie skarżąc się przed ludźmi i trwał. Cóż poradzi kobieta wobec artysty i filozofa? Czasem użalił się niebu podczas mszy śpiewanej, pobekując głosem bardziej baranim niż zazwyczaj. I tyle. W szynku natomiast czuł się doskonale, na równych prawach nawet z panem Koszem, felczerem.

Pan Kosz, chudy, kościsty, stary kawaler o krogulczym nosie, przygaszał osobowością wszystkich pozostałych pracowników umysłowych, tj. urzędników gminy: pana Sęka i pana Łupinę, a także przodownika policji, Żabę.

Czy to krytykując wystawioną rewię, czy organizację Straży Ogniowej, czy biorąc w obronę przed rabinem Mośka, który w sobotę kiełbasę jadał, a w niedzielę drzewo rąbał – zawsze pan Kosz wypowiadał zdania pewnie, szybko, rozstrzygająco. Inni służyli do znoszenia materiału, który szedł pod lśniący nóż umysłu pana felczera i do roznoszenia przykrojonych sądów. Urabiał opinię.

Na ogół czynił to z taktem i umiarem, nie szarpiąc dobrego imienia bohaterów skandali czy afer. Rozumiał sprawy ludzkie. Wiedział, że ktoś musi kogoś – szczególnie na wiosnę, że ktoś musi komuś – gdy jest po zbiorach. To jasne. Błahe sprawy. Oczywiście trzeba je omówić, lecz po męsku, roztropnie, umysły nastawić właściwie.

Jak się śmiać, to z dużych ludzi i z dużych zdarzeń! Ale takie okazje, jak mowa pana Paralewskiego, czy ta sprawa w Objazdowym Sądzie Pokoju, w czasie której to pani Muchowa, restauratorka z Krasnegostawu, zakrzyknęła:

–To Wysoki Sąd myśli, że ja jestem na utrzymaniu pana Wądeckiego, mego administratora?! O, nie! Pan Wądecki jest moim utrzymankiem! — Takie okazje były rodzynkami w cieście.

Aż nagle pękła prawdziwa bomba, rozpętała się burza, o włos – zajadła wojna.

Tuż po Zielonych Świętach pan Kosz pojechał do Turobina. Wybierał się dość długo, bo to dziesięć kilometrów w jedną stronę, lecz wreszcie dopiął swego i pomknął odświeżyć się. Turobin był prawdziwą stolicą w porównaniu z Wysokim. Miał już lekarza, gdy Wysokie zadowalało się jeszcze felczerem.

Gdy pan Kosz wrócił na trzeci dzień w południe, promieniał doskonałym humorem i przyjaciołom dał do zrozumienia, że ma coś kapitalnego na wieczór.

Istotnie. To, co im opowiedział w „Wyszynku Wódek i Piwa" u Wąsowicza, przechodziło wyobraźnię słuchaczy, przerastało o wiele głów wszystkie znane sekrety miasteczka i okolicy, wtajemniczonych stawiało na poziomie obywateli Lublina, jeśli nie urzędników Starostwa. Co prawda zdarzenie miało było wielu świadków, a tym samym wieść o nim chyżość nóg jelenia, lecz na razie każdy ze słuchaczy oglądał się, czy ktoś nie podsłuchuje i chłonął słowa pana Kosza, by po nich, jak po drabinie, wspinać się do okien plebanii i zazierać do wnętrza. Pan Kosz bowiem opowiadał o księdzu i o tym, co ksiądz zrobił był na odpuście w Targowisku. Co chwila bomby śmiechu odrzucały w tył pochylone głowy, po czym właściciele ich spoglądali na siebie z podziwem i znów skupiali je nad stolikiem, wpatrzeni w pana Kosza.

Ten uśmiechał się zadowolony, pewny swego i rozwijał zasłyszane opowiadanie. Po skończonej relacji nastąpiła debata, powtarzanie szczegółów i nowe chichoty. Ale na tym koniec. Nikt nie brał się do sądzenia księdza. Nie dlatego, by wątpiono w prawdę opowieści pana Kosza. W tę wierzyli wszyscy, bo chcieli wierzyć. Gdzieżby się pozbawiać takiej przyjemności!

Ale osoba proboszcza była poza ich jurysdykcją. Nie czuli się na siłach. Woleli poczekać na jego reakcję. Musi on jakoś wybrnąć z kabały, zanim wieść się rozejdzie po jego własnej parafii. A warto poczekać, bo ksiądz na pewno „wytnie kuranta", jak się wyraził pan Fidelis. Ho, ho! Ksiądz proboszcz!

Ten wieczór zakończyli wzmocnioną zakrapianą pod kiełbasę i podnieceni rozeszli się do domów, by czym prędzej, wbrew umowie, co słyszeli opowiadać żonom i tym sposobem uzyskać nad nimi chwilową przewagę. To nie ulegało wątpliwości, wszystko bowiem, co dotyczyło osoby proboszcza, miało posmak niezwykłości.

Ciekawym człowiekiem był proboszcz Bryłowski. Powieściowy typ. Bryłowaty właśnie, krzepki i czerstwy, z wichrowatą czupryną i takąż naturą, grzmiał, gdy mówił, trzeszczało, gdy chodził, stół pękał, gdy rżnął w preferansa, a sutannę miał zawsze rozwianą.

Kiedyś, w młodości, entuzjazmował się teatrem. Rozsmakował się w Molierze, którego czytywał w jego języku. W szlachetnym zrywie współzawodnictwa sam napisał sztukę w trzech aktach, po francusku. Rodzina była zachwycona, inne rodziny zazdrościły, ale on sprawę zaniedbał. Nigdy nie posłał swej sztuki do Francji, ani nie przetłumaczył jej na polski. Z czasem przestał zajmować się Molierem i francuskim i po dwudziestu kilku latach, jako ślad po dawnych namiętnościach zostało mu tylko przymówisko: *Alors bien!*

Gdy pewnego razu pan Fidelis zapytał go, co to znaczy, wyjaśnił:

–To znaczy: znaczy się *bon!* –

Pan Fidelis zdał sobie sprawę z uczoności księdza, opowiedział rzecz w szynku i wkrótce rabin począł się księdzu kłaniać. Zresztą ksiądz jakoby umiał także po hebrajski! „Dzień dobry". Ale z czasem i tę kroplę francuszczyzny Wysokie z księdza wytrawiło. Każdy parafialny łazarz, a było ich wielu, udawał się do proboszcza po pomoc i otrzymywał ją, o ile tylko było to w księdza mocy. Szedł proboszcz między bogatszych i tu przemówił, tam huknął, ówdzie fuknął, gdzie indziej w oczy zajrzał – zawsze coś przyniósł. Ci najnędzniejsi z nędzarzy – komornicy, na poły tylko ludzie z biedy, wszawej biedy, których obcy, szeroki świat nie dostrzegał, a swojski, ciasny, przydeptywał, mogli liczyć nawet na to, że ksiądz „wycygani" pomoc, skoro zajdzie potrzeba. A jeśli się coś organizowało; Kasa Stefczyka, mleczarnia, budowa nowej szkoły czy remizy strażackiej, lub radzono czy postawić młyn parowy czy nie – już tam pewne było, że ksiądz okazji nie pominie i nie czekając proszenia wpadnie w środek sprawy, rozdmucha iskrę, tchnie odwagę, rozpogodzi kwaśne miny opozycji. To też miał mir i poszanowanie. I nikt się go nie bał, choć potrafił z ambony wytknąć palcem, a potem wznieść dłonie ku niebu, nabrać plag pełnymi garściami i ciskać nimi na łeb winowajcy.

Może lepiej byłoby, gdyby sięgał był czasem po tęgi kij pasterski – może....

Starał się dusze nakłonić do pokajania kazaniami, Hej! Nasłuchała się nawa, nasłuchała! Nasiorbały się baby, nasiorbały. A co którego chłopa zmorzyło i żydy zaczął wozić – wnet huknęło mu Słowo w uchu i ocknął się zdumiony ... i dźwigały się duchy potężnie.

Tylko w zakrystii nieszczególnie. Jakimś zakisłym obyczajem, usprawiedliwionym, być może, w kolatorskich czasach, okoliczne „żubry", chude, chudeńkie i wylenieałe i nie zawsze wprost z Białowieży, słuchały sumy z zakrystii. Lecz, iż w czas kazania panował tam tylko grzmot księżej wymowy a słów nie rozróżnić, więc dłużyło się słuchać dudnienia i rozlegali, a polowanie zbożny temat.

Toteż pewnego razu, gdy ksiądz, który napełniał był nawę Słowem Bożym i tęgim basarunkiem już dobre trzy kwadranse, umilkł na chwilę, by zaczerpnąć tchu i stała się cisza – z zakrystii doszedł go podniesiony głos Ciapcia Leszczyńskiego:

– Ja go, panie, z lewej lufy – kot szoruje! Ja go, panie, z prawej! ... –

Ksiądz jęknął głucho.... Dokończył kazanie i sumę, po czym ostentacyjnie sprosił „żubrów" do siebie na śniadanie. Uczęstował ich wódką i bigosem, a na koniec wręczył Ciapciowi dwa kawałki drutu: Na wnyki, panie Stefanie, bo raubszycowanie ze strzelbą zbyt hałaśliwe w kościele!

Słusznie radził pan Fidelis, by poczekać na reakcję proboszcza. Jakiego to on „kuranta wytnie", by ubiec plotkarzy? Bo tu sprawa niełatwa. Powszechnie wiedziano, że ksiądz do kart jak stary wiarus do boju – byle trąbka zagrała! Niejedną noc przebębnił w winta albo w preferansa. A właśnie sensacja pana Kosza takie, w skrócie, miała tło i wygląd.

Na Zielone Święta odpust był w Targowisku. Parafia ogromna obejmowała jeszcze Zabłocie, a także, prawem tradycji, Dragany i kilka pomniejszych wiosek. Tamtejszy proboszcz nie mógł poradzić liczbie spowiedzi, więc rokrocznie zapraszał innych plebanów, a i zakonników z Lublina, czy Radecznicy, do pomocy. Świetnie wypadały nabożeństwa, sumy śpiewane, uroczyście celebrowane przez licznych duchownych.

Ksiądz Bryłowski, oczywiście, corocznie zjeżdżał do Targowiska i w pocie czoła pracował nad rzeszą. Wieczorami natomiast, organizował zielony stolik we dworze – mówił pan felczer. Przez długie lata nikt nie podejrzewał takiej profanacji odpustu przez księdza. Aż tu właśnie w tym roku wszystko się wydało i to jeszcze w śmieszny sposób – opowiadał pan Kosz.

Było tak. Księdzu Bryłowskiemu wypadło mówić kazanie w ostatnim dniu odpustu. Kościół był duży, nawa przestronna i narodu pełniuteńko, więc trzeba było prawić donośnie i wyraźnie.

Ksiądz Bryłowski mógł sprostać.

Jakoś nikt mu nie usnął, a stojący bliżej pracowali ciężko patrząc na mękę i wysiłek księdza. Krótko mówić nie lubił, a także miał naród przestrogą napełnić na rok cały.

Więc prawił. Godzina minęła, a on gorzał i ciskał płomienie. Przy tym sam się tak pocił, że ociekał strumieniami z czoła. W pewnej chwili, nie przestając mówić, sięgnął w głąb sutanny i wyciągnął chustę. Już podniósł ją do twarzy, gdy nagle w chuście zaszeleściło, błysnęło i śliskie karty posypały się z ambony na zdumiony lud. Talia kart! ...

Zastygł ksiądz, zastygli wierni... Cicho się stało, cicheńko, ino przećwierki wróbli, co się gziły nad drzwiami, bo dzień był słoneczny, rozległy się po kościele....

Ale na krótko. Ksiądz opuścił podniesioną rękę, oparł się o ambonę i przechylił. Na dole, tuż pod nim, stał chłopak, może lat dwunastu. Zadarł głowinę słuchając i teraz tak ją trzymał, nie śmiejąc spojrzeć na karty leżące dokoła. Ksiądz popatrzył na chłopca i rzekł:

– Podnieś no synku tę kartę, co masz koło nogi. No, żywo!

Chłopczyna schylił się i podniósł.

– A jaką to kartę trzymasz w ręku? – pytał ksiądz spokojnie i głośno.

– No, mówże! – przynaglił. Przelękły malec wykrztusił:

– Musi będzie walek czerwienny....

– Otóż to! Tego się spodziewałem! To wy ojcowie i matki sami dziś widzicie! Chłopcu nie będzie więcej lat dziesięciu, a na kartach już się zna jak stary. Jakże wy dzieci chowacie? To wódkę pewnie też pije?! Mówi mi wczoraj ksiądz proboszcz Michalski, że tu parafianie nie wiedzą co to karty. A ja mu powiadam: „Wezmę ja talię na swoje kazanie i wtedy zobaczymy." Ot, jak się pokazało, że tu kart nie znają! Dziecina maleńka, a „walek czerwienny" powiada! A kto go nauczył, jeśli nie wy – starzy?! Kto temu winien, jeśli nie wy? W karty żony poprzegrywacie i dzieci, a potem i grunt pewnie.... I już się ciężar księżej wymowy zwalił na słuchaczy i łamał ich upór w grzechu przez drugą godzinę.

Kiedy gospodarze i kumy opuszczali kościół – ledwie świat poznawali, Ale w Odwieczerz, gdy juz dobrze pojedli i odpoczęli, zaczęli „rozbierać" to wielkie kazanie. Mówili, mówili, aż ktoś słowo puścił, drugi śmiechem prychnął i poszło.... W dwa dni potem pan Kosz usłyszał całość w Turobinie od tamtejszego doktora, który łaskawie go przyjął, witał i traktował jak gościa. Trochę to przyjęcie zdziwiło pana felczera, lecz zapomniał o wszystkim, gdy usłyszał opowiadanie. Ubawił się znakomicie!

Skądże mógł nawet najbystrzejszy umysł odgadnąć, że właśnie w czasie odpustu w Targowisku ksiądz zbeształ doktora za jakieś niechlujstwo wobec pacjenta i doktor – znalazłszy rychłą okazję w panu felczerze – począł, przez zemstę, rozkrzewiać prastarą anegdotę ubierając w nią księdza Bryłowskiego. Pasowała doskonale i była wiarygodna. Szatański pomysł musiał wydać ziarno wspaniałe. Jakoż pan felczer nie zawiódł, nie zawiedli też jego słuchacze, a tym raniej ich żony i w dwa dni całe miasteczko się trzęsło.

Ale potem, ku zdziwieniu pana Kosza i spółki, czas mijał a ksiądz milczał. Minęła niedziela – ksiądz nic, ani słówka! Co bardziej niezrozumiałe, ludzie przybyli z Targowiska wcale nie wspominali tego zdarzenia. Raczej ciekawie słuchali opowiadań, a ten i ów zaprzeczył.

Panu Koszowi zaświtała prawda... !

A teraz wyda się, kto roznosi głupstwa i nie wiadomo po co zaczepia proboszcza. Skóra cierpła i na współtwórcach dzieła. W pośpiechu układali sposoby tłumaczenia, gdy ksiądz weźmie się do besztania. Szczególnie pan Fidelis czuł dziwne niepokoje w okolicach żołądka i zahamowanie apetytu.

– Diabli podkusili zostać organistą... – myślał, żałując, że nie jest kimkolwiek innym.

Nie było rady. Musieli czekać z dnia na dzień, aż dojdzie to do księdza i na jego reakcję. Lecz minęły tygodnie dwa i trzeci, a ksiądz zdawał się nie wiedzieć o niczym. Wreszcie ktoś doniósł, że dawno już proboszcz miał wyrazić się w ten sposób:

– At, nie ma o czym.... Jak zwykle. Osobistość wzięła Kosz, poszła do gminy, zebrała Łupiny, powiesiła na Sęku. Niech ich tam Pan Bóg. Ważniejsze są sprawy.

Wtedy były ważniejsze sprawy. Właśnie Hodurowcy budowali swój „Narodowy" kościół na Rożkach, pod bokiem....

Po kolei dowiedział się o słowach księdza każdy z winowajców, każdy z innych ust. Przez kilka następnych dni udawali wobec siebie, że jeszcze czekają na atak, ale nie patrzyli sobie w oczy. Co się w ich duszach działo – nie wygrałby pan Fidelis na swoich organach. Choćby dlatego, że dręczył się najmniej. Jego to bowiem ksiądz obdarzył

Koszem i Łupinami a tym samym mianował prowodyrem miejskiej inteligencji. W grzechu znalazł gorycz, ale przecie kielich miał dno różowe! Zgoła odwrotnie – pan Kosz. Ten aż się w trąbkę zwinął! Jego ksiądz zlekceważył! Ten byle jaki osobistość, w opinii księdza, miał wodzić go za nos i robić z nim, co mu się podoba. Jego ksiądz napełnił miernotą Łupiny, obłuskał z rozumu, dowcipu i nawet własnego sądu, poddając myśl, że czepia się Sęka.

– Tak?! To niech ta! He, he.... Zobaczy się jeszcze! – Tymczasem pan Sęk i pan Łupina z trudem, lecz dość szybko przeżuli obrazę godności własnej i urzędowej i byli raczej zadowoleni, że tak się to skończyło. Próżna byłaby walka i niesławna. Przy takim układzie nastrojów pan Kosz stanął wobec zadania wymagającego skupienia wszystkich sił tęgiego mężczyzny i z zadowoleniem stwierdził, że ma ich dość.

Przede wszystkim trzeba było zorganizować rozbitą partię. Odzyskać kierownictwo? Głupstwo! Wystarczy podsunąć skuteczny plan obrony i zemsty, A ten już miał gotowy. Zaczął od najmniej pewnego partnera.

– Panie Osobistość! – upolował pana Fidelisa przed Wąsowiczem. – Dobry wieczór. Właśnie tak sobie myślałem, że na żydyśmy zeszli... –

– Dobry wieczór dochtorowi. Że co się nie robi? –

– Że na żydyśmy zeszli, bo wódki nie pijem! –

– E, bo nima jak... –

– No i jak się nie naleje, to pewno, że nie...– Tu nachylił się, i konfidencjonalnie zapytał: – A ksiądz wciąż nic?–

Pan Fidelis zawinął wzrokiem po jego butach i po swoich i nie wyrzekł słowa.

– Bo mnie tu ludzie mówili, że ksiądz się z nas śmieje, a z pana najgorzyj!... – Zdradziecko napierał pan Kosz.

– E, bo to prawda... –

– Mówię panu i chodź pan do środka, to panu powiem co i jak! –

Pan Fidelis był filozofem!

– W nyrce mnie boli i piniendzy nima... –

– Organiścina grosza z pazurów nie puści, co? Chodź pan! Na moje kryde, bo zdrowie grunt! A jak z dochtorem pan pijesz – to nic, tylko na zdrowie idzie. Chodź pan! –

Mając tak zapewnione zdrowie i szczęście, pan Osobistość raźno przekroczył znajomy próg. Wąsowicz nie pytając „narządził, jak trza" i usunął się. Kiełbasa zachrzęściła w szczękach, zabulgotało w szyjce. A po tym zaczęło się kuszenie, a po tym nowe braterstwo i narada. Po paru dniach już wszyscy czterej partyzanci wesoło zażywali przyjaźni. Plan był aż nazbyt łatwy do wykonania. Pan Sęk miał, niby to jadąc do Zwierzyńca w interesach gminy, zatrzymać się w Turobinie. Reszta drobiazg. Miejscowi kupcy jak zwykle zapytają:

– Ny? –

Wtedy pan Sęk powie im, że w Wysokim Sodoma i Gomora, bo ksiądz z ambony zbeształ turobińskiego doktora i całej parafii zakazał wzywać go, czy też do niego jeździć. Pan Kosz urósł nie tylko w kompanów, ale i w swoich oczach.

Lecz plan nie został wykonany. Przekreśliły go najdziwniejsze konsekwencje zmiany temperatury. Do Zielonych Świątek, wczesnych w owym roku, a i po Świątkach jeszcze, chłodno było, wieczorny zimne, a poranki oszronione.

Gdy kto o świcie idąc do obrządku musiał przejść przez trawę – to szedł przez spłacheć srebra i ślady zostawiał zielone. Jaskółki, których tam kilka przyleciało wcześniej, siadały w południe przy kominach, za wiatrem, by nagrzać grzbiety słońcem, ile się da. Bocianom nie było pilno, więc tylko czajki tłukły się po nadłączach, piszcząc cienkimi głosami. Nawet skowronek późno się podrywał. Pogoda była piękna, ale powietrze zimowe. Nikt się temu bardzo nie dziwił, bo jeszcze na jesieni ubiegłego roku Bartłomiej przepowiedział późną wiosnę. A co Bartłomiej zobaczył w szyszkach świerkowych, gdy już lato schodziło, to od kiedy Bartłomiej Bartłomiejem – sprawdzało się. Gdyby Paralewski czy Kulawa bardziej jego słuchali niż radia, też by mądrzejsi byli:

– Zło krew, tylko pierun wkiedy ściungnie... – mówili sąsiedzi, patrząc na ich anteny.

Pierwsze anteny.

Aż tu naraz, chyba na jakieś dwa dni przed wyjazdem pana Sęka w ułożoną podróż, z wieczora, wiatr się okręcił i począł buczeć w drzewach, a chmury obleciały niebo. W nocy zrobiło się ciepło, duszno i na Rożkach zatchnęło starego Wielgosza.

– Teroz dopiro będzie! – powiedzieli ludziska. Wielgosz był bardziej obywatelem miasteczka niż swojej wsi rodzinnej, ale nie na tym polegała jego niezwykłość. Stary, krzepki dziadyga, lat miał więcej niż policzyć. Kiedyś bogaty, od dawien dawna „siedział" w komornym u syna, bo ziemię i gotówkę oddał był dzieciom, żeby używały, zanim postarzeją. Sam żył przy nich, ale nie z nimi. Zostawił sobie konia, wóz i sanie, uniezależnił się, zarabiał na swoje potrzeby. Latem, bywało, pasażerów woził na różne jarmarki, to zboże odstawiał do młynów, to znowu sługiwał jako stójka – pocztowy, a zimą wynajmował się do wywózki z lasu. Miał grosz gotowy i nieraz podtrzymywał nim wdzięczność dzieci oraz ich wiarę w jego ukryte jeszcze bogactwo. A trzeba im było takich dźwignięć, go stary dokuczył. Nie żeby był przeklętnik, abo tyż sprzyczny, w obejściu mało go widziałeś – ale dokuczył. Rozpił się bowiem na amen. Gdy tylko więcej zarobił – stawał z robotą i do miasteczka jechał na wódkę. Tam już go czekali, u Wójtowicza.

Czasami dzień po dniu, przez tydzień albo i dłużej, przyjeżdżał w odwieczerz i kazał sobie stawiać tak: na jednym końcu szynkwasu – ladą już zwanym – miało być piwo, na drugim wódka. Stary nigdy nie jadł przy piciu. Tego nauczył się był za młodu, „na Niemcach", gdzieś w Prusach. Sam stawał w środku, myślał przez chwilę, po czym ruszał do piwa. Wypił powoli, obtarł rękawem, nalali mu drugie. Znów wypił i wtedy odchodził do wódki. Gdy szklaneczkę przechylił i poprawił drugą, wracał do piwa. I tak już przez wieczór wędrował wzdłuż lady traktując sam siebie w ustalonym porządku: Piwo – wódka, wódka – piwo. Nikomu nigdy nie stawiał i kompanii nie lubił. Dla tego nie chodził do Wąsowicza. Tam było ciasno i gwarno. Tutaj Wójtowicz miał mało klientów i lepiej mógł im dogodzić. Kiedy Wielgosz był już urżnięty, Wójtowicz z chłopakiem kładł go na wóz, odkręcał lejce z luśni, wtykał je w garść staremu i wykrzykiwał:

– Wieee! Kaśtun... –

Nie było obawy. Kasztan znał drogę i swego pana. Sam potrafił wyminąć jadących z przeciwka, nie płoszył się i nie zbaczał. W chałupie pieklili się. Nie pomagało. Cała „familia" na łbie stawała, że: „Ociec przepije coby móg ostawić" – ale nie pomagało.

Chodzili do księdza. Nie pomagało. Wielgosz uparcie odpowiadał księdzu:

– A ino! Prowdziwie... Ale tak nie będzie. Dzieciom żem doł, co się należy. Drugi by trzymoł w pazurach, pokąd nie pomrze. Robić mi na nich nie trza – to tero lo mnie... –

I nie pytał czy ludzie śmieją się, czyli też dziwują. Ale i proboszcz nie dał za wygraną. A stąd, że wplątał się pomiędzy nich mały, głupi człowieczek, wynikła groźna awantura, która mogła była zakończyć się ponurą hecą. Stary czasami przychodził do kościoła, na sumę śpiewaną, ale po sumie, że to niedziela, zaraz szedł do Wójtowicza. To księdza do żywego piekło, więc kiedyś podchwycił okazję i zamiast o Weselu w Kanie, począł prawić o Wielgoszu w szynku. Wielgosz, niewiele myśląc, wyszedł z kościoła i czapką cisnął o ziemię. Tegoż wieczora, pijany, jął krzyczeć na wozie i odgrażać się księdzu. Skończyłoby się na niczym, gdyby nie gorliwość przodownika Żaby. Za pijaństwo wsadził go na noc do aresztu. To przesądziło sprawę. Wielgosz przez życie całe w „kryminale" nie siedział i tylko złodziei w nim widział. Rano pojechał do chałupy, zamknął się w komorze i z nikim słowa zamienić nie raczył. Nie wątpił przez chwilą, że ksiądz spowodował zamknięcie go w areszcie. Wiedział, że dzieci chodziły do księdza prosić o besztanie i namowy. Miał ich wszystkich za zdrajców, których – wstyd, że nie rozeznał do tych pór. Pomstował w komorze i myślał, co zrobić, aż go senność zmorzyła. Kiedy się wyspał, usiadł na wyrku i medytował. Ktoś do drzwi zakołatał:

– Tato! Puście... To jo, Helina! – żona starszego syna, przyszła z drugiej chałupy. – Puście! Toście przecięć nie jedli... –

– Juści, nie jodem... – mruknął, ale nie otworzył.

– Odszczepnijcie, po cimku sicdzicie... –

– Ho! Alem wos wszyćkich rozebroł lepij niż przy słonku!... –

Po drugiej stronie drzwi poszeptali, poszurgotali i poszli. Stary nasłuchiwał, po tym ziewnął i zaczął wdziewać kapotę. Naraz mu się zdało, że kapotę jeszcze czuć aresztem. Zrzucił ją z siebie, wspomniał proboszcza i już wiedział co zrobić. Namacał w skrzyni jakąś inna odziewę i wyszedł do sieni. Wszyscy, choć późno już było, siedzieli przed izbą. Najstarszy też był. Na widok ojca powstali. Walek zaczął:

– Tato! Byliście w areście... –

– Żem był, dzie mi sie spodobało! Hy! Cie go.... Uradzili. –

– Tato! –

– Ceguj? Byłym dzie mi sie spodobało i tero ide dzie chce! – przepchnął się i mijał ich.

Zastąpiła mu drogę Helena.

– Tato! Dzie idziecie? Nie jedliście od wczorajsza... Cekojcie ano... –

– Usuń się! Ali ci powim. Lo wos to może być, albo nie być – ale jo ide do Hodura! –

– Tato! Cośćie wy?! –

– Tfy! –

28

Wielgosz odwrócił się. Spojrzał na Franka, młodszego, który plunął i rzekł:

– Hodur po kreminałach sadzał mie nie będzie. A ty Franek, spomnisz se coś zrobiuł. –

I już bez dalszych rozmów wyszedł za opłotki i ruszył na drugi koniec wsi, gdzie mieszkał duchowny, dawniej katolicki a teraz żonaty, i uwijał się przy budowie nowego kościoła „Narodowego". Osobnik nie do zlekceważenia. Wysoki, szczapowaty, wąskogłowy, o twarzy ni to lisiej, ni to wilczej, o ironicznym spojrzeniu. W gniewie stygł i wyglądał groźnie. Szybkie ruchy rąk wskazywały na zapalczywość.

– Trocha, po prawdzie, nijako i Wysocczaki – ścierwy przekpiwajo sie, ali niech me całujo! Swoje wole stanowie! A co sie karkuluje, to sie karkuluje – myślał ten i ów.

I ani wiedział jeden z drugim, że gra w nim krew Braci Polskich, zawsze gotowa szybciej pulsować, gdy Nowinka w pobliżu, ani też wiele przekora wobec Wysoczaków zaważyła.

– Coś to ociec kwardo na Franka fuknoł i spamientać mu kozoł pluniencie. Stary może mić piniondze... Może! A co będzie, jak rozeźlony zapisze Hodurom? Albo jem da na budowę? –

Mocno skrobali się po głowach. Kiedy Wielgosz wrócił około południa, oczy wszystkich śmiały się ku niemu i „przyświarczały", tylko Franek jakoś nie mógł swoich podźwignąć. Wielgosz popatrzył i zapytał go:

– Musi mie będziesz z chałupy przeginiał? –

– Coście to, nie ociec? Siedzicie, to siedźcie. Pierw było wasze jak moje... –

I zostało jak było, tylko cała rodzina, ze starym na czele, zmieniła księdza. Nie minął rok i ot! – staremu się zmarło. Przez całą zimę Wielgosz pił jeszcze więcej, tylko już w chałupie, bo się teraz familia bardzo kochała, ale na wiosnę zaczął słabować. „Bolało go w sobie, w nogach był mientki" i kaszlał. Pan Kosz stawiał mu bańki, dawał aspirynę, ale wszystko to było na nic. W marcu stary sam pojechał do Turobina i po wizycie u doktora tak się spił, że z biedą trafił do Wysokiego, choć trakt był prosty. Przeszkadzał kasztanowi, jak umiał. W Wysokim poprawił u Wójtowicza. Wójtowicz włożył go na wózek i znowu kasztan objął kierownictwo. Ale tym Wielgosz dogodził sobie już na amen. Leżał w komorze dusząc się i kaszląc, lecz choć wiedział, że to koniec, spokoju nie tracił. Dzieciom zapowiedział, że ma być pochowany na cmentarzu w Wysokim. Taka była jego ostatnia wola, a jak sobie z tym poradzą – to już nie jego głowa.

Ano poszli z tym do „Narodowego" nie wiedząc, że niosą mu dobrą nowinę. Ten wysłuchał, tłumiąc podniecenie, i przykazał im nie rozgłaszać woli ojcowej, aż do chwili śmierci. Wtedy on sam ujmie sprawę w ręce i wola będzie wykonana.

Wrócili zadowoleni, bo bali się, że skrzyczy i nie zechce, a z ojcem przecie do ładu nie dojdzie. Hodurowiec z dawna czekał na okazję, by publicznie zadrzeć z księdzem Bryłowskim. Potrzeba mu było rozgłosu i ostrego starcia, bo już niektórzy mówili, że się księdza boi, a drudzy, że w komornem siedzi w parafii. Toteż Wielgoszowe życzenia przyjął jak mannę z nieba, żeby tylko dziad nie spłatał figla czasem... Gdy w dwa dni później doniesiono mu z rana, że Wielgoszowi zmarło się w ostatnim postanowieniu – z zapałem zabrał się do pracy.

Tajemnica woli starca była, oczywiście, znana już w całej gminie, a w Wysokim omówiona dokładnie i dwie opinie stworzono. Pan Kosz wyjątkowo nie brał udziału w modelunku żadnej, gdyż był nadto zajęty swoimi sprawami. Niemniej zgodził się z przedmówcą, który stwierdził krytycznego ranka, że: „Teroz dopiro będzie!". I ciekawie nadstawił ucha ku plebanii.

– Co tam proboszczuniu se myśli? He, he! A to ci szpas!... Dobrze tak klesze! Będzie miał nauczkę. –

Z zadowolenia poleciał do szynku palnąć głębszego.

Ale nim doszedł, spotkał Fidelisa. Ten miał minę mocno skwaszoną i niepewną, mówić jednak nic nie chciał. Widać było, że ksiądz już decyzję powziął i pana organistę o niej powiadomił, lecz jednocześnie nakazał mu śmiertelne milczenie. Tymczasem w miasteczku atmosfera gęstniała. Grupki stawały na drogach – ulicach i głośno deliberowały. Baby coraz to wychodziły przed chałupy i długo z sąsiadkami radziły. Nawet Mamele, Krzywy Szyja i Herszek – kręcili głowami, cmokając. Sprawa stała się publiczna i napięcie rosło.

Początkowo, co prawda, Wysokie uznało, że była to rzecz czysto eklezjastyczna. Przemożna część sympatyzowała z proboszczem, lecz platonicznie. Reszta zaś, nastawiona bezecnie, postanowiła zachować swój zwykły kurs: przyglądać się ciekawie i szydliwie.

– Jak sie chcu ksindze wadzić, to niech sie wadzu. Mogu se łby pourywać!... Jo im ta pomagoł nie bede. Kuzden on jeden dobry – z cudzego... –

Ale dziś, gdy nadeszła chwila, poglądy zmieniły się raptownie. Rożczaki miały wścibiać swój nos w wysockie obejście już zaraz!... –

Ożyły wspomnienia dawnych awantur ze „złodziejami rożczatymi" – jak ich przezywali – o serwitutowy las, o drogę do Żółkiewki, którą Rożczaki chciały zaorać, o pobicia na weselach.

Na drugi dzień stało się jasne, że nadszedł moment, by ktoś objął komendę. Kto miał to zrobić? Urzędnicy gminy nie mogli, pan Paralewski od dawna nie był popularny i tylko ciężką pracą odzyskiwał szacunek, a pan Kosz nie chciał. Mógł ruszyć się ktoś z Bractwa Różańcowego. Choćby Kaliński, bo poważanie miał. Inni też byli. Właśnie ta ich bierność dziwnie wyglądała i była drażniąca. Jakoż dzień minął bez organizacji, zmarnowany, zatruty. Źli byli pod wieczór, jak diabli na Wielkanoc i spać poszli niechętnie; ten i ów jeszcze babę sprał na dobranoc i jazgotu narobił.

Trzeciego dnia Wysokie wyglądało tak, jakby to święto

było, a nie zwykła środa. Nikt w pole nie jechał, nikt kijanką nie łupił nad Porem, nikt się nie kręcił koło kuźni czy młyna. Tyle, że dzieci krowy wygnały. Włóczyli się po miasteczku, w sklepach wystawali, marudzili. Lecz około dziesiątej dzwon ozwał się z kościoła. Bił zwolna, równo, spokojnie, nikogo nie wołając, ale wszystkim wieszcząc. Oto z bramy kościoła wyszedł orszak sług bożych. Ksiądz w żałobnym ornacie i w birecie na głowie, przed nim pan Fidelis, z krzyżem na wysokim drążku i w komży, za nim, parami, Bracia Różańcowi, też w bieli. Dzwon bił nie ustając, coraz silniej może, i proboszcz zaintonował pieśń żałobną. Orszak skierował się przez środek miasteczka ku cmentarzowi. Ludzie przez chwilę patrzyli zdziwieni, obnażając głowy... Lecz długo nie myśleli, bowiem dzwon im mówił, a pieśń tłumaczyła. Jeszcze nie dochodząc podchwycili słowa i wszystek naród, łącząc do orszaku, śpiewał z całej duszy. Nie wiadomo kiedy urosła procesja jak na Wszystkich Świętych. Takiej manifestacji Wysokie nie widziało, ani się nawet nie spodziewało po sobie. Procesja szła prosto do bramy cmentarnej, zamkniętej na klucz. Ksiądz kazał Fidelisowi zamknąć ją osobiście jeszcze dnia poprzedniego.

Brama stała wysoko, na szkarpie pokrytej murawą. Od niej dokoła cmentarza biegły sztachety i tylko kawał nowego miejsca od pola był ogrodzony drutem kolczastym. Czasem po grobach kaczki łaziły i kury, ale nigdy zwierz większy. A nie obraziłby się żaden z leżących, gdyby Krasula nad nim postała. Choćby tam i cudza....

Procesja podeszła na szkarpę, pod bramę i dalej śpiewając zaczęła się ustawiać za księdzem i Bractwem, oblewając boki czołowej zapory. Śpiew nie ustawał. Nabrał teraz siły, głębokiego tonu, bo lud był skupiony i stał między starodrzewem cmentarza i zwartym sznurem topoli z nad traktu. Dzwon dolatywał, uodświętniał głosy.

Przyszli w czas dobrze wybrany. Jeszcze się żaden nie zmęczył śpiewaniem, gdy zza pagóra na lubelskim trakcie pokazał się szereg furmanek.

Nie byli daleko. Jechali stępa, wóz za wozem blisko, na każdym wozie kupa. Tylko na pierwszym siedziało dwóch koło trumny. Widać było, że całe „Narodowe" Rożki ruszyły na rozprawę. Wysoczakom serca podjechały w grdyki, w garściach zaś poczuli pustkę, więc tylko, jakby dla ulżenia chęci, w śpiew jeszcze więcej wysiłku włożyli. Grzmot głosów, połączony z szumem, bo wiatr się był podniósł w konarach, zagłuszył całkiem skrzyp wozów jadących. Tamci zatrzymali się opodal i już trumnę dźwignęli, otoczyli ją, nieśli.

Z duchownym na przedzie, tłumem stanęli przed szkarpą. Ksiądz patrzył z góry. Krzyżem osłonięty, oparty o hymny, o dzwon parafialny, o groby za bramą... Przed nim półkrąg chust malowanych, kapot czarniawych, z taranem trumny na barach. Na froncie szeroka twarz duchownego, blada, zawzięta. Ksiądz patrzył na swoich niedawno utraconych parafian i nie widział w nich groźby, choć zwarci ponuro czekali na to, co będzie. Gdy chór dośpiewał do „Amen" i urwał, proboszcz odezwał się w ciszy:

– Pocoście tu przyszli? – mówił do ludzi, pomijając hodurowca.

– Zejść z drogi przed pogrzebem! – zakrzyczał hodurowiec.

– Pytam was i wy mi odpowiedzcie! Pocoście tu przyszli? –

– A bo Wielgosz przykazali, żeby im w Wysokim sprawić pochówek... – odparł któryś.

– Nie ma się o co pytać! Każdy widzi, że pogrzeb! Zejść z drogi! –

– Wielgosz odszedł od Kościoła, a ten cmentarz należy do parafii katolickiej. –

– Nikt się nie pyta! Cmentarz jest cmentarz! Życzenie zmarłego jest święte! – rwał hodurowiec.

– Zabierzcie ciało i pochowajcie, gdzie przynależy. –

– Tam przynależy, gdzie zmarły życzył! –

– A zamilknijże ciuro! Nie do ciebie mówię! –

– Ludzie! Słyszycie, co ten kruk powiedział?! Księdza obraził! –

– Hy! Gówno, nie ksiundz! – wrzasnął Kulawiak spoza księdza.

– Skandal! Jazda! Nieść trumnę! Prędzej! –

Koło trumny zrobił się tłok, bo tylne szeregi naparły niosących, by słyszeć.

– Na górę! Za mną! Precz z tym gawronem! – piał hodurowiec,

– Ścierwy wysockie – wspomogła go jedna. Trumna ruszyła.

– Nie puszczać! –

– Za rence! Trzymać się! –

– Trzymajca sie kołtuny, kartampy! –

– Złodzieje rożczate! –

– Świnie parchate! –

Zgiełk się podniósł, wrzask, każdy coś krzyczał, bryzgał obelgą, darł się, co wlazło.

– Prędzej, prędzej! Na górę, wam mówię! Trumnę na górę! Kobiety, pomóżcie! Odebrać mu gęsi! –

Tym przypomnieniem, że to dawniej, czasami, nosiły je na plebanię, chciał rozwścieczyć baby, a prócz tego sztych miał cel inny, ważniejszy: rozdmuchać w księdzu gniew, który już się był zapalił – a wtedy pójdzie łatwo! Zachwycony improwizacją, w okrzyku swym uchwycił myśl główną i tym samym tchem podbił ją jeszcze:

– Jak nie będzie miał drobiu, to posadę rzuci! –

Ksiądz spłonął! Na chwilę, na złowrogą chwilą, podłe uderzenie ogłuszyło go, zagniło w nim rozsądek i pozwoliło jego gwałtownej naturze runąć przeciw wszelkim tamom. Zerwała się w nim okropna chęć trzaśnięcia na odlew. Ale trwała tylko przez błysk świadomości. Równie gwałtownym natężeniem woli osadził się i utrzymał w ryzach. Nie ruszył z miejsca, nie rzucił słowa. Stał pośrodku miotających przekleństwa i zniewagi, wiedząc, że ich nie powstrzyma, jeśli sam da się ponieść rozpętanej złości i, że cokolwiek uczyni, lub powie teraz, pod jej wpływem, tego nigdy nie odżałuje, ani nie odrobi. Zrozumiał, jaką groźbę stanowi sam dla siebie i dla nich. Równocześnie zdał sobie sprawę jasno, jak nigdy przedtem, że jest odłączony od obu gromad, że stoi ponad nimi, że ma wybierać za nie, że tę decyzję musi powziąć natychmiast – nieodwołalną – sam.

Zakotłował się w nim strach. Przyzwyczajony do życia z ludźmi i mocno z nimi związany, teraz, w wyniesieniu swoim od nich oderwany – poczuł się bezradny i osamotniony. Znikąd dobrej pomocy. Mimo woli zacisnął powieki: Oto nadeszła ta niespodziewana chwila, kiedy w dzień biały, pośród zwykłych ludzi, to co o powołaniu pasterskim pojmował do głębi tylko w czas modlitewnych uniesień, stało się rzeczywistością twardą, nie cierpiącą zwłoki poszukiwania rozwiązań. Już! Bo harmider wzmógł się do huku, bo kilkunastu Rożczaków skoczyło do wozów po baty, orczyki, kłonice, dwóch nawet odkręcało luśnie, bo wysoccy jęli wspólnie rwać co słabsze sztachety z płotu cmentarza i łamać grube, niskie gałęzie. Już dwie kupy zbrojne bronią śmiertelną w rękach chłopów stanęły naprzeciw siebie zaczerwienione, zjeżone, zasapane.

Dolna ruszyła.

Ksiądz, choć właśnie postanowił był cofnąć się, ustąpić i uniknąć bójki i rozlewu krwi, teraz instynktownie wysunął się na brzeg szkarpy, by osłonić Wysockich. Widząc to, hodurowiec, który patrzył na jego niezwykłe pomieszanie i widoczne cierpienie – po prostu uwierzył, że go obezwładnił i szczęśliwy, w natchnieniu zwycięzcy, — wykonał manewr: rzucił się powstrzymać chłopów i otworzyć drogę babom, by się z księdzem uporały same.

W pierwszej chwili ksiądz zrozumiał, że on także chce uniknąć walki. Został. A tymczasem hodurowiec puścił baby, dawał im komendę i podpuszczał. Te, rozjuszone jak dzicze samczychy, wdarły się na szkarpę, pchnęły Fidelisa, aż okręcił się dookoła i jedna pazurami chwyciła księdza za rękę, którą chciał podeprzeć krzyż. Szarpnęła i dłoń księdza spłynęła krwią. Skórę miał z wierzchu dłoni zerwaną. Na ten widok cofnęły się zlęknione i umilkły. Wysoccy, których atak kobiet zaskoczył i przygwoździł do miejsca – zdrętwieli, chłopi z dołu zobaczyli, że krzyż zatoczył się bezradnie i mocno przechylił, że kobiety podały się do tyłu. Nie wiedząc co się stało, przycichli w niepewności. I niespodziewanie dla wszystkich naraz ustały wszelkie ich głosy. A wówczas znowu usłyszeli szum drzew nad głowami, dalekie gęgania gęsi, płacz niemowlęcia u Flisów, za drogą. I wtedy ksiądz rozpoznał, że burzliwy gniew, który z niego już był ustąpił, przełamał się we wszystkich dookoła niego. Zwrócił się serdecznie do tej, która go zraniła i stała z zapartym oddechem, wciśnięta między inne:

– Czemu się, Józefowo, tak na mnie patrzycie zlęknieni? Czyż moja krew bardziej was przestrasza, niż to żeście rękę na Krzyż podnieśli? Żeście wizerunek Jezusa Chrystusa Pana naszego niemalże na ziemię rzucili i potratowali nogami, w zapamiętaniu na nic nie uważając? Na Niego patrzcie. Nie bójcie się spojrzeć na Niego. Bo chociaż Go dziś tak obraziliście – moja to wina, że tę Mękę Pańską niebacznie na poniewierkę naraziłem. Moja wina....

– O laboga!... – jęknęła kobieta.

– ...i ja biorę tę winę na swoją duszę, jako grzech nierozwagi... –

Na dole słychać było księdza wyraźnie i raptownie napięcie pasji poczęło spadać także wśród ludzi hodurowca. Ten wyczuł to i zląkł się. Prędko rzucił okiem po swoich. W twarzach jeszcze zaciętych i groźnych zobaczył ślady gotowości rzucenia się pędem na szkarpę, ale nie było w nich już jednakowego szaleństwa. Wyrazy oczu szybko się różnicowały. Ten i ów westchnął i opuszczał pałę, prostował się. Hodurowiec zadygotał we wnętrzu czując, że mu wygrana ucieka z ręki. Wrzasnął więc byle co do bab:

– Cóście tam? Posnęli? –

I zwrócił się do chłopów wokół siebie:

–A wam – co znowu! Na górę, kobitom pomóc. – Na
to odezwał się tęgi głos:
– Nie trza. –
I drugi głos równie spokojnie przytwierdził:
– A nie. –
Hodurowiec zrozumiał już to pierwsze „Nie trza". Zatu-
pał nogami w miejscu i z zaciśniętymi pięściami wrzasnął:
– Jak? Jak? Co? Na górę wam każę! –
Ale głos pierwszy, równie ciężki jak za pierwszym od-
zewem, powtórzył:
– Nie trza. –
Hodurowiec spąsowiał. Zapiał:
– Matyusz! wołać tamtech od wozów i czego tam ma-
rudzą! Wszystkie tu razem! –
Mateusz gorliwie odkrzyknął:
– Już leco! –
I do biegnących się zwrócił i piląc ich, zełgał:
– Pryndzy i Pryndzy! Bo uciekajo! – odkrzyknęli mu
ochoczo:
– Nie puść! Nie puść! Zalatuj i zara gnojem puszczo! –
ale zastąpiono im drogę:
– Stać! Stać! Stójta. No, stójta. – wołano. Biegnący zwol-
nili. W zadyszanych gardłach chrapały pytania?
– Bo co? Bo co? –
Mateusz uprzedził hodurowca i bryzgnął przeciw miar-
kującym:
– Nie słuchać tu nikogój! Jazda! To ksiundz jech pod-
kupieł! Na góre! –
Ale nie poderwał już ich do ataku. Natomiast na łeb
spadła mu ciężka łapa:
– A ty tu cegój, cholero! Herśt sie znalaz zasrany! – i
nie pomogło, że hodurowiec rozwrzeszczał się:
– Nie stać! Nie stać! Za mną! Bo jak nie – to! –
Przeholował. Może by ten i ów ruszył z nim jednak,
gdyby nie to wyzwanie, na które gruby głos zapytał drwią-
co:

37

– To co? –

On okręcił się i wypalił:

– Kto nie ze mną – ten przeciw mnie! –

Tego również w zapale nie doważył i tenże gruby głos zakpił:

– A to niech ta! –

Wtedy hodurowiec uległ swemu temperamentowi zupełniej i rozkrzyczał się:

– To won! To precz! Ja sam! Ja! Ja sam! – I rzężąc wściekle darł się na szkarpę ku babom, nie wiedząc, że duch wśród nich odmienił się zupełnie i teraz były gotowe na niego, na zwodziciela w ciemności gwałtu przeciw wizerunkowi Chrystusa Pana i znajomemu słudze Jego na niego, obcego tu przecie hodurowca wyszczerzyć zęby! Ten potknął się przy wspinaczce, to go rozjątrzyło do reszty i wpadł między nie, gdy ksiądz mówił:

– Nie o tę rękę chodzi. Mnie nic nie będzie. To skaleczenie... –

– Do wesela się zagoi! – palnął hodurowiec, w mig decydując się ciąć dowcipem. – Tylko niech sie od nasz zdalsza trzymajo! –

– O laboga ! Na nogę mi wloz, na nogę! Złomie mi! – rozkrzyczała się na niego Słobocka, której bosą stopę w tłoku butem rozdusił. To wystarczyło.

– A ty grzychu! A ty paskudo! Ty niewiaro! Pudziesz stond! A pudziesz! Pudziesz! – chórem miotały na niego słowa i Cepucha pchnęła go z całej siły, więc w tył się podał. Jakby zawisł na brzegu szkarpy, zakwierutał się w powietrzu, zamachał rękami i tyle, że zdążył się obrócić, bo byłby na plecy się zwalił. Ale się obrócił i w dyrdy na dół poleciał, a za nim zdumione i rozbawione głosy:

– Ale leci, ino mu się pinty migajo! –

– Jak diabuł w sondny dzień! –

Wtem hodurowiec zaczepił nogą o darninę i że leciał wciąż nie chwytając równowagi, wywrócił się, przejechał się na brzuchu i wyciął głową o kamień. Był to cios ostateczny, w obu znaczeniach, bo spotkał go wśród ludzi w tej chwili dla niego okrutnych. Wybuchnęli śmiechem:

– Buch! Leży! –

I śmiali się, gotowi dokładać mu docinkami, lecz ksiądz zapanował nad nimi wezwaniem:

– Uciszcie się. Trumna między wami! –

Zgaśli. Z dołu zawołały głosy:

– Nie ruszo się! O kamiń sie palnął! –

– Zemgloł! Zemgloł! –

W tej chwili pan Kosz uznał, że czas błysnąć inicjatywą:

– Niech po wode chtóry skoczy! – wykrzyknął i uprzejmie podsunął się do proboszcza z ofertą:

– Zaczem wode przynieso, ksindzu proboszczowi renke owinę jak sie należy. –

Ksiądz Bryłowski już innymi myślami był zaprzątnięty. Zbył go zdawkowo:

– Później, panie Kosz. – I na Koszowe:

– Proszę ksindza proboszcza, nie trza rezykować... – odparł już nieco nieuprzejmie:

– Zajmij się pan zemdlonym. Prędzej. –

– Słyszałeś Pan? – zza księdza wyjechał na niego Kowalski.

Kosz mruknął grzeczne „A ino!" i żwawo odszedł do leżącego.

Ksiądz zaś głos podniósł:

– Bracia w Chrystusie! Czemu mnie atakujecie? Ja tu nie bronię wam swojego obejścia ani swojego prawa. Bronię tego, czego Chrystus Pan bronić mi nakazuje: świętości miejsca wiecznego spoczynku tych, którzy w Nim zasnęli. Tu Sądu Ostatecznego oczekują wasi ojcowie i wasi bracia, wasze kobiety i dzieci. Czego chcecie od nich? Z czym przychodzicie do nich w dniu dzisiejszym? Czy pomyśleliście o tym? Czy chcecie ich w grobach pobudzić? Pomyślcie, jaki był cel waszego tu przybycia, ziemi na cmentarzu nie zabraknie dla nikogo. Dlaczego musicie bezcześcić ten, na który przybywaliście sami, by z całą powagą i pobożnością, w ciszy i skupieniu uczcić waszych Zmarłych w dnie Wszystkich Świętych i Zaduszne? – Ksiądz przerwał. Gdy zaczęli oczy opuszczać pod jego wzrokiem, ksiądz zwrócił się do synów Wielgosza:

– A wy, Walek i Franek, zabierzcie ciało ojca z powrotem i niech zostanie pochowany w Zalesiu. –

Wtedy, niespodziewanie dla wszystkich obecnych, cicha i łagodna Helina rozdarła się tak, że zestraszyła ich:

– Nie dom! Nie dom taty! Prószy księdza!... – i do niej dołączył Franek rozpaczliwym proszeniem:

– Prószy ksindza! Niech ociec tu leżo! –

Ksiądz, zaskoczony, odparł jednak bez wahania:

– Nie wolno mi! Nie mógłbym przyjąć, choćby to był mój ojciec. –

Wówczas Franek przyskoczył do niego i podtrzymał swój lament:

– Oni nie byli keretyk! By sie nawrócili! Jo żem chcioł po ksindza jechać, ino jem styd beto i bez ambit! –

I dołączyła do niego Helina swoim babskim krwawym lamentem, szczerym, gdy krwawy:

– Prószy księdza! Mie przykazywali – do ostatni pary – żeby tu, żeby kole ojców, żeby ksiundz!... – I rozbeczała się i zawodziła:

– Puścić mnie nie chcieli, trzymali sie rencami, żeby ino tu, ino tu. Pomrzyć nie mogli, bo sie bali. –

Ksiądz wzruszony, i po ludzku słowami jej niewolony, opanował się jednak i rzekł:

– Nie mogę! Nie mam na to prawa. –

Ale Helina już wyczuła w nim pragnienie pomożenia jej, i nagle z tragiczną determinacją skuliła się przed nim i kusiła:

– Prószy księdza!... Tata na swój pogrzyb ... mie ostawili ... pińdziesiunt złoty i żeby ksindzu dać i żeby tu! A jo, ino jo – jo żem ukradła! – i zaniosła się bekiem na poparcie swej winy.

Słysząc to wyznanie, Jaguśka aż zachłysnęła się poczuciem swej straty i rozmiarem ciemnych krętactw uprawianych przez Helinę na jej krzywdę, czego zawsze była pewna. Przypadła do Heliny, wrzeszcząc:

– A ukradła! Ale mie ukradła! Z mojego ukradła. Bo to sie mie należało... –

Ale zaraz odepchnął ją Franek i wsparł Helinę trzymając ich prosty wspólny kurs:

– Nie! Prószy ksindza, ociec ji dali, bo o nich stała – a le jo dom wincy, jo dom drugie tyla! –

Ksiądz patrzył na Helinę, jakby zobaczył nad nią światło niespodziewane i rzekł do Franka:

– Cóż więcej ty możesz dać niż ona dała? Helina, Helina, za takie kłamstwo Chrystus Pan łzy ci obetrze! –

Oczy Heliny rozbłysły nadzieją:

– To ksiondz weźnie? I puści?! –

– Dziecko moje... – Ksiądz po raz pierwszy poczuł, że odmówić jej nie będzie w stanie. Helina wpierała w niego oczy gorejące:

– Ksiondz wpuści? Wpuści? –

Ale ksiądz poddać się nie mógł. Mógł tylko załamać się. W swym osłabieniu jeszcze zdobył się na opór i rzekł, kładąc rękę na jej głowie:

– Nie mogę. –

Wówczas Helina zdziczała. Poczęła skrzeczeć niemalże nienawistnie:

– Nie? Nie? I za cój? Że Roz do hodur poszed?! Że Roz beł? Że nawet Se i nie zmyślił drugi Roz iść?! Że go hodur wyzwoł, bo się u niego podpisac nie chciał?! Za Tyn jedeyn Roz?! –

Ksiądz chwycił ją za rękę:

– Jak to – podpisać się nie chciał? –

Helina wyprostowała się i w twarz księdzu krzyczała:

– Bo nie! Bo nie! Hodur chodziuł i chodziuł i wołoł iść! Wzywoł nasz! Wszyćkiech wzywoł! – Franek bliżej podskoczył:

– Nikt sie od nasz nie podpisoł! Kaleńskie wiedzo! Sły-

41

szeli nie roz jak nasz wołoł! A my nie i nie! I choć by Walek
– niech tyż powi! –
Walek poważnie skinął głową i rzekł jak w sądzie:
– Prowdziwe. Nie podpisali my sie. –
Wtedy różni przyświadczyli:
– Jo tyżem na podpisy nie głupi! –
– Ani jo! –
– Ani jo! –
Ksiądz spojrzał ponad głową Heliny na ludzi i rzekł:
– Czy Kalińscy tu są? –
– Nie! Nimą jech – odezwały się głosy. Na to Helina
chwyciła księdza za ręką:
– Niech sam hodur powi. Tu! Zaro. –
I Franek natarł na księdza:
– A ino! Niech powi! –
Księdza ogarnęła ich gorączka:
– Panie Kosz! – ksiądz krzyknął w dół szkarpy:
– Czy on może mówić? –
Kosz poderwał się i skwapliwie odkrzyknął:
– Już otworzył oczy, prószy księdza! –
Ksiądz skomenderował:
– Panie Kowalski, na dół! Niech mi pan poda rękę!
Panie Osobistość, krzyż nieść! Prędzej! – Za panem Fideli-
sem, za księdzem z Kowalskim, Helina dyrdała przy Fran-
ku, szepcząc ekstatycznie:
– Niech mu Pan Bóg da mowe! Niech mu Pan Bóg da
mowe! Niech mu Pan Bóg da mowe! –
Za nimi Walek i cała grupa spod bramy cmentarnej po-
toczyła się w dół szkarpy, tylko Jaguśka została na górze.
Ksiądz już stał nad siedzącym na ziemi hodurowcem. Usiłował on wstać, lecz przysiadł znowu, po czym podniósł oczy
i twardo patrzył na proboszcza. Ksiądz Bryłowski chwycił
za drzewce krzyża w rękach organisty i przychylił je ku
siedzącemu i rzekł:
– Przed krzyżem, w Obliczu Chrystusa Pana – żądam
prawdy! Czy Władysław Wielgosz, o którego spokój tu

chodzi, odstąpił od Kościoła Katolickiego i przyjął wasze wyznanie – ostatecznie i formalnie? –

Gołąb głośno gruchał na niedalekiej strzesze chałupy Sadłów, na drodze zadźwięczał dzwonek roweru; to młodszy chłopak Wujastyków z Józefina, Staś, jechał na plebanię, na lekcję fizyki do siostry proboszcza, nauczycielki. Chłopiec zatrzymał się i zdziwiony patrzył, co też tu się dzieje. Wysocki świątek wiedział – on zrozumiał dopiero po kilku latach. W tej chwili dla niego całym światem był jego nowy rower.

Ksiądz powtórzył:

– Pytam! –

I wtedy usłyszano spokojne i zrezygnowane wyznanie pokonanego:

– Nie. –

Helina wykrzyknęła:

– Matko Bosko! – i zaniosła się płaczem radości i dziękczynienia, ksiądz, równie jak ona wzruszony, wykrzyknął:

– Niech będzie pochwalony Jezus Chrystus! – Odpowiedział mu chór ludzi:

– Na wieki wieków. Amen! –

Ksiądz, wskazując na siedzącego jeszcze na ziemi hodurowca, rzekł do Kowalskiego:

– Niech mu pan pomoże. – I zwrócił się do swoich parafian:

– Bracia i siostry w Chrystusie! Zeznanie, które usłyszałem, jest wiarygodne! Wielgosz nie został odstępcą i teraz zabierzemy go do kościoła. O godzinie czwartej uroczysty pogrzeb i w imię Świętej Wiary udzielę duszy Władysława błogosławieństwa na drogę nowego życia, w którym już nie zbłądzi! A jutro – msza dziękczynna, że Bóg powstrzymał i odwrócił od nas szał nienawiści między braćmi. Dla utwierdzenia naszej łączności i dla wzmocnienia miłości powszechnej, katolickiej, rodzina zmarłego zamiast opłat pogrzebowych złoży ofiarę na ubogich, najbiedniejszych w naszej parafii. A teraz chodźmy. Kto z Zaleskich chce

43

– niech z nami pójdzie. I kto zechce zostać – ten niech zostanie. Dźwignijcie trumnę! –

I ruszył ku gościńcowi, nadając kierunek formującemu się konduktowi. Pan Kosz zdecydował wykazać zrozumienie całego zagadnienia:

– Bo to, proszy ksindza proboszcza, najwincyji to ujeżdżajo na tem że narodowe! A potym to ludzi na siebie szczujo i biej–zabiej! –

Ksiądz aż przystanął.

– Tak, panie Kosz, tak. Pan ma szczególną rację. To pewnie dlatego, że pan czytuje Ewangielię i wie, co Chrystus Pan powiedział: „Po owocach ich poznacie je". –

Koszowi w zielonkawych oczach zabłysły ogniki, po czym, ze zgrozą i zdumieniem pokiwał głową nad przewrotnością świata i uznał, że lepiej w tym punkcie debatę zawiesić. Usunął się.

Ksiądz zaintonował starą pieśń „Serdeczna Matko", ludzie ją podnieśli i szli zaśpiewani ku dźwiękom dzwonu wybiegającym z kościoła im na spotkanie. Wkrótce śpiew ucichł, nad cmentarzem wzmógł się szum drzew, zerwało się dalekie rżenie konia, odpowiedziało mu bliższe, dźwięczne, od ostatnich wozów ludzi z Zalesia, właśnie znikających za pagórem traktu.

# Pan Modest Chrzanowski
## (Posłowie do opowiadania „Co się w Wysokim przez pewien czas działo")

„... przy skrzyżowaniu dróg stała apteka". Winno być: Apteka. Przez duże A.

Tok opowiadania o gniadych uniósł mnie tak szybko, że nie umieściłem na tej karcie nazwiska właściciela Apteki i teraz chcę zapisać je w posłowie, tym samym znacząc i podkreślając mój szacunek dla Niego.

Był to pan Modest Chrzanowski.

Szanował go i lubił mój ojciec; chętnie zajeżdżał do Modesta na rozmowy, cenił jego wykształcenie, jego równowagę, jego roztropność – po prostu rozum. Dziś wiem, że pan Modest nie tylko rozumny był, ale i mądry, bo także posiadał równą miarę dobroci. W pamięci nazywam Go człowiekiem spokojnego umysłu.

Pan Modest, chłopskie dziecko z krasnostawskiego, z Modlibożyc chyba, skończył państwową szkołę powszechną, po czym ruszył po nauki o własnych siłach, bo zdolny był i pracowity. Ucząc się, już był w stanie uczyć innych. Przez kilkanaście lat żył z kilku korepetycji. Z podwójnych prac uczenia się i uczenia innych wyniósł dwie korzyści: dyplom magistra farmaceutyki oraz wgląd w psychologię ludzi. Dlatego ze spokojem patrzył na nich w swej aptece – ośrodku medycznym na rozległą okolicę.

45

Przede wszystkim słuchał próśb o porady, nie przerywając nawet gadułom, aż do ich zmęczenia, po czym radził w kilku słowach. Niemal bezbłędnie. Bywały to porady, według mego ojca „rabinackie", bo dotyczyły one także trudnych spraw o podłożu psychicznym. Naturalnie z czasem pan Modest uzbierał sobie zapasik porad czysto lekarskich, co wzbogacało jego sławę – w okolicy, lecz w przyszłości, jakże niedalekiej, miało stać się źródłem Jego cierpień i powodem okrutnej – śmierci. Kiedy Wysokie, w ostatnich latach dwudziestych, znęciło do siebie lekarza, pan Modest zaopiekował się młodym doktorem i ciekawił się jego pracą. Nie wiedzieliśmy, że on wówczas tym bardziej pomnażał wiedzę dla Niego pomocniczą.

Jak ważne, pożyteczne i straszliwe dla Niego okazało się poszerzanie zawodu przez dodatek znajomości diagnostyki i pierwszej pomocy chirurgicznej, dowiedziałem się po latach od niespodziewanego informatora, w nieoczekiwanym miejscu. W 1946 roku, w Londynie szedłem w wyjątkowy słoneczny dzień letni od stacji Wiktoria do hotelu Rubens. Jeszcze w mundurze lotniczym z naszywką „Poland" na ramionach. „Polandy" nie były od razu widoczne dla nieprzywykłego oka i dlatego młody człowiek w cywilu zagadnął mnie trudną do zrozumienia słowiańską angielszczyzną o drogę do hotelu Rubens. Naturalnie natychmiast przeszliśmy na nasz język i idąc razem poczęliśmy wypytywać się wzajemnie o nasze przynależności regionalne. Ku mej radości on pochodził spod Krasnegostawu, w tamtych okolicach służył w AK, znał Wysokie, osobiście znał pana Modesta Chrzanowskiego! W pamięci widział go tak samo, jak ja: był to mężczyzna ciężki, o głowie dużej, krótko strzyżonej, o rudawych brwiach i jasnych rzęsach, lecz o niespodziewanie dużych i szeroko rozstawionych oczach, jasnoniebieskich, nieco wypukłych, zawsze wpółprzysłoniętych powiekami, co przydawało jego twarzy wyraz zaspany. Nos miał gruby, skrzywiony ku wąskim wargom, które otwierały się z wolna, by formować nieliczne, celne słowa. Poruszał się niespiesznie, co też utwierdzało obserwatorów w jego senności. Może to łudziło Gestapo?

W kilku zdaniach dowiedziałem się, że w czasie okupacji niemieckiej, gdy Wysokie opustoszało, bo trzon jego mieszkańców Żydów wywieziono do Majdanka, pan Modest spokojnie kontynuował pracę dla pozostałej ludności polskiej i żydowskiej oraz dla AK. Był przemytnikiem, przechowawcą, lekarzem, nawet chirurgiem. Dostarczał żywności i leków, darował, w każdy i dostępny im sposób. Rozchodziła się więc Jego wojenna sława, aż doszła do uszu rosyjskich. Od tej pory dni jego zostały policzone. Oddziałek spadochroniarzy rosyjskich otrzymał zadanie zabicie pana Modesta Chrzanowskiego. Nie wiadomo, czy rozkaz obejmował i tortury, czy była to inicjatywa dowódcy oddziału. Pan Modest zginął strasznie. Było to w roku 1944, kiedy bolszewicy wieźli już w taborach polskojęzyczne władze okupacyjne dla polskiego narodu.

Pan Modest zginął potwornie. W swojej Aptece. Podstawą rosyjskiego mordu na Nim były fakty, że: w swoim domu, w swojej okolicy, na swojej ziemi, służył żołnierzom polskiej armii.

Oto jeszcze jedno równanie w naszej historii: Modest Chrzanowski w miasteczku Wysokie, w powiecie krasnostawskim. Oddziałek spadochroniarzy z Rosji. By zabić Go – po nocy tortur, za pracę dla AK. Rok 1944.

[Po napisaniu tego opowiadania dotarły do mnie informacje, które wniosły pewne wątpliwości odnośnie podanych w nim szczegółów. Mimo wszystko zdecydowałem się opublikować je w pierwotnej formie – SW]

# Opowiadanie wigilijne pana Nekanda Trepki

Równo sto lat temu, w roku 1894, przy stole wigilijnym, pan Nekanda Trepka opowiedział o wydarzeniu zdumiewającym, jakie przeżył był w dniu wigilijnym o dwadzieścia kilka lat wcześniej.

Dziś, z pewnym zdziwieniem, zdałem sobie sprawę, że jestem jedynym człowiekiem na świecie, który wie, co pan Trepka opowiedział przed 100 laty. Słyszał to bowiem siedzący przy tamtym stole chłopiec szesnastoletni i on, kiedy ja miałem lat szesnaście, całość powtórzył po naszej wigilii – wtedy już jako mój ojciec.

Opowiadanie wyszło z ust człowieka niebywałej powagi i potwierdzenie jego zgodności w szczegółach nastąpiło w sposób tak niespodziewany, że całość skąpana w szczególnej atmosferze nocy wigilijnej godna była zapamiętania.

Rzecz działa się w dzierżawionym przez pana Trepkę od Ordynacji Zamoyskiej majątku zwanym Stary Dwór, a był to dwór całego klucza folwarków. Leżał Stary Dwór w pobliżu Wysokiego lubelskiego, o czterdzieści kilka kilometrów na południe od Lublina, w pięknej okolicy.

Pan Trepka, człowiek surowy, małomówny, nieustająco odczuwał gwałt zaboru rosyjskiego jako obrazę osobistą, obrazę jego rodu sięgającego początkami wczesnych Piastów, a według podania jego praszczur opiekował się młodym Kazimierzem, później Wielkim, w czasie bitwy pod Płowcami.

48

Jedynie w święta Bożego Narodzenia zdawał się stary pan pozbywać stałej boleści ducha i w czasie kolacji wigilijnej uśmiechał się nieco i bywało, że potem, przy szklance Madeiry, słuchał rozmów, opowiadań, ale nie zabierał głosu.

Pamiętnej wigilii mówiono, siląc się na lekkie tony, o fantazjach, wciąż żywych w okolicznych wsiach, na temat guseł, o wywoływaniu duchów, o zjawach domagających się modlitw, o milczącej ciemnej postaci, jaka miała zastępować drogę jadącym nocą wzdłuż cmentarza. Ostrożnie powątpiewano, chociaż....

Pan Trepka od dłuższej chwili jakby nie słuchał rozmów, pochylił głowę, patrzył w minione dalekie perspektywy. Powoli podniósł wzrok na obecnych i powiedział w najzwyczajniejszy sposób: „Nie wiecie, co myśleć. Któż to wie? Opowiem wam to, co sam widziałem".

Tego się obecni nie spodziewali. Zafascynowani umilkli. On, patrząc w ciemne okno, jakby poza nim odczytywał przeszłość, mówił: „...dwadzieścia pięć lat temu, jeszcze byłem kawalerem, pojechałem w sandomierskie do mego kuzyna i przyjaciela na Święta. Kraj obchodził żałobę narodową po Powstaniu ledwie zakończonym, ale byliśmy młodsi, nie poddawaliśmy się. Dla podtrzymania zdrowego humoru w poranek wigilijny poszliśmy według tradycji na polowanie. Właściwie polowanie było pretekstem. Nie urządzało się wtedy zjazdów sąsiadów z całej okolicy. Nie. Ot, poszliśmy we dwóch, niosąc nasze dziwerówki, koło nas i przed nami uwijała się wyżlica, Jaga, ładna, młoda, rozbawiona polowaniem. Szliśmy swobodnie po lekkim śniegu, wzdłuż brzegu młodego lasu, pogadywaliśmy z rzadka. Nie wypatrywaliśmy zwierzyny, niech by tam biegała, juz wiedzieliśmy obaj jak to smakuje, gdy się do ciebie lufa odzywa. Jaga zniknęła nam za rogiem młodniaków, niedaleko i właśnie kuzyn zaczął coś do mnie mówić, gdy usłyszeliśmy jej okropny skowyt, przerażony, jękliwy, rzekłbym rozpłakany, choć to tylko psina i zaraz zza drzewek wyskoczyła ona, kula strachu, rzuciła się pod nogi pana z otwartego pyska razem z nieprzytomnymi dźwiękami toczyła pianę. Staliśmy wpatrzeni w nią, włosy się nam jeżyły, opanował nas gniew – kto śmiał tak przerazić naszego psa, na naszym polu! A może to wilki.... Pędem ruszyliśmy do końca lasku i za jego róg. I stanęliśmy tak gwałtownie, że kuzyn aż przyklęknął. Na jasnym, śnieżnym polu, pod słońcem, mieliśmy przed sobą człowieka wiekowego, o siwej czuprynie, gęstej czarnej brodzie, opięty był jakby mundurem któregoś z pułków powstańczej piechoty. Patrzył nam w oczy, wiercił nas wzrokiem, przebijał tymi oczami spod nawisłych brwi, a my, my patrzyliśmy na niego w dół! Z góry! Bo widzieliśmy tylko jego tors, on do połowy ciała tkwił w ziemi!... Minęła chwila i mój kuzyn, zawsze raptus, krzyknął: „Kto jesteś? Czego chcesz!".

I okropna cisza zapanowała – On patrzył! Mój kuzyn zawołał: „Mów! Bo strzelę!". On milczał. Wtem zaskomlała Jaga i kuzyn wypalił z obu luf! Gdy dym opadł, nie było po nim śladu.

Znikł. Spoglądaliśmy na siebie, wzajem pytając się wzrokiem, czyśmy widzieli, cośmy widzieli. Jaga stała drżąca, nie ruszyła po strzale „szukać". Zdawało się, że słyszymy echo strzałów ... gawrony przeleciały nad nami, do lasu kicał zając.... Obaj równocześnie głęboko odetchnęliśmy i bez słowa poszliśmy do domu".

Pan Trepka skończył mówić. Ale zaraz uprzedził pytania: „Nie, nie wiem, czy tam kopano, poszukiwano. Jestem pewien że nie, albo nic nie znaleziono. Kuzyn dałby mi był znać. Ba, gdyby on tu był, potwierdził by słowo w słowo to, co wam opowiedziałem.".

Nikt potwierdzeń nie potrzebował – wobec jego autorytetu. Już ktoś zamierzał przerwać długą ciszę, gdy szyby przeniknęło nikłe dźwięczenie dzwonków przy saniach. Wszyscy poczęli wpatrywać się w noc za oknem. Coraz wyraźniej słyszano janczary. Zbliżały się od traktu turobińskiego. Pan Trepka wstał z twarzą szczególnie napiętą. Sanie zatrzymały się przed dworem. Pan Trepka rzekł: „Któż to może być? To on! To przecież musi być on!".

Po dwudziestu pięciu latach niewidzenia się, kuzyn pana Trepki postanowił go w Święta odwiedzić. I potwierdził każde słowo opowiadania z przed lat. Ale nie dodał niczego.

# Łubnie
## (Z mego okresu burz, gradów i tyfusu)

Ukraina, lata 1914—1918? ... Mieszkamy na skraju miasta Łubnie, w letnim dworku pani Ryndowskiej, posesjonatki, semi–arystokratki rosyjskiej. Ograniczenia, zamknięcia, zakazy! Ograniczenie moich gier i zabaw do wielkiego wprawdzie – podwórca własności imponującej pani Ryndowskiej!

Pani Ryndowska, brunetka czarnooka. Osoba wysoka, szczupła, lecz o dużym biuście, podkreślała jego wypukłość krzyżując pod nim przedramiona. I zwracała nań uwagę palcem wskazującym prawej dłoni, bowiem, gdy mówiła, palec ten zataczał kręgi w obie strony, kiwał się na boki, poklepywał lewy łokieć. To ona, ona kurczyła, zagradzała moje drogi swoimi życzeniami sobie, nie–dozwoleniami, swoim wielkim domem do omijania, swoim parkanem, który leciał od–do naszego, oczywiście – jej, letniego dworku, gdzie mieszkaliśmy z Jasiem, moim starszym bratem i mama i dziadkowie. Jej – nasz dworek był niski, szeroki, i głęboki i miał dużą oszkloną werandę. Bardzo tę werandę lubiłem, ale gdym stawał przed nią i spoglądał w lewo, to widziałem tamten niski parkan, a to był mój nieprzejednany wróg. On to, na jej „prykaz", zamykał przede mną ogród kwiatowy a dalej, poza jego głębią ogrodową, park. To ten parkan dziobał tam daleko, w bok jej wielkiego domu, krył się poza nim, wypadał po jego drugiej stronie i wiązał przestrzeń ryndowską z wielką bramą wjazdową, osadzoną w murze. W bramie – furta! Gdy rozmaite zakazy dojadały mi, uciekałem poza wszelkie najsurowiej zabronione kręgi – do furty od ulicy. By ją uchylić ... bez zamiaru ucieczki poza nią, lecz by wchłonąć oczami – tam zawsze otwartą przestrzeń ... Mur zaś obojętnie mijał bramę mego sub–wyzwalania się, odcinał podwórzec od ulicy i szedł taki napęczniały, czerwony, aż do odległych pralni, skąd dolatywały niekiedy grube śmiechy i piski, a od pralni pod kątem prostym i równolegle do parkanu ogrodowego panoszyły się, tyłem do nas odwrócone i zakazane: stajnie, wozownia, drewutnia i długa szopa, a raptem od niej zwracał się ku nam i biegł bardzo wysoki plot, lecz zanim nas dotknął, obniżał się i obejmował wielkie drzewo, kasztan. Puszysta, ciemnozielona masa. Właśnie tam, przed stajniami, tkwiła jedyna moja pokusa w tym pustym podwórcu, zapomniana, sucha studnia, płytka, o niskiej cembrowinie, jeszcze jedna przyczyna napomnień babci, mamy, żebym zawsze i nigdy i tak dalej i ciągle....

A ograniczenia dopełniały dwa arcy–zakazy! Jeden z nich, najdokuczliwszy, stały, absolutny – wchodzenie przez furtkę do ogrodu, gdy wolną drogę do tamtejszych alejek, dróżek, kwiatów, drzewek, drzew, miał pani Ryndowskiej – foksterjer. Ten, ledwie mu się zachciało, lekko przesadzał parkan, opadał w zakazanej krainie i biegał, kopał, tarzał się. Widzę go: on, tam, lekki jak piórko, biały z jednym uchem brązowym, wzbija się, leci, zawisa.... Zatrzymałem go w pamięci oczu nad zaporą dla mnie, a dla niego zachętą do lotu. Jego wolność. Jego lot! I czar ogrodu. A ja przypisany do podwórca, zapatrzony, zachwycony, gdy on leciał, w kwiatach znikał, na odbitkę biegłem do stworu bardziej niż ja uwięzionego. By zobaczyć, jak on cierpi swój dziwaczny los. Stwór kulił się w studni, na jej suchym dnie, dobrze widoczny. Ona to była, nie on, choć może on – żaba! Wielka żaba. Przywarła do ściany studni głodna, spragniona, dobrze to rozumiałem, rzucałem jej okruchy chleba, nie wiem czy jadła, ale nie przychodziło mi do małej głowy, by codziennie dać jej pić. Tylko raz zdobyłem się, by chlusnąć na nią wodą. Fascynowała mnie. Zatapiałem się w patrzeniu na nią, na jej bezruch, na jej przytajone życie objawiane w pulsowaniu jej gardła. Aż raz uczułem, że patrzymy na nią we dwóch.... Narastała we mnie pewność innej obecności, przyciskała mnie do niskiej cembrowiny, bo to nie był nikt swój. Obcy. I gdy zwróciłem głowę w lewo, zobaczyłem tuż obok nadzwyczajną twarz – wielką twarz o bladoniebieskich oczach, o wystrzępionych żółtych wąsach, twarz tę okrywały jasno żółte piegi i zamiast głowy miała żelazny hełm, co chował nawet jej uszy, Oczy popatrzyły na mnie, piegowata, porosła żółtym włosem ręka wskazała żabę i twarz w hełmie pochyliła się nad studnią. Ja także. Obaj patrzyliśmy na żabę. A później, w domu, powiedziała mama, że do Łubień przyszli Niemcy. Nie dowiedziałem się ani od mamy, ani od babci po co oni przyszli i czy po nas? Wiedziałem, że dlatego mieszkaliśmy w Łubniach, w domu pani Ryndowskiej, a nie w Józefinie, gdyż tam Niemcy strzelali z armat do Rosjan i spalili nam Józefin, nasz modrzewiowy dom w ogrodzie, i wszystkie murowane budynki gospodarskie, wygubili konie pół–krwi arabskie po Kebirze od Sanguszków, krowy, polskie białogrzbiety i czerwone, ocalał od ich ognia tylko drewniany parnik. „Jak na śmiech”, mówiła mama. Widziała, że parnik stał, gdy artyleria przestała zapalać nasze budynki i zabijać zwierzęta i Jan Sokół, fornal, zdołał chwycić w już płonącej stajni ostatnią parę wyganianych przerażonych koni, założył je drżące do wozu i mamę z Jasiem trzyletnim, i ze mną niemowlakiem, wywiózł do nadleśnictwa po drugiej stronie Wysokiego, do dziadków, rodziców mamy. Mój ojciec i trzej wujowie wojowali na jakichś frontach, oficerowie w rosyjskim wojsku. Jeden już był zabity (Jan Sokół wrócił do Józefina, gdy Niemcy i Rosjanie ustali w bitwie na bagnety za szpalerami naszego ogrodu i młodego parku. Po Ruskich pozostały duże mogi-

54

ły na wzgórzu, za ogrodem). Dziad mój, ojciec mamy, Leon Laguna, jako nadleśny w Ordynacji Zamoyskiej, dysponował końmi. Pod jego dowództwem i babci ewakuowaliśmy się z terenów zajmowanych przez Niemców, aż do pani Ryndowskiej. Dlaczego Niemcy i tu przyszli? „My już nic nie mamy swojego... " mówiła mama i płakała. „Mamusiu, nie becz", skarciła ją dzielna, gospodarna, zawsze zaradna, małego wzrostu, wielkiego charakteru babcia i dodała: „Dzieci przestraszysz." Mama trąbnęła nosem, otarła oczy a Jaś zapytał, czy oni będą i tutaj strzelali z armat? Babcia rzekła do mamy „Widzisz?" i obiecała nam, że nie będą. Ale Jaś by wołał, żeby strzelali, jego to bardzo bawiło, kiedy „dudniło" z daleka. Ja nie miałem o tym pojęcia. Byłem zbyt mały, kiedy „dudniło" u nas. Dowiedziałem się, gdy trochę podrosłem. „Zadudniło" znowu.

Wróciłem do żaby. On znowu tam stał, papierosa palił i patrzył na ogród, to na nasz piękny kasztan, coś mówił. W pralni było wesoło, muzyka i dużo śmiechu, okrzyków i pisków. I znowu razem patrzyliśmy na żabę. Wtem on roześmiał się, poszedł do zakazanej szopy, przyniósł drabinę, wpuści ją do studni, zszedł tam i zdjął hełm. Miał rudą głowę, kudłatą. Wgarnął do hełmu żabę, hełm przycisnął do siebie, żeby mu ona nie wykicnęła. Wyniósł ją, położył hełm na ziemi i kopnął ją lekko. Żaba wyskoczyła. Siedziała bez ruchu, pod gardle jej pulsowało szybko. My patrzyliśmy co ona zrobi, teraz miała pole otwarte ... Siedziała. Kicnęła kilka razy. Siedziała. On włożył hełm, coś do mnie powiedział, wskazał mi ręką żabę, jak bym jej nigdy przed tym nie widział i machnął dokoła, ogarnął wszystkie budynki, kasztan i niebo, roześmiał się, wyciągnął drabinę i zabrał ją do szopy. Odszedł. Nie widziałem go więcej. Był to mój pierwszy Niemiec i przez wiele lat wydawało mi się, że oni są wszyscy rudzi i że coś mówią rękami. Żaba odkicała w gęstą trawę i też jej nie widziałem więcej. Zrobiło się pusto w studni i na podwórcu pusto.

Pani Rydnowska, w tych dniach bardzo smutna i zdenerwowana, zaprosiła mamę i nas obu z Jasiem do swego wielkiego domu, żeby mamie opowiedzieć o swoim wdowieństwie, bo jej męża na froncie, gdzieś w Prusach, zabili Niemcy.

Ledwie uszliśmy z kraju dążącego do szczęścia przez mord i znaleźliśmy się w Lublinie, gdy ze Zdziczałych Pól wyroiły się watahy potwornych jeźdźców, jakby wieki cofnęły się przed ręką ludzką, miast iść naprzód, choćby powoli.... Nie przeczuwałem nawet w czym był bym wzrastał, gdyby nasi żołnierze i garść przyjaciół nie kładli byli pokotem wrogiego i swojego życia w kilku różnych stronach naszej ziemi, zalewanej masami ludzi zmienionych przez ich nowe państwo, wzorem ich byłego państwa, w najeźdźców, czyli zbrodniarzy pospolitych.

Z Lublina raptem – pod Radom! Dlaczego? ... Nam, malcom, nie powiedziano nic, w kuchni dano nam po kawałku chleba i jazda do korytarza, z korytarza na schody, na dół, do dorożki, na dworzec, na dworcu do pociągu dyszącego pragnieniem odjazdu. Nasza grupka nie zmieniła składu: my dwaj, mama i dziadkowie. I tak zaczął się ciąg dni niespodziewanie szczęśliwych dla mnie. (Jasia nie pamiętam wśród moich przygód pod Radomiem. Czyż odesłano go gdzie indziej?) Pod Radomiem otworł się przede mną stary ogród, stary park, zarośnięte to, zapuszczone, pozostawione deszczom, wiatrom i słońcu od kilku już lat wojny, kolejnej wojny Europy przeciw Europie. Nigdy nie dowiedziałem się, kto go opuścił, kto wymusił to opuszczenie, ani jak się ta wspaniałość nazywała. Ja wszedłem w nią, z Filipkiem, w jej park, w ogród, nad staw, w ich uroki – niczym przez nikogo nie ograniczany. Z Filipkiem. Istnieliśmy. Przebywaliśmy.

Filipek, nieprzeczuwany współwędrownik przez upragnione, tajemne, objawiane, wolne ... Filipek i ja!

A zaczęło się w nocy, gdy nas tam, rozespanych, wyładowano. Pamiętam tę noc zastygłą, mimo naszych podjazdów pod ganek głuchego dworu, znoszeń rzeczy, rozpakowywań, urządzeń się do snu, układań. Gdzieś w dużym, ciemnym pokoju, pełnym mebli, kazano mi spać na oto-mance. Tę obcą noc, nieruchomą, pamiętam, choć zaraz uciął ją sen. Ale, gdy w kilka godzin później wybiegłem z amfilady tylnych pokojów, zapchanych uciekinierami i ich małymi dziećmi, opatrzony niemałą ilością przestróg – poranek na dworze był jasny! Na chwilowo pustej weran-dzie zatrzymałem się jak wryty na widok równie małego i chudego jak ja – Filipka! Filipek był szary. Miał szare włosy, w pośpiechu strzyżone przez kogoś z jego żeńskiej rodziny; miał szare oczy w jego szarej buzi, wąski nos, ja-ki ja zawsze chciałem mieć, nieco zadarty, i prostą linijkę ust o szarych wargach. On też przyjechał tej nocy. Na-tychmiast wypadliśmy na dwór i od tej wspaniałej chwi-li razem wędrowaliśmy po nieznanych nam lądach i nad wodami, dla nas, wtedy, żywej Baśni. Widzę, jak ostrożnie wchodziliśmy w zarośla nad zielonym od rzęsy stawem, co miał oka czarnej wody. Słuchaliśmy plusku żab ska-czących do tej bezdni lub niewytłumaczalnego bulgotu z głębi ciemnej wody i dziwiło nas niepomiernie, że się tam nie bały mieszkać rybki, które czasem podpływały do po-wierzchni, łykały nieco powietrza, po czym równie powoli ciemniały, znikały. Co rano witały nas obrazy nasycone przyjazną tajemniczością, tworzyły się one tylko dla nas i tylko nam widoczne, nieustająco i rozmaicie, wśród źdźbeł wysokich roślin, gdy gięły się i motały pod powiewem ciepłego wiatru, a inne wśród załomów kory drzew i opa-dłych owoców i puchów niosących ziarenka i nieznanych owadów, liszek, myszek polnych, jeża.... Czasem zabłąka-ła się, zupełnie tam obca, mucha domowa. Zanurzaliśmy się w rabaty zdziczałych kwiatów, gdzie motyle wachlo-wały się witrażami skrzydeł, gdzie ich gąsienice patrzyły na nas setkami ciemnych oczu, gdzie zadziwiała nas zwin-ność niektórych owadów w locie, gdzie pająki na rosnych sieciach wolały na nasz widok wycofywać swe pękate tyło-wia w ustronia i poglądały podejrzliwie, martwo. Idąc, rozgarnialiśmy trawy o różnych zieleniach, chodziliśmy wśród rozmaitych, mocno pachnących roślin o twardych lub wiotkich łodygach, lecz o nazwy tamtych nowych odkryć, nam, pochłoniętym i syconym patrzeniem, nie przychodziło do wczesnych głów pytać. Kogo pytać? Ojcowie poszli dokądś „spotykać Moskali", lub „chronić macierz przed dziczą bolszewii", matki nosiły na głowach całe domy pełne dzieci i starych dziadków i też z przejęciem zajmowały się wiązaniem za krótkich końców z innymi, nie wiadomo skąd branymi, końcami. I nie wiedzieliśmy, że nad nimi powietrze drżało od niewyczuwalnych dla nas ryków artylerii, charczeń karabinów maszynowych, brutalnych jąkań się pojedynczych strzałów. One dosłuchiwały się tego od północy i ze wschodu kraju, gdy od południa dobiegał do nich straszliwy tętent setek tysięcy końskich kopyt. Matki nasze widziały na niebie błyski szabel i te wypełniały je milczącym przerażeniem, gdy my obaj z Filipkiem, przyjęci przez kraj zaniedbanej natury, chłonęliśmy szczęśliwość.

Patrzyliśmy więc na plamy słońca na liściach lilii wodnych, na trąbki motyli prostujące się, kiedy sięgały po miodne soki kwiatów. Na gniazdka ptaków wymoszczone w gęstych szpalerach, dziś wiem, że były one grabowe. Gdy pierwszy raz natrafiliśmy na ptaszkę siedzącą na gniazdku, ona trwała przerażona, i my staliśmy jakby zalęknieni, nieruchomi, aż ona frunęła w pole i znikła. Za drugim razem stanęliśmy dalej, uśmiechaliśmy się do niej, więc nie odleciała. Kiedy indziej znaleźliśmy gniazdko i w nim kropkowane jajeczka, zimne. Wiedzieliśmy, że był tam przed nami kot puszysty, rudy, dziki. Nie chciał naszej przyjaźni. Wchodziliśmy na aleje wyłożone starą cegłą, poprzerastaną trawą, po brzegach zdobioną szeregami Królewskich Koron o kielichach ciemno pomarańczowych, pełnych żółtego pyłku, szczególnie osiadłego na długiej maczużce–pręciku, co tylko czekał na nos próbujący wąchać kwiat. My ich pyłek zbieraliśmy na palce i śmieliśmy się malując sobie, nim policzki i nosy – jeden drugiemu.

„Wojna sieje chwasty", mówiła mama. Tam siała je od dawna. „Na szczęście ktoś", mówiła dalej mama, „ratował sytuację", bo stały na grzędach, pod szpalerem, ogromne kapusty. Obchodziliśmy także, wśród niewielu uprawianych grządek, czerwono–zielone głowice marchew sterczących z ziemi pod pióropuszami zielonej naci. Bawiliśmy się tym, że kartofle chowały się przed nami w ziemi, dlatego, że naprawdę były ziemniakami.

Pewnego dnia zwołały nas mamy, byśmy pomagali przy pakowaniu drobiazgów, bo wracać trzeba było tam, skąd dobry los mój i Filipka przygonił nas tutaj. My wracaliśmy pociągiem, w zapchanym wagonie, lecz już osobowym, do Lublina, na ulicę Konopnicką pięć. Małe dzieci, czym mniejsze, tym głośniej płakały, ja patrzyłem przez wpółotwarte okno, mama napominała bym uważał, żeby mi w oko nie wpadła iskra z czarnego dymu lokomotywy. Takie iskry wypadały i leciały ku polom, ku ludziom pochylonym nad ziemią, ku widnokręgom.

Potem, a kilka po dziecinnemu długich lat złączyło się na to „potem", sączyły się wyjaśnienia ówczesnej sytuacji z urywków rozmów między dorosłymi, później z ust świadków i obrońców przed najazdem makabrycznych ludzi sięgających po nasz kraj, po świat. Opowiadano jak oni szli wałami, pędzili tabunami, pewni prawdy słów ich nowych chanów, że gdy staną na trupie Polski i przechylą się przez ten próg Europy — runą w nią i tam już nie zatrzyma ich rąk żadna moralność, żaden wzgląd, żadna religia, żadna – armia! Ten eliksir myśli, wytoczony z wystygłych głów genialnych psychopatów XX wieku, co odrzucili inteligencję serca i jedynie pragnęli eksperymentować w budownictwie, jakże wówczas modnych, Wspaniałych Domów Przyszłości — w ich wersji WSPADOMÓW z ludzkich kości – czerwone chmary podjęły z entuzjazmem ludzi głupich i omamionych, tym samym strasznych.

Zazwyczaj, mówiąc o tym najeździe, wzdrygano się, jakby strumień mroźnej wody przeleciał mówiącemu po grzbiecie, potrząsano głowami i uczucia ostatecznej ulgi i wdzięczności za ocalenie wyrażano słowami: „To był cud!".

Docierało to wszystko do budującej się pamięci małych rozumków, by po odleżeniu się w niej, wpasować się w rozległą panoramę czasów wrosłych w rodziców i dziadków jako lata wypełnione bólami porodowymi nowej Urody Życia.

Bóle zapominano.

# III    Mój Lublin

# Lublin, Konopnicka 8

Na scenę wchodzą Bracia Maziarze. Winieniem napisać: „Rodzina Maziarzów i Inni". Mieszkaliśmy w tym samym domu. Ja na pierwszym piętrze, syn ówczesnego porucznika kawalerii. Bracia zajmowali z matką i siostrą jedną izbę w suterynie. Ojciec, woźny w banku, odumarł ich. Każdy z członków Rodziny czymś na mnie wpłynął lub mnie obdarzył. Mama Maziarz serdeczną przyjaźnią, jej córka Helena uśmiechami przelotnymi, lecz z iskrą sympatii. Miała ciemne wesołe oczy. duży nos po Mamie, nogi, oj, po tacie, łatwy uśmiech całej Rodziny. I swoje własne życie poza nami wszystkimi. Ona już pracowała w fabryce. Jej uśmiech łowiłem, jak dowcip. Najstarszy syn Dominik, po ojcu woźny w banku, swoją osobowością wywołał we mnie sympatię, utwierdził przyjaźń, po dziś trwającą pamięć. Drugi z kolei, Edek, (kończył powszechną) obroną przed lokalnymi łobuzami i setnym czytaniem „Trylogii"!

Ale Boguś, najmłodszy syn Mamy, Boguś równy mi wiekiem, Boguś ... Lecz o Nim osobno.

Chodziłem do nich zapraszany na Edka czytania. Z podwórza stromymi schodami zanurzałem się w ciemnością groźny korytarz podziemia i w jego głębi, na prawo, do ich niewidocznych drzwi. Ale zawsze ciągnęło i nie oprzeć się, by nie spojrzeć w lewo. Tam, czym ciemniej, tym wilgotniej, czym dalej, tym groźniej, tym niepojęciej ... a w samym końcu – Wawrzyniec! Tam mieszkał Wawrzyniec! Ledwie niekiedy widywany, człek – borsuk, człek – niedźwiedź, niestwora niewiadomego wieku, do ziemi przygięty, odziany przez rok okrągły kurtami, burkami wlokącymi się nad chodnikiem i filcowymi buciorami ogromnymi, omszałymi, co mu się opornie dawały ciągnąć po świętej ziemi. Żebrak. Pochylonej nisko twarzy nie dojrzeliśmy nigdy. Tylko kudły głowy pod czapą naciśniętą na ten tobół ciała i odziewy, pewnie przegniłej. Torby dźwigał i kij. Nie żeby się oganiać od nas. Na ulicy, kiedy się przesuwał z Konopnickiej na Lipową pod cmentarz na swoje żebracze miejsce życia i cierpienia, bo on zidociały nie był, my, dzieci z jego domu, wyczuwaliśmy jego mękę. Widzieliśmy parę razy, jak obojętnie zbywał obcych malców napastników. Jeśli się kto na ulicy z niego naigrawał, to cudzy pętak i szczeniak. Dla nas był on tylko niesamowity.

On miał córkę! O niemożliwej dawnej żonie-nieżonie nie wiedzieliśmy nic. Miał Zośkę! Skąd wiedzieliśmy, jak ona miała na imię? Widywało się ją rzadko, jak dziwnego motyla, bo Zośka była jak motyl na spróchniałym pniu wielkiego dębu. Smukła, może siedemnastoletnia, unikała naszego dnia, wczesnym rankiem zawsze niespodziewanie ukazywała się ponad schodami suteryn, szybko, zręcznymi ruchami zgrabnych nóg odlatywała na ulicę i natychmiast za jej róg, znikała z oczu. Może tam, na świecie, bujała wesoło, kolorowo, beztrosko. Tak „czuliśmy dla niej". W tamtych latach ojca nie opuściła. My zaraz byśmy się o tym zwiedzieli. My. Rodzina Maziarzów i ja.

U nich, w domu na Konopnickiej 8, dotknęła mnie po raz pierwszy różdżka Literatury. Wróżką był Edek, a różdżką – spracowany tom „Ogniem i Mieczem". To Edek, gdy przychodziłem na sesje niepojętej rozkoszy, stawał pod oknem dla światła, z księgą w ręku, zawierającą zakładki na sceny zadane przez Mamę Maziarz. Ona przy kuchni na zydlu, nieustająco wiążąc sztuczne kwiaty, my dwaj z Bogusiem usadowieni na ławie, naprzeciw jedynego wielkiego łoża Rodziny. I – kurtyna szła w górę! Zaraz zdrowym okiem wodził po nas pan Onufry Zagłoba, wygłaszał sentencje świetnie nam znane, i my od razu za przewodem Mamy Maziarz od pieca kuchennego poczynaliśmy pękać ze śmiechu. Któregoś razu pomyślałem, czy ja bym potrafił tak czytać jak on? I wiedzieliśmy, że Edek jako Bohun kocha się w Helenie Kurcewiczównej, że czasami jest Krzywonosem, że miłuje pana Longina i że chciałby spróbować się z Burłajem. Edek silny był – Piekarczykom z ulicy Orlej, Czerniakom, osiłkom nie sroce spod ogona, którzy „nastawali" na nas pogroził: „Jak mi który dotknie mego brata Bogusia, albo jego, to jest mnie, to niech sobie pamięta, że moja rączka jest mała, ale śmiercią pachnie!". I Czerniakowie palca na nas nie zakrzywili. Edek czuł, że i Burłaja by usiekł. Pana Wołodyjowskiego miał w estymie, ale nie przepadał za nim, od kiedy Bohuna spłatał. To, że Helenę wyprowadził z jaru za Jarholikiem, razem z panem Zagłobą, karbowało się panu Michałowi na plus, i owszem, ale on tego dokonał dla tego Skrzetuskiego, a zresztą bez Rzędziana i pana Zagłoby to by nie potrafił. Mama Maziarzowa szczęśliwie godziła nasze rozlatane opinie o bohaterach, po czym za Jej przewodem najchętniej nawracaliśmy do pana Onufrego. Mama śmiech mieszała z okrzykami, zasłaniała bezzębne usta zreumatyzmowaną dłonią i radośnie stwierdzała: „A to ci tyn był – no!" Wówczas pan Onufry spoglądał na Nią z zadowoleniem i uśmiechał się.

Dominik bawił się z nami inaczej. Czasami robił nam piłki z gałganów, mocne, którymi graliśmy w bramie domu w parzaka, plamiąc ściany. Uczył nas gimnastyki. Zapraszał, bym mu na plecy wskakiwał, fikał koziołka przez głowę, albo swoją głową opuszczał się w dół i nurkiem wychodził z tyłu pomiędzy jego nogami. Dominik po zawodowej pracy przede wszystkim uczył się. Parł, by zdobyć maturę jako „ekstern". Nie zdążył, powołano go do wojska. Przekazał swą posadę Edkowi. Bank chętnie przyjął trzeciego następcę z dobrej rodziny. Dominik postanowił zostać w wojsku na stałe i tam piąć się w górę. Kiedy osiągnął stopień podoficerski, wstąpił do szkoły podchorążych dla podoficerów, uzyskał maturę i został oficerem. Na rok przed wojną awansował do stopnia porucznika.

Ale oto – Boguś. Boguś zawładnął wówczas moją wyobraźnią i przyjaźnią i pamięcią o Nim do dnia dzisiejszego. W tamtym okresie splątywaliśmy się z sobą bardziej, niż którykolwiek z nas z innym chłopcem. Byliśmy jak liście zszyte z sobą żyłkami traw. Rówieśnik mój, powiernik, bajarz porywający mnie w światy jego religijnomakabrycznych bajdurzeń i przygód cmentarnych na starym lubelskim „nekropolis". Także wiązały nas tajemnice baśni wymyślanych przez Bogusia, jego urocze śpiewania o duchach i o cieniach gęstszych i ciemniejszych niż ciemności korytarza suteryn, gdzie takie cienie widywał. O nich ułożył śpiewkę, bo one sobie tego życzyły i oddawał im raz w tygodniu sztuczną chryzantemę. Na brzegu ich tunelu. A one składały ten kwiat w ciemnościach najgłębszych, u „tamtego" krańca korytarza suteryn, na progu izby starego Wawrzyńca-żebraka, dla jego córki, Zośki. Dla niej. Słów śpiewki o cieniach nie pamiętam, ale nie zapomniałem o istnieniu ich, niepojętych, w czarnych tunelach i załomach podziemia domu i czułości ich dla córki innego cienia, jej ojca. (Aż potem, potem, przypadek zadziałał: To Edek.... Powiedział Bogusiowi, że potrzebna mu róża, nie chryzantema. Tak zdradzał Helenę Kurcewicz pomiędzy czytaniami o niej!)

Boguś. Boguś. Z nim debatowaliśmy o lotach ptaków (gołębi), o zaćmieniu słońca, o paleniu papierosów. On ich nie znosił, ja zaczynałem je cenić. O pięknie słuchania Edka, gdy czyta „Trylogię"', o pięknie słuchania śpiewu jego, Bogusia, w kościele. A nasze wycieczki na cmentarz? Naturalnie, bo....

On już pracował. Wraz z Mamą wyrabiali z kolorowych bibułek, z glansowanych papierów i z drutów tak zwane kwiaty na sprzedaż z koszów pod bramą cmentarza, na ulicy Lipowej. (Za moich ośmiu, dziewięciu itp. lat nazywała się Cmentarną. Lecz ktoś z celniejszym gustem magistrackim obsadził ją rzędem rozrosłych potem lip i przemienił jej nazwę na Lipową). Kwiaty potrafili robić szybko i dziś powiedziałbym, z „artystycznym zniekształceniem". W palcach spółki artystów Mama Maziarz i Syn wykwitały maki, chabry, okazałe róże, chryzantemy, goździki kolorowe, niemal pachnące, lecz form niekoniecznie według ich przyrodzonych chromozomów. Jednak liście były liśćmi, a kwiaty kwiatami. Podniecające oko kule kolorowych papierków, plamy barw w koszu i – co najdziwniejsze – sprzedawały się dobrze. Nieźle to świadczyło o ówczesnej publiczności cmentarnej.

Bogusia fascynowało... życie cmentarza. A przez niego i mnie, trasami po południu, po szkole, za zgodą mojej Mamy, szedłem do niego pod bramę cmentarza, siadałem przy nim i pomagałem mu sprzedawać jego papierowe minirzeźby, żeby po sprzedaży, pod wieczór, razem tę bramę przekraczać. Baliśmy się zależnie od długości dnia i natężenia światła. Strach nasz falował, bywało, że znikał. Przecież Boguś miał tam swego ojca, ja śliczną kuzynkę. I kiedy przechadzaliśmy się niemal bez strachu wiedzieliśmy, że te nieprzeliczone osoby albo leżały spokojnie w grobach, może jedynie na wpół śpiące, może nawet niektóre gotowe patrzeć na nas, czym mroczniej, tym uważniej, inne powiewnie unosiły się w powietrzu, odpoczywały pod tujami, stały koło cyprysów, tuż koło swoich pomników. Nie miały w sobie napastliwości, cierpienia, oczekiwania, tchnieniem powietrza, poruszeniem liści przekazywały nam swoje poczucie sennej wieczności. Lecz jeśliby bramę zamknięto nim zdążylibyśmy wrócić na ulicę Lipową, tam, pod światło latarni gazowej, to mogłaby nas ogarnąć trwoga niepojęta!

„...czarny welon szkieletu... "

Ha, ha! Czytywaliśmy przecież ballady o rycerzach zabitych na dalekich wojnach, którzy o północy przybywali w czarnych zbrojach na karych rumakach pieniących się biało i kochanki tęsknie wyczekujące ich powrotu przy niebacznie otwartych oknach porywali i wraz z nimi zapadali się w groby. Z trzaskiem. I z koniem.

Rzetelnych wzruszeń nie szukaliśmy daleko. Stary cmentarz tuż za bramą obfitował w wiekowe grobowce rodzinne. Tam, obrośnięty bluszczem i ciemnymi mchami, na wpół zawalony, odsłaniał szczątki truchła, zbielałe kości. Na pionowej płycie marmurowej nazwisko pod mchem, nieczytelne. A tam, na innej kwaterze, zbiorowa mogiła młodych Powstańców z roku 1863-go. Starych widywaliśmy w mieście. Rodzice przykazywali kłaniać się im. Na ulicy Narutowicza jeden i na Górnej jeden. Razem na spacery chadzali. Poważnie zdejmowaliśmy czapki. A na Trzeciego Maja mała grupka, staruszkowie z laskami, w niezgrabnych granatowych mundurach kadetów Króla Stanisława, w niekształtnych rogatywkach, ale bardzo szacowni, paradowali na czele uroczystych, wesołych pochodów.

Wstrząs! Boguś czekał na mnie w bramie domu zgorączkowany i zapytał: „Chcesz zobaczyć samobójcę?". „Co-oo?". Struchlałem. „A pewnie, że chcę!". „To chodź! Idziemy na ewangelicki cmentarz". Poszliśmy. Weszliśmy niemal ukradkiem, pierwszy raz na tym cmentarzu. Piękny, odgrodzony od naszego wysokim murem. Wypielęgnowany, bogaty, marmury, zasmucone dziewice naturalnej wielkości w długich koszulach, także aniołowie o wąskich skrzydłach sięgających ich stóp. Szliśmy szeroką, żwirową aleją do kostnicy. Żwir nieznośnie chrupał pod stopami. Zamknięta.... Ale przez okno widać dobrze.... Leżał na plecach z jedną nogą podgiętą w kolanie, ramiona wzdłuż ciała, na twarzy czapka studencka zasłaniająca rysy ... za lewym uchem duża, sina plama. Podobno zastrzelił się z miłości. Rodzice nie pozwolili mu ożenić się z tą dziewczyną, a tak ją kochał, że zaprotestował strzałem w swoją skroń. Mówiono, że ona, choć katoliczka, otruła się i pochowano ją po drugiej stronie muru, w nie poświęcanej ziemi, z daleka od niego. Tak sobie podawano pod cmentarzem wśród sprzedawców sztucznych kwiatów, żałując młodych, wzru-

68

szając ramionami nad starymi.

Boguś śpiewał. Jego piękny dyszkant już wtedy zbliżał go do Kościoła. Zrazu do kościoła Wizytek, tak popularnie zwanego, choć jego nazwa brzmi: kościół Brygidek, ale dla nas zawsze był to powizytkowski kościół Panny Marii. Mury jego swoim stylem i grubością świadczą o czasach jego początku. Zbudować go polecił Władysław Jagiełło, król polski i Wielki Książę Litwy, jako wotum dziękczynne po zwycięstwie grunwaldzkim. W kościele tym w czasie sumy niedzielnej śpiewał Boguś na tle młodziutkich głosów uczennic gimnazjum Urszulanek. One rozmaitej skali sopranikami wspomagane delikatnym altem pięknej Jadzi Jaroszyńskiej, on dyszkantem mocnym i czystym. Pamiętam o drżeniach w piersiach, gdy organy kościelne wypełniały nawę basem, potem biegły w trele i wraz chórem cichły, a Boguś, spomiędzy nich, solo wznosił swój wyjątkowy dyszkant ku sufitom kościoła i poza nie, hen, do stóp Marii Panny.

Bogusiowi zawdzięczałem nową przyjemność chodzenia do Wizytek. Za moich zawczesnych lat Mama prowadzała mnie tam na sumy. Lubiła ten kościół. Pamiętam, jak podczas modlitewnej ciszy w nawie pociągałem Ją za rękaw i prosiłem rzewnie i głośno: „Mamusiu, chodźmy stąd, tutaj tak nudno... ". Dopiero dzwonki na podniesienie, rumor klękań, widok żegnań się, bicia się w piersi, drugie dzwonki, szurania butów idących do komunii, szum wstawań z klęczek, przynosiły ulgę, rozrywkę.

Boguś wprowadził mnie do tamtego kościoła.

Spotkania.

W roku 1938 spotkałem go na ulicy Lublina raz i nigdy więcej. Aniśmy się spostrzegli, jak nas rozwiało po różnych kątach kraju, po szkołach, przyjaciołach, po nowych przeżyciach. Pomimo trwałej o nim pamięci, Dom naszych dziecinnych wspólnot już od wieków nie istniał. W 1938 więc roku stanęliśmy naprzeciw siebie, na jednej z bocznych ulic miast – przypadkiem. Ja ucieszyłem się. On stał, jakby zamarły wewnątrz. Nie cofnął się od razu, ale odczułem, że mojej obecności nic chciał. Jakie walki, jakie straty, trwogi, rozpacze przechodził – nie dowiedziałem się. Owszem, powiedział mi że wstąpił był do któregoś z klasztorów. Nie nazwał go. Rozgoryczony tym, czego tam doświadczył, wystąpił i ożenił się. Byłaż to ucieczka w ślepą uliczkę? Chwilowa potrzeba oparcia, czy mocnego zaprzeczenia sobie samemu, ostatecznego przekreślenia siebie z ubiegłych lat, czy pokazanie pięści zakonowi, odrzucenie Ciała organizacji Kościelnej? W takim razie dlaczego poszedł do Kościoła po ślub? Czy został przy wyznaniu, czy tylko uległ ówczesnej narzeczonej? Jej rodzinie? Nie pytałem go. Już nie pytałem go. Szybko powiedział mi, że matka umarła, że o Helenie ani o Edku nic nie wie. O drugim bracie, że awansował jako oficer. Mówił jakby w biegu, najwyraźniej w ucieczce. Nie było mowy o dalszych kontaktach. Ani nie pomogły inne przypadki.

A Marysia Wolanowska? O kilka tygodni wcześniej natknąłem się w księgarni Cholewińskiego, na Krakowskim Przedmieściu, blisko rogu Kapucyńskiej, na Marysię Wolanowską. Stanąłem jak rzeczywiście wryty. A Ona? Zapaliła się rumieńcem cała Jej buzia. Duża przystojna panna. Dwudziestodwulatka – wiedziałem. Jak ja. Ja bez słowa, Ona bez słowa. Odwróciła się kompletnie zmieszana, zakłopotana, cierpiąca. Usunąłem się ze sklepu zadowolony, że nie przyszło do rozmowy. Ależ dlaczego? Skąd te nasze obopólne skrępowania? Wstydy! Przed szesnastu laty lubiliśmy się tak bardzo, że często napierałem się, by mi pozwolono do Niej pójść o piętro wyżej, na drugie, wciąż w kamienicy pana Sobola, na Konopnickiej 8. I bawić się z Nią masą Jej zabawek, a były to małpki, osiołki, świnki, kotki i pieski. Ona umiała organizować je w śmieszne kręgi rodzinne, krewnych, kuzynów, przyjaciół i gości, bardzo miłych ludzi. Ona płakała, gdy nie przychodziłem. A teraz uniknęliśmy siebie z ulgą. Dlaczego? Spotkania z szczęśliwych okresów niepełnej świadomości.

# Wczesne życie braterskie

Że miałem brata już wyróżniającego się i w przyszłości pewnie wybitnego, dowiedziałem się w okoliczności zaskakującej. Ale o tym za chronologiczną chwilę. Natomiast do tamtej przyszłej pory pamiętam Janka jako większego ode mnie chłopca, który dostawał nowe ubrania, czym prędzej z nich wyrastał, żeby dostać tym nowsze, a ja musiałem, oczywiście, oczywiście, donaszać je do zdarcia. Rósł mnie na złość! Te za długie rękawy na łokciach wytarte, ten kołnierz zimowego palta, lisi, obcierający szyję zimną skórą już bez włosów. O, o! Budował się we mnie bunt wobec przywilejów pierworództwa, nowoczesny kompleks drugorzędności plus wyraźny mściwy sub-kompleks, ewentualnego Spartakusa-Zwycięzcy.... Zacząłem prowokować mego Gawła (że był odmianą Gawła pojęcia nie miał. Ja wiedziałem. A ja byłem Pawełkiem, który nie wadził nikomu.), już dwunastoletniego drągala o trzy lata podstępnie starszego, tego mądralę, tego szybko rozwijającego się konsumenta intelektualii książkowych, bo Jasio-pąk wywijał się z szypułki tak: czytał pasjami, wciskał się w otwarte książki, wysysał je! Dosłownie „ssał" je i – tum go dostał!

„Janek ssie", powiedziała mama do taty. „Kogo ssie?", zapytał tata podejrzliwie zdziwiony. Mama spojrzała na niego z wyrzutem i parsknęła małym śmieszkiem. „Ach, ty zawsze!" i powiedziała, jakby wyjawiała niewiadomą oczywistą: „Książki przecież... ". Na to ojciec z radosną ulgą oznajmił: „Dzieci są nieszkodliwe dopóki ssą mamę, groźny moment nadchodzi, gdy zaczynają ssać tatę. Jeśli Jaś ssie coś po drodze od – do, to na razie mnie to nie martwi. Jak on to robi?". Mama westchnęła na żarty i wyjaśniła: „Tak się pasjonuje tym, co czyta, że się zanurza w stronicę i palcami kręci włosy nad czołem a wargami wyraźnie i ciągle porusza, ale nie „czyta" jak Barbara, tylko „ssie"! Ojciec zapytał rzeczowo, jakie książki on tak wchłania? Mama odrzekła z dumą: „Głównie historię Polski i Ukrainy". Tatuś uśmiechnął się z uznaniem. I na tym rodzice zakończyli debatę nad Jasiowym „ssaniem" ksiąg. (A może on wtedy dobywał z nich myśli, które działały na zalążki konceptów jego własnego miotu, jak promienie słońca na żabi skrzek? Czyż ja, głuptas, miałem prawo to osądzać?)

Ta rozmowa mamy z tatą, niewinnie posłuchana, zapłodniła mnie bajecznie. O, cudowne wizje odegrania się! Od razu, gdy usłyszałem mamy opis jego akcji „ssania", powiedziałem sobie: „Mam cię!". O, słodkie planowania prowokacji! Wiedziałem, co mu zrobię, gdy go na tym złapię. I zaraz mu to zrobiłem! I potem – za każdą kurtkę donoszoną, za każde palto wyszarzałe, za każdy kołnierz wytarty jego szyją! O, tak. Po wiele razy. Tak go mama wydała w moje ręce. Tego samego popołudnia zobaczyłem pod oknem jego plecy pochylone nad stołem, głowy prawie nie widziałem, ledwie tył jej pokryty falami gęstych włosów ciemnego blondyna.... Już swój długi nos wpuścił pomiędzy litery, jak motyl trąbkę w dno kwiatu i ssie i ssie!.... Na palcach pobiegłem do sypialni rodziców, chwyciłem mamy lusterko, którym co rano umożliwiała sobie oglądanie w dużym lustrze swego sympatycznego profilu i dużego koku na karku i – wróciłem do niego.... roiłem się za nim, przy nim, niemal pod nim.... On pojęcia nie miał o moich manewrach tak pełnych ruchu i podejrzanych skradań się za jego plecami. A ja obierałem strategiczne stanowisko. Podsunąłem się tuż, tuż – nawet moja bliskość nie ocknęła go, on był tam, tam w historii. Bez przeszkód postawiłem przed nim lusterko, cofnąłem się o pół, nic, o ćwierć kroku, stanąłem za jego prawym ramieniem i patrząc na niego w lusterku zacząłem się wykrzywiać, palcami kręcić swoje proste włosy i ustami tak pod moim szerokim nosem ciamkać, jakbym ssał dwie kozy naraz. On mnie nie widział! W gniewie i zawodzie zacmokałem głośniej i on raptem podniósł nos z nad stronicy, jego oczy trafiły w lusterko i w nim na mnie dziko wykrzywionego! Więc natychmiast stało się to, co przeczuwałem, przewidywałem, na co byłem ja – Spartakus! – gotowy. Tortury. Jaś zawirował na jednej nodze krzesła, chwycił, w jednej chwili obalił mnie na podłogę, bęc na plecy, rozkrzyżował i zaraz poczułem jego gorący palec w nosie. Wepchnął go głęboko w prawą dziurkę i powtórzył sykiem: „Będziesz?". „Będę!". Drugi palec w drugą dziurkę. I ten sam dialożek. Teraz zaczęło się wpychanie palców tym głębiej i rozciąganie mi nosa na boki. (Pozostał mi szeroki do dziś; podobno mama mawiała, że Jaś się urodził z za długim, a ja ze zbyt szerokim, więc może to nie jego wysiłki, a samej Natury tak mnie upiększyły). Nie dał mi rady, choć ja właśnie wchodziłem w koleje życia w charakterze mikrusa i zdechlaka. W końcu wyciągnął palce z mego nosa i wepchnął mi je w uszy. Na to ja, ubawiony, wybuchnąłem śmiechem. Ale raz dał mi Jasiułek szkołę pamiętną. Czekał na mnie. Zamiast siedzieć głęboko w książce, on nad jej powierzchnią drżał ... czyhał ... tylko patrzył na numery stronic.... Ledwie mu postawiłem lusterko przed nosem capnął mnie za rękę, wywalił na plecy według przyjętej formuły, ale zamiast mi nos rozciągać wszerz – chwycił go palcami prawej ręki, lewą dłoń położył mi na czole, przycisnął głowę do podłogi i począł mi nos wydłużać.... Nie spostrzegłem, że on chwilowo przerzucił się z historii na literaturę piękną! Właśnie przeczytał Kiplinga „O tym, jak słoń otrzymał trąbę" i wziął się do mego nosa metodą krokodyla. Na szczęście nie zębami. Potem braterskie lanie otrzymywałem dość regularnie, aż pewnego dnia, o zmierzchu, nadjechała mi pomoc, nie do wiary – z Rosji!

... leżałem na kanapie odpoczywając po wysilającej grze

w kiczkę.... Wszystkie trzy panie: babcia (która mnie w pociągu Kijów-Łubnie-Lublin ukraińskim barszczem od pochówku przy torze kolejowym uratowała), Mama i wujenka Janka, czyli Stefanowa Lagunowa, mieszkające na różnych piętrach tego samego domu pana Aarona Sobola, były zdania, iż moje cherlactwo wymagało odpoczynków w ciągu dnia. Co kilka godzin polegiwałem. Jaś, przyszły bystry polityk, oceniał moją wytrzymałość na klęski swobodnie, pragmatycznie i niezmiennie.

Ale wracajmy do mnie leżącego na kanapie w roku 1922, czy jemu bliskim, pod wieczór, kiedy wymyślałem lepsze uderzenia w kiczkę, twarzą zwrócony do zamkniętych drzwi od małego przedpokoju ograniczonego drzwiami do kuchni i do drzwi wejściowych. W kuchni, w ostatnim świetle dnia, Mama przygotowywała dla wzmocnienia mnie kogiel-mogiel z koniakiem. Do dziś kocham koniak! Wtem od strony schodów zamącił me rojenia sportowe dzwonek u drzwi wejściowych.

Zabrzmiał alarmująco, bo o niezwykłej porze. Cisza. Zdziwione pytanie Mamy „Kto tam?". Daleki szmer głosów. Krótka cisza. Znów szmer głosów. Mamy niepewne: „Ktoooo... ?". I raptem zdumiony krzyk: „Jezus Maria! Józefie Święty!", trzask zamków, klekot łańcucha, hałas szeroko otwieranych drzwi wejściowych. Ja zerwałem się do pozycji siedzącej, by Mamę ratować i gdym już prawą nogę opuszczał na podłogę, ktoś pchnął skrzydło drzwi od przedpokoju i... w półmroku stanął w nich chłopiec wyższy od Jaśka, jego białą matową twarz o błyszczących oczach okalały ciemne włosy zarostu i głowy, prawie czarne jak jego oczy. Był to Staś Ferański. Piękny.

Zabłysły lampy naftowe i cały pokój wypełniły rozmaite osoby i wraz z nimi zatrważający zapach Rosji. Woń! Ta sama, z niby-zapomnianych lat naszego tam pobytu, wróciła w naszą rzeczywistość. Woń tego, co oni tam przeszli. Nie pozwolę sobie na opisywanie jej składników. My się szybciej jej pozbyliśmy, oni dłużej tam przebywali.

Ale zaczęło się ściskanie mnie i całowanie przez nie-
znajome panny, na szczęście ładne, a już szczególnie serdeczne przez tę dużą, drugą co do urody, nadzwyczaj miłą Jankę. Byli to bliscy krewni mojej Mamy, Jej cioteczne
siostry i bracia, dzieci Jej wuja Aleksandra Ferańskiego,
brata mojej babci Zofii Lagunowej z Ferańskich. Niemal
cała ich rodzina, bo za wyjątkiem ich matki, Katarzyny z
domu Zdzienickiej, podobno nadzwyczajnej urody, zmarłej
na suchoty w Rosji. Zjechali do Lublina z Odessy. Jeszcze
się im udało! Lenin, Trocki, wszystko to gdzieś tam, a oni
tu! Radość, wniebowzięcie! I ten zapach....

Ich czwórka: Janeczka i Wacek, Maniusia i Staś, po star-
szeństwie i podobieństwie. Staś, mój od razu ukochany Staś,
bo zaraz na drugi dzień, gdy znowu przyszedł do nas, a Ja-
siulek właśnie mnie używał do wprawek w konnej jeździe,
ściągnął go ze mnie i srogo mu palcem nakiwał. Górował
nad Jasiem wiekiem trzech lat (Nade mną – sześciu). Jaś
najeżył się, ale wzruszony, oświadczył Stasiowi, że od tej
pory kształt mego nosa pozostawi mojemu losowi. Później
Staś pożyczał mi ołowianych żołnierzy, Indian z plemienia
Irokezów i wzrastaliśmy w przyjaźni. Jasia to nie interesowało z żadnej strony. Nasza przyjaźń ze Stasiem umacniała
się z latami i cieszyliśmy się nią do końca Jego życia, które
przeciął niemiecki pocisk w trzydziestym dziewiątym, pod
Piotrkowem Trybunalskim.

Ale wtedy Staś nie stał na straży mego pokoju z Jasiem
latami. Znikł. Odjechał. Nie wiedziałem dokąd (smarkacze
nie starają się wyjaśnić sobie wielu niewiadomych, poniewczasie żałują). Z ich dorosłej grupki pozostała Janeczka,
najstarsza panna, po niedługim czasie pani Stachurska. Ona
upodobała sobie moją oszukańczą dziecinność, wspartą zupełnie złudną słabowitością i osładzała mi to moje niby
marne życie (nie wiedziała o koglu-moglu z koniakiem!)
prowadząc mnie do pierwszego w Lublinie „plastikonu"
na olśnienia ruchomymi obrazkami w dużej „magicznej latarni".

75

Przylepiało się oczami do otworów w jej cylindrycznym korpusie i – co też tam się działo, wyprawiało! to było ciekawsze od kiczki i nawet gołębi. Od mojej pasji do tej latarni Janeczka nazwała mnie „plastikonem".

W pół wieku i pięć lat później odnaleźliśmy się listownie, ja w Sudanie, Ona w Gdańsku i posyłałem Jej lekarstwa z prawie normalnego świata. (Nie mogę tej wstawki ominąć, bo by mi temperatura tak ważnego wspomnienia przystygła. Oczywiście, zawsze pozostanie ono ciepłe, lecz właśnie jest gorące. Przepraszam.). Krótko zadziwiała nas najmłodsza, Maniusia, najładniejsza, tancerka o szalonym temperamencie, niepokonywana godzinami Charlestona, 18-latka, nagle zabita przez jej własne serce. Od małego obznajmiony z nieboszczykami patrzyłem na jej delikatną twarz, na zamknięte oczy o długich ciemnych rzęsach, drobny nosek, białe policzki i usta jeszcze różowe i myślałem ... ona jest czysta ... ładnie ubrana.... Tamci, tam, zawsze byli brudni ... zmiętoszeni.... Po latach, powtarzając to wspomnienie dodawałem ... sponiewierani.

Staś Ferański znikł, sytuacja między nami braciszkami wróciła do normy, bo najczęściej dorosłych brakło w domu i nie miał kto Jasia ściągać ze mnie. Aż pewnego dnia i on znikł z mieszkania. Odetchnąłem. Sam pijałem kogiel-mogiel plus koniak, sam królowałem w naszym „pokoju", przy ulicy Konopnickiej 8, w Lublinie. Ta ulica tak się literacko nazywa nie od pani Marii, ale od Konopnicy, kiedyś znacznej wsi. Lublin przemienił ją w swoją miejską odnogę i chwali się nazwą ulicy jakby Jej imienia. Wtedy myślałem, że to od pani Marii i miałem dla Niej tak czułe uczucia, jakbym był jednym z Jej krasnali. Mieszkałem u Niej.

Jaś się pojawił! Zgroza! I to tuż przed Bożym Narodzeniem! Ale ... ale jakiż odmieniony.... Nowy i fantastyczny. W granatowym mundurze z żółtymi wypustkami wszędzie: i na nogawkach, i na rękawach, i z galonem srebrnym na stojącym kołnierzu a na głowie – w zdumiewającej czapie! I ta czapa i on cały zatkali mnie. Czapa była także granatowa, rogatywka o opływowych bocznych rogach, o czarnym lśniącym daszku opuszczonym, by wpół przesłaniał mu oczy, a nad daszkiem – ach! Ogromne srebrne słońce wschodziło z ponad widnokręgu łączącego daszek z czapą. Promieniami sięgało chyba nieba i jasnością otulało całą jego postać.... Nie śmiałem drgnąć. Aż przerażająca myśl mnie huknęła: Tego munduru nie dadzą mi donaszać!

Spod daszka patrzyły na mnie Jaśka oczy. Oczy powiększone i życzliwe. Opromieniony słońcem z czapki wyrósł ponad pomsty nade mną. Był niedosięgalny i miłosierny.

Słyszałem, oczywiście słyszałem, że Jaśka oddano do Korpusu Kadetów, tam gdzie jest Staś Ferański, że to w Chełmnie na Pomorzu, że przyjedzie na Święta. Zasłyszane tu, tam i ówdzie ułamki nie stworzyły obrazu. Teraz zdumienie, szok, szał i objawienie! Od tej pory wiedziałem, gdzie szczęście czeka na mnie – w Chełmnie i ma kształt słońca na czapce. Ale musiało ono na mnie czekać jeszcze trzy lata.

# Mój pierwszy rym

Ja miałem dwanaście lat i słońce świeciło nad Lublinem, ale spomiędzy kłębiastych chmur tylko niektóre jasną bielą odbijały blaski słoneczne, większość zaś czarno posuwała się nad Krakowskie Przedmieście, jedna z nich zawisła nad tą piękną arterią w pobliżu Krakowskiej Bramy, niedaleko sklepu z obuwiem pana Kuropatwy. Celowo. Tam, bo miał się zawiązać dramat, mój dramat, który wkrótce wybuchł w mych ustach, na ulicy Konopnickiej 5, pierwszym rymem! Mieszkałem tam u dziadków, rodziców mej mamy, jakże kochanych. Rodzica na ich wojną zrujnowanym Józefinie.

Barbara. Służyła u dziadków od lat Barbara, wtedy w bardzo już podeszłym wieku i zgodnie z nim pomięta, pofałdowana, z brodawkami późnego siewu, co nie przeszkadzało jej mieć poczciwy charakter i serce kochające właśnie mnie! A ja nie miałem już dla niej uczuć sentymentalnych, choć podobno w wieku raczkowania i nawet później całowałem ją w usta. Tego przestępstwa nie pamiętałem, wystarczyły jednak żarty babci, bym Barbarze nie był w stanie tamtych moich pocałunków wybaczyć. Już wcześnie byłem taki przewrotny. A i w moich bardziej świadomych latach ona także narażała mi się często. Wykonywałem piękne prace, tzw. roboty ręczne, wycinania piłką z dykty ptaków, zwierząt i malowanie ich ślicznymi farbami wodnymi wytwórni krakowskiej „Iskra".

One nie tylko mieniły się radośnie, ale i pachniały. Do dziś pamiętam woń ich różowej, ich karminu (... bo koloru, a więc i smaku ust cudnej nauczycielki polskiego – przypadkiem pocałowała mnie w usta, gdy składałem jej życzenia imieninowe i od tej pory już ze mną pozostała...), zapach ich czarnej i fioletowej (ta dlaczegoś przypominała mi Helkę z parteru) z powodu tego malowania, co i raz to biegałem do kuchni, do kranu. Myłem tam ręce, pędzle, chlapałem na podłogę. Wtedy Barbara skrzeczała: „Znowy Staś babrze. Ziaby w kałużach pod zliwem rechcu"! Za to przezywałem ją Babrałą! Tego dnia niebo co chwila ciemniało, rozjaśniało się, ciemniało. I tego dnia, bardzo wcześnie, przyjechał końmi z Józefina mój ukochany – Tatuś! Zaraz sprawdził, czy myję zęby jego metodą (miał nigdy nie wiercone, białe, równe, pod ciemnym wąsem) i zabrał mnie do miasta, by po załatwieniu swoich różnych spraw kupić mi nowe półbuty. Radość! Wtedy modę opanowały „golfy" z nosami wąskimi, długimi, spiczastymi, ach! smukłe golfy.... Ja im wszystkim na Konopnickiej: braciom Maziarzom, niezapomnianym współ entuzjastom Zagłoby, Tadzikowi Lipeckiemu, co wykręcał mi rękę, gdy przegrywał w kiczkę, Czyżewskiemu – aminkowi, Ungerowi z przeciwka, i także na całej Orlej; Wieśkowi Rottowi, kpiarzowi serdecznemu i kupie Czerniaków, piekarczyków-zabijaków – pokażę, szyku zadam i Helce z parteru zaimponuję! (Grandziarzy Czerniaków trzymał od nas z daleka Edek Maziarz. Powiedział im: „Te, jak mi który mojego brata, Bogusia, albo jego / tj. mnie / ruszy, to się dowi że moja rączka jest mała, ale śmiercią pachnie!". Żaden nie kwapił się jej wąchać).

Obeszliśmy z Tatusiem rozmaite sklepy i składy rolnicze, pachnące farbami nowych narzędzi: zielonych pługów, czerwonych żniwiarek, wiązałek, bryzowych bron i czarnych motorów do młocarni, wialni, sieczkarni. Potem sklepy w lewej, długiej ścianie placu zajezdnego, naprzeciw stajni dla chłopów stojących tam na czas ich interesów. Tam pachniało sianem, owsem, kapotami gospodarzy i końskim moczem.

I wreszcie Tatuś skończył zaśmiewać się z kawałów opowiadanych przez właściciela sklepu z nasionami roślin pastewnych, przyjaciela słynnego u nas z jego wieloletniej, namiętnej przynależności do klubu imienia Łazarza, Ludwika Zamenhofa – esperantystów i wyszliśmy na ulicę wiodącą do sklepu z obuwiem, do sklepu pana Kuropatwy! Weszliśmy w jego cudowny zaduch skórzanych butów z cholewami, butów, półbutów, pantofli męskich, damskich i dziecinnych i bez namysłu, pewnym rzutem ręki chwyciłem półbut czarny z nosem na dwa łokcie i zawołałem do Tatusia! „Tatusiu – ten!". Na dworze zagrzmiało, pan Kuropatwa powiedział: „aja-jaj"! To czego ono tutaj nad moim domem tak grzmi? To nie może nad łąkami, albo nad Saskim Ogrodem, albo choć nad kim innym....Tatuś powiedział: „Nie, Stasiu, takie buty zdeformują ci stopy". Przytuliłem but do piersi: „Tatusiu! Ja tylko troszeczkę je ponoszę, jak mi zaczną deformować to przestanę, ale troszeczkę, tatusiu"! Znowu zagrzmiało, ściemniło się i tatuś – Ojciec rzekł: „Nie. Stasiu, ja mojego syna w takich butach dla żigolaków nie chcę widzieć. Przymierz tamte". „Tatusiu"!... „Stasiu"! I kupił mi mój bezlitosny ojciec, zupełnie zawalając moje tak żywe plany wywołania piorunujących efektów na Konopnickiej i na Orlej, kupił mi tzw. „amerykany", szerokie, o grubych nosach, brzydkie, aż śmiesznie wygodne i – gdzie im do wdzięcznej smukłości golfów!

Wyszliśmy od Kuropatwy. Słońce świeciło wzdłuż połowy ulicy. Lewa strona w cieniu, prawa w słońcu. Ja, w moich nowych półbutach nie zagrażających mi deformacją stóp, wściekły, szedłem z nim po słonecznej stronie. Ale on nie był już moim Tatusiem, był mi Ojcem! Zapytał mnie: „No, jak się czujesz w nowych butach? Prawda, że wygodne?". „Nie!" burknąłem mu na złość. „Nie? A jednak jestem pewny, że nie pomyślisz sobie za kilka dni: tatuś miał rację". „Co mi teraz po szerokim świecie, gdy mi w własnych butach ciasno!". „Co?". „A nie, bo mnie piją w małe palce obu stóp!". „Co ty mówisz, Stasiu, naprawdę? To co, to ja nieprawdę mówię? No, mój synku... ". Żeby nie usłyszeć konkluzji ojcowej dedukcji raptem przeszedłem na drugą stronę ulicy, pomimo dwóch dorożek i jednej z daleka trąbiącej taksówki. Szybko w cień. Ojciec nie przeszkodził mi, nie zawołał mnie do siebie, nie przeszedł na moją stronę, nawet, gdy w chwilę później na jego stronę ulicy lunął gęsty, gruby deszcz. Deszcz upadł tam, naniesiony z chmury sunącej nad domami po mojej stronie na pół jezdni i na ciągle słoneczny chodnik. Jedyny raz w życiu widziałem ulicę tak równo rozdzieloną deszczową wodą – wzdłuż! Ojciec zmókł, ale przecie wciąż świeciło na niego słońce. A ja z cienia strzygłem ku niemu kątem oka i widziałem go doskonale. Szedł tam ogromny, długim krokiem, zdawało się powolnym, ale tak ubywało mu ulicy, że musiałem dobrze wyciągać nogi, żeby się utrzymać na jego wysokości. Wzrostem równy najwyższym, o piersi przechodzącej łagodnym łukiem w brzuch. Gdy podrosłem, powiedział mi z swoim poważnym humorem, że mężczyzna niekiedy musi wkładać frak, a frak wymaga hetmańskiej postaci. Szliśmy. Widziałem teraz, że spogląda ku mnie spod ciężkich brwi i ocenia moją hardość. Ciekawie. Sam od dzieciństwa był hardy. Dwa razy z domu uciekał, na wsi, z tego raz w głębokiej zimie, wśród śnieżnych zasp, w za dużych butach. Widziałem, że podnosiły mu się sute, polskie wąsy w uśmiechu. Ale to mnie drażniło i zacinałem się. Szliśmy, każdy swoją stroną. Mijaliśmy kawiarnię Semadeniego, restaurację Europejską, hotel Wiktoria na rogu Kapucyńskiej, kościół Kapucynów i Plac Unii Lubelskiej i kawiarnię Rutkowskiego, gdzie na dużej werandzie piłem pierwszy mazagran, Syndykat Rolniczy rano odwiedzony, aż doszliśmy do Szopena, do Okopowej, nią do Orlej i z Orlej na wprost i nieco w prawo, do numeru na Konopnickiej. Tam musiałem dołączyć w rząd i wszedłem za ojcem na pierwsze piętro. Drzwi otworzyła nam Barbara. Poza nią nikogo w domu nie było. Ojciec poszedł do łazienki, zdjął marynarkę, umył ręce i twarz i kończąc wycieranie się wszedł z ręcznikiem do stołowego. Z kuchni weszła Barbara. Ja, naindyczony, siedziałem tyłem do nich. Patrzyłem w okno.

Ojciec rzekł: „No, niech Barbara powie, czy nie ładne buty dostałeś. Stasiu wstań i pokaż... ". Zerwałem się. I wtedy to narodził się mój pierwszy buntowniczy rym, prosty jak lot pocisku: „Nie!", zawołałem. „Ja Barbarze – nie pokażę!". W oczach ojca błysnął nagły gniew i trzepnął mnie ręcznikiem.... Pierwszy to raz i ostatni.... I już spoglądał na mnie rozbawiony. Rzekł: „Uczucia wyraziłeś zwięźle i do rymu. Przeproś Barbarę". I w tej chwili, antycypując moje veto, „postawił oczy"! Była to jego sławetna między nami groźba, której konsekwencji ani Jaś, mój starszy brat, ani ja nie odważaliśmy się oceniać. Kapitulowało się. Ciemne oczy ojca powiększały się ogromnie o wielkie białka.... Przeprosiłem Barbarę. Ale w głębi robaczywego serca syknąłem: „... dobrze, dobrze, ale co sc myślę, to se myślę i Barbarze – nie pokażę!".

Dumny byłem, że ojciec zauważył mój rym i że mi o tym powiedział. Sam bym tak wspaniały wyczyn przepuścił niedostrzeżony. Tatuś!

# Instrumenty i ja

Muzyka. Nie miałem pojęcia o rzemiośle muzycznym, nie nauczyłem się niczego, choć był po temu czas w pierwszej, drugiej, trzeciej klasie gimnazjum (imienia Stanisława Staszica), gdzie profesor muzyki i śpiewu, poczciwy i przerażający, sepleniący, z nastroszoną czupryną, pan K. ustawiał całą klasę półkolem przed stołem-katedrą i z szałem w oczach rzępolił na nadzwyczaj cierpliwych skrzypcach do-re-mi-fa i mnie, specjalnie mnie, kazał śpiewnie powtarzać to, czego ja ani słuchem, ani duchem nie byłem w stanie uczynić, więc wyrzucał mnie ten kochany człowiek za drzwi klasy, bym mu nie psuł harmonii lekcji.

Mej „opiece domowej", babci, na posłuchaniu powiedział ów dobry profesor, że można by coś ze mnie wydobyć, przecie w końcu i źrebię zarży pobudkę! Przesadzał, smutnie przesadzał, na pewno nigdy nie słyszał źrebięcia rżącego kawaleryjskie sygnały, on, eks-piechur austriacki i mieszczuch.

Ja zapamiętałem jego stwierdzenie. I w niewiele lat później muzyka porwała mnie w swoje wiry. W 1930 roku, zapragnąłem jej całym sercem, ucząc się grać na jakimkolwiek instrumencie. Najpierw kupiłem okarynę. Podobał mi się jej kształt rewolwerowy. (Wtedy, podczas wakacji w Józefinie, strzelałem już dobrze z karabinków i dubeltówki i właśnie uczyłem się trafiać z nagana, znalezionego na naszych powojennych polach). Podobała mi się łatwość noszenia przy sobie okarynki, z jej wysmukłym ustnikiem zawsze gotowym do mego weń dmuchania. Pierwsza okaryna, mała, błyszcząca, bo metalowa, zapowiadała się świetnie. Zawiodła mnie i siebie fatalnie. Nic z niej nie wydmuchałem. W sklepie muzycznym, gdzie ją kupiłem, wyjaśniono mi, że małe, metalowe, są przeznaczone dla tenorów, że ja powinienem kupić większą, glinianą, czarną, taką dla barytonów. O, tę! Skoro uznano, że zaliczam się do barytonów, pozwoliłem ją sobie sprzedać.

W tymże roku 1930-tym zapisano mnie do gimnazjum imienia Jana Zamoyskiego, znowu w Lublinie, co było pomyłką, jeśli chodzi o kierunek moich nauk, lecz o szczęśliwym pobrzeżu, tam bowiem spotkałem przyjaciela wiernego przez wszystkie dziewięć lat, do wojny, kiedy go na początku okupacji Lublina niemiecki patrol zabił na ulicy. Był to Władek Bartoszek, pianista.

Ojciec Władka organizował i prowadził dobrą orkiestrę tej szkoły. Za młodu nauczyciel muzyki i twórca polskiej orkiestry ludowej w Rosji, objeżdżał tam miasta, tam święcił triumfy Orkiestry Bartoszka, tam ożenił się z pierwszymi skrzypcami, po czym wrócił do Lublina, by Władkowi dać możność urodzenia się w Polsce.

Kiedy ja się z Władkiem zaprzyjaźniłem, on, szesnastolatek, był już dobrym pianistą, miał brata czternastolatka, Mietka, któremu grało wszystko, czego się dotknął i malutką siostrę, którą dźwięk muzyki natychmiast wprowadzał w improwizowane obroty taneczne. Zdawało się, że ta Rodzina zasłynie w mieście, co najmniej jako właściciele najlepszego sklepu muzycznego.

Na razie Bartoszek był absolutnym autorytetem, wszystkiego, co w gimnazjalnej orkiestrze wydawało dźwięki i tym samym otworzyły się przede mną ogromne pola nauki gry na wielu instrumentach dętych. Nadzwyczaj pociągał mnie flet! Jego piękna, długa linia. Prawdopodobnie działał też refleks: okaryna – flet, w oba się bowiem dmuchało z boku. Poza tym flet nosił w sobie wspomnienia kudłatego szelmy greckiego, Pana, który miał takie powodzenia u dziewczyn, a mnie już na takim powodzeniu bardzo zależało. Władek wyprosił u ojca pozwolenie, bym rozpoczął nauki pod jego opieką. A więc – dmuchanie! Ale flet okazał się upartym kawałkiem kija, żadnego responsu nie byłem w stanie na nim wymóc. Dmuchawka to bardziej niechętna niż okaryna. Postanowiłem przerzucić się na klarnet, bo temu dmucha się wprost w dudę. A prócz tego klarnety zdawały się bardziej uprzejme, spokojne, patrzyły w dół, niezarozumiałe, nie przekreślały twarzy grajka w poprzek. I rodziły z siebie tęgie barytony, moje ulubione tęgie tony. Okazało się, że tak, ale w teorii. W praktyce wydobyć jakikolwiek dźwięk z takiego klarnetu, to jakby próbować rozmowy z głuchoniemym stojąc do niego tyłem. Nic. Aż wreszcie zrozumiałem! Ów instrument jest drewniany, czego można od drewna wymagać? Wielką tajemnicę pojąłem; tylko gruby metal, i to złoto-czerwonawy, instrumentu odpowiada człowiekowi muzykalnemu, może z człowiekiem współdźwięczeć. Zdecydowałem, iż ja najlepiej będę odpowiadał jej, a ona najlepiej odpowie mnie – trąba basowa! Trąba i ja! Widziałem nasze możliwości, prezencję, powagę....

Dotychczas zmianę instrumentów załatwialiśmy razem z Władkiem, pod nieobecność pana profesora, ojca orkiestry. My mieliśmy przy tych zmianach kupę uciechy, ale pan Bartoszek miał to muzyczne wyczucie, czy przeczucie.... Nie patrząc na mnie, zapytał: „No, jak tam, Władek, jakie wyniki uzyskuje twój przyjaciel?". Władek rzetelnie odpowiedział: „Próbuje swoich możliwości, dobiera instrumenty. Teraz trąbę próbuje, bo on lubi jej wygląd". Pan profesor, gdy poddenerowowany, miał zwyczaj pociągania nosem i, gdy w wątpliwościach – marszczył nos do góry, co dawało mu wyraz drapieżny. Delikatnie, poprzez Władka, zrezygnował z moich sił w jego orkiestrze szanowanej wśród orkiestr lubelskich szkół, orkiestr Poczt i Telegrafów, Zespołów Towarzystwa „Sokół", Związku Kolei Żelaznych i związków pomniejszych. Straż Ogniowa zadzierała nosa, grała zawsze w błyszczących hełmach i porównywała się jedynie z wojskiem.

Ja profesorowi okazałem zrozumienie. On widząc moją pokorę i zawziętość muzyczną, w historycznej chwili swej słabości, przesunął mnie do bębnów. Co bardziej brzemienne, pozwolił mi spróbować się z małym bębnem, który okazał się nadmiernie wymagający, pałeczki nie chciały dość szybko biegać w moich palcach. Wielki bęben wydał się zrezygnowany. Stał pod ścianą i na mój widok jakby się do niej tulił. Jeśli bębny miewają przeczucia – przeczuwał.

Tak się złożyło, tuż przed wielkimi obchodami Konstytucji Trzeciego Maja pan B. obłożnie zaniemógł, boleśnie, na okostną dolnej szczęki, a dobosz orkiestry, mój wzór, śladu po sobie nie pozostawił w Lublinie, podobno zakochał się w puławiance i postanowił obchodzić tę uroczystość z nią.

Pozostaliśmy z bębnem sam na sam. Ja i on. Dlaczego się Władek w tę sytuację nabrzmiewającą grozą nie wdał – pojęcia nie mam. Ja go w tym „pejzażu przed bitwą" zupełnie nie widzę. Pewne, że nikt mi bębna nie zaprzeczył, że ja bęben posiadłem. Że z orkiestrą wyszliśmy obaj na czele naszego gimnazjum, ja w ostatnim jej szeregu, wielki bęben na moim brzuchu.

Doszliśmy w należytym porządku do Krakowskiego Przedmieścia, skręciliśmy w nie i oto na obu chodnikach tłumy, tłumy, tłumy, wyżej balkony strojne, ręce życzliwe wiewają, twarze śmieją się do nas. My idziemy sprężyście, przybijamy lewą, pełni wewnętrznego rytmu, oszołomieni swoim wdziękiem i świadomi znaczenia młodzieży w tym kraju, co nam tyle razy podkreślano, więc – w pewnej chwili dość mi było tego marszu w milczeniu – huknąłem w bęben! Nie zawiódł mnie! Odezwał się! Więc pam, pam, pam, z góry w dół, z dołu w górę, z góry w dół, z dołu w górę i tramtatatamta – zaskoczona orkiestra poczęła w ten takt grać. Szliśmy – lewa, szliśmy – lewa, pałką – bęc, lewa – bęc, bam, bum bam, bum, bum, bomba babamba, bum i tu zaczęły się dziać sprawy oczywiste, zupełnie naturalne – pomyliły mi się tempo, rytm i kroki.

Wszyscyśmy podskoczyli, by zmienić nogę, nogę – bam, nogę – tramtatam wszyscy podskakiwali, klasy wyższe, za nimi coraz niższe, cała kolumna – hen w tył – cała szkoła podskakiwała, bum, bam, nie ustawałem, cała kolumna podrzucała głowami zmieniając nogę, podobno z balkonów wyglądało to uroczo. Fale głów.

Wtem orkiestra w pół nuty zmilkła. Defilowaliśmy wśród szmeru podeszew naszych butów.

Rozstałem się z orkiestrą delikatnie – przy pośrednictwie Władka. A jednak przez całe życie nie opuszcza mnie sen o puzonie.

# Wspominki

W powieściowych dialogach mawia się: „Ach, nie, nie pamiętam ... owszem, znaliśmy się dobrze, ale ostatni raz widzieliśmy się przed piętnastu laty – nie poznałbym chyba". Nie tak jest. Pamięta się. Przed kilku laty mój przyjaciel z lat szkolnych, profesor Tadeusz Jost i ja, odnaleźliśmy się przy uprzejmej pomocy WIADOMOŚCI. Nie widzieliśmy się od roku 1931 i chwyciliśmy okazję spotkania się w Toronto, pewnie w roku 1968, lub 1969. Oczywiście, wydawało się nam, że trzeba będzie uciec się do pomocy umówionych znaków, może i sygnałów – nonsens! Gdy wszedłem do wielkiej sali, gdzie Tadeusz obracał się wśród tłumu słuchaczy przybyłych na Jego odczyt, zderzyliśmy się oczami, roześmieliśmy się obaj głośno, natychmiast idąc ku sobie. Potem widywaliśmy się częściej i uczucia przyjaźni pogłębiły się. Dzięki nim, niespodziewanie, odżyło we mnie takie psotne wspomnienie....

... rok 1951, wiosna w Lublinie, zielona i pachnąca i zabawnie niespokojna. Na chodnikach Krakowskiego Przedmieścia gęsto od sztubakerii, zaś środkiem jezdni tej świetnej arterii paradują studenci KUL-u i wygłaszają protesty i żądania czegoś, od jakichś władz. Równolegle z czołem tego pochodu, chodnikiem, posuwa się policjant. Dłonie trzyma za plecami, splecione, i w nich chwieje się jego krótka, biała pałka. Za nim idą trzej sztubacy z szóstej klasy gimnazjum imienia Jana Zamojskiego, „należącego" do księdza „pomidora", jego założyciela i dyrektora, człowieka wielkiej zacności i patriotyzmu, prałata Kazimierza Gostyńskiego – nagrodzonego za cenne życie śmiercią w Dachau.

Trzech nas idzie ubawionych, rozgadanych, roześmianych; więc właśnie Tadzik Jost, dziś profesor emerytowany uniwersytetu w Ottawie, geograf. W czasie okupacji niemieckiej Akowiec. On to w Lublinie zorganizował skup broni od umundurowanych przestępców i dostarczał jej oddziałom żołnierzy leśnych. Obok niego najbliższy jego przyjaciel Marian Mokrski, nieco później podporucznik marynarki wojennej, oficer nawigacyjny okrętu podwodnego „Orzeł". Gdy we wrześniu 1939 roku „Orzeł" wyrwał się z internowania w Tallinie, mógł tego dokonać, pomimo, że Estończycy zabrali z pokładu okrętu mapy i szyfry, Marian bowiem potrafił przenawigować ten okręt do Szkocji – bez map. Posługiwał się swoim szkicem narysowanym na podstawie spisu latarń morskich. Głębokości dna Bałtyku Marian określił na tym szkicu jako: „podane w metrach i domysłach".

No i ja. Bałaganiliśmy głośno, Marian zawsze tryskał humorem, a przy tym dysponował ciosem tak potężnym, że mógł porazić dorożkarskie konie, nawet stojące za rogiem ulicy, ze łbami w torbach obrokowych. Tadeuszowi i mnie wiele nie brakowało, aby dorównać decybelom jego śmiechu i okrzyków.

Rzecz prosta, śmieliśmy się z „gliny". Podchodziliśmy do niego coraz bliżej, wreszcie natarliśmy już tak, że on, nie wytrzymując naporu naszych głosów, obrócił się, konfrontując nas gniewnym okiem. I pogardliwym. Ale zabrakło mu konceptu. „Rozejść się!". Taki nakaz nie byłby na miejscu, jako że stanowiliśmy jakby legalną część pochodu. Uciszać nas? Na ulicy tak w ogóle rozkrzyczanej? Może, ale już Marian nakrył go pytaniem: „Niech pan nam powie – z czego jest zrobiona pańska pałka? Bo ja mówię, że z lanego żelaza, on mówi, że stalowa, a on znowu, że to szkło i aluminium. I założyliśmy się... ".

Glina przystanął. Zmienił wyraz twarzy na kpiący i pozierając nam po kolei w oczy, rzekł: „Wszyskieśta przegrali!". Po czym wygiął pałkę w łuk i z wysokości swej przewagi oświadczył: „Gumienna!". Zrobiliśmy pełne zaskoczenia, baranie miny. On, zadowolony, ręce w tył założył i opuścił nas miarowym krokiem oddalał się, pałką omiatając sobie zadek, jakby białym ogonem. My poglądaliśmy na siebie tak skuci zdumieniem, że nie huknęliśmy śmiechem. Wszak on okazał się jedyny ... i tak godny.

Ciekawe, że to wspomnienie nałożone na dzisiejsze czasy – też wywołuje zdumienie. Może ktoś zgadnie: dlaczego?

Jeszcze jedno wspomnienie, zimowe tym razem i bliskie. Na kilka dni przed Świętami Bożego Narodzenia „jeździłem" po skali mego radia, trochę z ciekawości co też to ludzie w tych dniach grają, czy gaworzą, trochę by dłoni dać zajęcie, gdyż myślałem o czym innym. W pewnej chwili usłyszałem amerykańskiego speakera stacji wojskowej, spod Frankfurtu nad Menem. Mówił on do swych słuchaczy: „Dziś wszyscy mają w myślach tylko jedno wielkie pytanie-zagadkę: co chcesz otrzymać na święta?". Przesunąłem wskaźnik na skali na polską stację w Monachium i usłyszałem – cytuję możliwie dokładnie – „... jak nas wpychali do suk, to tak było w nich ciasno, żeśmy się o siebie krwawili... ".

Wstyd, literacki wstyd, zapisywać takie zestawienia. Lecz obecne życie jest bezwstydne.

Właśnie minęły Święta odrodzenia Przyrody i Wiary.

# IV   Ze Szkoły pilotów w świat

# Niespodziewane echo

Opowiastka moja sięga roku 1937.

W tamtym roku Departament Lotnictwa (DL) postanowił rozbudować roczniki dęblińskiej Szkoły Podchorążych Lotnictwa. Żeby zachęcić „dojrzałą" młodzież do chwytania tej pięknej sposobności, DL ustanowił konkurs literacki, obejmujący całą wiedzę o trybach nauk – jak zostać wojskowym pilotem. Konkurs literacki oddano w ręce sławnego literata, by wyniki osądził, palmę honorową koło wybranego pióra postawił, tekst swoim wstępem – jako arcy-przynętą do czytania mistrzowskiego opowiadania – zaopatrzył, po czym oddał rzecz całą w ręce DL. A DL do druku. Wielkim Mogułem tej niezwykłej koncepcji obrano – pana Kornela Makuszyńskiego!

Kilku nas zadaniem pilnie się zajęło, w porę gotowe rękopisy oddało w ręce delegata DL i pana Kornela, niezwykłego kapitana-pilota z bolszewickich wojen, o czym wciąż przypominała jego świszcząca mowa, dobywająca się spod kulą roztrzaskanego podniebienia i poprzez świetnie utrzymane wąsy zakrywające całość reszty szkód, po czym, po miesiącu chyba, rozjechaliśmy się na krótkie świętowanie Bożego Narodzenia. Ja do Lublina, do Mamy i brata mego. Janek wtedy kończył prawo na KUL-u, znany już mówca i młody polityk, demokrata. Lubił pochwalić się młodszym bratem, który lata. Uścisnął mnie goręcej, niż się spodziewałem i od razu postawił mi serdeczny zarzut: „To ty do warszawskich gazet pisujesz, a nam nic o tym me mówisz?". Nim zdążyłem wyjąkać, że ja – skądże... Jaś z rozmachem otworzył numer „Wieczoru Warszawskiego" i pokazał mi

93

na obu środkowych stronicach tekst, pod gromkim tytułem: *Młodości Damy ci Skrzydła!* Co to.... Do zdumienia miałem pełne prawo. Poznałem! To było moje! Na końcu nawet stronicy podpisane moim imieniem i nazwiskiem! Skąd? Kto? Jak? ... Ale Tytuł! Co za Tytuł! Tytuł rozwarty jak skrzydła orłowe, tytuł o Mickiewiczowskim tchnieniu.... Ogromny.... Nie mój! Ależ tak – to tytuł pana Kornelowy! To On w swoim prawie naczelnym – wybrał mnie i tak zaszczycił. Uspokoiłem się. Zresztą ten tytuł określał Jego wstęp do mego dzieła. A ono skromnie się oznajmiało: „Gdy Byłem Podchorążym".

Juz zmierzchało. Przy wigilii, dla uciechy Mamy i dla Jaśka, szczególnie, jako prezent pod choinkę, opowiedziałem o tym, jak do tego doszło. A było to kolorowe. Naturalnie barwne. Zabawne, Wigilię nam rozjaśniło.

To była moja pierwsza wielka nagroda, którą Los się do mnie roześmiał.

Do Szkoły wróciłem roziskrzony ciekawością, co to dalej będzie. I zaczęło się „spełniać". Jakoż pan kapitan, oficer łącznikowy DL i KM (nie „karabin maszynowy", lecz pisarz równie płodny – pan Kornel Makuszyński!) oznajmił mi, że mam być pokazany panu Kornelowi, który mi pogratuluje talentu i zaszczytu ... w kawiarni Ziemiańskiej, czy u Bliklego. I że niezwłocznie, bo nikt nie ma czasu, to jest wszyscy mają czas, ale na co innego, trzeba to załatwić jutro. Pojechaliśmy więc – jutro. Pociągiem do Warszawy na Dworzec Główny, taksówką do onej kawiarni. Skandal! Nie pamiętam, której! (Tak jak nie pamiętam, choć od początku tego pisania usiłuję przywołać sobie nazwisko kapitana-łącznika, niezwykle kulturalnego człowieka, inteligenta zanurzonego w literaturze i muzyce, zachłannie wsłuchującego się w koncerty skrzypcowe wielkiego Yehudi Menuchina i który mnie, po moim sukcesie literackim, na takie koncerty z płyt, do siebie, w Dęblinie, zapraszał – a nie mogę! Żeby! mi ktoś pomógł...).

Drzwi do kawiarni mój kapitan-leader otworzył! Otworzył mi świat nieznany. Pachnący dobrą kawą, czarną, a nie z mlekiem, i szemrzący rozmowami nadzwyczajnych ludzi o nadzwyczajnych tematach, sprawach, cudach myśli i sztuki ... Podeszliśmy do stolika, przy którym, tyłem do nas, siedział tułów w szkockim tweedzie, a nad nim panowała okrągła szpakowata głowa, z której do osoby siedzącej naprzeciw wydobywał się śmiech....Byliśmy u celu! Ja wtedy oszołomiony Wszystkim Nieznanym, do tego stopnia, że dziś nie umiem przywołać tego, co roześmiana twarz, okrągła, nad dużą muszką, rzekła do mnie i czy mi od razu zaproponowała świetnie pachnącą pół-czarną, bo w tamtym momencie wszedł i poszedł do nas – wtedy dla nas największy aktor świata Ludwik Solski! Wszystko, co mnie tyczyło się, się zawaliło, znikło. Pan Kornel Makuszyński zajął się panem Ludwikiem. „A to, właśnie słyszę, strzelba panu wczoraj wieczorem na scenie nie wypaliła, co? No, w tym wieku to strzelby zawodzą i poza sceną, trudno?". Ta chwila okazała się drugą z dwu świetnych nagród, jakimi mnie wówczas Los obsypał. Drugą tego samego dnia okazało się zaproszenie na prywatne przyjęcie w mieszkaniu jednej z redaktorek Pisma. Była to urocza pani. Muszę dodać – wybitnie urocza, a co za gospodyni! Wadą jej przyjęcia była nadmierna ilość gości i ogólne zbytnie zainteresowanie w nowoczesnych taktykach lotniczych, skierowane do mnie, gdy ja myślałem kategoriami strategicznymi, biorąc pod uwagę rozwój drobnych, lecz wyraźnie obiecujących sytuacyjek tego wieczoru. Ostatecznie przyrzekłem pani tego przyjęcia, uderzającej mnie w oczy i serce, napisanie i doręczenie Jej osobiście wielu opowiadań i gawęd pod niezwykłym tytułem: „Tajemne życie młodego pilota". Nie było w tym zbytniej przechwałki. W następnym półroczu już jako oficer z całym Dywizjonem poleciałem na północ Kraju, na manewry, by kogoś za granicą przerazić, choć nie mieliśmy nawet takich strzelb, jak pan Solski na scenie. W zamian za to pojawiła się na naszym polowym lotnisku – kobieta szpieg strony przerażonej. Pozowała najzręczniej w świecie na niewinną, lokalną fryzjerkę! Golibrodę. Coś podobnego! Zaimponowała nam elegancką angielską brzytwą. Wszyscyśmy gardła podstawiali pod jej błyszczące żądło. Operowała nim i nami przez kilka dni, aż zorientowała się, że tyle w nas groźby, co rzeczywiście w strzelbach pana Solskiego i znikła. W porę, bo nas jednak zaczęły niepokoić dwie jej ozdoby: przyrodzona śliczność, choć nieco używana, i ta błyszcząca klinga, nowiutka. Skąd ona ją wytrzasnęła? W taką drogą brzytwę z pewnością wyposażył ją Drugi Oddział Wywiadu wystraszonych. Co gorsza, jeden z naszych starszych pilotów zaczął jej opowiadać, jaką to on będzie miał emeryturę. I twierdził, że ona mu pasuje, bo nie taka ostra jak jej brzytwa. Ja opisałem ten incydent pseudo-wojenno-romantyczny, zmyślając co wlazło i mój w nim podejrzany udział, zakończony jej przyznaniem się, że tylko mnie pragnęła zwabić za swoją granicę, razem z moim przestarzałym gratem samolotem i tam zmusić mnie do małżeństwa, co by mnie uchroniło od rozstrzelania. Słysząc takie wyznanie – odpuściłem jej i ją do domu.

W Warszawie, pani moich zamiarów, po przeczytaniu tych bredni odmówiła mi trzeciej nagrody. Tak zostałem ukarany. Zrozumiałem, że pisania trzeba się rzetelnie nauczyć.

Minęły moje rozmaite manewry, minęły cudze o wiele szkodliwsze i urodził mi się syn, po czym wyrósł tak dalece, że czasem słuchał moich opowiadań o mej dziwnej przeszłości. Skutek pozwolił na siebie czekać aż do moich imienin, w wieku, gdy już sądziłem, że żaden prezent frajdy mi nie zrobi. A tu! Mój synek, synulek, syneczek, uwinął się, jemu znanym sposobem, pomiędzy Bibliotekami jeszcze pozostałymi w naszej Europie i wyłowił, dla mnie, ni mniej ni więcej – pierwszą rozkosz mego pióra: „Młodości Damy Ci Skrzydła"! Całość z potężnym Wstępem Pana Kornela Makuszyńskiego, którego za ten wstęp, ja i moi przyjaciele podchorążowie, zasiadając w „Piekiełku", klubie dęblińskim, po trzecim kieliszku czegoś, co nam tam podawano, awansowaliśmy – na Generała Rezerwy Lotniczych Spraw Przyszłej Chwały.

Cieszę się, tą książeczką, z jej pieczątką okrągłą, z Orłem pośrodku, z napisem na obrzeżu: Biblioteka Narodowa. I z numerem: 381.683.

# Gdy byłem podchorążym (wyjątek)

„W kożdej rzeczy końca patrzoj" – powiedział Mikołaj Rej, a że służba wojskowa nauczyła mnie szacunku dla starszych, więc chcąc zadość uczynić rejowemu twierdzeniu – kończę szkołę. I oto, niech mi będzie wolno (boć to ludzki zwyczaj) spojrzeć w niedawno minione lata. Pamiętam, że pierwsze tygodnie pobytu w szkole zdruzgotały całą moją ówczesną filozofię bytowania, którą zawarłem w czterowierszu:

„Człek się kocha idealnie.
Ładne piosnki sobie śpiewa,
Czasem jakieś głupstwo palnie
I tak męski wiek dojrzewa... ".

A dzieło przeobrażenia dokonało się w Dziale Nauk. Jest to sanktuarium wiedzy lotniczej, które zawiera tysiąc i dwie zagadki dla nowoprzybyłego. Boże, Boże! Dusza we mnie struchlała i drżąc, zwinęła się w kłębek. Toż przecie, co sala – to inny dział nauki, a ujrzałem ich tyle, że moje zdolności w dodawaniu wydały mi się zbyt nikłymi. Samych nazw działów nie mogłem spamiętać.

Ale później okazało się, że z mózgiem jest taka sama historia, jak z przepełnionym autobusem podmiejskim. Początkowo większość pasażerów siada sobie na twarzach bliźnich i wystawia głowy przez dach wehikułu, a po 10 kilometrach staje się jasnym, że jeszcze 30-tu chłopków zmieści: Byle ruszyć z miejsca. Zrozumiałem tę głęboką prawdę i przystąpiłem do wchłaniania przeróżnych umiejętności. Uczyłem się strzelać z radia, taktycznie pisać Morsem, silniczyć się płatowcami, aerodynamicznie fotografować gazy bojowe i bombardować historię wojen. Prócz tego przyswoiłem sobie wyższą sztukę opanowywania senności na wykładach (przyzwyczajenie z młodszych lat z gimnazjum). Powoli tedy, a skutecznie, budowałem swój gmach z fałd mózgowych i tworzyłem coraz to nowe „szufladki" w czaszce, aż wreszcie z przerażeniem spostrzegłem, że umiem zgoła więcej, niż wydawało mi się możliwym do osiągnięcia, a mimo wszystko klepki głowy nie rozlatywały się! Wówczas ułożyłem sobie nową maksymę: „Na bogi! Trudno jest zniszczyć ludzkie stworzenie, Bo wytrzymałość jego jest wielką niezmiernie".

Szkoda, że nie mam dewizki do zegarka, bo przyczepiłbym do niej tę dewizę na breloku i drwiłbym z napastliwości warszawskich taksówek i dorożkarskich koni. À propos tych Bucefałów: mogę teraz śmiało przechodzić obok miejsc postojów „sałaciarzy", konie bowiem już nie pędzą za mną na chodniki, co jest najlepszym dowodem, że nie zieleni się w mej głowie wonne siano.

Kiedy moi przełożeni uznali, że dość mi już teorii i wszelkich zajęć „półpraktycznych" (właśnie nadeszła wiosna!) – urządzili... „repetycje z całości". Srogie to słowa i twarde, jak łoże Madeja-zbója. Hej! Gdyby szatan raz zdał repetycje, pewnie by się nie ulękł pani Twardowskiej... Ja zdawałem je po trzykroć! Co rok nowe ładunki. Dziś mogę rzec, jak Pan Zagłoba: „Jakem nie walczył, czegom nie dokonał!" – Czuję swoja wielkość!!

Ano, szczęśliwie uporałem się z pierwszą próbą ognia i wody i wraz z całą paczką kolegów ruszyłem po upragnione laury, a raczej „mewy", które można osiągnąć w Ustianowej. Przyjemne to miejsce leży sobie między zboczami, z których każde ma swoją historię. Gdyby fryzjer z obozu, miast kiepsko latać na szybowcu i grać na mandolinie, pisał kronikę, pewnie by się był dorobił miłej gotowizny. Każdy z nas chętnie kupiłby zwierciadło swoich przypadków i upadków, aby kiedyś przy rodzinnym stole wprawiać połowicę i działki w radosne osłupienie, odczytując jak to po starcie z „Korolika" przemocą wdzierał się w lazury, a potem jak strącony anioł ogonem szybowca niczym pięścią wygrażał przestworzom. A innym znów razem – lądował na grzbiecie krowy, która ze zdumienia zdechła, albo, jak lecąc na „Wronie" chciał wpaść w ponętnie rozdziawione usta córki miejscowego wójta, która tym popularnym sposobem objawiała zachwyt i podziw dla bohaterów.

A powiastki o „ambasadorach" (chłopkowie – naciągacze gumowych lin i naiwnych nowicjuszów). Kopalnie złotego humoru i srebrnych złotówek! Kto ich zobaczył i posłuchał ich rad, jak należy latać, ten już nigdy nie będzie smutny.

O, słoneczna Ustianowo! Jakże mi żal było opuszczać cię! Ale trudno. Powody były przemożne. Po pierwsze – skończył się kurs, po drugie – otrzymałem urlop wielkanocny.

Ruszyłem tedy między członki swego szczepu z dobrą wieścią, że oto ja sam zdobyłem powietrze. Pewnie – miałem na sumieniu około 15 minut lotu. Ale „fakt – wróblem, a słowo wołem".

Zdarzyło się, że w miłym mi mieście, w Siedlcach, spotkałem dawnego kamrata, wówczas już medyka z drugiego roku. Kulałem nielitościwie, bo zły szewc obdarzył mnie ciasnymi butami – ale po cóż bliźniemu psuć iluzje? Naopowiadałem mu bredni, w których sam nie widziałem sensu i dobre biedaczysko masowało mi „nadwyrężone ścięgna" przez całe pół godziny, dziwiąc się bardzo, że tak szczęśliwie udało mi się wyjść z okropnej „kraksy".

O – hej! Pierwszy urlop w mundurze lotnika. Wieleż to przemyślnych łgarstw ujrzało wówczas słońce?! Aż skóra cierpła na drżących słuchaczach i z ledwością przełykali ślinę. A ja niezmordowanie prawiłem podniecany szeptem pytań: – Czy, czy pan wysoko latał? – lub – A czy prędko? No, na przykład? – Bywały też zgoła prowokujące prośby: – Niech pan opowie coś o lataniu....

Ależ zgoda, śliczne kobietki! I orientując się w stopniu

krwiożerczości słuchaczek (przeważnie), z lekkim sercem uśmiercałem 4 – 5-ciu kolegów i jeszcze paru łamałem kręgosłupy oraz ręce, nogi i żebra, pewny, że w tej samej chwili, w innych ciekawych gronach, co najmniej połowa z moich ofiar to samo wyczynia ze mną.

Ja sam, zalążek w lotniczym jajku, wsiadałem na myśliwskie samoloty i „kręciłem", „haftowałem obłoki" i „chodziłem po niebie", aż do zupełnego otumanienia blond czy innych czuprynek i zamglenia ich ślicznych ocząt. Cóż dziwnego, że potem dobrze mi się działo?

Kpiłem z sułtanów, którzy wydawali na haremy całe skarbce, podczas gdy mnie kosztowały one zaledwie 2 – 3 godziny gadania dziennie, przerywanego jedynie nadziewaniem się przeróżnymi słodkościami. Nawet przesławni bohaterowie szkolnych boisk, czy amatorskich ringów, zazdrośnie wzdychali, a poważne matrony i stateczni ojcowie dzieciom słuchali w nabożnym zdumieniu i skupieniu.

Zresztą czcigodne te figury z kolei mnie dostarczały mnóstwa uciechy. W czasie jednego z późniejszych urlopów zapytał mnie pewien starszy pan, dlaczego nasz pasażerski samolot przymusowo lądował: – Podobnie jakieś oblodowacenie, czy coś tam? Co to znaczy?

Ano – palnąłem wykładzik na ten temat, cokolwiek może przydługi, nawet jak na moją cierpliwość. Gadałem, gadałem, a oczy tego słuchacza ciągle mówiły mi, że głowa nic nie rozumie. I rzeczywiście. Kiedy skończyłem i szedłem do miękkiego mebla, żeby na nim zemdleć, usłyszałem gniewne chrząknięcie i twierdzenie, które przyprawiło mnie o „zbielenie oka": – Et, wy młodzi, zawsze macie jakieś teorie. A ja powiadam, że to nic innego, tylko te amerykańskie samoloty wcale nie nadają się na nasze powietrze. Podobno płakałem.

Innym razem, osoba dostojna i chadzająca w todze szacunku swego otoczenia orzekła, że akrobacja w jej ujęciu, „te koziołki", to rzecz co najmniej zbyteczna, mająca na celu li tylko imponowanie publiczności, no i do szaleństwa niebezpieczna. Gromadka współplemieńców owej osoby poważnie kiwała niepoważnymi głowami. Spróbuj takim coś wytłumaczyć!

Ale przepraszam. Chcę być lojalnym wobec chronologii., która ponoć jest kośćcem historii. Do urlopów jeszcze wrócę. Tymczasem „syt chwały i zaszczytów" pędzę do Dęblina, żeby wreszcie zacząć karierę pilota bez żadnych dwuznaczników. Podzielono nas na grupy i oddano w ręce instruktora, który stał się nasze alfą i omegą, mimo, iż wydawał się równie mało poważnym jak my.

Ale wkrótce okazało się, że był to człowiek bardzo dziwny. Miły i głębokiego serca na ziemi, w powietrzu – zmieniał się błyskawicznie w czarę przepełnioną żółcią i octem, tenora chóru z Łysej Góry. Twierdził, że to z naszej winy... Co tam!... Dziś żyjemy w zgodzie. Tylko jeszcze czasami śnię, że „laszuję się na walizce" (jest to określenie przedwczesnego ukończenia pilotażu i przejścia na obserwatorkę). Pogróżka ta miała wówczas bardzo poważną rację bytu, gdyż wzorem wszystkich laików uważaliśmy stanowisko obserwatora za coś niższego i zgoła niegodnego mężczyzny. Teraz już wiemy, że jest raczej wprost przeciwnie.

Lataliśmy więc na dwusterach zgodnie – nie bardzo, klnąc często a gęsto siarczyście. Mieliśmy jedną poważną trudność. Bo jakże życzyć sobie wzajem „nagłej śmierci", skoro, że tak powiem językiem ludowym, razem nas diabli nosili? Kończyło się tylko na nieosobowych złorzeczeniach i zjadliwych spojrzeniach, przesyłanych za pomocą bocznego lusterka.

Aż przyszedł wielki dzień „laszy", czyli strachu. Jakiś złośliwy staruszek ochrzcił tą nazwą pierwszy lot samodzielny. A wcale nieprawda. Pamiętam tamte wrażenia doskonale i stanowczo sprzeciwiam się takim insynuacjom. Chcąc właściwie określić minę i samopoczucie takiego rozkoszniaka, należałoby dopasować do niego odpowiedni skrót mądrego przysłowia; „Rad głupi, że oszalał". Toć ja tak „śpiewałem" i ryczałem z uciechy, że na ziemi było słychać. Phi ... z zawrotnej wysokości moich 400 metrów ujrzałem, jak wszelkie wielkości tego świata czołgają się w prochu u mych stóp! Szczęście to Ikara, że nie miałem go wówczas pod ręką, bo pewnie dostałby mu się jakiś przydomek w rodzaju: wstępniak szybowcowy!

Byłem bohaterem dnia – dla siebie i dla takichże bohaterów. Po powrocie z lotniska na salach podniósł się wrzask, że i „cztery gęsie, dwie niewieście" większego by nie uczyniły, ale żaden z dowódców nie protestował, bo wiadomo: – wrażenia sobie opowiadają... – Zupełnie słusznie, że „sobie", bo jeden drugiego ani myślał słuchać, zrywając płuca dla ułatwienia duszy łączności z językiem i tokowania o własnych przewagach.

Musiały te natchnione krzyki zbudzić jakąś dobrą wróżkę, bo od tej pory dni miały zaczarowane twarze i tak cudnie piękne, jak włosy naszych pierwszych „miłości". Nie wiem, czy należy wziąć pod uwagą teorię względności, ale świat zdawał się być bajecznym ogrodem wiszącym.

Nie sposób opisać widoków i wrażeń, których dostarcza lot do wschodzącego słońca w pogodny letni poranek.... Baśń z tysiąca i jednej nocy. Promyki słońca odkrywają ziemię z puchowych kołder mgieł i oparów i odsłaniają ją tak lśniącą i dziewiczą w pastelowych barwach, jakby wczoraj stworzoną.

Nie ma malarza, który potrafiłby odtworzyć to, co widzi oko lotnika w czas wieczornych wędrówek po niebie, gdy zorze zachodu otulają ziemię miłosnym rozżaleniem słońca.... A iskry lodowe drżące w mroźnym powietrzu zimowym....

To są rzeczy niewypowiedziane. Chyba tylko geniusz muzyczny mógłby je przełożyć na mowę strun.

I ta wielkość świata, szerokość oddechu, poczucie mocy zaklętej w silnik....Ziszczenie się człowieczych tęsknot do szalonej swobody.

Akrobacja! To już nie lot nawet, lecz kipiel w przeźroczu; kalejdoskop kolorów, świateł i cieni. Tak pluskały się najady w głębinach greckich wód.

Dziś wiem już, że chmury są nie tylko po to, aby dawać deszcz.

Któż prócz lotnika prującego noc, zdoła pojąć wspólnotę człowieka i gwiazd? Ech! Przestanę, bo to trzeba samemu....

Przypomniał mi się kawał z lotniska. Właśnie było świeżo skoszone i pokryte kopkami suszącego się siana. Lataliśmy wtedy na skoble. Na starcie był obecny kierownik wyszkolenia pilotażu, pan mjr B. i kierownik startu, pan kpt., również B. Otóż jeden z moich kolegów wylądował, drugi chwycił za skrzydło i pomagał przy kołowaniu. Aliści czynił to jakoś mało zwinnie i stanowczo, czego skutek był taki, że samolot zanadto zbliżył się do kopki siana, wiry od śmigła chwyciły prawie jej połowę i przez chwilę nakryły niemal cały obraz sianem. Dwaj panowie B. zanieśli się zgodnym i rytmicznym śmiechem, a my wtórowaliśmy grzmiącym rechotem. Nagle mjr. B. spojrzał na kpt. B. i obaj spoważnieli. Za chwilę słychać było specyficzne rady i wskazówki na przyszłość, udzielane pilotowi i skrzydłowemu. W pół godziny później zatrwożyły nas ponownie, wracając echem odbitym od dalekiego lasu. Tak! Pan kapitan miał donośny głos.

Innym znów razem arcykomiczne widowisko urządził nam jeden z bocianów, których – bywało – całe stado gościło na naszym lotnisku. Otóż ów zazdrośnik szybował nad nami i w pewnym momencie, prawdopodobnie nie mogąc ścierpieć widoku konkurenta, rzucił się w pogoń za samolotem. Wtedy okazało się, że jednak złość szkodzi piękności, bowiem czynnik decydujący o przyroście narodu wpadł w ... korkociąg. Nie wiedział o wirach za samolotem. Zgoła niepięknie wyglądał i pewnie bocianie „kobiety" wyszydziły go, gdyż później chodził nastroszony i tylko skrajem lotniska.

Mógłbym przytoczyć więcej sytuacji, które powodują wyskoczenie szczęki z zawiasów i rozluźnienie się szwów na bokach. Ale nie mam pod ręką wołowej skóry. Powiem tylko stylem Londona: „Na żółwie Tasmana!! Dobre były to dni... ".

# Okęcie, 1 września 1939

Oficer służby Pierwszego Pułku Lotniczego na Okęciu ocknął się z drzemki i ziewając rzekł do mnie:
– Aaaah!... Ta noc za szybko minęła. – Raz jeszcze ziewnął, po czym dodał już: – No! Ja pójdę na obchód eskadr. Zobaczę jak tam z pobudką. Pan, panie poruczniku, zostanie przy telefonie. –
Odpowiedziałem:
– Tak jest. –
Wyszedł. Żaden z nas nie wiedział, jakie to zadanie spadnie na mnie za chwilę. Miły chłop, choć piechociarz. Przeniósł się do lotnictwa na obserwatorkę już jako porucznik. Ja byłem podporucznikiem, na tę dobę jego zastępcy na służbę, ale za to „starym" pilotom, wyszkolonym w dęblińskiej Szkole Podchorążych Lotnictwa, SPL, dziś sławnej, bo z niej wyszli piloci klasy polskich dywizjonów myśliwskich i bombowych, lekkich i ciężkich, dziennych i nocnych, operujących przeważnie z Anglii, ale i z różnych krajów i nawet Afryki. Tych, którzy latali nad Niemcy i nad płonącą Warszawę.
Warszawa. 1 września 1939 roku.
Poranek świeży, słoneczny, zapowiadał dzień gorący, upalny nawet. Śliczny poranek. Zgoda, zgoda, słówko „śliczny" – to banał. Ale cóż ja poradzę wobec faktu, że tamten poranek był widny, cichy, jasny, słodki, rozkoszny, malowniczy, uroczy – zebrał w sobie wszystkie zalety banałów i był – śliczny! Takim go pamiętam. Warszawa może dopiero wstawała, by znowu emanować z siebie prądy, tchnienia, spojrzenia, gesty, pragnienia, swój ruch

cały, więc swoje życie zwykłe i jedyne, i przetwarzać je wszystkie na cząstki swojej atmosfery. Lub może już się spieszyła, pogrążona w swoich troskach i także zaniepokojona, lecz daleko od poważnej obawy, na pewno nie przestraszona.

Była godzina piąta trzydzieści, może nieco później. Dziś dokładnie już nie wiem. Pamiętam to, co ważne. Po wyjściu oficera służbowego podszedłem do umywalki, by odświeżyć się trochę i nagle dzwonek czerwonego telefonu zatrząsnął izbą!!! Czerwony telefon! Podskoczyłem do niego raptem, pewny, że tym razem! ...

–Tak. –

– Alarm! –

Natychmiast robić alarm! Położyłem słuchawkę i szybko wycierałem mokrą twarz, licząc przepisowe sekundy, 30 – o ile pamiętam, w każdym razie kawał czasu. Wreszcie wykręciłem tajny numer. Potwierdzono:

– ALARM! NATYCHMIAST! –

Piorun tego rozkazu przeniósł mnie od telefonu do tablicy rozdzielczej. Wielką przekładnię sygnałów alarmowych wrzuciłem w jej widły i ... syreny wydobyły z siebie powolne, niechętne – odwołanie alarmu. (Dziś już mogę o tym pisać. Przetrwałem). Czym prędzej przerzuciłem dźwignię w przeciwną stronę i alarm zabrzmiał tak brutalnie, tak władczo, tak mrożąco, że nikt błędnego wstępu nie zauważył.

Alarm. Usiadłem. „A więc... ”. Wtedy drzwi huknęły jakby już podmuchem bomby otwarte i bombą okazał się major, lekarz pułkowy. Wpadł wściekły:

– Co mi tu pan wyprawia! Ja dopiero co zebrałem posterunki pierwszej pomocy po całonocnych ćwiczeniach, ledwie ludzie poszli spać, a teraz znowu muszę ich z łóżka ściągać, bo się panowie bawicie. –

– Panie majorze to jest alarm prawdziwy. –

– A co mi pan tam zawraca głowę! –

I drzwi za nim powtórnie huknęły, bo mi nie uwierzył.

I pewnie przez cały tamten poranek dobry major usiłował mi nie wierzyć, choć potwierdzenie mojej wieści przyszło z innego źródła: radio rozwiało wszelkie wątpliwości.

Oficer służby wszedł zadyszany, ustaliliśmy przebieg moich czynności od czasu jego wyjścia, wpisał je do książki raportów i poszedł do mojej eskadry, do treningowej. Tam, jak należało w alarmie, mechanicy wytoczyli samoloty z hangaru, szef kierował ustawianiem ich na brzegu lotniska z dala od siebie, dla zwiększenia bezpieczeństwa w razie wybuchu bomb. Wzdłuż bliskiego brzegu lotniska wykopany był rów – przeciwodłamkowy schron. Pracowali jak zwykle, ale ta szybkość ich ruchów, to żywe bieganie, to nawoływanie się....Dwóch stało bez ruchu. Ci podeszli do mnie. Potem szef i tamci żwawi.

Szefa niebieskie oczy patrzyły spokojnie z jego czerwonej twarzy. Młode oblicza, przybladłe, uśmiechały się niepewnie i jakby porozumiewawczo, oczy oczekiwały ode mnie – czego? Odbierałem ich stan wewnętrzny. Dla nich wszystkich, jak i dla mnie, od chwili pojęcia znaczenia tego alarmu nagle czas teraźniejszy stracił ważność. Zawisło nad nimi pytanie:

– Co będzie? –

Stwierdzenie: „wojna!" czyniło w piersiach pustkę, zmuszało do brania częstych, głębokich oddechów. Wszyscy chcieliśmy z kimś rozmawiać, zadawać jakiejś ważnej osobie pytania lub słuchać jej świetnych wiadomości o tym, co też to mówi i robi cały świat, stojący, oczywiście za nami jak mur, opoka naszej słusznej sprawy. Taką osobą na tę chwilę byłem, niestety tylko ja. Nie pamiętam, co powiedziałem, szkoda mi tamtych zaginionych słów. Zrobiło się nam wszystkim lżej. Zbliżała nas ta chwila.

W południe, po zdaniu służby łudząco zwykłej, poszedłem na obiad do kasyna, prawie puste było. Major – lekarz pokiwał mi głową, jakby mnie obwiniał o to, co się stało. Nie rozmawialiśmy. Przewinęło się tam jeszcze kilku oficerów z bazy. Też nie byli rozmowni. Jedynie major –

pilot Kurdziel, szef bazy, ten człowiek wiecznie przeciwny każdej sugestii, prośbie, koncepcji, któremu – cokolwiek chciało się załatwić – trzeba było sprawę przedstawić odwrotnie, by swoje uzyskać, ten wspaniale odważny osobnik, teraz dla przekory i może dumy?, śmiał się swobodnie i głośno żartował. Dla niego był to najprostszy sposób wyrażania sprzeciwu wobec ogólnego zmartwienia, frasunku, zaskoczenia, nawet osłupienia. Major Kurdziel pławił się przez kilka następnych dni – aż do ewakuacji spod bomb – w swoim żywiole: urzędował jak zwykle, choć pod bombami właśnie, i oczywiście trzymał przy sobie zastrachanych podwładnych, wbrew sensownym sugestiom z ich strony, że niekiedy należy – w myśl przepisów – schodzić do schronów, choćby to były tylko płytkie rowy:

– Nie! Tu pan zostanie! Przy biurku! –

Z kasyna poszedłem przez bramę główną, pod wieżą budynków dowództwa pułku, pod kancelarią dowódcy sławnego pułku Stefana Pawlikowskiego, pilota dwóch wojen, na drugą stronę ulicy, do kawaleryjskiego bloku oficerskiego. Tam chwilowo kwaterowałem w pokoju kolegi z mego rocznika i przyjaciela, Stefana Paderewskiego. Stefan był w tym czasie odkomenderowany do Płocka, gdzie latał jako instruktor pilotażu podstawowego. Ja na Okęciu zajmowałem się dalej treningiem pilotów rezerwy, od czasu do czasu uczyłem akrobacji pilotów-oblatywaczy silników z zakładów silnikowych PZL, koło Lublina. Codziennie odbywałem pierwszy wczesny lot na meteorologię. Stefan oddał mi swój pokój do dyspozycji, a więc ... spać, spać! Wykąpałem się, wyciągnąłem na wygodnym tapczanie pod ścianą, naprzeciwko okna. Widziałem przez nie wschodni brzeg lotniska i niezbyt dalekie budynki PZL (Polskich Zakładów Lotniczych), fabryki płatowców. Od chwili wejścia do mieszkania wykonałem czynności według ich zwykłej kolejności. Czułem się jakby normalnie, jedynie zdawało mi się, że głowę mam większą i w niej ciśnienie, i te słowa: „A więc... ".

Spać, spać. „A więc... ". A więc ojciec mój miał rację, gdy jesienią 1935 roku mówił do mnie:
– Każde nasze pokolenie ma swoją wojnę. Tak jest w tym kraju. Widzisz, co Hitler robi. Wojna wybuchnie za cztery, czy pięć lat. –
Spać! Czym prędzej zasnąć! Jakże mogłem jeszcze przed kilku dniami zapomnieć o słowach ojca? Dlaczego nie „myślałem", że wojna wybuchnie lada chwila? Przecież dywizjony myśliwskie od dawna odeszły na lotniska polowe, także dywizjony polowe gdzieś na wschód. Na Okęciu pozostała tylko baza majora Kurdziela, szkieletowe obsady ziemne eskadr i nasza eskadra treningowa w całości, z różnymi samolotami i ponad setką załóg rezerwowych, przeważnic pilotów, kilku nawigatorów i mechaników.

A więc – wiedziałem! A jednak nie „czułem" wojny w kościach. Za młody byłem. Młody człowiek ma tak wielkie zaufanie do świata, jak dziecko do domu rodzicielskiego. Wojnę czują ci, co już mieli swoją, pokoleniową. Gdybym przed kilkoma miesiącami świadectwo ojca komuś powtórzył, rzekłby „Panikę siejesz". Ja ojcu uwierzyłem w 1935, dlatego, że on zawsze miał rację, ale nie czułem jej w 1939. Dlaczego – (drobna to sprawa ... drobna ... bolesna aż do dzisiaj, do roku 1985) dlatego tej dobrej, miłej pani Jadwidze, spotkanej chyba 29 sierpnia na Nowym Świecie tak źle poradziłem. Pytała:
– Czy będzie wojna, panie Stanisławie? Pan przecież wie, pan lotnik. Bo my właśnie dziś na noc chcemy nad morze pojechać, na dwa tygodnie, i ja się boję... –
– Ależ naturalnie, niech państwo pojadą. Nie będzie, nie będzie. Przecież najpierw wypowiedzą i w razie czego pociągi specjalne. Niech się pani nie obawia. –
Pojechali. Z opóźnieniem, dwa dni temu.

Nie byłem zdenerwowany, czy „wewnętrznie roztrzęsiony". Tylko ta głowa rozdęta, pusta.... Ale zmęczenie już usypiało....

Zapukano do drzwi. Silnie. Goniec? Zerwałem się, otworzyłem i wzrok mój oparł się o pierś najmilszego mi kolegi i przyjaciela, Michała Liniewskiego. Zdumiałem się. Michał, jako że pilot Łosia, „dawno" już był odesłany ze swoim dywizjonem na lotnisko polowe, gdzieś pod Małaszewiczami. Spojrzałem w górę, na jego twarz – ten wysoki, uroczy mężczyzna był roześmiany, bo ucieszony tym, że mnie tak zaskoczył swą obecnością. Przyjaźniliśmy się przez trzy lata Podchorążówki i obaj dostaliśmy przydział do 1-ego Pułku Lotniczego w Warszawie, mieszkaliśmy na Filtrowej, tuż obok siebie, obu nas drażniła piękna, efektowna blondynka, z intrygującą szramą na twarzy. I mieliśmy ogromnie podobne poczucie humoru. Teraz Michał powiedział:

– Przyleciałem po części zapasowe do bazy i dowiedziałem się, że jesteś właśnie po służbie, no więc jak się masz? –

Odpowiedziałem mu:

– Mój drogi, dziś rano, tu, na lotnisku, dokonałem aktu historycznego – obwieściłem wojnę! –

Michał zaśmiał się i pogroził mi palcem. Widząc, że nie bierze serio tego, co mówię, pewnie dlatego, że ciągle jeszcze uradowany jego obecnością uśmiechałem się i uzupełniałem:

– Wojna zaczęła się! Dziś rano ogłosiłem pierwszy prawdziwy alarm przeciwlotniczy. Nie powiedzieli ci w hangarze? –

– Nie. Nie! –

– Oni pewnie myśleli, że ty wiesz. –

Potrząsnął głową. Zamilkliśmy. Odeszliśmy wreszcie od progu, zamknąłem drzwi, weszliśmy do pokoju, ja położyłem się i patrzyłem przez okno. Michał stanął przy nim i też przez nie spoglądał.

Raptem na dachu domu rozrechotał się karabin maszynowy i naraz usłyszeliśmy gwar silników wielu ciężkich maszyn, nisko, nisko nad nami. Już zatrzęsły się szyby w

oknie, huk i jęki motorów, aż głuszyły słaby trzask karabinu na dachu i spoza ramy okiennej poczęły wyłaniać się
trójki – jedna, druga, trzecia – Heinkli 111.

Nadlatywały z północy, leciały nad skrajem lotniska,
nad PZL, nad fabryką płatowców. Widziałem je,
wykręcając szyję. Michał, by je obserwować, zrazu
przysiadł przy oknie, w miarę jak oddalały się od nas i
zbliżały do PZL, wstawał, wlepiony w okno. Nasz karabin
maszynowy ucichł. Jęczący huk osiemnastu silników
umilkł. Cisza. Spoza niej przebijał nikły głos syreny.

Usiadłem na tapczanie, patrzyłem na ich malejące sylwetki. Wtem podniosły się z ziemi czarne kominy dymów i
zasłoniły PZL. Wyskoczyłem z tapczanu do okna. Właśnie
grzmot wybuchów uderzył w szyby i na ich tle usłyszałem
głos Michała:

– Już po naszym PZL-u! –

Po bliskiej stronie lotniska, w domu i na dachu domu,
na stanowisku karabinów maszynowych, cicho było, cicho.
Michał rzekł:

– Muszę iść. Maszyna już pewnie załadowana. Co ty
będziesz robił? –

Odpowiedziałem mu:

– Nie wiem. Stefan i ja jesteśmy przecież pilotami, mamy w eskadrze dwie PZL jedenastki C, więc chyba zabiorą
nas do któregoś dywizjonu. Jeśli nie, to będziemy się ewakuować i gdzieś na polowym lotnisku trenować naszych
rezerwistów. Mamy kupę przeróżnych typów maszyn. To
wszystko musi być co prędzej gotowe. My odejdziemy potem. Bo ja wiem? Czekam na rozkazy. –

Pożegnaliśmy się. Bardzo serdecznie, ale zwyczajnie. I
do głów nam nie przyszło, że po raz ostatni.

O tym, by się położyć spać, nie było mowy. Ubrałem
się, poszedłem do eskadry. Tam panowała radość! Ani jedna bomba niemiecka nie trafiła w PZL! PZL stały całe i
zdrowe!

– Panie poruczniku! – wołał do mnie szeregowiec –

One byli w takiem strachu, że nawet do takiego obiektu nie potrafili wsadzić tech swojech bombów. –

– A nie! – cieszył się drugi.

Nie usłyszałem wtedy słów w rodzaju:

– A my jem Berlin rozwalem! –

Słyszałem słowa nadziei:

– My się jem nie damy, panie poruczniku, nie? –

Gniew, poczucie niewybaczalnej historycznej krzywdy, pragnienie zemsty przyszły później. I później też przyszło sformułowanie myśli i przekonania, że każdy człowiek, bez względu na jego mundur, czy ubranie, organizację, przynależność państwową, posłuch rozkazom, jego ideologię – każdy człowiek, który bezprawnie wchodzi i z bronią w ręku napada na terytorium innych ludzi – dopuszcza się zbrodni pospolitej, staje się zbrodniarzem, podległym międzynarodowemu i krajowemu prawu cywilnemu i jako zbrodniarz pospolity winien odpowiadać pojedynczo, być skazywanym na długoletnie więzienie.

Do chwalebnego tytułu żołnierza ma prawo tylko obrońca swojej ojczyzny.

# Wrzesień, 1939 2-go i 3-go

Drugiego i trzeciego dnia naloty Stuka (Junkers 87B-1) na fabrykę PZL silników powtarzały się zawzięcie. Rozbijali ją z pasją mało uzasadnioną, chyba kierowały nimi przesadne doniesienia ich wywiadu o ważności tej fabryki, lub prosta uciecha trafiania w nią bombami z pięknych lotów nurkowych; praktykowanie nauk szkolnych z fajewerkowymi rezultatami, za które otrzymywali miana bohaterów i odznaczenia. Przy tym nic im nie groziło nad celem, prócz naszych wpatrujących się w nich z dala oczu. My obserwowaliśmy te ich zabawy z rowów przeciwodłamkowych, wykopanych w pobliżu naszego hangaru, bo się i do nas dorywali. Zrazu bez trafnych. Ale z takiego rowu, z bliska, zobaczyłem rozwój wybuchu bomby, 250-tki. Najpierw więc gwizd i cholerny wstrząs, potem wznoszenie się rozsypu ziemi dobytej bombą z dna leja, równocześnie nad lejem tęczowe! tęczowe łuki sprężonego powietrza i wreszcie cholerny łomot, huk, krótki świst odłamków przelatujących tuż. Nie dostało mi się, bo moja głowa znajdowała się w martwym polu wybuchu, czyli dość blisko, by „ściana" powybuchowych materiałów – powietrza, ziemi, żelaza, nachylona pod kątem 45-ciu stopni nie zawadziła o nią i tym samym, żeby te odłamki i inne twarde przedmioty poleciały wysoko ponad moimi oczami zdumionymi widokiem niespodziewanych barw ściśnionego powietrza. Powiedziałem – tęcza!

Druga trafna bomba rymnęła w róg hangaru, na drugi dzień, kiedy Stefan Padarewski przyniósł pieniądze na wypłatę żołdu, postawił papierowe paczki z bilonem w kancelarii na biurku, po czym wyszedł z hangaru, by powiedzieć szefowi, że wypłatę zacznie za pół godziny. Szef zajęty był maskowaniem maszyn i oddalony o dobre 200 metrów. To Stefana uratowało. Na ten dzień.

Ja w tym czasie, oddalony o paręset metrów, szedłem po asfaltowym „fartuchu" przed pustym hangarem eskadry bombowej (dlaczego, po co?), gdy wtem poczęły się rwać przede mną ogromne kawały tego „fartucha", wylatywały w powietrze, waliły się i rozpryskiwały z hukiem, dziury po nich powstały czarne, jedna przed drugą, jak ślad olbrzymiego zwierza na torfie. I tej samej chwili uderzył we mnie rechot działek i grzmot przelatującego mi nad głową Messerschmitta 109. Zniknął za dachami hangarów. Nie dał mi rady, choć byliśmy sam na sam i on z zaskoczenia, a ja bez broni, ale mi pokazał, co potrafi. Gdy doszedłem do naszego hangaru było tam już po nalocie innego młodziana na samolocie Stuka, róg hangaru trafiony, kancelaria w gruzach i w nich cały majątek na wypłatę, wymieszany z wapnem i cegłą. Stefan próbował wyszukać większe pieniążki, lecz wnet zrezygnował i poszedł po nowe torebki do kwatermistrza, do majora T. Kurdziela! Ten z pewnością przymrużył oczy i zapytał Stefana, dlaczego on postawił pieniądze w kancelarii na biurku, skoro wiedział, że są naloty? Ale dopiero dzisiaj zdaję sobie sprawę z faktu, że nigdy żadnego z tych dwóch nadzwyczaj dzielnych ludzi o to nie zapytałem, a po niedługim czasie było już za późno. Najstarszy z nas pilot-instruktor, porucznik Jan Michałowski, doskonały pilot i bardzo przyjemny człowiek, zaraz się gdzieś zawieruszył, przepadł w którejś eskadrze myśliwskiej. Spotkałem go dopiero w 43-cim roku w Anglii, jako dowódcę 307-ego dywizjonu nocnych myśliwców w Exeter, gdzie się dywizjonowi miasto wywdzięczać nie ustawało, ale tylko na gębę, bo je dywizjon chronił przed młodzieżą zza Kanału. Jan ucieszył się wtedy w Rubensie na mój widok i opowiedział mi, że właśnie przebrajają się z Beaufightr'ów na Mosquita. Beuafighter – mówił – to prostak, bywa cham, trzeba z nim otwarcie, z dużym marginesem. Ale Mosquito! O, to lady, wyrafinowana, cacko z pazurami na łokieć długimi, delikatna. Pilnować się trzeba, bo cię zdradzi. Zakochać się można. – Zakochał się. Zdradziła go, zabiła. Pochowany jest w Exeter. Stefan wtedy już nie żył, zestrzelony wcześniej. Dlaczego ja mam szansę pisania, opowiem później.

Ale teraz podchodzę do naszego hangaru z rozbitym nosem i uchem i Stefan mówi mi, że pod moją nieobecność, po nalocie, kapitan Filipowicz ogłosił rozkaz dowództwa bazy: na noc ruszamy do Łęczeszyc, na południe od Warszawy, tam ewentualnie, na dogodnym lądowisku, rozpoczniemy, być może, loty treningowe z pilotami rezerwy. Niczego prócz czasu odjazdu nie definiował. Widocznie rozumnie patrzył na te możliwości lotów treningowych gdziekolwiek.

Z łęczeszyckiego pobytu wywiozłem dwie nowe znajomości, spośród oficerów rezerwy: starszego ode mnie o kilka lat, emerytowanego porucznika, nawigatora, Bolesława Piątkowskiego, powołanego do Pierwszego Pułku, by z nami szedł do zwycięstwa. Człowiek to był wykształcony, poważny i rozważny, pełen dowcipu i małych pretensji dobrego gatunku. Drugim był, jeszcze starszy, bo około 40-latek, pilot z pierwszej światowej wojny niemieckiej, który zaczął latać we Francji. Tam poznał jej język. W naszym dwudziestoleciu miał dobrą pozycję w fabryce płatowców PZL, na Okęciu: latał z Orlińskim, z Bolesławem Orlińskim, na niektórych samolotach przez niego oblatywanych, jako obserwator instrumentacji, pracy silników i podobnie przydatny akcesoriów. Bolek Piątkowski i Ignacy kontrastowali wyglądem niemal tak dalece jak wnętrzem. Bolek, średniego wzrostu, już tuszy wieku średniego, ciemny, prawie brunet, ciemnooki, twarz miał ciężką, mocną, dowódczą. Palił fajkę, Dunhilla i tytoń Player's Mild. Ja też paliłem fajkę i one nas zbliżyły, choć moja była Niemką z Berlina. Więcej o Bolku dowiedziałem się w czasie naszych dalszych wspólnych podróży. Ignacy. Wysoki, bardzo szczupły, aż lekki, o podłużnej twarzy, smagłej, oczy też miał brązowe, smutne, smutne, mimo, że życie dręczyło go tylko według powszechnie używanej przez nie miary. Ten ceniony według jego dobroci, przyzwoitości, porządności i wielu innych zalet przystojny pan, znał się na handlu zagranicznym samolotami, bywał jednym z organizatorów polskich stoisk lotniczych na salonach paryskich. (Swego czasu wzbudził tam zadziwienie samolot myśliwski Puławskiego P swoim „skrzydłem mewy", według angielskiego określenia The sea-gul wing. Później na tamtych wystawach bardzo liczyły się „Sum" i „Łoś"). Z obu tymi panami miała mnie wkrótce zespolić dola. Natomiast nie miałem pojęcia, że wśród grupy obserwatorów znajdował się także podporucznik rezerwy – aktor, który w przyszłości nieco dalszej miał się stać moim przyjacielem i... szefem w jego teatrze objazdowym w Anglii, na drugi dzień po demobilizacji angielskiej.

Ale w tamtych dniach trwali oni w cieniu, w ciżbie personelu potrzebnego, lecz na razie nieużytecznego. Stefan Padarewski i ja stanowiliśmy podporę kapitana Filipowicza we wszystkich sprawach i aspektach dnia powszedniego i jego niemożności. Od wyprowadzenia eskadry z Warszawy nie byliśmy w stanie wykonać ani jednego planu treningu załóg rezerwy. Personel eskadry pracował wciąż, usilnie, nad zamaskowaniem sprzętu i kwater, nad przeprowadzaniem rzutów kołowych do lasów przyległych do nowych polowych lądowisk. Pracowano doskonale, nie złapali nas Niemcy, ani gołym okiem, ani obiektywami. A latali na rozpoznania co dnia. Od świtu głucho jęczały rozegrane, lub celowo nie zgrane silniki ich Dornierów 17, Heinkii 111. My mieliśmy na stanie dwie maszyny myśliwskie, Pułaskiego PZL jedenastki, lecz nie wolno nam było poderwać ich do lotu bojowego. One czekały swej kolejki w dyspozycji eskadr myśliwskich. I rzeczywiście – przysłano po nie, jedną zabrał Stach Szmejl, mój dobry kolega, drugą jego dobry kolega i zostaliśmy na lodzie. Na tym wygasł na razie entuzjazm i zapędy myśliwskie Stefana i moje. Wtedy, a było to 9-go, czy 10-go września, ucięliśmy krótką, dosadną rozmówkę między sobą: „Do Francji! Tam latają, mają na czym, tam się nasza wojna naprawdę dzieje, gdy my się tutaj chowamy! Musimy się starać, żeby nas zabrano stąd i skoro maszyn nie mogą dosłać nam, to niech do maszyn doślą nas!".

# Rumunia

Przed tym był Łuck. Ledwie się tam pojawiłem (14-go września? Pewnie.) i zameldowałem w naszym tymczasowym dowództwie, zapytano: „Ma pan przeszkolenie myśliwskie?". Radośnie odpowiedziałem: „Ależ tak! Mam Grudziądz, mam wyższy pilotaż!". Zanim skończyłem zdanie, usłyszałem: „Dziś na noc jedzie pan do Rumunii, w składzie eskadry myśliwskiej, odebrać samoloty. Będą tam Hurricany i francuskie Morany 404. Statki przypływają do Constancy. Tu zbiórka o 19.00".

Wyszedłem na Łuck. Już i on dostał po grzbiecie. A jednak został mi w pamięci jako miasteczko jasne, miłe, spore. I nazwa piękna. Może tak mi się widziało przez ten przydział z jasnego nieba do nowej eskadry myśliwskiej, na upragnione latanie na najwspanialszych samolotach tamtego czasu. Może mi się trafi Hurrican! Wieczorem odwołano anglo-francuskie zbawienie. Rumuni nie wpuścili statków z samolotami do portu. Postały na redzie. Odpłynęły w porannej mgle. Widma pomocy.

„Wracajcie do swoich eskadr. Jutro odjazd do Rumunii transportem kołowym". Jednak? Po co? Jakiś manewr? No, mamy układy. Znowu w mojej Eskadrze Treningowej Pierwszego Pułku Lotniczego, z Okęcia pod Warszawą. Bolek Piątkowski, Pomian, porucznik emerytowany tymczasowym dowódcą. Ja jego zastępcą. Jeszcze jeden oficer rezerwy, ppor., starszy pan, Ignacy Makomaski i trzon tej eskadry podoficerowie mechanicy i szeregowi. Razem nas czterdzieści dwie osoby. Na polowym lotnisku i w lesie

119

majątku państwa Newelskich, pod Siedlcami, trzy dni temu, mieliśmy ponad setkę rezerwistów różnych specjalności (i wartości). Odlot stamtąd niemal pod ogniem Niemców, do Łucka okazał się wystrzałem z garłacza – śruciny rozpierzchły się ... Już było jasne, że nie lecimy do walki. Kto mógł, wracał do rodziny, kto chciał wydostać się z matni niemieckiej, szukał swoich dróg.

Ruszyliśmy, według rozkazu, na południe-wschód. Siedemnastego zabrakło nam pod kołami własnej ziemi. Wjechaliśmy na rumuńską. Nie pamiętam, czy przywitani, czy obojętnie wpuszczeni. Podano kierunek, jechaliśmy. Dotarliśmy na południe od Constancy do dużej wioski „Princzipili Michai" – imienia Księcia Michała, z rodu Niemca, którego przyszłe królestwo zrabować mieli Niemcy. Tam kwatery przygotowane, i żywność i miłe przyjęcie przez komendanta obozu i nie wiadomo, co dalej. Obóz. Osiemnasty, dziewiętnasty, dwudziesty.... Aż odwiedził nas właściwy dowódca eskadry, kapitan Józef Filipowicz, sympatyczny, pamiętający o nas, zaopatrzył nas w złotówki za wrzesień i za trzy miesiące po wrześniu, zostawił wiadomość, co siedemnastego zrobiła nam Rosja i odjechał do Bukaresztu.

Cisza. Nic za złote nie da się kupić. Ani nie wiemy jak, ani gdzie: czy jakąś wizą? Bilet kolejowy do Paryża? A może aż do Londynu, co? Bezrada. Z bezrady pierwsza rada: wymienić złote na leje. Za leje kupi się, albo, nie, ale stanie się oczywiste co tak, a co nie. Komendant, jeszcze miły, radzi: „Jeden z panów musi jechać do Constancy, tam w banku krajowym... ". A więc zebranie eskadry. Bolek, dowódca, przestał pykać z drogiej fajki Dunhilla i wszystkim wyjaśnił. Zaproponował, że skoro eskadra mnie zna od dwu lat, to pewnie ma zaufanie i niech mi powierzy załatwienie wymiany. Powierzono, okazano zaufanie wzruszające, bo oddawano mi wszelkie i dowody kto kim był, kto miał prawo do swego nazwiska, narodowości i dalszego losu na podstawie umów między niedawną jeszcze formą Polski, do siedemnastego b.m., a Rumunią do na razie niewiadomej daty. Oddawano mi wszystkie pieniądze o pięknej nazwie „Złote Polskie" i dokumenty osobiste: legitymacje wojskowe z paszportowymi fotografiami na nich. Udałem się, ale nie pamiętam, jak dostałem się do Constancy. Tam – miasto wymiecione, puste, zamarłe, za pozatrzaskiwanymi drzwiami; inwazja kolonii trędowatych! Od trzech tygodni nie otrzymywali dostaw jedzenia, głód ich przypędził, protestują. Usunięto ich obietnicami. Miasto odżyło. Dobrzy ludzie znowu załatwiali interesy. Nie wiem, czy ich, ale nie moje. Bank oświadczył, że przekroczył swe możliwości wobec złotych polskich, że po leje muszę jechać, i to co prędzej, do Centralnego Banku Rumunii w Bukareszcie. Tylko tam i szybko, dodano życzliwie. Pospieszyłem z powrotem do eskadry. Po pierwsze, nie miałem za co kupić biletu na pociąg do stolicy, po drugie – moi musieli mi powtórnie okazać zaufanie. Na jak długo? Tym razem aż do skutku.

Nie pamiętam, czym wracałem do miejsca postoju eskadry. Nie warto pamiętać. Tam – nie zastałem ich! Przeniesiono cały obóz gdzieś dalej. I tyle. Już popołudnie. Nie miałem gdzie się dopytać, dogadać, zjeść jaki kawał chleba, może przespać noc.... Teraz, gdy to piszę, raptem otwiera mi się w pamięci obraz wspaniały. Fotografia prawdziwa. Widzę mur opasujący zabudowania gospodarstwa. Stoję przed bardzo dużą bramą z tęgiego drewna, tam, za nią pewnie gumno chłopskiego obejścia. Pchnąłem wielką furtę. Puściła. Wchodzę przez wysoki próg i staję naprzeciw i blisko przepięknego żywego obrazu. Patrzę na młodą kobietę wyjątkowej urody, brunetę o smolistych oczach... Strzelistą, spokojną. Spogląda na mnie. Milczy. Jej spokój, jej piękno, jej wyniosłość potęguje fakt, że lewą dłoń opiera na głowie – dużego orła. Ona i orzeł. Chwila. Oboje czekali na moje wyjaśnienia skąd ja w tym kraju baśni? Ale krótko. Byłem w mundurze. Ona ruchem wspaniałej głowy zaprosiła, bym poszedł za nią. Orzeł podreptał za nami.

W dużej izbie bardzo rozbudowanego domostwa siedział stary, z zupełnie innego kraju, chłop. „Otiec" powiedziała i zaprosiła ręką, bym usiadł. „Otiec". Skłonił poważną twarz. „Ruskij", powiedziała. Ja pokiwałem głową. I zaczęła się rozmowa w rosyjsko-polskim języku. Coś w tym rodzaju: on – „oni ujechali wsie" i dodał nazwę miejscowości, ja – „kak mnie do nich?" On przechylił głowę i odparł: „Nie znaju kak". Zamilkł. I znowu rzekł: „Pakuszajcie z nami, I krawat jest. A zawtra... Nu, da, zawtra... ".

Po kolacji z jego bardzo dobrym winem i opowiadaniu, jak to on w czasie rewolucji w Rosji uciekł tutaj, wżenił się w to gospodarstwo i w dziewczynę, matkę równie piękną jak ta ich córa, co wyleczyła skrzydło zbarczonego orła, a ten latać nie może i jej się trzyma, jakby rozumiał więcej niż człowiek... – po zmęczeniu drogą i niepewnościami, po moich pierwszych trędowatych i po Banku bez możliwości, spałem z głową na pieniądzach i dokumentach, gdy o wczesnym ranku „otciec" przyszedł do mnie i spokojnie rzekł: „wasz soldat do was". Ledwie przemyty wyszedłem do kuchni, gdzie przy stole pił herbatę i jadł kawał chleba młody chłopak w naszym mundurze lotniczym, czarny beret z orzełkiem leżał obok. Zerwał się, „zasalutował do pustej głowy" i wyrzucił z siebie z gniewem ułożone zdanie: „Panie poruczniku, te hamany w Constancy zaczęli rekwirować nasze wozy, tożem wskoczył w mojego Fiata i żem jechał gdzie bądź, ażem się zmęczył i tu żem zajechał, a ony mówią, że tu oficer nasz. To się melduję".

Przyprowadził autobusik. Polskiego Fiata, i miał w nim jeszcze dość benzyny na drogę, jaką nam plus-minus wyłożyli gospodarze. Odjechaliśmy pod urokiem niebywałego spotkania, po drodze pytaliśmy, dojechaliśmy tym krajem, tą ziemią zachwycającą, do obozu już o złej woni atmosfery semi-internowania. Bolesław i Ignacy i wszyscy natychmiast nas otoczyli i wpatrzeni we mnie zapytali „CO?" i od razu wiedzieli, że negatyw. Powiedziałem; „Oto legitymacje i pieniądze. Może ktoś inny pojedzie do Bukaresztu".

Jeden zawołał: „Nie, nie, niech pan jedzie. Panie poruczniku, znamy się z Warszawy, mnie pan przepustkę dał do miasta, jak nie wolno było. Pamiętam. Niech Pan jedzie". Stanęło. Trzeba było benzyny. Bolesław, żeby oszustwem nie utracić powagi dowódcy eskadry, wysłał Ignaca do komendanta, już opryskliwego, z zawiadomieniem, że mamy swój wóz do wożenia żywności: potrzeba paliwa. Komendant, pewnie żeby się co prędzej odczepić od świetnej francuszczyzny Ignaca – już uprzednio dawała mu się we znaki – nie protestował, podpisał świstek. Na drugi dzień bardzo wcześnie ruszyłem Polskim Fiatem, z polskimi tablicami rejestracyjnymi, w kraju już widocznie niepewnej przychylności, z moim osobistym szoferem – w nieznany świat, by polskie „złote runo" zamienić na ... „leje" tego tak pięknego kraju, nurzającego się, przeważnie, w niezrozumiałej biedzie.

Jechaliśmy w słońcu i ku słońcu, lecz wiedziałem, że trzeba zostawić je po naszej lewej stronie i jechać ku północy, czym prędzej, tym lepiej. Gdzież ten węzeł, wcale niezłych szos, który wprowadzi nas na właściwą?... Jechaliśmy. O, miasteczko.... Napis – Bucuresti. Ale zaraz za tym zbawieniem dwojakie możliwości; widły, zrazu bardzo bliskie siebie... Które więc? O, restauracyjka! Rzekłem do mego miłego chłopaka: „Jesteś bez oznak, zostaw beret, idź do tego lokalu i zapytaj: Bukuresti links oder rechts? Ja mam na sobie mundur i epolety". On wyskoczył, ja zająłem jego miejsce, trzymałem silnik na małym gazie, patrzyłem w lusterko. Widziałem, jak wchodził... Jak raptem wypadł stamtąd i rwał do mnie, ruszyłem powolutku, on wskoczył, usunąłem się, dał gazu! Za nami dwu żandarmów wyleciało z lokalu, machali karabinami, składali się do strzałów, ale żadne pociski nie zagwizdały. Mój chłopak rzekł: „Ten za ladą powiedział: Rechts", wtedy tamci zerwali się od stolika". Jechaliśmy. Późnym popołudniem napatoczyliśmy się przy szosie na wymachującego rękami kaprala żandarmerii. Prosił o podwiezienie go. Mój chłopak znowu objawił swój niebywały węch przyszłości, rzekł: „Panie poruczniku, weźmiem, co? Niech on nas eskortuje, nie?". Zdumiałem się. Odparłem: „Chłopcze, zapamiętaj, co ci starszy stopniem teraz powiada: jeśli przeżyjemy – idź do szkoły nauk politycznych!". Zabraliśmy kaprala, posadziłem go koło szofera, sam zająłem wygodną ławkę za nimi. Gdy zapadła noc, stanęliśmy pod wysokimi topolami, nasz podebraniec z wielką serdecznością poczęstował nas jajkami na twardo i dobrym chlebem. I upewnił się po raz któryś, że jedziemy do Bukaresztu i najszerszymi uśmiechami zapewnił nas, że mu jego szczęście nasłało nas na pomoc: on chce do Bukaresztu. Obudziłem się pewny, że jestem obserwowany. I rzeczywiście. Przez okno wpatrywali się we mnie, w nas, dwaj wysokiej rangi podoficerowie, żandarmi, uzbrojeni w bronie palne. Spojrzałem na moich. Obaj spali. Poszturchałem kaprala. Obudził się natychmiast, obrócił ku mnie, wskazałem mu patrol z przeciwnej strony – i zaczęła się scena z komedii ludowej! On wręcz rzucił się na starszych stopniem podoficerów, z jego tonu, z jego gestów rozumieliśmy wszyscy, bez wątpliwości, że on nas eskortuje, jak przewidział mój chłopak, już obudzony. Żandarmi uznali, że sytuacja nie wymaga interwencji. Nawet zasalutował mi – jeden. Żeby niepewności drugiego nie pozwolić dojrzewać, ruszyliśmy bez zwłoki i coraz prędzej. Oni nie dysponowali pojazdem. Tak więc bez dalszych mini-nieprzyjemności, jedynie pozdrawiając dłońmi mijane patrole, dojechaliśmy do Ilistrii. Nad Dunajem. A przez Dunaj – prom. A na prom przepustka wojskowego komendanta miasta. Koniec. Pierwsze wrażenie. Rozglądam się. Ilistria cudownie położona, Ilistria równie rozkoszna dla oczu jak jej nazwa dla uszu. Ale... ale co z tym Bukaresztem za Dunajem?... Da się widzieć, jak mawiał mój ojciec, gdy go spotykała kolejna klęska. Godzina późnego ranka, może nawet około południa. A ja od dwu dni nieogolony. Dość. A właśnie zatrzymaliśmy się blisko golarza. Oznajmiłem moim towarzyszom, że idę do fryzjera.

Widocznie miałem grosze lokalne, pewnie mi je dali nasi w obozie. Z pewnością już je tam wykombinowali. Dałem po kilka lei mojemu chłopakowi i Rumunowi – tymczasowej opatrzności i otworzyłem drzwi do fryzjerni. Świetnie! Nikogo. Fryzjer wytrzeszczył oczy, stokrotnie ugrzeczniony posadził mnie przed lustrem w złoconych ramach i przed rzędem butelek z pachnidłami. Z szuflady dobył czysty ręcznik i prześcieradło, okręcił mi jego brzegiem szyję i po bezsłownym dialogu mojej dłoni z jego uprzejmą miną, namydlił mi twarz pieniście. Już kończył toczyć brzytwę, gdy raptem silne pchnięcie otworzyło drzwi i po naszej stronie progu stanął wielki pan. Wysoki, mocny mąż w mundurze władcy, odznaczony tyloma brzękadłami, że mi się czegoś podobnego na resztę życia odechciało. (co mnie do dzisiaj drogo kosztuje! He, he, panie, jak to – tylko kilka brzękadeł? To jak to? ... ). Fryzjer zniknł ... to jest stał z tą brzytwą podniesioną, ale go nie było. Mąż ogromny, w kolorowym mundurze, stanął za mną. Ja schowany za pianą na twarzy. Patrzyliśmy na siebie w lustrze. Decydująca chwila! On rzekł szczątkami niemczyzny: „Proszę pana na obiad. Przyślę ordynansa po pana". Chwilka i skłoniliśmy się sobie w lustrze. On opuścił nas i pozostawił pustkę. Duch fryzjera znowu wypełnił jego ciało i człek ten wyjąkał: „To dowódca okręgu Ilistrii". Po czym zręcznie ogolił mi twarz, umył włosy, zanim zdążyłem się obronić – uperfumował mnie i z ulgą i ciekawością wyprowadził mnie za drzwi. Tam już czekał zapowiedziany ordynans. Dałem mu na migi znać, wskazując Fiata, żeby powiadomił moich towarzyszy, co się ze mną będzie działo. Poczekałem i poszedłem za nim do willi, na jaką Ilistria zasługiwała. Śliczna Iliastria na południowych stokach wzgórz spływających do wód Dunaju. A willa tak położona, że wszystko, co się nad Dunajem działo, lub na jego swobodnie przesuwającym się ciele niosło, mieściło się, jak za chwilę stwierdziłem, w ramach jej rozległych okien. Pan tych uroków czekał na mnie w otwartych drzwiach. Wprowadził mnie z oznakami szacunku i ... zaambarasowania, do salonu. I zaraz się tajemnica mego szczęścia wyjaśniła. Powiedział: „Moja żona jest Polką. Ona dziś jest w Bukareszcie. My płakaliśmy... ".

Ordynans podał nam wino. Skłoniłem głowę wdzięczny i wzruszony wzruszeniami gospodarza, oraz wyraźnym ukazaniem się w mej wyobraźni przepustki na bukareszteńską stronę Dunaju. Ten wysokiej rangi oficer, pan okręgu i ważnej placówki, pozwolił sobie na rozprężenie, na słowa przyjaźni, aż na rozczulenie. Nie wstydził się, ale nie gadał wiele. Obiad smaczny, wino-odkrycie, przepustka. Ta samoczynnie znalazła się w mym ręku. Do dziś pamiętam serdeczność jego pożegnania. Jestem wdzięczny jego żonie. Nasz kapral-ochrona, widząc moje stosunki – urósł. Od tej chwili tym godniej siedział przy szoferze, z przepustką w kieszeni, gdzie trzeba salutował, wyjaśniał, nawet pokazywał cenny papier. Ale nie wszystkim. Na koniec podróży wypytał w Bukareszcie o drogę do Polskiego Konsulatu. I tak wjechaliśmy na teren parku samochodowego na kawałku ziemi fikcyjnie naszym. Tam on z szacunkiem pożegnał nas, ja, mimo późnawej godziny, ruszyłem do biur. Nie panowała w nich wrzawa, lecz niski pomruk, a gorący oddech tłumu wyczerpywał powietrze. Mój mundur pozwolił mi dotrzeć do zrozpaczonej osoby, która wymieniła mi wszystkie przeszkody w załatwianiu mej sprawy, ale i, być może, ostatnie możliwości załatwienia czegoś. Spieszyć, spieszyć, spieszyć, bo Niemcy... Więc tak musi pan działać: otrzymać polskie paszporty; żeby je otrzymać, należy wypełnić formularze z dokładnymi danymi o każdym petencie, oraz jego dwie fotografie przepisowych rozmiarów. „To pan wie?". „Nie, dowiaduję się. Fotografie? Dane o każdym? Czterdziestu jeden prócz mnie?". „To już pańska w tym głowa. Dalej: z paszportami, jeśli je pan otrzyma, pójdzie pan do ambasady francuskiej po wizy docelowe. Z tymi wizami do Jugosłowian po wizy tranzytowe; po Jugosławii do Greków, także po tranzytowe. Potem, dopiero

wtedy – po wizy wyjazdowe". „A pieniądze?". „To na końcu, to na końcu, do Banku Rumunii, z wizami wyjazdowy-
mi! I niech się pan spieszy, oni pracują dzień i noc, ale pan
im naniesie kupę roboty, więc do widzenia z fotografiami,
a tu są formularze.... Daję panu o kilka więcej, bo jak się
panu coś popłącze, i powtarzam – pośpiech, bo Niemcy
zamykają wszystkie drogi. Och, panie! Prawda, wy lotnicy
macie pierwszeństwo, więc niech pan tam siada, przy tamtym stoliku i od razu wypisuje te formularze... ". „Tak, ale
fotografie?". „Nie wiem, co pan z tym zrobi, ale na razie ten
stolik jest wolny, niech pan pisze!". „I pieniędzy nie mam."
„Co ja panu poradzę, ale może... ". Po wypisaniu czterdziestu dwu formularzy na podstawie legitymacji osobistych i
nieustającej inwencji, po kilku herbatach w życzliwym konsulacie, po solennym przyrzeczeniu, że te leje prywatnie
mi pożyczone z podręcznej kasy urzędu na coś do jedzenia natychmiast oddam, jak tylko... Wyszedłem. Oddycha-
łem. Patrzyłem w gwiazdy, proponując im współpracę w
znalezieniu sposobu na osiągnięcie fotografii; czterdziestu
dwu razy dwa, bez pieniędzy. Teren oświetlała silna lam-
pa. Mój szofer, równie głodny jak ja, czekał wiernie przy
wozie. „I co, panie poruczniku, i co?". Więc opowiadałem
mu „co", oparty o ściankę wozu, o tych fotografiach, o tych
wszystkich niemożliwościach bez tych fotografii. Te fotografie najgorsze! Ja nie mam żadnych szans na kredyt u
fotografa. Dziś za późno, jutro pójdę do ambasady, może
tam... ". Wtem poczułem, że ktoś się rusza za mną. W wozie. I rzeczywiście. Na tylnej ławce, mojej, leżał nieduży
człeczyna i spoglądał na nas z zainteresowaniem. Widocznie słuchał był mego opowiadania. „A to kto?!" – błyskawicznie obarczyłem niewinnego podejrzeniem o wynajem
wozu na noclegi. „A to, panie poruczniku, taki jeden, on tu
cały czas przy konsulacie, bo jednemu to, drugiemu tamto,
bo on tu w mieście znajomy. A mówi, że dziś spać nima
gdzie". Zanim zdążyłem niewłaściwie zareagować, człowieczek odezwał się. Był to język międzyludzki, z tamtego

kąta świata, gdzie wszystko się przeplata – przepraszam za rym. Dał mi on do zrozumienia, co następuje: „jat fotografu znaju, utro zrania er komt, u jewo kriedit budiet, no onże ze mnoju zdziś schaft adnu-dwie noczy. A? Możno? A?". Po krótkim upewnianiu się, że mnie uszy nie mylą i podejrzliwym spojrzeniu na gwiazdy, umowa stanęła. Rankiem on wyskoczył, wrócił z ulicznym fotografem, takim, co wielki aparat z Arki Noego, na trójnogu, przydźwigał i bez gadania zaaranżował jak fotografie nalepione na naszych legitymacjach mają być ustawiane na skrzydle wozu i począł je prztykać spod czarnej zasłony. Pierwsze wyszły bardzo podobne do wzorów. Wobec tego nasz oryginalny cicerone-obdartus zyskał moje zaufanie tak dalece, że powierzyłem mu część lei, by przyniósł bułki od piekarza: „Ale w czystym papierze!". Fotografie się sypały. Ledwie wrócił bardzo powolny poseł, i my, delektując się i rozmawiając, zjedliśmy po dwie bułki, zdjęcia były gotowe, umowa o kredyt potwierdzona, ratyfikowana i po południu wyniosłem z konsulatu czterdzieści dwa eleganckie, pachnące paszporty należące do dentystów, geometrów, agronomów, adwokatów, był tam i student astronomii, teraz wdzięczny gwiazdom. Z tym bagażem do Francuzów. Poważnie, bez słów, wskazano mi godzinę gotowości. Miałem czas pójść do naszej ambasady. Tam rządzili się starsi oficerowie naszego Dowództwa Lotnictwa z Warszawy. Zaraz popsuli mi humor: „Co pan tam z jakimiś żebrakami, panie, panie – to mogą być szpiedzy! A pan niech sobie zaraz cywilne ubranie kupi!". Ledwie wycyganiłem tam trochę lei, żeby mojego żebraka od fotografii zapłacić. Wróciłem do Francuzów. Owszem, niemal punktualnie i jakby uprzejmie: „Merci". Od nich do Jugosłowian. Naturalnie, ale jutro przed południem, około południa („Sława lepo?"). Wróciłem do wozu. I powtórnie wysłałem naszego „organizatora" po bułki i (mam okropne wspomnienie, że ... i sardynki, brr!) dla nas trzech, bo fotograf poszedł pracować, jak zwykle na swej „zarobkowej" ulicy. Wróci tu na noc.

Dowiedziałem się od „organizatora", gdzie mają bukareszteński „Kercelak", rynek szmaciany. O! Jest! Bardzo dobry! Nazywa się „Taika Lazar". Oczywiście „Taki Łazarz". Ale o nowym ubraniu w sklepie mowy nie wszczynałem. Tam wtedy ceny już nie żartowały z nabywcami, a ja i „nabywcą" nie byłem. Wieczorem zdecydowałam wyjść do miasta. W dzień Bukareszt zobaczyłem ułamkowo, ale pilnie, by nie stracić wyuczonych kierunków, nie miałem czasu na błądzenia. Szczególnie pomocni mi byli i na podziękowania zasługiwali wielcy mężowie Rumunii, konno, siedząc na stolcach, czy pieszo z pomników swoich uprzejmie palcami wskazywali mi drogę powrotną, do naszego konsulatu. Kłaniałem się im. Teraz postanowiłem zobaczyć miasto w jego światłach. Włożyłem lotniczą skórę na mundur (takie mody nam chyba Niemcy via Czechy podsunęli. Potrzeby w tym nie było żadnej, ale – moda). Poszedłem. Od pomnika do pomnika. Łatwo wrócić. Podobał mi się Bukareszt. Tylko panie miały owłosione nogi, może jedynie łydki, ale wieczorom to nie ujmowało ulicom. Jasno, wesoło, rozlegle. Bardzo przyjemnie. Katastrofa dopiero w drodze. Zdumiewający dla mnie okres: zaskoczenie innymi ludźmi, teraz niemal dotykalnymi, widokami, sytuacjami, dążeniami i własną odpowiedzialnością, przymusami sobie nakładanymi pomieszanymi z mimowolnym wchodzeniem w rozwierające się drzwi innego świata. Wszystko to poważne, interesujące i zabawne. W zadumie nie zauważyłem, że podszedł do mnie wysoki pan i chwilę dotrzymywał mi kroku. Dopiero go zobaczyłem, gdy skłonił się i po niemiecku rzekł: „Widzę po skórzanym płaszczu, że pan jest polskim lotnikiem. Proszę, niech mi pan wybaczy: bardzo chciałbym z panem swobodnie, spokojnie porozmawiać. Pan niemiecki zna? Czy raczej francuski?". Niestety tylko niemiecki, nieco, tego nauczyłem się w szkole. Teraz widzę, że to był błąd.

„Czy zechce pan zajść do mnie na kieliszek koniaku? Francuski". „Na rozmowę?". „Tak, Bardzo proszę". „Chętnie". „To blisko". Rzeczywiście po kilku minutach milczenia weszliśmy na trzecie piętro wielkiej kamienicy. Pan zadzwonił, błyskawicznie drzwi otworzył młody chłopak, jak struna, Żołnierz! Ordynans. Gospodarz uprzejmym gestem zaprosił mnie do dużego salonu. Po czym zaraz skinął, bym wszedł do drugiego pokoju. Tam otworzył szeroko szafę. Pokazał mi wiszące tam mundury. Oficer sztabowy, pułkownik. I powiedział: Żebyśmy swobodnie rozmawiali". Podziękowałem. I potoczyła się rozmowa, w nastroju podobna do tamtej, w Ilistrii. Ten człowiek czuł się osobiście poniżony stanowiskiem swego rządu; odesłaniem samolotów z Constancy, wiadomościami, że już zaczynają się pierwsze podłostki na prowincjach, rekwizycje samochodów, tworzenie obozów – nie dla gości, lecz dla obcych internowanych. Dla jeńców? Aresztowania. Tutaj, w stolicy, zbyt wielu Francuzów, Anglików, Amerykanów patrzy rządowi na coraz brudniejsze ręce. Umilkł. I podjął: „Ja stoję blisko stołów planowania strategicznego i naszych możliwości wojskowych. Proszę, niech mi pan wierzy, zresztą to jasne, my możemy walczyć, czy choćby się spierać z Niemcami tylko przy zielonym stoliku. To straszne. Ale to nie usprawiedliwia nas. To nas dławi. Chcę żeby pan wiedział, co bardzo wielu z nas czuje... ". Milczeliśmy. Nic dodać. Owszem, na moim poziomie pozwoliłem sobie dać mu rozgrzeszenie. Powiedziałem: „Nie zapomnę tego gestu szlachetności rumuńskiego przyjaciela Polski". On odpłacił mi wzniesieniem kielicha koniaku i życzeniami osobistego powodzenia. Działają.

Na drugi dzień po otrzymaniu tranzytowych wiz jugosłowiańskich, pozostawiłem paszporty u Greków. Znowu na dwadzieścia cztery godziny. Ta zwłoka, niesłusznie, niemniej mocno mi dopiekła. Oni tam czekają!! Grecy obiecali, że od nich zdążę do Banku, a tego dnia i tak już za późno. Zły szedłem do mego wozu-hotelu, w nim sypiałem, w konsulacie myłem się i goliłem, w tym wozie usiłowałem poczytywać Zygmunta Bartkiewicza nowele z końca byłego wieku, czy z początku naszego, nie szkodzi, co za opowiadania rozmaite, co za język, cudowny pisarz. Woziłem jego niewielką książeczkę, otwierałem ją na „chybi trafił", bo nie zawierała niczego na „chybił", wchodziłem w nią, zatapiałem się w niej. Ale tym razem było mi za ciasno i w Bartkiewiczu. Poszedłem do miasta. Wciąż w mej „skórze" kryjącej mundur. Ku zdumieniu, miłemu, w pobliskim kinie zobaczyłem – grali film, który przed dwoma miesiącami widziałem w Warszawie! Hollywoodzki „Ukochany", francuski tytuł „Elle et Lui", gwiazdy amerykańskie: Charles Boyer i Irena Dunn, wówczas moje ulubione kinowe. W porównaniu z Zygmuntem Bartkiewiczem to uroczo uklepany z glinki sentymentalizmu pagórek niczego. Ale miał tę zaletę, że po nim przechadzała się Ona, tak lubiłem patrzeć na Nią w Warszawie. Że oni oboje byli tam, u mnie, moimi gośćmi, nie pamiętam, w którym salonie-kintopie, i dzięki temu moimi dobrymi znajomymi. Dla nich wszedłem na salę już ciemną i zobaczyłem tak miłe mi twarze... Nie czytałem napisów rumuńskich pod obrazami, słuchałem ich słów angielskich, których tak świetnie nie rozumiałem, lecz, przecie mi się wbełkotały – nie formą, lecz ich przypuszczalnymi znaczeniami w oklepanych sytuacjach – w pamięć i tam przetrawiły się w najczystszą polszczyznę. Wyszedłem z kina olukrowany. Lepiej się czułem. Potem, gdy leżałem na tylnej ławce samochodziku, w kącie polskiego terytorium, konsulatu, przemknęło mi przez głowę trzeźwiące zrozumienie, jak ogromne znaczenie ma, i będzie mieć, kolosalny oklepus zastosowany w odpowiednim momencie na wielką skalę! Po latach zgadzam się z sobą, tym z Bukaresztu, kładącym sobie pod głowę, ostrożnie, żeby nie pomiąć, tomik nowelek Zygmunta Bartkiewicza, zgadzam się, że geniusze zła i głupoty używają skoncentrowanych oklepusów masowo, Leniny, Staliny, Hitlery itp. – idąc wstecz, historii – i pewnie, o, jak pewnie, w Jej przyszłych losach tym się posłużą i historia tworzona przez takich anty-ludzi zawsze będzie swym najlepszym otwierać wrota piekieł na ziemi i zatajone groby.

Grecy wywiązali się. Wydali mi nasze dokumenty z ich wizami bez ograniczeń czasu pobytu w ich kraju i życzyli czego mogli najlepszego ... bo okazało się, że ktoś wśród nich wiedział i tę wiadomość po konsulacie rozpuścił, że my przecie nie astronomowie, nie rolnicy, nie profesorowie teologii, ale lotnicy, a Grecja miała samoloty myśliwskie PZL 24, kupione w Polsce ku ich przyszłej obronie przed Niemcami i przed, niestety, Włochami. Życzliwie mnie pożegnali. Ależ jeszcze wizy wyjazdowe. Te załatwiła mi szybko nasza ambasada.

Do Banku! Po leje! Dla czterdziestu dwu chłopa, którzy już pewnie ze skór wyskakują, a dla mnie, tu, ostatnie dzwonki do wymiany, Bank jeszcze złote przyjmuje. Już. Wyszedłem obładowany. Zostawiłem cały majdan w konsulacie i szybko do Taika Lazar, po ubranie. Kupiłem. Ono nigdy nowym nie było, ale materiał dobry, długo w nim udawałem cywila.

Nie pamiętam imienia ani nazwiska mego dobrodzieja szofera ani jak się z nim rozstałem. Jak dalej żeglował? Przykro mi, że nie pamiętam. Był mi tak potrzebny, tak ważny, że, co tu gadać, niezbędny!

W obozie – szampan! To jest tylko w nastroju, w każdym razie święto transformacji! Każdy posiadacz nowego paszportu owizowanego i kupki lei, przemieniał się w osobę cywilną, osobę oddawaną na pastwę jej wolnej woli. Każdy poczuł się nieco innym, bardziej sobą. Poczucie wyzwolenia z obozu od razu zaznaczało się wyraźnie, odbijało się szczególnie w stosunku do komendanta – ten tracił wobec każdego upaszportowanego prawo rozkazu, czy ograniczeń ruchu. Byliśmy cywilami, mieliśmy wizy wyjazdowe! Cześć! Rozjechaliśmy się w pośpiechu, nie robiąc tłoku. Ja od tamtej pory podróżowałem w trójce: Bolesław Pomian-Piątkowski, Ignacy Makomaski i Stanisław Józef Leon Wujastyk, niżej podpisany, do zobaczenia w Belgradzie, w Atenach, we Francji.

# Białogród

Kończąc relację części mej drogi do Francji w jesieni 1939 roku na rozdziale pt. „Rumunia" powinienem był zaznaczyć, że od tamtej pory podróżowaliśmy w trójkę: porucznik w stanie spoczynku, Bolesław Pomian Piątkowski, poważny przystojny brunet, o ciemnych oczach, ogólnie koloru brązowego, podobnie jak z jego warg wyrastająca fajka Dunhilla. Nawigator; Ignacy Makomaski, Maki, pilot, podporucznik rezerwy, wysoki doskonale się prezentujący szatyn, o przyjaznych, jasno złotawych oczach, reprezentant PZL-u na Wystawach naszych samolotów w Salonach Paryskich i co-przedstawiciel, delegat, w sprawach sprzedaży samolotów myśliwskich F24 do kilku krajów bałtyckich i bałkańskich, w tym i do Grecji, oraz Stanisław Wujastyk, zawodowy oficer pilot, raczej skromny, lecz obiecujący i równie, jak Bolek, oddany dymom z fajki (niemieckiej! Zginie ona niesławnie).

Bolesław Piątkowski, Ignacy Makomaski, Stanisław Wujastyk. Obudzenie się z twardego snu w pociągu, który wchodził na dworzec w Białogrodzie, radośnie przekonało nas, że teraz, rzeczywiście wstąpiliśmy na pierwszy etap Właściwej Drogi, Piękna Rumunia przestała się liczyć – za jej nieuczesne zapały do aresztowań, internowań nas i naszego sprzętu wojskowego – samolotów, u nich schronionych. Mimo dawnych paktów i tak niezwykłych wzruszeń w Silistrze i w Bukareszcie, zredukowała się we mnie do formy i rozmiarów nielojalnej pułapki i tyle. Teraz aż zaparło tzw. „dech". Wolność i prawo ruchu. Już dworzec Belgradu-Białogrodu wydał się otwarty na cały świat! My – na chwilę niczym nie ograniczeni za wyjątkiem konieczności zjedzenia, i to co szybciej, śniadania. Kierownictwo oddaliśmy Makiemu. On tam bywalec, po francusku zamówi jajecznicę, a może nawet po serbsku. Na obiad obiecał nam niespodziankę i nie wyplotkował, co to będzie. Musi gdzieś zatelefonować i dopiero wtedy nam powie, co się tam dobrze składa, ale przede wszystkim – „o której godzinie mamy pociąg do Aten!" – jak to świetnie brzmi! Do Pireusu, skąd nasz Pułaski zabierze nas do Marsylii. Wiemy, że pociąg odejdzie jutro pod wieczór albo następnego ranka. Czyli półtora dnia tutaj pewne. Do hoteliku więc, kąpiel, śniadanie i w miasto! Daleka od wojny radość. Radość. Ptasia! Śpiewna! Dziś – aż grzeszna? Później – później będzie ciężko osądzana przeze mnie. Lecz ówcześnie, z rzetelnym zaskoczeniem obserwowana swoja ciekawość światka – późna chłopięcość nie zgaszona, jeszcze nie zaprawiona przyszłością. Było się na Właściwej Drodze i z frajdą odkrywało się powierzchnie (bo nie głębsze charakterystyki) nieznanego kawałka Europy. Jeszcze lśniące. Tutaj, w tymże Białogrodzie, przed rokiem, mój nieco starszy i jedyny brat, Jan, absolwent prawa na KUL-u, już w Lublinie zauważony młody polityk, jakże zdolny krasomówca, na zjeździe studentów socjaldemokratów odnosił sukcesy. Wrócił ujęty Serbami, ich umiejętnością prowadzenia dyskusji, urokiem ich miasta-twierdzy-zastawie przeciw Turkom i wrogim Austryjakom, o ich woli wolności potwierdzanej straszliwymi ofiarami w jej obronie, począwszy od Kosowego Pola, dzisiaj znaczonej pomnikiem-cytadelą Kalemegdan! Opowiadał o urodzie młodzieży, o pięknym parku miasta rozłożonym na wzgórzach, nad rzekami o sympatycznych nazwach. Jaś nie zapomniał o kuchni, o winach, po powrocie przez tygodnie cieszył się zetknięciem się z Białogrodem, w starożytności rzymskim Singidunum. Będziemy wspominać i moje wrażenia, może tu razem przyjedziemy. Teraz on był w obronie Lwowa. Powołano go, oficera rezerwy, wczesnym latem. Tam, podobno, generał Sosnkowski dowodził. Rosjanie? Jakby mi kto sopel lodu wbił w kręgosłup.... Ale.... Może generał z nimi doszedł do porozumienia? Nie! To niemożliwe! Okłamią go. Przynajmniej to pewne, że tam ich wspólnicy-wrogowie Niemcy nie weszli. I co z tego? W tamtych warunkach nie ma wyboru.

Maki zapowiedział, że na obiad pójdziemy do domu państwa X, rodziny Białych Rosjan. Oni prowadzą tzw. „Przyjęcia Rodzinne". Pół-pensjonat. Są bardzo znani i cenieni, jako wyjątkowa restauracja. Maki został do nich wprowadzony przez znajomych i w czasie podróży służbowych dotyczących sprzedaży naszych samolotów, dla Lotnictwa Jugosławii, zawsze się u nich stołował. Dziś nas oczekują. Interesująca enklawa.

O umówionej godzinie wstąpiliśmy w zakątek mieszczańskiego splendoru bardzo wczesnych lat dwudziestych, czy raczej nawet w wschodnią wersję splendoru „fin de siècle'u". Pan w tużurku ze srebrzystym „halsstükiem" na łamanym kołnierzyku, powiedział głośno (po francusku): „Witamy, witamy! Panowie są tak punktualni". Panie: obie w popołudniowych szykach, niemal wieczorowych, z koafiurami tamtych mód, gdy Maki nas przedstawiał, podawały nam rączki. Całowaliśmy je. Nie należało wypaść z żywego obrazu. Weszliśmy jak na scenę, jakby w wycinek sytuacji z „Lalki". Czym dalej, tym bardziej zamożnie cum pretensjonalnie, ale po niewielu chwilach bardzo, owszem, sympatycznie. Rozmowa z Makim po francusku, z Bolesławem też, choć on raczej interesował się kilkoma dobrymi obrazami serbskich malarzy, a i ze mną z pewnymi wtrętami po rosyjsku-polsku, głównie na mój benefis, gdy zauważono, jak bardzo oceniam urodę panny domu. Pan domu zażartował, że wie, co może się wydarzyć po wojnie... (Po wojnie? Po jakiej wojnie? ... ). Państwo wywodzą się z Mińszczyzny, mieli dobre stosunki z Polakami, przyjaźnili się z kustoszem polskiego muzeum Hutten-Czapskich. Ostatnie zadziwienie, że panie w strojach tak wytwornych same podawały potrawy do stołu. Obrazek zaskakujący, miły. I grzeczność przede wszystkim. O wojnie u nas; o stosunku ich i tego kraju do Niemców, nie mówiło się. Właśnie przez grzeczność.

I tak w eleganckim spokojnym tempie jesteśmy po obiedzie. Zdziwieni, że nie kosztownym. Żegnając niemal zaprzyjaźnionych gospodarzy Bolek pyta, gdzie tu można dostać dobre tytonie fajkowe. Angielskie?

Wychodzimy, I znowu wiemy, o jakiej to wojnie, przez grzeczność, nie mówiono.

Jan, mój brat, opowiadał mi o widokach z parku miejskiego. Poszedłem potwierdzić Jego zachwyty. I potwierdziłem z nawiązką. Widzę siebie – ze wzgórza schodzę aleją wielkich czerwonych róż, spoglądam w lewo, teren opada hen i tam, na otwartej mapie kraju, łączą się dwie rzeki: Dunaj i Sawa. Widok, widok....

Oglądam się, patrzę w górę, o kilkanaście metrów za mną para – jakby ustawiona tam dla podziwu turystów. Oboje wysokiego wzrostu, on smagły brunet w mundurze wojskowym, granatowym, może czarnym, z czerwonymi wypustkami, wyraźnie je widzę. Ona, bliska niego, jaśniejsza, wyczuwam, zgaduję, po zgrabnej postaci, że i niepowszednich rysów. Lecz w zagięciu alei otacza ich łuk rozkwitłych róż. Przesada.

Po dwu dniach poranny pociąg do Aten zapełniony, zatkany, przez młodych astronomów, dentystów, gimnastyków, studentów, rolników, geometrów, teologów, wszyscy z teczkami, w cywilnych ubraniach stanem znoszenia wyraźnie potwierdzających długie lata służby ich poprzednim właścicielom. Tłok. A dworzec pełen wciąż dopływających pierwszych europejskich żołnierzy w poszukiwaniu frontów. Nie ma miejsca dla pasażerów innych nacji, czyli dla tubylców. Wśród nich tu i ówdzie serbska siwa czapka wojskowa. Wówczas sympatyczne czapki. W tej stolicy nie serwowano nam rozmów à la rumuńskie. Lecz nie wyczuwaliśmy niechęci, ani krytej wrogości. Rozumiano nas bez słów. Widziało się ich oczekiwanie na własny los.

Jeszcze na peronie ostatnie całowania, tulenia się, pociąg drga, z lekka szarpie i ona, jedyny wyjątek, wchodzi do naszego wagonu, a w nim jedno jedyne miejsce dla niej, właśnie naprzeciw mnie. On podbiega do okna wagonu, ona ledwie zdąża przesłać mu dłonią znak głębokiego zadowolenia i nadziei, siada i natychmiast, wśród tylu obcych zamyka zielonkawe oczy w czarnej oprawie, udaje, że zasypia i naprawdę zasypia, wyczerpana. Co za przyjemność spokojnie spoglądać, widzieć tylko „po malarsku" jej serbski urok.

I już Grecja! Ateny! Wszystkie nazwy Parnasów, Partenonów, imiona bogiń, kochanków ich i mężów, bohaterów czynów nadzwyczajnych i strasznych, mścicielek ojców i morderczyń matek, wyniosłych ofiar bezlitosnych Wyroków – budowniczych sztuk, filozofii, nauk, kultury swojej, Rzymu i naszej, wyleciały, rozsypały się z głowy, trzeba je na nowo zbierać, tym razem dotykając ich zawsze żywej historii. Usiłować wejść w nią, o ile się da. Pójść na szczyt góry, na której zasiadał Aeropag, stanąć tam, gdzie zbierała się Rada Ateńska, siąść na kamiennym siedzeniu teatru u podnóża Parnasu, przyswoić, a i pojąć od nowa to wszystko dla mnie ważne, i z pasją przyjąć, podarowane mi na tę chwilę, miejsce zachłannego widza. I ofiarowany przez bogów dar pamięci „Na zawsze"? Odczuć, że tu nie można powierzchownie, nie warto tu być nie będąc, tu trzeba będąc być. Dzisiaj albo tu, albo w tutejszym Nigdzie. Wgryźć się! Wypełnić się! Nasycić się, nawdychać się. Żebyż to mieć przy sobie „Świat Antyczny a My" profesora Tadeusza Zielińskiego.... Albo któreś dzieło profesora Stefana Srebrnego. Trzeba aż tak strasznej wojny... Zrozumienie, pojęcie, o, tak, błysk głębokiego pojęcia, jak potworna ta wojna! Nagle milcząco krzyknęło-wrzasnęło we mnie: „O, Nike! Nike Zwycięska, jakże okrutna jest siostra Twa,

137

Klęska... ". I drżało to także i w Pireusie, gdy wyglądałem Pułaskiego. I nie artykułowane, na chodnikach Aten, w ich kurzu, zaduchu, upale, w kiepskim hoteliku, w małej restauracyjce nad miską świetnego, zsiadłego jogurtu, nożem by go kroić, z bułką świeżą do niego. Podawała je młoda kobieta, ciemna, grubawa, na krótkich nogach, włochata... Takie one tu teraz wszystkie? Tu, pod bokiem Ateny? Z Makim chodziliśmy też po mieście, czasami do parku. Po tygodniu przykro bawi nas fakt, że jedyna ładna kobieta w zasięgu naszych obserwacji, to widywana tam, z jej małym ładnym chłopcem – żona konsula niemieckiego! Co za minus!

Wielkie wydarzenie! Bolesław, znalazł tytoń fajkowy, angielski. „Player's mild". Jasno żółty, ślicznie pachnący figami. Obaj zachwycaliśmy się nim.

Przyjęliśmy to jako – Znak z Olimpu! – nasz Pułaski tuż, tuż....

# Pireus—Marsylia

Jest! Jest Pułaski! Zawiadomieni przez nasz Konsulat w Atenach, że on przypłynie tego dnia, przed południem staliśmy na molo w Pireusie. Niepewni, bo to już trzeci raz, „patrzyliśmy w dal". Kształt zaznaczył się i rósł. Ulga! Oto kawał naszej ziemi. Zbliża się. Jesteśmy o krok od Domu. Coraz więcej naszych zbierało się i patrzyło jak on, jakby bez ruchu, sunął ku nam. Dla nas. Po nas. Nawet Bolek uśmiechał się dookoła fajki, której nie wyjmował spod czarnego wąsa, lecz jego brązowe oczy pozostały tylko uważne. Maki, zawsze ciepły, wysoki, „podłużny", spokojny – jakby potwierdzał i podkreślał naszą pewność, że „Kościuszko" mimo wszelkie zagrożenia, spełni oczekiwania. Mimo, że międzynarodowe wody Morza już kryją niemieckie U-booty.

Do naszej trójki szybkim krokiem podszedł człowiek, starszy od każdego z nas, dobrze ubrany, wyraźnie Polak, wyraźnie bliski nerwowego kryzysu. Powiedział po polsku: „Proszę panów. Ja chcę się dostać na ten statek. Na „Kościuszkę". Co ja mogę zrobić?". Zdziwił nas poziom jego zaradności. Odpowiedział mu Bolesław: „Niech się pan uda do konsulatu, przedstawi swój paszport i swoje życzenie. Przecież to pan chyba wie?". Ale właśnie Ja nie mam żadnego paszportu! Mój polski przepadł mi jeszcze we Francji". „To pan ma francuski?". „Nie mam. A ten, co miałem, taki zastępczy, to mi tu ukradli! W hotelu!". „Ale pan jest obywatelom polskim?". „No, jestem!". Podrzucił ramionami, zakłopotał się, ale się rozjaśnił i wypalił: „Ja wyjechałem z Krakowa zaraz po wojnie, w dwudziestym pierwszym roku, do Francji. Miałem krewnych i interes w Lyonie i w Saint-Etienne, reperacje samochodów, garaże, tam dużo Polaków pracowało u mnie. Wziąłem paszport Nansenowski, miałem prawo pobytu. Mój polski gdzieś podziałem, pan wie, jak się czego nie używa, to się to zapodziewa. A teraz i tamten mi ukradli. Ja tu chciałem taki interes zrobić... ". Maki rzekł: „Innej możliwości pan prawie nie ma, ale stąd podobno łatwo greckim statkiem dostać się do Turcji". On poniósł obie ręce w proteście. „Nie, panie, nie! To pan nic nie wie, co się dzieje? Pieniądze biorą, obiecują statek, potem pasażerów na takie małe łajby upychają i w nocy wypływają do tej Turcji. Ludzi ponabierali, czy tam kto kiedy dopłynął? Listów nie ma, żadnych wiadomości. Nie... ". Bolesław wyjął fajkę z ust. Niedbale powiedział: „Niech pan tu nie traci czasu. Konsulaty: francuski, albo polski". I lekce dorzucił: „Niech pan im mówi, że pan służył w lotnictwie... ". „Ja służyłem!". „Co?". „Służyłem!". „Jako – co?". „Jako plutonowy mechaniki. Ja w dziewiętnastym roku służyłem u porucznika Ludomira Rayskiego, a w dwudziestym w tej eskadrze, gdzie byli amerykańscy piloci. Dowódcą był major Fauntleroy i oni nazwali ten szwadron „Kościuszko Squadron", to dlatego ja tu chcę!". Wszyscy trzej wyciągnęliśmy do niego szyje: „Panie! Niech pan natychmiast jedzie do ambasady, do ambasady, nie do konsulatu, rozumie pan? Do Aten! Ma pan bardzo wielkie szanse, ale bardzo mało czasu!". On zdumiony spojrzał na nas zdumionych, skinął głową, skłonił się, odwrócił i pospieszył, podbiegał. Chwilę patrzyliśmy za nim. „On ma nie tylko mało czasu, ale i bardzo małe szanse", powiedział Bolek.

Przyjmowanie na pokład masy naszych ludzi trwało do późna. My mieliśmy pierwszeństwo. Weszliśmy do wnętrza statku, już nie pasażerskiego, ale transportera wojskowego o stłumionych śladach uprzedniej elegancji. Dano nam wcale obszerną kabinę, z łazienką. Ale kiedy chcieliśmy w barze napić się na dobrą podroż, podano nam kawę. Alkohole były wykluczone. No, oczywiście. Wcześnie poszliśmy spać.

Nad ranem wielki kadłub zadrżał. Obudziłem się. Drżenie objęło cały statek. To maszyny ruszyły. Odbierałem to drżenie z lekkim, wzmagającym się uczuciem radości. Wstałem, ubrałem się, poszedłem na pokład, na sam przód, na dziób. Dniało. Nareszcie stałem na wielkim statku. Odżyło dawne „przedlotnicze" pragnienie takiej służby – na morzu. Nie było mi pisane. Ale teraz ta niesłychana przyjemność – mój świt na statku, i to naprzeciw Pireusu! ...

Mgiełki. Słońce poczynało dzienną pracę od zwijania ich i odznaczenia czerwonawo wszystkiego, co się ponad poziom morza podniosło, więc port, jego budynki, żagle wczesnych statków, łodzie, mola, nawet białe grzywki większych fal u brzegu. Tę odwieczną panoramę. Światło podnosiło się na niebie, wszystko, co na ziemi, okazywało swoje własne barwy, woda błękitniała. „Pułaski" grzmotem syren oznajmił Pireusowi, dalekim Atenom, że nas zabiera w podróż, o której wróżki w Delfach wiedzą. „Kościuszko" statecznym manewrem odwracał dziób ku swemu kursowi. Po obu burtach rozigrane słoneczne migotania południowego Morza, złotem pokrywały wodę. Statek przyspieszał. Spotykał pierwsze większe fale, unosił dziób i mnie i opuszczał. „To lubię" przemknęło mi przez pamięć, faktycznie bardzo mi to odpowiadało! W wodzie, niemal tuż za portem, zobaczyłem ławice „Portugalskich okrętów wojennych" – wielkie meduzy, tęczowo mieniące się, piękne, uzbrojone w długie zwisy macek, groźne, trujące, zabójcze. Klęska dla turystów. Eskadry tych „okrętów" sunęły, polowały z wolna. Długo.

Śniadanie wojskowe. Gwar, ścisk. Jadalnia zapełniana pierwszą „grupą". Nie dostaliśmy doskonałych ateńskich jogurtów ze świeżymi bułeczkami. Rozgadaliśmy się, czy naszemu historycznemu mechanikowi „Kościuszkowskiej Eskadry" udało się?... Po śniadaniu chodziliśmy brodząc pomiędzy ludźmi, wzdłuż burt, bo bliżej środka brakło powietrza. Mówiono, że statek zabrał ponad tysiąc luda. Tysiąc stu!

On nas też szukał. Znalazł. Szeroko uśmiechnięty. No, to dobrze. W teczce miał prezent dla nas. W ambasadzie poszło mu niezwykle, bo tak się złożyło, że kiedy prosił, targował się, przedstawiał swe dawne służby, przysłuchiwał się temu pułkownik lotnictwa, attache lotniczy. Zadał mu kilka pytań. I bez wahań potwierdził jego autentyczność i w tej sytuacji, prawa.

Wydano mu dokument uprawniający do embarkacji. Wdzięczny, kupił dla nas siedmiogwiazdkowego greka, butelkę koniaku, i przeszmuglował ją na pokład. Trudno. Pochwaliliśmy ten czyn. Zaprosiliśmy go do naszej kabiny. I tam opowiedział nam kilka odcinków historii naszego lotnictwa, które dopiero pod koniec XX wieku, w USA, dobrzy ludzie opisali w księdze zatytułowanej „Flight of Eagles, czyli Lot Orłów. The story of the American Kościuszko Squadron, in the Polish-Russian War, 1919—1920." Robert F. Karolevitz and Ross S. Fern. Przy współpracy Marka J. Marzyńskiego. Może to początki? Jakże ich w domu nie rozwinąć?

Najczęściej stałem na dziobie statku. Nikt mi nie przeszkadzał. Patrzyłem na morze. Trzymały się mnie, ledwie przed kilku dniami wyobrażone sobie, na tle ich żywych resztek, obrazy i całe sceny z historii tamtego, bardzo wczesnego i niepowtarzalnego ludu greckiego, który zrodził początki – i sięgał szczytów – sztuki myślenia, całą jego kulturę, z której życie czerpało wiele innych wielkich początków – i żyć nimi będzie do ich końca.

Statek sunął przez Morze Egejskie, minęliśmy Peloponez, na zachód od Grecji zaczęło się morze Jońskie i na nim moja przyjemność doświadczania morza wzrastała. To Morze świadczyło swoją odrębność – fale przez cały dzień rosły. Od tych bez grzywek, co się statkowi przymilały, do tych co podnosiły nas, dziób i mnie, na metr i więcej i opuszczały dla zanurzania się dziobu w zwały następnych grzbietów, w coraz szybszej sekwencji. Skąd one wiedziały, że mnie się to tak bardzo podoba i – nie szkodzi, „Kościuszko" zanurzał w nie dziób, pruł je i na boki rozpościerał wachlarze biało-zielonych wód. Wzmagało się złudzenie, że „Kościuszko" coraz szybciej płynął.

Na wysokości Malty, kiedy mieliśmy ją po naszej lewej a dalej po prawej Sycylię – kolosalne zaskoczenie! Nie do wiary! Na homeryczną skałę! W tamtym świecie uroków starożytnych, baśni i poezji, cud-bogiń i mężów niezrównanych, my niedokształceni geograficznie, ani meteorologicznie, uderzeni, zszokowani, dostaliśmy praktyczną lekcję jesiennej orgii burz w tamtych okolicach Morza Śródziemnego. W tamtych i w rozmaitych i w różnych obszarach tego Morza i jego sub-mórz, znanych pod ich sławetnymi nazwami – Egejskie, Jońskie, Adriatyk, Tyrreńskie, i – wiele drobniejszych. Każde ze swoimi historiami wojen i obrony Grecji....

Wieczorem mijajmy światła Malty. I ni stąd ni zowąd zaszalało niepojęte! Na czarnym niebie trzasło i „Kościuszko" jakby nagle zwariował, zabredził, że ma dość naszego tłumu, z miejsca zaszamotał się, rozmiatał, rozwścieczył się, rzucał się – to wspinał się na swój zad, na śruby i nos dźwigał hen ponad horyzont, to zaraz dziobem rozwalał wody, jakby chciał ich dna sięgnąć, kolebał się od ogona do nosa, wzdłuż, ale i w poprzek i drżał i nurzał się burtami w bałwanach – czy żeby nas z siebie wytrząsnąć, wysypać! On – nas? Nie! Więc co? Czy raptem z głębin Morza otrzymał bezwzględny rozkaz posłuszeństwa huraganowym obłędom wichrów z północy, Gregalów, Bora-Borów, Notosów, czy jak im tam dalej i sam musiał rozlecieć się natychmiast?

Na wschodniej Malcie światła pogasły. Potem na jej zachodzie. Nie do wiary. I nie do wiary, że po godzinie wszystkich diabłów wód i powietrza, wewnątrz statku obeszło się bez złamań, zwichnięć, porozbijanych głów, że on szedł cały i pewny siebie, swoim kursem. W swojej sprawie.

Na drugi dzień w jadalni przy stolikach siedziało nas ledwie kilku. Uśmiechnięci. Zadowoleni z siebie. Większość naszej grupy chorowała. A dla mnie nadchodził moment ważniejszy niż hiper-wariacje przyrody. Przy innym stoliku siedział starszy pan, pił kawę i sponad okularów, zatroskany, patrzył na mnie. Do kogoś podobny? Gdy wstawaliśmy od stolika, ów pan wstał także i podszedł do mnie, poważny, poruszony. Od razu powiedział: „Ja pana znam. Pan jest siostrzeńcem prezydenta Siedlec, pana Sławomira Laguny. Ja pana pamiętam. Ja byłem urzędnikiem magistratu. Często widywałem pana, bo pan mieszkał u prezydenta w jego mieszkaniu, w magistracie. Jeszcze w trzydziestym czwartym roku". Z radością chwyciłem go za ramiona. „Ależ tak! Siadajmy, niech pan opowiada, wszystko, co pan wie, co się u was działo, co się stało!". „Ja panu powiem tylko to, co sam wiem, a to nie wszystko". Powiedział to tak, że zrozumiałem, jakie wiadomości usłyszę.

Usiedliśmy. „Jak zaczęli bombardować Warszawę, to po tygodniu kilka ministerstw przeniesiono do Siedlec. Porozmieszczali ich. Po kilku dniach zaczęli naloty na nas i tak nas rąbali, tłukli, że pan prezydent zdecydował przenieść całość dalej na wschód. Do Sokala, albo do Łucka. Ja miałem urlop. Wiem, że jedenastego ruszyli. Podobno bombardowali ich w drodze. Ale nie było wiadomości, że ktoś zginął. „Czy jego żona jechała z nimi?". „Pani Stanisława? Nie. Ona prowadziła Związek Inwalidów. Ale w tamtej sytuacji pan prezydent wysłał ją do jej rodziców, do Świdnika pod Lublinem. Oni tam mieli majątek. Tyle wiem". Podziękowałem. Jeszcze innym razem dorzucił mi pan August kilka szczegółów (Jego nazwiska nie pamiętam!).

Wujostwo, opiekunowie mojego brata, potem moi, obaj kończyliśmy tam gimnazjum imienia przesławnego hetmana Stanisława Żółkiewskiego, który Moskwę nawiedził.

Wuj Sławek. On i ci wszyscy, których prowadził.... Od

razu stanęła mi w oczach niedawna sytuacja w majątku pod Sokalem: dla ratowania się przed Niemcami wyjazd rodziny – na wschód. Czternastego września. I cała grupa uciekinierów z naszego zachodu, która tam, we dworze została. Do siedemnastego września. A co się z moimi dzieje? Mój brat Jan, w obronie Lwowa. Co tam się stało? Mama w Lublinie, wpół sparaliżowana, bez pieniędzy. Jej brat Sławomir już spotkał jednostki znanych mu wojsk – on na początku wieku służył jako „praporszczyk zapasa" w carskiej kawalerii. Ich „polityczni" o tym wiedzieli.

Pierwsze wieści o rodzinie. Jeszcze raz podziękowałem, pożegnałem pana, który mnie poznał.

Wyszedłem na pokład, na swoje miejsce na przedzie. Huśtało. Bryzgało. Wiało. Musiałem się trzymać poręczy. I tej pewności, że my płyniemy, by ruszyć na pierwszego wroga, autora majowej wspólnej zbrodni, którego Polska uchroniła od jego obecnego partnera – w Dwudziestym Roku.

Wkrótce wpłynęliśmy do spokojnego portu Marsylii pięknego imienia. Do przyjaciół.

# Carnot

Francja upadła. Razem z Nią – my. Zdawało się, że ostatecznie. Wtem po Dunkierce z wód Kanału wynurzyła się – ANGLIA. I Kanał siał się na ten czas i bez wątpienia angielski. My rzuciliśmy się do portów Francji północno i południowo-zachodniej. Tam statki angielskie zabierały swoich obywateli i wyłącznie mężczyzn w mundurach naszych, czy francuskich. Pozostawiały na brzegach innych polskich obywateli obojga płci, przede wszystkim dzieci i kobiety, ich własnej pomysłowości, która by je ratowała przed najeźdźcami. Gromady te, wystraszone i głodne, ruszyły rozmaitymi falami porzuconych samochodów, jedne do Tuluzy, szukając w tamtejszym konsulacie informacji jak, którędy by wydobyć sie na wolny świat, na drogę do Anglii, tam radzono spieszyć do Perpignan, może zdąży się na ostatni statek angielski. Lecz ten ostatni juz przecinał linię horyzontu... Kto nie zdążył, ruszał na francuskie południe, uratowane na niewiadomy i niepewny czas rozpaczliwą koncepcją marszałka Philipa Petain. Hitlerowcy rozmaitych formacji wojskowych powstrzymali marsz. Ich władze zleciły dozór terenów zawsze łakomych dla Włochów a na razie nieokupowanych, przedstawicielom il Duce. Włosi objęli władzę w Marsylii i zaraz okazali się przychylni Polakom, lecz oczywiście w ramach ich zależności od silniejszego partnera zbójeckiej spółki, nie odstępowali od ich zasadniczego obowiązku przytrzymywania nas na tamtym terytorium. A nas spływało tam coraz więcej.

W Marsylii pięknego imienia opustoszał był Szpital Angielski. Za zgodą kontrolnej komisji włoskiej i mera miasta oddano ten wygodny, czysty, zaopatrzony jak dobry hotel obiekt, do dyspozycji polskich szczątków armii, lotnictwa, marynarki handlowej i wojennej, jeśliby taki szczątek wypłynął na ląd właśnie tam. Od razu zacisze to wypełniły szepty i szelesty. Szepty konspiracji wojskowej i szelesty wojskowego działu fałszerzy naszych cywilnych paszportów, wystawianych w konsulatach Tuluzy i Marsylii, by pod fałszem ukryć profesję i wiek, jeśli przekraczał dziecinny. Z takim paszportem, w krótkich spodenkach i w harcerskiej koszulce, znalazłem się przy granicy hiszpańskiej. Nie spodobałem się żandarmom francuskim. Zabrali się do wyszukania miejsca, w którym na poważnej karcie paszportu, poważnego państwa, krył się poważny fałsz. Państwa, któremu Francuzi me mogli wybaczyć, że jego główny port nazywał się Gdańsk. Fałsz stwierdzał mój wiek: piętnaście i pół roku. Co dopuszczało przejście granicy do Hiszpanii. Chytry żandarm czarnym przymrużonym okiem zahaczył o ten skandal, porównał go z różowością mej dwudziestoniemal-pięcioletniej buzi i rzekł: „Wracaj dziecko do mamusi w Marsylii, bo zamkniemy pana inkomunikado.... Albo wydamy Hiszpanom do ich obozów". Chyba Historia mi wybaczy, że wybrałem Marsylię. Znowu w Szpitalu Angielskim szepty. Już bez szelestów. Gdyby nie fakt, że pragnę pisać tylko o Carnot, opisałbym gry o jacht motorowo-żaglowy, zdolny do walki z atlantyckimi bałwanami, gry z włoską komisją wesoło ziorającą na Stary Port Marsylii i nasze zabawne przedsiębrania opuszczenia na tym jachcie pieleszy Szpitala, miłych restauracyjek miasta-cud u Morza Śródziemnego, i wypuszenia się na brawurowe próby pokonania wód pomiędzy Zatoką Wyspy Żelaznej Maski i, choćby, Skałami Końca Świata, czyli Lands End w Cornvalii. Jestem pewien, że w tym miejscu już każdy czytelnik uśmiechnie się, nie wątpiąc, że Włosi, z całą uprzejmością dla nas i elegancją, zastosowali metody i przepisy zabaw kotów z myszami. Odpływaliśmy więc miast zagrożeni Atlantykiem na kosztownym jachcie, stłoczeni, niektórzy dusząc się, pod pokładami brudnych frachtowców kursujących z Marsylii do Oranu, lub Algieru. Tu następny skrót i przeskok w historii: z Oranu marsz nocą przez granicę z Marokiem, niedawno usztywnioną, do Oudżdy, pierwszego miasteczka po stronie marokańskiej, by stamtąd wygodnie autobusem pojechać do Casablanki, po czym atakować skałę Gibraltaru. W Oudżdzie grzecznie przekreślono nasze założenia taktyczne i odesłano nas ciupasem do koszar Żuawów, czy jak im tam było, może Spahisów, w Oranie. A po kilku tygodniach – do Carnot. I oto wreszcie jesteśmy tu, w zgodzie z tytułem opowieści i pomiędzy wierszami tej mini-mini Odysjady cum Ulissjady. Potwierdzam – jesteśmy w Carnot.

## Element Pierwszy: My

Wczesny rok 1941. Małe, czyściutkie miasteczko w Algierii, na wschód od Orleansville. Trudno je znaleźć nawet na mapie Michelin 172. Carnot ozdobione nazwiskiem wielkiego męża Francji Rewolucji i Epoki Napoleońskiej, skażone obecnością na jego peryferiach ludzi pozbawionych wolności. W bardzo złej sytuacji przebywali tam Hiszpanie, uciekinierzy z Ojczyzny, po przegranej do Jej obrońców przed nimi, komunistycznym drobiazgiem. Wegetowali na jałmużnie francuskiej, bez żadnych praw i bez możliwości pracy. Całe ich nieszczęsne rodziny. Wielu mężczyzn okaleczonych wojną, bez ramion, bez dłoni, o pokrzywionych kręgosłupach. Cierpieli klęskę na kilku płaszczyznach: klęskę wojenną, partyjną, ideologiczną, z reguły w pustkę zawalał się ich komunizm, i klęskę trudno wymiernego bólu, tę zatraconych widoków dla ich dzieci. Jedyną znośną stroną ich losu były domki, w których pozwolono im przebywać. Wcale przyzwoite, zbudowane jako tymczasowe mieszkania dla lokalnej ludności francuskiej po niezbyt dawnym trzęsieniu ziemi. Kilka takich domków jeszcze pustych i stojących nieco z dala od hiszpańskiej enklawki doczekało się zapełnienia. Jakoś na wiosnę „onego roku" roz-

brzmiał ponad nimi, między nimi, w nich – język polski... !
Zsiadło bowiem do nich z ciężarówek pięćdziesięciu dwu
oficerów rozmaitych broni. Powyżej wspominani amatorzy
podróży do Anglii via północna Afryka. Było to drugie sta-
dium niewoli francuskiej dla tej grupy. I w niej dla mnie.
To pogorszenie stanu zniewolenia, w miłym Carnot, znosi-
liśmy jak owady nabite na ciernie. Wszyscyśmy tak reagowali na stan rzeczy, który, jak Dowództwo Sił Zbrojnych
w Afryce Francuskiej słusznie sądziło, w porównania z ba-
rakami armijnymi w Oranie słodził nam życie ... ale też
rozumiało Ono przesunięcie nas do Carnot jako warunek,
według Niego dla nas jasny, że z ludzi o wyraźnym celu
zamienimy się w ludzi „sensownych" (A przecież z naszego punktu widzenia cel pozostawał niezmiennie wspólny...
eh?).

Zaczęło się „Residance Surveye", czyli wielkie niepo-
rozumienie. Po naszych ogólnych próbach pokonania tej
przeszkody na prostej drodze ucieczki grupowej sytuację
nam pogorszono. Bezwzględnie, znacznie, natychmiast. Na
pojedyncze wycieczki ku wolności, i naturalnie Anglii, pa-
trzano z wysokich progów władz wojskowych milcząco.
Pobłażliwie? A może ze zrozumieniem? Eh? ...

Carnot. Na tym poziomie polepszenia-pogorszenia
urządziliśmy się jak najlepiej, jadaliśmy w lokalnej
restauracyjce-barku, tam ruchliwy, wylewny, o czerwonej
twarzy i świdrujących oczkach „patron" zalecał nam i
pijaliśmy doskonałe wina maskaryjskie, wina aż trzyna-
stoprocentowe, zbliżone kolorem, smakiem, bukietem, do
Burgudów. Jego syn, Pierre, z oznakami szczerej przyjaźni
przyjmował stawiane mu przez nas ich koniaki. Stwarzali
nam atmosferę chez nous. Zaczęło się nam cierpieć wcale
nieźle.

## Element Drugi: Anglicy

Kto dzisiaj wie, co nazwa Mers-el-Kebir (Po arabsku: Wielka Zatoka) oznaczała w roku 1940-ym? Znaczenia jej szukać

trzeba w annałach prasy francuskiej z Algierii, wówczas integralnej części Francji, ba!, jej departamentu, a nazwy na mapach wybrzeża Algierii. Trochę na lewo od Oranu. Wtedy ważny był to port, port wojenny marynarki francuskiej Morza Śródziemnego, wzmocnionej jednostkami z Macierzy uratowanymi przed Niemcami. I w tym sęk. Wielkie zebranie wielkich jednostek, w tym kilku nowych, pancerników, krążowników, niszczycieli, okrętów podwodnych. Wobec tego skupienia powszechnie pożądanej siły morskiej Anglicy wystąpili do Francuzów z zaproszeniem ich floty do Gibraltaru, lub do Wielkiej Brytanii, wspólną pracę na Atlantyku zapaskudzonym niemieckimi U-botami. Francuzi – nie! Po pierwsze dla wierności Marszałkowi i ufając Jego myśli, po drugie z niechęci do prowadzenia wojny, po trzecie ulegając pragnieniu-marzeniu, że wobec Niemców staną się językiem w przetargasach o coś, czego Niemcy nie wezmą bez przetargów. Przecież zamorskie imperium i flota.... Odmówili. Natenczas Anglicy wystąpili w roli mentorów, uznali to za zdradę Europy w wojnie o życie, a tę flotę za zwierzynę łowną. Wysłali ultimatum: albo Flota przyjmie zaproszenie, albo będzie zatopiona. Francuzi: „Absolument non! Quelle audace! Toujours les Anglais! Ils sont devenue fout!". W dniu krytycznym wszystkie okręty wystawiły wzdłuż burt załogi w paradnych mundurach, jak na defiladę. Gest samoobrony i wyzwania! Angielska flota z Gibraltaru podpłynęła. W Carnot nam opowiadano – bez słów otworzyła ogień z wszystkich dział i wyrzutni torpedowych. Masakra. Francuska chwała mórz! Tysiąc trzysta ludzi na dnie!... A więc to o tym krzyczały w Oranie ogromne afisze ilustrujące straszliwą krzywdę w „Mers-el-Kebir"!!! Na tle dwu innych jakoby zadanych Francji uprzednio przez „les sales Anglais"... Z odbicia miało to skutki i na nas. Nieco później. My często i wyraźnie wyczuwaliśmy osobny stan wojenny pomiędzy Algierią i Anglią.

Na tym tle wylatuje z Gibraltaru do Kairu bombowiec angielski, typu Wellington, z załogą dwóch pilotów i jednego inżyniera specjalisty od budowy lotnisk. Flight lieutenant (= kapitan) James X, d-ca samolotu, sierżant Cook, drugi pilot, oraz major inżynier Nowozelandczyk, potrzebny w Egipcie i na Dalekim Wschodzie. Wellington cierpliwa maszyna, ale ten swoje wylatał nad Niemcami z ulotkami, potem z bombami, teraz lecąc wzdłuż brzegów Algierii, na wysokości Constantine zaniemógł. Załoga przymusowo lądowała. Na wrogim terytorium. Rada w krótką radę kapitan James wydał sobie rozkaz: Samolot spalić. Według przepisów prawa wojennego. Spalili. Naturalnie zabrali mundury, bieliznę, whisky (Poza Anglią unikać wody! I win!). Francuzi wściekli się: „Więc to tak? Teraz, mamy dowód, że jesteśmy wrogami, eh? Ha, ha! Internować! Jazda z nimi! Ale... dokąd?". Obozów dla jeńców wojennych, tak otwarcie nazwanych, jeszcze nie utworzono. Więc?... „Do Carnot ich! Tam już ich koleżków mamy". Przywieźli nam Anglików popołudniu. Każdy z nich dostał domek. Dla nas uciecha, wiwat, alianci, jak oni wyglądają? Zaprosić, kolacja, wino, zobaczymy, czy umieją coś poza swoją szkocką naftą pić. Przyszli. Kapitan James X, szczupły, metr osiemdziesiąt, blondyn o podłużnej twarzy, wąskim garbatym nosie i wąsaty. Miał tendencję wyciągać szyję i pochylać głowę. Zakłopotany pociągał nosem. Drugi pilot, kawał prostego chłopaka, jasny blond, aż bez wyrazu. Jedyne wrażenie – mocny. Major Inżynier Nowozelandczyk, ciemny, inteligentny, twarz i oczy otwarte. Spokojni, niepewni, lecz jakby uradowani. Co za przyjęcie.... Dziwne. Nie spodziewali się, że będą gośćmi u stworów z opowiadań o nieprawdopodobnych krajach, z ojczyzny Drakuli, co whisky nie lubią, lokalna woda im nie szkodzi, marzą o strasznych wódkach i, widać, podziwiają algierskie wina. Popiliśmy. Bo pić potrafili. Popiliśmy! W dwie godziny po rozpoczęciu przedzierania się przez chaszcze językowe tylko Nowozelandczyk rozumiał i mógł się wygadać po francusku, tłumaczył, gdy nie pił, słońce już zaszło uśmiechnięte, a nam coraz goręcej. Wtem wypał niesłychany. Kapitan

X, flight lieutenant rafoski, wstał z pełną szklanicą wina i równie szklanymi oczyma, wzniósł tę pierwszą, powiódł po nas tymi drugimi, czknął i rzekł: „Jaaa ... jestem ... Polak ... KOSSOWSKI sieę nazywam, a nie X,Y,Z ... God save the King, very pleased indeed, what? Eh?... ". Takie słowa to cement. My zamurowani. Radość, wojna wygrana, na Boże Narodzenie w domu, śpiewaliśmy czupczyka. Łzawi, kolędy. Na drugi dzień zapukałem do drzwi kapitana X, by mu powinszować krewniactwa. Już południe, pukam, nic, pukam, otwiera. Skończyło się na moim: „Vous Pologne?" i jego „What you say?" Po południu Nowozelandczyk, przystojny chłop, przyszedł do nas, podziękował za ból głowy i rozstrój żołądka, oraz dowód, że flight lieutenant X stwierdza, że Polakiem nie jest. To tylko dlatego, że na wczorajszym wieczorze zaraził się od nas. Ale już mu minęło. Jak ten wczorajszy wieczór. Ale tak mu się tu u nas podobało. No, to bon. Wypiliśmy pod rozczarowanie. I cześć. Wojnę jednak wygramy razem (Te wczesne przepowiednie, co?). Od tamtej pory ilekroć oni u nas popili, flight lieutenant X manifestował się Polakiem. Jakubem Kossowskim. I zażarcie bronił swego uczciwego pochodzenia. Po wytrzeźwieniu pociągał wąskim nosem i zdziwionym okiem spoglądał w arabską ziemię francuską, jeszcze pociągał nosem po kilkakroć, co nie zmieniało temperamentu jego oczu. One nie rozumiały naszych zabawnych po-alkoholowych pytań.

Tymczasem z musu uczyliśmy się francuskiego, żeby jako tako dawać sobie radę w sklepikach, w kafejkowych rozmówkach, w restauracyjce. Ja już w podobnym celu pilnie uczyłem się odmian czasowników u Lyonie, w czasie poprzedniej zimy, kiedy to wszystkim we Francji, prócz nas, wojna wydawała się bardzo śmieszna (A niemieckiego miałem-taki los-zapas z 12 lat nauki!). Oficjalne potrzeby językowe obsługiwali dwaj z nas władający tą skomplikowaną perłą Europy, tak w Polsce szacowną. Dla nas tam w Carnot? Tylko angielski był językiem nadziei, gdy francuski jedynie przykrymi dźwiękami wydawanymi przez opresorów. Najmniej spodziewanych. I nieustannie tym faktem zdumiewający. Jeszcze nie pojmowaliśmy, ukierunkowanie ich uczuć międzynarodowych tamtego czasu. Wiedzieliśmy, że na całym globie ziemskim najbliżsi sąsiedzi najczęściej są sobie najbliższymi wrogami na całe narodowe życie. Ale żeby sąsiad naszego wrogiego sąsiada raptem zmieniał się z naszego sojusznika w pół wroga i służkę tego obustronnie wrogiego sąsiada – przeciw nam.... I to prawie na serio.... Nie mieściło się!.... Pewnie ówczesna zbyt nikła znajomość historii powszechnej tak nam przeszkadzała rozumieć co naturalne. Co prawda, co chwila błyskało, że Francuzi uważali nas za kogoś bliskiego, nie, nie im, ale przyczynie ich nieszczęść, może za element podejrzanie niebezpieczny...? Raczej tak. A my ich za przeszkodę i tyle. Nie wartą zastanawiania się nad jej troskami. Sami sobie... Ale ça va! Uczyć się, ot, co. I my i Anglicy robiliśmy coraz dalsze pół kroczki w głąb języka francuskiego. Ich uczył nowozelandzki sympatyczny major. Raz w tygodniu, w sobotę, jadaliśmy i popijali wspólnie. I raz w tygodniu wina Mascara skłaniały Jamesa X do stwierdzania, że on Kossowski i tak dalej.... Przyzwyczailiśmy się. Powoli szczegóły zupełnie wiarygodne, wręcz zwyczajne, wypełniły pętelki i supełki jego niezwykłości. W roku tysiąc osiemset sześćdziesiątym czwartym jego pra-pra-dziad przeszedł z generałem Giełgudem do Prus, po czym do Irlandii, tam ożenił się. Jego syn przeniósł się do Anglii, tam ożenił się. Jego syn przeszedł do Szkocji, tam ożenił się, ojciec Jamesa pozostał w Szkocji, tam urodził się James. Już jako X. Że szkocka mama miała w księdze rodziny i w tradycji aż dwie pra-pra-itd-babki Polki przywiezione przez acestorów z podróży handlowych do Warszawy, do Wilna po sosny proste i wysokie na maszty do okrętów i statków Mości Albionu ustaliło się, że James miał do użytku na co dzień brytyjską osobę X, a na wieczorowe podpicia z nami polską osobę K. Dał się lubić w obu formach, i ucichło. Aż pewnego wieczoru spojrzał mi w oczy, trzeźwo, i cicho zapytał, jako James X, czy chciałbym z nim i z Cookiem uciec. Podniosłem kielich. Stuknęliśmy szkła. Ten dźwięk był szyfrem słowa: „Kiedy?". Odeszliśmy od naszych towarzyszy i pod nowiem księżyca James mówił: „I pilot, vous pilot, Cook pilot. We parti Gibraltar". Na drugi dzień major objawił mi plan Jamesa: w najbliższy piątek wieczorem, kiedy dni wolne od obrządków złagodzą ostrość oczu tych, co nas normalnie inwigilują – ruszymy. Do szosy głównej, tam ruch nocą żaden, dlatego, że nocami nasilały się napady bandyckie na samochody ciężarowe i na autobusy pasażerskie. Ostatnio jedynie ostrożne patrole żandarmerii dają znać o sobie światłami. Pogonie za nami pójdą na zachód. A my na wschód. Iść będziemy tylko nocami: pięćdziesiąt pięć minut, pięć minut odpoczynku, o świtku zakamuflowanie w wysokich trawach z dala od szosy i sen. Mało jeść, więcej spać. Celem farma angielska na południe od Algieru, niedaleko Blidy. Tam gruntowna rehabilitacja, następnie na przygotowanych już rowerach ruszymy na zachód. Ta sama szosa. Tak samo nocami. Tak samo w ukryciu przez całe dni. Aż dojedziemy do granicy Maroka hiszpańskiego. Wówczas przebierzemy się w angielskie mundury lotnicze, James miał dwa, roboczy i wyjściowy, jeden na mnie pasował. Nocą przejdziemy granicę, rano wleziemy w morze i przemoczeni wyjdziemy po właściwej stronie, gdzie oświadczymy, że uratowaliśmy się z samolotu właśnie zatopionego po przymusowym wodowaniu. Reszta załogi utonęła. Podamy nazwiska. W Maroku Hiszpanie, mówił major, współgrali z Gibraltarem. Ustalono ponoć z góry, że nam uwierzą, potrzymają w kryminale (w niezłym hotelu) pro forma, odstawią do konsulatu angielskiego i basta! W trzy tygodnie powitamy co komu w UK bliskie. Nasze polskie pomocne nam władze urzędowały w Algierze, naturalnie nieoficjalnie, polskie konsulaty zwinięto, szczątkowe ich prace dalej prowadził jako kierownik Czerwonego Krzyża, hrabia Emeryk Hutten-Czapski. Trudy jego łagodził, projekty umożliwiał fakt, że generał Maxime Weygand trwał na stanowiska naczelnego wodza wszystkich wojsk francuskich w całej ich północnej Afryce. A panowie się znali i szanowali wzajemnie. Pan Czapski działał spokojnie, rozważnie, długoplanowo. Koncepty nagłych pojedynczych ucieczek negował. Planował przeniesienie wszystkich sił polskich do Maroka, a z Maroka pogodny, rozsądny transfer do Gibraltaru. Takie fanaberie jak moja, mogły bardzo zaszkodzić na poziomie grubo niższej administracji, zaciskać dozory, powodować liczne kłopoty, zadrażnienia, raporty kierowane do „góry". Później okazało się, że sposób działania pana Czapskiego plonował przez następne dwa lata niemal bez pudła. Jeśli ktoś pudłował, to Francuzi. Nasze metody ówczesnej pracy, dalekie od poprzednich poziomów i stosunków, opierały się na osobistych znajomościach, ewentualnych przychylnościach dawniejszych przyjaciół i były raczej, w obu znaczeniach, ubogie. Anglicy ponoć utrzymywali z władzami zakamuflowane stosunki na wysokim plateau, ponad przeciętną gęstwą myśli i uczuć francuskich. Postawa Anglii po załamaniu się Francji wzbudzała zazdrość, a po Mers-el-Kebir wybuchy ciemnej, tej zawsze drzemiącej, wtedy obudzonej (lub pokazowej) nienawiści, lecz nie zerwała dyplomatycznych czułek. Niemniej ta współpraca najczęściej ograniczała się do gestów i gesto-sygnałów, że wspólna wiara w zwycięstwo nie jest wygaszona. Czy i prace podziemne rozwijały się? Generał Weygand z pewnością, co najmniej, nie przeszkadzał im. Jak i kiedy James X powiadomił swoich w byłej ambasadzie w Algierze o lądowaniu, spaleniu maszyny i dalszych planach, nie pytałem. Nie należało. Milczące przyzwolenie na przegotowanie przez angielskich rezydentów na farmie pod Blidą pomocy dla kilku uciekających lotników stanowiło, być może, jedną z tych okazji, by przekazać do Londynu właściwy gest. Takie oto tło i nareszcie – story!

W noc księżycową pola dokoła Carnot bielały rosą. Szło się szybko, na przełaj, odcinając daleko po lewej stronie miasteczko uśpione z jego psami i żandarmami. Pod życzliwym światłem z nieba, w dobrych humorach, mijaliśmy wysokie prosa, pólko pszenicy, bruzdami szliśmy do drogi dojazdowej do szosy głównej. Po jeszcze piętnastu minutach stanęliśmy na szosie do Algieru. Na chwilę. By przeżyć ten moment, ten wypał ku nadziei. I od tej pory liczyć czasy marszów i odpoczynków: pięćdziesiąt pięć i pięć. I dalej! Szosa prosta, równa, gładka – aż do Blidy. A potem damy sobie radę. Wolni. Sierżant Cook w pół cywilu, buty miał wyraźnie wojskowe, sznurowane skórzaną żyłką. Ja w cywilu zwykłego francuskiego wyglądu i już wojennej kiepsnoty. A z nami Arab! James w tajemnicy zafundował sobie pełny strój arabski i z kapuzą na głowie wyglądał na Araba. Podłużna twarz, wąsy, broda, blond Arabów, nawet niebieskookich, w północnej Afryce niemało. Idziemy. James pilnuje rytmiki marszu. Na przerwy siadamy na kilometrowych kamieniach. Jeśli się trafiają. Nie gadamy. Nic ma ani o czym, ani jak, bo jednak języki nasze wciąż są z wieży Babel. A temat zasadniczy znamy. Idziemy. Nad nami niebo ciemne, hen ponad gwiazdami, pod nimi okrągły księżyc wisi, przed nami szosa jaśnieje, żywego ducha na niej, nikt nie będzie się dziwił, co to za Francuzi chodzą po nocy piechotą i to z Arabem? Po chwili by telefonowali do policji. Idziemy. Drugi odpoczynek. Po trzecim, że szliśmy na wschód, zobaczyliśmy dzielenie się nieba od ziemi i nad pierwszą czerwona kreską na widnokręgu księżyc zbladł. Czas zejść z szosy. W kępy suchych wielkich traw alfa alfa. Tam można by się zaszyć, aby dość daleko od oczu. Zresztą, że tam ktoś śpi w trawach to arabska rzecz. Byle ten drugi ktoś nie podszedł zobaczyć, który to jego kuzyn w dzień się wyleguje. Spaliśmy. Zjedliśmy, napiliśmy się herbaty z termosów. Cicho przeleżeliśmy do wczesnej wizyty naszego księżyca. Marsz. Pięćdziesiąt pięć minut. Pierwsze kroki jakby na setkach drobniutkich igiełek. Pewnie piasek w półbutach, bo płytkie. Nie zdejmowałem ich „na noc". Może trzeba było? Ale już dobrze. Idziemy równym tempem. Pięćdziesiąt pięć minut mija szybko. Siadamy przy drodze, at, wypoczęci, obeszłaby się. Ale trzeba trzymać rytm marszu. Wstajemy znowu podeszwy kłują, lecz po kilku krokach dobrze się idzie, odcisków nie mam. Od dawna noszę buty o pół numeru większe, lub o cały, jeśli sklep nie ma połówek, a to według stwierdzenia-rady mego Ojca: „Co mi diabli po szerokim świecie, gdy we własnych butach ciasno!". Wieleż on racji miał, mój nigdy dość nienawspominany Ojciec.

Idziemy w noc. Przygoda. Wolność? Tędy, właśnie tędy, tą samą drogą przelecimy na zachód do hiszpańskiej granicy. Tam już nie jako nocni niesamowici cykliści z wojennej baśni, ale jako trzej piloci z zatopionego samolotu wyłonimy się z morza. W mundurach RAF-u. Niemal u przyjaciół. Idziemy. Jeszcze jedna noc. Podeszwy stóp coraz wrażliwsze. Dzień nie przespany na przypadkowych niewygodach ziemi, w dokuczliwej niepewności, co mi się dzieje tam, w tych półbutach. I znowu noc. Wszystkie początki marszów torturą. Potem idę bojąc się następnego przystanku, a po nim początku. Ale wobec nich muszę.... A kiedy idę, niemal zasypiam. Ale trzęsę się z cichego śmiechu, bo przypominam sobie, jak to przed zaledwie sześciu laty poszliśmy w nocy z Siedlec do Mord, Zygmuś Górski, Tadzik, jego brat i ja, tuż przed maturą, żeby na drugi dzień bawić się tam na weselu. Zaprosił nas kolega szkolny, Dmowski, elegant, przystojny chłopak, syn tamtejszego sklepikarza, na wesele jego siostry. Około północy zdecydowaliśmy, że idziemy! Czterdzieści kilometrów i coś. Od plus-minus drugiej w nocy trzymaliśmy się pod pachy i po kolei, idąc, drzemaliśmy. Na jedenastą rano doszliśmy. Wypoczęci? No, no, ale w niezłej formie i na weselu humor nie spał, dowcip giął na skrzypcach. Ba. Ale teraz? Brać pod pachę Anglika? Co on wie o weselu u Dmowskich w Mordach? Mordy. A tu Afryka.... Obcość. Przy tym wspólnym naszym marszu do wspólnego celu obcość między nami jest tak ogromna, że nie wyobrażam sobie, bym wziął któregoś pod rękę i zaproponował mu, żeby się zdrzemnął w oparciu o mnie. Albo ja o niego. James przynajmniej w swoim stanie nietrzeźwym przekraczał dalekie progi. Cook zupełnie się nie liczył, ale jeśli by zaistniał w takim kontekście to jako sopel lodu.

Nad ranem zeszliśmy na prawo w pole, gdzie niezbyt daleko od drogi zaczynał się dość długi, płytki parów zarośnięty wysoką alfa alfa, jak wszędzie. Gruba, okrągła, mocna, papier z niej robią. Miejsce specjalnie nam ofiarowane przez tę niby sawannę. Ach, jak wdzięczni rozkładaliśmy się na dzienną noc, dobrze osłonięci. Cook zdjął buty, miał w nich grube wojskowe skarpety. James spojrzał na niego, pokręcił głowę, przecząco, kilka razy pociągnął nosem. Widocznie powziął decyzję spania w butach. Ja oceniałem, co się działo w moich lekkich półbutach tanio kupionych w Marsylii, w skarpetkach z pokrzywy, też z ich francuskiej macierzy. Zrozumiałem, że jeśli zdejmę, to już ich nie włożę. Stopy ściśle wypełniały ich wnętrze. Wszystko tam było spuchnięte. Ale nie bolało. Zasnęliśmy. Gdy obudziłem się, spoglądałem w jasne niebo a potem na Jamesa. On siedział, oglądał swoje stopy, dotykał ich. Spojrzał na mnie i ruchami głowy przekreślił przyszłość. Wskazał spuchniętą kostkę lewej nogi. „No, no marsh". Dodał zbytecznie. Nie pytając się swoich stóp, czy się im przez odpoczynek poprawiło, wstałem. I od razu usiadłem. Bo stanąłem na gwoździe, na pineski, na tłuczone szkło. Obaj zwróciliśmy głowy do Cooka, ten właśnie odświeżał skarpetki przekładając lewą na prawą, a prawą na lewą i sięgał po buty. Wstrzymał rękę, patrzył na nas obu. James rzekł do niego, jak przedtem do mnie „No marching. Sorry" i dodał, co potem, potem odtworzyłem sobie na użytek wspominkowy. „I have sprained my ankle, so that's that", „What do we do?" zapytał Cook. Obaj zwrócili głowy ku mnie. Wstałem. Zachwiałem się na piętach. Rozłożyłem ręce. Oni podtrzymali mnie. W porę. I wtedy zobaczyliśmy autobus jadący, jak należało, na wschód. I tam dalej, w prawo w skos, zobaczyliśmy wyzierające z pomiędzy drzew miasteczko. Jakby nas zapraszało, niedaleko, kilometr, no chyba nie plus. Wyglądało i uśmiechało się do nas. Zgodnie skinęliśmy ku sobie głowami. Poszliśmy. I co do dziś wydaje mi się ciekawe – wcale zdrowo przebierając nogami. Oczywiście do autobusu. Udając, że nie kulejemy i że nie jesteśmy w tym pejzażu dziwni. Najprościej należałoby, myślałem, całym wysiłkiem naszych zgranych mocy duchowych stworzyć wrażenie, że nas w ogóle nie ma. I myślałem, że po wojnie przestudiuję magię i jej dział znikania na użytek w trzeciej wojnie. Gdy weszliśmy do miasteczka, zobaczyliśmy przed nami dworzec autobusowy, kilka ich tam stało, przed jednym grupka tutejszych pasażerów i układanie towarów na dachu wozu. Ale w pół drogi do tego obrazu szczęścia, po lewej stronie drogi, posterunek żandarmerii i na dość wysokim ganku żandarm niedbale oparty o poręcz poglądał na ludek łażący bez celu lub dźwigający coś do autobusu. Ten żandarm wydał mi się ciemną plamą na tle brudnawej, jednak jaśniejszej ściany. No, na razie odetchnęliśmy, bo żandarm nie zatrzymał głowy na naszym kierunku. Spokojnie weszliśmy do kafejki przy autobusach i zapytałem o autobus do Algieru. Arab kafejkarz wskazał mi, który to i rzekł, że za dziesięć do dwudziestu minut odejdzie, potem jedzie dalej do Blidy, że płaci się w autobusie i zapytał, jakiej kawy sobie życzymy. Zamówiłem „cafe Arab", siadłem przy moich skamieniałych partnerach i zanim skończyłem relacje dotyczące dalszej jazdy ku wolności do lokaliku wszedł ten żandarm, przywitał nas grzecznie i rzekł: „On vous demad, messieurs, chez le chef". I wyszedł. Pardon! Zasalutował i wyszedł. Kawy wypiliśmy. Zapłaciliśmy. Autobus właśnie ruszał do Algieru, do Blidy, a my ruszaliśmy na „wizytę chez le chef", by rozpocząć żeglugę przeciw wiatrom, co nam ironicznie zadęły w twarz.

Po schodkach na ganeczek, z ganeczku do ciemnego korytarzyka, w korytarzyku ten żandarm obserwator, raczej sympatyczny, wskazał nam wejście po lewej stronie do kancelarii szefa. Weszliśmy. Owszem, wszędzie czysto, pozamiatane na brudnawym tle podłogi i ścian. Ja pierwszy przed szefem, bo o te dwa słowa więcej po francusku od Jamesa, a Cook ani w ząb. Szef ostentacyjnie zajęty. Głowa pochylona, widać, że udaje. Dla niego sytuacja może pożyteczna. Rozważał. Grube brwi nastroszone zasłaniają resztę fizys wpatrzoną w kawał papieru. Nie podniósł głowy, nie wypowiedział sakramentalnego „Bonjours, messieurs", nie zapytał „Excuse moi, mais qui êtes vous? C'est la guerre, eh?" Po prostu nas nie przywitał. Wreszcie, wciąż bez twarzy, rzucił z chrypką: „Qui êtes sous?" bez „Messieurs". Słyszałem, że James szybko zareagował nosem. Sierżant najwidoczniej zdecydował, że mu ktoś w ręce wmaszerował i się nie wymknie. Miał instynkt. To zagrało w jego oczkach w końcu wpół widocznych spod brwi. Opowiedziałem: „Nous sommes officiers allié". „Quoi? Quelles allié? Et lui?" ruchem szczęki wskazał Jamesa. Czyżby go był wziął za Araba? „Ceux messìurs sont officiers Anglaises, et moi je sui en officier Polonais. Nous sommes en route à Alger". Przyspieszałem tempo złej wymowy i okropnej gramatyki. „Vous aves nous envites ici, et notre autobus est parti". Takiej porcji nikt się tu nie spodziewał, ani ja. Nie wierząc własnym uszom jeszcze parłem naprzód i zapytałem, kiedy odchodzi następny autobus! I on pękł! „Francja nie ma żadnych aliantów! Anglia zdradziła! Uciekła z Dunkierki! W Mers-el-Kebir zatopili flotę i tysiące marynarzy! Zbrodniarze! A Polska nas wciągnęła w tę wojnę! Żadnych aliantów! A wy skąd się tu wzięliście?". Tu przechodzę na polski, bo mój tamten fantastyczny francuski bawiłby tylko kogoś świetnie znającego tamten język – i złośliwego – i cholerę, jaka trafia każdego Francuza, gdy się jego językiem ktoś bawi, lub męczy. (Jak i każdego z nas?). „Z Carnot – Idziemy. Bo na razie mamy czas." „Z Carnot? Z Carnot? A co messieurs robili w Carnot, eh?" i do „sympatycznego" krzyknął: „Telefonuj do Carnot! Do sierżanta szefa tam!" A do nas: „Wyjdźcie na korytarz i czekajcie".

Na korytarzu ławeczka. Siedliśmy. Ale ledwie, a już „sympatyczny" wezwał nas przed szefa. Ten trząsł słuchawką telefonu i krzyczał: „Internowani! Uciekli! Ja was do arabskiego więzienia zamknę! Szefa oszukiwali wasi koledzy! Nie wiedział? On wam pokaże! On jest wściekły! A teraz do najgorszego kryminału tutaj pójdziecie, oszuści, szpiedzy, ja wam... ". Przesadził. Zdarzyło mi się kilka razy w życiu, że mnie łagodność opuściła bez uprzedzenia. Nie zawsze w porę, oj nie! Tym razem jednak we właściwym czasie, miejscu i napięciu – uciekła i czerwona płachta spadła! „Assez! Telefonować mi natychmiast do Algieru, do komendy głównej Dowództwa Armii Francuskiej w Afryce. Natychmiast? Do generała Weyganda! Dzwonić!". On skamieniał! Widząc moją pasję zatrzymał w powietrzu ręce, słuchawkę, zdumione oczy wyszły mu przed brwi. Pewnie i Francuz bywa przekonany, że może ten, kto krzyczy, ma prawo do krzyku. Ale patrzył na mnie milcząc i sądzę ze myślał „Ja cię wpakuję... ". Wyciągnął rękę. „Wasze dokumenty". Podaliśmy legitymacje wojskowe. Położył słuchawkę i krzyknął do swojego „sympatycznego" plutonowego i do kaprala Araba: „Niech czekają w restauracji!". Spokojnie nabrałem pełne płuca powietrza, skinąłem mu głową i rzekłem: „Potrzebujemy lekarza". Wstrząsnął głową jak pies po wyjściu z wody. Zaprowadzili nas do małej restauracji w hoteliku, tuż obok. Nie była to uprzejmość, ale niepewność. Restauracja? Świetnie. Mieliśmy pieniądze na małe śniadanie. Zasiedliśmy do wcale dobrej porannej kawy z cykorią i z mlekiem i bułek i masła i bardzo dobrego sera. Kapral Arab siedział obok. Niemal w milczeniu minęła nam godzina i pojawił się „sympatyczny". Uśmiechnięty. Powiedział, że pozostajemy w tym hotelu, na górze każdy otrzyma pokój, do czasu, gdy przyjedzie po nas żandarm z obozu w Carnot. Mamy prawa oficerów. Pod dozorem. „Residance surveiller" jak uprzednio, ale żebyśmy nie próbowali ucieczki, na korytarzu przed naszymi drzwiami, postawią służbowego Araba z bronią, takiego, co na żartach się nie zna. Po co. Ledwieśmy się zawlekli na pięterko do naszych pokoików. Czyste one były i nie perfumowane zapachem pluskiew. Czyli do przeżycia. Zaraz powtórzyłem „sympatycznemu", że o lekarza prosimy. Wskazałem na moje stopy i że kapitan Anglais także potrzebuje pomocy. Poszedł. Wyciągnąłem się na łóżku i zasypiałem, gdy do pokoju wszedł wysoki starszy pan w mundurze oficera korpusu lekarskiego. Major. „Vous?" Znowu ćwiczenie rozmówek w języku lokalnie urzędowym. „Oui. Et Capitain Anglais. Moi je sui sous-lieutenant d'Aviation Polonais, nous sommes tous les pilot. Nous avons voleé en France." Nie wiem, czy mu to smakowało. „Quoi avez vous?" Wskazałem stopy. On gestem kazał mi zdjąć obuwie i skarpetki. Do pokoju weszli obaj Anglicy. Major przywitał ich swobodną angielszczyzną. Atmosfera zmiękła. Tymczasem ja obnażałem stopy. Major parsknął śmiechem podrzucił głową, otworzył swoją torbę, wyjął nożyce, watę, ciemną butelkę. Wszyscy patrzyli na moje stopy. James krótkimi ruchami pokiwał głową, Cook uśmiechnął się do mnie. Ja wykrzywiając stopy zajrzałem, co tam się stało i zaraz zrozumiałem, dlaczego po odpoczynkach wstawałem jak na noże. Skóra spod poduszek pod palcami cofnęła się do wgłębienia pod podbiciem, przed piętą. Przed obu piętami. I dwa paznokcie zsunęły się w skarpetki. Major rzekł do żandarma: „Butelkę koniaku, szybko!". Ten wybiegł. Major, nieco gaworząc z Anglikami, poczekał na jego powrót, podał mi otwartą butelkę i rzekł: „Niech się pan dobrze napije". Posłuchałem go chętnie, bo odsłonięte stopy już zaczęły bardzo boleć. Wtedy po raz pierwszy polubiłem koniak marki Bisquit. Major szczypcami wyciągnął podwiniętą skórę podeszwy jednej stopy, obciął ją nożycami, to samo z drugiej podeszwy obciął równie zręcznie i dał mi znak, bym dalej mocno ciągnął z butelki. Ciekawie patrzyłem, co on robił: duży kłak waty owinął na patyku, otworzył ciemną butelkę, w jej szeroką szyjkę wepchnął kłak, wyciągnął go, silny zapach jodyny wypełnił pokój, on znowu gestem kazał mi się napić i natychmiast chlapnął jodyną na żywe mięso stóp i na palce bez paznokci. Zawyłem. Ale zaraz przeszło i zapadłem w sen. Obudziłem się pod wieczór. Stopy zabandażowane, głowa po szlachetnym koniaku i w moim ówczesnym wieku, w nastroju wesołym, potem żadnych zapaleń, żadnych zakażeń. Poczułem głód. Uderzyłem butelką w ścianę. Po małej chwili wszedł Cook. Na zawsze zapamiętałem jego twarz w tamtym jej obramowaniu w drzwiach: uśmiechnięty, niebieskooki, wydał mi się niezwykle miły. I rzeczywiście takim był i pozostał przez czas naszej czekoladkowej katastrofy. Przyjemne odkrycie. Jego marsz nie uszkodził, bo nosił dobre wojskowe buty. James półbuty bez wsparcia dla kostek nawykłych do latania samolotami, nie do wykrzywiania się o świcie dnia przy przeskakiwaniu niespodziewanych rowów i po dziurach polnych w Algierii. Ja od pierwszego kroku w rosiste pole pod Carnot załatwiłem swoją przyszłość marszową. To, co miałem na stopach, przemokło. Marne skarpetki popękały, popodwijały się i tarły skórę, aż ją ściągnęły z jej naturalnego miejsca tam, gdzie być nie powinna. Za chwilę wszedł James. Kulał nieco, obie kostki obandażowane pozwalały mu trzymać fason. „Dinner", powiedział. I palcem wskazał, że to tam, na dole. Obaj, bardzo przyjaźnie, wzięli mnie pod ręce. Szedłem chętnie, na piętach. I przede wszystkim jeszcze na koniaku. W restauracyjce sytuacja śmieszna. Przy jednym stoliku my, podopieczni, jak się okazało, władz wojskowych w Algierii, bardzo pożądani przez gospodarza, przy drugim szef żandarmerii z żoną i córką i „sympatycznym" plutonowym. I koniec. „Patron" obsługiwał nas, z ciekawością i specjalnymi uśmiechami, a przy tamtym stoliku milczano zagryzając hors-d'oeuvre'ami gniew i obrazę. My – baranie kotlety, wino Mascara, serów w bród, pomarańcze na deser, kawa niezła i bardzo dobry lokalny chleb. Naturalnie na zakończenie maleńki kieliszek peppermint de Marie Brizard. Cook tylko chou à la crème. Wcale dobrze nam się powodziło i goiło i po kilku dniach poszliśmy pod dozorem „sympatycznego" żandarma na pierwszy spacer. Żeby nie paradować przez miasteczko, udaliśmy się w kierunku, z którego byliśmy przyszli. Ja już na całych stopach, ostrożnie, ostrożnie... James też powoli, lecz pewnie. On po mojej prawej stronie, „sympatyczny" po lewej. Cook przed nami. Doszliśmy do ławeczki przy dróżce obchodzącej miasteczko dokoła. Usiedliśmy. I zwróciłem się do „sympatycznego": „Jak się pan nazywa? Bo już pierwszego dnia, w kancelarii, szef nazwał pana nazwiskiem jakby na <ski>". „A tak, ja mam polskie nazwisko. O, tak, rodzinne". „Co pan mówi?". Spojrzałem z ukosa na Jamesa. I znowu „Pan ma polskie nazwisko? A to skąd?". „O, to dawna historia. Mój pradziadek był oficerem polskim w Powstaniu, w tysiąc osiemset sześćdziesiątym trzecim, a potem przybył do Paryża, a potem do Lilles, my jesteśmy z Lilles. Ja zaraz wiedziałem, że pan Polak. U nas dużo Polaków w Lilles". „A ja z Lublina. To stare miasto, w samym środku Polski, średniej wielkości". „A kapitan? Z Anglii? Czy ze Szkocji?". „Częściowo z Irlandii, a częściowo z Anglii i ze Szkocji, a małą cząstką z Polski, jak pan". „Tak? A jak się nazywa?". „James X". „Nie po polsku?". „Nie." Dodałem jeszcze: „Jego pradziadek mógł był kolegować się z pańskim pradziadkiem". James chyba rozumiał, ale nie miał kozła na czole, kilkakrotnie chrząknął i tyle. Patrzyliśmy przed siebie. I tak w Algierii siedziałem pomiędzy Francuzem, czwartą wodą po polskim kisielu z lewej, który mnie pilnował i Anglikiem, czwartą wodą po polskim kisielu z prawej, z którym uciekałem. Siedzieliśmy milcząc. I więcej do tego tematu nic wracaliśmy.

Szóstego dnia po południu „sympatyczny" przyniósł nam wiadomość: „Szef z Carnot przyjechał po was. Wściekły. Wstyd mu, że wam zawierzył, że dał się kolegom waszym omamić, przez trzy dni, aż do telefonu stąd nie wiedział, żeście uciekli. Co za wstyd. Krzyczy, że Polakom nie wolno wierzyć. Że on wam teraz odpłaci". „O, mój drogi, my mamy obowiązek uciekać do swoich wojsk. Wszyscy wojskowi mają taki obowiązek. Francuzi też".

Francuski regulamin sprowadzania schwytanych więźniów do miejsca, skąd uciekli, wymagał, by wracali tym samym terenem i tą samą metodą, jaką uciekali. Nie rozwodząc się nad tym punktem, piechotą. I ścisłe zalecenie stanowiło, że ręce mają mieć związane z tyłu i arkan, to znaczy powróz, na szyi, co razem wzięte ciekawie brzmi. A czym dalej w przepisy tym bardziej egzotycznie, drugi bowiem koniec powroza Arab z Konnej Policji obowiązek miał wiązać u łęku swojego siodła, bo oczywiście złapani szli za koniem, czy za końmi... (O wiele później widziałem innych Anglików, którzy w takiej konfiguracji zostali zwróceni do innego obozu po ucieczce stamtąd. Był to osławiony między nami obóz zwany Mechéria. Kiedy indziej opiszę ich wygląd i stan po kilku dniach takiego ich powrotu do Mechérii.). Nie ruszono nas tego dnia. Następnego, po śniadaniu, wezwano do natychmiastowego stawienia się w kancelarii. Obaj szefowie patrzyli złowrogo... Salwą otworzył nasz szef: „Pójdziecie piechotą aż do Carnot. Odechce się wam raz na zawsze ucieczek". Znowu ta płachta. Ale mniejsza. „Was obowiązują wobec nas nasze prawa wojskowe i oficerskie. Żadnych awantur proszę nie próbować. Zwracać się do nas per messieurs. Nasz konsul... ". „Wasz konsul! Wasz konsul!". Tego z Carnot aż podniosło ze stołka. „Nie ma żadnych konsulów waszych! Jesteście jeńcami! Oni spalili samolot?". Krzyczał do lokalnego szefa i palcem dźgał w stronę Anglików. „To był akt wrogi! Wiec jesteście na terenie wrogim. Sami tak chcieliście, nie ma o czym gadać. Pójdziecie piechotą!". Zwróciłem się do „naszego" szefa: „Telefonujcie do szefostwa Armii w Algierze. Innej decyzji nie przyjmiemy. Jesteśmy oficerami". I najzwyczajniej wyszliśmy do naszych pokojów. Z dołu słyszeliśmy podniesione głosy, wykrzykniki, potem głośne gadanie przez telefon. I wkrótce „sympatyczny" przysłany przez jego szefa oznajmił, że „jutro natychmiast po śniadaniu musimy być punktualnie i absolutnie gotowi do odjazdu, gdy pociąg przyjdzie". Ten pociąg szedł z Algieru do Oranu, do Tlemcen, do Oudżdy, do Fezu, do Casablanki. Trudno. My wysiądziemy w Carnot. O czym myśli w pociągu uciekinier wracający do obozu, który ma obowiązek i chęci złote z każdej niewoli uciekać. Naturalnie, jak następnym razem nie dać się złapać.... No, tak. Ale o tym potem. „Carnot, wysiadać!" „Alooooors, maintenant?... Teraz musicie, ze stacji do obozu pójść PIECHOTĄ?" Co? Nie! Dobre dwa kilometry? Mowy o tym nie ma. „Ani kapitan James, ani ja nie jesteśmy ani fizycznie, ani psychicznie gotowi do takich marszów". I w duchu dodałem: „Jużeś kolego przegrał z nami, gdy szło va banque wczoraj... Więc". Szef wyprostował się grubo ponad swój wzrost, podniósł brwi, wytrzeszczył oczy, wzdął policzki jak banie!... Wyglądał przestraszająco. Siedliśmy na ławce koło torów. On raptem opadł, złośliwy uśmieszek leciutko przemknął mu koło nosa – doznał olśnienia, jak nam odpłacić za swoje wstydy! Jak narobić wstydu nam? I wobec całego Carnot – okazać swe zwycięstwo, a nas wykpić, wyśmiać. Jak dopiec nam aż tak, jak tego pragnął!!! Posłał do pobliskiego osiedla arabskiego po dwukółkę zaprzężoną w osła! I wydał zaproszenie – rozkaz: „Alors, messieurs les officiers, s'il vous plait, montes vous! " I porzucając maniery oficjalne – huknął śmiechem. My odmówić transportu kołowego nie mieliśmy prawa! I tym pojazdem, drogą okrężną przez miasteczko, żeby wszyscy jego znajomi pękali ze śmiechu na widok naszego pognębienia i jego triumfu, a potem, żeby i Hiszpanie to widzieli, przez ich sekcję na tym wózku dostarczył nas do naszych kolegów. Tam – wybuchła niepojęta dla niego bomba humoru! Zabawa, śmiech, karnawał, winszowanie mu dowcipu, ściskano mu ręce, zaproszono zdumionego na koniak. Nie rozumiał. Już by się rozzłościł, gdy wreszcie dotarło? I roześmiał się. Ale nie popuścił i osadził każdego z nas w jego domku na trzy tygodnie aresztu wewnętrznego. „Solitude!" zawołał, palcem dziobiąc powietrze nad sobą. To znaczyło, że nie wolno nam było chodzić do knajpki. Świetnie nam to zrobiło. Czas na refleksje. Na zdziwienie całym naszym planem bez sensu. Te rowery. Każde miasteczko z jego psami i dyżurnymi żandarmami omijać po polach z rowerami na plecach, z tobołami na mundury i żywność, po dziurach, chaszczach, pólkach uprawnych, przez wąskie i szerokie khory, nocami pod księżycem, który może nie miałby siły rzucać naszych cieni na jaśniejącą drogę, a cóż na takie tła chłonące jego światła, albo gdyby zachodził nisko, ciemnawym miedzianym sierpem. A co na to żmije raptem obudzone i skorpiony na polowaniu? No, dość tej krytyki. Wtedy naładowani zapałem i przekonani o obowiązkach wojennych myśleliśmy tylko o tym, żeby uciekać. Trzy tygodnie spełzły. Koniec myślenia. Nadzieje na Algier. Pan Emeryk Czapski widział obraz całości, miał inny koncept rozwiązywania węzłów. Miał rację. O tym kiedy indziej. Ale dzisiaj przecie żal, że nie dało się wypróbować do końca wytrzymałości i szczęścia. Szczęścia? A może to właśnie szczęście tak zadziałało? Zdumiewało nas, że Arabowie nie wytropili nas od razu. Tam wszędzie spod ziemi wyrastał Arab i otrzymywał pięć franków za donos. My dla Arabów tylko taką mieliśmy wartość i znaczenie. Chyba, że ich kilku zabrałoby nam, co by chcieć zabrać przed donosem, lub rezygnując z donosu. Każdy z nich nosił w rękawie rodzaj sztyletu.

Anglików wkrótce zabrano. Czy do innego obozu? A może wypuszczono? Tak można by przypuszczać. Ale czy należałoby? Bo czy to nie równałoby się „zapomnieniu" w odpowiednich układach o nas, o „aliantach". Już wtedy? Przesada? Czy nie kryły się w tym, wówczas zupełnie nie zauważone, zalążki... Za wiele podejrzliwości, opartej na doświadczeniach.

Nas przeniesiono do Mascary, na „Residance Surveye" godne oficerów i podchorążych. Generał Maxime Weygand dowodził Północną Afryką.

Towarzyszy tamtej przygody nie zobaczyłem nigdy.

# Mascara

Z ciasnego czy, by lepiej je określić, z wąskiego Carnot przeniesiono nas do o wiele szerszego światka miejscowości Mascara. Oczywiście nie w nagrodę za moją ucieczkę z Anglikami i nie na łono francuskich Mascaryjczyków, by dzielić z nimi uroki i wygody tego miejsca. Mascara to już miasteczko zamożne, wcale ładne, otoczone winnicami. Wmuszone w terytorium piaszczyste z pewnym rozmachem i dobrym smakiem, wyrażonym także przez dość udane próby zadrzewienia, tak zazwyczaj obce potrzebom arabskim. Pozycja pewnie korzystna ze względów handlowych i może strategicznych. Stał tam w śródmieściu piętrowy hotel z białą fasadą, pysznił się nazwą Grand Hotelu; z dala od niego Hotel de Toulouse, szarawy, niski, o niewielu pokojach, małych, gdzie przewody do lampy ukrytej pod sufitem w zabrudzonym kloszyku przykrywała drewniana listwa, od podłogi aż do skutku, tj. tam gdzie na suficie zakręcała nad moje łóżko, sięgając lampy. (Nie darmo się o tym rozpisuję na wstępie. Ja tam zamieszkałem. Jeszcze dodam, że na suficie listwa biegła do pół metra wewnątrz brzegu mego łóżka. Kto w Afryce bywał, ten wie co z sufitu na łóżko nocą spada). Mascaryjczycy, Francuzi, les colons, zasiedzieli tam od niezbyt wielu lat, czuli się u siebie na zawsze. Algieria przecież została włączona do Francji, jako jej departament. Mascara od swych narodzin całkowicie nasączona stylem ich życia, rozkładem dnia czyli pór na petit déjeuners, apéritifs, déjeuners, digestives, diners, soupers z doskonałym czerwonym winem tamtejszym, zapewniała żywocik łatwy, zaopatrzony nadto, przy stolikach przed kawiarnią, taką sobie, w niezłą kawę, lecz ponad to – we francuskie koniaki! Restauracja tegoż właściciela, też taka sobie, nie mogła konkurować z drugą, drogą, odwiedzaną przez elitę, z majorem, dowódcą oddziału wojsk tam stacjonowanych i z jego rodziną, tj. z żoną i córką – szesnastolatką włącznie. Może dla ozdoby. Tamta restauracja słynęła. Nie wiem z jakich smakołyków, bo mnie nie było na nie stać, ani mnie żaden lokalny prominent tam nie zaprosił. Nie interesowano się nami, nie poczyniono żadnych prób poznania nas. Może to i dobrze, bo po pierwsze – niebawem okazać się miała nasza zdradziecka natura przez nowe próby ucieczki do wrogów, do Anglii, po drugie trudno by mi przyszło wytłumaczyć się mej żonie, po powrocie na jej łono w dwa lata później, z wizyt w lokalu tak dziwnym, bo krytym jednym dachem z domem publicznym. Restaurację prowadziła madame obu przedsiębiorstw. Pani szczególnie przychylna wojsku. Każda jej instytucja dbała o przyjemności cielesne Mascaryjczyków, jedno bez wielkich rozróżnień etnicznych, lecz drugie, restauracja, stanowczo kończąc egalité na bardzo małych niezgodnościach tyczących manier. Mianowicie dom publiczny służył ludności męskiej obu ras równie: podbitej – arabskiej i zwycięskiej – francuskiej. Dzieliły ich jedynie dni składania wizyt w tamtym domu. Łączyła zaś antysegregacyjna otwartość dla każdej młodej i miłej panienki z Marsylii, gdzie jej narzeczony czekał na radosną chwilę jej powrotu z uskładanym posażkiem. Ale w restauracji segregacja absolutna! Tam poza wieprzowiną chętnie podawano baraninę, lecz i tę jadało się wyłącznie widelcem i nożem. Tam nikt nie mógł pozwolić sobie na operowanie na talerzu palcami!

Skwer rozległy, jasny. U jego południowej podstawy kładła się, ze wschodu na zachód, szeroka droga, póki w miasteczku, ulica. Ważna. Na niej odbywały się rewie wojskowe, w odpowiednie dni. Tam pewnego dnia przeżyliśmy moment euforyczny. Opowiem – gdy nadejdzie czas, jak ten pociąg w Wołkowysku. Po południowej krawędzi ulicy ustawiono parterowe domki, niebrzydkie, jeszcze nie francusko-arabskie w stylu. Patrzyły one na swoje rozsłonecznione centrum poprzez rzędy ładnych drzewek, szczupłych, zielonych. Na wschodniej ścianie skweru wspomniana kawiarnia cum restauracja zwykłych ludzi, nasza domena. Około jedenastej rano kilku z nas siadywało przy stolikach na zewnątrz kawiarni, tamtejsi Francuzi, les colons, wzdłuż baru, wewnątrz, w cieniu. Zgodnie unikaliśmy bliskości. Nie łączył nas język ni przeszłość, ani daleka, tym mniej niedawna. Przeciwnie, oni wyznawali mocno zakodowaną polityczną wiarę w Vichy i na niej opartą wiedzę o nas według „goebelsówki": My winniśmy „wojny o Gdańsk" ściągniętej na głowę paryskiej Marianny, przyjaciele wrogów, Anglików, i przeważnie milczący (trudno w ten fakt uwierzyć – wtedy nie rozgadani). I jakże się odróżnialiśmy. Inni. Nie pasujący do tych uliczek, domów, ludzi, ani właściwie do tych alkoholi i kawusi popijanych z nie tak dawno nabytą przyjemnością. Każdego należałoby już tutaj, przed tą kawiarenką, obrysować choćby oszczędnie, kilkoma linijkami. Mawialiśmy: „Chodźmy zająć miejsca", nieco za pompatycznie w stosunku do tamtego frontonu, ale. Inny teren stanie się odpowiedniejszy dla napacykowania choćby sporej grupki kompanów. Tam chwycimy wielu z nich, zanim przeminą. Było nas pięćdziesięciu kilku... A jednak już teraz nie mogę pominąć np. Jerzego X. Wysoki, raczej tęgawy mężczyzna, o dużej głowie, łysawej, o krótkich wąsach i bródce ograniczonej do podbródka, poważnych oczach, mówiący powoli, z zastanowieniem, lub nie mówiący nic, jeśli rzeczy nie miał przemyślanej. Ten nieszczęściem naznaczony przyjaciel mój, cierpiał straszliwie na miłość do swojej żony. Ona w Polsce. Kiedy dostał się do Anglii (wtedy mówiło się: „Wrócił do Anglii") zgłosił się bez zwłoki jako ochotnik do skoku do Kraju. Po przeszkoleniu poleciał. Tak, początek dalszego ciągu do przewidzenia. Jego żonę miał już kto inny. Ona nie zgłaszała pretensji do losu. Zakończenie? Schwytany przez gestapo, rozszyfrowany, jako wysłannik rządu polskiego z Londynu, zamordowany na Szucha. Smyczyński. Staś? Duży chłop, wszystkie mocne członki luźno na nim wisiały, długie ręce ledwie zaczepione na stawach ramion, silne, myślałem: karierę zrobi jako masażysta; gdy mówił podnosił brodę, odchylał głowę w tył, zabawnie marszczył nos i rozciągając słowa kładł nacisk na ich początek i wypowiadał niespiesznie, co uważał za wesołe i mądre. No, czasem tak. Nigdy nie siadał z nami Popiel. Kiedy zaaferowany przechodził (uważał, że jego przeznaczeniem było wykreować filozofię naszych dalszych przypadków), swoją twarz u dołu zakończoną bródką profesorską zwracał ku nam na część sekundy, witał, jednak spoglądając w dół i nie zwalniając tempa, a że podnosił pięty przy każdym kroku, huśtał czubek swej głowy i rysował nim sinusoidę na tle nieba. Mijał. Pojawiał się Jurek Kraiński, nasza wzajemna przyjaźń w zalążku przyjemnych uśmiechów. Niewielu nas tam regularnie przychodziło, część udawała się do farmera, poza miasteczko, tam kąpali się w basenie wody utrzymywanej do obsługi pól i tam gospodyni fetowała ich drobiem, po francusku. Ba! To na razie tyle.

Plus „George", Belg. Zaplątany między nas, belgijski kawalerzysta, oficer rezerwy. Starszy już pan, o wydostaniu się do Anglii nie myślał. „Nic tam po mnie. Kawalerii nie mają, jeśli mają to kiepską. Ja na niczym innym się nie znam" – powiedział. A znał się bardzo dobrze na kawalerii polskiej. Zawodowiec! Pasjonowała go polska husaria. Jej wygląd. Znał jej stany liczbowe, uzbrojenie, jej taktykę, jej ważne bitwy, ich topograficzne usytuowania, podziwiał stosunki sił i rodzajów wojsk atakowanych i rozbijanych. Znał Koniecpolskiego, Lubomirskiego! A Jana Sobieskiego uwielbiał. Rozumiał przerażenie dzielnych Turków na dźwięk jego imienia pędzącego ku nim. Wobec takich przykładów naszych wielkości, dla niego bieżąco żywych, „George" lokalnych colonów nazywał – les microbes constipés. Im w oczy! Les microbes constipés nie rozumieli o co chodzi, przyjmowali tę obrazę z humorem. Uczynili sobie z niego figurę zabawną, ostatecznie to jakby krewny, Belg, a przy tym lubili jego francuski. W ustach „George'a" miał on wszelkie atrybuty wspaniałości: akcentu, słownictwa, znajomości skrytek języka i smaczków w jego wszelkich im znanych i w nowych, z wojny zrodzonych wariantach. Trzeba im dać brawko za te ich rafinady. Stawiali mu gęsto piwa i koniaki. „George" wypalał im co chciał, powtarzał się, choć prócz tego potrafił dołożyć im czymś nowym, zazwyczaj tym co usłyszał między nami. Śmiali się.

O Belgii wiele nie opowiadał. Zbrzydziło go to, co zobaczył podczas najazdu Niemców, uciekł do Francji. A tam czym dalej, tym gorzej. I gdy się na ten temat po swojemu głośno wyrażał, przesunięto go z Francji do naszego towarzystwa w Mascarze, również na Résidence surveillée. Mawiał o swojej wyspie. Miał własną wysepkę blisko ojcowizny. Tam dom niski, długi, niemal od brzegu do brzegu, bardzo stary i bardzo niewygodny, to nie szkodziłoby, lecz bez telefonu, więc choć ogromnie gościnny, cóż komu po nim. Dla nas wtedy telefoniczne połączenia z PCK w Algierze, by się dopytywać o wieści od rodzin z Polski via Szwajcaria i o podziemne wiadomości z frontów, rzutowały na każde inne układy. Więc jego zaprosiny nawet na powojenne libacje nie frapowały nas.

Wśród nas najlepiej francuskim władał Tadeusz Sokolnicki, brat ambasadora, pisarza, historyka. Poza nim wspomniany Janusz Popiel, Adam Ostromęcki, Zbigniew Pachoński, kilku innych. Ja przez regularne pomyłki w całym moim wykształceniu operowałem wtedy jako tako niemieckim, co na szczęście wkrótce ze mnie wywietrzało. W tamtej sytuacji polsko-europejskiej, choć oczywiście chwilowej, nie był to język do mówienia, i to, mimo iż utrzymywałem, że „znać należy język wroga, bo z przyjaciółmi dogadasz się na migi". (Też dziwactwo!) Nie pominę porucznika piechoty, inżyniera Józefa Schoenfelda, którego dołączono do nas z Oranu czy Algieru. Interesujący pan. Rezerwista z dni chwały w armii Hallera w Polsce, po ustaleniu się Polski, w roku 1922 wrócił do Francji. Zachował przynależność i wierność dla Polski, gdy wybuchła ostatnia potrzeba, niezwłocznie zgłosił się do jakiejkolwiek służby w polskiej armii we Francji. Znał Francję. Jej ludzi na wyrywki i w rozmaitych sytuacjach. Dlatego powiedział mi przy poobiedniej kawie: „Niech pan przyjmie to ode mnie i zapamięta: jeśli panu dobrze na świecie, jedź pan na południe Europy. Jeśli panu niedobrze, jedź pan co siły na północ". „Właśnie", powiedziałem, „Właśnie", zgodziłem się. Był to czas, kiedy uczyłem się angielskiego z impetem i niekiedy „układałem" wierszyki chwytające obserwacje życiowe na gorąco, bez filozofii, np. ten: „Nie obiecuj sobie wiele/ gdy ci Francuz przyjacielem/ Gdy ci Francuz przyjacielem miej Anglika w pogotowiu/ Nie obiecuj sobie wiele, gdy ci Anglik przyjacielem!" Och, przepraszam! To nie przykład mego byłego jasnowidztwa, to jedynie „chwilowa" pomyłka w czasie przeszłym. I nieustannie bieżącym. Ta ostatnia linijka. I mean, czyli mam na myśli.

Słońce biegało coraz wyższym torem i wydłużało dni, temperatury mu towarzyszyły. Dlatego uczyłem się języka docelowego wieczorami i późno w noc. Odwodziły mnie od skupienia nad pracą moje złośliwe zabawy z pluskwą, ale konieczne, by jej namiętność do mnie wypalić w niej zmęczeniem, znużeniem. Była to duża szaro-brązowawa szatynka o pięknej płaskiej linii, po długiej widać kuracji odchudzającej. Stąd ten szał na mój temat. Mieszkała pod listwą przewodów elektrycznych koło kontaktu i pewnie świetnie się orientowała, kiedy zaczynałem się jąkać po angielsku. Dawała sobie pół godziny na moje pełne wejście na ścieżki ku wiedzy, na zaangażowanie uwagi... Wtedy ostrożnie, stopniowo, wymykała się spod listwy i w jej cieniu prędziutko przebierała nóżkami po ścianie, do sufitu, żeby stamtąd na mnie spaść i „radością się upoić". Nie wiedziała, że ja mam zły charakter, i że nawet pochylając głowę nad książką potrafię ją szpiegować kątem podstępnego oka. Prawego! Więc kiedy ona spiesznie, drobniutkimi kroczkami oddalała się w górę – ja powoli wstawałem i wznosząc swój ponętny dla niej korpus na wysokość jej pozycji, wyczekiwałem aż do chwili, kiedy ona oddaliła się jeszcze wyżej, na długość mego ramienia... Wtedy zaczynało się moje znęcanie się nad nią. Nie lubię tego rodzaju szatynek. Mój masochizm.... Zbliżałem dłoń do niej i nie miała wątpliwości, iż za chwilę ją utulę... Cudowny zapach mej dłoni oszałamiał ją tak szybko i tak całkowicie, że spodziewając się rozkoszy padała ze ściany bezradna! Na brutalnie zimną, bezwonną, kamienną podłogę. Żal we mnie wzbierał i podawałem jej rękę. Gdy się biedactwo znowu zaczynało radować, że to była tylko pomyłka, potknięcie w zbyt namiętnym dążeniu, i wstępowała na ścianę u samego dołu i milionami kroczków biegła do góry, prowadzona zachwycającą wonią mych bliskich palców, a tam, u szczytu jej syzyfowej, prostopadłej wzwyż drogi, omdlewała, padała, płakała... Tego co prawda nie byłem pewien. Gdyby głośno rozpaczała, może bym nie był w stanie dłużej jej dręczyć niż raz-dwa co wieczór. Wobec jej milczenia doprowadzałem ją do kryzysu sił za czwartym razem. Wtedy wracał mi dobry nastrój i z uśmiechem brałem się ponownie do mego jąkania się po angielsku.

Rano, koło dziesiątej, przychodził Tadeusz Sokolnicki. Pukał, wchodził, widząc, że nie śpię, spoglądał na siebie w moim kiepskim lusterku na ścianie, pociągał swoim arystokratycznym nosem, wymawiał formułkę: „Gęba już jak kalosz", czemu ja żywo i słusznie przeczyłem, bo jakże męski był i przystojny i goląc się zdawałem przed nim egzamin z nocą wyuczonych anglicyzmów o niewiadomych formach dźwiękowych. On czasami mnie poprawiał w sposób dla mnie nie do wiary. Po czym szliśmy do kawiarenki na dzień dobry z kolegami i kilka śmieszków z „George'em".

Byliśmy weseli, bo zupełnie pewni zwycięstwa, nawet bez nas na drodze Rommla, nawet z nami w Mascarze, a poza tym wiedzieliśmy, że już niedługo zostaniemy wezwani do... Ale na razie to tajemnica!

Straszliwe wiadomości z Kraju nie były nam jeszcze znane.

Spodziewane – nadchodziło! Na pewno! Hrabia Emeryk Hutten-Czapski brawurowo zadziałał ze swego biura w Algierze, uprzednio konsulatu RP, od upadku Francji – niby to tylko Polskiego Czerwonego Krzyża. Ucieczka będzie masowa! Prócz nas z Mascary, ponad trzystu pięćdziesięciu podoficerów i szeregowych z Saïdy, z koszar Centrum Legii Cudzoziemskiej. Oni tam, praktycznie internowani, na tę szansę wyczekiwali... Razem ponad czterystu chłopa, tylu nas sobie Francuzi uzbierali. Ale pocieszą się. Jeszcze im przypłyną nasi z Francji. Ale my! Nareszcie! Kiedy! Niedługo, niedługo. Czuj duch i milcz. Czekaj. Pan Emeryk dał znać, pewny dyscypliny, ça va. (Tyle francuskiego chwyciłem z powietrza. Francuski sam wpadał w ucho, choć gramatykę i tę okropniejszą od naszej ortografię, gubił po drodze. O wiele później doszedłem do przekonania, że każdy z nas na kuli ziemskiej ma dwa dźwiękowo najpiękniejsze języki do dyspozycji: swój i francuski).

Czekać. Ciągnęło się. Wszystkie czekania się ciągną. Tamto ponad inne, ale los o nas dbał i przysposobił nam niezwykłą przyjemność.

14 lipca! Święto Francji, Europy, Ameryki, nasze! Mascara postanowiła okazać wielkość i serce. Na Grande Parade (wojskową) kilku anciens combattants z 1918 roku oraz z wojny właśnie przegranej, kilku żandarmów i plutonu wojska, zaproszono także i – czekajcie, czekajcie! – i nas! Nas, dobre półtora plutonu samych oficerów i podchorążych. Na ten dzień, na ten raz, mieliśmy wystąpić jako eks-kombatanci. A to komedia! I problem! Przyjąć czy nie przyjąć? Ostatecznie byliśmy na utrzymaniu francuskich władz wojskowych... (Na utrzymanie asygnowano nam po FR 900 miesięcznie). Ale aresztowani! Niech, wobec tego,

zdejmą z nas tę infamię. Wtem dowiedzieliśmy się, że przybędzie i raporty od oddziałów odbierze, nie do wiary, sam bohater z Francji z 1918 roku ("znakomity szef sztabu Focha", pisze o nim generał Marian Kukiel), potem obecny w Warszawie, gdy nasz Marszałek sprał bolszewików – generał Maxime Weygand! Obecny dowódca wszystkich wojsk w całej Afryce Francuskiej. No, to skoro tak, to upadają zbyteczne sprzeciwy, murem stajemy w dwuszeregu, w czym kto miał co "galowego", a przynajmniej świetnie wygoleni. Z moim przyjacielem z Pierwszego Pułku Lotniczego w Warszawie, kapitanem Eugeniuszem Prusieckim, do niedawna dowódcą eskadry Łosi – na czele! Oczywiście, żeby się nam co w głowach nie poprzewracało na lewym końcu (bo przecie nie na "skrzydle") tego zbioru. (Nie pamiętam gdzie my umieściliśmy "George'a", naszego Belga. Wydaje mi się, że go widzę na naszym prawym skrzydle). I wyobraźmy sobie tę niepowtarzalną – już ani w historii Francji eks-kolonialnej, ani w historii Polski Bezpiecznej Przyszłości – tamtą linię: a. francuskich byłych wojaków, dawniej przypuszczalnie bardzo dzielnych, na prawym końcu, b. francuskich nie sprawdzonych, być może dzielnych, w środku i c. pragnących ponownie dowieść swej dzielności... na ogonie. To my.

Słońce złociło, piekło. Mascara patrzyła. Generał przybył punktualnie. Wyprostowany, szykowny, przystojny, "jakby znowu miał dwadzieścia lat". O raczej małej głowie i dużych, błyszczących oczach. Nie dbał o formalności, od razu przystąpił do rewii, przeprowadzenia lustracji, do zachęcenia wpatrzonych w niego do utrzymywania wspaniałego ducha, a przynajmniej postawy. Przechodził przed oddziałami, odbierał raport, salutował, głośno wypowiadał sakramentalne słowo: Continuez! i nie zmieniając frontu, przesuwał się do następnej formacji. Aż, ku jego zdumieniu, usłyszał meldunek Gienia – po polsku! Nasz chwilowy wódz w ostatniej i krytycznej chwili słusznie zdecydował, że tak będzie najlepiej, bo najnaturalniej i zobaczymy.... Zobaczyliśmy! Cała Mascara zobaczyła! Generał rozjaśnił się, uśmiechnął, zasalutował, podał naszemu dowódcy rękę, temu dowódcy jedynie! Wszyscy to widzieli, nagle oczy ich zaprzeczyły innym zmysłom. On powtórnie zasalutował, tym razem całemu naszemu oddziałowi, i odszedł do spiorunowanych, obrażonych, od nas na zawsze już odwróconych, Franko-Mascaryjczyków, na, dla nich, niepojęcie kwaśny obiad. Po obiedzie generał jeszcze porozmawiał z naszą starszyzną, zapewnił, że nie dopuści do deportowania nas do Francji i pozostając w naszej naprawdę wzruszonej, trwałej pamięci, odjechał – nieświadomy swego pobocznego dokonania. Mianowicie nad Mascarą ogromny „merdalloryzm" przyćmił światło dnia tego i następnych, aż do dni Wszystkich Świętych, gdy okazało się, że to Mascara słusznie, wbrew jego sympatiom, miała nas za bezecny, bez poczucia przyzwoitości, źdźbła wdzięczności, zakalec w polityce innego generała. Generała Pétaine'a. A do odkrycia naszej brzydoty doszło tak....

W czas Wszystkich Świętych Algieria podróżowała. Francuzi samochodami, a rzesze Arabów zapychały kolejki. Zapchanymi kolejkami jechali dokąd kolejki wiodły: przede wszystkim na północ, potem na wschód lub zachód, niekiedy i na południe. W odwiedziny. Dla odmiany. Oczywiście także na uczty baranie, ale gdzie indziej. Bo Arab też człowiek i czasem chce choćby na innym piasku. Był to początek okresu dorocznej krótkotrwałej zamożności po sprzedaniu wełny, baranów i owiec, skór, niewielkich płodów rolnych. Wędrówki, jazdy i zabawy.

Ten ruch, tłok, rozgardiasz i bałagan nam zapewniał kamuflaż, a na francuską żandarmerię działał jak pigułka na zobojętnienie. Pan Emeryk Hutten-Czapski i jego sztab w Algierze z dawna te okoliczności przewidywali i czer-

177

wonym kółkiem otoczyli datę ich początku. Na tę chwilę pan Emeryk wznosił się do poziomu adwersarza generała Weyganda, w imię polskiej racji, i tak dalej. Generał pewnie to rozumiał, w miarę jego ograniczeń. Co bez zbytecznych komentarzy wskazuje, że w pierwszy z tamtych świątecznych dni my tłumnie ruszyliśmy do zorganizowanej przez pana Emeryka ucieczki, według jego bardzo dobrego planu. Dokąd? Do Gibraltaru! Czym? Rybackim kutrem angielskim pod polskim kapitanem, z polską załogą. Ba! Wysypałem cały kosz informacji... Ale nie calutki i „nie tylko", jak się u nas takie stany zaskakujących niedomówień określa. Denerwująco. Bo o to chodzi. Z tego stanu zawieszenia skorzystam, żeby pana Emeryka wziąć na warsztat. Przecież generała obgadałem, choć pragnąłem tylko odmalować. „Encyklopedia Popularna" PWN, wydanie z roku 1992, o nim jeszcze nas nie informuje, na stronicy 156 oznajmia tylko, że jego poprzednik tego samego nazwiska i imienia „Czapski-Hutten, Emeryk, 1828-1896, zasłużył się jako: numizmatyk, twórca jednego z największych zbiorów polskich monet (wielu unikatów) i medali; autor ich katalogu po francusku; fundator muzeum i biblioteki Czapskich w Krakowie". Co uzupełniam ze źródeł własnych i mieszanych: pan Emeryk Czapski to z kolei twórca jednego z najpoważniejszych zbiorów map Polski, przekazanych do muzeum w Krakowie i opiekun muzeum Czapskich w Mińsku (o czym wczesna postkomunistyczna encyklopedia nie wspomina) jak długo na to tamtejsze polityki zezwalały. W 1933 roku „nasz" hrabia Emeryk Hutten-Czapski został Komandorem Patronackim Zakonu Rycerzy Maltańskich. Pod koniec drugiej niemieckiej wojny europejskiej, był pułkownikiem Armii Polskiej, wysoko odznaczonym. Ja znałem go od roku 1941 i pamiętam dobrze pana niemal wysokiego wzrostu, o sztywnym karku – w przenośni bardzo, w zarysie jego sylwetki znacznie, o głowie rudawej, twarzy pociągłej, wygolonej, z rzadka uśmiechniętej; z brązowymi oczyma skupionej powagi, które prosty, długawy nos rozsuwał na boki wystarczająco. Mówił spokojnie, bez gestykulacji i bez podnoszenia głosu. Potrzebne naciski wywierał lekkim pochyleniem głowy ku rozmówcy, uniesieniem brwi... Podaję jego obraz i to, co go tyczyło z widoczną przyjemnością, nie tylko dlatego, że po kilku latach bywałem gościem w jego rzymskim domu i zatrzymywałem się w założonym przez niego w Rzymie Hospicjum Rycerzy Maltańskich, gdzie wielu naukowców polskich z Kraju znajdowało bardzo przystępne warunki pobytu, tak im potrzebnego. Mówię: „Nie tylko!", bo właśnie chcę opowiedzieć anegdotę z nim związaną, niezwykłą i dlatego w tej chwili wracamy jeszcze do Algierii, gdyż tam, „w owych dniach" miejsce miało wydarzenie ciekawe, charakterystyczne i może i pouczające? Otóż generałowi Maxime Weygandowi Hitler złożył był hołd za jego działalność w Afryce, jak również za stosunek do swej osoby – każąc go odwołać do Francji, tam aresztować przez gestapo, deportować do Niemiec i więzić do końca swej kadencji w urządzaniu Europy. Rząd Vichy przysłał do Algieru, na razie dla chwilowego tylko zapełnienia pustki w wojskowej administracji, generała Alphonse'a Juina z tytułem i prawami dowódcy wszystkich wojsk francuskich w całej północnej Afryce, podległych mu jako przedstawicielowi rządu w Vichy. Generał Juin zaraz po przybyciu do Casablanki wysłał swego adiutanta do dyrektora Polskiego Czerwonego Krzyża, chwilowo przebywającego w skromnym hoteliku w tym mieście, z zapytaniem, czy może być przyjęty z wizytą kurtuazyjną. Prosił o udzielenie mu audiencji. Obaj panowie, Rycerze Zakonu Maltańskiego bardzo wysokiej rangi, różnili się pozycją w najwyższej hierarchii – pan Emeryk Czapski przewyższał generała o jeden czy dwa stopnie....

Ucieczka! Miejsce akcji końcowej określono. Czas – zaczynać! Czterech z nas wysłano dla szczegółowego opracowania sposobu przyjęcia dużej ilości ludzi, rozmieszczenia ich w terenie trudnym, niewygodnym, a jednak poręcznie dla szybkiego schodzenia nad wodę i ładowania się na łódź możliwie bez wpadek i wypadków. Jak z Algieru ustalono z kapitanem w Gibraltarze miejsce i czas tej imprezy pod brzegiem Algierii na wschód od Oranu, nie jest mi wiadome. Nie pytałem o to pana Emeryka nawet po latach, przy okazji przyjaznych spotkań u niego, w Rzymie, nawet gdy chodziliśmy na jego ulubione lody. Wydaje mi się, że w tych sprawach trzeba być dyskretnym: doraźnie wypracowane umiejętności służą podobieństwem innym sytuacjom. Tak zbiera się doświadczenie oryginalne. On niewątpliwie zamknął je we właściwe akta.

Wysłańcy. Trzeba ich uhonorować, bo z fantazją, z wyobraźnią, w nowych warunkach szybko, bez usterek wykonali wszystko, co im zlecono. Oto ich nazwiska; Jurek Kraiński, Józef Wyganowski, wąsacz okrutny, Zygfryd Zawalski (von Nibelungen?), Witold Radziejowski, Czesław Sztajer. Nawiązali z kutrem kontakt, przypłynęła od niego łódź, przywiozła zbieraninę francuskich, niemieckich, angielskich kanistrów z benzyną dla kutra na drogę powrotną, ustalili dalsze procedury. Łódź odpłynęła, by powrócić, gdy wszyscy będą gotowi do zabrania. Następnej nocy.

Z mej strony rzecz się miała prawie zwyczajnie. Wydarzenia dla mnie ważne lubią się zrazu maskować obojętną, formą. Mój majątek i szkołę nauk języków obcych włożyłem do teczki (po zdobyciu ostróg w angielskim, planowałem nabyć znajomość hiszpańskiego), poszedłem na stację, kupiłem bilet do Oranu i wysiadłem na stacyjce zwanej La Macta. Pusta. Dosłownie i szczęśliwie pusta. Poszedłem na wysoki brzeg morza ucieszyć się jego widokiem, obrazem spodziewanej z jego strony pomocy. Ledwie tam doszedłem i zobaczyłem żywą, mocną barwę jego gładkiej powierzchni, capnął mnie któryś z naszych wykonawców planu i skierował do lasku, bym się w nim skrył, bo od tej pory cały światek dookolny zagrażał nam w najwyższym stopniu.

Lasek karłowatych sosenek wykarmionych tamtejszą

szczególną ziemią nadmorską i powietrzem morza, gęsto pokrywał ciemnozielonym kożuchem kilometry wysokiego wybrzeża, zasłaniał jego urwiste spadki do wąskich plaż i co najważniejsze, krył nas od południa, od strony nadbrzeżnej szosy, którą przybywaliśmy, ale nie życzyliśmy sobie przybycia nią nikogo innego. Te miłe drzewka wykształciły swe korzenie w kosztowny briar, wrzosiec, najlepszy materiał na fajki, najdroższe francuskie i sławetne angielskie Dunhilla. Wiedziałem. Paliłem wtedy fajki. Oczywiście paradoks czyhał, czyli w lesie doskonałych drzew fajkowych nikt arcydzieła z ich korzeni zapalić nie miał zamiaru. Wystarczał nam cenny aromat ich igieł. Tego dnia zebrało się nas w lasku pod La Macta około dwustu.

Noc minęła twarda, jak tamtejsze kamienie. Następnego dnia doszła druga dwusetka. Wszyscy! Wszyscy dostali się na teren zborny bezpiecznie. Jeszcze jedna noc i o trzecim świcie zacznie się schodzenie do łodzi, ładowanie na kuter i ... uda się! Do trzech razy sztuka! Jutro, jutro!

Około szóstej wieczorem nagły wiatr! Zerwał się. Właśnie! Zerwał się czy go diabli spuścili ze smyczy – wzmagał się, już targał drzewkami, niskie chmury gonił po niebie, już morze bielało od piany, już tam w dole biło o skałki. Ale do świtu daleko. Może jak się podniósł tak i opadnie....

Oddam głos Jurkowi Kraińskiemu. On czatował na decyzje kapitana kutra: „Mając trochę doświadczenia w sprawach morskich, zdawałem sobie sprawę, że załadunek w tych warunkach byłby bardzo trudny, jeśli w ogóle możliwy. Czekaliśmy na sygnał z morza. Około dziewiątej wieczorem zabłysło światełko. Naszemu radiotelegrafiście trudno było odbierać, bo rzucany falami statek to unosił się, to opadał i fale zasłaniały sygnał, a ponadto musiał się trzymać dość daleko od brzegu. Wreszcie zdołano odcyfrować wiadomość. Kapitan zadecydował, że ze względu na tę pogodę musi oddalić się od brzegu, poza wody terytorialne francuskie, i powróci następnej nocy.

Wszyscy trzęśliśmy się z zimna. Odnalazłem Miecia Różańskiego i tak jak poprzednio schroniliśmy się w grobowcu arabskim, który stał nad brzegiem morza. Przypomniałem sobie „Odyseję", wałkowaliśmy ją w IV Gimnazjum we Lwowie... nie braliśmy tego poważnie, w tamtym momencie, jak nigdy, zdałem sobie sprawę z rzetelności jej opisów. Prawda o zdradliwości Morza Śródziemnego była już wtedy dobrze znana. Nad ranem przestało wiać, morze też ucichło, a nad widnokrąg wypłynęło czerwone słońce. Wszystkim dokuczyła ciężka noc i teraz szukali słońca, by osuszyć zwilgotniałą odzież. Niektórzy mieli trochę żywności. Około południa całkiem ocipliło się i zapowiadała się pogodna noc. I ładowanie się? Podobno jak arabsko-francuski diabeł nie ma co robić, to wyprowadza mera miasteczka na polowanie. Z koleżkami. Dlatego na południu Francji i na północy Algierii biegają i latają tylko mrówki w czasie swego wesela. Ale diabeł dalej w każdy świątek burmistrza miasteczka i jego koleżków na polowanie prowadza. Po męsku niosą dubeltówki, z zapałem stają do zawodów w strzelaniu do rzutków, po czym z samochodów dobywają pyszności i doskonałe mascaryjskie wino na piknik. Tym razem diabłu udał się złowrogi figiel: naprowadził ich na nas".

My usłyszeliśmy rozgwar ich wesołych głosów i... raptem urwał się ten gwarek. Cisza. Zamarliśmy... Wszyscy. To jest, my zamarliśmy tu, oni zamarli tam. Potem wyjaśniło się, że oni natknęli się na stos kanistrów z benzyną! A gdzie spojrzeli tam spod drzewek sterczały buty, nogi, przecie tam tłum ludzi, a kanistry angielskie, niemieckie i nawet francuskie! Co się tu dzieje! Co się będzie dziać! Inwazja? Czyja? Nie ruszmy tego! Broń Panie! Po kilku minutach usłyszeliśmy odjeżdżające samochody.

A po kilku godzinach, gdy ściemniało się, inne, grube, powolne charkoty motorów ciężkich wozów przesuwały się po szosie i zatrzymywały... Wkrótce po podszyciu lasku poszedł szept: wojsko, żuawi i Garde Mobile... wyciągnięta linia wzdłuż szosy... daleko w obie strony, zastawa... otaczają las... i znowu szept: nie ruszają się, stoją... Nie wiedzą co robić... po ciemku boją się wejść... Żebyż ten nasz kuter przypłynął! Załadujemy się w nocy, nad ranem....

Nie przypłynął. Nad ranem Garde Mobile ruszyła w lasek wrzosowców. Brutalnie, z wrzaskiem. Odwaga w nich wezbrała gdy zorientowali się, kto my zacz. Podobno niektórym z nas zakładali kajdanki. Podobno jednego z oficerów oficer francuski zamierzał uderzyć, ten zdążył krzyknąć: „Jestem oficerem!". Pamiętam, wyszliśmy na szosę, ustawiliśmy się w czwórki pod dowództwem najstarszego oficera, chyba kapitana Kazimierza Dworakowskiego. Przez krótką chwilę oczekiwaliśmy jak nas paskudny los zaprawi. Oczywiście: załadowanie. Na ciężarówki. Wygodniejsze to niż płynąć do kutra w rozhuśtanym morzu. Do Mostaganem, na komisariat. Upchani, stojąc, zobaczyliśmy na niebie patrolujący samolot, w dali na morzu kontrtorpedowiec. Poczuliśmy swą wagę. W Mostaganem nie mieli dość dużego więzienia, trzymali nas przez noc w jednej sali i telefonicznie szukali dla siebie rozwiązania tego dziwactwa przez władze w Algierze. Decyzja: tymczasowy powrót do hoteli w Mascarze i trzymanie tam pod domowym aresztem, bez żadnych praw. Mascara trzęsła się od dowcipnych opowiadań. Zadowolona.

Wracam do pamiętnika Jurka Kraińskiego. Pisze on: „Teraz, gdy patrzę z odległości lat, to muszę stwierdzić, że ucieczka była wyjątkowo dobrze zorganizowana i gdyby nie zła pogoda, bylibyśmy następnego dnia w Gibraltarze. W latach pięćdziesiątych spotkałem w Londynie maszynistę okrętowego, Filipkowskiego. Powiedział mi, że on był na tamtym kutrze jako członek załogi. Pamiętał dobrze nazwę miejscowości, La Macta, i tę fatalną pogodę, która nie pozwoliła im podejść pod brzeg". Tyle Jurek.

No, tak. Zła pogoda i operetkowy paradoks: w dniu świątecznym urządzamy ucieczkę, w dniu świątecznym burmistrz Oranu urządza „polowanie" w naszym lasku.

Jesteśmy znowu w Mascarze. Wiadomo to, że po przegranej „bitwie pod La Mactą" zostaniemy przepchnięci w pusty worek południowej Algierii. I rzeczywiście, jak powiadał pewien pan z galerii figur alegorycznych. Siódmego grudnia ruszyliśmy wąskotorówką w podróż. Z niewiadomych od razu wyłoniła się wiadoma: kierunek na południe. Po prawie dwudziestu czterech godzinach przebyliśmy około 180 kilometrów i o zmierzchu na zawsze już przykrego dnia przybyliśmy do tamtejszego końca świata. No, do jego przedsionka. Do Méchérii.

Méchéria była poza cywilizacją. Z miejsca upewniła nas o tym pierwsza zaproponowana nam kolacja. Dwóch roześmianych Arabów – dozorców przyniosło wielką blaszaną michę pełną krwawiących, porąbanych nóg wielbłądzich, z dodatkiem sierści. I piasku. I kamyczków. Postawili. Poszli. Czy to kucharz Arab chciał zadziwić nas dowcipem, czy dowódca obozu uchylił rąbek jego planów karnego postępowania z nami? Raczej to ten pan major – za czasów wojny w Hiszpanii wysługiwał się tam Niemcom.

# Méchéria

Nasza „Bitwa pod La Mactą" przegrana. Czy tamten bardzo dziwny zbieg, nie tyle okoliczności, co niepożądanych osób na naszym terenie ucieczkowym (nie mylić z „wycieczkowym") miał jakikolwiek inny sens niż ten, jaki mają wióry, które lecą, kiedy ktoś rąbie drwa?

Wiedzieliśmy, że tym razem na długo zakończył się nasz stan pogotowia do przeprowadzania najbardziej nieprawdopodobnych z najdziwniejszych prób wydostania się z rąk Francuzów, a więc Niemców, i oddania się w ręce Anglików, by nas wystawili przeciw Niemcom, na korzyść Francuzów i swoją. Taki mieli przywilej ci nasi alianci wobec nas w ich geo-pozycji w tamtej drugiej już w tym wieku niemieckiej wojnie. A my? (...my? Zaczęliśmy niekiedy myśleć: „Skoro się jest pchłą w piasku pustyni... "). A jednak rwaliśmy się do tych angielskich ewentualności, bo to znaczyło – do naszych wyobrażanych heroizmów – a tak nam Francuzi przeszkadzali. To „rwanie się" wydawało się jedynym zadaniem w pełni odpowiadającym statusowi obywatela Polski czy tylko jeszcze Polaka z upodobania, gdziekolwiek on się znajdował, Francuzi powinni – i mogli byli inteligentnie wykombinować sposoby i sposobiki, by pomagać sobie, pomagając nam. Oślepli. Poprawili swój stan psychiczny wyzwalaniem, wymyślaniem, w końcu kreowaniem „historycznej", ostatnio jakże propagandowo chwytliwej nienawiści do „podłych Anglików" – patrz Mers el Kebir – i to w czasie, gdy im u gardła wisiał najpotworniejszy tamtych czasów, najgłupszy, najkrwawszy wróg Europy! I jej, przez Francję, bogato, aż rozrzutnie, zaprawionej kultury! A my? Kiedy Niemcy się załamią, a my jeszcze tutaj, to stracimy możność okazania się współzwycięzcami w prawdziwie europejskim świecie, godnymi chwały i odznaczeń (a przyjdzie czas, że odznaczenia się posypią! jak ziemniaki z worka) i uznania siebie, prywatnie, za ludzi „co to proch wąchali". Stracimy na resztę życia zadowolenie, że się jednak kogoś zabiło. (Albo trzeba będzie wymusić na swej psyche zadowolenie, że się jednak nikogo nie zabiło i chwalebnie nie otrzymało odznaczeń). W tym miejscu warto zauważyć jak co pewien czas tworzą się „marsze historii": kilku facetów, niewykluczone, że niedomytych, udających przed kamerami filmowymi elegantów wielkiej wagi, nieznanych ci osobiście, w nieznanych ci miastach, ale często, w strzępach twojej historii, o fatalnej opinii, podpisują jeden drugiemu w nieznanych ci językach i równie nieznanych lub ledwie na trójkę minus alfabetach, tajne umowy o zagrabienie nieznanego im twojego miejsca urodzenia, rzucenie na kupę ognia wszystkiego im nieznanego, a co twoje: twoje cele życiowe, zdolności, wykształcenie, wyobraźnię, artyzm. Ukraść ci cały, być może ogromny wór twórczych sił, talentów, instynktów, uczuć, myśli i faktów i tego, co się do końca wyliczyć nie da – których suma nazywa się „twoim życiem", męki twojej matki, jej najtrudniejsze lata częstej trwogi przy wychowywaniu ciebie, a przecież to jej lata najlepsze... To jest – jeśli nie uda się im zabić ciebie i twoich rodziców, twego brata – szybko, tanio.

I te nieznane ci brudasy, załatwiają sobie i tobie, twoją poniewierkę czy zgon, zaskakując cię nawałnicami łajdacko wykwalifikowanych kryminalistów, ubranych jednakowo, jednakowo żywionych, strasznie jednakowo uzbrojonych, jednakowo sprzysiężonych, by zmarnować, spalić, wysadzić w powietrze brudne od ich oddechów, wszystko, co twoje. Dla tych złodziei twoje życie wyobrażalne jest tylko jako cel mordu. Kryminaliści wiedzą, co kraść, palić, kogo mordować, poniewierać. I bezczelnie nazywają się –

„żołnierzami".

Do szlachetnej nazwy „żołnierz" ma prawo tylko obrońca swojej – i cudzej – ojczyzny. On broni jej przed każdym atakującym ją kryminalistą państwowym, to jest złodziejem, złoczyńcą wyhodowanym przez państwo złego sąsiedztwa. Najczęściej historycznie cuchnącego zbrodniami. Obowiązkiem żołnierza jest walka w obronie jego ojczyzny przeciw wszelkim bandytom, bez względu na czyje terytorium jest zaproszony, pod jakim dowództwem, jakim sprzętem etc, etc., to są już poszczególne i szczegółowe warunki wykonywania jego obronnych zadań. Żołnierz ma prawo walczyć w każdy sposób, w każdym terenie. Jego wrogiem jest cały naród wydzielający z siebie hańbę umundurowanych kryminalistów. I czym większej hańby taki naród dopuszcza się swymi zbrodniarzami, tym się bardziej nimi chlubi, ba, pyszni. A powoduje powszechną zapaść kultury.

Jasno zobaczyliśmy, co straciliśmy pod La Mactą. Póki mieliśmy szanse szybkiego powrotu na inne pozycje nad-stawiania łbów, żadna strata nie rysowała się tak ostro w naszych inteligencjach, teraz raptem wybystrzonych osta-teczną klapą.

Wieźli nas Francuzi, wystraszeni Niemcami, do klatki bez wyjścia, otoczonej pustyniami, pustynnymi górami, mi-lami pustek i pustych Arabów, chętnych pustymi oczami śledzić nas wszędzie i obojętnych im, sprzedawać równie obojętnym im Francuzom za groszowe stawki.

Francuzi wieźli nas do kennelu jak rozwydrzone, roz-włóczone kundle wojny, niczyje. Na kwarantannę, aż zade-cyduje się do czyjej niewoli się nas odda: niemieckiej? czy może francuskiej przez wcielenie do Legii Cudzoziemskiej na 25 lat?

Tak truciznami wyobraźni podniecaliśmy w sobie ów-czesny stan uczuć i nieodłączne myśli klekoczące w gło-wach w rytm starych kół na starych szynach i pogłębialiśmy swój kolosalny upadek ducha. Na razie. Bo zaskoczyli nas tą nagłą jazdą kolejką do stacyjki Nad-Saharyjska Francuska Cywilizacja Zapaść, odpowiednik stacji Handra Unyńska, gdzieś w mordobijskim powiecie... Méchéria, Po drodze do Colomb Béchar (ch=sz).

Pociąg – taradajka wąskotorowa z Oranu do Colomb Béchar, czy może dalej, taradajkowała powoli wśród zwodniczej, pozornej nijakości, ledwie niekiedy splamionej ruchomym punktem nieco ciemniejszym niż pustynia, przecinkiem człekokształtnym, sunącym szybko od studni A i niczego więcej, do studni B, równie jedynej ostoi wśród widnokręgów, od początku istnienia konających na nieugaszalne pragnienie, a jednak słyszeliśmy, że tam rośnie kępami jedyna w Afryce trawa, alfa-alfa, właśnie przyczyna powstania i trwania tej kolejki-taradajki. Trawa wysoka, nie o źdźbłach, ale o prętach okrągłych, sprężystych, co ziemię pod sobą trzymają mocno, nie pozwolą się wyrwać wichrom, ani spalić słońcu, ani zniszczyć kolosom fal ruchomych piasków. Można z nich upleść sznury, zrobić maty rozmaite, wiązać je na palikach w płoty, na nich spać, siedzieć, nakrywać nimi miski z jedzeniem, kryć co się chce skryć – można wśród alfa-alfa żyć. Jak ona. I można z niej zrobić papier! A nawet bibułki! Więc zbudowano tę wąskotorówkę do trzewi pustyni, po alfę-alfę. A teraz wieziono wśród niej nas, eks-aliantów, do więzienia. Bo już przy planowaniu kolejki dojrzano inne walory tych podbrzuszy Afryki i tej kolejki – założono przy jej końcówce dwa duże obozy karne. Jeden dla więźniów cywilnych, głównie Arabów i obcych szumowin, drugi dla najciężej karanych legionistów, z Legii Cudzoziemskiej i trzeci obóz – siedzibę konnej policji arabskiej dla ochrony, dozoru, pomocy władzom tamtych dwu, na czas buntów i ucieczek. Okrutna trójca. Teraz wieziono nas tam, do więzienia, w Afryce bardzo umiejętnie dotkniętej Europą.

Taki jest jeden zalążek tej opowiastki. Drugi: ciuchcia zatrzymywała się na przystankach znanych tylko lokalnym

Arabom i wojskom Legii Cudzoziemskiej. Więc Saïda, Tizi, etc. To zatrzymywanie się, na oko wojskowo zaprogramowane znanymi potrzebami, kilka razy miało zabawny przebieg, ale pojawił się i poważny grymas.

Całość mówi, że nasze doświadczenia wyginały się w coraz kształtniejszy znak zapytania: czy tak było pomiędzy F. i P. tylko „na tamten czas" czy sygnalizują, że i każdego przyszłego „dnia dzisiejszego" będziemy się sobie nawzajem „wyobrażali w podobnym duchu"? Próbka?

Tedy ten drugi zalążek. Wysiadanie na przystankach szybko nabrało niespodziewanego sensu: że to przygody z psami pojawiły się i humor! Tam łaziły psy. Nędzne. Na stacyjce Tizi obszczekał nas najmniejszy z później zebranej trójki, brązowawo-żółtawo-bury psi smarkacz, który potwierdzał swą marność piskliwym hałasowaniem. Ale nie uciekał. Dostał więc kawałek czegoś, co tak zwariowało jego powonienie i smak, że się natychmiast na nowo narodził jako nasz przyjaciel. Dostał pierwszy raz w życiu kawałek mięsa. I nowe imię: Tizi.

Na przystanku „Starego Łapcia", tak go nazwijmy, rzucił się na naszych pierwszych wysiadających duży czarny pies i zaraz z jękiem i skowytem niemal uderzył pyskiem o ziemię, bo mu się podwinęła lewa przednia łapa. Ten czarny, średniej wagi zawodnik, kundel z krwi i wyglądu, poderwał się na trzy nogi, zawrócił jak błyskawica i odgrażając się nam mocnym chrapliwym pół-szczekiem, lecz równocześnie błaganiem o darowanie mu właśnie popełnionego nietaktu, odskoczył. Ale i on skuszony kawałkiem smażonego barana na zimno, pobiegł, chwycił mięso a my jego i choć się wił przerażony, ale nie gryzł, wpakowaliśmy go do wagoniku. Pojechał z nami na wygnanie. Tam szybko się przekonał, że co dzień udaje mu się coś zjeść, a zrazu nawet za dużo, bo mięsa dobrego dla psów mieliśmy pod dostatkiem, gdyż przynoszono nam jedzenie właśnie psie a nie ludzkie. O tym zaznaczam tutaj, a niebawem się rozpiszę, będzie to blisko początku dalszego ciągu. Tymczasem on otrzymał imię Łapeć lub Dziad.

I trzecia ofiara psiej nędzy typu arabskiego napotkała swoje wyzwolenie i szczęście, na prawie dwa lata w Quartier Polonais w Méchérii. Nie pamiętam, gdzie odebraliśmy ją bieżącemu losowi, chodzi tylko o nią, bo to była chyba młódka, wyglądu rozmaitego, jakby wynikła z ówczesnych tamtejszych, niezdecydowanych prób klonowania owcy z psicy? Korpus miała rozmiarów dorosłej już osoby psiej, niby wilczycy, o sierści krótkiej, szarej, z należnym tego rodzaju stworowi ogonem z tyłu, jak trzeba. Najciekawszą częścią tej naszej, od popołudnia tamtego dnia, maskotki, okazała się jej głowa: kształtem miła gębusia à la wilczycy, oczy poczciwe, gotowe wyrażać uczucia słodkie, ale uszy – wąskie, długie, wiszące, zawsze oklapłe, jak przeważnie u owiec. A może jednak naprawdę jej mamie przydarzyła się sodomia? Może dopadł ją on, wspaniały kozioł z wysokiego Atlasu, gdzie zapędziła się w jego wyżynne ogrody w zabawach i gonitwach z jego ulubioną kózką, a on – niepewny jej intencji wobec kózki, na wszelki wypadek runął na nią! Mamcia, zaskoczona, próbując mu ujść, ledwie zdążyła się od niego odwrócić tyłem... On tak ją mile ukarał! Ich przypuszczalną dziecinę od razu nazwaliśmy Diana, choć niepewni czy to pies czy bies. Wszystko następnej wiosny okazało się. Warto było poczekać.

A więc już. W gorącym mroku ponurej wieczornej pory, musimy pójść kawał drogi pod górę, po skalistym szlaku, po jego wyrwach i ostrych kamieniach – do czegoś na wzgórzu, co tam ciemnym ogromem zagradza nam drogę. Idziemy, odzyskujemy elastyczność ruchów po niemal dwu dobach w ciasnocie kolejki, psy na sznurkach, już zupełnie nasze, Diana wyróżniona czerwonym paskiem na szyi i smyczą z baraniej skóry. Idziemy pod niebem zasypanym cudownymi gwiazdami, tą rekompensatą natury dla ziemi bezlitośnie pozbawionej lasów. Dochodzimy do spodziewającej się nas, ostrzegawczo zaciśniętej, gniewnie rozkraczonej bramy. Stajemy. Bramczysko wysokie, bardzo wąskie, pomalowane na czarno. A na obie strony, jakby jej brudne skrzydła, lecą dokoła mury i ujmują cały wielki czub wzgórza. Przed murami majaczą arabskie warty z karabinami. Sępie gniazdo. Teraz widać, że potworki Zodiaku, tak wyraźnie na czarnym niebie widoczne, brzydko nam życzą i wróżą psi okres życia za tą bramą koszar dawniej złowrogiej arabskiej konnej policji.

Otwierają ją od wnętrza. Przy wrotach stają dwaj wartownicy arabscy z karabinami w rękach. Gotowymi. Sądzimy, że bez amunicji. Wchodzimy. Przed nami rozległy plac. Po prawej stronie mur biegnie prostopadle do swego załamania pod kątem prostym na południe, na tle dalekich wyniesień podgórza Atlasu, tu, blisko bramy, po drugiej stronie muru, kwatery dowódcy tego karceru i jego zastępcy, młodego oficera, który ma wkrótce zamieszkać tam z rodziną. Tyle nam w drodze zdawkowo raczył wyjawić sierżant żandarm, typowy, czerwonogębny brunet, od krótkiej szyi do szerokiego zadu obciśnięty mundurem, dozorca na czas podróży z Mascary. Teraz powiedział „kolacja w tamtym baraku" i wskazał budynek w głębi pod murem przy końcu placu naszego quartier. Jeszcze dodał, operując promieniem światła latarki, przeciwny kraniec placu i stojące tam budynki: „Tam kuchnia. Arab zrobi wam kolację. A za kuchnią ustępy, łaźnia. Woda dobra". Po czym zadowolony, że ma nas zabezpieczonych w docelowej pułapce, zostawił w prezencie karbidową lampę i bez pojednawczo-pożegnalnych ceregieli nareszcie nas opuścił. Wyczuwało się, że raczej zdziwiony zupełnie bezproblemowym przebiegiem zadania, jakie mu zlecono. Nikt nie uciekał, zabawiano się pieskami, nikt mu nie narzucał się z podejrzanymi rozmowami, pytaniami. Kiedy zaraz po wyładowaniu nas na stacyjce Méchéria pospieszył ostrzec, że będą nas pilnie strzegli uzbrojeni Arabowie rozmieszczeni za murami, nasz dowódca, przez nas demokratycznie uproszony o przyjęcie tego kłopotu, kapitan Dworakowski, odpowiedział mu ostro, krótko: „Zbyteczni". On zaskoczony, spojrzał mu czelnie w oczy, urażony, obrażony, podejrzliwie pokręcił głową.

Byli zbyteczni. Pan Emeryk Czapski, szef placówki PCK w Algierze, uprzednio konsul generalny RP tamże, pan o rozgałęzionych stosunkach (wysokiej rangi członek Zakonu Rycerzy Maltańskich) zapewnił nas, że postara się o przeniesienie nas na teren Maroka. Stamtąd ewakuacja morska do Gibraltaru funkcjonowała. Uprawiał ją ten sam kapitan Marynarki Polskiej, tym samym kutrem, który miał nas zabrać z brzegu La Macty. Ostatnio jego pracę utrudniała wsypa pod Casablanką. Trzeba będzie cicho przeczekać awanturki i wybuchy gniewu w biurach Kwatery Głównej wojsk francuskich w Algierze. Tamta wsypa marokańska miała charakter i wynik oczekiwane z dawna. Mianowicie nasi nocą szli z obozu dość odległego od morza do punktu zbornego, by załadować się na kuter i odpłynąć do Gibraltaru. Szli grupkami. W milczeniu. Droga bita. Polami tam nie chodzi, szczególnie po nocy. W połowie drogi pierwsza grupka natknęła się na patrol żandarmerii. Dwóch ich było. Zaaresztowali, kajdanki pozakładali spokojnym awanturnikom. Ale kajdanek im rychło zabrakło. Następne polskie grupki zaproponowały im zdjęcie żelastwa aresztowanym i założenie go sobie. Pójdą bowiem razem na polski statek. Popłyną do Gibraltaru, Trudno. I cicho. Bo! Reszta planu została wykonana. Ale w Gibraltarze zapytano Francuzów, czy chcą dołączyć do sił generała de Gaulle'a, czy może wrócić do Maroka. Jeden wybrał de Gaulle'a, a drugi powrót. Rozkazano kapitanowi kutra zabrać go, gdy popłynie po następną grupę uciekinierów. Widocznie James Bond operował poza Gibraltarem, a doradcą operacyjnym na Skale (Gibraltaru) był już Kim Philby. Żandarm po raz drugi obserwował całą polską procedurę i napisał raport. Jakieś głowy policyjno-żandarmeryjne potoczyły się pod stoły w Casablance. A my wobec tego ciuchcią do Méchérii, aż do obiecanego, oficjalnego przeniesienia nas do... wyżej wspomnianego obozu po drugiej stronie gór

Atlasu i następnych naszych prób ewakuacji morskiej. Autorem obietnicy był (przypominam z przyjemnością) pan Emeryk Czapski, opiekun i kierownik naszych spraw. On, naturalnie, prosił o ciszę. (Hrabia Hutten-Czapski, lecz z powodu tej wojny opuścił przedrostek na H. Dziś, kiedy to piszę, w dwutysięcznym pierwszym roku myślę, że niezdrowa to litera, to H. dla Austrii. Dla Europy. Dla świata. Takie jest pogrobowe zwycięstwo owego wielkiego Austriaka – H.).

Czas na spojrzenie z lotu ptaka. (Bez pomocy ptaków. Tam ich nie widywałem! Podobno w całej francuskiej Afryce, jak i na południu Francji, ptaki nie istnieją od pierwszego Galla. Wystrzelano je do najmniejszego, nie czekając na wynalezienie prochu.) A więc spójrzmy na pusty prostokąt placu więzienia, przez nas odczuwany jako pobojowisko post-La Maktyńskie. Nie mam ochoty zapuszczać się głęboko w tamte zaklęśnięcia mojej historii. Wystarczy humor i odraza. Czasem zabawne potknięcie się o uczucia. Zagojone (?). Bawmy się w prawdziwe opowiastki o nas.

Okolice. Mój przyjaciel z czasów méchīryjskich i do dzisiejszych dni, Jerzy Kraiński, opisał wczesne wrażenia widoków tamtych okolic tak zgrabnie, obrazowo i węzłowato, że chcę je tu przytoczyć z pamięci, jemu na chwałę, czytelnikom dla przyjemności, oto tak: „Méchéria jest już poza cywilizacją. Z jednej strony toru starej, sfatygowanej wąskotorówki mała osada arabska, a z drugiej fort zbudowany w latach wojen kolonialnych. Wszystko otacza niezmierzona dal bledu porośniętego alfą-alfą. W niektórych miejscach wyrastają z tej płaszczyzny łańcuchy dość wysokich wzgór, które nie wiążą się w sensowną całość z otaczającym krajobrazem. Przy pewnym oświetleniu porannym, wyglądają one jak wyspy wynurzające się z bezkresnego oceanu. Są to resztki gór Atlasu rzucone przez przypadek geologiczny na ten przedsionek Sahary."

Nie przypuszczam, żeby cywilizacja w naszym rozumieniu już rozbudowała tam coś, co ludzkie, ale i nie potrafiła zniszczyć czegoś, „co można z przyjemnością oglądać przy pewnym oświetleniu porannym". Pewnego więc dnia....

Nie, tamtego wieczoru. Po zamknięciu bramy kryminału, siedliśmy gdzie kto mógł i filozofowaliśmy na temat ewentualnego przespania nocy, w tej zniszczonej, niby to poszpitalnej sekcji, gdy uchylono drzwi baraku i dwóch Arabów wniosło duszą nieckę blaszaną pełną czegoś, co jeden z nich, z lekka chichocząc, określił wyraźnie: Ceci manger pour vous i obaj szybko opuścili nas. Mieli rację. W misce leżały porąbane kawały nóg wielbłąda, nie całkiem oprawione ze skóry, niedogotowane, ciekła z nich krew. Podsypane to piaskiem, a nawet dały się dojrzeć drobne kamyczki.

Tu należy wyjaśnić, kto zagrał tego wieczoru swoją rolę przyjmującego nas gospodarza. Jaki to rodzaj ówczesnego (czy tylko?) Francuza rządził i miał nam długie miesiące pobytu uwstrętniać. Nie pamiętam jego nazwiska, jeśli je przypadkiem znałem. Dowiedzieliśmy się później, lokalnie, że ten Vichy-niowiec za czasów wojny domowej hiszpańskiej ponoć służył tam w niemieckich oddziałach pomocniczych.

Starannie pożywiliśmy ciała, a i dusze, małą częścią naszych dużych zapasów. Doświadczeni podczas uprzednich ucieczek w Afryce, że wobec braku jedzenia i kropli wina, dusza mdleje, teraz nie daliśmy się zaskoczyć „hitlerowcowi".

Kuchnia, arabscy strażnicy-kucharze, dość długo, jakby celowo partoliła względnie dobre produkty sprowadzane z miasteczka M. Po naszych nieustających protestach do komendanta złej woli i do naszego „biura" w Algierze, krzyżujących się z jego raportami do Departamentu Armii, której podlegaliśmy, o naszym nieznośnym zachowaniu, jemu rozkazano ustąpić! (A więc monsieur le comte Emeryk Czapski górą). Wtedy u nas rozpoczęła się farsa wyborów niczym dzisiaj na kandydata na posła: żaden z nas nie miał zamiaru ciężko harować przy robocie, o której miał w najlepszym razie „harcerskie pojęcie". Wtem ukazał się nam siedzącym na szkieletach łóżek szpitalnych potrzebny bohater – stanął przed nami wysoki, kanciasty, o chropowatej twarzy, o szczęce dolnej, wyprzedzającej górną, o nosie uciętym zgodnie z rysunkiem szczęki dolnej, bystrooki, kapitalny kandydat na bohatera, wybijający się architekt, dekorator teatrów lwowskich; proszę państwa – Mieczysław Różański! Krótko powiedział: „Ja obejmuję kuchnię!" Zdumienie! „Mieciu! A skąd ty do kuchni?" Mietek zrozumiał tę niewypowiedzianą niezgodę. Odpowiedział świetnie, sam Franz Fiszer by mianował go swoim następcą; „Kiedy bywałem w Warszawie, jadłem „Pod Bukietem", więc proszę mi tu niczego nie kwestionować!" Miecio – już niewątpliwie Mieczysław. I tak on w naszym sejmie niemym, z radości, otrzymał zatwierdzenie, choć wiedzieliśmy, że nie chodziło Mieciowi, kochanej szelmie, o mielenie wielbłądziny na kotlety dla nas, ale o nieograniczony dostęp do beczki wina, przywożonej do naszej kuchni przez Arabów-wartowników, z miasteczka cierpiącego swój los u podnóża naszego wzgórza. Tam pewien Francuz trzymał wcale dobrą café-restaurant, dla wszelkiego rodzaju władz francuskich. Naturalnie. Kulturalnie. A raczej – cywilizowanie.

Po kilku miesiącach komenda oddała nam lepsze, obszerniejsze baraki. Posiedliśmy je z zadowoleniem – według ustalonych już między nami poziomów. Bo politykowanie wewnętrzne, ścichapęk skrzypiały na skrzypkach i pod swe melodyjki dzieliły społeczność, na klasy sobiepanów i na panów, ale tylko na przyszłych adresach. A ten plebs, tych maturzystów z cywila, oficerków, podchorążych czasu wojny i tak się samorzutnie rozlatywał na karciarzy, na gaduły, sucho-gęby, popijaków i na kpiarzy, i wróżbiarzy, na te typki niezbadane, tę resztówkę, co na wojnie bywa podziwiana, kiedy swe życie kładzie, krzyże zbiera, sławę rodzi dla narodu, jak najlepsze jego syny. Często ponad tych najlepszych. Potem żyją, jeśli żyją, za dwa grosze. Wspominają swoje dzieje i dowódców. Ale

195

były tam wyjątki wręcz specjalne. Nasz dowódca, wzór autorytetu, jakże spokojnego, rozumnego, świetny kapitan Kazimierz Dworakowski; Cezary Szaszkiewicz, intelektualista, co zawadzał o krytykę literatury; dowódca eskadry Łosi z Warszawy, Eugeniusz Prusiecki; Tadeusz Woyniłłowicz, starszy pan, lecz gimnastyk czarujący i nieustający, albo częsty. Dal Krahelski Antoni, atleta, zatwardzenie z charakterem; Zdzisław Raczyński, inżynier z prawdziwej Politechniki Warszawskiej; Miecio Chan, okaz mistrza prac w baraniej skórze, bez warsztatu; Żuralski Jerzy, najbardziej z nas cierpiący tęsknotę za rodziną; Złotnicki Staś, elegant w starej marynarce, więc teoretyczny, a gdy wreszcie przywdział mundur – pancerniak, schowany w czołgu. W którym zginął; Karmański Stefan, miłego mi imienia, z „iskry" krakowskiej, której farbami wodnymi uczyłem się pacykować; Ostromęcki i Szczerbik Dobrosław, inżynierowie elektrycy z prawdziwego zdarzenia, których, po latach, w czas innego zdarzenia, odwiedziłem w ich firmie w Buenos Aires, z której oni wysyłali druty telefoniczne i telegraficzne, by wreszcie przykryć nimi resztę Argentyny.

A teraz czas na postać! Proszę Państwa – Jan Majeranowski! Postać mała, przez Henryka Sienkiewicza uznana za standardowe wcielenie wielkiego ducha. I nie mylił się mistrz taki. Jan potwierdził jego zdanie. Roztropnością w swych rozmowach, więc rozumem, swą skromnością, oczywistym przemyślaniem słów mówionych, później we Francji cichociemny, gdzie zrzucony już z Londynu, walczył swoim charakterem niczym szablą, gdy go Niemcy, zdradzonego, pojmanego, mordowali biciem i francuskim wynalazkiem – w wannie zatapianiem, po ostatnie znaki życia. Jan nie poddał się. Wypuścili, by go śledzić. Uciekł im i powrócił jako cichociemny, znów zrzucony z samolotu, w innym mieście. Tam to spotkał brakującą mu część losu bohatera: cichociemną lecz jasną Polkę. Razem pracowali, razem ich odznaczano, razem ułożyli sobie życie i rodzinę. Nie ma już ich. Nie ma. W Grenoble na jego starania i dla ich zasług – francuskie władze miejskie postawiły pomnik ku czci polskiego Podziemia. Syna pozostawili w Nicei, głowę francuskiej rodziny, co jeszcze polski rozumieją, „nie należałem" i natrafiłem na drugiego „nieprzynależnego", Jurka Kraińskiego, związała nas konieczność i „chęć szczera" nauczenia się co-nieco języka nam co-nieco przychylnego: angielskiego. Dość łatwo dostaliśmy osobny, spory pokój. I stół. Duży, długi stół. Ten wkrótce zasypały Assimile, świetne francuskie samouki, najlepsze ze znanych mi do tej pory. Oczywiście dla samouczniów znających język francuski. Nie dla mnie. Ja, w Siedlcach (Anno 1934), zdając egzaminy maturalne, dla udowodnienia mej dojrzałości także i językowej, wypowiedziałem płynnie kilka zdań po niemiecku. Wobec obezwładniającej sytuacji w 7 lat później, wziąłem się do budowy swego sposobu uczenia się z pomocą miłego mi Assimila. I tak: trzy słowniki, francusko-polski – lekcja przeczytana; francusko-angielski – lekcja zrozumiana; słownik angielsko-polski – własnoręcznie napisany. Teraz – tekst angielski pojęty, przepisany, przeczytany – milcząco i myśląco. A na dworze powtórzony głośno, po dwa razy, skorpionom, albo i razy trzy, jeśli po drugim razie nie dało się uniknąć błędów w powtórce, a skorpiony jeszcze ciekawie słuchały. Stało mi się prawdą nieomylną, że należy wprzęgać do pracy wszystkie zmysły: wzrok, słuch, cały ustrój jamy gębowej, tj. wargi i język, w angielskim i zęby; dalej, palce przy pisaniu, one zapamiętują ortografię, mimo, że często angielskie dźwięki słów nie chcą mieć z nią nic wspólnego. I powtarzać, powtarzać, jak bajeczny kowal, co z żelaza, po co dziesiątym uderzeniu, wybijał złote podkowy. Kuliśmy, rozochoceni wynikami, wprost ciągle kuliśmy.

Minęła lepsza pora roku, zima. Rzuciła się na nas wiosna. Tamtejsza! Najtrudniejszą okazała się (kto by pomyślał, kto by cios odwrócił?) dla – Diany! Znikła jej uległość, uszy podnosiła niemal do połowy ich długości, patrzyła prawie bystro, łepek przechylała chyba zalotnie, chód jej nabrał elastyczności, rozglądała się na wsze strony... Nikt nie zwracał na to uwagi. Aż przepadła! Jak! Gdzie! Kto ją widział ostatni? Nie pomagały wołania, na nic obiecania pysznej kolacji ani nawet kawałka czekolady, za którą przepadała. Strach nas ogarnął i trzymał wraz z bratem lękiem, a ten zaraz powymyślał najgorsze, że to w restauracji, na dole zabrakło mięsa i Francuz podkusił Araba z warty, żeby ją porwał, to dostanie skórę na sprzedanie dowódcy garnizonu, temu hitlerczykowi co nas nic znosił, ten się ucieszy, dobrze zapłaci. Brednie, brednie, a Diany ani-ani i w jaki, u diabła, sposób, bez czyjejś „roboty", przeskoczyła mury? Otworzyła bramę? Szczekanie Tizi i Łapciucha przestało nas ożywiać. Taka troska, co szarą pustką nam zagroziła, świadczyła o naszych uczuciach dla niej. Może normalnie nie dość objawianych. Aha, to może o to jej chodziło? Po dwóch dniach wyjaśniło się co ją nieodparcie a sprytnie za nos wyprowadziło na szeroki bled. Wróciła. Zmarnowana, zganiana, wygłodniała, brudna, wlazła u nas pod łóżko i wyjść nie chciała. Czasem wyglądała bardzo smutnym okiem. Cierpiała. „Cierpi za prawa Matki Przyrody, które ją zwyczajnie wiosennie sponiewierały. Dorastanie jest bolesne, potem przyjemne, potem trudne. Doświadczyła, pewnie w tych pagórach, jak podobno kiedyś jej matka" powiedział i westchnął nasz poeta, Janusz Ząb. (To jego pseudonim).

I znowu méchéryjski upał robił z naszymi psychikami i fizykami, co chciał.

Któregoś dnia, jak co dnia....

Nadciągnęła popołudniowa, skwarna cisza. Z kuchni gęsto dymiło. Miecio Różański, wielce obiecujący, póki we Lwowie, nasz samozwańczy kucharz, coś tam usiłował wykombinować z niczego. Do pomocy wyobraźni miał pod ręką naszą beczkę wina i publicznie mu przez nas przyznane prawo nieograniczonego czerpania z obu. Z wyobraźni i beczki.

Mietek już miał za sobą próby nieudane, potrawy z chu-

dych nóg wielbłądzich, z kaszy kus-kus, jakieś zupy nieszczęsne, bo kłujące w podniebienia. Zupy kłujące! Dla
ulgi powracał, ciągle gotując, do swoich innych światów,
pomysłów teatralnych, dekoratorskich. Stąd nad wejściem
do kuchni błysnął napisem czarnym, obramowanym róża-
mi. Napis czytało się jako skromną gadkę dostosowaną do
Mietkowej okoliczności życiowej. I tak: „Komu Zupa Nie
Smakuje Niech Mnie W D... Pocałuje!". Krzyk artysty w
rękach losu. Wybaczyliśmy.

Mietek opracowywał naprawdę poważny projekt, projekt ołtarza z obrazem Matki Polskiej, Matki Boskiej, na
przywitanie Białych Braci angielskich z afrykańskiego oddziału zakonu. Dali znać oficjalnie, że to w ramach ich misji
pocieszania beznadziejnie grzesznych. Oczywiście dla bez-
bożnych dozorców naszych brzmiało to podejrzanie, lecz
równocześnie zwiastowano z Algieru inne godne i ważne wizyty, może warte obserwacji przez „służbę" władz
obozu: pana Emeryka Czapskiego, pani Kazikowej Józef-
kowiczowej z niemowlęciem synem – do Kazika-męża i do
mnie, bym mógł zostać jego chrzestnym ojcem.

Mieczysława dręczy brak materiałów, kartonów, tektury, barwników, ma węgiel drzewny, trochę tartej cegły i
tyle. Czerwień wyczerpał na róże w obronie swej chwilowej roli. Malować węglem i winem? A choćby! Ale na
czym?

I oto z jego kuchni, w skwarnej ciszy południa Południowej Afryki Francuskiej, dym za dymem dymi. Widoczny dowód jego nowego garnko-patelnianego niepowodzenia. Wkrótce głodni koleżkowie podejdą po swoje kubki
wina i dadzą sobie upust krytyki Mieciowego kuchmistrzo-
wego partactwa. Licząc się z takim atakiem Mieczysław
Dzielny wychynął na dymiący próg, ocierając twarz, łzawiące oczy. Podniósł blaszany garnuszek do ust, zatoczył
wzrokiem i sobą, nieco, i wtem miast zatoczyć się ponownie – sztywnieje, przeciera oczy, dopija wino i znowu znad
oczu odgarnia czuprynę. Patrzy. Spoziera. Milczy. Przed

nim odległy o dwadzieścia może metrów, dwumetrowo-trzymetrowy, niewiadomej miary i pochodzenia – wąż! Fatamorgana! Tam nigdy żadnego takiego.... Nawet żadnego szczura, myszki.... Ani pluskiew.... Pchłyśmy z psów wygubili.... Mnogie skorpiony i tyle... Nawet muchy tam nie bzyczały.... No, mrówki. A tu raptem – wąż!

Chwila szlachetnego uniesienia artysty! Patrzy i w wyobraźni widzi węża-wybawienie: właściwej długości, ciemnej barwy, połyskliwej skóry, godnej przeznaczenia, upiększonej białymi wypustkami łusek! Cudo! Jak on pięknie powoli faluje całą tęgą długością mięśni opiętych tą skórą... Mietek podchodzi... Wąż zobaczył, że jest widziany – zamarł. Straszne okrągłe oczy nieruchomo patrzą.

Niespodziewany krzyk w oddali: „Panowie! Wąż! Koło Mietka przed kuchnią – wąż!" Biegli, a Mietek myśli: spłoszyliby go, uciekłby, kamieniami popsuliby mu skórę!... Mietek rzucił się węża bronić, osłonić, bo potrzebował go, tego właśnie, tego zesłanego w tę porę! A nikt pojęcia nie miał, co Mietek w swej wizji zobaczył.

Wąż, głuchy jak cichy chód wężowy, brzuchem wyczuł drgania, tupot nóg biegnących, zwinął się w pagór potęgi, okrągłym okiem twardo patrzył na najbliższego mu wroga, błyskawicami języka groził mu, może szybko rozważał czy by trucizną nie strzyknąć mu w oczy? Ale czy truciznę miał?

Mieczysław z Mietka stał się Mieczysławem! Choć na razie częściowo, bo gdy w nagłym rozbiciu myśli i drapieżnym wyzwaniu podbiegał do gada – zdał sobie sprawę, że w ręku miał tylko kubek do wina. W zawrocie do kuchni po broń poplątały mu się długie nogi, potknął się, padał, wyciągnął rękę, nie dotknął ziemi, ale jak byk na arenie galopem runął w kuchnię, by jedyną broń właściwej długości tam chwycić i chwilę potem stanął do walki z wężem przed spornym już półkolem kolegów, a w garści na długim kiju trzymał – miotłę! Półkole huknęło śmiechem.

I tak rozpoczął się bój ogromny, nigdy do owych dni w żadnej Afryce nie opiewany.

Wąż uderzony grzmotem fali drgań śmiechu wysokiej częstotliwości jemu nieznanej, natychmiast rozsunął się ze swych potężnych zwartych form obronnych, wyciągnął na całą faktyczną długość, ppponad trzy mmmmetrową!... i ruszał do ucieczki, gdy Mieczysław prawą stopą wdepnął mu ogon w twardą skałę podwórca! Wąż zwrócił się ku niemu i rzucił w ataku okrutny łeb, lecz Mieczysław z ogromnym rozmachem swych długich ramion i wagą tułowia pchnął mu poprzeczkę szczotki na szyję, przydusił ją do pustyni, stanął na niej swoją lewą nogą w tym momencie na pewno dłuższą, przy czym podniósł z ogona stopę prawą, a wąż w jednej chwili całym kolosem potężnego tułowia owinął się na jego prawej nodze od stopy do wysokiej pachwiny. I tak Mieczysław nad wężem, obaj na moment zastygli w posąg. Grecki.

Wtem Mieczysław krzyknął do świadków z otwartymi gębami: „Do kuchni! Po tasak!", „Ale ty nie masz tasaka!" odkrzyknął mu bardziej przytomny Miecio-drugi. „A ja mówiłem, żeby od tamtego żandarma! Żeby od tamtego żandarma odkupić rewolwer! Mówiłem!" zawołał pewien kapitan.

Na to Mieczysław wrzasnął: „Pierwszemu, który mi przyniesie mój nóż z kuchni – zafunduję befsztyk z polędwicy wężowej! Prędzej, bo mi nogi drętwieją!".

Na to dwóch uciekło do baraków.

Trzech kolegów popędziło do kuchni, w jej ciemni i dymie przy pomocy niezwykłej inteligencji dorwali się do przedmiotów podłużnych i jako tako ostrych i przypędzili pod posąg godny tytułu: Mieczysław Przeciw Potworowi (i prawie W Obronie Koncepcji Obrazu! Ale o tym jeszcze nikt nie wiedział nic.) Natychmiast Mieczysław, znów Mietek-kucharz, chwycił nóż, ciachnął wroga Chrześcijaństwa w poprzek jego wąskiej szyi i otrzymał brawa. Wężowe sploty opadły z jego uda. Mieczysław zachwiał się, jak należało po takim naprężeniu. Otrząsnął się z podpierających go i nastąpiło Mieczysławowe zaproszenie do beczki wina. Naszego! I przy beczce obiecanie wystawnej kolacji, „jak z węgorza „Pod Bukietem”” (Nasz poczciwy polski wężyk – zielątek, zaskroniec, nie nadawałby się. Nie zagrałby takiej roli).

Również po stronie spraw nie przewidywanych: Mieciowa godna wizja „Obrazu Świętości" zrealizowała się – na naszych oczach! Zaczęło się od tego, że gdy Mietek dowiedział się o całkiem pewnej wizycie, a więc obecności wśród nas świątobliwych zakonników, irlandzkich Braci Białych, którzy szli przez swe życie nawracając lub utwierdzając w jednej wierze nie całkiem straconych – powziął myśl o zaskoczeniu ich pięknym ołtarzem Matki Polskiej, Matki Boskiej! I swoim trzecim okiem artysty wyraźnie zobaczył ten obraz... w obrazie. Mietek zadecydował, pod stopami postaci Matczynej z Dzieciną nowo-tradycyjnie miał wić się wąż a poniżej węża staro-tradycyjnie po polsku winne krzyżować się – dwie polskie karabele! Lecz, Chryste Panie, w jakich pochwach? I oto stało się! W wężowych skórach! Waśnie „mamy takie skóry, mamy!" (Nieśmiertelny pan Juliusz nie przyjmie tych słów za plagiat, wierzę...)

Niektóre początki rozwijają się w dalekie fantazje, niebywałości, powodują wybuchy zdumień i nieustannych zadziwień. Niekiedy w ciurki jakże miłej nieprawdy.

Otóż podobno (sam to mam za bajkę) wśród podoficerów więzienia Legii Cudzoziemskiej w niedalekim już Colomb Béchar (ch=sz) pewien starszy szeregowiec legionista – Niemiec, ratował swe zmysły malarstwem. Taką to pokutę nałożył na barki swej duszy za to, co na rozkaz, w 39/40, dokazywał w Polsce. „Do wyzwolenia przez pędzel". I usłyszał on o Mieczysławie malarzu w méchéryjskim obozie, który cierpiał bez pędzli i farb. Jednym skokiem czułej myśli uwolnił się od dalszych pokut, drugim anonimowo przesłał (i doręczono!) Mieczysławowi pół swego warsztatu. I oto Mietek odzyskał moc malarskiej potencji. Obraz narodził się! I spełnił to, czego oczekiwaliśmy. Z nadwyżką. Uznaliśmy talent Mietka – tym razem bez wyjątku....

Biali Bracia przybyli. Do miasteczka Méchéria. Powiadomiono o tym naszego gospodarza-dowódcę. Kapitan Dworakowski, po krótkiej naradzie w kuchni oznajmił nam, że przywita ich tam, lecz nie podejmie ich obiadem w francuskiej knajpce, ale tu, u nas, dziełem naszego mistrza naszej, zlokalizowanej, sztuki kulinarnej. Spełniło się.

Bracia najpierw zostali oczarowani kapitanem, następnie obiadem z koderami wielbłądzimi (Mieczysław podkupił był w knajpce maszynkę do mielenia mięsa!) i podsmażanymi ziemniaczkami (na wężowym tłuszczu! Co? Jakim? Sza!), przybranymi gotowanymi strączkami zielonego groszku.... Na deser złożyły się przypadkiem odkryte zapomniane czekoladki paryskie plus po kieliszku porta. Powiedział starszy z Braci: „Mamy materiał dla „Geographic Magazine". Odkrycie odcinka polskiej Europy w kącie Algierii i to w jej kącie złej sławy, w Méchérii". Po odpoczynku, bowiem podróżowali byli z bardzo daleka, aż z okolic Blidy pod Algierem czy Constantine, odprawiona została niespodziewana w tym kącie świata, aż dziwnego w jego prostocie – niesłychana uroczystość odsłonięcia obrazu Matki Polski, Matki Boskiej. Wszyscy przeżegnaliśmy się z rzetelną nabożnością. Ojcowie zupełnie spokornieli, poddali się zachwytowi obrazem i jego twórcą, Mietkiem. My równie. Po uczczeniu obrazu poświęceniem, modlitwami, po błogosławieństwie dla nas, przyszedł czas na niedługie rozmowy, zabawnie ukazujące, że angielski język Ojców a nabywany przez Jurka i przeze mnie, już dla nas raczej żywy, są różnymi tworami ludzkich inteligencji językowych: ich całkowitej, naszej częściowej, bośmy obznajmili się zaledwie z czytaniem i pisaniem tekstów Assimilowych. Opisuję ten fakt rzewnie i pokornie, lecz się nasze, moje pocieszenie rychło i niespodziewanie wyłoniło, znowu ze skrytki w zakątku historii tamtych czasów. O czym za grosz cierpliwości.

Mietek nic powrócił do statusu „Mietka", lecz utrwalił

się w Mieczysławie lub kochanym Mieciu. Gdy został zwolniony z ciężkiego obowiązku kucharza przez zawodowego twórcę (czy to także sprawa pana Emeryka?) jadalnych potraw, Mieczysław oddał cały swój czas właściwemu zawodowi – architekturze. Z tej strony jego talentu powstała koncepcja i przemiana charakteru złowrogiej bramy wejściowej do obozu – z kryminału do, no, do czegoś zdradliwie interesującego... Mieczysław nadał mu styl mauretański! A to by przez długie lata intrygował, stawiał znak zapytania, tym samym upamiętniał nasz-jego pobyt w tym miejscutku. Dzięki pracom nad nową szatą bramy dojrzeliśmy pewien szczegół sterczący przed tą bramą: kamień biały z datą założenia fortu w latach wojen kolonialnych – 1863. Zrazu wydało się nam, że to doprawdy aż przesada.

Po wojnie Mieczysław wybrał kraj dobrego wina – i dotarł do jego burzliwego dalekiego krańca („coś dla wygnańca". Hemar) – Argentynę i jej Ziemię Ognistą. Tam budował domki dla przyszłych zespołów budowniczych lotniska oraz jego Szklanych Domów. Zarabiał znośnie, dorabiał obrazkami, rysunkami, za wino płacił tylko sztuką, po roku czy dwóch zebrał tyle, że on, góral przeniósł się do argentyńskiej Cordoby, pięknie położonej na podgórzu. Jakoby kupił hotelik i tam szczęśliwie, zawsze niezależny, nie dokończył ostatniej butelki. Własnej.

A co się „wyłoniło" w Méchérii naszych czasów, a wyłoniło się tak, że nam szczęki opadły, oczy wyskoczyć czy nie wyskoczyć się wahały.... Niemal zaraz po wyjeździe Ojców Białych, wczesnym popołudniem otwarła się brama i weszło ośmiu obcych tu ludzi w charakterystycznej formacji: dwie trójki, tj. po dwóch podtrzymujących ramiona na jednego, skulonego, podskakującego na jednej nodze kaleki, przed nimi i za nimi arabscy dozorcy... Korowód ten skierował się do naszej łaźni. Dozorcy zdecydowanie zatrzymali nasze próby zbliżenia się. Ale nie przepuściliśmy ich wyjścia, oczyszczonych, umytych. Jeden z pomocników kalekom zawołał do naszej czujki: They escaped, today brought back! Dozorcy, Arabowie, zamachali rękami przerywając dalszy ciąg informacji i zaśmiali się pokazując palcami wykąpane ofiary.

O tej próbie ucieczki nie wiedzieliśmy. A przede wszystkim – o kim tu mowa? O dużej grupie marynarzy ocalałych z angielskich statków zaopatrujących Maltę i Egipt. Czyli o tych, którzy po potwornych rejsach z portów Anglii poprzez pola peryskopów Zeissa i torped Kruppa docierali do wejścia na Morze Śródziemne i wpływali pod naloty Capronis, Macchis, Fiatów, Stukasów, Heinkli, Messerschmittów, Dornierów i torpedy U-bootów, by od Słupów Herkulesa począwszy, bronić się kilkoma działkami każdy i przeć do Malty, inni poza Maltę, gdzie nasycenie nieba i morza wrogami wydawało się mniej gęste. Wydawało się. Rzecz nieznana czy ustalona? Utrwalona? Ile statków zostało zatopionych, gdy musiały skradać się wzdłuż pobrzeży Afryki francuskiej, a tam, bliżej lądu, czekały na nich działa artylerii francuskiej, zmuszały do poddania się, lub zatapiały; ilu uratowało się? Tych i w dalszych rozłogach Morza żeglujących rozbitków szukały francuskie ścigacze uzbrojone w działka i KM-emy. Kogo dopadły tego zabierały do ... Méchérii. Do Quartier Anglais. Od Quartier Polonais odgrodzone solidnym, wysokim murem kamienia i milczenia.

Ale nie od mego pisania a ich czytania. W tym względzie byłem osobiście zamotany, nader zainteresowany. A jak się zamotało?

Kiedy tamte grupy przywieziono do Méchérii, nas o tym powiadomiono zakazami wszelkich kontaktów, w tym „prób tworzenia grupek niby dla nauki języka angielskiego” albo innych wykrętnych kombinacji zdobycia większych możliwości domagania się czegokolwiek. A my życzyliśmy sobie wiadomości od tamtych, jakichkolwiek o biegu wojny, o nich samych, o tym, co przeżyli, o ich przypuszczeniach, nastrojach, nadziejach. O Anglii. Wtedy jakby skrawku Polski. Zakazy – w porę i na szczęście – rozbudziły, pomnożyły energię i odgałęzienia pomysłowości, w tym Jurka i moje: założyć pocztę dla Anglików, dawać im komunikaty radiowe, pisane przeze mnie według naszego odbioru Polskiej Sekcji BBC z Londynu. A jeśli się da zrozumieć mój angielski, to odpadnie męka i okropności moich tłumaczeń. Radio! Dawać nam radio! Ale nie ma radia? Jak to nie ma? A przecie mamy naszych specjalistów radiowców! Radio trzeba zbudować, zaraz, a najpóźniej – co prędzej! Oni mieli części, ale wysiłki ich łamał brak baterii do takiego radia. Raptem narodził się podstęp i zakwitł! Ugodzić majora w jego francuską piętę.... Mianowicie dotychczas pijaliśmy dozwolone nam przydziały wina w blaszanych kubkach. Po wyjeździe Białych Ojców podnieśliśmy przykry dla ucha francuskiego gwar, że musieliśmy gościa na francuskim terytorium traktować winem – w blaszankach! Wino wcale nie podłe, ale co za wstyd! Wstyd! I w ogóle wstyd, że my, oficerowie i podchorążowie, do tej pory taką irytującą, oburzającą sytuację cierpimy. Należą się nam szklanki. Zwykłe, szklane szklanki! Szklane. (Bo tylko takie nadawały się do zbudowania baterii do radia!).

Jaki on tam ten Francuz był, ale wymaganie szklanek do wina od razu do niego dotarło. Zgodził się na zakup dla nas, około stu szklanek. Powstała bateria, powstało radio, powstała POCZTA!

Zostałem redaktorem etc. Gotowy komunikat przerzucaliśmy przez dość wysoki mur: papierek owinięty na kamyku. Nie wydało się. A na papierkach niekiedy jarzyły się treści przejmujące, skłaniające do wiwatów! – mowy Churchilla.

A teraz krótka, szarpiąca, opowieść o psie. Wiem, może wstrząsnąć i pozostać zakodowana w pamięci, na wysokich półkach, na tak zwane „zawsze”. Wystarczy ją czasem, przypadkiem, trącić. A tak zaczęła się ona. Przywieźli nas. Z czasem dostosowaliśmy otoczenie do siebie, o ile się dało. Zaczęły się prace, nauki, gadania – „szurania” czyli polityki-bzdury spod latami, bez latarni, niemało się pijało, (Nalej, nalej mu wina, bo mu się, bo mu się głowa się nie kiwa), oczywiście znalazł się poważny stawiacz kart. Gdy podpił, duch z niego wyłaził, co on, spazmatycznie wrzeszcząc, krótko oznajmiał i ten duch rajcował z przyjaciółmi duchami, które mu objawiały czegokolwiek ani on, ani oni nie wiedzieli, ani przed tym, ani potem. Wystarczało. Byle on nie musiał kilkakrotnie oznajmiać, że udaje się po wiadomości między duchy.

Pisano pamiętniki, w przyszłych perypetiach pogubione, odbywały się gry wojenne. Lotnicze! Obecny w obozie przedwojenny dowódca eskadry Łosi występował w zwycięskich nalotach na niemieckie cele, ja zaś jego bombowce niszczyłem latając na wczesnych modelach niemieckich myśliwców. Potem otrzymałem jego zgodę na operowanie Spitfire'ami II a nawet V, bo on zaskoczył mnie rezygnacją z Łosi i Wellingtonów i podjął operację na amerykańskich Fortecach 17. Chodziło o obronę czegokolwiek, a nie kogokolwiek. Zdumiewające objawy wczesnego humanizmu?

Przez tamten okres niebytu, nauki dla niewiadomej przyszłości, nikłego humoru, psy podtyły, zleniwiały. Piskliwy Tizi i charkotliwy Łapciuch, oficjalnie zwany Dziadem, otrzymywały codzienną rację pogłaskań i przykazań, żeby nie wyskakiwały ze skór na widok Arabów, posługujących w obozie (zupełnie ludzka ta ich zajadła pamięć krzywdy od urodzenia). Zachowywały syty senny spokój. I my także byliśmy tak nudni, że skorpiony nas omijały. Aż pewnego dnia stało się, że piorun z jasnego nieba przybrał kształt psa!

Bez zapowiedzi przyszedł do naszego gospodarza cum dowódcy, kpt. Dworakowskiego, starszego pana, całą postacią nakazującą szacunek, młody porucznik Francuz, nowy nieznany nam adiutant komendanta, Vichy-niowca, nie, żeby się kapitanowi przedstawić, ale by kapitana-więźnia zobaczyć, może go sobie ocenić, żeby popatrzeć na nas. Siebie pokazać.

Jego i nasz pech postanowił przy tej okazji zaliczyć sobie złowrogi kawał. Doradził mu przyprowadzić do nas jego psa. Ależ, co za psa! Niebywałego! Psa nad psy! Takich psów więcej na świecie nie było! I nie ma! Jakby go odtworzyć... Lub choć opisać? Oto próba... Duży, atłasowo biały, o długawej sierści co okrywała potężne, śmigłe ciało i przylegała doń tak dokładnie, że widziało się muskuły jego nóg, a one przydawały jego biegowi pozór lotu nad ziemią, nieoczekiwany, zachwycający. On w biegu ziemi nie tykał. Głowę proporcjonalnie dużą, trójkątną, lśniąco białą, o wielkich, czarnych oczach, niósł ponad wszystkim, co go otaczało, wszystko widział i nic go nie interesowało – najmniej nasze psy, roztrącał je, pomiędzy nimi i ponad nimi przenosił się jak biała zjawa, biegał, bo do biegu był pomyślany, stworzony, był nieustannym ruchem. Ledwie za nim nadążał jego świetny ogon.

Nasze zignorowane psy zaszalały, oszalały, napadły go po swojemu. Tizi rozpieszczany, rzucał pyszczek do przodu, skakał zadkiem do tyłu, uciekał na boki, Dziad-Łapciuch jęczał, krztusił się, opadał gębą na podwijającą mu się lewą, przednią łapę, uciekał jak kiedyś przed nami, bokiem poglądając, czy go nikt nie goni i chrypliwie przydawał niskich tonów Tiziemu. My pękaliśmy! Zauroczył nas. Wołaliśmy: „Odkupić go od niego!" „Od niego", bośmy z miejsca go odczuli, zrozumieli, zlekceważyli małą literą. Awantura trwała, nasze nie dawały posłuchu najsroższym gróźboprośbom i wszyscy zajmowali się tylko nimi, a zapatrzeni na Bielika, Bielasa, na Biały Szał! Nareszcie ktoś go zdefiniował! Biały Szał! Zakasował jego właściciela. Ten pozieleniał. Nasz gospodarz stał bez słowa, uśmiechnięty, francuskiego znał ledwie nieco i niespiesznie się poduczał. Psi pan przyjął tę scenę za obrazę jego stanowiska i osoby. Zabrał psa, za bramą znikł bez słowa i widocznie przysiągł sobie, że nigdy, nigdy więcej itd.

A szkoda. On, jak przyniosła do nas plotka, miał żonę très joli et charmant, mogło byłoby wykluć się coś towarzyskiego, może nawet dla naszych panów znających język – towarzystewko polsko-francuskie i cotygodniowe obiadki w restauracyjce, za bramą, na dole, co? Coś choćby pseudonormalnego? Przy tym na uboczu od hałastry.

Psy odpoczywały. Zbliżał się szybki zmierzch Południa, kolacja „Pod Mietkiem", śmiechy, wino, spokój. A tu raptem jakby z bata trzask! Tam, pod murem grodzącym nas od dowództwa, Tizi i Dziad z wrzaskliwą mieszanką psiego falsetu z baryto-chrypem, galopują w tę i we w tę, pędząc to tu, to tam, dlaczego? Aaa... widocznie na lekkim wiaterku doleciał do nich zapach czy dźwięk Białego Szału i wściekają się, na ślepo kotłują i swoim szczekiem śledzą-prowadzą jego wieczorne wybiegi dla zdrowia. Tam, po jego stronie. To okazało się wstępem do psiej „zimnej wojny" z „tamtą stroną", i co gorsze, faktem powtarzającym się, szczególnie nocami. My chowaliśmy psy na noc w zamknięciu, ale nie zawsze, albo nie dość zabezpieczając wyjście, a one nocą galopem pod mur dowództwa i słuchają, i poszczekują, i przy byle potwierdzeniu, że on tam biega – w nas psi wrzask.

Plotka, dobrze poinformowana, przyniosła, że pani pana porucznika nie może tego znieść, a nocami nie może spać wśród szczeku, ani w spodziewaniu masowego szczeku. Tego ujadania. Że już do Algieru wraca, męża polskim psom zostawia.

W kilka nocy później ja też nie mogłem spać. Nasze psy doprowadziły nas do cholery. Zamknęliśmy bestie. Obóz otuliła, utuliła cisza. Wtem, za murem, bryznęły strzały! Raz, dwa, trzy! Rewolwerowe.

Nie miałem wątpliwości. On zabił swego psa! On „nauczył nas rozumu, dał nam lekcję kultury zachowania".

Ten fircyk uratował sobie dłuższy pobyt z nim żony. W Méchérii. Za fatalną cenę. I bez żadnej gwarancji.

Tak zginął fenomenalny pies.

Niekiedy w krótkich rozhoworach z komendantem poruszano z naszej strony naukę francuskiego. Pewnego dnia wypaliło. Pojawił się przed nami mistrz języka F.

Człek jak wymalowany z lewego brzegu Sekwany,

lecz bardzo niepowodzeniami dotknięty. Nieco ponad średniego wzrostu, pod czarnym grzybem przechylonego beretu twarz nie za wąska, bardzo opalona, nos szerokawy, usta duże, nawykłe do mówienia, szyja chuda, cały korpus słaby, wycieńczony już na zawsze, odziany górą w lekki granatowy kaftan, spodnie szare, flanelowe, za szerokie, równie podniszczone jak kaftan i beret, i on sam – od a do z.

Oczy. A! Jego oczy czarne, żywe, naturalnie towarzyskie, pełne opowiadań, rozmowne, zaciekawione, roztropne, inteligentne. Uważne.... Od razu wiadomo, po co go przydzielono. Ale tak późno? Widocznie nie miano go na składzie lub dlaczegoś dopiero w tamtym czasie zdecydowano, że jego praca między nami zasługuje, być może, na opracowania przez niego, wysokiego rangą penetranta-donosiciela.

Gdy mówił, słyszało się... walce i mazurki Szopena. No, oczywiście nie, ale kiedy on mówił, jego francuszczyzny chciało się słuchać. Pamiętam, siadywał na stopniach naszej „kancelarii" i malował powolną, wyraźną, soczystą mową Francję w Algierii, Głos jego wpływał do uszu nawet tak oddanych do dyspozycji języka angielskiego jak Jurka i moje. Uważałem wysłuchiwanie jego pięknych treli, rulad za przyjemność, lecz także sądziliśmy, że to ozdoby, przynęty, syrenie śpiewy, a celem ich dopuszczanie go do naszych ciemnych, podziemnych, prawdziwych knowań. O nim nie wiedzieliśmy nic. Ale tak zbliżał się do nas, że któregoś późnego poranka zaprosił się na kawę! Gest przyjazny, a jakże, lecz oceniliśmy jako na pewno podstępny! Siedliśmy wkoło kuchni. Mieczysław poużyczał nam oszczędnie swej „wyborowej kawy" i popijając ją, zapytał ten dziwny pan, czy ktoś z nas wie kto to był Stawiski? Stawiski ... Stawiski? Tak. Ja przypomniałem sobie. To był, w latach dwudziestych, we Francji, aferzysta przekraczający umiejętnościami i zasięgiem swych akcji wszystko, co do jego czasu znano, a potem zdumiewało mistrzostwo w podrywaniu co ważniejszych ministrów do pokrywania jego siucht. I to za darmo, przez publiczne świadczenie mu przyjaźni, przyjmowanie zaproszeń do Opery, do Ritza, Moulin Rouge, pokazywanie się razem w lożach i przydawanie mu honorów za fikcyjne zasługi. Ja, jako osiemnastolatek, usłyszałem o karkołomnej karierze Stawiskiego od mego kochanego dowcipnego filozofa, wujka, prezydenta Siedlec, Sławomira Łaguny, posła na sejm. On się w tych sprawach orientował. Chyba w trzydziestym drugim roku przeoczył nazwisko Stawiskiego, gdy wiązało się to z paskudztwem tego rodzaju w Polsce, tylko na mizerniejszą skalę. Bez Opery, bez Ritza, za to często w czerwonym młynie – komunizmu. Nasz prelegent w Méchérii rozwinął skrzydła! Sypnął iskrami z oczu, rozradowany potoczył nimi po nas, jego zdobywczą na ten wypad, i powiedział prostując się: „Ja byłem jego adwokatem, głównym obrońcą we wszystkich procesach przeciw niemu". Powiedział to z takim ferworem, takim patosem, że ciche pytanie Włodzia: „„a kto to był ten Stasiński?" zabrzmiało boleśnie. „Nie Stasiński, nie Słowiński, nie Stamiński, nie, nikt inny tylko Monsieur Stawiski, mistrz nad mistrze, geniusz!". Jego bohater zdołał zainteresować nas jedynie wskutek niezmożonego afektu, jakim otaczał go jego mistrz-obrońca. Po latach! Natomiast nareszcie dowiedzieliśmy się kim był ten niebywały adwokat paryski, w latach wczesnych dwudziestych już sławny, kiedy my dopiero zaczęliśmy się dorywać do papierosów, lub po prostu rodzić. Oraz jak załatwił sobie dojście do naszego towarzystwa w Méchérii. Nie pytaliśmy go o nazwisko. To wydawało się niestosowne.

Po tamtym wstępie, jego rewelacje odsłaniały naszym niewinnościom coraz mniej znane światy. W skrócie wyjawił: „Tak. On wsławił się obroną kilku poważnych przestępców, za wielkie pieniądze, kiedy szczęście Stawiskiego skończyło bieg po swym kole i Stawiski wyjawił się w całej krasie – jego przerażeni opiekunowie czym prędzej rzucili go przed stół sędziowski. Klęska Stawiskiego rozmiarami równała się jego talentom, wówczas Stawiski powołał jego, obecnie „naszego reportera" z brzydkiego kryminału do swej obrony, sadząc, że przy takiej pomocy ujdzie tzw. sprawiedliwości przez duże „s". Mówiono, iż temu obrońcy Stawiski otworzył wszystkie swoje czarne tajemnice o zasięgu ministerialnym, a wśród nich, w przewidywaniu ewentualnych potrzeb, także którym to sędziom kupował jedwabne podszewki do tóg. On podjął obronę – tym skazał siebie. Stawiskiego po kolosalnym procesie „uniewinniono", nieoficjalnie poradzono mu usunąć się do Szwajcarii. A potem gdzie go oczy poniosą. Obiecano tajne przejście granic. Po kilku dniach dziewczę zbierające grzyby w lasku przypadkiem znalazło zabitego. Nie udało się ustalić, kto był to zacz. Natomiast ostatni i najważniejszy obrońca Stawiskiego szybko skazany i wywieziony do Gujany naturalnie stracił głos. Po dziesięciu latach przewieziono go do Algierii. Na zawsze, eks-Gujańczycy nie wracali do domu. Tylko do kolonii."

Nawiązała się między nami i nim sitwa. Przez kilkanaście wieczorów opowiadał szczegółowo, obrazowo, bajecznie, pięknie dźwiękowo, dobitnie, kryminalne życie oficjalnej Gujany. On wiedział, że przypadkiem trafił na sytuację nie do uwierzenia w jego świecie, że ludzie, których kazano mu obrabiać i wydawać – dla żadnej racji nikomu nie powtórzą jego zdrad systemu tamtej kolonii ani żadnych innych jego wyznań, z żadnego innego okresu jego historii. Przyjęliśmy, że on pragnął, raz w życiu, odsłonić komuś to, co w euforii przeżył w okresie prawdziwych, a w końcu katastrofalnych sukcesów, co strasznie przeżył w Gujanie, wyrzucić z siebie czy choćby powiedzieć nam, komuś, co go od tamtej pory przerażało, a więc co go bieżąco zmuszało do ratowania się donosicielstwem w więzieniach.

A może i takie podejście do nas było – podejściem? Więzienie pozostawia prostacki nałóg podejrzliwości.

My spodziewaliśmy się wyjazdu z Méchérii otwarcie. Nam patronował dyrektor biura Polskiego Czerwonego Krzyża, nieoficjalny delegat rządu polskiego w Londynie na cała Afrykę Północną. Wystarczało, by paznokci nie obgryzać i zachowywać męczącą pogodę ducha. Po zajęciu przez wojska alianckie decydujących pozycji na tamtych terenach, pan Emeryk Czapski objął stanowisko konsula generalnego, a po niedługim czasie został mianowany ministrem pełnomocnym RP w Algierze. Jako wysokiej rangi Kawaler Maltański również dysponował pewnymi stosunkami i być może ułatwieniami? Nieoficjalnie, oczywiście, ale skutecznie.

Stało się więc, że nasz wódz uprzedził lądowanie Amerykanów w Algierii i w Maroku. O ponad pół roku. Raptem dowiedzieliśmy się, że wyjeżdżamy do końcowej stacyjki, znanej nam wąskotorówki, do ostatniego obozu na południu Algierii, do Colomb Béchar, do siedziby osławionej, wielkiego i ciężkiego więzienia Legii Cudzoziemskiej. Tym zaskoczeni, lecz bez obaw, z chwilowym zdziwieniem, gdyż pan Emeryk zawiadomił nas jak najszybciej, że to postój „przelotowy" w drodze do Erfud w Maroku, więc jako podróżni, spokojni-cum-podnieceni oczekiwaniem Pożegnania z Algierią i tego – Er Fud czy Erfud? Doszło do nas z restauracyjki w Méchérii, że właśnie w okolicach Erfud, Francja zakończyła podbój Maroka w 1932 roku. Legią Cudzoziemską, dowodzoną przez wybitnego generała Lyautey. Wtedy z nagła otworzyła się przede mną studzienka wiadomości przypadkiem zebranych w Lyonie w roku 1940. Przypadkiem, a że przypadki bywają kolorowe – opowiem o nim w jego całości.

Do czego więc się zbliżymy, co nam jeszcze zawadzi i w jaki sposób? Tymczasem obserwując co się oczom, a szczególnie uszom, uchwycić dało z pobrzeży tamtej instytucji Legii Cudzoziemskiej, przed dalszym ciągiem o drodze do Erfud i o jego kolorowej chwili w naszym pokonywaniu przestrzeni do Anglii

Nasze pierwsze zetknięcie się z eks-legionistą, jeszcze ciepłym Algierią, pamiętam wyraźnie, bo okazał się eks-Polakiem. Zdarzyło się to nam zimą roku 1940 w Lyonie, w czasie francuskiej drôle de guerre. My, piloci, siedzieliśmy po hotelikach Lyonu czekając na przydziały do samolotów. Oczywiście. Odwiedzały nas tam dziwne osoby, zaciekawione, niekiedy ciekawe. Jedną z nich – on, świeżo emerytowany podoficer najwyższego stopnia w Legii, bardzo odznaczony, właśnie za brawurę pod Erfud. Zupełnie sfrancuziały. Tylko jego oczy wciąż patrzyły jak kiedyś w polskiej wsi. Zdziwił się, pijąc swoje poranne un ver de blanc w barze naszego hotelu, gdy usłyszał, że przy stoliku śniadaniowym mówi się w języku, który rozpoznał jako jego zapomniany i że my się aż roimy na dwóch piętrach własności madame Papillon. Tegoż dnia coś – oryginalność niespodzianki czy poważna ciekawość – sprowadziło go na nasze piętro z butelkami szampana w dużej torbie. Nie mogliśmy odmówić mu miłych uśmiechów. Sam przyniosłem mu z baru szklanki, (Mój pierwszy Mumm). I zaczęły się jego naprawki-wprawki w używaniu słów, zdań ongiś domowych, I jego nadzwyczaj interesujące opowieści. Żył on bowiem w służbie Legii od swej wczesnej młodości, przeszedł najcięższe walki we francuskim świecie kolonialnym, znał Legię od podszewki. Jako emeryt otrzymał dobrą pensję, trafikę tytoniową, podróżować – wiele by chęci w duszy zakwitło – bezpłatnie. Człek urządzony, wdzięczny Legii. I tyle. Samotny. Dobry powód dla którego rozpijał nas szampanem, bo choć słabo gramotny, to przecie niektóre osiągnięcia kultury francuskiej pojmował! I opowiadał! Pewnie i blagował, lecz czegóż szampan nie zmyje? Niemniej dał nam wgląd z pierwszej ręki w stosunek Legii do legionistów – w zasadzie odwzajemniany. Pozostawił nam dobrze opowiedziane wydarzenie z roku 1932: po decydującym zwycięstwie nad Marokiem, prezydent Francji złożył wizytę Legii, w jej bazie algierskiej, w Saïdzie. Generał Lyautey przedstawił mu najdzielniejszego z dzielnych. Prezydent przypiął mu wysokie odznaczenie i zapytał: „A jakiej to narodowości jesteście?" Na to szybko odpowiedział generał: „Panie Prezydencie, jego narodowość – legionista, a ojczyzną – Legia!" Jednak zdarzały się dezercje z tej „ojczyzny". Przyczyną częstą – dyscyplina. W jego czasach, taka panowała tam miażdżąca pięść Legii, że nas ogarniały dreszcze bardzo postępowego wstrętu. Ale już tamten świat się cywilizował. Dyscyplina pozostała żarłoczna, oni jej chcą! Lecz wyważona i otwarta na pewne wyłamania z niej, by tłumiony temperament mógł znaleźć chwilę ukojenia w szaleństwie. Poza polem walki! Naturalnie. Za wyłamanie kara nawet ciężka, ale i natychmiastowe zapomnienie, że był niegrzeczny. Żadnych zapisów w ewidencjach, przeszkód w awansach. „Kara oczyszcza".

Wiosną roku 1942, w Colomb Béchar, temat żywo dźwignął się przed nami jako potężne, bolesne słuchowisko. Przywieziono nas i osadzono przed murami wielkiego więzienia Legii, a za nimi codziennie odgrywano okrutną operę, ku przerażeniu niepoprawnych, złamaniu prawdziwie zbuntowanych, tych co zaatakowali serce Legii: DYSCYPLINĘ LUB HIERARCHIĘ!

Nas, Polaków schwytanych na gorącym i powtarzanym uczynku ucieczki z Francji via Afryka do Anglii, uzbierało się około czterystu, różnych stopni i broni. Tam, w Colomb Béchar, zatrzymano oficerów i podchorążych, podoficerów i szeregowych wysłano dalej, na Saharę, do niewolniczej budowy drogi trans-saharyjskiej Adrar-Timbuktu. Pod dozorem chamskich Arabów, bijących pałkami, pod komendą Francuzów – od brutalnych grożących i praktykujących stosowanie specyficznych saharyjskich więzień, jak wobec zwykłych przestępców, do bardziej ludzkich, bardzo wymagających więziennych służbistów. Tam skończyły się złudzenia o alianctwie.

W Colomb Béchar ulokowano nas w koszarach Legii, tuż przy więzieniu, (Czy była to ciemna pogróżka? Przesadzam? Naturalnie. Oni byli pewni, że stamtąd nie uciekniemy). Prymitywnie, ale czysto, żadnego robactwa, niemal bez much. Przed „naszym" długim, niskim barakiem, rósł hen, wysoki mur, oddalony od nas o kilka metrów grubego żwiru, Mur narzucał się swoją bliskością, swoją grubą figurą, wysokością. Poza nim – jakby żywego ducha. Popołudnie mijało nam na grzebaniu się, urządzaniu, drzemaniu. Wtem, gdy słońce zaszło i dotknęło szczytu muru i tam pękła cisza! Zduszona wrzawa, tupot wielu nóg, komendy. Ostre. I zaraz cisza. I gwizdki. Gwizd jeden – szurania nóg. Cisza. Gwizd drugi – szurania, brzęki, cisza. Gwizd trzeci – to samo, cisza. Cisza. Po małej przerwie chropawy głos, zadudnił jakby z beczki. Wykrzykiwał zdania. Po francusku, trudne do zrozumienia. Gdy kończył, chór męskich głosów powtarzał te zdania. Głos wychrapywał następne. Chór żwawo je powtarzał. I tak trwało to „modlenie się" bardzo długą chwilę. Na drugi dzień, wcześnie, te same modlitwy za murem. Byliśmy zbudowani pobożnością tamtego oddziału Legii. Rano litania, wieczorem litania. Przyzwyczailiśmy się do chropowatego głosu. I do jego świetnie zgranego chóru. Wzbudzał w nas niemałą ciekawość. Ale dociec kto się modlił i o co – nie dało się. Tamta część koszar, opatrzona ogromną żelazną bramą, miała swoją drogę dojazdową; furtą wprawioną w bramę wychodził niekiedy wartownik Legii. I tyle. Aż pewnego wieczoru, po „Uraniach", gdy za murem osiadła martwa cisza i zapalaliśmy karbidowe lampki, bo ciemność nocy lazła do izb nim się zmierzch nad murem wypalił – chropowaty głos zaskoczył nas – odezwał się tuż koło nas, przed barakiem: „A jedeście tamój chtóry?" Poderwaliśmy się! On stał na naszym żwirze, z przodu ciemny, jego głowa z tyłu, białe képi i płachetka na karku czerwieniły się od ostatniej zorzy. Zaprosiliśmy tę zjawę. Cudak wszedł do naszej izby, képi zdjął i pokazał gębę ospowatą, ponurą, nieufną, wzbudzającą nieufność, nieprzychylność, życzenie sobie więcej nie spotykania jej. I on przyniósł wino, pinard, dobry, mocny, ciemny „burgund algierski" rodem z Mascary. Znany nam, lubiany. To umożliwiło mu pobyt u nas do końca jego dwóch dużych manierek. I później je przynosił, mimo naszej rzetelnej odmowy, mieliśmy dość swojego wina. I jego. Ale on

216

chciał bywać u nas, z nami, dopóki się nie zraził naszym stosunkiem do jego rodzaju służby i jego opinii o tym, co i jaka dyscyplina czyni wojsko doborowym. Był starym, wysłużonym sierżantem, również wysoko odznaczonym, z linii przeniesiono go do Colomb Béchar na profosa, czyli szefa ciężkiego więzienia. Nic było to najcięższe więzienie Legii, takie podobno także istniało, ale wystarczająco podłe, by zdrowie więźniów wyniszczać. Psychiczne również. On pochwalał je i dziwił się, nieprzyjemnie się dziwił, że my wyrażaliśmy zastrzeżenia na temat tego, co on opowiadał o swoich metodach. Nas przestał uważać za dobre wojsko. Przecie on tam, za murem, miał takich, co się na podoficerów porywali, a nawet na oficerów podnosili rękę! Takich, co kolegę poranili w bójce, co uciekać próbowali, co aż broń porzucili! No! Grzechy ciężkie. Kary? Potworne. Złe. Nasze pierwsze, jeszcze niewinne pytanie dotyczyło owej „litanii" porannej i wieczornej. Tym swoim ochrypłym głosem powiedział, że odczytuje litanię przestępstw przez „tych tam" już popełnionych i przewidywanych. Profilaktycznie. Oni powtarzają jego słowa z przedsłowiem: „Nie będę... " A więc: „Nie będę porywał się na zwierzchnika! Nie będę próbował ucieczki!" itd., itd. Jedynie nie poruszał porzucenia broni. To zbyt straszne. I tak co rano, i co wieczora, codziennie, tygodniami, miesiącami, „Latami?" „A są i takie. Te to służo za starszych". O więźniach mówił „moje", co miało znaczenie jak najdalsze od jego czułości wobec nich. Oznaczało jego nad nimi absolutną władzę. A co oznaczały gwizdki po „litanii"? A, one regulowały procedurę dotyczącą posiłków. „Jego" więźniowie na pierwszy gwizdek biegiem stawali w szeregu. Ciasno (Pochwalił się, że to był jego dodatek do procedury). Naczynia, blaszane kubki i menażki stawiali na ziemi, blisko przy stopach. Na gwizdek ścieśniali się bardziej. Na gwizdek – nalewanie do naczyń gorących płynów, kawy czy zupy. Na gwizdek oni chwytali gorące naczynia, usiłowali w nie dmuchać i łyk wessać. Na gwizdek stawiali je na ziemi, tuż przy stopach Szybko! Ciasno stali, więc potrącali się. Rozlewali na ręce gorące płyny. Parzyli wargi, gardła. Na gwizdek – koniec posiłku. Jeśliby któryś wystąpił ze skargą, odmówił lub rozwścieczony uderzył kolegę – dostawał tombeau, „grób".

Delikwenta wsadzano na noc, nagiego, do grobu cementowego, nakrywano płytą z otworem i wlewano tam dwa, trzy wiadra wody. Jak wszędzie w północnej Afryce, w Colomb Béchar temperatura po upalnym dniu gwałtownie spada. Kilka nocy w takim „grobie" pozostawiało konsekwencje na resztę lat. Stawy, kości, mięśnie.

Na naszą dezaprobatę obruszył się: „To są kary? Im się za dobrze powodzi! Co tam dzisiaj za dyscyplina!". „Panie sierżancie, my słyszeliśmy jeszcze w Méchérii, że jak przywożą wam nowego więźnia, to przy wejściu walicie go pałkami i musi on na kolanach kilka razy obejść podwórze, podobno umyślnie wybrukowane ostrymi kamieniami. Czy to prawda?" „No ... tak. Tak, no, to co? To sobie zedrze trochę tyj skóry, ale wi gdzie przyjechoł. To sobie na gorsze nie zarobi. Co tam, panie, gadać! Tu za Lyauteya i po tym, za tech drugiech, dawni, to było jak trza. Tera to nic!" I rozgniewał się na dobre, „Legia bez te dyscyplinę ma sławę. Dlatego żadne tam Araby nie dali jij rady, Żadyn fanatyz nie strzymał".

Gdy wspominam tamtych dwóch Legionerów, zdaję sobie sprawę, że żaden z nich, ludzi doświadczonych na rozmaitych polach bitew, nie pojmował swoich dawnych zrywów inaczej, niż oddanie się całym duchem i rozumieniem obcemu przymusowi. Nigdy nie chwycili tej projekcji mocy duchowych, tworzących w oddziałach wspólnotę unoszącą je do czynów niemożliwych bez niej. Wyłączeni. O zastanawiających siłach samotnicy. Czyżby, paradoksalnie, ratowało ich umiłowanie obcego im i odległego o całą legendę wodza, w tym wypadku, generała Lyauteya – choć teorii jego nieświadomie przeczyli. Lecz chyba jednak, w niej streszczała się ich wrażliwość na muzykę ich własnych dziejów w Legii.

Nie było w niej nut Mazurka Dąbrowskiego.

Na Zachód więc! Tymczasem, jaki on, ten Erfud? Wciąż po wschodniej, naszej stronie licznych, ogromnych, wpół pustynnych strzępów potężnego Atlasu. Jaki on? Czy go naprawdę można brać pod uwagę z naszego punktu widzenia? Jako trampoliny do polskiego statku oczekującego nas na strzał z łuku od brzegu Oceanu Atlantyckiego? Naprzeciw osłoniętych pagórami okolic Agadiru? Od Erfoud dobre 550 kilometrów rozmaitych terytoriów, uzbrojonych band Arabów. Arabów policjantów, policjantów francuskich. Ano. Da się widzieć.

Jazda! Podstawowa zmiana w systemie transportowania nas. Dziś, kiedy to piszę, jestem zachwycony pozostałymi w wyobraźni mojej pamięci (bo moja pamięć szczyci się swoją dowolnością pamiętania) barwami i blaskami tamtych podróży. Stojąc, po dwudziestu kilku, na otwartych platformach ciężarówek! Widoki! Ruch powietrza! Swoboda gadania, śpiewania, zdumiewanie się doskonałą drogą w skalnym terenie, łagodnie złotawym, wśród pagórów, a czym dalej w głąb Maroka, tym wyżej wstawały nagie wzgórza po prawej stronie drogi, a prawie każde kokietowało plamą lub jakby niemal rysunkiem w poprzeczne, niespodziewane pręgi kolorowe, czarne, krwistoczerwone, zielonawe. A może już nie „widzę" i innych oszołomień. Po lewej stronie drogi płasko i daleko, gdy wtem – urwisko i głęboko w dole – palmeria dokoła jeziorka, ono niemałe, otoczone zielenią. Przejrzysta woda błękitna i niebieska rzeczka i brązowa wioska. A za wioską suchy khor. „Malowana pustynia", Arizona czy inna kraina na południu Ameryki Północnej. Jakie szczęście, żeśmy już poza ogromem pustyń południowej Algierii, na które można, tylko w niewielu miejscach, przez skąpą chwilę o wschodzie słońca, patrzeć z podziwem.

Po dwustu z czymś kilometrach wjechaliśmy do Erfudu, do pięknego, czyściutkiego miasteczka niskich domów o ścianach malowanych czerwonawo, z zielonymi à la fryzami ciągnionymi pod płaskimi dachami dla ochrony francuskich oczu od szalonych promieni słońca rażących w tej krainie, wolnej od atmosfery Francji, ale nic od Francji. Pierwsza semi-przykrość – nad długim, nieco wyższym domem – flaga Francji. Czyli garnizon-pułapka. Znowu. A co? Mieliśmy wjechać do „Paradisu Wolności"? Koszary po pułku spahisów. Tam schludny adiutant dowódcy oświadcza, obojętnie, choć ze zmarszczką na czółku, że major komendant przyjmuje do wiadomości naszą obecność, przyznaje nam swobodę poruszania się na terenie miasteczka, lecz nie poza nie, wyżywienie i utrzymanie pułkowe, lekarz wojskowy jest do naszej dyspozycji. À propos lekarza – kapitan-lekarz otrzymał polecenie zbadania nas pod względem ewentualnych schorzeń genitaliów. Następnie kapitan-lekarz przydzielił nam osobny dzień odwiedzin domu publicznego, utrzymywanego wyłącznie dla załogi francuskiej. Pod jego opieką. Poczuliśmy się przyjętymi do społeczeństwa wielkiej Europy.

Dom publicznego ukojenia miał w ówczesnej Afryce imię dobre, jak od wieków we Francji i podobnie jak w metropolii, niektóre o imieniu bardzo dobrym, lub wykwintne, otrzymywały normalne uznanie towarzyskie. Klub, restauracyjka, specjalizująca się w lokalnych pysznościach stołu, pokazy taneczne, trudne do osiągnięcia w europejskich fantazjach, tam zawsze spodziewane. Często co w Erfud oferowano, mogło równać się, lub mogło przekraczać limity serwisów Czerwonego Młynka, jeśli nie Młyna. Dla gości – żadnych przymusów. Humor, odprężenie, odpoczynek, swoboda myśli i dowcipu. Bez alkoholu! A nadprogram? Żadnych środowiskowych konieczności.

W Erfud atrakcję stanowiła dwojaka przyjemność: nadzwyczajnie urodziwa, młodziutka tancerka, Arabka, wręcz kwintesencja pojęcia – arabeska, w dziewczęcym kształcie. Doszłaby do majątku i sławy w Paryżu. Patrząc na nią doznawało się rozkoszy wzrokowych i równocześnie tamtejszy dwurodzajowy kus-kus zachwycał podniebienie. Oboje nie mieli równych.

Naturalnie, po stronie francuskiej nie wyobrażano sobie dzielenia dni odprężeń, ani innych dni, z nami, przecie stanowiliśmy niemal przykład zdrady samej francuskiej racji bytu – sprowokowaniem wojny z Hitlerem o jakiś tam Gdańsk. Niemniej, o ile moja wesoła pamięć podsuwa mi to, co widziałem, co przypuszczałem, to raz, przychodząc na pocztę, kątem oka schwyciłem naszych frankolubów, frankopatlantów, zdrajców naszego życia przymkniętego – nazwyczajniej popijających z oficerami francuskimi – whisky. Stali w cieniu, przy stole przed ich messą. Butelka jak byk pomiędzy nimi. I syfon! Żebyż to choć dobre mascaryjskie wino! Ale whisky? Co za hipokryzja! I to po obu stronach. Ta francuska, widocznie, pomyłka, nie powtórzyła się. A szkoda. A jednak szkoda.

W tym czasie wyczerpałem źródła nauki angielskiego. Zacząłem szarpać się z hiszpańskim. To zdawało się właściwsze niż francuski w francuskim kryminale, a na zewnątrz koszar, pustka sympatycznego Erfudu. Arabów w dekoracjach ani śladu. Są schowani w podrzędnych miejscach, w podrzędnych pracach. I w legendach walk o wyzwolenie, przegranych ostatecznie w 1932 roku, a więc zaledwie o 10 lat wcześniej, w bitwach wśród gór, niedaleko na południe od tegoż Erfudu. Nas to nie bolało. Oni nie cierpieli z nami. Byliśmy i jesteśmy sobie, normalnie, po ludzku, obcy. Oficjalny język operowany przez Arabów, urzędników niższego stopnia np. na poczcie, to cudo-farsa. Poszedłem do, patrzę z kim by, stoję z zastanowieniem na twarzy. A tam pyta mnie Arab zza lady: keski ti wi, misiu? Zrozumiałem, i to natychmiast, że on się ode mnie nie dowie, że jest na świecie Andora a w niej Zbyszek Słubicki, polski cichociemny z Londynu, przeprowadza uciekinierów z Francji do Portugalii i on ma kontakty z moją, w polskim Londynie, że ja chcę do niego depeszować... Misiu, si vi depesze? Porki?... Zgroza. Wracam do hiszpańskiego. Czytam „czego pragnie doña Clara?" To się zasadniczo różni od pragnień Józefa Łobodowskiego w kryminale hiszpańskim, w Mirandzie, lecz znając go co nieco, nie miałem wątpliwości, że właśnie on, tam, nauczy się hiszpańskiego i jego wariantów tak, że przetłumaczy wiele uroków hiszpańszczyzny na polszczyznę. I tak się stało. A ja, po prostu, tak sobie, żeby sobie....

Jednak, przecie, trzeba było wychodzić na spacerek po placyku, po kilku uliczkach. Ale na krótko, bo po co? No, żeby nogi chodziły. Jechać, jechać dalej, prędzej! Owszem, tu ładnie. Jeszcze przedupalne ciepełko, kolory od różowych do jasnoczerwonych, według planu, na całych ścianach i zielone pasma u ich szczytów – to niezwykłe; wiaterki lekkie. Wszyscy śpią, a ja sobie chodzę, tym razem dla sekretnego odpoczynku od doñii Clary i Amelii. To moja druga racja „po co"? Wtem, w kilkanaście dni po zakwaterowaniu się „Pod Spahisem" zaskoczyła mnie znajomość. Stojąc w południe na pustym placyku i patrząc na pozamykane drzwi i okna sklepiku tobakonisty – myśląc „a niech to szlag trafi, dość już tego, do jasnej cholery!", dla żałobnego kawału zawołałem: „Kto tu rozumie co znaczy psiakrew-cholera, czyli mówi po polsku?" I jakby mnie prąd uderzył z ukrytego kontaktu: „Co pan potrzebuje? Chodź pan do środka", Z właściwym akcentem i błędem językowym. Uchylił drzwi. Wszedłem. No, pewnie. W sklepiku z chwilowego mroku wyłonił się wysoki, starszy człowiek, w okularach, pod czarnymi brwiami i na mocnym nosie; oceniał mnie przez chwilę, dla mnie jasne było kto zacz, on jakby westchnął i cicho powiedział: „Pan kupuje papierosy i zapalniczkę. Ja dla pana otworzyłem, bo przedtem pan pytał czy ja mam co pan chce, no, to ja mam, a co pan chce, to niech pan kupi". I patrzył na mnie, i przyjaźnie, i nerwowo. Najwyraźniej wypadało mi kupić to moje nieznane zamówienie z niewiadomego dnia i wyjść. Gdy wychodziłem, on rzekł: „Pan może czasem przyjść". I uchylił dla mnie drzwi. Zaraz je zamknął. Ciekawość zaczęła mnie wodzić do niego. Nie poznałem całej awantury jego życia, tyle, że wyjechał z Polski do Francji, gdzie mieszkał przez dwadzieścia lat, uciekł z niej w porę i już nigdy nikomu nie wierzy. Raczej on mnie wypytywał o moje historie, ale obydwu nam dobrze to robiło. Wreszcie zaszedłem do niego jako klient, gdy sklepik funkcjonował. Kiedy zostaliśmy sami, z przykrością i z niepokojem powiedział: „Tylko niech pan kolegom nic nie powie. My się nie znamy. Do pana jednego to już trudno. Jakby co, to ja panu daję lekcję pięknego patois z Maroko". Teraz wyglądał i mówił, i grał Francuza np. z Agadiru. Coś go bieżąco zamykało. Co mu zaszkodziło? Jego pierwsza odzywka do mnie to był zryw człowieka na dźwięk głosu wpojonego od dzieciństwa, ale w jego chwilowym „tutaj", nikt nie powinien był tego zauważyć. Oczywiście wiedział kogo tu przywieziono, cały Erfud aż trzeszczał. W swojej samotności, na moje zawołanie, ze zdziwieniem doznał szarpnięcia kompleksu „Latarnika" a nie zdawał sobie sprawy, ani on (ani ja), że takie kompleksy się koło nas kręcą, uwijają, czekają na szansę, by nam swoje prawa udowodnić, w tym wypadku, że obaj nosiliśmy na sobie cząstki pyłu wspólnej historii. On dla swoich racji kamuflował się, samotnie żył i udawał samotnika z natury. Dostarczał tytoniu. Nie pił. Zostawiano go w spokoju. Ja na ogół też.

Gdy nieco później zaszedłem po papierosy, powiedziałem mu, że chciałbym kupić sobie mocne łapcie z wielbłądziej skóry. On miał gotową poradę. „Ja wiem, że z pana taki człowiek, co go wszystko ciekawi. Będzie pan pisał? To ja panu powiem, co pan zobaczy. Tylko niech pan nie myśli, że ja do niego chodzę albo on do mnie. To jest szewc, wszyscy się u niego obuwają w sandały. On ma dużą rodzinę. Niech pan idzie. To jest prawdziwy marokański Żyd. Ciekawe". Poszedłem na skraj miasteczka. Dom stał trochę osobno. Nieduży, niski. Gdy do niego dochodziłem, zaczął dręczyć mnie lekki fetorek gnijącego mięsa. Wzmagał się. Do domu szły dwie kobiety. Starsza ubrana jak zamężne Arabki tamtych stron, odróżniała się od nich długim, dość grubym wałkiem z materiału okrywającego jej głowę, umocowanym w poprzek jej czoła. Dziewczyna bez chustki na głowie, ubrana w raczej obcisłą prostą sukienkę, bez kołnierzyka, bez wzorów, ciemną. Panna. Obydwie zeszły po schodkach w dół do tego domu. Ja po policzeniu do pięciu za nimi, zszedłem w ciemność dużej, długiej izby i ciężki, obrzydliwy stęch. Wstręt – natychmiast się wynieść, ciekawość zatrzymała. Po mojej prawej stronie, kupa gnijących skór wielbłądzich. Po lewej, nieco dalej, warsztat, szewc przy nim siedział, z twarzy i ubrania Arab, i szył z miękkiej, podgniłej wielbłądziny duże łapcie, właśnie takie przyszedłem zamówić. Żeby chodzić po piaskach jak wielbłąd. Gdybym był uciekł, nie zobaczyłbym, że w lewo o kilka metrów dalej ich dzieci bawiły się bałwankami, pewnie zrobionymi przez czułego ojca z obrzynków tejże skóry, podgniwającej przy wejściu. Łapcie kupiłem. Szybko zwietrzały. Moje bezradne współczucie wietrzało wolniej. Na szczęście ludzie żyją jak żyją, gdy nie wiedzą jak żyją.

Pod koniec października 1942 powietrze zaczęło drgać w Erfudzie. Piątego czy szóstego listopada, dowódca garnizonu E. raptem udał się na północ do swego szefa, a tego samego przedpołudnia, u nas „Pod Spahisem", raïs – oficer służbowy, z podoficerem, przeszukują nasze kwatery. Sztywni, urzędowi. Szukają radia. Znajdują. Rekwirują. Władza i przestępcy.

Zbyteczna przykrość. Wczoraj byłem z wizytą popołudniową u tobakonisty, po cygarniczkę wiśniową, jakie on miewał. Podsuwając mi tackę z nimi, cicho powiedział „za kilka dni będzie pan miał amerykańskie, do wyboru... ". On posiadał radio i telefon, swoje kontakty-konszachty handlowe. Jego nie obszukano. Nie było żandarmerii, a on obywatel Francji. (Opozycjonista. Wolał nas.)

Przeniosłem informacje zebrane od niego do naszego kapitalnego dowódcy, kapitana Kazimierza Dworakowskiego. Byliśmy nim obdarzeni. On posiadał postawę i temperament właściwy, oceny należyte, opanowane. Głosem przyjemnym, niespiesznie wypowiadał decyzje przemyślane. Stanowcze.

Od moich informacji do potwierdzenia ich oficjalnie przez kancelarię dowództwa, dzieliły nas „dwa kroki". Nasz szef, po wczorajszej debacie ze mną i po dzisiejszej obserwacji kancelarii, wysłał tam, pomimo ich milczenia i porwania nam radia, jednego z naszych frankolubów, bliżej im znanych, po tak istotną dla nas ocenę prawd czy plotek-prawd. Ten wrócił odprawiony. Powiedziano mu, że rozmowy na takie tematy nie mieszczą się w naszym statusie. Residence surveiliée, a w tej sytuacji może określonym inaczej. Możemy spróbować zwrócić się do dowódcy garnizonu, gdy on wróci z podróży służbowej. Na to kapitan Dworakowski podjął swoją decyzję. Mnie wysłał po dalsze wiadomości do sklepikarza – teraz naszego cichociemnego. Wróciłem na stu koniach! W porcie Algieru okręty amerykańskie, w okolicach Casablanki bitwa francuskiej artylerii polowej z łodziami desantowymi z okrętów USA, strzelali na wprost, jak do kaczek, aż pancerniki zmiotły ich, bez reszty. Wody Atlantyku czerwone.

Kapitan Dworakowski oficjalnie przekazał zastępcy dowódcy garnizonu w Erfud, następujące żądanie na piśmie: Jako dowódca oddziału wojska polskiego w Erfud, w bieżącej sytuacji żądam natychmiastowego przyjęcia przez lokalne Dowództwo Francuskie do wiadomości, że polski oddział pod moją komendą jest w dyspozycji polskiego Konsula Generalnego, urzędującego w Casablance. Mamy żołnierski obowiązek stawić się tam bez zwłoki. Żądam transportu".

Zdumiewające, ale to podziałało. Lecz szkoda, że i ta okazja poprawienia stosunków z nami została zmarnowana. Zamiast ocenić „naszą sytuację" jako oczywiście zmienioną, próbowano tylko w nabzdyczony, niesmaczny sposób ociągać się.

„Dowództwo nie posiada należytego transportu. Posiada jedynie dwie otwarte ciężarówki."

„Wystarczy, przyjmiemy ciężarówki."

„One nie mają pokrycia dachów."

„Dobrze, weźmiemy je bez dachów."

„Nie mamy szoferów Francuzów, tutaj są tylko szoferzy arabscy."

„Zgadzamy się na szoferów Arabów, jutro ruszamy po wczesnym śniadaniu. Polskie flagi będą zatknięte na budach szoferek."

„Dowództwo nie zgadza się na polskie flagi. Flagi będą francuskie."

„Polskie dowództwo nie zgadza się na pominięcie flag polskich."

„Francuski oficer prowadzący konwój musi mieć swoją flagę nad pierwszym wozem."

„Owszem. Obok flagi polskiej."

„Francuski oficer żadnej innej flagi nie przyjmie."

„Polskie dowództwo godzi się na obie flagi."

„Francuski oficer pod inną flagą nie pojedzie."

„Polski konwój wyruszy jutro rano bez francuskiego oficera. Dziękujemy."

I następnego dnia wcześnie ruszyliśmy przez góry Mniejszego i Średniego Atlasu do Fezu. Pod swoją flagą. Nie pożegnani. To jeszcze raz – szkoda. Z Fezu kolejką elektryczną do Casablanki. Tam, serdecznie powitani przez żołnierzy amerykańskich, w większości pochodzenia polskiego.

Zakończył się nieszczęsny występ francuski na naszej smutnej scence, w ich tragicznie krzywym, marnym teatrzyku amerykańskim. Za nami został milczący Erfud. Nikt nie pożegnał nas, nawet ukradkiem, lub może wyzywająco do braci oficerów, braci Francuzów – wobec ich przyszłości, ogromnej, otwierającej się dla nich tak łatwo. I wobec naszej mini wskazówki.

Dwie duże ciężarówy – „Kamiony". Może trzy. My stanęliśmy w nich gęsto, uprzednio nauczeni.

Po obu stronach dachów szoferek polskie flagi chwycił wiatr. Zadowolone łopotały nam przed nosami.

Nie będę opisywał rozkoszy patrzenia na wielki Mały Atlas, na jego wijące się, pnące się, więc i spadziste drogi i nasze chwianie się w oczywistej zgodzie z częstym zamaszystym rozkołysaniem wozów, gdy zręczni Arabowie-szoferzy prowadzili je zawieszane na skrajach dróg, bardzo dobrych, lecz o brzegach ściętych w pionowe ściany, aż do dalekich nizin. Pokazać się chcieli, białe zęby szczerzyli, kiedy opony skrzypiały.

Istotą, duszą tamtych chwil naszego istnienia wśród – górski wolny lot! ...

Zachwyceni, rozradowani. Chyba w uniesieniu! Nie obchodziło nas kto tam mieszkał, kogo się bał, komu ulegał, kto mu stale zagrażał. Przelatywaliśmy przez cudzy kraj, przez jego piękna, nagości, zbocza wyniosłych drzew, ogromy traw, stada kóz – przelatywaliśmy jak wielkie dziwactwa i tyle. My dla samych siebie nie istnieliśmy jeszcze.

Potem był Fez i elektryczny pociąg do Casablanki, skok ku Europie i znów – obóz poza miastem, oczekiwanie na statek do Anglii, ostatnie dni opieki oficjalnej ekscelencji, już naszej, polskiej, przedstawiciela jedynego legalnego rządu polskiego, pana Emeryka Czapskiego. Operującego bieżący stan rzeczy wyraźnie ku naszemu zadowoleniu, w ramach tymczasowości i skromnych finansów. Rzecz prosta – jego samego niewidocznego. Aż do – po długich latach – „prywatnych" spotkań w Rzymie.

Odwiedził nas oficer amerykański i zapowiedział, że jego żołnierze, ciekawi nas, rychło się pojawią. Wydelegowano mnie do niego i potem do nich: mój angielski tak wskazywał. Okazało się, że z bliska, przy silnie napiętej uwadze, wzajemnieśmy się rozumieli. Najpierw z nim. Sympatyczny pan, życzliwy, a tematów od razu dostarczył nam inny oficer USA, niższy stopniem niż mój rozmówca Murzyn. Podszedł, złożył meldunek, przyjął rozkaz i od razu odszedł.

Patrząc za nim, mój porucznik rzekł: oni powinni mieć swoje oddziały, wtedy, delikatnie dotykając kwestii kolorów skór w USA, poruszyliśmy wspólną nam postać generała Pułaskiego! I ja odpowiedziałem mojemu Amerykaninowi jak to „Pułaski" przyjął opiekę nade mną w mej drodze z Aten do Marsylii. Byłem pod wrażeniem, że ja tam, koło w dali szumiącej Casablanki i wobec spokojnych fal Atlantyku, objawiłem się mojemu porucznikowi USA jako ktoś, niewiadomo właściwie kto i skąd, a jednak niespodziewany świadek potwierdzający historyczne istnienie prawdziwego generała wielkiego imienia w jego Kraju. Kto by się czegoś podobnego tam spodziewał? Rychło żegnaliśmy się i on napomknął, mile uśmiechnięty, że w domu postara się o lekturę o generale.

Na drugi dzień zajechały na plac w naszym obozie dwie wielkie ciężarówki – pełne puszek najrozmaitszych doskonałości. My, gospodarze, wymiętoszeni, nie strzyżeni po ludzku, oni, wygoleni, wyprasowani, z opaskami-wycinkami sztandaru USA na lewych ramionach, patrzyli na nas zrazu niemo, stojąc koło wozów grupkami, bez ruchu, bez uśmiechów.... Aż, bodaj że Smyczyński, zawołał – prawie jak w Erfud – śmiejąc się: kto z was mówi po polsku? I pękło! Ich polskość, rozmaitych stopni i napięć, przywiodła ich do nas. Na tym obcym dla nas wszystkich terytorium dały się odczuć nici wspólnoty, przynależności, korzeni, swojskości, widocznie, uderzająco – czy to zupełnie niepojęte? Wtedy naturalne.

Zabrzmiało od usiłowań wyjęzyczeń się w naszych rodzimych, bieżących a nawet nabytych językach. Pamiętna to przygoda. Wtedy tamte „wrażenia" otoczyły nas i dotknęły jak rzeczywistość! Może, nie „na zawsze" trwała... Ale istnieje słowo „ślad".

Do portu Casablanki wpłynął angielski transportowiec zastawiony czołgami. Bez rozważań – po co? Zbyteczne czołgi szybko zdjęto ze statku i z wojenną energią załadowano nas. Odpłynęliśmy do Gibraltaru. A tam, ledwie ktoś zdążył nam powiedzieć, że na górach Gibraltaru są stadka oficjalnie chronionych małp, bo „dopóki rodziny tych małp tam żyją, Gibraltar będzie angielski!" i bez dania nam czasu na rozglądanie się, przeładowano nas na ogromny ekspasażerski statek, jakoby nadzwyczaj szybki i bez eskorty ruszyliśmy skrajem Atlantyku, do Szkocji. Do jej małego portu Gourook. Udało się. (Po kilkunastu latach, wśród rozkoszy Malty, dowiedziałem się od mego przyjaciela, ówczesnego pilota Dywizjonu 304, Edwarda Zarudzkiego, że to właśnie oni trzymali niemieckie U-booty hen! – precz z naszej drogi).

W Gourook nie żądano od nas wiz, przepustek. Patrzono na nas uważnie, spokojnie. Ale zadziwienie widocznie w obserwatorach wzrastało. Aż starszy z urzędników, stemplujący moją obcą mu legitymację, zapytał: Skąd wy jesteście? Bo nie z Afryki?

– Z Afryki.

– No, ale... ?

– Z Polski.

– O?

– Tak. Z Polski.

– To Pan jest Czech?

– Nie.

– Gdzie jest Polska?

– Na wschód od Niemiec.

– To w Rosji?

– Nie, Polska jest Polską. Pomiędzy Niemcami i Rosją.

– God! I newer knew... A jak tam jest – w Polsce?

– Tak samo jak w całej Europie.

– Tak samo?

– Prawie. Tylko nasz księżyc jest kwadratowy. Roześmieliśmy się obaj. Ale on, stemplując mój dokument, pokręcił głową.

Rozpierzchliśmy się. Wszyscy mieli skierowania, przydziały. Ktoś wiedział, co trzeba, co trzeba doskonale zała-

twił. Za wyjątkiem dla nas dwu z lotnictwa. Kapitan Eugeniusz Prusiecki, w Polsce wojenny dowódca eskadry Łosi i
ja załatwiliśmy sobie sami wieczorną podróż pociągiem do
Londynu. Zaczęliśmy następną część drogi w tym samym
kierunku.

I do odkrycia – w polskim kręgu wiadomości i oficjalnych informacji – o pełni potworności wojny, prowadzonej
w naszym kraju z żywiołową, nie znaną nam, niewyobra-
żalną nienawiścią do nas.

# V   Lotnicy

# Szkiełka do witraża Janusza Żurakowskiego

9-go lutego 2004 roku wielki pilot, Janusz Żurakowski, zmarł. Człowiek niezwykłych talentów i charakterystyk. Jego cechami zdobywającymi przyjaźnie, uznanie i szacunek obcych na różnych poziomach były rzetelność, prostota, niezachwiana odwaga słusznego zdania, zarazem naturalna skromność, skromność, uśmiech i korona ich – niewyczerpująca się cierpliwość. Cierpliwość. W jego zawodzie pilota – przede wszystkim eksperymentalnego i doświadczalnego... ta właśnie, nie dająca się naruszyć, cierpliwość rodziła spokój myśli i akcji, gdy trzeba, błyskawicznych – nieomylnych. Chętnie nazwałbym go „pilotem-odkrywcą", mistrzem poznawania „treści natury samolotów", jakby samoloty miały własne sekretne, drapieżne życie. Pewnie je mają! (Wiem z praktyki: są samoloty, które jednym pilotom pomagają, innym – nie.) Jak nazwać zwyczajnie, ale precyzyjnie, tę zdolność-dar arcy-szybkiej orientacji w przedmiotach i podmiotach jego zadań? Talent. Wspierający dociekliwą pracę, nigdy nieprzerywaną. On nieustannie poddawał się naporom swego intelektu rodzącego niebywałe pomysły. Dokonanie tego, co w umyśle grało – to stanowiło cel!

Podkreślać trzeba: skromny, samowystarczalny, prawie do zamknięcia się w swej nieustającej pracy poszukiwacza. Pozwalał zaglądać w jej rejony, nawet chętnie, o ile „intruz" okazywał jako-tako fachowe zainteresowanie.

233

Dziś próbuję udać się drogą jego życia – wstecz. Odcinkami, które znam. A więc będą to rozmaitych rozmiarów – okruchy. A okruchy łatwo się przesypują, mieszają, może się i powtarzają?

Zaczęło się od spotkania w Szkole Podchorążych Lotnictwa w Dęblinie. Rok „rezerwy" (przesiewania), potem dwa lata szkolenia dla służby stałej. Nasz rocznik, X-ty, tym niezwykły, że oprócz przyszłych wybitnych pilotów, wybitnych konstruktorów, ciekawych osobowości, podobnie jak inne roczniki SLP, zawierał w sobie – przyszłą sławę światową. Już w drugim roku szkolenia zawodowego objawiło się szczególne zamiłowanie jednego z nas do wysiadywania w kącie, pomiędzy jego szafką a łóżkiem, godzinami, jakie miał do swej dyspozycji w świątki i piątki, i manipulowania kupką papierów, ołówkiem, suwakiem rachunkowym, czy nawet logarytmicznym. Był to „Uniwersytet Pod Szafką" Janusza Żurakowskiego.

Cienka nić wspomnień z jednej, może dwóch wizyt u jego Rodziców, państwa Żurakowskich, w Lublinie. Janusz zaprosił mnie do Domu pewnie w 1935 roku, w wielkanocnym okresie odwiedzin naszych Rodzin. Poznałem jedynie część Rodziny. Przedstawił mnie swej matce. Po niej wziął rodzinne podobieństwo, jak i jego dwie siostry, też obrazy matki. Najmłodsza, śliczna Kazia, najbardziej do mamy podobna. I pozostała mi w pamięci, niezatarta, jedna z ich rodzinnych fotografii: przybycie do Polski, w roku 1921, z Rosji. Wóz jednokonny, koń chudy, z opuszczoną głową, za furmana – doktór Adam Wiktor Żurakowski żonie swojej, Marii Antoninie z Szawłowskich i gromadce dzieci, w odzieniach typowych dla uchodźców z Rosji. Z Sowietów.

Dom poważnych, skromnych ludzi, o łatwym uśmiechu, obdarzonych humorem, o wewnętrznym spokoju.

Jego starszy brat, Bronisław, studiował budowę samolotów na Wydziale Lotniczym Politechniki Warszawskiej. Przyszły konstruktor polskich helikopterów. Janusz z pewnością z nim korespondował. Ale własnymi studiami kształcił się nieustająco. To było koniecznością jego intelektu. To była jego strawa i deser.

Nie przesadzam, że jego się wśród nas zauważało. Wyróżniał się całkowitym opanowaniem, z lekka kpiącym humorem, łagodną pewnością siebie, niepodbitą najmniejszą pychą. To się widziało, rozumiało i chętnie akceptowało. Bywają w ludziach elementy niecodzienności i to przyciąga. W takim jak jego wydaniu. Gdy taka osoba nas mija, odczuwamy i wiemy, że pozostajemy w tyle, ale to nie boli, nieco dziwi. I to zdziwienie się pamięta, i ono przyciąga. Mnie.

Wojna. Od Polski przez Francję do Anglii w 1939/40 – to powszechny szlak lotniczy. W czasie „Bitwy o Wielką Brytanię" w 1940 polscy myśliwcy dobrze się przysłużyli Anglii i całej Europie. Janusz zestrzelił sześciu. I wzrastał w znaczeniu jako dowódca, instruktor operacyjnych jednostek, znawca broni. Warto przytoczyć jego opozycję, gdy jako oficer – zbrojmistrz Dywizjonu Myśliwskiego – otrzymał instrukcje dodania czwartego karabinu maszynowego do każdego skrzydła. Po swoich kalkulacjach, Janusz uznał taki zabieg za szkodliwy, bo: „ogromnie zwiększy rozrzut pocisków z niebezpiecznie szarpanych i drgających skrzydeł". Jego raport powstrzymał wykonanie instrukcji władz.

Jego interesowało latanie, a nie kariera sztabowa. Odmówił wstąpienia na drabinkę gwiazdek i w 1944 skorzystał z jedynego miejsca dla Polaka w Imperial (jeszcze) School of Test Pilots. W 1945 skończył ją z wynikiem wybitnym. Po kilku latach jego pracy w Firmie Gloster napisał o nim angielski krytyk: „Niewielu uzyskało takie wyniki, jak Jan Żurakowski. Osiągnął on pozycję niezrównanego pilota eksperymentalnego, doświadczalnego i demonstratora samolotów. Ale nie tylko jego zdumiewające pokazy w powietrzu zapewniły mu sławę". Inny wielki pilot angielski przytacza walory Janusza jako: „Najwyższej klasy pilota doświadczalnego, jakiego kiedykolwiek mieliśmy w Anglii. Jego niewyczerpana cierpliwość, pracowitość, umiejętność pracy na ziemi i w powietrzu ukształtowały pilota doświadczalnego najwyższej miary. Dokoła jego ocen i przewidywań gromadziły się fakty potwierdzonych doświadczeń. Chwiały się teorie. Uznawano jego wypowiedzi nie tylko za trafne, ale nieomylne... of incomparable skill".

Jeden z jego angielskich kolegów wspomina: „Pewnego dnia zobaczyłem, że Polak odsuwa się od stolika, zdziwiony wynikami dłuższych obliczeń. Zapytałem, w Janusza sławetnym kpiącym pseudo-angielskim, „Co się znaczy, little man?". Janusz odparł serio, tym razem normalną angielszczyzną: „Dlaczego oni chcą przesunąć miasteczko Filton i przedłużyć tam runway Bristolu (fabryki samolotów) dla pierwszego startu Brabazona? Ten samolot oderwie się od ziemi po 400 yardach". W rok później pierwszy start Brabazona, największego samolotu zbudowanego w Anglii, potwierdził kalkulacje Polaka. 400 yardów.

Czas na moje opowiadanie tego, co widziałem ja sam, „na żywo"! (co za okropne użycie „życia").

# Akrobacje Janusza

...ścisłym łukiem wystrzelił maszyną na poziom rozpoczęcia pokazu, ustawił ją pionowo i parł wzwyż, a kiedy potężne silniki straciły ciąg – „Ślizgiem na Ogon". Wtem drobnym ruchem stera poziomego przewrócił maszynę przez plecy nosem ku ziemi, zanurkował, nabrał szybkości i wielkim łukiem powtórnie skierował ją nad środek lotniska, ustawił ją poziomo i teraz zbliżał się nad zdumionych coraz wolniej, coraz ciszej, aż w porównaniu z poprzednim pędem i grzmotem – samolot w powietrzu zmilkł, zatrzymał się! Maszyna jakby zawisła poziomo w bezruchu, bez energii, na progu zwalenia się i – raptem zwaliła się! – opadło jej lewe skrzydło, płasko, bokiem ześliznęła się na nie, On je podniósł, ona uciekła w ześlizg na prawe skrzydło i znowu na lewe, na prawe, na lewe, na każde skrzydło trzykrotnie, stojąc niemal w miejscu, tonąc, nie zmieniając kierunku. Ta figura nazywa się „Padanie Liściem".

Publiczność, zrazu zdezorientowana, chwyciła, zrozumiała sztukę wirtuoza i wybuchła okrzykiem tak serdecznym i takim brawem, że On je pewnie usłyszał. Podobny wyczyn na lekkim samolocie zachwyciłby, ucieszył, uradował. Czegoś podobnego na wielkich, ciężkich samolotach nie widziano i nie spodziewano się. A on zszedł nisko i zniknł, pozostawiając ich w podnieceniu, ale tylko po to, by nabrać wysokości, powrócić i wprawić ich w taki ferwor, jakiego nikt nie doznał dotychczas, bo nikt nie wyobrażał sobie, że jego następną figurę jakikolwiek super-as w swych możliwościach posiada. Żaden pilot, w żadnym kraju nie przewidywał, że coś podobnego można by zaproponować sobie i widowni, że to można by zrobić! A wtem głośniki nad lotniskiem Farnborough wypełnił wytężony, aż pod-zhisteryzowany krzyk: „Look! Look! Ladies and Gentlemen — now! ... Now! Now! ... loook! look up! You will never see anything like that again! Looook!". A wysoko nad nimi srebrzył się Janusza Meteor — w idealnym pionie, na sekundę!, by wtem gwałtownie zmienić się w niepojętą, absurdalną, katastroficzną! masę skrzydeł, ogona, nosa samolotu — obracającą się dokoła własnej pionowej osi, teraz poziomej do pionu ziemi!!! Żeby zatoczyć 360 stopni i jeszcze raz 180!... Samolot wiruje, jego nos zakreśla regularne koło, a w centrum tych szalonych obrotów spokojna twarz Janusza śledzi, co się na Jego życzenie dzieje w trzech płaszczyznach, jedną ręką w miarę obracania się maszyny zmienia potęgę pracującego silnika, drugą na sterze utrzymuje pion odpowiedzialny za precyzję opadania maszyny ku ziemi, za ten jedyny ruch naturalny samolotu w tym kołowrocie, pion absolutnie zależny od pozycji płaszczyzny steru głębokości ogona, równie istotny jak obrót, czy półtora obrotu o 540 stopni! Skończył i nurkuje, nisko przeleciał nad głowami świadków, już nie taki im obcy, bo właśnie stał się im bliski i znikł, a oni przez moment, w ciszy, nie wiedzieli, co widzieli, bo nie mieściło się to w doświadczeniu niczyjej zwykłej wyobraźni. Wtem zrozumieli, że cokolwiek to było, to się na ich oczach działo! Coś, czego żadna historia akrobacji lotniczej w sobie nie miała! Nowe! Wytrawna, krytyczna publiczność w Farnborough, w miejscu nieprawdopodobnych wyczynów na tamtejszym niebie zahaczyła — NOWE! Nie miała dla „tego" nazwy! Poczuła się obdarowana świadomością, że to narodziło się przed jej oczyma, nad jej głowami! Tu, w sławnym brytyjskim Farnborough! Lotnicza Europa znowu pozazdrości Brytanii. Ale... przecie on nazywa się ZURA! Jan Żurakowski, trudnego nazwiska. Teraz ono okaże się do wymówienia. Bo trzeba. Bo warto. Polak?

Tak weszła do historii akrobacji lotniczej figura nazwana po polsku „Kołowrót Żurakowskiego", po angielsku Cartwheel of Zura.

# Świat Wacława Micuty

## Spotkanie

Rok 1969 zaczął się dla mnie pomyślnie. Biuro UNDP (United Nations Development Program) w Chartumie zawiadomiło mnie, że Administracja w Nowym Yorku zgodziła się na moją propozycję, by jeden samolot mało przydatny w Sudanie, a w Dakarze bardzo pożądany, tam przekazać. I – co decydująco dla mnie ważne – łączność z biurem UNDP w Czadzie już nawiązana. Spieszyłem, by ten lot wykonać, choć brakowało mi kilku ważnych elementów: pozwoleń przelotów przez granice, radiowych kryształów i częstotliwości komunikacyjnych, itd. Może francuskie lotnictwo w Czadzie pomoże. Jeśli nie, to trudno, pozostanie wczesny prymityw: skrzydło i śmigło, kompas i zegarek. Samolot, był to Dornier 28, o dwu silnikach, dwu zaletach, krótki start i lądowanie i o jednej wadzie – cockpit miał drażniąco niewygodny. Mimo to łatwo zwerbowałem szefa mechaników lekkiego dywizjonu Sudan Airways, by ze mną poleciał do Dakaru – przez Afrykę Północną, niemal od gór Etiopii do brzegów Atlantyku.

– Would you like to? – zapytałem.

Joe zwrócił ku mnie twarz zgorzałą od słońca i piwka, z dużymi niebieskimi oczami chłopczyka w okularach. Nie rzekł nic, lecz podniósł brwi. To oznaczało zgodę i gotowość.

– Have the Dornier ready for after tomorrow, at six. OK? Add spare parts, too. And some gallons of drinking water, just in case, eh? – Uśmiechnął się. Joe zasługuje na kilka słów plus. Pijak. Poważny, rzeczowy, dzienny i nocny pijak. Po ostatniej butelce dnia, ustawiał trzy butelki zimnego piwka Camel na stoliku nocnym. Lecz uczciwy był, punktualny. Znał się. Były pilot. Gdy pokochał piwko, nie zdradził go – zmienił zawód. Poznałem Joe jako cenionego szefa mechaników, który też pracował, jak każdy z jego podwładnych.

Trzeciego dnia, po wczesnym starcie w Zalingei, o godzinie 6.30 przelecieliśmy granicę Sudanu. Otwarła się nieznana głębia....

Wkrótce z prawej strony trasy uchwyciliśmy ślady drogi prowadzącej zapewne z Abéché, już czadowskiego miasteczka, i wyglądało na to, że ta niby droga też stara się trafić do Fort Lamy. Dziś Ndżamena. Pozwoliliśmy jej niekiedy biec pod nami. W połowie trasy udało mi się sprawdzić szybkość w stosunku do ziemi, okazało się, że nie ma troski o paliwo. Znowu minęła godzina i potem pół i ...

– Patrz! Tam! –

Miasto szarzeje na widnokręgu, a na prawo od niego ciemnieje jezioro Czad. Błyszczy! A lotnisko? ... Jest! Jest!

Wylądowaliśmy w świetnych humorach.

Bonjour, Fort Lamy!

Wyłączyłem silniki pod wieżą kontrolną i zobaczyłem, że idzie ku nam bardzo wysoki mężczyzna. Podszedł i czekał spokojnie, aż się wygramolimy z nieszczęsnej kabiny. Stanęliśmy przed tym dużym człowiekiem, ja średniak, Joe jeszcze mniejszy, obaj pokurczeni przez Dorniera, a on pochylił ku nam wąską głowę i bystro patrzył siwymi oczami, rozdzielonymi sępim nosem. Uśmiechnąłem się i skinąłem mu głową.

Captain Wujastyk? – wymówił pierwsze słowo na kształt angielski z akcentem polskim, należnym nazwisku.

– Tak odrzekłem zadowolony. –

– No, to skoro nie ma wątpliwości, że pan jest Polakiem, welcome tym bardziej. Nazywam się Wacław Micuta, jestem Rez. Repem UNDP na Czad. –

Uścisnęliśmy sobie ręce i poczułem się w domu.

– Proszę, niech mi pan przedstawi kolegę. –

Przedstawiłem Joe według jego wieku i urzędu i powiedziałem do niego:

– Joe, mamy szczęście. Widzisz? Czy inny Rez. Rep. (Rezydent Reprezentant, ambasador UNDP) przyszedłby nas spotkać na lotnisku? Co? Ręczę ci, że połowa zmartwień z głowy. –

– O zmartwieniach pomówimy później. Chodźmy, moja żona czeka z obiadem. Zamieszkacie panowie u nas. –

Odniosłem wrażenie, że ogarnął nas z góry szerokimi skrzydłami.

Szliśmy do wieży kontrolnej.

– Pokażę panu plik depesz na pański temat wymienionych z krajami na pańskiej drodze. Nigeria obiecuje pana zestrzelić przy lądowaniu. Tam trwa wojna Nigerii o Biafrę. Niech pan planuje lot północą, przez Niger. –

W godzinę później samolot opatrzony, zabezpieczony, okryty, opłaty załatwione, zajechaliśmy przed rozłożysty bungalow nad rzeką Logone. Na pokrytej gęstą siatką werandzie przywitała nas pani Janina Micuta. Nieczęsto widywało się w Afryce panie domu tej klasy. Lecz także wydało mi się, że ta dorodna pani to osoba chłodna i zamknięta, zwykła gości przyjmować tylko arcyważnych, z musu urzędowego.

– To jednak może by do hoteliku jakiego? – mruknąłem w duchu. – Powiem, że obaj chrapiemy, aż sufity odpadają. –

– Wacku, proszę, zaprowadź panów do ich pokojów, a ja dopatrzę obiadu. Dziś jest obiad specjalny, bo dawno nie mieliśmy tu nikogo swojego. –

Byliśmy pod właściwym dachem. Francusko-afrykański bungalow w rękach poznanianki. Było tam przestronnie, czyściutko, wygodnie. Po obiedzie, o charakterze polskim, z francuskimi entresami, opatrzonym na zakończenie przez sery i desery, mieliśmy ustalony plan akcji na następny dzień pracy.

Przed zachodem słońca pozostawiliśmy panią domu jej zadaniom, Joe w fotelu na werandzie przy piwku i poszliśmy pogadać po polsku nad rzekę, bo tam działo się pięknie. Rzeka płynęła szeroko, spokojnie, nie osłaniały jej zarośla, otwarta na słońce. A słońce niespiesznie schodziło za widnokrąg w zorzach już amarantowych, przydawało migotliwej rzece swoich mrocznych barw i w końcu jego afrykański trick (kto go widział, ten uwierzy) – złotozielony błysk! Obietnica wschodu.

Noc, rzeka z cicha bulgotała w ciemności i opędzaliśmy się od komarów, lecz wciąż rozmawialiśmy o Czadzie, o kraju biednym, jak inne kraje Afryki. To wtedy usłyszałam zdania zastanawiające:

– Proszę pana, ten kraj trzeba zalesić. Bagna dokoła jeziora osuszyć. Tu brak drzewa do gotowania, na opał, a malaria na komarach lata eskadrami! Te dwa zadania są bardzo pilne.

Mówią mi eksperci, że tu nic nie da się zrobić, że ziemia jak skała. Ale co z mego planu wyniknie – ja muszę zobaczyć sam. Tu dawniej były lasy! Znam jednego leśnika, on mi powie, co można zrobić. To polski Żyd, dziś Izraelczyk, pan N. Pelled. Zalesiał pustynię Negew w Izraelu. Staram się go tu sprowadzić. –

I dalej mówił ten ONZ-towski gospodarz:

– Tu nie ma pługa, brony, kosy, nie ma cepa, nie ma tu kieratu, tej podstawowej maszyny przetwarzającej powolny chód konia, osła i wielbłąda, czy wołu, na szybkie obroty młocarni, wialni, sieczkarni, nawet żaren. Politycy robią wielką politykę, ekonomiści wielką ekonomię, przemysłowcy chcą budować ciężkie przemysły – chcą wyrwać tych ludzi z ich poletek, proletariat z nich zrobić z jego nędzą w budach z tektury i blachy wokół siebie. Czy kto myśli o Murzynach jako o zwyczajnych chłopach czy rybakach? Tym ludziom trzeba dać porządny polski pług, polski kierat, inne proste narzędzia. Niech ich kowale dostosują je do ich rąk. I dać im drzewo — lasy! No, chodźmy spać. Jutro mamy wczesne terminy. –

Słuchałem tych wywodów jako prawd zupełnie oczywistych, potwierdzały się w nich i moje obserwacje, z kilku już lat. Mnie uderzało marnowanie ogromnych mas mięsa dzikich olbrzymów, wydanych na straszną rzeź przez kłusowników. Słonie, hipopotamy, wielkie antylopy, mogły być hodowane.... Podsuwałem takie rozwiązania, nawet wstępnie rozpracowane, mojemu szefowi. Zainteresował się, policzył, powiedział „za drogo" i zapomniał. Oszałamiany tym, co tego wieczoru słyszałem, wstrzymałem się, by nie powiedzieć, że to wszystko nie pasuje do moich różnych doświadczeń z wysokimi urzędnikami, na kierowniczych stanowiskach!

Potem już nie mieliśmy czasu na rozmowy o jego dodatkowych, a tak ważnych pracach. Ale obiecaliśmy sobie korespondować. Wacław uwierzył w moje rzetelne zainteresowanie.

Czwartego ranka pożegnaliśmy się już zaprzyjaźnieni. Miałem pomoce radiowe od Francuzów i mapę drogową. Pogoda wróżyła dobry lot. Jeszcze trzy dni ... i już szare bezgraniczne połacie podsaharyjskiej Afryki kończą się zieleniejącą czupryną kawałka ziemi. To szelmowski dowcip Dakaru.

Joe odleciał do Chartumu, do swego piwka Camel, z ulgą w oczach. Przez te kilka dni w restauracjach francuskich patrzył na mnie delektującego się ślimakami importowanymi z Polski – ze zdegustowanym zdumieniem.

– Winniczki – mówiłem do niego. – Posłuchaj jak to brzmi: Winniczki... –

Nie miał polskiego ucha Joe.

W Dakarze kończyłem formalności przekazania samolotu i oczekiwałem instrukcji z Nowego Yorku. Gdy pożegnałem Joe, pojechałem daleko poza miasto, do małej restauracyjki nad oceanem. Był to wczesny dzień tygodnia, siedziałem sam przy długim drewnianym stole, przy butelce Muscadet należycie ochłodzonej, czekałem na ostrygi. Przede mną Atlantyk zalecał się koronkami pianek na plaży niepojęcie długiej (jak to Pan Bóg w chwilach szczodrości daje ludziom, nawet nie wybranym). Na niebieskiej głębi oceanu dekoracyjnie sterczał stary wrak japoński. Słońce, ocean, wino znad Loary – piękne bywają dni pilota po pracy – i w tamtej chwili zadowolenia narzucała mi się refleksja: co na przestrzeni tego przelotu było wydarzeniem najciekawszym i najwartościowszym? Patrzyłem na Senegalczyka restauratora niosącego mi ostrygi i pomyślałem: „Może i on jada ostrygi i importowane winniczki, w każdym razie z nich żyje, lecz jego bracia?". Nie tak dawno okresowe susze marnowały ten kraj, wszędzie tu rozlegał się straszliwy ryk bydła, któremu ozory puchły z pragnienia, aż padało, traciło się. Potem padały dzieci, potem ich matki. Nie. Nie wstałem od stołu, nie wrzuciłem dramatycznie talerza ostryg do oceanu. Natomiast stwierdziłem, że najważniejszym wydarzeniem było spotkanie Wacława i Janiny Micutów. Zapoznanie się z jego pracami, stosunkiem do biedoty Trzeciego Świata, z jego planami pracy na własną rękę. Nie wątpiłem, że on dokona małej, ale bardzo ważnej rewolucji leśnej i narzędziowej albo na marginesie swoich zadań oficjalnych w ramach ONZ-towskich projektów, albo zacznie je później, sam. I uśmiechnąłem na się myśl, że „prawdą jest, że za każdym mężczyzną, który czegoś ważnego dokona, najczęściej stoi kobieta". Wtedy ona stała obok niego.

Powtórnie spotkaliśmy się z Wacławem Micutą na lotnisku Niamey, w Nigrze. On przyleciał z ramienia UNDP, jako przewodniczący konferencji w sprawach Lake Chad Development Commission, ja jako ONZ-towski pilot innych dostojników. Według mojej książki lotów miało to miejsce 6-go listopada, 1969 roku. Ucieszyliśmy się. Konferencja rozpoczynała się następnego dnia, mieliśmy czas na dłuższą rozmowę. Dla mnie okazję, żeby usłyszeć opowieści niezwykłe. W Czadzie bowiem Wacław wcześnie doszedł był do wniosku, że trzeba rozszerzyć Program oficjalny o projekty dodatkowe, przynoszące pomoc ludności, bez zwłoki. Rozpoczął od zmiany w tamtejszym sposobie jadania sorga, tradycyjnej, podstawowej potrawy. Jadano je raz dziennie, wieczorem, w postaci bułki gotowanej na parze i maczanej w sosie. To dla wielu dzieci było nie do strawienia. Dlatego bywały karmione piersią nieraz i przez dwa lata. Ale mielone sorgo dawało kaszkę, bardzo dobrą, dla nich odpowiednią. A mąka z sorgo mieszana z mąką pszenną okazała się doskonała na chleb. Ndżamena stała się pierwszym miastem Afryki, gdzie codziennie jadano chleb z prosa. Tam Wacław rozpoczął produkcję mydła z miejscowych surowców, cegieł z prasowanej ziemi, narzędzi: lekkich pługów. Od wieków potrzebnych. I zaskoczenie: Wacław zajął pozycję – wydawcy. Miał doświadczenie z wczesnych lat w Kraju. Pisał i wydawał książki techniczne oraz literaturę piękną. W Czadzie uznał, że stare, barwne opowieści, znane tylko w słowie mówionym lokalnych bardów, te nasiona pamięci ludowej, należy zebrać, z dialektów przetłumaczyć na język francuski, bo to język szkół tamtejszych, i podać dzieciom jako ułamek literatury rodzimej, po raz pierwszy wydrukowany w książeczce ilustrowanej i wydanej w ich własnym kraju.

To Wacława taktyki wstępne. Strategię i energię swoją Wacław niezwłocznie skierował ku przywróceniu do życia terenów ekologicznie wymarłych lub wymierających i ku powstrzymaniu Sahary, tej pięknej, blado-żółtej śmierci, która milcząc sunie w kraj jęzorami piachów. Powstrzymać ją mogły tylko trawy, krzewy, drzewa, lasy! Wacław podjął walkę o lasy na terenach najtrudniejszych. Były dwojakie: jeden rodzaj to ziemia pod koniec okresu suchego kamieniejąca, a w porze deszczowej zamieniająca się w bagno. Drugi to wielkie bagno przez okres suchy, za to w porze deszczowej błotniste jezioro. Oba zadania wiązały się. Jedno i drugie miało ograniczać rozmiary nieużytków, marnowanie wody i hodowlę malarii.

Wacek poradził sobie i z tym problemem. Oto część jego listu do mnie, z wiosny 1980 roku:

„Zalesianie Czadu to też ciekawa historia. Jak wiesz, francuscy leśnicy próbowali ciężko i z najlepszą wolą. Ale drzewa ginęły. Za moją namową rząd poprosił Izrael o pomoc. Przyjechał stary, doświadczony leśnik, polski Żyd, pan N. Pelled. Rozejrzał się po skamieniałej pod słońcem sawannie, prawie już nagiej, i powiedział mi rzecz niesłychaną: „Panie Micuta, to jest raj na drzewka!". Pelled sadził był drzewa w pustynnej części Negewu. Musieliśmy zdobyć ciężki traktor, „Caterpillar", którym tuż przed porą deszczową należało rozkruszyć ziemię twardą jak beton i jak tylko rozpoczynała się pora deszczowa i skruszona ziemia stawała się miękka, sadzić drzewka podrosłe w szkółkach, założonych przez nas. Trzeba je było sadzić szybko, na obszarze kilkudziesięciu hektarów, tak, aby one wspierały się wzajem. Skruszona ziemia działała jak gąbka i zatrzymywała wilgoć do następnej pory deszczowej. W ciągu dwóch lat posadziliśmy milion dwieście tysięcy drzew. Do dzisiaj przyjezdni z Czadu mówią mi: „Panie Micuta, pana drzewa rosną dookoła Ndżamena". Są tam i eukaliptusy sprowadzone z Australii. Potem, któregoś dnia, pojechaliśmy w sawannę bardziej żywą, choć po widnokrąg tylko karłowate krzewy na niej. Lecz przed pół wiekiem rosły tu lasy. Pelled powiódł ręką dokoła i powiedział: „To wszystko las, tyle, że ukryty pod ziemią. Las łatwo nie umiera. Kiedyś sadziłem gaje sosnowe w Izraelu. Po latach sadzonki rozrosły się, ruszył las, pojawiły się ptaki i zwierzęta. I niespodziewanie las zaczął być mieszany – wyniosły się w nim białe dęby! Nikt ich nie sadził. Jak to się stało? Jest kilka teorii. Jedna rzecz pewna: dwa tysiące lat temu tam był bór białych dębów! W tym borze zawisł zaczepiony włosami o gałęzie Absalom, syn króla Dawida. Panie Wacławie, trzeba wziąć pod las duże obszary sawanny, popodcinać umiejętnie te straszne krzewy, niektóre z nich zmienią się w drzewa. Między nimi sadzić te, o których wiemy, że rosły tu jeszcze pięćdziesiąt lat temu. A pięćdziesiąt – to nie dwa tysiące lat". Ogłosiliśmy duże nagrody za nasiona miejscowych drzew. I wkrótce powstała tam jeszcze jedna szkółka. Codzienną pracę prowadził inny leśnik z Izraela, pan Izaak Hatuel. Ja zostałem nagle wezwany przez władze ONZ do zorganizowania walki z narkotykami. Było to w drugiej połowie 1971 roku. Po niedługim czasie rząd Czadu zerwał stosunki dyplomatyczne z Izraelem. Izaak Hatuel wyjechał. Czadu już nigdy nie odwiedził doświadczony, rozumny, stary leśnik N. Pelled. A Sahara co rok przesuwa się na południe.

Ale żeby nie kończyć tego listu na żałobnej nucie, opowiem Ci jeszcze, jak mi Pelled poradził zalesić to bagno, które pewnie pamiętasz, przed lotniskiem w Ndżamena. Taka była jego rada: „Tuż przed deszczami sadzić młode eukaliptusy w wysychającym bagnie. Wpuszczą korzenie, chwycą grunt, podrosną. Niektóre z nich, za bliskie środka jeziora, zatoną. Na drugi rok sadzić, posuwać je dalej ku środkowi. Co nie zatonie, to wyrośnie wyżej i tak, po trzech-czterech latach, całe bagno zostanie zalesione. Eukaliptus szybko idzie pniem w górę, korzeniem w dół, już się nie da. Mało tego, korzenie energicznie przebijają oporne warstwy ziemi, po nich woda sączy się w głąb i gromadzi w ziemi. Bagno schnie. Malaria ginie, Moskity wynoszą się zawczasu. Nie znoszą eukaliptusów".

Przy pożegnaniu powiedział mi Wacław, że powołano go do Kwatery ONZ w Genewie, gdzie obejmie wicedyrektoriat Departamentu Narkotyków z zadaniem zorganizowania operacji przeciw wszystkim formom produkcji, konsumpcji, handlu narkotykami.

Oczywiście od tamtej pory przez długi czas nie było mowy o tym, żeby go zastać w jego nowym genewskim biurze. W latach siedemdziesiątych przylatywałem do Genewy w moich sprawach urzędowych kilkakrotnie. Kilkakrotnie dzwoniłem do jego kancelarii, sekretarka, miła pani, odpowiadała wesoło: „Mr. Micuta jest w Birmie; Mr. Micuta jest w Tajlandii, Mr. Micuta jest w Singapurze, w Laosie, w Nepalu, w Pakistanie, Afganistanie... ". Wreszcie zastałem go przy biurku. Po wesołym przywitaniu zaspokoił mnie wiadomością następującą: „Byłem i w sławetnym „Złotym Trójkącie" Birmy, wszędzie rozmawiałem, jak zawsze, z „ludźmi ziemi". I co? Teraz wiem, że właściwym sposobem umniejszenia produkcji maku jest zgoda ubogich chłopów na uprawę roślin innych, równie opłacalnych". I był pierwszym, który wprowadził wiele upraw roślin nieprodukujących opium. Ale też nabrał przekonania, że taki, jedynie skuteczny sposób rozwiązywania wielorakich problemów produkcji narkotyków, zależy od rozumnej współpracy rządów z biednymi wsiami. Najważniejszy obowiązek to pokonanie i obrona chłopów przed wielu potężnymi, świetnie zorganizowanymi i prawdziwie oddanymi pielęgnowaniu tych źródeł dochodów – wrogami. Handlarzami narkotyków.

W końcu maja 1976 roku Wacław przeszedł na emeryturę w stopniu Dyrektora ONZ. Od razu Wacław Micuta przemienił się w system gejzerów koncepcji, jak wprowadzić w życie nawał zadań oczekujących, opartych na pewności, że biedota Afryki, Azji i Ameryki Łacińskiej może otrzymać pomoc przez jego rozeznanie ich wielkich potrzeb i usunięcia wiekowych błędów czy negatywnych sposobów myślenia, a i partactwa. W pierwszych latach poemerytalnych rozpoczął intensywną promocję źródeł energii odtwarzalnych i współpracował z UNDP. Oprócz tego usilnie dbał o eliminowanie dalszej niemocy twórczej, tym samym produkcyjnej, przy pomocy wyszkolenia lokalnych rzemieślników w unowocześnionych technikach. To znaczy – dążył do przekazania im tych umiejętności, które ludzie krajów Europy osiągnęli przez wieki prób i błędów, żeby w końcu, powoli, w znaczącym stopniu pokonać tę obecną niemożność, niewydajność, zapyziałość, więc biedę czy nędzę. A równocześnie nie naruszać starych kultur. Dbać o nie. Wacław rozwijał to, o czym mówiliśmy pamiętnego wieczoru nad rzeką Logone, atakowani przez komary w pobliżu ich macierzystych błot, czyli brzegów jeziora Czad. I te zadania Wacław podjął. Naturalnie na szeroką skalę.

Przechowuję kartę świąteczną od państwa Micutów przysłaną na Boże Narodzenie w 1979 roku. A przy niej dodatek, wykaz jego prac za miniony rok. Oto on:

„Szkoda, że nie przyjedziesz, pokazałbym ci zdjęcia z moich ostatnich prac. Rok miałem b. ruchliwy. Marzec – Maroko, pierwszy szpital w Afryce ma wodę grzaną słońcem. Wyczyn trzech Polonusów. Kwiecień – Kenia i Swaziland. Moje zalecenia dla rządu Kenii przyjęte, wykonane! Maj – Spotkanie zbiorowe z Papieżem w Warszawie. Popchnięcie użytku biogazu w Polsce. Czerwiec/lipiec – Pokaz sprawności energii pierwotnych w Genewie. Sierpień – Pokaz, rozszerzony, w Wiedniu, tym razem naprawdę dla całego Świata. Wrzesień/październik – Budowa prototypów „Polskich Piecyków". Listopad i grudzień – Lesoto i raz jeszcze Kenia. Pokaz dla rządu Kenii: „Rozwiązanie braku opału do gotowania". Polish Stones czyli po tutejszemu, w Suahili, Polish dżiko, pokazane czarnej Afryce i Światu. Jak widzisz, nie ma co narzekać na brak pracy. Ściskam".

Tu pozwolę sobie na wstawkę z dawniejszej daty:

„W ubiegłym roku (1965) pojawił się list do redakcji „Tygodnia Polskiego" w Londynie stwierdzający, że Polacy nie mają dość rozmachu umysłowego, by prócz zainteresowań sobą, okazać rzetelne zaciekawienie innymi, na przykład życiem Trzeciego Świata, choćby niedalekiej Afryki".

Ciekawy zbieg.... Trzeba więcej pisać o Wacławie. I wspominać o Polonusach w Maroko. Oni coś polskiego ratują. A może by dało się utworzyć Stowarzyszenie Wybitnych Polaków? SWP? Sięgnąć po nich w całym świecie? Powiązać ich z sobą w A Polish Think Tank?

Wracajmy do Wacława. Pisze on dalej:

„Od czasu wyjścia na emeryturę w 1977 roku prowadzę własną działalność. Teraz podchodzę do tego samego zagadnienia, lecz z bardziej oczywistego końca. Od ratowania drzewostanu, gdzie on jeszcze istnieje – zagrożony. Przyjedź na moją wystawę – demonstrację w Palais des Nations w Genewie. Połowa czerwca do połowy lipca. To moja kolejna wystawa po Nairobi, Wiedniu, Maseru w Lesoto i innych. Opowiem ci, zobaczysz".

Obiecałem sobie zobaczyć. Rozciekawiłem się pomysłami Wacława, specjalnie jego umiejętnością osiągania i organizowania pracy lokalnych rzemieślników, gdziekolwiek ich potrzebował, a przede wszystkim jego metodami zyskiwania przychylności ludności i w końcu kół, czy kółek rządowych – którymi można wiele przezwyciężać. Fascynujące.

Jego metody? Już sam sposób zdobywania pomocy wybitnych fachowców do współpracy to metoda tak prosta, że aż niezwykła i zabawna. Nie mogłem oprzeć się chęci posłuchania o niej, poprosiłem go o rozmowę – wywiad. Odbyła się ona w Genewie, w roku 1984.

## Rozmowa z Wacławem Micutą

Odwiedziłem go w jego domowym biurze. Maleńki to pokoik, z dość wygodnym biurkiem, krzesłem na rolkach i, na zapleczu, z półką na wiele ksiąg oraz dokumentów w opisanych teczkach.

Minęło osiem lat jego skutecznej pracy dla wprowadzenia w ogromny świat ubogich mieszkańców Trzeciego Świata jego koncepcji poprawy ich bytu, ratowania i naprawy ich środowiska.

SW: – Dziś już wiemy, że w naszym własnym kraju zmienić, poprawić, unowocześnić cokolwiek – to zajęcie dla Syzyfa. A ty masz bardzo znaczne, bardzo uznawane, bardzo nagradzane osiągnięcia. Jakiej metody używasz, by tam osiągnąć takie sukcesy? –

WM: – Mam zasadę prostą: nie zaczynaj od góry. Góra stęknie i nie da się przenieść. Tam wysoko nikt nie będzie ci przyjmował nowego projektu, o ile nie jest on wypróbowany przez szereg ludzi. Zaczynam od dołu. Ja idę do ludzi, którzy tego najbardziej potrzebują. Szukam wśród nich pionierów, np. młody nauczyciel, który się nudzi i czymś chce się wykazać. On będzie eksperymentował. I z chwilą, gdy on ma dobre wyniki, gdy już parę wsi pracuje nad tym pod jego kierunkiem, wtedy przychodzi czas by pokazać to rządowi, porozmawiać jak to zrobić, żeby ceny obniżyć, zmniejszyć podatki, znaleźć subsydia – każde ministerstwo rolnictwa na tym się zna. –

SW: Więc na początku omijasz rząd. –

WM: – Ano, właśnie. Żeby nie przeszkodził. Mówiono mi, że pewien możny urzędas twierdził w prasie, że ja chcę Afrykę cofnąć o sto lat, kiedy rządy myślą o traktorach i elektryczności. –

SW: – Jak ty sobie dajesz radę finansowo? –

WM: – Początek.... No, zaczynałem po harcersku – pod hasłem „Wiara i odwaga". Zrazu moje „finanse" to moja emerytura. I samochód. Mały margines na celowe wydatki. Poszedłem do ludzi w terenie. Wyjaśniłem, co robię i po co. Ludzie, z którymi pracuję, wierzą mi. Ja mam trzy wsie w Szwajcarii, co stoją do mojej dyspozycji. Dobrze trafiłem. Jest tam grupa starszych majstrów, którzy zamiast gimnastyki założyli klub nauki młócenia cepami. I młócą. Dla zdrowia. Zbierają stare pługi brony, sierpy, kosy. Nawet widły. Uczą się tym posługiwać. –

SW: – Dla zdrowia! –

WM: – A żebyś wiedział! Ja powiadam. To, co robicie, to nadzwyczajna rzecz. A czy wiecie, że to może mieć wymiar światowy? A oni wytrzeszczyli oczy i pytali: „A co to ten wymiar światowy?". To ja powiadam. Ludzie, tego już nikt nie umie. A to są narzędzia jak najbardziej potrzebne w całym Trzecim Świecie. Tam one są NIEZNANE! Więc co wy tutaj najlepiej odtworzycie, to ja światu pokażę. Ja to wprowadzę w Afryce, w Azji, w Ameryce Łacińskiej! Była kupa radości, śmiechu. Ja do dziś z nimi pracuję. Wiedzieli i wiedzą, że ja na tym nie zarabiam. Ale mogę postawić parę butelek wina. Jestem czasami wzruszony współpracą. Oni z dumą zaczęli odtwarzać swoją dawną kulturę rolniczą, z czego ja się mogę niejednego nauczyć i dalej przekazać. Ja także mam wielu takich pomocników – „wolnych strzelców". Chłopi, rzemieślnicy, wszyscy mają około siedemdziesięciu lat. Są fizycznie silni, umysłowo zdrowi, w ruchu, na świeżym powietrzu. Cieszą się, bo są znowu potrzebni i ważni, robią to, co robili całe lata. Jak tylko do którego przyjdziesz i powiesz: „Proszę pana, chodzi o zwierzęta pociągowe. Jak trzeba dobrać uprząż, jak należy je zaprzęgać?". To on to uwielbia! To była część jego życia. Młodsi już nie umieją tego, co oni. Nie mają pojęcia. Oni nie robili chomąt dla koni, nie młócili cepem, nie kosili kosą. Więc tacy są moi pomocnicy i przyjaciele. Jak zagadniesz czterdziestolatka, to on ci opowie o komputerze. Ale jak pługiem ciągnąć skibę? To on zapyta, co to jest skiba? Mam jednego doskonałego przyjaciela, Szwajcara, nazywa się Emil Haas, ma siedemdziesiąt lat, świetny specjalista od wszystkiego, co można zrobić głową i rękami, a przede wszystkim fantastyczny zdun, majster od pieców, piecyków i od rozmaitych kominów. A kominy to siła pociągowa ognia... –

SW: – Swego czasu mówiłeś o kieracie. On jakoby zwiększa siłę włożoną? –

WM: – No, nie. Ale to nadzwyczajne urządzenie. Znane było w Chinach dwa tysiące lat temu. Używano go wszędzie na Wschodzie do pompowania wody. Ale dopiero Szkoci zrobili z tego uniwersalną maszynę, dodali koło zębate i drąg obrotowy, który może być użyty do każdej roboty. W Szwajcarii np. jakieś osiemdziesiąt lat temu całe fabryki chodziły na kieratach, papiernie, rozmaite metalowe przedsiębiorstwa. W Trzecim Świecie kierat znowu może okazać się narzędziem bardzo pożądanym. Ja tu, na terenie Narodów Zjednoczonych, w czasie moich pokazów, też prezentowałem kieraty. Tutaj napędzane prądem, a nie obracane wielbłądem i osłem. Ha, my żyjemy w rozpuście energetycznej. –

SW: – Taki skok kulturowy na wsi ja sam przeżyłem. Po pierwszej niemieckiej wojnie, odbudowując spalony Józefin. Ojciec przede wszystkim zdobył się na kierat do młocarni. Chodziło w nim osiem koni. –

WM: – Od razu wskakujesz w moje zadanie numer dwa: zaprzęgi dla konia, osła, wołu, krowy. Dla wielbłąda, nawet dla kozy. Coś okropnego, co te poczciwe, wiernie od wieków, służące do ostatka, przez całe ich męką znaczone życie, okrutnie wykorzystywane zwierzęta cierpią przez głupotę, niedbalstwo o nie tych, którym oddają za życie pracę, po śmierci – absolutnie wszystko, do ostatniego włosa sierści. Konieczna jest zasadnicza zmiana uprzęży zwierząt pociągowych, by uzyskać możność efektywnej integracji ich w gospodarce rolnej. Osioł pokryty ranami niegojącymi się, wół czy krowa, pod jarzmem zwalonym na ich karki, dają tylko część ich siły pociągowej, natomiast zadaje się im pełnię męki i skraca ich produktywne życie.

Wacław uczył, że uprząż powinna być zrobiona dla każdego zwierzęcia według jego budowy i jak używać zwierząt w właściwej uprzęży. Wacław w Polsce przed wojną i w czasie wojny był oficerem artylerii konnej, dobrze poznał chomąto. Po wielu próbach uprościł je i dostosował dla wszystkich zwierząt pociągowych. Tak samo półszorki.

Jego największym, może najbardziej rozpowszechnionym sukcesem, okazała się akcja w ratowaniu drzewa opałowego, tym samym lasów. Zacznijmy od drzewa do spalania, by ugotować jedzenie, ogrzać domostwo, mieć gorącą wodę do rozmaitych celów, możliwie szybko. Dla małych i dużych rodzin, dla ogrzewania małych i dużych szkół, szpitali, biur, dla wielkich kuchni wojska, więzień etc. W wielu wersjach piecyków, pieców, grzejników.

Udało mi się wykorzystać zaproszenie Wacława na jego Wystawę w Genewie. Wystawa rozbiła namioty na terenach wybornych, bo w parku Palais des Nations, pod oknami sławetnego gmachu, gdzie pracują młodzi urzędnicy wszelkich narodowości – o to chodziło Wacławowi, by właśnie oni, przyszli leaderzy rozwijających się społeczeństw, napatrzyli się, nasłuchali na tej Wystawie o rozmiarach kryzysu drzewnego w wielu ich krajach, wtedy już być może dla nich groźniejszego niż kryzys naftowy. Wacław stwierdził: „Daliśmy tej Wystawie tytuł: „Wood for Survival", „Le Bois. Source de Vie", „Drzewo, by żyć". To nie zabawa w slogany. To są ostrzeżenia. Półtora miliarda ludzi zużywa drzewo do gotowania i ogrzewania domostw i gdy ludność rośnie, drzewo ginie".

W pierwszym namiocie Wystawy podano fakty wyraźnie, zwięźle, dobitnie. Świetnie temu służyły dramatyczne fotografie. W innych działach pokazano, jak oszczędzić to, co się jeszcze ma – cały ulepszony cykl gotowania, rozbity na fazy: a) rodzaje i przygotowanie paliw; b) manipulowanie ogniem i gorącym gazem; c) nowe rozwiązania wnętrz palenisk; d) odpowiednie, „nowe, inne" kształty naczyń; e) dowarzanie jadła nie na piecach, lecz w prostych wiklinowych koszach, o wnętrzach izolowanych papierami, słomą. W nich temperatura spada powoli z 100 stopni C do 85 C, co wystarcza, by większość rodzajów jadła „doszła". Zasada termosu....

Te niby zwykłe i znane czynności i przedmioty tak zaciekawiały widzów udoskonaleniami odwiecznych modeli pieców, że wywoływały uśmiechy uznania, kręcenia głowami i co najważniejsze, ciekawość, o ile podniesiono stopień wykorzystania materiału palnego. Wyniki zaskakiwały: osiem litrów wody zagotowano w dziesięć minut na garstce odpadków drzewnych! Bez dodania paliwa, pod przykryciem, woda gotowała się jeszcze bardzo długo. Jaka elektryczna, czy gazowa kuchnia może porównać wydajnością i taniością energii włożonej w nią? W tych demonstracjach z naciskiem porównywano te osiągnięcia z dawnymi sposobami marnowania energii cieplnej, jeden efektowniejszy od drugiego. Na paleniskach otwartych, ze szczapy płonącej pomiędzy trzema kamieniami, 93% ciepła ulatnia się. A węgiel drzewny? Otóż suche drzewo zawiera 85% substancji lotnych. Przy zamianie drewna na węgiel tę istotną część paliwa wypędza się w powietrze. Lecz nie tu koniec marnowania drzewa. Ten węgiel człek kładzie na ruszt i z tego, co zapalił, rozdmuchał, otrzymuje jako żar drobny procent tego ciepła, jakie dałoby mu drzewo spalone bezpośrednio. W piecach Wacława można otrzymać 30% aż do 50% ciepła z paliwa, i co trzeba znów podkreślić, mogą to być mieszanki z drzewem, z odpadkami drzewa, mieszanki bez drzewa, z przeróżnych suchych badyli, traw, śmieci, nawozów, zużytych smarów. Wyobraźnia i techniki mają pole do popisu i wiązania się przy wykorzystywaniu palnych odpadów. Jego piece spopularyzowano w Kenii tak dalece, że Wacława nazywano tam, z całym szacunkiem, „Bwana Dżiko", czyli „Pan Wielkiego Pieca".

Wacław napełnia zwiedzających Wystawę osiągnięciami wiedzy technicznej w kilku językach, ze swadą. Gdy wyczuwa, że potrzeba odprężenia – daje im jako anegdotę swój „polonik ekstra".

– Oto tam stoi mój „piec polski", mówi, „teraz nazywa się on „Polish dżiko". „Dżiko" w języku suahili znaczy piec, piecyk. Jego przodek urodził się w Kenii, ale stamtąd zabrałem go do Polski, pokazałem przyjacielowi i powiedziałem: skoro jesteś inżynierem, to przerób go na rozmaite odpadki, na dziko oszczędzające pracę kobiet. I, proszę państwa, wspólnie opracowaliśmy pierwszy model ulepszonego dżiko. Pomiary wykazały spalanie w nim bardzo dobre, do tego stopnia, że jeszcze u szczytu kominka temperatura wynosi powyżej stu stopni Celsjusza! Moja żona poddała myśl, żeby tam umieścić fajerkę. Teraz mamy Polish dżiko z dwoma strefami ogrzewania. Kto z państwa wprowadzi dalsze ulepszenia? Prosimy o nie! Polish dżiko oglądano ze specjalnym zainteresowaniem.

Wystawa zakończyła się obiadem wydanym przez Wacława na sześćdziesiąt osób. Zaproszeni byli uczestnikami seminarium ONZ dla młodych dyplomatów z całego świata. Przyszli ci młodzi, biali, czarni, popielaci, żółci, zasiedli pod namiotem przy prostych stołach i z misek jedli ryż i przeróżne sosy ugotowane na miejscu, śmiejąc się wraz z Micutą, który na wesoło, jako deser, podawał im do wierzenia prawdy nieodparte: „Po trzydziestu latach patrzenia na tłumy ekspertów, tomy raportów, przegadane ludzio/godziny, twierdzę głośno: w sprawach ludzi żyjących w prymitywnych warunkach trzeba myśleć bez zawijasów. Nie gadać, ale wprowadzać potrzebne urządzenia, dostosowane, jeśli to konieczne i możliwe kształtem, jaki nadaje się do rąk w danej okolicy, i wykonane nie w Europie, ale tam, na miejscu, przez rzemieślników lokalnych. To jest imperatyw. Drugi imperatyw jest taki: ostateczny produkt winien przejść bez pośredników, bez zarobkiewiczów, do ludzi, dla których cała ta ewolucja jest pomyślana. A trzeci, najważniejszy nakaz dla nas: Pamiętajmy o uczciwości wobec najbiedniejszych. Uczciwość leży w interesie całej ludzkości. Uczciwość trzeba stosować jak najnowsze odkrycie naukowe, szanować i chronić – jak las!".

Wytworzyła się świetna atmosfera. Wino rumuńskie, czy bułgarskie, powinienem pamiętać, bo byłem szczodrym podczaszym.

Znaczenie i wagę Wystawy tym bardziej podkreślało żywe nią zainteresowanie i pomoc organizacyjna ze strony następujących urzędów i biur: Szwajcarskie Biuro Federalne Ochrony Lasów, Centralne Biuro Leśnictwa Szwajcarii, Federalny Instytut Badań Leśnych, Politechnika Federalna w Lozannie. A także organizacje ONZ-tu, jak Program Rozwoju, Program Środowiska, FAO, UNFSCO, UNICEF. Jak czytelnik łatwo zauważył, Wacław był (i jest) w tej organizacji podstawowym źródłem energii, która przetwarza własne koncepcje w praktyczne zadania, skrupulatnie przygotowane do wykonania przez ciężką pracę osobistą, w tym bywa i praca fizyczna, i w końcu, w strategie i taktyki wprowadzania ich pod egidą Organizacji Międzynarodowych lub odpowiedzialnych urzędów. Wiedza – Wola – Dyplomacja. No, i – upór.

Najważniejszej pomocy dostarcza mu jego żona. Powiedziała do mnie pewnego wieczoru, zmęczona:

– Chociaż z takim mężem straszliwie ciężko, to przecie warto. –

Pomocą służą także entuzjastka Szwajcarka i przyjaciel od lat, Anglik. Sympatyków przybywa. Wiele osób ważnych wzięło udział w otwarciu Wystawy. Ambasador Luigi Cottafavi, zastępca Sekretarza Generalnego ONZ i Dyrektor Naczelny Biura w Genewie. Przyjechał na Wystawę były długoletni dyrektor Szwajcarskiego Federalnego Biura Lasów H.G. Winkelmann. Przez 35 lat był on odpowiedzialny za studia nad drzewem i, między innymi, nad spalaniem drewna. Wacław przedstawił nas sobie, po czym odszedł, by porozmawiać z przedstawicielem Ghany – oni tam mają duże ilości odpadków drzewa.

Pan Winkelmann patrzył za nim i mówił:

– Chcę z nim rozmawiać o przyszłości. Tu widzę początek nowych rzeczy. To jest tak ważne dla całego świata, i tak oczywiste, że nie ma co sobie tego udowadniać. To wszystko powinno być najszybciej przekazane do olbrzymich krajów, milionom ludzi. Jak to zrobić? Czy on to zrobi? Ja sam już w roku 1956 pisałem do FAO, w Rzymie, podając im bardzo podobne projekty oszczędzania drzewa, mam przy sobie ich odpowiedź, to ten list. Za ich zgodą porobiliśmy doświadczenia, opublikowaliśmy wyniki i znowu wszystko poszło do FAO. W roku 1965 zapytałem, co oni zrobili w tej sprawie? Nie otrzymałem odpowiedzi. Oby Wacław miał więcej powodzenia. Nie można tracić czasu. –

Nagrałem tę wypowiedź na taśmę i zwróciłem się do

258

stojącego obok Anglika, Ryszarda Tufnella, prosząc o komentarz. Odrzekł mi krótko:

– Pracowałem z Wacławem w ONZ. Nauczyłem się wierzyć, że co Wacław zacznie, to konsekwentnie i pracowicie poprowadzi. Wiem, że on potrafi dać sobie radę. I zawsze będę mu w miarę moich możliwości pomagał. Jego piecyki, piece, urządzenia grzewcze, narzędzia rolnicze europejskie przeniesione, tam gdzie ich nie znano, jego uprzęże dla zwierząt pociągowych – to sprawy ważne. –

W listopadzie 1986 roku Wacław założył samodzielną instytucję pod nazwą REDI (Renovable Energy Development Institute). Wewnętrznie współpraca oparta na szeregu wysoko zawodowo wykwalifikowanych emerytów! Zewnętrznie rozszerzona współpraca i ścisła współpraca z Międzynarodowym Komitetem Czerwonego Krzyża (CICR), szwajcarskim rządem federalnym oraz genewskimi władzami i instytucjami kantonalnymi. Przy aktywnym współdziałaniu tych ostatnich. REDI urzędowo uznano za instytucję użyteczności publicznej i zwolniono z płacenia podatków. Pomnożyły się misje: do Birmy, do Capo-Verde, Chin, Haiti, do Kaukazu, Korei Północnej, Chorwacji, Paragwaju, Somali, Tanzanii. Zorganizowanie w tych krajach z ramienia CICR masowej (30 000 plus) miejscowej produkcji tanich pieców. Ponad 100 000 pieców wyprodukowano w Bośni-Hercegowinie w 1992 i w Chorwacji w 1993, pod nadzorem UN High Commissioner for Refugees, a w Północnej Korei 2000 pod auspicjami Szwajcarskiej Agencji dla Rozwoju i Współpracy. Przeprowadzono intensywne prace nad możliwościami produkcji prostych i skutecznych filtrów dla zaopatrywania w wodę pitną oraz bezpiecznych i wydajnych palników na paliwa płynne. Wielokrotne aktywne uczestnictwo w konferencjach międzynarodowych zajmujących się zbliżoną do działalności REDI problematyką. Szereg publikacji w międzynarodowych fachowych czasopismach. Podręcznik „Modern Stoves For All", to jedno ze specjalnych dokonań Wacława. Podręcznik oceniony także przez fachowców francuskich jako doskonały i wydany w ich języku.

Posypały się międzynarodowe nagrody. Ważne. I wyróżnienia. Między innymi „Rolex", „Paul Hoffman Gold UN Peace Medal" i „Prix Ader". Listy nadsyłane z wielkich organizacji międzynarodowych i ministerstw krajów korzystających z prac nad projektami zalecanymi przez REDI. Listy zawierające podziękowania, wyrażone w gorących słowach oraz podziw dla stopnia fachowości, zapału, dla przykładu okazywanego przez pracę zespołu Wacława, z jego osobistym udziałem.

Kiedy już wszystko było mi jasne, bardzo przekornie zapytałem Wacława, dlaczego w swoim wieku (wtedy miał Wacław 70 lat, dziś ma 88, i dalej pracuje) stwarza sobie tyle trudów, ma przecie znośną emeryturę i kawał słonecznego zbocza pagóra we Francji, mógłby hodować róże i pomidory. Odpowiedział chętnie:

– Dla dwóch powodów: pierwszy, bo to praca dla najbiedniejszych. Drugi, to praktyczne sprawdzanie moich przekonań. Mianowicie – najbiedniejsi są i będą najliczniejsi. Tym samym, nieświadomie, są oni groźnym wrogiem lasu, swego sprzymierzeńca. Przez pomoc im daną ochroni się drzewa, przez ochronę drzew – ochroni się ich. Najbiedniejszych".

Szczęść Boże! Et bon voyage do Górnej Wolty, do Melanezji, do Kenii, do Jordanii, na wyspy Pacyfiku, do Pakistanu.... Do Polski? O tem-potem. To wielki rozdział i tło jego życia. Pana pułkownika artylerii konnej i czołgisty, Wacława Micuty, kawalera dwóch orderów Virtuti Militari i Krzyży Walecznych.

P.S. Ciekawostka. Powiedział mi Wacław, że „optymalne parametry", to jest najlepsze stałe stosunki wymiarów pieca chlebowego, ustalili mistrzowie piekarscy perscy, greccy, rzymscy, kilka tysięcy lat temu. Potwierdzili je pierwsi encyklopedyści francuscy. Nowocześni specjaliści kręcą głowami z uznaniem.

# Wacław Micuta w Chinach

Prace Wacława Micuty i jego przyjaciela i współpracownika, Szwajcara Emila Haasa, pozwalają na pewien wgląd w warunki życia chińskich chłopów, pracy robotników i dają odczuć ich stosunek do Europejczyków – raczej niespodziewany. Ale Wacława obchodzą wyłącznie potrzeby człowieka. Ilekroć rozmawiamy o jego działalności i słucham jego teorii, mam wrażenie, że patrzę na Założyciela Jednoosobowego Polskiego Peace Corps. Jakże sprawnego!

O tym, jak przebiegały prace, jak rozwijały się stosunki z gospodarzami chińskimi opowie on sam, swoim żywym językiem, z swoją naturalną swadą. Proszę!

„No, to trzeba tę historię rozpocząć od 1983 roku. Wtedy przetłumaczono i wydano w Chinach moją książkę o małych piecach dla ludzi niebogatych. W roku 1986 zaproszono mnie do Chin na sympozjum międzynarodowe, dotyczące wydajności pieców i piecyków. Po zakończeniu sympozjum objechaliśmy dużą część kraju, głównie wsie. Zobaczyliśmy, jak się ma u nich sprawa gotowania i ogrzewania. Źle. Stwierdziłem, że piece z reguły nie mają dwóch podstawowych elementów: drzwiczek i kominów. A przecie drzwiczki regulują dopływ powietrza do komory spalania, a kominy to „motory" ustalające przepływ powietrza przez całe wnętrza pieców. Nie ma komina, nie ma ciągu. Nie uwierzysz – tam kobieta jedną ręką wciska do paleniska drzewo, czy słomę, a drugą – uruchamia miech! Wpycha powietrze do paleniska na siłę.

Kiedy wróciłem do Genewy, postanowiłem napisać rozprawę na temat kominów dla kuchni i różnych pieców. Literatury fachowej nie znalazłem wiele. Zduni strzegli swych umiejętności nader pilnie. Zacząłem chodzić po wsiach szwajcarskich i francuskich, z aparatem fotograficznym. Systematyzując zdjęcia, zacząłem docierać do ich tajemnic i sprawdzałem je w rozmowach z kilkoma starymi zdunami. W końcu odtworzyłem historię komina od prymitywnego do nowoczesnego, napisałem broszurę razem z moim przyjacielem Emilem Hassem, starym specem w tych sprawach, bo kiedy piszę na fachowe tematy – dobieram ludzi, rzetelnych fachowców. Więc do swego nazwiska dodałem nazwisko Emila i broszurę posłałem do Chin. Jak kamień w wodę. Ale raptem – otrzymałem zaproszenie: „Prosimy przylecieć. Chcemy z panem rozmawiać na temat udoskonalenia pieców i kominów".

Koszta przelotów i utrzymania pokryła ONZ, dla nas obu z Emilem. On ma 79 lat i 64 lata pracy jako specjalista od najrozmaitszych systemów ogrzewania.

Przylecieliśmy. Postawiono nam pytanie, czy możemy poprawić efektywność pieców na wsiach o 2 do 3 %. Obliczono, że taka zwyżka w skali Chin będzie miała konsekwencje sięgające wielu milionów ton oszczędzonych paliw!

Rozpoczęliśmy badania. Zaproponowałem, że zbudujemy kilka modeli pieców, nazywałem je „przyszłościowymi", i oddamy je chińskim specjalistom do oceny. Następnie zwiedzaliśmy kuchnie dla robotników, kuchnie w restauracjach, w kantynach, w szpitalach. Mój pomysł wprowadzenia dobrych kominów nabrał nowego znaczenia. Bo co oni robią? Jak ci mówiłem, żeby wepchnąć powietrze do małego pieca używają miecha, a do dużego pieca – elektrycznych wentylatorów! I za każdym razem rozgrywa się tam niebywałe widowisko! Kiedy uruchamiają wentylator, to z pieca bez drzwiczek najpierw sypią się iskry, potem bucha na zewnątrz płomień, dym. Łatwo się poparzyć, temperatura po chwili sięga 1000 stopni C. Po co? 400 stopni wystarcza nawet dla tak wyszukanej kuchni jak francuska. Zrobiliśmy miejscową rewolucję w kuchni! Najprzód ustawiliśmy przedłużony komin jak należy, uporządkowaliśmy komorę spalania. Z kawałów grubej blachy, którą znalazłem na wysypisku, Emil dorobił drzwi do tego dużego pieca. Konsumpcja węgla spadła do połowy i w kucharce zdobyliśmy dozgonną przyjaciółkę: już nie było iskier, dymu, jęzorów ognia, wentylator zbyteczny, można było po ludzku pracować. Chińscy specjaliści patrzyli na nas coraz przyjaźniej. Kucharze i ludzie bliscy nam w pracy prosili o wyjaśnienia, dlaczego tak małymi zmianami osiągnęliśmy tak duże wyniki. Napisałem, na czym rzecz polega, przetłumaczyli mój angielski tekst na chiński, dodali swój komentarz i pod tytułem „Nadzwyczajny piec w Chiangping" wysłali do lokalnej gazety.

Druga sprawa, mój drogi, to ogrzewanie małych domów, warsztatów, sal sypialnych. Zima ostra, a w wiejskich domach ogrzewania nie ma. Mają tam jedynie rodzaj łoża z cegieł, połączonego z paleniskiem zbudowanym na zewnątrz ściany domu. Gorące gazy przechodzą kanałami pod łożem – to jest jedyne ciepłe miejsce, ale tylko w nocy. Wtedy cała rodzina, tj. dziadkowie, rodzice, dzieci, wnuki śpią na tym łożu, na matach. W dzień noszą kufajki. Zapytałem, czy ogrzewanie pomieszczeń małych jest problemem całych Chin? Tak. To jest potrzeba całego kraju. Zaprojektowaliśmy i zbudowaliśmy dwa modele pieców przenośnych, jedne z najmniejszych, jakich w Chinach używano. Specjaliści stwierdzili, że dawały one 50% ciepła z paliwa, rekordowy wynik. Następnie zajęliśmy się kwestią ogrzewania dużych warsztatów, sal szpitalnych i szkół. Spotkałem studentów europejskich i z USA, którzy mówili mi: „Panie, w zimie na sali wykładowej nie można ołówka utrzymać w dłoni". Mieli tam „Kanonenofen", to grzeje tych, co siedzą blisko. Zbudowaliśmy urządzenie grzejne, blaszane, w formie pudła: u dołu palenisko, wewnątrz przegrody blaszane, które kierowały strumienie gorących gazów na ściany pudła i zmniejszały szybkość ich przepływu. Urządzenie proste, wydajne, łatwo przenośne.

Woda w kaloryferach znakomicie utrzymuje temperaturę długo po wygaśnięciu źródła ciepła. Ale wiedza specjalistów chińskich o centralnym ogrzewaniu jest zamknięta na uczelniach.

Chińczycy mają wielkie zdolności przyswajania sobie nowych idei. Oni nie tylko w lot chwytają nowe pomysły, ale potrafią je ulepszać, dostosowywać do istniejących warunków. I posiadają wielką siłę koncentracji. Do tego dochodzi niepospolita pracowitość.

Prości ludzie w Chinach prawie nigdy nie mieli bezpośrednich przyjaznych kontaktów z cudzoziemcami. Wręcz przeciwnie, cudzoziemcy byli często postrachem Chin. Ale jednak Chińczycy, jak wszyscy ludzie na świecie, reagują pozytywnie na zrozumienie i przyjaźń i cenią je. Pracowaliśmy przy naszych piecach w upale około 40 stopni C. Chińczycy znoszą upały podobnie jak my, więc w takim czasie uwielbiają lody. Przyjeżdżały tam dziewczyny na rowerach i przywoziły lody. Dla tych robotników lody to poważny wydatek, a jednak kupowali je i dla nas. No, to ja umówiłem się z taką najładniejszą panną i dwa razy dziennie przywozi mi pełne pudła. Mnie to kosztowało niewiele, częstowałem z tuzin robotników i po tych lodach bardzo między nami odtajało.

Niekiedy byli wzruszający. Przy próbach pieców jest szczególnie gorąco. Podchodzi taki robotnik z pudełkiem maści-balsamu, który pachnie mocno, jak nasza żywica sosnowa, i mówi: „Tutaj bardzo gorąco. Posmarujcie sobie szyje, koło uszu, na czole, to pomoże". Faktycznie pomagało. I zapachem i chłodziło parując. Kilku takich, którzy trochę znali angielski, ukradkiem wieczorami przychodziło do nas, by nam powiedzieć, że są wdzięczni za to, co robimy dla Chin, dla narodu chińskiego. Stosunek władz do naszej pracy objawiono w oficjalnym liście, który otrzymaliśmy w dniu odlotu z Pekinu. Przytoczę ci dwa cytaty: „Wszyscy pracownicy osiedla są pod wielkim wrażaniem i mają uznanie dla waszych wysiłków. W ciężkiej pracy nie ustępowaliście młodym, mimo, że dobrze przekroczyliście siedemdziesiątkę. Zdobyliście nasze uznanie i szacunek".

Druga wypowiedź na piśmie: „Wyrażamy nasze podziękowania płynące z serca. Wasz wkład w sprawę rozwoju Chin i pomocy chińskim ludziom nigdy nie będzie zapomniany".

Kiedy kończyliśmy swoje zadanie, tam rozpoczęło się Międzynarodowe Sympozjum na temat wprowadzania energii odtwarzalnych w rolnictwie. Mnie też zaproszono i to, bym wygłosił referat. Jak okazało się, chodziło o moje opracowania budowy kominów, sprzed dwóch lat. Ucieszyłem się, gdyż mój tekst, przetłumaczony na chiński, został doręczony przedstawicielom wszystkich prowincji.

Udział w sympozjum zakończył nasze prace w Chinach. Wróciliśmy zmęczeni, jednak z poczuciem, że nasza praca i nasze pomysły przyjęto z zainteresowaniem. Że pomogą Chińczykom w rozwiązywaniu problemów wykorzystywania paliw w ich ogromnym kraju. Teraz pozostaje mi napisanie raportu udokumentowanego i zawierającego nasze propozycje i zalecenia dla rządu chińskiego na omawiane tematy".

Wacław pracuje szybko. Raport napisał i wysłał do władz chińskich i do biur ONZ-tu niemal natychmiast. Po kilku tygodniach przyszła z ONZ-tu ocena ich pracy: raportu – nader pozytywna.

Taki jest, po koniecznym okrojeniu, obraz tego, co „ten jeden Polak miał do ofiarowania całym Chinom".

Kiedy już zebraliśmy naręcze gałązek bobkowych na bukiet (a może lepiej rzec na wieniec?) z prawie całego Globu, chce się powiedzieć – a teraz pomówmy o Polsce. Dopiero teraz? A tak. Ona jest w nas, przy nas, dokoła nas, przed nami, za nami. Daleko i Blisko. Dlatego spoglądamy poza siebie i poza nam bliskich, po zadowoleniu się naszą ciekawą współczesnością. No, wystarczy tego objaśniania.

Wacław z przyrodzenia bardzo zdolny, pozbawiony krzty lenistwa, nadmiernie wytrwały, zuchwały, wcześnie osiągał sukcesy oceniane przez swoich i obcych jako wybitne. Nie rozpisywał się o sobie. A odznaczano go w sposób budzący podziw i uznanie za rozmaite prace, możliwe tylko przez splot jego zdolności z charakterem. W wojnie dwukrotnie ranny; dwukrotnie wzięty przez Niemców – jak to określa – „nie zgodził się na pobyt u nich". Za wybitną waleczność w 1939 roku, w poznańskim 7. dywizjonie artylerii konnej, jako dowódca zwiadu 3 baterii – był dekorowany Krzyżem VM i Krzyżem Walecznych; ale i niebezpiecznie ranny. Chciano mu amputować prawą rękę. Odmówił. Wyleczył ją.

Generał Roman Abraham wspominając bitwę pod Kutnem, nad Bzurą, walki o Brochów, tak napisał:

„Ze słowami szczerego podziwu dla animuszu bojowego zwracam się do otaczających mnie Chołoniewskiego, Terleckiego, Pułaskiego, Micuty i kanonierów 7. dywizji artylerii konnej" („Wspomnienie wojenne znad Warty i Bzury", s. 180).

Za nadzwyczajne wyczyny i zdumiewającą niedbałość o siebie, gdy w sierpniu '44-go, w Warszawie, prowadził mały oddział „Gęsiówkę" i ratował ludzi skazanych na rozstrzelanie – krzyż VM po raz wtóry. Tę szaloną, krótką bitwę ratunkową winien opisać sam pan Henryk Sienkiewicz, albo pan Melchior Wańkowicz. Otóż według Pamiętników żołnierzy batalionu „Zośka". ( „Powstanie Warszawskie", s. 43) – rzecz miała się tak (wspomina Witold Bartnicki, pchor. „Wiktor"):

„2 sierpnia oddziały „Zośki" ze zgrupowania „Radosław" zdobyły dwa niemieckie czołgi, typu PzKw IV Panther. Micuta zorganizował uruchomienie czołgów, przeszkolił załogę, opanował w błyskawicznym tempie umiejętność operowania czołgiem, objął dowodzenie pod pseudonimem por. „Wacek", i dowodząc tym świetnym, gdy służył nam, stalowym jaszczurem, zniszczył szczególnie niebezpieczne gniazdo ckm na wieży kościoła św. Augustyna, a nazajutrz poprowadził atak na obóz koncentracyjny przy ulicy Gęsiej. I uwolnił 350 Żydów.

Dołączyli oni do oddziału Wacława. Wielu w bitwach zginęło".

Tak zaczyna się opowiadanie, z jakim zetknąłem się kilka lat temu. Bohaterski wyczyn. Lecz teraz mam do dyspozycji przemówienie – improwizację samego Wacława Micuty, ówczesnego „Wacka", wygłoszone dnia 5 VIII 1994 podczas uroczystości odsłonięcia tablicy pamiątkowej w 50-tą rocznicę uwolnienia więźniów z niemieckiego obozu śmierci zwanego „Gęsiówką". Odsłania ono dwojaką prawdę: bestialstwo obcych oprawców i tym straszliwszą potworność tych, którzy przez pół wieku poniewierali swój Naród, w tym tępili prawdę o męczeństwie Żydów z Polski i o obrońcach tych Żydów. A kiedy dorwali się do rządów Krajem, szukali obrońców z „Gęsiówki", by ich skazywać, mordować.

Przemawia Wacław Micuta:

„Dzisiaj trzeba powiedzieć choć parę słów o sprawach pokrytych milczeniem. Obóz żydowski przy ulicy Gęsiej był obozem zagłady. Zrazu trzymali tam 7 000 ludzi. Każda okazja była dobra dla Niemców, aby mordować więźniów. 27-go lipca zdecydowali hitlerowcy przenieść ich do Dachau – ponad 400 zgłosiło niezdolność do marszu. Wzięto ich na izbę chorych i rozstrzelano. Wyprowadzono około 4 tysięcy. Z tych przeżyło bardzo niewielu. Reszta oczekiwała swego mordu w „Gęsiówce". Przed tym obozem stanął batalion harcerstwa polskiego, „Zośka". Jego statut z roku 1939 mówił, że harcerz jest przyjacielem każdego człowieka. Nikt z nas nie myślał o celach strategicznych. Chcieliśmy wszyscy od razu atakować ten obóz. Poszły dwa natarcia, tylko częściowo skuteczne. Sytuacja zmieniła się, kiedy nasze oddziały zdobyły dwa czołgi. Wtedy kapitan Jan, dowódca Brody, porucznik Jerzy, dowódca „Zośki" i ja, d-ca plutonu pancernego, prosiliśmy Radosława, komendanta obrony Woli, o pozwolenie raz jeszcze na natarcie. Radosław dał je, pod warunkiem, że pójdzie mała siła i jedynie samych ochotników, z zaskoczenia. No i poszliśmy. Zaskoczyliśmy ich. Przypadek zagrał na naszą korzyść – Niemcy nie mieli broni przeciwpancernej. Kiedy czołg włamał się do środka twierdzy, poszło brawurowe natarcie plutonu „Felek", kompanii „Rudy". Czołg niszczył ogniem swego działa jedną wieżę po drugiej, Niemcy nie mieli innego wyjścia, jak ginąć, uciekać, poddawać się. Zaskoczenie i szybkość natarcia sprawiły, że nikt z więźniów i atakujących nie został zabity ani nawet ranny. Niemal wszyscy uwolnieni ochotniczo dołączyli do nas. Wielu zginęło.

Ale teraz, proszę państwa, chcę zająć się istotnym znaczeniem tej uroczystości. Wydaje mi się, że chodzi o to, aby zasada harcerska, że człowiek człowiekowi jest przyjacielem, weszła w krew i w zwyczaje naszej kultury, naszej odnawianej tradycji.

Pracuję w wielu krajach, brałem udział w pokojowych akcjach ONZ, widziałem bestialstwo w plemiennych walkach w Afryce, w wojnie zbrodniczych nacjonalistów w Bośni-Hercegowinie. Kiedy pytają mnie przyjaciele: „Powiedz, skąd bierze się w świecie ludzkie bestialstwo?". Odpowiadam: „Ludzie, to bardzo proste. W każdym z nas są zarodki zła i dobra. Rozwijanie zarodka dobrego to droga długa i trudna. Ona doprowadzi nas do zainteresowania innym człowiekiem, do zaufania i do przyjaźni drugiego człowieka, a wreszcie do stosowania przykazania Chrystusa, do miłości swego bliźniego. Zarodek zła rozwija się w ludziach stosunkowo łatwo. W Polsce ten zarodek jest już pokaźnie rozwinięty. Nikt o nikim dobrze nie mówi, nikt nie ma zaufania do nikogo. Jeśli ten zarodek rozwija się dalej, to krzewi się niechęć lub nawet nienawiść do ludzi. Jeśli nienawiść przekroczy pewien próg – zmienia się w bestialstwo.

Jednym z groźnych objawów nienawiści do ludzi jest antysemityzm. Niewielką pociechę stanowi fakt, że krzewi się on głównie wśród ludzi o niskim poziomie intelektualnym i moralnym. Odpowiednikiem antysemityzmu po stronie żydowskiej jest antypolonizm. Tak więc, po obu stronach musimy walczyć, aby człowiek człowiekowi był przyjacielem. To jest, moim zdaniem, głęboki sens tej tablicy i tej uroczystości. Dziękuję Państwu".

Podpisano: Wacław Micuta, harcmistrz, Kapitan Armii Krajowej, d-ca plutonu pancernego batalionu „Zośka". Po uwolnieniu Polski awansowany do stopnia podpułkownika, odznaczony Krzyżem Kampanii Wrześniowej, Krzyżem Armii Krajowej, Medalem Wojska Polskiego oraz Warszawskim Krzyżem Powstańczym.

Czas na działalność polonijną. W Genewie aktywne członkostwo w Stowarzyszeniu Polskim i udział w kołach popierających poprawę i pogłębienie stosunków polsko-żydowskich. Członkowstwo w Związku Artylerzystów Konnych, w szkole byłych żołnierzy Armii Krajowej, w środowisku byłych żołnierzy batalionu „Zośka", w Stowarzyszeniu Szarych Szeregów. Przez okres pracy w ONZ zawsze pomagał polskim delegatom, stypendystom i naukowcom – jeśli pomocy potrzebowali. W Polsce ma wielu przyjaciół i znajomych. W latach 1967 – 1968 pomógł wprowadzić kilka projektów ONZ i w przygotowaniu projektu regulacji Wisły. Propagował w odpowiednich środowiskach rozwój technik wykorzystania energii słonecznej i biogazu. Ale nie znalazł nad Wisłą partnerów o podobnej pasji i entuzjazmie, jakie on posiada.

Może ten szkic do biografii Wacława Micuty trafi w ręce entuzjastów obecnych pokoleń wzdłuż Wisły?

P.S. 10 kwietnia 2007 r. Wacław Micuta został odznaczony w Warszawie przez Prezydenta RP Lecha Kaczyńskiego Krzyżem Komandorskim z Gwiazdą Orderu Odrodzenia Polski.

# Sprawa przelotu Skarżyńskiego

W lecie 1998 roku Pan Aleksander Menhard przyleciał do Polski i telefonicznie obdarzył mnie wiadomością. Opowiedział mi o niebywałej inicjatywie i pracach pana Eugeniusza Pieniążka, szefa Stowarzyszenia Lotnictwa Eksperymentalnego. Pod Jego kierownictwem entuzjaści ciężkiej pracy w Stowarzyszeniu prowadzą odbudowę sławnego samolotu RWD 5bis. W Bielsku-Białej, na lotnisku Aleksandrowice. W Kraju coraz więcej artykułów o ich dziele ukazuje się w pismach fachowych i codziennych. To świadczy o rozkwicie zrozumienia, jak ważne jest to dzieło dla Polski. W „Londyńskim Dzienniku Polskim", dn. 22 lipca 1998 roku, pan A. Menhard w dużym artykule bardzo jasno i ciekawie przedstawił zagadnienie, jakie jest realizowane i jego – koszta. Wyjawił stopień swojego zaangażowania.

Samolot będzie latał w czerwcu bieżącego roku, 1999. Zobaczy go niemal cała Polska. I – myśli się i o tym, że – powtarzając Rekordowy Lot Stanisława Skarżyńskiego z roku 1933-go – przeleci on Atlantyk.

Ktoś rzucił koncept: „... ponieważ tamten rekord jest ważny do dziś, być może zostanie podjęta próba ustanowienia nowego rekordu na tej replice maszyny oryginalnej".

Nie. Jestem zdania, że byłoby to krzywdą wyrządzoną Mistrzowi – niepotrzebnie. Po pierwsze i po ostatnie: rekord na tamtej maszynie, w tamtym czasie, bez radia, bez żadnych pomocy ani reklam, bez żadnych łączności w locie z innymi samolotami, statkami, czy radarami, i, w końcu, bez ostatecznej „deski ratunku"– niech na zawsze pozostanie Jego rekordem, Jego pomnikiem.

Przelot zrobić koniecznie trzeba. Dziś przypomnienie Jego wyczynu On uznałby za naturalne i niepomiernie pożyteczne dla Polski. My wiemy, że to atut więcej niż sportowy. I wiemy, że wyczynowi musi dorównać jego rozgłos, bo „głos rozlegający się jedynie na puszczy, pozostaje na puszczy". Wiemy, że ten wyczyn musi być widziany. Techniczne warunki po temu są, by wyczyn otrzymał oprawę wizualną i dźwiękową. Pieniądze. Te znajdują się w gestii wielu rozmaitej wielkości przedsiębiorstw, które można przekonać, że ich udział w tej imprezie będzie dla nich interesem. Ale trzeba wypracować umiejętne przedstawianie znaczenia jej dla nich.

Pan Eugeniusz. W chwilach sukcesu, uspokojenia po wysiłku, pan Eugeniusz Pieniążek nazywa siebie „PIENIĄDZEM". Po zapoznaniu się z Nim poprzez wielki artykuł napisany o Nim bujnie, obrazowo, ciekawie i rzeczowo w Magazynie „Gazety Wyborczej" z 12-13 czerwca 1998 przez pana Jarosława Kurskiego, przyznaję panu Pieniążkowi słuszność – On jest Pieniądzem. Czyli siłą napędową. Muskułem woli. Jest w Kraju wartością znaczną, sądząc bowiem z dokonań widocznych wzdłuż Jego drogi życiowej, jest On przykładem człowieka zdolnego do realizowania swoich „praktycznych wizji" i niedającej się z Niego wypłukać Woli. O sposobie myślenia zwartym w obranym kierunku i takimż postępowaniu. Na usługach ma: kapitalny dar pobierania decyzji zakładających maksymalne ryzyko. Decyzjom powziętym służą jego talenty, wykształcenie i rozwinięte umiejętności techniczne. Poza tym, dodać trzeba, że, już jako zwykły człowiek, posiada i przeżywa swoją miarę strachu, gdy w spotkaniach z Jego maksymalnym ryzykiem – nie cofa się.

Przesyłam panu Eugeniuszowi moje pragnienie, by już tego lata zaprosił mnie na świadka Jej pierwszego lotu, oraz czek na £ 160.00, może to słomka, która złamie grzbiet wielbłąda przeciwności.

W artykule o p. Pieniążku autor ukazuje Polaków-UB-owców przy pracy. Celem ich wysiłków było powalenie pana Eugeniusza. Takie ich „prace" opisywać należy. To był nie UB, lecz UNP – Urząd Niszczenia Polski. Powtarza się stwierdzenie: komunizm, jak każdy skażony ustrój, jest w stanie dobywać z ludzi, nawet zwykłych, podłość. Ska-żenie dobywa skażenie, Pan Eugeniusz Pieniążek imponuje mi. Ja miałem bardzo podobne pomysły i pragnienia przed wielu laty i przez wiele lat. Nie doprowadziłem ich do fa-jerwerków i oblewania szampanem. Warunki emigracyjne są pewnym wytłumaczeniem mych niemożności. On napie-ra, idzie, zbiera sukcesy. Serdecznie Mu winszuję. Gratuluję nam wszystkim. A dla rozrywki przedstawię, jak podcho-dziłem do zagadnienia, nie cofając się przed pociągnięciami fantastycznymi. Modne określenie: „metody kontrowersyj-ne" pasuje w tym miejscu do starego „jak ulał", jak ulał. Będzie to kąpiel psychiczna w starych, lecz z młodzieńczą siłą stale obecnych myślach i zarzutach sobie stawianych z powodu niedobrnięcia do wyników – niemożliwych.

Rok 1961. 28 luty. Stoję na wysokim balkonie budynku londyńskiego lotniska Heathrow, oczekuję na przylot z Au-stralii „Czerwonego Mustanga", na którym Ron Flockhart chce pobić rekord przelotu z Australii do Anglii. Popiera go, czyli finansuje, osiemnaście zainteresowanych reklamą wielkich firm. Otrzymał specjalne pozwolenie lądowania na London Airport. Pompa. Tam, przy pasie, oczekuje go narzeczona. Kwiaty. Ten rekord ustanowił w roku 1938 mój przyjaciel Jim Broadbent na małym samolocie angielskim Percival Guli. Jim nie żyje. Byliśmy załogą w Portugalskich Liniach Lotniczych ARTOP. Lataliśmy na amerykańskim hydroplanie, Martin Marinerze przerobionym z wojskowe-go na samolot pasażerski. Kilka miesięcy temu Jim, tak do-bry pilot wodnopłatowców (przeżył na nich wojnę na Pa-cyfiku) zginął na początku lotu z Lizbony do Madery. Ja patrzyłem na Jego start na Tagu z samolotu Portugalskich

272

Linii Lotniczych TAP, odlatując jako pasażer na trzy dni do Anglii. Może dlatego, że mnie z nim nie było? Ja miałem dużo szczęścia w lataniu i przynosiłem szczęście. Wtedy. Przesądy? Po katastrofie Jima ARTOP zwinięto. Wobec tego dziś mam wiele czasu wolnego i czekam na „Czerwonego Mustanga". Chcę dla imienia Jima zrobić przynajmniej tyle: dobry program o Nim dla RWE i napisać o naszej przyjaźni, o lataniu i o przygodach do polskiej prasy, do „Skrzydeł".

Wtem kiełkuje myśl.... Wcale nie dziwna, a przecież niespodziewana.... Czy ja nie mógłbym czekać na przylot samolotu... samolotu polskiego? ..., który powraca po np. rocznicowym powtórzeniu historycznego przelotu Stanisława Skarżyńskiego z St. Louis do Macieo, czyli z Dakaru do Brazylii, wówczas na Jego RWD 5bis, na tamtym pudełku wypełnionym benzyną i opatrzonym śmigłem, mniejszym o ćwierć od Percival Gull i ledwie drobnej części rozmiarów potężnego Mustanga, świetnego myśliwca amerykańskiego z drugiej wojny niemieckiej. A dlaczego to ja nie miałbym na tym samolocie wracać, zamiast na niego czekać? Ja? Naturalnie. Jestem byłym zawodowym pilotem wojskowym, teraz cywilnym, mam angielską licencję cywilną z „przystawkami", t.j. I/R, czyli prawem latania na instrumenty w każdej pogodzie, gdziekolwiek, na każdym samolocie do wagi.... Ale na jakim to ja samolocie... ? W tym miejscu urywa się fantazja i zderza z zaskakującą wiadomością – Ron Flockhart nie przyleci, w Atenach przegrzał silnik i zatarł, tam skończyły się jego marzenia o rekordowym pokonaniu Jima! Jim wciąż mistrzem! Wróciłem do domu w Londynie, myśląc o nowej wersji wspomnienia o Jimie i o raptem narodzonej koncepcji powtórzenia przelotu naszego wielkiego pilota Stanisława Skarżyńskiego. Jego także, w wiele lat po szczytowym wyczynie, pochłonęło morze. Pod koniec wojny. Wracał na postrzelonym Wellingtonie znad Niemiec, utonął pod brzegami Anglii.

W domu potrzebna, konieczna, nieodzowna niespodzianka! Oferta latania w Sudanie. Jestem finansowo podratowany. I od tego czasu po uszy zaaferowany nowymi zadaniami, samolotami, krajami. Sudan, Uganda, Libia. Rozmaite pisania, programy dla RWE. Aż nagle znajduję się w Afganistanie! Tam dowiaduję się o nowych dla mnie możliwościach odbudowywania samolotów minionych dat, lat. W Anglii. Zdaje się, że takie potrzeby, a za nimi umiejętności, pojawiły się w UK na początku sześćdziesiątych lat. Teraz jest rok 1968, wiosna. Niedaleko lotniska Kabulu poniewierają się dwa szkielety myśliwskich maszyn, jeszcze przedwojennych modeli. Gladiatory? Żałosny widok. Chce się westchnąć i odwrócić, bo to obraz zaniedbania, zaprzeczenia dawnych wdzięków, zwinności, groźnych uroków, aż politycznych znaczeń, pazura potężnego ramienia ich kraju a teraz – przemożnej klęski. Spotkałem w hotelu znajomego urzędnika z ambasady angielskiej i przy „drinku" zapytałem, czemu nie usuną tych szczątków sprzed oczu ludzi, którzy mogą sądzić siły ojczyzny tych szacownych wraków według ich bieżącego wyglądu. Tutaj takie oceny balansu sił międzynarodowej elity są możliwe. Pośmieliśmy się nieco i okazało się, że ostatnio te rupiecie zostały uznane za nieco tylko zapomniane skarby, że już wkrótce, należycie zapakowane, polecą do domu, będą przywrócone do ich naturalnej formy i oddane do wielkiego Muzeum Lotnictwa Wojskowego pod Londynem. Jak zawsze w tego rodzaju dotkliwych okolicznościach, natychmiast wyskoczyło mi „spod kapelusza" milczące pytanie, czy my nie moglibyśmy znaleźć w Rumunii, w Bułgarii, na Węgrzech, w Grecji....

Otrzymuję coraz to ciekawsze kontrakty z UNDP. To oznacza wir szkoleń się w fabrykach, na nowych samolotach, by wiedzieć, jak oceniać projekty rządów tzw. rozwijających się krajów, zgłaszających zapotrzebowania na fundusze do UNDP – na zakup tych samolotów. Zaabsorbowanie w pracy na służbie w UNDP, jako „expert" i pilot.

Czas i ja. Wynik wiadomy.

Rok 1975. Jestem Europejskim Dyrektorem Polsko-Amerykańskiego Komitetu Imigracyjnego z siedzibą w Monachium. Ameryka finansuje nasze akcje pomocy uchodźcom z okupowanej Polski. Co pewien czas przylatuje z ambasady w Genewie pan, którego zadaniem jest rzucić okiem na nasze ręce. W ramach tych przylotów pojawiali się panowie dobrej klasy, a na wiosnę tamtego roku pan Edward Brennan. Obaj zrobiliśmy na sobie dobre wrażenie, sympatia od pierwszego rzutu oka do tego stopnia poważna, że zaprosiłem go na dobry obiad na własny koszt. Obaj lubiliśmy hinduską kuchnię, curry tak nasilone, że płakać można z radości i ognie tego szczęścia łagodzić Moselem. Niezwłocznie po pierwszym kielichu wznieśliśmy drugi, on bowiem też był pilotem z wojny, wiele godzin wylatał nad Pacyfikiem na Martin Marinerze, słyszał o Jimie Broadbencie, wiedział o Jego rekordowym przelocie z Australii do Anglii, ode mnie dowiedział się reszty. I wtedy, jako pal Jima i niemal samego pana B. z powodu tegoż Martin Mariner'a, który zabił wielu dobrych pilotów, miałem możność przesunąć sprawy Komitetu na czas rozmów w biurze po obiedzie, a przy stole i winie, w naszej lotniczej atmosferze, zapytać go, czy także wie o rekordowym przelocie Stanisława Skarżyńskiego... ? Przez Atlantyk? Na polskim samolocie RWD 5bis? W roku 1933-cim? Ten sympatyczny pan patrzył na mnie niezachwianym okiem i prościutko odpowiedział mi, że o polskim lotnictwie nie wie nic. Ani o amerykańskich pilotach latających w pierwszych polskich eskadrach przeciw bolszewickiemu najazdowi w roku 1919-1920, ani o Orlińskim i jego niebywałym przelocie w 1926 roku Warszawa-Tokio oraz z powrotem do Warszawy na uszkodzonym samolocie z trzęsącym silnikiem o pękniętym śmigle podwiązanym drutem przez mechanika sierżanta Walerego Kubiaka, Jego arcytowarzysza o równej odwadze, a więc na resztkach rozsądku ich obu i nieumniejszonej silnej woli, o Jego rekordowych wyczynach akrobatycznych na polskim samolocie PZL 6 w czasie zawodów międzynarodowych w Ameryce! W Cleveland. Ani o polskich zwycięstwach w Europie, w Challange'ach, na polskich samolotach RWD 6 i RWD 9, ani o Żwirce, ani o Bajanie, ani o Żurakowskim, o Skalskimi Urbanowiczu, Łagunie...o...o...o.... Wobec tego opowiedziałem mu o Stanisławie Skarżyńskim i Jego polskiej maszynie, najmniejszej, jaka kiedykolwiek pruła powietrze nad Atlantykiem przez 20 godzin – skutecznie. I o tym, że od lat, z przerwami na lata, dopuszczam się myśli, jakby doprowadzić do powtórzenia tego wyczynu, z takim hałasem radiowym i telewizyjnym i prasowym, żeby tym razem wszystkie dzieci, bez względu na dojrzały wiek, o tym się dowiedziały i ubawiły. Gdy wstawaliśmy od stołu, powiedział mi pan Brennan, że taaaakiego obiadu ani się nie spodziewał, ani nie zapomni. Obładowałem go dwoma książkami napisanymi po angielsku: „Flight of Eagles, dzieje Amerykanów-pilotów w Polsce w latach wielkiej Potrzeby", napisaną przez Roberta F. Karolewitza i Ross S. Fenn'a, wydaną w 1974 roku przez Brevet Press, Inc. w Sioux Falls, South Dakota 57102, dedykowaną panom Charles'owi R. d'Oiive, Markowi J. Marzyńskiemu i Lou Prochutowi. Tę Mu podarowałem, a pożyczyłem drugą: „Polish Aircraft 1893-1939", dzieło pana Jerzego B. Cynka, za które On powinien być permanentnie, corocznie nagradzany. Jego dzieło to reflektor odsłaniający polskie dokonania i możliwości. Wydane w Londynie przez Putnam & Company, w roku 1971.

Edward Brennan. Nie obiecywał pomocy, ale wiedziałem, że On będzie jej szukał. Nie zdążył. Umarł na serce. Pozostał mi po tej znajomości-wydarzeniu Jego list napisany do mnie, gdy skończył czytać pana Cynkowe dzieło. Powiedział w nim: „There is so much material in it and I was so fascinated that wanted to be sure to read it thoroughly. I had never dreamed that there was such wealth of research and production on the pre-war Polish aviation industry". („...jest w tej księdze tak wiele materiału i tak byłem nią zafascynowany, że chciałem przestudiować ją dokładnie. Nie miałem pojęcia o bogactwie prac doświadczalnych i o produkcji w przedwojennym polskim przemyśle lotniczym". Można by napisać księgę o naszych stratach ludzi ważnych w ważnych dla nas chwilach.

Wacław Micuta i Edward Kossoy! To bardziej może fantazyjny (może fantastyczny?), a jednak może praktyczny rozdział wśród moich prób wykoncypowania sposobów przynajmniej zbliżenia się do rozmów z kimś, kto by dopatrzył się w moich pomysłach swoich korzyści. Albo może dojścia do kogoś dobrej woli?

Tu krótka apologia Wacława Micuty. Ten pan duchem, wyczynami bitewnymi w Warszawie Powstania – wtenczas por. Wacław na zdobycznym czołgu niemieckim uratował setki Żydów, zgarniętych na Gęsiówce na rozstrzelanie – po wojnie, po wyzdrowieniu z ran i gruźlicy, służbą jako Reprezentant ONZ-tu w krajach Trzeciego Świata i po wyjściu na emeryturę pracami według własnych koncepcji dla ludzi biednych bez względu na to, gdzie oni rodzą się i cierpią, zdobył sobie poważne imię i uznanie wśród Organizacji Pomocy dużej klasy i kilku rządów jako niezwykły filantrop – nie Fundacją Jego Imienia, ale własnoręczną, czarną robotą w oparciu o specjalistów-emerytów, jakich On sobie do współpracy wybiera i zdobywa i razem z nimi haruje. To tyle o nim, żeby właściwy sens miało stwierdzenie, że się z Nim mam zaszczyt przyjaźnić i że to On mnie skierował na ciekawą ścieżkę. U końca tej ścieżki stoi (w Genewie, nie przesadnie daleko od mieszkania Wacława), przestronna, ładna willa i należy do przyjaciela Wacława, pana Edwarda Kossoya. Wysoki, szczupły mężczyzna. Poważny. Z poczuciem humoru. W domu prezyduje Jego żona, pani Sonia, miła, delikatna kobieta, bardzo mi życzliwa i krąży tam para Jugosłowian, ogrodnik po ogrodzie, kucharka po kuchni. Ten szczerze przyjazny

Wacławowi pan wywodzi się z Polski, duchem należy do Izraela. Oboje od razu wprowadziłem in media res moich zamysłów: doprowadzić do powtórzenia rekordowego lotu przez Atlantyk przez Stanisława Skarżyńskiego w roku 1933. Opierając się na danych zawartych w dziele pana J.B. Cynka, aeroklub Izraela 'Aviron' (po hebrajsku: Samolot) odziedziczył po aeroklubie Palestyny samoloty rodem z Polski: dwie RWD 8-mki, dwie RWD 13-tki i jedną RWD 15. Tej maszyny przeznaczeniem były loty raczej długodystansowe. Łatwo dałoby się to jej przeznaczenie dopasować do takiej potrzeby: do powtórzenia na niej rekordowego lotu Stanisława Skarżyńskiego! To ma wydźwięk, prawda? Nie dla pobicia go. Dla przypomnienia. Pamięć takich faktów jest Polsce arcy-potrzebna. To nicwątpliwe. Maszyna jest. Ale ... czy osiągalna? Na razie nie. I nie ma sprecyzowanych widoków na całą – nie przerażajmy się – maleńką dźwignię finansową przedsięwzięcia. Na razie nie. Wobec tego trzeba zacząć zdobywać i jedno i drugie. Może.... Władze Lotnictwa Izraela zainteresowałyby się takim wyczynem Polsko–Izraelskim? Hm? ... Takim Polsko–Izraelskim wyczynem, powtórzyłem. Pan Edward patrzył na mnie i zdziwiony i zaciekawiony. Wobec tego przeszedłem do argumentacji: „Wiem, że Izrael dziś w rękach premiera Menachem Begina obrał kierunek polityczny godny podziwu i szacunku – zgody z wszystkimi sąsiadami. Izrael i Polska geograficznie – nie, niemniej sąsiadują z sobą poprzez części naszych narodów – w USA, w UK i całej reszcie świata, Polacy są w równie rozległej diasporze i liczbowo podobnej. I już minął czas bezradności „Polacka" w USA. Następstwo Kissinger–Brzeziński jest tego dowodem i potwierdzeniem. Polonia jest słyszana. Liczy się. A jakże wielu Polaków – ci przeważają – patrzy dziś na Izrael z szacunkiem. Proszę, niech pan przeczyta słowa mego przyjaciela, rozumnego człowieka, dobrego poety, w wojnie doskonałego pilota". I podałem mu zakończenie listu pisanego do mnie przez Pawła Moskwę. Paweł pisał: „... mało mi nacji imponuje tak, jak mi imponuje młode państwo Izrael i jego młoda generacja. Drugi krańcowo przeciwny biegun... – To jest nieopisany respekt dla ich ducha i ich wyczynów szczytowych w dziedzinie wszystkich najpiękniejszych osiągnięć dla całej ludzkości. Jak tu z tym się kłócić? ... masz wielką rację, myśląc o naszych stosunkach z amerykańskim, z każdym, społeczeństwem żydowskim. ... dziwne, jak taki plan i jego pomyślne zakończenie, potrafią dać olbrzymie rezultaty, czasem na zupełnie nieprzewidzianą skalę. Działaj więc, nieustraszenie, bo sprawa jest dobra, czyli piękna".

Przy kolacji dowiedziałem się, że Szwajcaria ma nie tylko banki godne uwagi – ze względu na ich wielką Tajemniczość wobec urzędów Nieznośnych, lecz i wcale znośne wina. Przy kawie pan Kossoy ujawnił, że pana Begina zna osobiście i poradził mi napisać do niego, po polsku, powołując się na naszą rozmowę i otrzymane przeze mnie wskazówki. Drugi list, sądził, należałoby wysłać do znanego pilota, generała Lotnictwa, ministra Spraw Wewnętrznych, Ezer Weizmana. I... zobaczymy. „Ale niech pan na razie poczeka z wysyłką listów. Aż ja się dowiem, jak to z tymi samolotami naprawdę jest", rzekł mój gospodarz.

Niewiele czasu upłynęło, poczta w Monachium ucieszyła mnie sporą paczką z Genewy. W niej otrzymałem kolorowe rysunki samolotów RWD 8, 13 i 15. Dokładnie opisane po hebrajsku, co mi pan Kossoy przeniósł na język mój. A ponadto niespodziewana informacja zdobyta przez pana Edwarda! Tę, szczególnie ważną dla moich projektów, przedstawiam: pierwszą maszyną bojową Izraela był samolot ... RWD 13! Historyczną prawdą jest, że w grudniu 1947 na RWD 13 dokonano pierwszych zbrojnych nalotów na nieprzyjaciela w obronie Nabatim, osiedla Żydów, obleganego i zagrożonego wycięciem jego mieszkańców. Radiowo wezwano pomocy, zawiadomiono klub lotniczy. Tam z RWD 13 wymontowano drzwi, na podłodze maszyny siadł strzelec z KM i granatami ręcznymi i z niskich lotów tak siekł przeciwników, tak ich obrzucał granatami, że szybko odstąpili od zamierzenia już zaawansowanego. Samoloty RWD służyły i do rozmaitych innych celów wojskowych. Gdy stworzono „Służbę Powietrzną", one znalazły się w zalążku Izraelskiego lotnictwa Wojskowego. Tak się złożyło. Czy „nie złoży się" nic więcej? Koniec – kropka? O tyle „kropka", że RWD 15 już nie ma, spalona – w hangarze – przez nocnego stróża, Araba. Nie miał pojęcia, komu najbardziej dojadł. Ale może to tylko „pół-kropek"? Nowe podejście do rzeczy nie czekało długo na urodziny. Pojawiło się spod pióra, gdy kończyłem list do premiera Begina. Wiedziałem, że ma to być rodzaj depeszy, bo czas miewają petenci, nigdy odbiorcy ich pism. Lecz wypada mi go przytoczyć w jego średnio krótkiej całości, mimo, że Czytelnik znajdzie w nim wiele z uprzednio poznanej treści moich rozmów z panem Kossoyem:

„Panie Premierze!

Przyjazną wskazówkę, by ten list napisać do Pana wprost i po polsku, otrzymałem od pana doktora Edwarda Kossoya. A piszę, ponieważ świat postrzega Pana jako męża stanu, który potrafi ocenić właściwą chwilę, by wykonać niezwykły gest. I taki gest przyjąć. Pan rozpoznał czas godzenia się Izraela z wszystkimi sąsiadami. Czy także z dalekim, a zawsze jednak bliskim? Z Polską? Polska i Izrael sąsiadują na całym świecie i sąsiedztwa nie unikną. Może nadeszła chwila na Pański gest wobec Niej. Oto jego proponowana treść: CHODZI O POMOC IZRAELA W WYKONANIU LOTU PAMIĄTKOWEGO PRZEZ ATLANTYK, ORYGINALNIE DOKONANEGO PRZEZ STANISŁAWA SKARŻYŃSKIEGO W ROKU 1933. Dla tego celu potrzeba samolotu, któryby się wywodził z Izraela. Jest w Izraelu nieużywany już polski samolot RWD 13. Ta maszyna służyła celom wojskowym „Hagany" i była pierwszym samolotem izraelskim użytym do akcji ofensywnej – należy do zalążka „Służby Powietrznej". Ta maszyna po restauracji i pewnym przebudowaniu mogłaby tę rolę spełnić. Przemysł lotniczy Izraela jest w stanie takie zadanie doskonale wykonać. A jeśli ten samolot jest poza postawieniem go na pasie startowym, to może Izrael użyczyłby samolotu swojej konstrukcji? Lub choćby swojej rejestracji? I polecielibyśmy razem: ja i kolega pilot Sabra! Dokładniej omawiam tę propozycję w liście skierowanym do Ministra Spraw Wewnętrznych, pana gen. Ezer Weizmana.

Dziś nadeszła ta szczególna chwila, która chce, by pojawił się w ramach naszych dwu kręgów piękny gest pojednawczy. Gest ze strony obecnie wolnej!

Gest za Gest.

Dziś Polacy patrzą z podziwem na naród Izraela. Oto wyjątek z listu mego przyjaciela w odpowiedzi na moje zawiadomienie Go o tym projekcie (Paweł Moskwa przytoczony).

Dziś Pański gest Polacy przyjęliby ze zdumieniem, z niedowierzaniem, z entuzjazmem, z gniewem i oburzeniem! I sądzę, że ten gest by i Żydów zdumiał i wielu zaniepokoił, innych podobnie by zgniewał i oburzył – ale Pański Naród napełniłby dumą, że od Niego wyszedł. Wszyscy byśmy poczuli powiew niezwykłości. I odetchnęli głęboko. Stanęlibyśmy naprzeciw siebie na progach Gmachów naszych Narodów, a nie w ich piwnicach.

Zadanie nie jest zbyt trudne ani zbyt kosztowne. Jego cena w pieniądzach z pewnością by się zwróciła z nawiązką. A może stałoby się ono kluczem, któryby otwarł nowe możliwości współżycia – współpracy wzdłuż granic naszego współistnienia.

Od Pana, Panie Premierze, może wyjść słowo. Wzruszające, decydujące. Tego nam potrzeba. Takie są nasze natury.

Jeśli Pan ten projekt....

Proszę przyjąć.... ”

Pan Premier mego listu nie otrzymał. Ani obszerniejszego listu nie otrzymał minister Spraw Wewnętrznych Izraela, generał Ezer Weizman. Musiałem napisać do pana Kossoya: „Ma Pan rację. To co się nagle poczęło dziać w Izraelu owej czarnej soboty, 11-go bm, nie pozwala na podnoszenie kwestii Lotu. Trzeba czekać. „Inne kroki”? Panie doktorze, oby się one także wiązały z udziałem Żydów. Z USA? Z UK? Może Związki Kombatantów Żydów? Cel i pragnienie pozostają te same – wykonać wspólny krok. Zabrzmiałoby echo słów: „Przebaczamy i prosimy o przebaczenie... ”. Jakże podobną myśl wsączył w swój list Paweł Moskwa. Przesyłam... ”

Następny „krok” nadleciał nade mnie. W Blackpoolu. Rok 1978. Zapatrzyłem się jako widz na eleganckie przeloty piątki reklamowej należącej do firmy tytoniowej Carreras Rothmans Limited. Dowiedziałem się interesującego mnie szczegółu o ich działalności: oni popierali, czy nawet organizowali, wyczyny na lekkich samolotach dla swych celów reklamowych. Ostatnio sfinansowali („sponsorowali”) przelot do Australii. Naturalnie napisałem do ich odpowiedniej instancji. I na tym wdzięcznym elemencie mej opowieści.....

Dobranoc... Panu Eugeniuszowi Pieniążkowi cześć i najmocniejsze życzenia, by mógł tego lata nazwać siebie „Pieniądz" DUŻYMI LITERAMI!

# A. C. Mynarski

Andrew Charles (Andy) Mynarski, VC, COF, urodził się w Winnipeg, Manitoba, 14-go października 1916. Tam otrzymał wykształcenie i pierwszą pracę zawodową, w skórnictwie. W roku 1940 wstąpił do Winnipeg Rifles, (tj. do Piechoty Stanu Winnipeg), w następnym roku przeniósł się do Kanadyjskiego Lotnictwa Wojskowego. W roku 1942 ukończył szkolenie jako strzelec pokładowy i przeniesiono go do czynnej służby w Lotnictwie Zjednoczonego Królestwa w U.K.

Tam „Andy" zakończył swoje szkolenie operacyjne i przesłano go do 9go Dywizjonu, Royal Air Force, a w roku 1944 otrzymał przydział do Kanadyjskiego Dywizjonu No 419. W tym Dywizjonie odbył 12 lotów bojowych i jedenastego czerwca 1944 roku awansowano go do stopnia podporucznika. Tego dnia wyznaczono go na kolejny lot bojowy nocny, na nowym samolocie Lancaster.

Ten samolot z wyprawy nie powrócił. Po zakończeniu wojny sześciu członków załogi Lancastera uwolniono z niemieckiego obozu jeńców. Brakowało porucznika A.C. Mynarskiego. Oficjalnie złożono opis tego, co z nim się działo i o jego zachowaniu się, w nocy pożaru ich Lancastera. Zawartość tekstu powyższego raportu spowodowała przedstawienie A.C. Mynarskiego do pośmiertnego odznaczenia go najwyższym Krzyżem Bojowym – Victoria Cross.

Relacja wspierająca odnośny raport przedstawia całość wydarzenia z chłodną, urzędową prostotą.

„Podporucznik A.C. Mynarski w Lancasterze zajmował stanowisko górnego środkowego strzelca pokładowego. W nocy 12 czerwca 1944 roku zadaniem tego samolotu było bombardowanie celów w Cambrai, we Francji. Podczas wykonywania zadań Lancaster został zaatakowany przez myśliwce z dołu i od tyłu masą pocisków zapalających i w końcu walki, paląc się, spadł.

Jako natychmiastowy skutek ognia myśliwców Lancaster stracił oba lewe silniki. Ogień objął cały płat tego skrzydła. Ogień także wybuchł pomiędzy środkową górną wieżyczką obronną, operowaną przez A.C. Mynarskiego, i wieżyczką tylną, strzelca ogonowego.

Pożar szybko zyskał rozmiary nie do zwalczenia. Kapitan załogi wydał rozkaz opuszczenia samolotu. Andrew C. Mynarski także opuścił swoją wieżyczkę i skierował się do szybu ucieczkowego, jako ostatni do skoku. Wtedy zobaczył, że tylny strzelec jest uwięziony w swojej wieżyczce, usiłuje otworzyć zapasowe zamki – hydrauliczne przestały działać na lewym skrzydle. A.C. Mynarski bez wahania ruszył przez ogień do zatrzaśniętej wieżyczki. Podczas jego wysiłków, gdy stał na palącej się podłodze, od niej zapalił się jego spadochron i mundur. Obaj szarpali połamane zamki bez skutku. Nie osiągnęli ratunku dla zamkniętego kolegi. Wówczas zamknięty strzelec dał mu znać o beznadziejnej sytuacji i sygnał, by ratował siebie. Wówczas, jako ostatni gest, Mynarski stanął na baczność, i w palącym się już mundurze zasalutował skazanego na śmierć kolegę. I wyskoczył.

Skok A.C. Mynarskiego z samolotu w ogniu i jego w płomieniach spadającego do ziemi, widziany był przez Francuzów. Znaleziono go. Jego spadochron i część ubrania zwęglone, uderzenie o ziemię zakończyło Dzień Jego Zaszczytów.

Strzelec tylnej wieżyczki Lancastera nie zginął. Kąt uderzenia kadłuba o ziemię spowodował, że samolot rozłamał się i jego część ogonowa odpadła i pozostała w miejscu zderzenia z ziemią, z dala od dopalającej się części kadłuba i skrzydeł.

Uratowany strzelec złożył dokumenty opisujące, co działo się przez kilka minut w palącym się kadłubie Lancastera. Stwierdził, że gdyby A. G. Mynarski nie próbował ratować kolegi, stanowczo mógł opuścić maszynę, mając dość czasu, by uratować siebie.

A.C. Mynarski musiał zdawać sobie sprawę, że ratując drugiego – traci swoją szansę ratunku. Mimo to uparcie ratował zagrożonego kolegę.

Świadomie akceptując grozę sytuacji, A.C. Mynarski stracił życie. Okazał wielkość odwagi najwyższego stopnia, heroiczną.

W roku 1973 został włączony do listy Najsławniejszych Członków Lotnictwa Kanady, z następującą oceną: „Fakt, że zdobył On Victoria Krzyż w walce powietrznej, musi być uważany za najwyższy wkład do Sławy Lotnictwa Kanady".

# Pogrzeb polskiej załogi

Samolot: LANCASTER Mk1, numer NG266 BH-L; Załoga: Polska – 7 osobowa. Dywizjon 300 z. Faldingworth; Zadanie: nalot na PFORZHEIM; Data: 23.02.1945.

Samolot zestrzelił nocny myśliwiec pomiędzy Eutingen i Niefern. Nikt z załogi nie był w stanie uratować się.

Ciała kapitana Flt. Lt, Adama Filipka, pilota (P-2648) i sierżanta Józefa Mrożka, mech. pokładowego (P-782865) – były od razu pogrzebane w Dürnbach, na Cmentarzu Wojennym. Nazwiska Członków Załogi obecnie złożone na tym samym Cmentarzu:

Ferdynand Magierowski, pilot officer, Nawigator (P-2792)
Mieczysław Ludwik Ziegenhirte, pilot officer, Air Bomber (P-2830)
Czesław Kowalski, starszy sierżant, Radio Operator (705573)
Władysław Sadowiński, sierżant, strzelec pokładowy (70GG87)
Sabin Trzepiota, sierżant, strzelec pokładowy (706704)

Nazwiska całej załogi są zapisane na Polskim Pomniku w Norlholt.

Obecni i składający ostatnie honory grzebanych otoczyli serdecznymi modlitwami: ksiądz Czesław Nowak, polski proboszcz z Monachium; Ksiądz anglikański, Andrew Turner, reprezentujący RAF; Oficer RAF; Konsul polski, pan Piotr Radosz i pan Andrzej Dałkowski; Przybyli dwaj żołnierze Polskich Sił Zbrojnych, Pułkownik i Major, z Ramstein w Bawarii, gdzie służą w oddziałach NATO.

Stawili się w galowych mundurach i razem z panem konsulem Piotrem Radoszem składali wieńce Konsulatu Polskiego w Monachium, obok szarfy dostarczonej przez Royal Air Force. Pan Andrzej Dzikowski, zasłużony inicjator i wykonawca wielu akcji opiekuńczych nad grobami polskimi, asystował wszystkim czynnościom.

Jeszcze jeden pogrzeb naszych kolegów, Polaków, którzy znowu stawali w obronie Waszej i Naszej Wolności. Dziś czytam artykuł w „Münchner Merkur", Nr 158, 11 lipca 2002, o ówczesnych bombardowaniach małego miasteczka, bawarskiego, dwudziestotysięcznego, bombardowania tak okrutnego, że porównuje się jego nieszczęście z tym, jakie spotkało Drezno. „Dlaczego? Przecież to miasteczko zegarmistrzów i jubilerów!". Ponieważ obecnie chowana załoga Lancastera składała się z Polaków, to ich była ta ostatnia, nieludzka wina. Przywołano na pamięć Halifaxy RAf-u, uprzednio bombardujące to miasteczko „nie wiadomo dlaczego", tym razem krótkim słowem Polakom przypisano naloty na spokojnych ludzi. Polakom. Do zapisania w annałach (Niemcy są z reguły niewinni: nie tak dawno nosili na klamrach pasów mundurowych wyraźne stwierdzenie: GOTT MIT UNS. A oni tylko w niewinności swojej czynili, co należy. Jakie przeświadczenie (czy ... nieustająco żywe?), wzbudzało swoistą logikę, a ta może (i pewnie) również wskazywała, że Polacy historycznie pięknie obdarzani przez Landshut, przez Monachium, powinni byli potępiać lotnicze ataki Anglików, Amerykanów na to, co bawarskie. A tymczasem?.... Tak zniszczyć miasteczko zegarmistrzów i jubilerów? ...

Pochowani. Opatrzeni kwiatami i dobrymi słowami, po 57 latach, ale oni przecie od tamtej chwili dysponują okresami wieczności. Jak przypadnie to i nam w naturalnym trybie bytowania nie tylko ciałem już niezadługo. W chwili tak ważnej, tak uroczystej, chciałoby się odczuć, wiedzieć jak oni, osobiście spętani wojną, przeżywali swoje dni, godziny i chwile do momentu tutaj ostatniego. O tym prawie nigdy nie czytamy, nie mówimy. Czyż to domena nietykalna? Jeden z naszych kolegów, mój przyjaciel, Stanisław Sęp-Szarzyński, człowiek zdolny do rozpatrywania szczególnych sytuacji, do opisywania przypuszczeń z nich narzucających się albo wiarygodnych, albo zasługujących na debatę, o tych sprawach pisał, gdy już latać nie mógł. Zostawił notatki. Napisane są one tak, że czytelnik nie odmówi sobie spokojnego przeczytania ich. Ja pozwoliłem sobie narazić się jego Części Wieczystej: z końcowych paragrafów jego eseju wyjąłem i powiązałem jego obserwacje, odczucia, a także jego myśli w taki ciąg i sens, który, mimo poważnego skrótu całości, odtwarza procesy nieuniknione, lecz niemal zawsze tajone, obejmujące załogi samolotów bojowych. Bombowych, bo o nich tu mowa. „Bombowych" w całej grozie tego słowa, gdy one pracują według swego przeznaczenia.

Oto, co Stanisław pozostawił na piśmie, poczynając od pierwszych lotów operacyjnych:

> „...byliśmy nad celem. Olbrzymie stada pomarańczowych kul wznosiły się ku nam. Bardzo powoli, jakby wypływały z dna potężnej kadzi. Te pomarańczowe kule urzekły mnie. Patrzyłem na nie oczarowany i zdumiony, jak na nieziemskie zjawisko. Wiedziałem, że w języku lotniczym nazywają się „choinką" i że są to pociski szybkostrzelnych dział. Nie przypuszczałem, że jest to takie wspaniałe.
>
> Naszych szesnaście bomb poleciało w otchłań. W dwie godziny później zasypiałem szczęśliwy i dumny, a pomarańczowe kule tańczyły koło mej głowy triumfalny taniec. Rano pomyślałem – no, no jeszcze nie teraz. Później? Później dowiedziałem się, że podobno każdy lotnik przechodzi swój nerwowy kryzys. Ukrywany. Nagle człowieka ogarnia ordynarne prze-

rażenie i miłość do życia, do słońca, do świata. Gdzieś, w głębi duszy, poza myślami i poza wolą, powstają dziwne sfery, z nich sączą się w system nerwowy pewność swego szczęścia lub złe przeczucia. Człowiek spostrzega, że myśli inaczej i czuje inaczej, że wiele wspaniałości dziwnie wyblakło, skurczyło się, a wiele zwykłych kamieni przydrożnych nabrało jaskrawych barw. W kurzawie krwawego pyłu błysną czasem jakieś kontury. Nie wiedzieć skąd wystrzelą wieżycami jakby świątyń i zapadają w pomroce i szarości. Wtedy trzeba nie lada wysiłku woli, żeby wziąć się w kupę i nie dać po sobie poznać. Kryzys, bywa, przechodzi, ale zwykle trwa do końca. W tej bombardjerskiej Samosierze, która ciągnie się przez wiele miesięcy, można spotkać ludzi, dla których antyczne bohaterstwo nie jest tylko pojęciem. Jest rzeczą powszechnie znaną, że wielu, którzy zginęli, przeczuwało swoją śmierć. Przed ostatnim lotem starannie szeregowali drobiazgi, pisali listy, byli niezwykle poważni, małomówni, jakby zapatrzeni w ten drugi, tajemny świat.

Czyżbym kiedykolwiek doszedł do tego bez tych nocy, w których żywioł obnaża swoją twarz?

Na wielkiej mapie w pokoju operacyjnym nić z naszej bazy biegnie prosto do serca Polski. A jednak droga prowadzi różnymi szlakami i bywa, że ponad wielu „małymi miasteczkami zegarmistrzów i jubilerów”. Trudno. Nie nasz wybór, w tej chwili przechodzą nad hangarami ładowne bombami samoloty. Od tętentu tysięcy mechanicznych koni dzwonią szyby jak od grzmotu dział.

I teraz zapalają się gwiazdy nad dachami Warszawy."

(Stanisław Sęp-Szarzyński, wyjątki z eseju pt. „A wiele sobie takich przydrożnych kamieni..." )
Okoliczność jedna z najważniejszych. Mimowolne refleksje:
Europa. Nasza Europa. Kpiny. Sam fakt zmuszania nas
teraz do starania się o prawo wejścia do Europy – to degra-
dowanie nas, Europejczyków, do statusu Czwartego Świata
Minus. Co za obraz! Kilkakrotnie w historii obrońcy Europy, a więc Jej kultury, Jej cywilizacji, sami coraz straszli-
wiej atakowani z obu stron, ostatecznie stoimy u klamki
tej Europy, jakbyśmy nie byli rodowitymi Europejczykami!
My, wskutek działań Zachodu Europy, sprzedani w niewolę
Moskwie na pół wieku, a wyniszczani przez obu handlarzy,
zdumiewamy się stanowiskiem ludności zachodniej części
naszej Europy, ludności Europy chrześcijańskiej! Z Jej cu-
downą Fatimą, Lourdes, Gwadelupe itd. O Matce Naszej,
mieszkającej w Częstochowie i w sercach wielu Polaków,
nie wspomnę w tej nocie, którą piszę o poganach.

# Wieczór lotniczy

Leży przede mną szara okładka Programu Wieczoru Lotniczego z dnia 8 września. Jakże szybko bieżącego roku 1985.

Był to Wieczór Pamięci o latach 1940 i 1945. O roku 1940, roku Battle of Britain, bitwie o równie nieprzemijającym znaczeniu dla całego świata, jak Battle of Poland, Bitwa o Polskę w roku 1920. W jej wyniku bolszewicy do dziś nie zdołali wziąć całego Berlina, a tym samym Europy. Był to także rok narodzin wielkiej sławy Lotnictwa Polskiego.

Rok 1945, ważny tylko dla tych lotników polskich, którzy przeżyli wszystkie lata wojny, by po nich przeżywać swą osobistą chwałę i narodową klęskę. Cieszyliśmy się w 45-tym, że w kraju zwycięstw, narodzin sławy i śmierci kolegów, nie odmówiono nam przynajmniej pozwolenia na założenie swego Stowarzyszenia, które po dzień dzisiejszy niesie pomoc weteranom, kalekom, rodzinom poległych.

Sala POSK-u wypełniona. Starzy wiarusi (Czy „wiarus" to od słowa wierzyć?). Wielu, chociaż trzymali się nieźle, wbrew minionemu niemal półwieczu, uginało się pod ciężarem krzyży i medali polskich i cudzoziemskich.

Wieczór rozpoczęto niemal punktualnie. Że poezja od świtu pierwszej legendy aż po dzisiejszy dzień powszedni otaczała człowieka latającego podziwem i pieśnią – słusznie więc poezji, pieśni i muzyce oddano prym. Tu dopowiedzieć trzeba, że u krańców skrzydeł wczesnego pilota, jak i pilota bojowego, zawsze szybowała chyża śmierć. Jeśli komukolwiek te słowa wydają się zbyt górne, przypomnę jako przykład pierwszy punkt programu, „Marsz

Lotników". Napisał go porucznik pilot Stanisław Latwis na krótko przed swoją śmiercią lotniczą. Zginął w Dęblinie jako instruktor pilotażu. Widziałem tę katastrofę: zwalił się jego Potez XXV tuż przed lądowaniem – pewnie zbyt zawierzył zdolnemu uczniowi, zbyt wcześnie oddał mu stery.

Poezja nie opuszczała nawet tych załóg, które stały się parobkami śmierci, ale wzniosła się na swoje szczyty, opiewając tych, co – zmuszeni do tego – przez wspólnictwo ze śmiercią, bronili swej Ojczyzny. Jak każdy żołnierz.

Wprowadzono Sztandar Stowarzyszenia Lotników Polskich. Bardzo jest on podobny do Sztandaru Lotnictwa, sztandaru ze wszech miar niezwykłego. Już pomysł: kapitana Hryniewicza, by uszyto go w Wilnie okupowanym przez hitlerowców, był nadzwyczajny. Wykonanie tej myśli, po czym droga Sztandaru do Anglii, do polskich dywizjonów, układa się w opowieść oczekującą wybitnego poety. SŁOWO O SZTANDARZE winno powstać, być przełożone na język angielski i podane tym pokoleniom tego kraju, dla których my jesteśmy tylko foreignerami, jak kiedyś byliśmy nimi dla ich ojców i dziadków, nim tamci nauczyli się uśmiechu dla nas i akceptacji.

Na scenę wszedł Air Vice-Marshal Aleksander Maisner, prezes SLP, Polak wysoko umieszczony na drabinie hierarchii RAF-u. Objął on kierownictwo gasnącej organizacji po generale Aleksandrze Gabszewiczu, z którym się przyjaźnił. Teraz dobrą polszczyzną i zwięzłym słowem rozpoczął Wieczór i wnet zaprosił na scenę Pawła Moskwę, czołowego poetę Lotnictwa, zasłużonego pilota, cennego przyjaciela. Ale jego nie trzeba przedstawiać przymiotnikami. Paweł przemówił, określając cel i charakter uroczystości. Naturalnie, szybko i szczęśliwie porzucił prozę dla swego własnego wiersza. Ten wiersz, drukowany w pamiątkowym numerze „Skrzydeł" z 1976 roku, zawierał i wyrażał to, co myślimy i czujemy od 40 lat, co sami potrafimy sformułować dobrze, ale tylko prozą. Ten wiersz dał nam chwilę wzruszenia przejrzystego jak bursztyn – w jego ciemnym wnętrzu można było zobaczyć tamte lata, prawie pół wieku temu zastygłe, lecz co świecą i świecić będą wielkością porywu i ofiary, zrozumienia ogromu czasu i kroplami krwi bitewnej i tej wytoczonej przez zdradę i toczonej do dziś i jak długo, o Panie, jak długo poza dziś?

Ostatnia strofa wiersza Pawła podaje cel bojów ostatniej wojny niemieckiej, kiedy wojna rosyjska była faktem już znanym Aliantom, ale nie ogłoszonym jeszcze Polakom:

> O to nam wszystkim chodziło
>
> Po to walczyliśmy wszędzie
>
> We Francji, w Anglii, w Afryce
>
> – jak tam – o każdą ulicę....
>
> O to, co naszem było
>
> – i zawsze będzie.

... we Francji, rok 1940.... Pamiętam francuskie czapki żołnierskie na wiwat wyrzucane w górę, gdy Marshall ogłosił koniec wojny francuskiej i srom poddania się natychmiastowej współpracy.... Potem, w Afryce „francuskiej", w więzieniu, i ja chwytałem się wiersza, mówiąc:

> Nie obiecuj sobie wiele,
>
> Gdy ci Francuz przyjacielem.
>
> Gdy ci Francuz przyjacielem,
>
> Miej Anglika w pogotowiu.
>
> Nie obiecuj sobie wiele,
>
> Gdy ci Francuz przyjacielem.

Ale po roku Jałty przestałem pisać na te tematy mową wiązaną, zanotowałem zwyczajnie: „Słowom przyjaźni nie wierzę, wierzę słowom nienawiści".

Za swój wiersz Paweł otrzymał wielkie brawa. I zaraz drugi jego wiersz, nieodzowny na takim wieczorze, pięknie recytował Daniel Woźniak. Wiersz ten, w Dniu Pamięci, to „Requiem" dla tych już na zawsze obecnych w różnych formach narodowej pamięci.

Po tym występie wiadomo było, że Wieczór nie sprawi zebranym zawodu i będzie dobrze zachowany we wspomnieniach obecnych. W poprzednim numerze „Orła Białego" dziękowano odtwórcom, wymieniając wszystkich oraz ich rzetelne zalety: talent i opracowanie utworów. Wieczór był tak absorbujący, że przebiegł szybko i nadeszła chwila odśpiewania Hymnu Narodowego Polskiego. Wtedy powróciły do mnie myśli sprzed lat, pojawiające się szczególnie natarczywie przy takich okazjach, jak ten Wieczór, mówiący o polskich bojach, przeważnie już zwycięskich. Czy to dziwne, że myślałem: dlaczego to my, jako jedyni chyba na świecie, czcimy w swoim hymnie – cudzoziemca? Czemu to mamy jako przewodnika i nauczyciela zwycięstw – Napoleona? Czemu nie Chrobrego? Łokietka? Jagiełłę? Batorego? Czemu nie Jana Sobieskiego? Czemu nie oddaliśmy tego honoru jednemu z wielkich hetmanów? Pewnie, postacie i okoliczności czasu, w którym rodził się nasz Mazurek, porywały, łudziły, omamiały.... Ale dziś? Tamto minęło i już daleko.... W Drugiej Rzeczypospolitej może za blisko staliśmy wobec swego szczęścia – Wolności, olśnieni i oczadzeni nim, pewni, że Ono, odwiecznie nasze, powróciło do swego prawowitego domu na zawsze. Może dlatego nasi ojcowie tak łatwo przyodziali się znowu w znoszone, podarte kontusze pychy, sobiepaństwa, warcholstwa; drudzy zaś podnieśli swoje sztandary Jedynej Słuszności ponad Naród! W takiej atmosferze w Kraju pozostał nam – jako przewodnik i wzór – obcy nam człowiek. I zaćmiewa naszego rzeczywistego, z ziemi polskiej wyrosłego, wodza zwycięskiego naszego wieku, (Czy Napoleon nie byłby tym rozśmieszony? Bo tyle dla niego znaczyliśmy, co pani Walewska. A wiele ona znaczyła?)

Tamto minęło i już daleko. Dziś mamy historyczny pogląd na kandydatów do naszego Hymnu. Pięknie, dumnie i prawdziwie by brzmiało: „Dał nam przykład nasz Piłsudski, jak zwyciężać mamy!". I dalej: „Marsz, marsz Piłsudski w pamięci Narodu". Czy musi dalej człowiek, któremu byliśmy jak najbardziej obojętni, zajmować miejsce wodza naszego zwycięstwa, jednego z największych w historii świata, gdy Francja przysłała nam sympatycznych obserwatorów, zaś angielski doker strajkował, by nie dopuścić broni do Polski i tym samym dopomóc bolszewikom w zniszczeniu Jej i Europy. Jeszcze wiele wody rozmów o pokoju światowym upłynie, nim publicznie i otwarcie, na forum międzynarodowym, uzna sie rozmiary, znaczenie i konsekwencje tamtego zwycięstwa: ono stało się progiem naszej – i Waszej Europy Zachodniej, wolności, żywej aż do obłąkanego epizodu europejskiej niewoli wewnętrznej – niemieckiej. Wtedy to z rąk polskich Sztandar Wolności przejęła Anglia i ostatecznie utwierdziły Stany Zjednoczone. Tylko już dla Polski tej wolności nie starczyło. Tej „naszej i waszej".

Niech więc ku pamięci błysku Jej istnienia dla nas, przez Niego – nasi poeci wprawią Jego Imię w klejnot naszego Hymnu.

I niech przy tym będzie wyraźnie powiedziane, że to był i jest Polak i Litwin.

Dziś polski Naród Jego imienia pragnie. I dziwi obecność Napoleona.

Gdy już wychodziliśmy z POSK-u, po tym wieczorze zadowoleni, ucieszeni sobą, powiedziała do mnie nieznajoma pani: „Oto do czegośmy się dowojowali i dobili! Tak możemy mówić i śpiewać tylko zagranicą, nie w Polsce. Dlaczego, dlaczego?". Oczywiście, nie sięgała owa pani tym pytaniem po moją odpowiedź. Ale, gdy patrzyłem jak rozpływała się w tłumie, dążącym do wyjścia na ulicę, myślałem po raz wielokrotny; „... bo Rosjanie, proszę Pani, nie rozumieją swego interesu. Dlatego nam w Polsce zainstalowali kakistokrację, wierną odbitkę swego wzoru, „Kakos", proszę Pani, to po grecku „zły, niedobry". „Kakistos", to superlatyw tego słowa; „kratos" – moc, potęga, „Kakistokra-cja" – to rządy najgorszych. Proszę sprawdzić; „Chambers Twentieth Century Dictionary, 1975". A dlaczego Rosjanie nie rozumieją swego interesu? Bo nie posiadają Mądrości. Bo wyrzekli się Mądrości. Bo odrzucili Mądrość. Są sprytni, inteligentni, są chytrzy, przemyślni, cwani, umiejętni i wszelkie cechy imponujące w świecie też posiadają. Ale nie mają Mądrości!

Mądrość bowiem zawiera w sobie Dobroć i Rozum, w tej kolejności i pewnie z przewagą Dobroci. Może, czym więcej Dobroci, tym więcej Mądrości? Może Dobroć jest Mądrością? ...to dla braku Mądrości zainstalowali sobie i nam Kakistokrację....

I w konsekwencji, proszę Pani, nie wierzę słowom przyjaźni, ale muszę wierzyć słowom nienawiści. Nie wolno mi w nie nie wierzyć.

# VI Ludzie, których znałem...

# Krystyna

Są osoby, o których wspomnienie sprowadza uczucie ciepła. A także ich obecności, choćby nieskończenie dalekiej, a jednak wyraźnej. Oczywistej. Takie osoby nie opuszczają pamięci swoich bliskich, przyjaciół, a nawet znajomych. I każde wypowiedziane, a tym bardziej napisane słowo o nich pozostaje znakiem nieustającej łączności.

Takie osoby żyją do naszych ostatnich dni – one żyją, póki my żyjemy.

A potem...? A potem, owszem, zdarza się, że one żyją o wiele dłużej, na przykład – jako pomniki!

Piszę o takiej Osobie. Ona, choć nie Warszawianka, pozostanie w Warszawie na zawsze, póki żyć będzie to miasto. W Warszawie przetrwała wojnę, własną śmierć młodą, zniszczenie stolicy, obecna tam jako pomnik miasta, jego ozdoba, jego Syrena Nadwiślańska.

Krystyna Krahelska. Symbol walczących kobiet polskich.

Znałem Krystynę. Przy każdym spotkaniu od razu poddawałem się chętnie aurze Jej ciepłego humoru, świadomy pewnego uniesienia, czy łagodnego oczarowania, jakie jest nieuniknione w zetknięciu z osobami niemal dotykalnego talentu. Jej talent objawiał się prosto, życzliwie w Jej piosenkach, w pieśniach, w Jej naturalnym darze śpiewu, w poezji.

Grupka przyjaciół najściślej z nią związana określała ją żartobliwym symbolem KR2 – Ją, jak najdalszą od wszelkich arytmetyk.

Ja do tej grupki należałem. Teraz pisząc o KR2, widzę jej twarz – spogląda na mnie z ukosa, Jej spokojne szare oczy, czyżby zielonkawe? Nieco uśmiechnięte. Wyraz całej twarzy otoczonej jasnością jest może przekornie rozbawiony?

Gdybym mógł powiedzieć do niej, a ona usłyszeć to, co teraz przemknęło mi w myśli, gdy patrzę na tę moją pamięciową fotografię, rzekłbym: „Ładnie Ci z tym uśmiechem, niech zostanie taki delikatny, on podkreśla Twoją jasność i Twoją lekkość i Twoją skłonność do zabawy".

Jej jasność... kiedy się myśli o bliskich osobach i gdy się je widzi pamięcią na tle wielu innych – one wydają się „całe w świetlikach", to one wytwarzają tę jasność i ona je wyodrębnia.

Teraz ją widzę – jako osobę o darze rozświetlania siebie od wnętrza, bez wysiłku, „na co dzień". Ona była rozświetlona zawsze, jak jej brzozy podlaskie, gdy przychodzi ich czas. One cieszą się jasnością małych listków, jeszcze żółtawych nim nabiorą zieleni i kiedy przez nie, osłonecznione, prześwituje tło młodego nieba. Bo wtedy jest wiosna.

A ona należała do brzóz, tak samo jak do polnej drogi wiodącej do domu, jak do łanu koniczyny i – najbardziej – do lasów. Ona posiadała prosty dar należenia do natury.

Patrzę na „prawdziwą" fotografię sprzed półwiecza plus, bo z roku 1937. Tę chwilę pamiętam dobrze. Ona przyjechała do mnie na jeden dzień, „żeby pobyć razem", pożartować, wypytać o trudności i przyjemności latania. Ono ją, ponieważ było moim głównym zajęciem, fascynowało. Kończyłem wtedy tak zwany kurs wyższego pilotażu.

Wkrótce widywaliśmy się często. W Warszawie ona z bratem, Bohdanem, i z grupką równie niezwykłych przyjaciół mieszkała w wielopokojowym mieszkaniu przy ulicy Fałata. Ja, jako dochodzący członek zespołu, miałem w rozkładanej kanapie w saloniku swoją poduszkę, prześcieradła i kołdrę – konieczne, bo nie wiadomo było, kiedy

Krystyna zacznie nucić, przejdzie w śpiew, a my w nim zatoniemy, aż zmierzch nas przesłoni i odejmie sobie wzajem i za późno będzie wracać z Fałata na Filtrową. Stąd wzięły się „Wujastykówki" w kanapie. Krystyny nie trzeba było prosić o śpiew ani o „jeszcze". Śpiewała nie tylko nam, ale sobie, śpiewem oznajmiała się sobie samej. I wiem, że nuciła i dla pól mazurkowskich, dla strumienia – przyjaciela, nawet dla pyłu drogi polnej. Cicho, sama, dla nich. Przed uśnięciem.

Wypowiadała się śpiewem w kilku językach: w polskim, białoruskim, ukraińskim, francuskim. A wiersz płynął z niej tylko po polsku. To nie przesada, że „poezja płynęła z niej". Ona nie pisała w trudzie, by poprawiać, zmieniać. Jej słowa rodziły się od razu piękne, konieczne.

Próbując poetycko ją określić powiedziałbym: jej uśmiechy to ciepły powiew znad wiosennych łąk. A jej smutki były wyśpiewywane jak szumy wierzchołków drzew rozkołysanych zmierzchem.

I wreszcie jej tragedia. Polska. Na miarę Kraju.

# Pani redaktor Stefania Kossowska

W styczniu b.r. otrzymałem od pana Krzysztofa Muszkow-
skiego list. Treść listu kapitalna, niespodziewana: zaproszenie do opisania moich doświadczeń w pracach „pod redak-
cją" pani Stefanii Kossowskiej. Tekst o charakterze wspo-
mnieniowym stanowiłby mój udział w książce wyrażającej
zbiorowe uznanie dla tej niezwykłej Pani (albo: ...dla działalności Stefanii Kossowskiej).

Zaszczyt. Radość. Ale po chwili opamiętanie: ja tak mało wiem o całej działalności pani Stefanii. Przecież od roku
1944, z niewielkimi przerwami, latałem poza Anglią, a po
1947 wędrowałem poza Londynem, po obozach przejęty
różnymi zadaniami w teatrach objazdowych, a i po roku
1957 wszedłem w tryby latania cywilnego z jego doma-
ganiem się ekskluzywności. Pisywałem do „Wiadomości"
i do RWE, bo tam lokowałem ważne komórki duchowe,
ale ciałem pędzałem po świecie, przeważnie według szerokości geograficznej, niekiedy południkowej. Nie byłem
więc świadkiem... Dopiero pewnego dnia w roku być może
1976??... Tę część mego wielkiego dnia opowiem od nowego wiersza!

Otóż: Wszedłem do Sanktuarium, Do Redakcji. Do
„Wiadomości"'. I zachłysnąłem się! Z historii i kultury
europejskiej wiedziałem, że jej wielkie kształty rodziły
się w małych miejscach (w przyrodzie obyczaj ogólnie
przyjęty), ale na widok tego, co tam zobaczyłem, w
oszołomieniu ledwie zdążyłem przychwycić przemykającą
myśl: „Tu budują pomniki ogromne! Bo miejsculko chyba
z małych najmniejsze. Więc siedziba geniuszy... ".

W pierwszym kojcu mistrz leksykonistów pan Piotr Borkowski dawał sobie radę ze swoim działem pomocy Pismu. Ale w następnej pułapce na redaktorów (raptem szczęśliwie strzeliło mi z końca języka w myśli: „w tym cockpicie"!) przywitała mnie pani Big Ben! Co za zestawienie dwu wielkości!

Rozmowa zamknęła się w ramach moich przeprosin, że tak spóźniłem się z zapłaceniem za prenumeratę i oto teraz, na ręce pani sekretarki (czy też była to pani Drugi Pilot?)...! Z ukłonem wycofałem się tyłem, nie tylko z szacunku, ale z braku miejsca na obrót. Po czym według otrzymanych od Pań wskazówek, w korytarzyku (Arab powiedziałby: „w synu korytarzyka"), pomiędzy regałami książek i pism, stał mały stolik (syn stolika) i nawet krzesełko (dziecko krzesełka), z łatwością znalazłem to, o co mi chodziło, skulony umieściłem się tam i zaczytałem....

Wtem odczułem na sobie wzrok... Odpowiedziałem spojrzeniem – pani redaktor sprawdzała, czy mam, czegom szukał i przy tym prześwietlała mnie swoim radarem. Nie wiedziałem wtedy, że jednym z Jej talentów jest postrzeganie, widzenie, oglądanie i dojrzenie co też to, lub kto jest, kto lub co znaczy, albo co to warte. Zadrżałem, zadziwiony. Dziś pytam: wieluż to innych redaktorów zechciałoby uważnie spojrzeć na nieznajomego autora?

Przeciwnie: plemię redaktorów już w tamtych latach dziwnie traktowało swój „żywy majątek". Jedni go jako-tako hodowali, drudzy, mając ich pęczkami, nawet nie spoglądali w ich stronę, trzeci rodzaj milczał i koniec. Czasem zapłacili, bywało, ale „ten zbyteczny" dowiadywał się o tym z jego wykazu bankowego i nie wiedział, za które to? ... A że „było" w piśmie – może zawiadomili go znajomi przypadkiem. Obecnie? Większość redaktorów przyjęła role reżyserów, niczym teatralnych. Piszą pod adresami pism: „Nie zamówionych – nie. Prawo do wszelkich zmian – tak." Widzę w niedalekim już roku: „Redakcja ustanawia prawo kreowania nie tylko tytułów, ale całych utworów –

jedynie w oparciu o zamówione teksty lub zawarte w nich idee".

By łzy wyschły, pozwolę sobie przywołać: mój pierwszy szok radości autorskiej związanej z „Wiadomościami". To było jak pierwszy samodzielny lot – powtórzony! Jeszcze w roku panowania Mieczysława Redaktora Grydzewskiego. 1962? Posłałem z Chartumu. Przepadło w dali. Wiem – gruba brązowa koperta: wewnątrz „szczotki" mojego. I: „Proszę zrobić korektę, możliwie szybko". Uczyniłem. W te pędy. I odesłałem – w podwójne pędy, żeby się może nie rozmyślił!

Do „Wiadomości" można było posyłać „nie zamówione". A moja korekta stanowiła pieczęć nienaruszalną.

Pani Kossowska jest tego samego zdania, lecz Jej możliwości dyspozycyjne zmniejszyły się. Ale to kwestia fizyki, a nie metafizyki zwykłej kuchni redaktorskiej. Pani Kossowska traktuje autora jak osobę i znajduje szybką chwilę, by go o tym powiadomić. A on nadziwić się nie może! Właśnie. Gdy z czasem nawiązały się miłe stosunki, gdyż Pani polubiła moje „egzotyki", jak je nazywała, opisujące afrykańską prawdę tak twardą, jak łapcie z wielbłądziej skóry, w których tam na spacery chodziłem – wyraz tego zainteresowania Pani Redaktor jawił się jakby błysk uśmiechu spomiędzy liter jej pośpiesznych not, tym bardziej pamiątkowych, że, dawniej pisanych na kartach pocztowych z nadrukiem nazwy i adresu „Wiadomości". Krótkie, jasne. To są prawdziwe przykłady „dwu słów". Otrzymałem kilkanaście takich efemeryd, ale u mnie one zastygały, twardniały, nabierały barw lapis lazuli. Rozsypane, leżą na jedwabiu dwóch dłuższych listów, takie bowiem także na przestrzeni kilkunastu lat pojawiły się w mojej szkatułce.

W przedmowie do swej książki pt. „Mieszkam w Londynie" Pani Stefania napisała, że, wbrew Jej uprzednim przekonaniom, ksiądz profesor Janusz Pasierb nakłonił Ją do wyrażenia zgody na ponowne wydanie tej skarbnicy wiedzy o polsko-angielskim Londynie. Mimo, że mało pozostało tych, którzy pamiętają czasy odległe o parę dziesiątków lat i którzy mogliby siebie w nich odnaleźć. Ogromna to zasługa pani Kossowskiej, że tę książkę napisała i ogromna to zasługa księdza Pasierba, że ją pomógł przywrócić do nowych triumfów i odkrył spod korca lat fascynujący przykład jak należy patrzeć na cudze miasto i jak o nim pisać. (Nie powiem: „o obcym mieście". Londyn stał się dla wielu z nas bliskim, choć naturalnie, niestety, pozostanie cudzym. I teraz wiem, dlaczego Pani Redaktor, tak mi życzliwa, odmówiła druku mojego skeczu o naszych kochanych, tuż powojennych przodkach i zadkach, a więc z bardzo wczesnych lat pięćdziesiątych. Żal mi go. Skeczmumijka pojedzie do Archiwum, w Toruniu.)

To, co pani Kossowska podała nam do wiadomości i dla przyjemności, co z oczywistą przyjemnością, opowiedziała w tej książce – to esencja, to historia, to postacie, to narody, to charakterystyki obu, to Miasto, to jego wspaniała zawartość, jego wielkość i jego brzydota. Natomiast nie ma na jego marginesach, ani w sugestiach autorki – małości. Ba! Wprost przeciwnie. Mówi nam, że jeśli się po jego przedwojennych zakamarkach kryła międzyludzka małość, pomijając wszędzie obecne dno, to je wojna w nim wypaliła. Przez wiele naszych lat po wojnie powietrze tam wydawało się świeże.

Czym ta książka dalej pójdzie w las polskiego życia, tym bardziej w nie wrośnie. Bo nieprzewidziane i zaskakujące jest zaciekawienie młodych ludzi obecnych pokoleń tym, co ona o nas opowie, jak ukaże nas, wtedy młodych. Oto my jako reprezentanci emigracyjnej jej całości stajemy przed wnikliwym okiem naszych „wczesnych wnuków"! Co za ważna lekcja dla nich, którzy za trzydzieści lat będą „przeżytkami", jak my dzisiaj. Ha! Czy o tym pomyślą? Wielkiej radości dostarcza swoboda pani Autorki, z jaką albo cienko albo wyraźnie przymawia swoim. Może to pomoże zaciekawionym? Ale przede wszystkim napoi ich Pani szczegółami o tym, co polskie i co ma narodowe i europejskie znaczenia. Na kartach tej książki biega Słowacki, gra incognito Szopen, od razu rozpoznany po jego pierwszym dotknięciu klawiatury... Daremnie szuka pomocy dla Kraju staruszek Niemcewicz. I żyją tam także inni londyńczycy zupełnie jak przed wojną – Anglicy. O nich też tam widzimy nie mało.

Pani Kossowska dała nam podręcznik mistrzowskiego pisania na każdy temat. Tematem mogą być Anglicy, mogą to być Polacy. I często są tam Polacy, lekkim piórem dotknięci w czułe miejsca. Tematem mogą być dywany perskie sprzedawane na licytacji. Obrazek sprzedaży tych rozkoszy wschodnich jest podany jako opowiadanie, w którym żyje kilka osób, oszczędnie a wyraźnie nam przedstawionych, biorących udział w dramacie, w akcji, w rozwoju niepewnych sytuacji, zakończonych poetycko – wizją lotu nad Londynem na upragnionym dywanie.... Jak to podane! Tylko co potrzebne zaprawione smacznie i ostro, w „krótkim" sosie. Krótko. Jakie to ważne dowie się każdy, kto weźmie Jej książkę do niepewnej ręki, a podniesie znad niej głowę z zadowoleniem i zdziwieniem, że wchłonął kilka opowiadań i zaraz chce się w następne zanurzyć. Obecni i nadchodzący zasmakują, w historii tej bliższej naskórka i język jej będzie święcił swą urodę, sztukę wyrażania myśli jak z bicza trzasł! Udało się nam – została wydana. To, co dla nas wartościowe, trzeba nie tylko mieć ale i umieć pokazywać. Pod gilotyną zarzutu, że się powtarzam – powtórzę – książka pani Kossowskiej to owoc Jej działalności, przez którą oddane są na służbę dla nas jej talenty: pierwszy – dostrzegania, drugi – widzenia, trzeci – oglądania, czwarty – badania i oceny tego, co zatrzymuje Jej uważny wzrok. A wtedy talent piąty ogarnia temat, talent opisu, bezlitosny, a wsparty wynikami Jej niezmordowanego dociekania prawdy szczegółów i szukania źródeł wiadomości.

Można by jedynie o działalności pisarskiej pani Stefanii Kossowskiej napisać księgę....

Jeden z wielu ujmujących rozdziałów tej książki to ten,

w którym autorka przedstawia znamiona kultury Józefa Wittlina. Najwyższej miary. Jej prostota, gdy dźwięcznym szeptem opowiada o człowieku utworzonym przez kilka muz, gdy z sobą współzawodniczyły w kreowaniu poety życia i pióra, to kunszt.

A o Zygmuncie Nowakowskim „pisarzu narodowym", o Feliksie Topolskim, o Tymonie Terleckim, o Kazimierzu Wierzyńskim, o profesorze Ignacym Wieniewskim – wyliczać polską plejadę? Gdy pani Redaktor żąda zwartości tekstu? To trzeba przeczytać! Przestanę dolewać liter do treści. Tak sobie pani Stefania Kossowska życzy.

Dobrze. Ale niech w Wielkiej Encyklopedii Polskiej napiszą, pod hasłem STEFANIA KOSSOWSKA tak wiele, bym doznał zadowolenia, że Polacy nie gęsi, wartość swych luminarzy znają i mądrze ich cenią.

# Leopold i Helena Bystrzanowska Skwierzyńscy

Wojna wisiała na włosku. Eskadrę Treningową 1-go Pułku Lotniczego w Warszawie zapełnili rezerwiści. Jednym z nich był ppor. obserwator Leopold Skwierczyński.

Pierwszego września – włosek pękł.

Byłem jednym z trzech pilotów instruktorów eskadry i poznałem bliżej Leopolda. Aktor, reżyser, przystojny, ciemny szatyn o zielonych oczach pod gęstymi brwiami, około trzydziestki. Zainteresował mnie, bo był ze świata, w którym ja tak bardzo chciałem pracować, zanim sytuacja zmusiła mnie do zmiany pragnień.

W Anglii Leopold błyszczał w swoim zawodzie przez około dwa lata jako twórca i kierownik Polskiej Czołówki Lotniczej – Teatralnej. Potem odszedł – zgłosił się do pracy jako oficer łącznikowy z ramienia Dowództwa Lotnictwa. Przeszedł do akcji bojowej. Skoczył w polską noc. Pewnie prócz spadochronu niosła go tęsknota do żony, także aktorki. Kochał ją bardziej, jeśli to możliwe, niż swoją pracę. Była to Helena Bystrzanowska.

Powtarzam słowo „praca", bo Leopold żył po to, by pracować.

Spotkaliśmy się w roku 1947. Słuchałem opowiadań jego i Heleny o tygodniach zamykających Powstanie Warszawskie, które oni przeszli i przeżyli.

Opowiadanie pierwsze. Jeszcze wśród gruzów Warszawy stoją domy. Jeszcze są w nich Warszawiacy. Nad Nią, przytłoczoną śmiercią, unosi się pamięć wolności, dowcipu, humoru szlachetnej próby.

Jednym z najważniejszych twórców humoru Warszawy był Mariusz Maszyński. Aktor jakich mało. Człowiek jakich mało. Takich ludzi, co wydobywają na powierzchnię życia jego ukryty urok, zamazywany mgłami dnia powszedniego, takich ludzi na scenach życia i takich ludzi na scenach teatrów za mało na świecie.

A Warszawa miała swojego Mariusza Maszyńskiego. Człowieka i twórcę humoru tej klasy, że wypowiedzenie jego nazwiska od razu uśmiechem przemieniało oczy i twarze. Czytałem wspomnienie o nim. Pisze szczęśliwy autor: „Spotkałem Mariusza na Nowym Świecie. Ukłonił mi się tak, że śmiałem się, uśmiechałem do innych i byłem w dobrym humorze przez cały dzień!".

Warszawa dogasała. Zbliżał się dzień mordu Mariusza Maszyńskiego.

Leopold i Helena postanowili odwiedzić państwa Maszyńskich. Maszyńscy mieszkali u siebie, on z żoną i z matką. Ucieszyli się, rozmawiali, gdy z ulicy dobiegły wrzaski. U bramy domu. Już na schodach. Walenie do drzwi sąsiadów. Ryki. Okropne wycia i straszne wzywanie ratunku przez mordowanych ludzi. Pan Maszyński sprawdził zaryglowanie drzwi, Helenę i Leopolda przemocą wepchnął za mało widoczne wejście na stryszek. Chwila ciszy i raptem ryk u ich drzwi. Bandyci mieli taran, drzwi pękły, wdarli się ochlapani krwią po rzezi obok i z wrzaskiem rzucili się na Maszyńskich. Zarzynali ich powoli, po jednej osobie.

Helena zakończyła: „Wtedy umarłam po raz pierwszy".

Opowiadanie drugie. Powstanie upadło. Ludność cywilną spędzono na Zieleniak. Tam tłumy z resztkami dobytku rozsadzono wzdłuż brzegów wielkiego kwadratu. Środek placu zajmowało kilku żołdaków, którzy tuż poza placem mieli kwaterę, gdzie dokonywali jednej z najobrzydliwszych zbrodni: gwałtu kobiet wyrywanych z szeregów nieszczęśników.

Mówiła Helena, że siedziała obok niej i Leopolda kobieta z córką, dziewczyną pewnie siedemnastoletnią. Pod wieczór wyszli z kwatery kryminaliści, wymachiwali Schmeiserami, przerzucali się przekleństwami. Szli na łowy. Porwali córkę. Wróciła na drugi dzień. Usiadła obok matki. Obie patrzyły na siebie bez słowa.

Od tego dnia Leopold nakrywał żonę kocem i gdy tamci wychodzili na polowanie, siadał na niej.

Zanim ruszyli z Zieleniaka, byli świadkami wydarzenia zupełnie niepojętego w tamtej sytuacji.

Na środku placu czterej mołojcy grali w karty. Pod ręką leżały ich Schmeisery gotowe do strzału. Wokół nich krąg ziemi otwarty, pusty. Niespodziewanie spośród rzędów ludzkich wyszła na wolną przestrzeń postać z innego wymiaru. Stanął tam człowiek wyprostowany jak oficer na paradzie, z podniesioną głową otoczoną siwym włosem, przyzwoicie ubrany w rodzaj liberii, jaką nosili kiedyś szoferzy kosztownych samochodów. I miał ten wyprostowany, schludny człowiek błyszczące buty z cholewami. Ten elegancki człowiek założył ręce do tyłu i spacerował sobie po wolnym placu w pobliżu owych graczy. Nie widzieli go od razu. Minął ich raz i drugi, zamyślony, spokojny. Wreszcie jeden z nich spostrzegł go i palnął dłonią po kartach towarzyszy wrzeszcząc: „Smatri” – paluchem i głową wskazując.... Skamienieli. A człowiek ich mijał. Raptem jeden z nich ryknął za nim: „Ech!, ty! Pajdi siuda!”. Człowiek szedł na swoją przechadzkę, zawrócił, nie spojrzał na siedzące przed nim na ziemi, patrzące na niego okrągłymi oczami stworzenia.

Gdy dochodził do graczy, natrafił na powtórny ryk: „Zdzieś! Hadi Siuda!”. Minął ich, miarowo stąpając. Cisza za nim wzbierała jak zegarowa bomba. Wracał. Jeszcze żaden nie podniósł się, tylko ten pierwszy wrzasnął: „Ej, ty! Dawaj sapagi!”. Inni trzymali karty i nie wierzyli, że go widzieli. On szedł jak żołnierz ołowiany, zapatrzony tylko w to, co niósł w sobie. Po raz drugi runął w niego rozwścieczony ryk: „Ty! Dawaj sapagi!". On doszedł do swego punktu zwrotnego, postał tam chwilę, westchnął, zawrócił. Szedł. Gdy zrównał się z nimi, klnąc rzucili się na niego, jeden podstawił mu nogę, drugi palnął w kark, trzeci bił pięścią po głowie, czwarty już leżącemu zdzierał „sapagi". I wtedy, rozległo się bezradne, rozdzierające: „Policja! Ratunku! Policja, rabują!". I to wołanie z zaginionego świata przeraziło Zieleniak.

Potem był Kraków, do którego wchodzili Rosjanie. Niemcy uciekli. Sprowadzili bolszewików na Polskę, niedobitą przez nich, i uciekli.

Zaczęły się aresztowania, Rosja i jej cywilizacja mają dwie niezmienne metody współżycia z sąsiadami: dać lub wziąć – dać niewolę lub wziąć w niewolę.

Leopolda i Helenę wepchnęli do tego samego więzienia, ale nie dowiedli im zdrady ZSRR i wypuścili po dziewięciu miesiącach.

Leopold nie czekał na rozwój sytuacji, znalazł drogę na Zachód. Wrócili do skrawka wolnej Polski w Wielkiej Brytanii.

# Józef Mackiewicz

Józef Mackiewicz! Pewnego dnia letniego, w połowie lat 70., byliśmy umówieni przez kogoś trzeciego, już nie pamiętanego, bym na rzecz osoby czwartej prosił Go o wywiad potrzebny jako część dużego programu radiowego. Nie wdaję się w tamte szczegóły, nie o nie chodzi. Dzisiaj moim zadaniem jest napisać to, co potrafię wspomnieć o Jego osobie i o tym, co mogę tej Osobie przypisać, strzegąc się, by w euforii nie bardzo mijać się z pamięcią. Na pierwsze spotkanie umówiliśmy się w kawiarni, przy Theatiner Strasse w Monachium, gdzie państwo Mackiewiczowie, Józef i Barbara, chętnie bywali, niekiedy razem, przez dłuższe chwile. Jak im zajęcia pozwalały. Szedłem tam z radością. Poznać Józefa Mackiewicza. Pisarz to może ponad miarę największych polskich twórców XX wieku, pióro podziwiane, autor o silnej indywidualności, odważny, aż niedbały o mściwe losy. W Polsce przez czas niewoli niemieckiej, wśród ogólnej grozy sobiepan, przez to na skraju polskich wilczych dołów. Chodzi mi bardzo o moje pierwsze spojrzenie na Niego. Więc w tamtej kawiarni. Wchodzi się na jej teren chodnikiem oddzielającym brzeg trawnika, z jego kilkoma stolikami po lewej stronie, od, po prawej, otwartych drzwi do wnętrza kawiarni. Przy dobrej pogodzie. A pogoda dobra. Na trawniku zieleń, górą jasna poświata, jak na pogodę miejską — pięknie, wesoło (żeby to być na brzegu lasu, wśród młodych brzózek, sosenek-sadzonek). Zapewniało mi to złudzenie, że w kawiarni powietrza nie zabraknie, mimo że tam pan Mackiewicz pali papierosy. Pana Mackiewicza, gdy przed spotkaniem wypytywałem znajomych o jego cechy szczególne, określono mi jako palacza nieustającego. I chętnego do kieliszka. I żebym się nie speszył Jego głosem, bo ma gruby i jeszcze go celowo pogrubia, gdy w czymś, lub w kimś nie gustuje. Dlatego spodziewałem się zobaczyć starszego pana tchnącego dymem ustami i nosem, może pochylonego nad kielichem albo kielich przechylającego. Wszedłem. Zobaczyłem Go, mego „męża potężnego pióra" — tak go na swój domowy użytek nazywałem, bom był pod siłą wrażeń z jego ksiąg — a tu On bez papierosa w palcach, pochylony nad pustym kielichem po... sporej porcji lodów. A więc! Niewłaściwego informatora pytałem. Czyżby zamiast informacji — okazja do pomówienia? Tego mu przez całe lata nie żałowano. Nie podszedłem do Niego od razu. Ponieważ On nie obserwował wejścia, a jeszcze miałem kilka minut do spotkania, usiadłem za Nim po to „pierwsze spojrzenie", nie zakłócone. Widziałem Go z lewej strony i nieco z tyłu. Siedział, miałem chwilowe wrażenie, zapadły w sobie, zmęczony. A może tak mocno zamyślony? Obok na krześle leżał lekki, ciemny płaszcz. Zacząłem obserwować szczegóły budowy Pisarza tak dla nas ważnego: gdy siedział dało się widzieć budowę Jego nóg — długie miał golenie, krótkie kości udowe, co skłaniało do przypuszczeń, że urodził się do kawalerii, do konnej artylerii, do jazdy! On nie mógł być wysoki, to już nieźle, bo ja jestem, żeby się przyznać, no, taki sobie, raczej średni-plus. Ale poza tym On wydał mi się zwięzły, zwarty w sobie, mimo wszystkie przejścia, silny. Krótkiej szyi, jak przeważnie my, ze znanych nam połaci Wschodu Europy. Sięgał właśnie do kieszeni spodni, przechylił się nieznacznie w prawo, podniósł przy tym lewe ramię i na chwilę podciągnął całe plecy marynarki wzwyż, zakrył szyję i podkreślił tym rozmiar i wagę głowy. Lubił lody... Znowu — nie pasowało mi to do „potęgi" mego „męża". Trudno. I ciekawie. Tym bardziej, że przede mną siedział mężczyzna o twarzy ciężkiej, bardzo poważnej, widzianej perspektywicznie, od lewego ucha, oddany myśli niedostępnej, która odcinała Go od każdego przychodnia nieproszonego, a tym bardziej przychodnia nieznanego. Zawahałem się. Ależ ja byłem przychodniem umówionym. Przecież muszę Jego zadumę naruszyć... Patrzyłem. Czas. Trzeba podejść. Wówczas, w Jego bliskiej obecności żartobliwie poczułem, jakbym na Niego polował! Zrobiłem dwa kroki w lewo, żeby się pokazać i trzy wprzód. Gdy zbliżyłem się On podniósł głowę, odchylił się ku oparciu krzesła i zwrócił do mnie pochmurną twarz. Pytająco. Szybko wypowiedziałem, jak się nazywam i com zacz. Wtedy On niespodziewanie uśmiechnął się. Powiedział: Czekam na pana. Dziękuję, że pan przyszedł na czas, bo raczej się spieszę i myśli mi się rozbiegały i nie dają się zebrać. Przeleciało mi przez głowę: No, to dzięki Bogu, choć o tyle jesteśmy sobie podobni... A pan Mackiewicz dodał: ...bo widzi pan, żona była tu po mnie, ale musiała mnie zostawić, bośmy umówieni z panem, tylko prosiła, żebym możliwie rychło do niej dołączył, coś tam musimy razem załatwiać, czy podpisywać... Może pan jutro przyjdzie do nas? Ja bym chciał mieć ewentualną pomoc ze strony żony, ona ma lepszą pamięć. Zgodziłem się, rzecz prosta, bardzo rad. Głos pan Mackiewicz miał rzeczywiście przyjemnie niski, a czy bywał ten głos burkliwy? Ja tego nie doświadczyłem, to jest — nie doznałem — pewnie nabierał on rozmaitych warkliwości, gdy w jegomości dusza zawrzała. Twarz Jego teraz doskonale widziałem z bliska. Panie dawniej powiedziałyby, że owszem, owszem, sympatycznie drapieżna. Obecnie była ona raczej podłużna, nieco niesymetryczna, spokojna, poważna. Oczy. Patrzył na mnie wzwyż — skośne. Oczy wyraźnie skośne. Ale może to moje przywidzenie, oczy widziane z mojej pozycji, bo ja przez ten moment patrzyłem na nie z góry. Ale tego, sądziłem, należało się spodziewać. Kto czytał Jego księgi, ten się spodziewał. Musiał. Takie są ich tematy, takie ich stronice i taka jest istota wspaniałości Jego ksiąg. One są „stamtąd!" A więc i tacy są ci, co nimi żyją, tworzą je. I Jego oczy, zielonkawo-szare, migotliwe, widziałem może w mej wyobraźni zabarwionej dziecinnym wspomnieniem tamtych stron... Może tylko nieco łzawiące. I nie wydaje mi się dzisiaj, że siwiał. Mocny był. Pomimo widocznego zniszczenia. Miał za sobą okrutne czasy, z nich poczęte okrutne pisanie, okrutne pomówienia w naszym fantastycznym kraju polskim po całym świecie i choć ten kraj nie ma granic, banicje z niego są okrutne. Banicje odbierające podstawy do życia w spokoju i to banicje kierowane w końcu przez samozwańczych pseudo sędziów. Może wtedy Jego głos nabierał tonów bardzo niskich, zburczałych z gniewu, gdy, wrażliwego na cudzą złość, ogarniała Go podejrzliwość nie przebierająca w osobach, otaczająca czadem myśli, na krótką, nie kontrolowaną chwilę. Prosił bym usiadł i rzekł: Niech mi pan teraz w kilku słowach wskaże, o czym mamy jutro pomówić? I zaraz potem, zadziwiła mnie Jego uprzejmość. Mimo, jak powiedział, napierającego czasu, najniespodziewaniej, okazał ochotę porozmawiania na mój temat. Powiedział mi pan Mackiewicz, że nie byłem mu obcy, bo jako zawsze ornitolog, chętnie czytywał publikowane w „Wiadomościach" okruchy moich przygód lotniczych w krajach Afryki, w Sudanie szczególnie. Powiedział: czytałem ciekawie i z przyjemnością pana opisy ptaków, na przykład żurawi koronowanych — jak je pan zupełnie dowolnie nazywa — gdy krążą w powietrzu olbrzymimi koszami złożonymi z setek tych mistrzów lotu ślizgowego. Uśmiechnął się. Podobała mi się „Wojna Ptasia", w Dar Fur, na Zachodzie Sudanu, gdzie na jednym drzewie stojącym pośrodku jeziorka ptaki rozmaitych gatunków i wielkości usiłują znaleźć nocleg, walczą o miejsce, hałaśliwie wymyślają sobie i kraczą pogróżkami wśród trzepotu skrzydeł. Woda jeziorka może zabezpieczyć je przed nocną napaścią węża. Tego się nie spodziewałem. Byłem napięty i rozgrzany. Moja pierwsza książka od razu dostała się w ręce, czemuś zawzięcie mi wrogie. A tu pisarz sławny z Jego pięknych hołdów składanych Matce Przyrodzie nie pominął tego, co ja uważałem za swe osiągnięcia, na ten sam temat. Podziękowałem Mu. Panu Mackiewiczowi ta chwilka rozmowy na lubiany temat też dobrze zrobiła — rozjaśnił się. Zwrócił się do kelnerki, zapłacił i do mnie powiedział: Proszę o telefon przed południem. I dodał powoli, z uśmiechem: Muszę porozumieć się z żoną. Ona też pracuje, pisze swoje książki, jak pan wie. A więc do jutra. Powoli wstał, podał mi suchą, ciepłą dłoń i wychodził zapominając swój płaszcz. Ja zobaczyłem go, kiedy usiadłem na swoim krześle, by poobracać w głowie i lepiej zapamiętać to spotkanie i czego doświadczyłem. Płaszcz zdążyłem mu podać na ulicy. Krótko obserwowałem jego przychylоną postać. Wiedziałem, że on chciał odejść sam, uchronić się od rozmowy ćwierć zdaniami na ruchliwej ulicy. Zostałem w kawiarni. Chętnie. Właśnie pożegnałem jednego z naszych wielkich pisarzy. Wydało mi się, że On był także człowiekiem obdarzonym krztyną wizjonerstwa. On opisywał świat grożący Polsce. Niejeden tytuł jego księgi, dla mnie rysował się jako palec piszący na ścianie: Mane Tekel... ostrzeżenie dla ludu polskiego przed losem, jeśli ten lud nie wykrzesze z siebie sił ponad miarę potrzebną do normalnego życia w bezpiecznych rejonach świata. Gdzie bandytyzm tylko wewnętrzny i złodziejstwo niszczą część społeczeństwa i tym samym siebie. Polska, cały Jej lud musi istnieć tu, gdzie ponad bandytyzmem wewnętrznym i obecnie proporcjonalnie szeroko i wysoko rozwiniętym złodziejstwem zawsze grozi Jej bandytyzm zewnętrzny, ten straszliwy nowych wieków, od Katarzyny, Prusaków, Austriaków, ten życzący sobie nieść nam zagładę całkowitą. Nie ma co oszukiwać się. Fakty, a więc podłoża Jego powieści i artykułów, źródła Jego wiedzy, myśli i wniosków, zamknięto w książkach zawodowych historyków. Przeminęły — ale nie przeminęły wywodzące się z nich nauki dla bieżących i dalszych pokoleń. One, przez Jego pisma otwierają oczy, a kto ma oczy do patrzenia... Czasem, gdy się czyta Jego książkę nie jest się w stanie uniknąć zastanowienia się co tam Przyszłość, zła matka, ma dla nas za pazuchą do wyboru, jeśli nie EU... Na drugi dzień, po rozmowie i umowie telefonicznej, poszedłem przeprowadzić krótki, ale dla mego mocodawcy ważny wywiad z panem Józefem w mieszkaniu państwa Mackiewiczów, na Windeckstrasse 21; należało ono do małżeństwa Adalberta i Marianny Mayer. Tych dwoje starych Niemców serdecznie przyjaźniło się z Mackiewiczami. Ci potrafili przyjąć i oddać przyjaźń tym, którzy przeżyli hitleryzm w stałym zagrożeniu, w nieustępliwej opozycji do niego. Powtarzały się w ich stosunkach znaki — od czasem drobnych do ważnych — obustronnej stałej życzliwości. Musiało tych znaków być wiele i nie tylko od szczególnych okazji, skoro pani Barbara wydając swoją powieść pt. „Spójrz wstecz Ajonie" (Londyn 1981), zadedykowała ją, w imieniu obojga, następująco: „Tym, co przyczynili się do wydania tej powieści, a zwłaszcza najhojniejszej w przyjaźni Mariannie Mayer z Monachium". Pan Józef opisał, czym Niemcy mogą się okazać, napisał nam tego obraz zatytułowany „Ponary". Widzimy ich na brzegu lasu, przy stołach ustawionych koło toru kolejowego. Jedzą wędliny, piją wódkę, oczekują pociągu pełnego Żydów na zabicie; czytamy jak zabijali ich i jak po mordach wracali do kiełbasy i wódki. Pan Mackiewicz potrafił rozróżniać Rosjan od bolszewików, Niemców od hitlerowców. Furtka w płotku, mały ogródek przed domkiem przy ulicy Windeck 21, w Monachium. Wszystko tam małe, tylko mieszkańcy niezwykłych klas. Przyjęli mnie oboje państwo Mackiewiczowie. Życzliwie, mile. Pani Barbara, szczupła, za młodych lat ładna, jak głosiły dobrze zachowane wspomnienia, o włosach w naturalnych lokach, siwiejących. Zlustrowała mnie szybko bystrym spojrzeniem dość głęboko osadzonych oczu, wciąż interesujących, nie zdradzających znużenia pod ciężarem ich życia. I zaproszono mnie do wnętrza — rozmiarami zmuszającego do poruszania się uważnie. Więc mały przedsionek, sionka, na wprost niej drzwi do dużej łazienki, co za przyjemność wśród wielu skrępowań. Z sionki do pokoju pani, gdzie na lewej ścianie od drzwi wbudowano kuchenkę i zasłonięto ją kotarą. Tam pani Barbara gotowała bardzo po dawnemu, po swojemu, doskonale. Inna to sprawa — pewnego razu przyznała się swojej przyjaciółce: „czasami nie ma co do garnka włożyć". Przeszliśmy przez pokoik pani domu, nader skromnie umeblowany, i w równie małym pokoiku, podobnie wręcz ubogo wyposażonym, zasiedliśmy naprzeciw siebie przy niewielkim biurku-warsztacie pana Józefa Mackiewicza. Obecnie to biurko ma swoje honorowe miejsce w Muzeum Polskim, w Rapperswilu. Chwila to była dla mnie znakomitsza niż tamta, gdy w czasie wojny spotkałem jego brata, Stanisława, wtedy członka Rządu naszego, w Londynie. Fizycznie: rysy ich twarzy niezbyt do siebie podobne, lecz budową ciała, całym charakterem, psychiką, myśleniem, odwagą, zadziornością, co tu wiele rozgarniać — oni obaj stale jechali na świetnych koniach, na niebezpieczne patrole ułańskie! Tamtym razem, po kilku pytaniach, pan Józef miękko, bez zakłopotania wezwał żonę, prosił o pomoc. Niekiedy pamięć mu nie dopisywała. Jak mnie teraz. Nie dziwię się, że nie pamiętam moich kwestii, widzę natomiast wyraźnie jak pani Barbara weszła, i w rozmowie odpowiadając na pytanie męża wyjaśniła, w czym rzecz się kryła. Miły kontakt dwojga ludzi, prosty i jasny. Znak długich lat chętnej współpracy. Była w tym elegancja. Podałem panu Józefowi zapis reszty pytań. Szło teraz łatwo, pan Józef raczej płynnie nagrywał tekst na taśmę. Ja tylko częściowo Go słuchałem, pilnując maszyny, częściowo obserwowałem tło, na którym Go widziałem. Ściana poza Nim zastawiona półkami książek, a powyżej zawieszona obrazkami. Mimo woli myślę o nich obojgu prawie „po imieniu", pomimo, że moje poczucie bliskości dziś wyłania się jednostronnie z mojego czytania Jego ksiąg. Z natychmiastowego absorbowania Jego przesłania, to jest odkrywania przez Niego często nędznego fałszu maskującego rzeczywistość katastrofalną. W chrześcijańskim świecie niedopuszczalną. W świecie bezbożnym skrywaną,

320

państwowo-zbrodniczo. Myślałem: On jest uczciwy do granic dla niego niebezpiecznych, a już co najmniej do brzegów stałego zagrożenia. Wiem, że On pisze prawdę i całą prawdę! Nie trzeba się przed nią bronić, trzeba ją poznawać, jej korzenie tępić. Dlatego trzeba Mu wierzyć i poszerzać znajomość Jego wiedzy. Czytać. Patrzyłem uważnie na jego twarz, na czoło prostokątne, na oczy błyszczące, nos dość gruby, pod nim usta za małe, mocny podbródek. W pewnej chwili przestałem śledzić zdania rejestrowane na taśmie... Zafascynowany Jego wiedzą, znawstwem naszego świata, usłyszałem inne Jego słowa... jakby mówił z daleka. I nie na taśmę. Wydaje mi się, że do dzisiaj pamiętam niski głos, którym osobno do mnie mówił: Moim zadaniem całego życia — to odkrywanie prawdy zamazywanej przez umysły nadzwyczaj umiejętne w konstruowaniu Wielkiego Kłamu, a więc tym samym umysły straszne i głupie, głupie, szkodliwe, złe, zbrodnicze... Obierają one z sensu i piękna życie ludzi a tym samym i zwierząt, ptaków i drzew i wszelkich roślin. Ziemi całej. Obnażają, akcentują i posługują się tym, co w człowieku najstraszniejsze. Moim zadaniem jest odsłaniać, odkrywać, odgrzebywać, wyrywać spod głazów kłamstwa, odkopywać z rozsianych po całym naszym świecie — Prawdę — z Jej wielu Grobów Katyńskich. Prawdę. Nie dlatego, że ja kogoś, w liczbie pojedynczej, czy w bardzo mnogiej nie lubię, nie szanuję... Pan Józef patrzył na mnie milcząc. Wróciłem do rzeczywistości. Rzekł: Sądzę, że na taśmie znajduje się to, o co w tym wywiadzie chodzi. Czy panu to wystarczy? Taśma świadczyła, że jej zadanie wypełnione. Pożegnaliśmy się, ja z moim wreszcie dogłębnym zrozumieniem, dlaczego Go odrzucano, negowano, nie pojmowano, a pewnie i celowo usiłowano „zamazać", gdy inni znajdowali w Nim swego „Ostatecznego Pisarza". Odchodziłem z moim niewypowiedzianym pytaniem: Czy można pilnie Go czytając nauczyć się dostrzegać, wciąż obecne „Jądro Ciemności"? Pożegnałem Państwa Mackiewiczów mając nadzieję na następne spotkanie. Może w kawiarni Theatiner na lody? Okazało się, że pożegnałem na zawsze.

# Senator Tadeusz Katelbach

Pan Sławomir Cenckiewicz swoją pracą magisterską składa hołd senatorowi przedwojennej Polski, Tadeuszowi Katelbachowi. Zanim obrał postać senatora jako temat swej pracy, odczytał Go jako człowieka, jako pisarza, jako doświadczonego polityka o szerokich horyzontach, jako Polaka. Jako Polaka. O wszystkich jego dokonaniach pisał dokładnie, z pietyzmem. Mnie zaprosił, bym dodał moją szczyptę wiedzy o senatorze – dla mnie o Tadeuszu. To niemały trud. Co pozostaje mi do przedstawienia, jaki aspekt osobowości człowieka, z którym się za jego życia przyjaźniłem, którego szanowałem, a zdanie ceniłem? Ale z którym przestawałem zbyt krótkimi ułamkami dni, zbyt rozrzuconymi wśród lat, a przy spotkaniach, z braku czasu, szukałem raczej tylko pomocy, przeważnie na tematy mnie osobiście właśnie dręczące. Jak namalować jego „mój" portret słowami? Portret! Jakie to nieznane barwy, półcienie, jakie zmienne faktury tła mam do dyspozycji? Podobna męka, podobne poczucie bezradności, dojmujące, gryzące, gdy przychodzi pisać o swoich najbliższych, o ojcu, matce, o bracie zabitym w Katyniu. Do jakiego stopnia ich dzisiaj znam? Gdy się razem czy niedaleko od siebie żyło, uważało sie ich za absolutnie oczywistą część siebie. A to błąd i za mało. I już na zawsze za mało. Wdzięczny jestem Janeczce, córce Tadeusza, za jej bliskie mojemu stwierdzenie zbyt małej znajomości tych, których winniśmy znać najlepiej. Odważnie napisała o swoim przeżyciu, kiedy odkryła, że cierpiała „na egoizm młodości!", gdy ojciec jeszcze był....

A więc – portret! Patrzmy. Oto on stoi przed nami, już namalowany. Około pięćdziesiątki, średniego wzrostu, średniej tuszy; twarz: wysokie, szerokie czoło, powiększone łysiną, której kres kładzie „pożyczka" od lewej ku prawej, okulary na ciemnych, niemal czarnych oczach, linie policzków zwężają twarz, schodząc ku wąskim ustom. Nos krótki. Oczy. Oczy o przenikliwym spojrzeniu, które szuka w rozmówcy sygnałów, w jaki sposób odbiera on to, co się do niego mówi, a w mówiącym pilnie wypatruje, jaki jest rzeczywisty sens jego słów. Oczy dopytujące się, dociekliwe. Podobnie patrzyły na świat otaczający. Wszystko, co dotyczyło jego Kraju, a to znaczyło – Jego samego. Obcy świat. Lecz nie spieszył, by wydawać sądy. Ani na ten obserwowany świat, ani na ludzi. Na moim portrecie senator ma twarz przyjemną, wyraz jej łagodny, jakby pobłażliwy, skłonny do lekkiego uśmiechu. Jego twarz jest spokojna, jak i Jego ręce. Nie pamiętam, by gestykulował.

Jak reagował na zaskakujące wydarzenia? Podam przykład, drobny, a jednak o możliwościach bombki z gazem łzawiącym, wielce szkodliwej. I jego reakcję. Otóż poznałem senatora w 1943, a niedawno, w 1942, młoda, politycznie nadzwyczaj gorąco zaangażowana grupka lotników, już jednym kołem zbiegała z normalnego toru swej pracy, była nawet gotowa z niego spaść. Rzecz miała się następująco: rok 1942. Mord naszych braci w Rosji wybuchł ogniem w twarze. Natychmiast powstała wśród młodego personelu latającego w lotnictwie bombowym organizacja domagająca się od generała Sikorskiego twardej linii politycznej wobec Rosji i Anglii. Teraz weźmy głęboki oddech i wstrzymajmy go, mimo, że dziś nie ma się nad czym rozwodzić, wyjaśniać, wymieniać kto, co i o ile. Natomiast podkreślmy, że wtedy to była dla nas szarpiąca, świeża rana, wielka nagła sprawa, tym większa, że nagła i że ani polska, ani, tym bardziej, angielska strona nie zajęły żądanego przez organizacje stanowiska wobec Rosji. Kierownictwo opozycyjno-radykalno-buntowniczej organizacji lotniczej zapowiedziało ... że przestanie latać bojowo. Reakcje ludzi niespokojnych umysłów, operujących kategoriami politycznych sił, czyli możliwości działania generała Sikorskiego, bardzo gniewnie określały wybuchowców. Niektórzy panowie sądzili, że, by Anglików uspokoić, trzeba niesubordynowanych oficerów – usunąć! Ja byłem z buntownikami związany gorącą przyjaźnią. Mimo, że o ich wystąpieniach dowiedziałem się dopiero w początkach 1943 roku, gdy „wróciłem do Anglii" i kiedy to wszystko, co było piękne w ich pragnieniach już przekwitło – na mnie ich sercem karmione „nieopanowane fanaberie" zrobiły trwałe wrażenie i doprowadziły do przyszłych gniewnych konsekwencji. Na razie chciałem o tych błyskach „polskiego weta" rozmawiać z ludźmi przede wszystkim uczciwymi, następnie bardzo doświadczonymi i bardzo inteligentnymi. Palcem szczęśliwego losu zostałem wskazany senatorowi jako osoba warta jego czasu. Kiedy więc do niego zwróciłem się prosząc o taką rozmowę, zaprosił mnie do siebie. Okazało się, że moich przyjaciół zna i ceni! Powiedział, że rozumie, że skoro każdym lotem walczą o Polskę, to wolno im tak zareagować, gdy im ktoś bezkarnie zabija jakże ważną część Polski i w przeklęte doły wrzuca, by zbrodnię ukryć. Powiedział, że choć taka groźba naszych załóg bojowych niczego nie załatwi, to jednak ma jaką-taką wartość demonstracji nastrojów ważnej broni, na które generał być może, może mógłby się powołać, czy choćby na nie wskazać. Tymczasem to jeszcze jedna straszna bitwa przegrana. Ale wojnę „powinniśmy wygrać." Zostaliśmy przyjaciółmi.

Udawało mi się widywać Go po wojnie. Były to spotkania krótkie, nie umawiane. Potrzeby i przypadki życiowe roznosiły nas w dalekie od siebie kraje i kontynenty. Każdą z tych chwil, czasem godzin, chciałem zapamiętywać, zapisywać, mieć ich treść pod ręką. Pozostały ich zawsze spokojne, ciepłe charakterystyki. I pewnie pozostały we mnie ważne nauki – nie z obserwacji, ale z spostrzeżeń – potem samorzutnie się kształtujące w metody rozważania moich własnych myśli, ocen. Dziękuję Janeczce, za to, że mnie, wzorem Losu, wskazała ciekawemu człowiekowi i mogę o Jej ojcu naszkicować co nieco. I wszystkim dzieciom na całym świecie dobrze radzę: Piszcie Księgi Wiedzy i Pamięci o Swoich Rodzicach i Rodzeństwach. Co najmniej o Nich! Bowiem Wszystkich Bliskich Należy taką samą ciepłą Wiedzą i Pamięcią Osłaniać.

# Tadeusz Chciuk

Umarł Tadeusz Chciuk – Celt.

Wymierają już ostatni nasi bohaterowie XX-ego wieku, tak porażonego piekłem, że jesteśmy wręcz wdzięczni, gdy w zakończeniu cyklu bardzo ważnego życia odbiera nam ich tylko natura, a nie potworni ludzie, że śmierć naszego bohatera następuje na wolności, że jego odejście do naszego Panteonu wydaje się pogodne, szczęśliwe, bo tak nadzwyczajnie zasłużone. Ale dla nas, jeszcze tu pozostałych na chwilę, jak bardzo za wczesne – tu ciągle są potrzebni. Umarł Chciuk – Celt. Nie będę opowiadał o jego dzieciństwie, o świetnym środowisku rodzinnym i harcerskim, które go tak właśnie ukształtowały, wiemy, że bez trudu, bo mu natura dała, oprócz kilku talentów i zdolności, wnętrze urobione ze szlachetnego tworzywa. Niech wszystko to, co wczesne w jego życiu, pozostanie dla jego biografa. Ja krótko opowiem o tych cząstkach jego osobowości, jakie do mnie dotarły. Znaliśmy się dość długo, lecz zbliżenie nadeszło za późno. Nie jest to mój zwrot retoryczny, próżny. Bliski kontakt z człowiekiem tak wysokiej klasy i rozumu i obyczajów, tej spokojnej elegancji współżycia, dobrych manier wobec kolegów. A już szczególnie wobec podwładnych, gdy jest on przełożonym na wysokim stanowisku – to są walory gentelmanów, które długo świeciły nieobecnością w RWE. Zresztą niezbyt powszechne wśród naszych rodaków. Kultura polska często woła o nie. A zapowiadają one rozwagę, czyli umiejętność spokojnego myślenia, więc i roztropność, zaletę świadczącą o powadze i równowadze duchowej. I ośmielają widzieć, że tłem tych wartości jest

– dobroć serca. A następny krok to rozum, a ostateczny wynik z połączenia dobroci z rozumem to mądrość. Ten nadzwyczajnie rzadki stop niewielu ludzi otrzymuje. Czy też świadomie go wypracowuje w sobie? Bliski kontakt z tak, może przez naturę, obdarzonym człowiekiem zrazu zadziwia, wkrótce skłania by coś z tego przyjąć, uszczknąć, zatrzymać, więc upodobnić się. Ostatecznie takie spotkanie utwierdza wiarę, że posiadacze kultury duchowej naprawdę trafiają się na naszej drodze ... na ulicy, w urzędach, oni nas, całkiem niechcący, rozbudzają i odżywa w nas wyraźne poczucie tego, co konieczne do przyzwoitego życia i co my też możemy, musimy praktykować i rozprzestrzeniać bez obawy dopuszczania się bezsensownych błędów. Możemy mieć więcej pewności, że wiemy co słuszne. Poznanie takiego człowieka, a tym bardziej zbliżenie się do niego, to dla nieukojonych poszukiwaczy kamienia probierczego swych myśli, swych postaw, obrazów siebie w rozmaitych sytuacjach życiowych, oraz ocen naszych spraw i ludzi z nami powiązanych, to czysty, piękny zysk.

Rozmaite elementy jego osobowości widzi się na każdej niemal stronicy jego bardzo dobrze napisanych książek: kolosalną odwagę, tę naturalną, podskórną, tę, co mieszka w kościach, tę z niczym nieskażonego przekonania o znaczeniu jego misji. Misja! Ona na tle rozwagi, ostrożności, absolutnego oddania się podjętej pracy, zadaniom zagłuszającym to, co najważniejsze po stronie prywatnej. Taka droga prowadzi do spełnienia się, do powszechnego uznania potwierdzonego wyniesieniem na specjalne miejsce w alei szczególnie zasłużonych.

„Raport z podziemia"

Tadeusz Chciuk, czyli Marek Celt, nazywa swoją wcześniej wydaną książkę p.t. „Koncert, opowiadanie cichociemnego", pierwszym rozdziałem „Raportu z Podziemia – 1942". Ponieważ zabierałem się do omówienia „Raportu", chciałem być należycie weń wprowadzony. Przeczytałem więc „Koncert". Uzyskałem, czegom chciał, z nawiązką. Ta wstrząsająca książka dobrze przygotowuje do dramatu szczegółowo rozwijanego w „Raporcie". Obie książki były pisane w roku 1941, tuż po powrocie autora do Londynu po zakończeniu Jego misji w Polsce, a więc z pamięci gorącej i z uratowanych not.

Ostrzegam czytelnika, że po przeczytaniu tych książek nie zechce mu się czytać fikcji, tych zabaw we wzruszenia i grozy. Prawdy ich rozwijają się w fresk z wizji Goyi. Na miarę talentu autora żyje się i współcierpi tam, w naszym własnym kraju, w państwie europejskim XX wieku – masakrowanym.

Znamy tę oprawę dramatu. Autor opisuje swoją w nim rolę od nocnego skoku ze spadochronem do Polski 28 grudnia 1941 roku do 16 czerwca 1943 roku, kiedy wrócił do Anglii. Jest to świadectwo tworzącej się wtedy historii naszego Narodu. Proszę mi wybaczyć tak oczywiste stwierdzenie, że czytając te opowieści-sprawozdania historyk odżywi swoją wiedzę, sprawdzi wątpliwości i być może znajdzie nieznane mu szczegóły tamtego czasu. A co zaczerpnie z nich „zwykły" czytelnik, uczuciowy towarzysz autora? Zobaczy ludzi, którzy go wysłali z U.K. i do których on przyleciał. W ciemni okupacji rozjaśnią się żywe twarze. Celt ukazuje ludzi, z których wielu należało do Wielkiego Podziemia, spotkał i kierowników Państwa Podziemnego, rozmawiał z generałem Stefanem Roweckim. Naturalnie nie pominął osoby przymuszonej stać na uboczu, niemniej o znaczeniu historycznym – prezesa Wincentego Witosa, Celt nie był w stanie złożyć wizyty prezesowi, przywiózł jednak jego słowa, słuszne oceny jak należało postępować wobec masowego terroru i mordu ludności polskiej.

I narysował wiele osób stojących na rozmaitych szczeblach organizacji Podziemia, a każda z nich nosiła w sobie udział w odpowiedzialności za część lub cząstkę bezpieczeństwa Państwa. Opisał przykłady takiej odwagi oraz anonimowego oddania Sprawie, że domagają się one pamięci, jaką się zachowuje dla Nieznanego Żołnierza. I trzeba podkreślić, że Celt nie notuje ani jednej zdrady, ani w Polsce, ani w sieci polskiej poza jej granicami, ani gdy w drodze powrotnej szedł przez Francję, wspomagany przez ręce polskie.

Gdy się czyta taką książkę, oczy czytelnika mimo woli ześlizgują się na osobę autora i ona je wypełnia. Wielką zaletą tej opowieści jest otwartość; on niczego o swych słabościach nie pomija, przyznaje, że bywało, iż oblewał się potem ze strachu, że nieraz pracował resztkami sił, że bywało tak często, że bywało tak długimi okresami. Książka jest skromna dlatego, że autor mniej mówi o swoich przewagach nad wrogami, niż nad sobą samym. Dlatego jego niezwykłe czyny wybijają się na widoczny plan. Równie po prostu notuje, że często ratował się modlitwą i ona ratowała jego. Może wymodlił sobie szczęśliwe zakończenie tej i następnej wyprawy do Polski.

Niemałą część sprawozdania oddał autor harcerstwu. Nic dziwnego, bo jako harcmistrz znał jego wartość. My także wiemy, że ta organizacja była najbardziej cenioną twórczynią ram i form rozwoju młodzieży, od zuchów począwszy, aż do członków Szarych Szeregów. W tym kontekście dodać trzeba słowo o jego łatwości wzbudzania w sobie uczuć przyjaźni, a wśród jego przyjaciół zdobytych na tamtej drodze, wybija się wyjątkowy człowiek: Węgier, ksiądz Bela Verga, kompan do różańca i do narażania się dla przyjaźni, jako deska ratunku, jako towarzysz w niebezpiecznej podróży i, w końcu, jako druh serdeczny, wybaczający i to, czego by może kto inny nie wybaczył.

Zrobiłbym czytelnikom krzywdę, gdybym nie powiedział im, że znajdą w książce niejedną chwilę zachwytu nad widokiem nieba, gór, kwiatów i ludzi, bo okupanci nie potrafili całego naszego świata zatopić w swoim brudzie.

Pod koniec opowiada autor o momencie swej niemocy, świadczącym o ironii bogów, których bawi męka człowieka. Znali ich Grecy! Na tle poprzednich niemal tragicznych sytuacji drobniejszy to, ale jakże patetyczny obraz. Już wymęczony drogą w górach i nagłym starciem z niemieckim patrolem, idzie na pirenejską granicę do Hiszpanii sam, bo u początku nocy Katalończyk-przewodnik uciekł mu. Idzie w ciemnicy, w zimnie, niewidocznym torem kolejowym i tunelami, byle najdalej od Francji, od Niemców. I kiedy dzień się podniósł wysoko, on jeszcze idzie, a to tylko dlatego, że w mechanizm nóg ma włączony osobny bieg, któremu system nerwowy nie pozwala zatrzymać się, a głowa nie jest w stanie mieszać się w te sprawy. Idzie automat. I raptem zza zakrętu torów wychodzi dwóch policjantów w śmiesznych kapeluszach hiszpańskich. Stanął. Oni go nie widzieli, gadali, zapalali papierosy chroniąc je od wiatru. On miał czas skryć się za załom skalny. Ale już ustał jego wszelki ruch. Mógł tylko stać, patrzeć na nich, ponad nich, na góry, na niebo, pojmować ten brak szczęścia. Kosztowało go to długie miesiące hiszpańskich więzień, brudu, robactwa, plugawienia więźniów przez dozorców w tym cywilizowanym kraju. Kosztowało go to opóźnienie wykonania zadania, czyli powrotu do Londynu. To bardziej gryzło niż wszy.

Niewystarczające są moje uwagi o „Raporcie" tego autora, ani o nim samym. Jest to książka bohaterska. Za wiele napisane? Może. Ale sądzę, że czytelnik sam do podobnego wniosku dojdzie, jak doszedł do niego generał Sosnkowski, gdy zadecydował zawiesić Markowi Celtowi na jego cywilnej marynarce krzyż Virtuti Militari.

Zakończenie jest szczęśliwe. Autor wykonał zadanie, otrzymał nagrodę wojskową i nagrodę duchową – odzyskał kochaną kobietę, częściowo rodzinę, wielu najlepszych przyjaciół, a nadto możność twórczej pracy ku obronie Kraju przed bolszewikami: poważne stanowisko w Polskim Radiu Wolnej Europy, w Monachium.

Marek Celt wydaje swoje książki własnym sumptem i sam nimi administruje. Oto jego adres: Nikolaus-Mueller Str. 13, 8033 Planegg, GERMANY. Są tam „Biali kurierzy", „Koncert" i „Raport z Podziemia – 1942".

„Biali kurierzy"

Nazwisko Chciuk jest znane w literaturze polskiej, szczególnie na Antypodach i jest „dobrze obecne". Tam najmłodszy z trzech braci, Andrzej, we wczesnych latach powojennych wybił się jako pisarz i pierwszy utrwalił je w pamięci czytelników tytułami swych książek. Teraz na półkuli północnej starszy z braci, Tadeusz, przywraca osi ziemskiej równowagę wydając swoje książki obiecane u początku lat „kurierskich" przyjaciołom „Kurierom" i sobie. Dziś spogląda on z pasją na taśmę pamięci o cudzych i swoich osiągnięciach, udanych akcjach, zwycięstwach. A wynikały one z nadzwyczajnego zaparcia się siebie w pracy, w walce z wrogiem-człowiekiem, z wrogiem-naturą, ze sobą. Po latach, być może, opowieść ta zostanie uznana za „Słowo o Białych Kurierach", co będzie wyrazem najwyższego uznania dla dziejów tamtych nadzwyczaj dzielnych ludzi.

I najstarszego z braci, Władysława, trzeba należycie umieścić w tym kontekście. Był on pilotem myśliwskim we Polsce, we Francji, w wczesnych dniach Bitwy o Wielką Brytanię. Zestrzelony, na szczęście przeżył rany, niewolę, i dziś mieszka w Kalifornii. Po laury pisarskie nie sięgał, przynajmniej do tej pory, pewnie pozostawił je bratu młodszemu. Ten już wyzwolił się od innych poważnych prac i szybko nadrabia czas „dla pióra utracony... ". Biali Kurierzy. Biali, bo w akcji najczęściej na biało ubrani, gdyż zima jest tłem ich wypraw kurierskich z Polski na Węgry i z powrotem, w roku 1939-40tym. Tamtą piekielną zimę traktuje autor jako fakt przyrody, nie jako klęskę dni-tygodni, tygodni-miesięcy, miesięcy-lat, lat.... Wiemy, jakim nieszczęściem była tamta zima dla ludności polskiej przede wszystkim, ale mniej potwornym niż najazd mas uzbrojonych złoczyńców nasłanych z Rosji, by dewastowali tamte części naszego Kraju, gdy uzbrojeni zbrodniarze z Niemiec mordowali nasz zachód.

Patrząc na okładki tej książki, białe i czyste, zadaję sobie pytania: Czy została ona napisana może także i po to, byśmy pamiętali to, co mamy przebaczać naszym sąsiadom, całkowicie, uczciwie, skoro jesteśmy chrześcijanami i w dodatku rozumiemy wspólny interes, czyli że bliźnich kochamy jak siebie samych – przede wszystkim, i może także i po to byśmy nie wyzbyli się spodziewania, że i nam wiele zostanie wybaczone uczciwie, całkowicie, po chrześcijańsku i ze zrozumieniem wspólnego interesu? I kiedy? Czy też nasze ręce, obu stron, zawisną w próżni, zamarłe pod skinieniem magicznej laseczki mateńki naszej powszechnej – Głupoty? Nie ma w tej książce łatwego wybaczania dla zwierząt ludzkich, ale jest go wiele dla ludzi. Lecz przede wszystkim jest to książka napisana dla przywołania i utrzymania w pamięci Polaków, tych białych żołnierzy tamtych czasów, których sylwetki rozpływały się w tle śniegów, nocy, poświat księżycowych i w końcu, w mrokach zapomnianego rozdziału ich ochotniczej wojny. To książka o działaniach żołnierzy Polski w czas zamierania Jej życia w skutek jednej z najstraszniejszych chorób ludzkości – najazdu ludzi-złoczyńców. I tym razem w zbrodniczej zmowie.

Czego od takiej książki spodziewam się? Zwięzłego opowiadania akcji, szybkiej akcji. Portretów zewnętrznych i wewnętrznych postaci głównych i również postaci tym ważnych, że grały złowrogie role, choćby w czasie krótkim. Na przykład ten „czubaryk", tam, za ścianą kryjówki, u Zosi, nigdy nie pokazany w świetle dnia ani nawet w nocy – oślepiony silnym promieniem latarki. Ja go widzę! Ba! Bronię się przed wonią wydzielaną przez tego nieszczęśnika strasznego, tą mieszaniną nigdy nie domytego ciała, złego jedzenia, paskudnej gorzały, nigdy nie odwszonej odzieży. Wiem, jakie oczy mają tacy ludzie. I jaką dolę roznoszą po świecie innym, i chcę zobaczyć postacie pobocznych typów i typków, swoich i obcych, oraz „ludzi urzędowych", od jakich bohaterom książki zależeć wypadało. I statystów dramatu tj., obywateli krajów bliskich nam, jeszcze osłaniających się nic nie znaczącymi unikami i nie pojmujących historycznych wyroków zawisłych i nad nimi, ledwie na nieco grubszej nici pajęczej. I jak od każdej dobrej książki oczekuję dobrego języka, ciekawego, dobrze zapamiętanego dialektu, interesujących ciekawostek słownych i pojęciowych. Ale idźmy dalej. Spodziewam się zadziwienia ich dzielnością, wytrwałością, umiejętnością znoszenia bólu, nieludzkiego wyczerpania, mrozu, wiatru, napięć wynikających z bliskości wrogów i z obojętności przyrody, zawsze udanej, bo skorej do wprowadzenia błądzących w tym niebezpieczniejszy błąd. I spodziewam się opisów tej niewzruszonej przyrody, uroku jej twarzy ciemnej, milczącej lub zmiennej pod księżycem, co pędzi wśród chmur, to nagle zatrzymuje się na przepastnym niebie dla złej ciekawości, by zobaczyć dalszy odcinek antyludzkiego filmu nieustająco nakręcanego tam, hen , w dole.... I chcę doznać wraz z bohaterami opowieści – strachu, który jest tłem odwagi i bywa wstępem do niej. Chcę odczuć ich reakcje na własny i cudzy strach. (Mam na myśli postać, której autor dał imię Filip.) Ludzie o umniejszonej dozie odwagi wojskowej muszą się jej uczyć. To jest możliwe, przez jasne zdanie sobie sprawy ze swojej ułomności. Zobaczenie siebie wystraszonego niemal gwarantuje obudzenie zalążka odwagi. Potem wzrasta świadomość posiadania jej. Sytuacja zmienia się niekiedy dramatycznie. Potrzebna więc jest umiejętność uczenia odwagi, tym bardziej, jeśli się posiada jej wielki zapas. Humor! Humor! Naturalnie są treści wymagające powagi, ba! Patosu. Lecz gdziekolwiek można dać humor, dać wesołość, jeśli się nawinie, to i dowcip.

Są w opowieści o Białych Kurierach wszystkie elementy wyżej omówione. I zdaję sobie sprawę z faktu, że nie budowałem drabinki tych walorów przed przeczytaniem „Białych Kurierów", lecz właśnie na odwrót, pozbierałem je na kartach tej książki. Niech to stwierdzenie będzie moim poświadczeniem przed forum czytelników, że oto pojawili się przed nami Biali Kurierzy jak żywi, jakby znowu z krwi i kości, wśród walk i śmierci, tajemną alchemią pamięci autora, jego woli i talentu przywołani do nowego życia, tym razem do życia długiego, trwałego, i jak wtedy – wykonują swe ochotniczo podjęte zadania i prace, i także śmieją się, i weselą, i przygadują sobie, i biją cudzych, gdy trzeba. A my? My ich zapamiętujemy, zapraszamy, by z kart wyszli do nas i z nami byli póki nam życia starczy. Przedłużajmy ich życie z pokolenia na pokolenie, bo „droga długa, daleka" jeszcze, jak piosenka Krystyny Krahelskiej mówi. Może ich przykład niejednemu posłuży? Jak niejednemu z nas przykładem byli dawniejsi prawdziwi, a także trudni do odróżnienia od prawdziwych, literaccy bohaterowie uprzednich wojen polskich o Wolność naszą i Głuchych przeciw nawałom z Imperiów Zła. (Panu Prezydentowi Stanów Zjednoczonych – dziękuję. Jego copyright naruszam bez Jego wiedzy, natomiast z uznaniem dla Jego zręcznego sformułowania nazwy tej, niestety, non-fikcji, S.W.).

Moje spodziewania „Biali Kurierzy" spełniają. A co można autorowi wytknąć, o tym niech decyduje każda osoba, która nabierze prawa krytykowania jego trudów, płacąc za tę piękną księgę pamięci o ludziach dzielnych. O ileż nasza historia obrony przeciw Złu byłaby bez tej książki uboższa.

Chcę dodać dwa postscripta! Pierwsze – to podziękowanie autorowi za to, że podaje także nazwy dobrych win węgierskich. Jestem mu wdzięczny. Drugie – nawracam do swego, przed laty wypowiedzianego przekonania i stwierdzenia, które opiera się o powszechnie przyjęte pojęcie moralne i prawne, że uzbrojony człowiek napadający innego człowieka – to zbrodniarz pospolity, osobiście i pojedynczo odpowiedzialny za swe czyny. Chyba, że niespełna rozumu. Chodzi mi jedynie o to, by konsekwentnie, logicznie rozszerzyć te pojęcia na zbrodniarzy państwowych, tj. tych organizowanych przez państwa w armie o charakterze napastniczym. Oni stają się automatycznie zbrodniarzami pospolitymi. Bez względu na ich przysięgi, rozkazy, stopnie. Wiem, że w tej chwili „wierzgam przeciw ościeniowi". Wiem, że mocarna i krwawa to rączka, co ten oścień trzyma. Ale ktoś musi z początku zostać uznany za obranego z rozumu. Zgadzam się i mruczę pod nosem, za przykładem pewnego pana sprzed wielu, wielu lat: „wy se gadajcie, krzyczcie, wytykajcie paluchami, a ja co se myśle, to se myślę... ". I piszę.

Do szlachetnego tytułu żołnierza mają prawo tylko obrońcy swej ojczyzny.

# Michajło Rudko

Rok 1975 lub 76. Byłem dyrektorem centrali Polsko-Amerykańskiego Komitetu Emigracyjnego na Europę w Monachium. Kończyłem rozmowę telefoniczną z nową klientką, gdy wszedł do mego biura mój przyjaciel i dyrektor Ukraińsko-Amerykańskiego Komitetu Emigracyjnego, pan Michajło Rudko, od którego nasz Polsko-Amerykański Komitet Emigracyjny wynajmował lokal dla swego Biura, obejmującego kilka placówek w rozmaitych krajach Europy. Od wejścia do lokalu – Jego biuro w prawym końcu korytarza, nasze w lewym.

– Wczoraj chciałeś ze mną porozmawiać? – rzekł Michał.

– Tak, tak, ale mój kochany, daruj, właśnie jakaś pani przyjechała do Monachium i telefonowała do mnie z dworca w pilnej sprawie, pewnie uchodźczej. Już jest w drodze. Czy możemy się po południu zobaczyć?

– A dobrze, dobrze, ja wcześniej tutaj wrócę.

Czekałem na petentkę 10, 15 minut, 20, doszedłem do wniosku, że ta pani pewnie nie orientuje się, jak wejść do naszego biura: najpierw z ulicy w prawo na szerokie przejście między domami (to ważne), potem na lewo do klatki schodowej i na drugie piętro. Schodami lub windą. Postanowiłem wyjść na ulicę „pomoc dać rodaczce"..., patrzyłem wzdłuż szerokiej perspektywy Augustenstrasse w kierunku dworca kolejowego.... Chwilowo chodnik pusty, jedynie przed wystawą pięknych dywanów perskich etc., stała postać... Kobieta wysoka, w długim prążkowanym płaszczu,

337

w wielkim turbanie na głowie, czyżby to ręcznik po myciu głowy tak zawinięty... Jak gdyby poczuła mój wzrok na sobie, zwróciła się i poczęła majestatycznie kroczyć ku mnie. Nie miałem wątpliwości, że to jest oczekiwana pani. Bardzo interesująca, twarz śmiałych rysów, wiek średni. Zatrzymała się. Z wahaniem spojrzała na numer domu. Gdy otwierała usta, zapytałem:

– Czy pani do Komitetu?

– Tak. Tak. Proszę pana.

– Ja na panią czekam, pani dzwoniła, proszę, proszę na górę.

– A to dzień dobry panu.

– Dzień dobry pani, proszę, tędy, tak-tak, tędy, nie-nie, w lewo-w lewo, tak... I na drugie piętro.

Półsłówkami rozmawiając na schodach weszliśmy do Komitetu, skierowałem interesantkę do ogólnej sali biura.

– Pani pewnie w emigracyjnych sprawach?

– Proszę pana, ja w ogóle w rozmaitych sprawach i chcę prosić o radę. Gdy moja interesantka mówiła, raptem zobaczyłem w jej oczach zastanawiający błysk. Zielonkawy? Rozejrzała się dokoła. Znowu obrzuciła błyszczącym okiem mnie i jeszcze raz dokoła.... Wydało mi się, że ona patrzyła na mnie i na siedzących tam urzędników – cztery osoby – trochę jak wilk na owce! Powiedziała wszystkim „Dzień dobry" i gdy oni podnieśli ku niej głowy, ona zasiadła przed biurkiem pana Zygmunta Jędrzejowskiego i dobitnie, na pożytek wszystkich, stwierdziła:

– Ja się stąd nie ruszę!

Nastawiliśmy uszy. Chwila zdziwienia. Jako szef zdobyłem się na pierwszy krok ku katastrofie:

– Czy pani ma jakąś bardzo trudną sprawę do załatwienia? Wie pani, my tutaj operujmy według zaleceń starego dowcipu, który każe załatwiać najprędzej to, co niemożliwe. Więc słucham.

Pani oczy – rozszerzone, a w oczach ciemniały duże, okrągłe źrenice ... chwilami błyskało w nich zielonawo, chwilami czerwonawo! Parzyły na mnie. Te sygnały uświadomiły mnie, że ta pani nie była osobą zwykłą. Ani nie przyszła do nas w zamiarach zwykłych. Potwierdziła to wybuchem:

– Pan chyba widział, że za mną szło dwóch! Teraz oni naprzeciwko – stoją!

No tak! – pomyślałem – To będzie „to nasze niemożliwe".

– Droga pani, ja nie widziałem nikogo, kto by za panią szedł, a skąd pani wie, że teraz ktoś tam na ulicy stoi? Przecież pani nie pofatygowała się do okna....

Były to moje ostatnie daremne wysiłki dotarcia do tej pani. Od tamtej pory ona panowała nad nami wszystkimi w sposób prościutki; na wszelkie elokwencje któregokolwiek z nas odpowiadała uderzając go głosem, spojrzeniem i potężną wolą: „Ja stąd nie wyjdę!". Któryś z normalnych interesantów wszedł. Za nim drugi. Ucieszyłem się. Ona na chwilę odsunęła swe krzesło na bok (bo już siedziała na środku biura), z uśmiechem bardzo miłym i przyjaznym, przyświadczając od czasu do czasu głową petentom, nie przeszkadzała w omawianiu i załatwianiu spraw. Ale gdy petenci odchodzili, ona wracała do centrum podłogi i naszej uwagi, powtarzając: „Ja stąd nie wyjdę!" W końcu zajęła się nią najbardziej z nas wytrzymała pani, łagodna, słodkiego usposobienia i wielkiego rozumu, pani Guzy. (Żona Piotra. Oczywiście, skoro radziła sobie z Nim...) Ja poszedłem do swego pokoju, zamknąłem drzwi od reszty biura, miałem pilne sprawy budżetowe, obliczania, przewidywania, nie daj Panie, więc. Wtem usłyszałem podniesiony głos pani Guzy:

– Shut up!

Angielka, aż tak doprowadzona do rozpaczy przez nieszczęśnicę, że krzyknęła do niej po angielsku. No! To już upewniło mnie, że sytuacja nasza zamraża się. Wszedłem do nich. Pani Guzy powiedziała:

– Ja się nią więcej zajmować nie będę, ja mam swoją pracę.

I wtedy drugi cios padł ... Zygmuś, drogi pan Zygmunt Jerzejowski, wzór pogody ducha, mistrz łagodzenia wichrów i wulkanów, też powiedział, że musi wyjść! Do sądu mu raptem przypiliło, tam wtedy mieliśmy kogoś na rozkładzie za nielegalne przekroczenie granicy, czy coś mniejszego, ale nie tego dnia! Drogi Zygmuś drapnął! A zaraz potem wyjaśniło się, że ona żadnej emigracji nie pragnie, lecz że uciekła z domu, to znaczy z zakładu dla schizofreników, w którym umieścił ją mąż. Wracać ani do męża, ani do nikogo innego – nie! Przyjechała tutaj, o tej organizacji słyszała, tu się Polakom pomaga, a skoro tak, no to proszę: jestem i tu chcę pozostać. Tu pani chce spać, mieszkać, jadać, na zewnątrz nie wychodzić, tam na nią czeka dwóch. Poza tym pani była zuch, nie obawiała się żadnych konsekwencji, owszem podała telefony męża, doktora, zakładu. Naturalnie zaczęło się telefonowanie na koszt rządu USA i osiadło w nas przekonanie, że ta pani niezawodnie u nas pozostanie. Do przyjazdu kogoś.

I wtedy na tę naszą żałosną scenę wstąpił drogi mi Michajło Rudko i znowu podbił nas zdumionych objawieniem tej jego cnoty, którą po angielsku nazywa się „mlekiem ludzkiej dobroci", Nie darmo mówiliśmy o Nim, że to człowiek wyjątkowej przychylności, ludzkości. Przyszedł, jak uprzednio zaznaczył, zapytać o co chciałem się go poradzić, często korzystałem z jego o wiele dłuższego stażu dyrektorskiego, szybko uchwycił w czym rzecz i od razu prościutko powiedział:

– Słuchaj, na górze mamy pokój, magazyn-kancelarię, tam czasami przyjezdni z terenu nocują. Dam jej dobry gumowy materac, kołdry, poduszki i co tam potrzeba. Niech ona się tam prześpi.

Ulga szalona! I powiadamy tej pani, że tutaj musimy zamknąć biuro, nikt nie zostanie w tym lokalu. Sama pani powiedziała przed chwilą, że tu, w biurze, jest za nisko, więc pójdziemy tam, wysoko, gdzie jest wygodny, bezpieczny pokój. Pani powiedziała, że najpierw musi zobaczyć, co to za pokój. Wychodzimy do klatki schodowej.

– Tu jest winda! Jak panowie mogą! Jeżeli można windą dojechać, to oni dojadą!

– Nie, proszę pani, nie, na dole zamyka się drzwi tej windy. Podwójne. Na wszystkie spusty. Dostępu do windy nie ma – wyjaśniał Michał.

Wchodzimy do rozległego pokoju. Ona jak strzała do okna i palcem wskazuje:

– Proszę! Tam blisko jest drugi dach! Oni stamtąd położą deskę, szybę wybiją i wejdą!

Ja przejąłem pałeczkę perswazji.

– Proszę pani, oni nie mają deski.

– Jeżeli nie mają deski, to sznurową drabinę rzucą!

– Ależ oni i sznurów nie mają. Przecież to pani powiedziała, że oni stoją z rękami w kieszeniach.

– Aaa! To pan widział, że stoją!

– Proszę pani, nie! Przede wszystkim oni nie stoją....

– A jak nie stoją, to poszli po deskę! Jak nie po deskę, to po sznury!

Wreszcie zastawiliśmy okna grubą tekturą. Oni nie mogliby ani deską, ani drabinką sznurową wejść. Michał powiedział:

– Widzi pani tu na stole stoi telefon....

– Jak to na stole? Ja będę na łóżku, na podłodze. To jest za daleko!

Michał postawił telefon przy niej i zgodziliśmy się wszyscy, że jeśli by oni przez tektury okienne robili dziury, to ona będzie miała pod ręką telefon i ich wystraszy. Michał napisał wyraźnie numer swego domowego telefonu na sztywnej kartce, położył ją przy poduszce. Ja telefonu na kwaterze jeszcze nie miałem.

Z tym zostawiliśmy biedaczkę nakarmioną, napojoną przez Michała z jego zasobów komitetowych, on tam miał i kuchenkę dla gości bez grosza. I rozweseloną tym, jak to ona wystraszy „ich" telefonem.

Na drugi dzień wcześnie pojechałem do biura i przede wszystkim do niej. Jej nie ma! Trzeba do policji dzwonić! Ale najpierw do Michała. Jest! Ona u niego śpi! Co? Co się stało? W pół godziny później przyszedł Michał, zmęczony, niewyspany i opowiada: „Mój drogi, o godzinie drugiej w nocy ona zatelefonowała z dworca kolejowego. Sprytnie uciekła z domu, trafiła na dworzec, tam schowała się w załomie ściany zasłoniętym wagonem stojącym na bocznym torze, po dłuższym czasie zdecydowała, że zmyliła pogonie i że może pójść do telefonu".

Michał właśnie zasypiał. Ubrał się, pojechał na dworzec, odnalazł ją, dobrze ukrytą i zasłoniętą wielkim ręcznikiem, uprzednio turbanem, zabrał do swego mieszkania, oddał swoje łóżko, posłał świeżą pościelą i zostawił śpiącą. Przyjechał porozumieć się ze mną. Dalsze jej losy ujęli jej mąż i lekarz o dzień później. Do ich przyjazdu opiekowała się nią w mieszkaniu Michała jego sąsiadka. Michał, Michał już miał bardzo słabe serce. Łatwo się męczył. W kilka miesięcy później, po wieczornej rozmowie, pożegnaliśmy się po raz ostatni. Ledwie wrócił do domu, ledwie zamknął za sobą drzwi – upadł tuż za progiem.

My, członkowie Polskiego Komitetu, całym gronem poszliśmy na Jego pogrzeb. Potem w pobliskiej kawiarni siedzieliśmy opodal stolika żałobników ukraińskich. Podszedł do nas ksiądz Ukrainiec. Podziękował nam za naszą obecność. Powiedział, że pochodził ze Lwowa. Nawiązała się między nim i mną ciepła rozmowa. Oczywiście o wiadomych zagadnieniach i o tym, czy potrafimy do łączących, do wiążących nas tematów dorastać. Skoro tacy ludzie jak Michał opuszczają nas. Usłyszałem wówczas wypowiedź zaskakującą. Mój rozmówca powiedział: „Jak pan widzi polski język dobrze znam. Lubiłem wszystko, co polskie, aż wziąłem do ręki....„Ogniem i mieczem"! Odrzuciłem tę książkę i wiele tego, co polskie razem z nią. Ale dziś – dziękuję. Może Michał miał rację. Chcę, żeby ją miał".

Gdy opisuję tamtą otwartą wypowiedź księdza, już nie myślę o niej jako o zbyt ... zadziwiającej. A za jej zakończenie – dziękuję Michałowi...

# VII    Emigracja

# Dlaczego nie wróciłem „wtedy"

1. Wcześnie, pewnie w 1940 roku, dotarł do mnie list mojej przyjaciółki Krystyny Krahelskiej, a w nim zdanie: „... Janek jest w Kozielsku. Pisuje". Kozielsk? Polska miejscowość. Gdzie? Nie mogłem znaleźć jej na mapie Polski. A po kilku miesiącach nadbiegł drugi list Krystyny: „... od Janka od dawna nie ma wiadomości. Od kwietnia". Gdy ten drugi list Krystyna pisała, On już był zabity w Katyniu. Mój brat. Było nas dwóch.

2. Rosja. Zrywa stosunki z naszym rządem w Londynie z racji Katynia.

3. Rosja. Powstanie w Warszawie.

4. Rosja. Marzec 1945. Porwanie Szesnastu Członków Rządu Polskiego i bezczelny „proces" hańbiący Rosję.

5. Rosja. Październik 1947. Mikołajczyk ucieka z Polski.

6. 1947 — wezwanie mnie przez głowę Rodziny do powrotu i szybkie odwołanie wezwania.

7. Rodzina żony usilnie namawia do powrotu. Zwykłe uczuciowo szkodliwe argumenty. Żona podejmuje tamte sposoby myślenia. „Trzeba ratować dzieci!". Odpowiadam: „Tam – to prosta droga do więzienia. Tutaj – myśleć o pożytecznej pracy na emigracji. Polska potrzebuje emigracji, silnej emigracji. Teraz i zawsze. Patrz — Żydzi". Do dziś jestem tego samego zdania.

8. Spotkanie z moimi byłymi wykładowcami ze Szkoły Podchorążych Lotnictwa w Dęblinie. Ogromnie patriotyczni. Wracają, by wychować młodzież lotniczą, w odnowionej Szkole. Pytają, czy pojadę z nimi? Odpowiadam: „Temu, kto wyciągnie rękę po młodzież – „oni" ręce obetną". Wrócili. Kilku co najlepszych, najaktywniejszych, „oni" rozstrzelali.

9. Leopold Skwierczyński. Jesienią 1947 roku po ucieczce z Polski wraca do Anglii były wysłannik rządu londyńskiego, w sprawach łączności lotniczej z podziemną armią. Przyjaźniliśmy się żywo. Sprowadził także swoją żonę, również zawodową aktorkę, podobnie jak on. Założyli teatr objazdowy „Komedia", celem jego było podtrzymywanie na duchu i w polskości rozbitków naszych tkwiących w obozach, gdzie usiłowali formować swą politykę życiową na resztę przyszłości. Zaprosili mnie do pomocy, później do współpracy. Opowiadali mi to, co przeżyli pod Niemcami, przed Powstaniem, w czasie Powstania, po ucieczce Niemców, którzy sprowadzili nam do Polski bolszewików; po aresztowaniu ich obojga przez bolszewików polskich, jakże chętnie wykazujących, że nie ustępują KGB, trzymali ich przez dziewięć miesięcy w Krakowie. KGB nie udowodniło im „zdrady Polski na rzecz Zachodu i szpiegostwa dla Ameryki" i wypuszczono ich. Moi przyjaciele nie czekali na zmianę „linii". Uciekli. Potwierdzała się słuszność mojej decyzji w sprawie powrotu „wtedy".

10. Rozmowa z Jasiem L. Obóz PKPR w Dunholm Lodge, by przeprowadzić angielską demobilizację. Wtem dowiedziałem się, że On tam przyjechał w tym samym celu. Radość! To mój przyjaciel sprzed wojny, bliski mi jak żaden z przyjaznych kolegów. Przyja-

ciel. Tym się wyróżniał, że oceniał fakty i to, co inni o nich myśleli i spokojnie dobierał słowa decyzji. I, bardzo ważne, z natury pełen uśmiechów. Nieco rozedrgany wszedłem do jego kwatery. Bałagan mężczyzny pakującego się do szybkiego wyjazdu. Stałem w drzwiach, patrzyłem na jego plecy pochylone nad zawiniątkami, materiałami, pantoflami, bucikami, spodenkami — dla żony, dla syna, już dziesięcioletniego. No, tak. Rzekłem: „Jasiu". Odwrócił się. Zarżał tym swoim śmieszkiem, jak młody konik, a nie pan major spod czterdziestki. I już mówił: „Dziś dowiedziałem się, że tu jesteś, jutro bym do ciebie przyszedł. Dziś muszę się upakować. Jadę". Rozumiałem. On nigdy „nie wyjechał", więc jedynie „jechał" stąd – tam. Stałem bez słowa. Nie przyszedłem po radę, ale na gadanie o moim zapieczonym, dławiącym, niemożliwym do usunięcia z gardła, porażającym całego mnie przymusie niejechania. I... na zbadanie Jego stosunku do mnie po mojej decyzji. „No, to do jutra — powiedziałem. — Chcę się z Tobą pożegnać, bo... ". „Tak" – powiedział Jan – „potem się nie zobaczymy". Stwierdzał. Stałem. Myślałem: „W ogóle po co? Tylko może jemu coś zatruję, coś zaostrzę, załamię, podłamię. Zgniotę. Jak siebie". Umówiliśmy się na drugi dzień, na obiad w oficerskiej mesie. I zaplanowaliśmy miły wieczór „ku pamięci", u mnie. Wróciłem do swojej kwatery, sprawdziłem, czy mam butelkę whisky i dokupiłem niebieskiego „Stiltona", najlepszego sera Anglii, biskwitów o smaku pieczonego bekonu. I tyle. Na kolację mieliśmy pójść do kasyna. Nie poszliśmy. Wypiliśmy od razu po dwa „podwójne whiskacze" i rozgadaliśmy się o kontaktach z rodzinami i o swoich lataniach. On był nawigatorem pułkownika Bolesława Orlińskiego, szczęściarz, na Mosquito latali z Francji. Ja na Bliskim Wschodzie, na Spitfirze, pod koniec na Dakotach. Rozczmuchaliśmy się. Wspominaliśmy przedwojenne wieczory w Jego domu, gdzie światłem była jego śliczna żona. Piliśmy za ich bliski pierwszy wieczór po latach i za ich Jędrka. Piliśmy z wolna, do późna. I stało się nieuniknione – poczęły z nas wyłazić nasze argumenty, Jego rozgrzana wizja ich dwojga, kolorowa, potem coraz bardziej ogólna, przygaszone „Za". I moje „Nie!". Od miesięcy uformowane, zażarte na wszystkie okrutne, bezlitosne „ale", bywało, nadziane obleśną pychą „Za". Tych już podających szyję w niewolnicze jarzmo. Przekreślałem je dla siebie swym wielkim, niosącym ulgę „Nie!". Ale już przestawało działać dobrodziejstwo whisky, rozmach bezsensu. Zmęczyliśmy się, spoważnieliśmy, zamilkliśmy. Aż Jan odsłonił mi swoje zamykające sprawę „Za". Obrazowo. Zaczął spokojnie. „Ty – powiedział – nauczyłeś się angielskiego, latałeś z nimi, poznałeś ich trochę, źle ci z nimi nie było. Ja? Nigdy się ich języka nie nauczę, nigdy ich nie zrozumiem. Ja znam rosyjski. Znam Rosjan. Wiem, jak przeżyć". Zapadł się w siebie i wyrzucił: „Ja chcę być ojcem mego syna, chcę być mężem mojej żony!". Milczałem. Cokolwiek bym powiedział, wyszedłby z tego platfus, oklepus. On wzruszył ramionami do swoich myśli i powiedział: „Wyobraź sobie, że jesteśmy Rosjanami. Pijemy. Ta butelka jest w połowie pełna. Jest nam wesoło! Gadamy sobie o tym, co nas boli i przygadujemy sobie ze śmiechem, ja „Tak", ty „Nie". I pijemy. A gdy butelka będzie pusta – zaśpiewamy coś żałosnego, zaszlochamy rozpaczliwie, ja wyciągnę nóż i chlasnę cię po szyi, bo ty „Nie"! Bo ty, psia twoja, „Nie" i „Nie". Zdrajca! A kiedy ty leżysz zakrwawiony i zipiesz ostatkiem, ja padam na kolana przy tobie i wołam: O, Boże, Bożesz Ty mój! Ja świnia, ja kryminalista! Ja przyjaciela zabiłem! Nie przebacz mi, Boże! Ja Kain! I przy tobie stygnącym zasnę... ". „Znasz ich", powiedziałem. „Ja też o nich wiem dość". „Znam ich", zakończył Janek. Przeżył. Koniecznie winienem dodać dwa „elementy" mojej wczesnej decyzji:

a. Rosja. Łubnie. 1917/1918 – tam po raz pierwszy zobaczyłem wozy załadowane rozstrzelanymi — bolszewicy weszli do miasta.

b. Rosja? Listopad 1939, statek „Kościuszko", płyniemy z Pireusu do Marsylii. Poznaje mnie urzędnik magistratu w Siedlcach. Mój wuj, Sławomir Łaguna, był prezydentem tam i ja mieszkałem u Niego przez dwa lata. Ów pan opowiedział mi, co następuje: W końcu pierwszego tygodnia września 1939 kilka ministerstw przesunięto z Warszawy do Siedlec. 9-go, 10-go i 11-go naloty niemieckie dały się Siedlcom tak we znaki, że 12-go prezydent miasta zadecydował wymarsz całego taboru ministerialnego oraz personelu magistratu. Wyruszono na Wschód. Śladu po nich do dziś nie ma. Zwracałem się do „Karty" w Warszawie, jako do ostatniego i może najlepszego źródła — żadnych informacji nie otrzymałem.

# Fiolet

Relacja. Tak, relacja. Będzie to bowiem opowiadanie prawdziwe i rzeczowe o przedziwnym wywoływaniu we mnie nadzwyczaj drażniących refleksów przez fiolet. Przez kolor! Nie do wiary. Przez pewien czas każde zetknięcie się z fioletem było denerwujące, wprowadzało mnie w stan głuchej trwogi. Najwyraźniej wróżyło mi okrutne wydarzenie dotyczące moich przyjaciół. A niekiedy odrażające uczucie nierealności, fantasmagorii, przeświadczenia o działaniu niepojętej, wrogiej mocy. Doszło do tego, że niekiedy wydawało mi się, iż fiolet wydawał okropny zapach. Czyż kolor może wydzielać woń? Czasem jednak wrażenia te słabły tak, że uprzednie moje napięcia wydawały mi się jedynie częścią dawniej obmyślanego przeze mnie samego scenariusza. Niestety. Wszystko, co opowiem, wydarzyło się naprawdę. A zaczęło się tak:

Późnym latem 1956 roku Aquila Airways przestała istnieć. Była to angielska linia lotnicza, w której szczęśliwie rozpocząłem latanie jako już cywilny pilot, pierwszy oficer. Aquila, ostatnia kompania operująca hydroplanami w Europie, linia szanująca się i szanująca pasażerów. Ba! Nawet dogadzająca im. Dbała o pewną elegancję, o styl obsługi.

Pod koniec lata 1968 roku jej wielkie, czterosilnikowe, dwupokładowe hydroplany firmy Short, typu Solent, już nie nosiły pasażerów do wielu portów na morzach i jeziorach Europy. Ustały więc moje cotygodniowe loty z Southampton do Lizbony i dalej, na Maderę i do Las Palmas na Gran Canaria, na jezioro Biscarosse, na jeziora Marsylii i do zatoki Korfu, do Polensa Bay na Majorce, do Genui a nawet na Jezioro Genewskie, pomiędzy trzody żaglówek. Szczęściem krótko.

Na upadek Aquili złożyło się kilka przyczyn obiektywnych i jedna, oczywiście najważniejsza, przyczyna subiektywna: zazdrość pewnej firmy portugalskiej. Życzyła ona sobie objąć po Aquili odcinek Lizbona – Madera. Jej właściciele poczęli uprawiać machlojki na tak zwanych „najwyższych szczeblach", naturalnie za plecami Aquili. Zręcznie spowodowali upadek Aquili, ale też ledwie kilka miesięcy później – swój. I to katastrofalny upadek! Ale tego tamci panowie nie potrafili przewidzieć. Mnie ich działalność dotknęła osobiście, zrazu, wydawało się korzystnie, przyjemnie. W końcu boleśnie, a ostatecznie tak silnie i trwale, że muszę całość opisać, by odzyskać tak zwane „właściwe perspektywy". Wtedy pojawił się mój „syndrom fioletu".

Przez okres mojej prawie dwuletniej kariery w Aquili szczególnie zaprzyjaźniłem się z Australijczykiem, Jimem Broadbentem, kapitanem. I z nim najchętniej latałem. Dobraliśmy się pod względem poczucia humoru i poglądów. Był to w polskim znaczeniu kulturalny pan, dobry kolega, świetny pilot. Gdy dołączyłem do Aquili, już miał przydomek „Gentlemen".

I tak oto któregoś słonecznego sierpniowego dnia dwaj bezrobotni, Jim i ja, staliśmy w Hyde Parku nad Serpentyną i analizowaliśmy umiejętności startowania z wody kaczek. Ja, jeszcze po okresie zdobywania licencji pilota cywilnego, byłem zadłużony tak, że gdybym miał nawet zajęcze uszy, też by mi ponad długi nie wystawały. Jim miał się nieco lepiej, lecz nie o wiele. Rozważaliśmy tedy także drugi, poza kaczym, problem, mianowicie, czy przyjąć pracę w Lizbonie, w nowo kształtującej się gałęzi portugalskiej firmy Lotniczej ARTOP, tej właśnie, która wygryzła i szykowała się zastąpić Aquilę. Latanie zapowiadało się obiecująco. Lizbona – Madera. Stop. Madera – Lizbona. Stop. Trzy, cztery razy w tygodniu, przez okrągły rok, przez pięć gwarantowanych lat, bo posiadaliśmy sztukę operowania ciężkim samolotem na morzu. Oczywiście ze względu na wariackie fale wokół Madery miewalibyśmy, jak i za czasów Aquili, częste kilkudniowe nawet przestoje na tej pięknej wyspie, pełnej uroczych turystek w niezobowiązującym wieku i zdecydowanych na najgorsze wobec mężów. Panie nad basenami hotelowymi kształtowały się w zbiorowy element chętnej podaży dla portugalskiego popytu. Owszem, i dla naszego, o ile byśmy zbezecnieli. Ale my tryskaliśmy polsko-australijską cnotą. O, jakże nas obu cieszyły orchidee, muzyka ludowa, nadzwyczajne krajobrazy, klimat, potrawy i odkrycia coraz to nowych uroków w winach; malwazije wielu odmian (i dla mnie pytanie, czy staropolska małmazja stąd się wywodziła, czy też była to łacińska małmazja, a spadkobierczyni greckiej monemvasii, ale już rodem z Węgier?), ciemne buale i bardzo wytrawne białe sercjale z wyspy Porto Santo. Oczywiście pijaliśmy je, to jest pijałem je raczej tylko ja, w bardzo ograniczonych miarach. Jeśli zaś chodzi o damy, mieliśmy swoje własne, poważne problemy. O nich się nie rozpiszę. Albo może za chwilę.

Jim zastanawiał się również nad dobrą propozycją lotniczą w Anglii. Ja miałem przed sobą jedynie tę lizbońsko-maderyjską świetność. Jim wahał się. Ja także. On dlatego, że pozostając w Anglii, musiałby mieszkać w Londynie, a tu kłopoty rodzaju żeńskiego (o, właśnie!) nie dawałyby mu wymaganego prawem lotniczym wypoczynku między lotami. Ja, bo ciągle wierciła i gryzła mnie dzika chęć pójścia bez grosza do Royal Academy of Dramatic Art, skończyć – nie wiadomo za co wydział reżyserski, potem zaniedbać żonę, synka-dziecinę, mieszkanie wynajęte na kredyt i wyjść na spotkanie szczęścia na deskach teatralnych, pozostać na nich na zawsze, w biedzie osobistej i rodziny.

Kaczki darły się, czubiły, kwakały, latały, startowały potężnie, niemal pionowo i wodowały na wyciągniętych podwoziach, zanim opadały na kadłuby, kręcąc ogonami z zadowolenia. A my? Wtem Jim rzekł: „Jeśli ty pójdziesz do Lizbony to ja też. Co ty na to? Aquili już w niczym nie pomożemy. OK? Ja sprowadzę żonę, zostawię tu. Będzie łatwiej o rozwód. Wybacz, że o tym mówię".

Kamień obłędu teatralnego spadł mi z ramion przygiętych nim do ziemi. (Dopiero dziś widzę, że właśnie TAMTEGO dnia popełniłem, za chwilę, swój nieodwołalny już, błąd. Ale o tym zaraz) Rzekłem: – OK! Sure. OK. Of course, Jim, OK!

Gdy mówiłem, patrzyłem równocześnie na młodą kobietę, ubraną w długą do kostek suknię. Szła, jakby jej zadaniem było nieść głowę godnie, na pokaz. Gdy mijała Jima, odwróciła do niego posępną twarz, mroczną, chyba piękną. Na moment zabłysły jej oczy, jakby zdziwieniem, że go tutaj widzi. Znikła za krzewem oleandra. Jim jej nie zauważył. Milczałem, gdy raptem uderzyło mnie, że jej suknia była ciemnofioletowa ... Westchnąłem i wróciliśmy do rzeczywistości. Wtedy stałem na przedostatnim szczeblu drabiny w hierarchii załóg lotnictwa cywilnego i w ówczesnym układzie o zmianie sytuacji mowy nie było, bez względu na moje talenty. Musiałbym znowu iść do szkółki po następną licencję. Ale z Jimem – OK. Z nim uzgodniliśmy od razu, że funkcje kapitańskie będziemy pełnili na zmianę, czyli co drugi lot. Jim był fachowo doskonałym dla mnie wzorem. Tu zastrzegam się, że mówię wyłącznie o technice operacji na wodach, często bardzo nieprzychylnych.

Wkrótce Jim zaprosił mnie do swego klubu bym, przy małej whisky, poznał ją. Dotychczas anonimowa, miała stać się moją jawną sąsiadką w Lizbonie, przez pięć planowanych lat ozdobą Jima, więc i mnie osobą bliską. Szedłem na spotkanie z nimi ciekawy Jej Oczu. Z jednego nieostrożnego napomknienia wiedziałem, że one Jima zauroczyły. Winne być ciemne, duże, w czarnej oprawie, a jeśli są jasne, to o źrenicach rozszerzonych, głębokich, mieniących się, takich, które wchłaniały Jima nieustająco, do ostatniego włoska na jego orlim nosie, a miał ich kilka, jeden dość

355

długi, czarny i szybko odrastający! Siadłem wesoły, wolny od problemów. Już przyjaciel w Lizbonie, przez swoje tam znajomości, wynalazł mi mieszkanie z balkonem i widokiem na rozlegle ujście Tagu na ocean, na imponujące zachody słońca i zmierzchy nadtageńskie, które miałem oglądać do woli. Poza tym znałem tam życzliwych mi Polaków. Szedłem zachwycony przyszłością. Gdy mijałem stację kolejki podziemnej Green Park, zatrzymałem się przed kwiaciarką. Miała śliczne, niedrogie fiołki. Ja – też śliczne, ale drobne pieniądze. Błyskawicznie zdecydowałem, że dla nieznajomej o głębokich oczach, takiejże inteligencji i wyszukanym smaku – tylko fiołki. I bez awanturniczej przesady jeden rozkoszny bukiecik. Na dłoń kwiaciarki położyłem swe wdowie grosze i bukiecik wziąłem do ręki. Jakby sparzył mnie! Jakby ścięgnami palców mych szarpnął! Targnął mi dłonią! I wewnątrz brzucha, w okolicy splotu słonecznego poczułem to, co się czuje, gdy depesza przynosi złą wiadomość. Pomyślałem: „No, mój drogi, cóż to za brewerie wyprawiasz? Wleźże z powrotem na tego byka, z którego spadłeś". I dalej dzieląc wesołość z przykrym uczuciem w okolicy pępka poszedłem do klubu, gdzie damie ofiarowałem fiołki. Ona podniosła na mnie oczy. Rzeczywiście, były zdumiewające. Ale zanim zająłem się podziwianiem tych oczu, zobaczyłem w nich obawę, niemal strach. Cofnęła rękę i widocznie zmieszana powiedziała: „Nie mogę. Dziękuję. Ten kolor nie przynosi mi nic dobrego".

Jim uśmiechnął się, otworzył usta, ale wstrzymał słowa, po czym kontynuując myśl, wziął kwiaty z mej ręki. Intensywnie wpatrzył się w jej oczy i jakby chciał przekreślić nieważną dla niego część jej przeszłości, wypowiedział formułę zaklęcia: „Od dziś będzie ci on przynosił tylko szczęście".

Ona zawahała się, lecz przyjęła kwiatki. Uśmiechnęli się do siebie. Bukiecik wtopił się w nią spokojnie. Moje wrażenia poszły w szybkie zapomnienie wobec jej cery, figury, palców, paznokci, oczu. Jej oczu. Pomyślałem: „Jeśli w każdej kobiecie znajdziesz coś brzydkiego, co w niej? Los obdarzył ją hojnie: dał jej oczy brązowe z ciemnozielonym odcieniem, tak zadziwiająco świetliste, że, paradoksalnie, swą jasnością przesłaniały całą jej twarz. Nigdy, ani przedtem, ani po wielu latach drugiej pary podobnych oczu nie widziałem. Tę miały wadę; te wyraźnie postrzegały tylko Jima. Na innych rozmówców kierowały się jakby z trudem i z wyrazem oderwania, choć w kącikach ust zaznaczał się miły uśmiech, przeznaczony dla wszystkich obecnych. Może dlatego inni mężczyźni raczej ukradkiem obrzucali ją krótkimi, dociekliwymi spojrzeniami, ale pozbawionymi osobistego zainteresowania. Pozwalałem sobie otwarcie patrzeć na nawałę starej miedzi Jej włosów, zakrywającą czoło niemal po brwi i myślałem: „Naturalnie, w każdej kobiecie jest coś pięknego, ale w niej aż za wiele..." I zazdrość – idiotka – wywlekała ze mnie głupie pytania: „Czym on ją zwabił? Czym utrzymał? Dlaczego czymś nie zawiódł, jak pewnie zawodzili ją inni mężczyźni, znam nas przecież!". Nieco ratował sytuację fakt, że ona, jak się doliczyłem, przeżyła była już późną czterdziestkę, choć jej twarz i figura temu przeczyły. Niewiele więc młodsza od Jima, bo on właśnie wtedy przeskoczył był czterdzieści osiem lat i uczynił to nonszalancko, też bez szkody dla zdrowia i wyglądu. Czyżby, kiedy on jej zagrodził chwilowo samotną, drogę, intuicja zasygnalizowała, że ten niespodziewany mężczyzna to może jej ostatni? I gdy wkrótce przekonała się, że to przecież Jim, jej Jim, trwała w stanie spokojnej wdzięczności losowi? Głębokie zadowolenie okrywało ją urokiem. Nie pamiętam czy przyleciała do Lizbony na kilka, czy kilkanaście dni przed katastrofą.

Latanie operacyjne w kompanii portugalskiej zwanej ARTOP zaczęliśmy w zaplanowanym dniu i punktualne. 1 września 1958 roku samolot marki Martin Mariner, niemal pusty – zrazu nawet nikt z zarządu kompanii nie miał odwagi dzielić z nami tego wyczynu – wznieśliśmy z wód Tagu pod Lizboną i w trzy i trzy ćwierci godziny później posadziliśmy na oceanie przez portem i stolicą Madery, Funchal. Powoli wpłynęliśmy za falochron i na oczach oczekującego tłumku Maderyjczyków przycumowaliśmy do boi. Ci od razu.... Ale o tym za chwilę.

Martin Mariner! Nasza portugalska kompania zakupiła tamte dwa graty od lotnictwa Marynarki Wojennej USA. Maszyny, które od wojny spoczywały już na wózkach, w kokonach, jak inwalidzi, wyciągnięte z wody i ustawione na zapominanych lotniskach. Portugalska wojskowa baza lotnicza pod Lizboną przerobiła je na trzydziestosześciomiejscowe samoloty pasażerskie – za grosze. Załogę stanowili dwaj piloci, tj. my i radiotelegrafista, młody Portugalczyk, przystojny i miły, dobry fachowiec, opętany miłością do swej żony i małego dziecka, szczęśliwy, że otrzymał tę pracę. Prócz nas czwórka obsługi pasażerów, trzy dziewczęta i ich szef.

Wracajmy do Funchal. Martin Mariner przedstawiony, jesteśmy znowu w obliczu tłumku Maderyjczyków pilnie nas oczekujących.... Ci od razu nadali temu naszemu samolotowi przezwisko „Mały Pajac" i oświadczyli, że nie chcą słyszeć o lataniu w nim. Pewnie! Po naszych poprzednich poważnych, czterosilnikowych grzmotach ta o połowę mniejsza maszyna, ledwie dwusilnikowa, z wygiętymi skrzydłami, a nachylonymi ku sobie statecznikami pionowymi, z poddartym do góry ogonem wydawała się warta śmiechu, a nie pieniędzy za bilet. Ba! Powrotny do Lizbony! Kto tu mógł gwarantować powrót? Jak to „kto"? My! Okazało się, że właśnie my dwaj, Jim i ja staliśmy się gwarancją lotów. Jim wpadł na pomysł urządzenia konferencji prasowej w Funchal. Udała się. Nasze wypowiedzi i bodajże fotografie ogłoszono w lokalnych gazetach i cała handlowa Madera, żywo zainteresowana w lataniu do Lizbony, powiedziała: „No, jeśli to te same, znane nam załogi, to owszem!". I w ciągu pierwszych sześciu tygodni kampania wykazała zyski. Uznano to, i słusznie, za wyczyn niebywały. Nowe linie lotnicze czekają na pierwszy zarobek do dwunastu miesięcy i dłużej. A my zarabialiśmy od razu. Takie zaufanie miano do poprzedniej firmy, Aquila Airways. Oczywiście, któż wiedział to, co my wiedzieliśmy. Na przykład, że po starcie i przez cały czas wznoszenia się do wysokości przelotowej, w kabinie załogi czuliśmy silny zapach benzyny. Sygnał: „Nie palić!" czerwienił się w całym samolocie długo. Ale Jim był z krwi i kości graczem, ryzykantem. Przypomnę o tej jego już nie żyłce, ale żyle.

Po sześciu pełnych sukcesów tygodniach odebraliśmy z bazy lotnictwa wojskowego drugi samolot, identycznie przerobiony na maszynę cywilną. I przyleciała z Anglii druga załoga. Dwóch kolegów, także z dawnej Aquili. Rozpoczynaliśmy trwałą egzystencję w Lizbonie, na Maderze i nad Atlantykiem. Stanęła między nami umowa, że operować będziemy stale tymi samymi załogami: Jim i ja, Derek Whitman i Joe Rowell. Zaraz pierwszego wieczoru, gdy w barze hotelowym oblewaliśmy widoki przyszłych lat miłej kariery, poprosiłem Joego, by na drugi dzień zastąpił mnie na jeden lot z Jimem, bym mógł polecieć do Londynu po żonę i syna. W Lizbonie czekało gniazdo dobrze wyścielone.

Obie maszyny, portugalskich linii lotniczych TAP do Londynu i nasza, ARTOP-u, do Madery, z Jimem i Joe przy sterach, startowały w tym samym czasie. Samolot startujący z lotniska lizbońskiego wznosił się w kierunku południowym, więc w łuku zakrętu ku północy patrzyłem przez okno Lockheeda na nasz hydroplan. Właśnie począł wzbijać pianę na wodach Tagu. Z przyzwyczajenia liczyłem sekundy jego startu. Choć wody ogromnego ujścia rzeki były gładkie, hydroplan z trudnością się na nich rozpędzał. Ponad minutę trwał ten start. Długo! Wiedziałem, że maszyna ciężka, obładowana do dozwolonych granic. Miała w brzuchu pełny skład pasażerów, trzydziestu sześciu, dwa zespoły obsługi kabiny, osiem osób. Drugi zespół odbywał ostatni lot treningowy. I również chodziło o okazanie pasażerom, tym właśnie, gościnności nadzwyczajnej. Byli to bowiem przedstawiciele najważniejszych agencji turystycznych oraz głównych linii lotniczych Europy i USA. Wielki biznes. Trudno o bardziej wartościowych gości.

Po przylocie do Anglii przede wszystkim wypadło mi w interesach poza Londyn. Wróciłem do domu około północy. Zdziwiło mnie światło w oknach naszego mieszkania. Uderzyłem kołatką, zadzwoniłem. Natychmiast otworzyła mi żona. Jej duże oczy były teraz ogromne. Już swoim wyrazem powiedziały mi, że ... Jim nie żyje! BBC podało w wieczornym komunikacie.... Wszyscy zabici. Cały samolot znikł w oceanie. Druga maszyna (Derek Whitman, sam) wystartowała w godzinę po ich SOS. Fala dziesięciometrowa. Nic, nie znaleziono nic. Żadnych szczątków. Jak to możliwe? Zawsze mówiłeś, że Jim był świetnym pilotem. Więc jakże to?

Gdy Elżbieta mówiła, widziałem spokojną, smukłą sylwetkę przystojnego, eleganckiego mężczyzny. Jim był świetnym pilotem. Miał za sobą rekordowe loty z Anglii do Australii i z powrotem na lekkim samolocie (Percival, The Gull?). Jeszcze w trzydziestych latach i te rekordy do dziś, gdy piszę te słowa w roku 1988, nie zostały pobite, choć wielce się wysilano. Szczególnie dobrze latał Jim na wodnopłatowcach. Oczywiście mówię o Jego niesłychanie umiejętnych startach i wodowaniach. Jak on znał ocean! Jak umiał oceniać rozstępy pomiędzy zwałami wzdętych fal i wodować pomiędzy nimi! Lub według żądań najpoważniejszego czynnika, czyli wiatru, siadać w poprzek szczytów wodnych gór i nie dopuścić do urwania się pływaka pod którymś ze skrzydeł. Potem w tak niebezpiecznych warunkach potrafił zawrócić na wodzie i wmanewrować do portu, pod osłoną mola. A jego starty! Jakże ryzykowne w burzliwym czasie, ale jakże pewne. Jim był na morzu i oceanie mistrzem w swojej specjalności. Ale cóż stało się w powietrzu? Co nagle zmusiło radiotelegrafistę do nadania morsem sygnału SOS i jednego słowa „amarejn" czyli „wodujemy", czy „będziemy wodować"? I natychmiast po nim serii gwałtownych SOS, wyrażających przejście od strachu do przerażenia? Teorii nie brakło. Ja mam swoją. Ale nie tu miejsce na fachową dysertację. Nie brakło też ocen sytuacji po katastrofie. Wyrażano je w listach do pism. Jedną z nich podam, bowiem była ona charakterystyczna dla nastrojów panujących w tamtych czasach w Lizbonie. Otóż po tygodniu napisał pewien korespondent do średniej powagi pisma, iż nie trzeba desperować. Cały samolot i wszyscy w nim przebywający znajdują się w nim na dnie oceanu, są w dobrym zdrowiu i spokojnie oczekują wydobycia ich. Nie należy więc denerwować się, lecz przeczekać okres burz, po czym przystąpić do dobrze obmyślanej akcji pomocy. Można by zaprosić do współpracy Anglię i nawet USA, jeśli to nie wywoła tarć pomiędzy ministerstwami rządu pana profesora Salazara. Pisał to pewien proboszcz z prowincji, zapewniał, że w snach widzi ich cierpliwych....

Natychmiast wróciłem do Lizbony, oczywiście sam. Spotkałem się z wdową po koledze, który mnie zastąpił na fatalny lot. Smutno podała mi rękę.

A ONA? Wbrew opinii o chłodzie Brytyjek, podobno tchniętych mgłą emocjonalną. ONA zamknięta w swoim pokoju, zanosiła się głośnym płaczem, chwilami wyła, jęczała. Trwało to przez cale popołudnie dnia mego przylotu, a więc trzeciego dnia po katastrofie. Wieczorem, przed odlotem do Londynu, zeszła wcześniej, by się z nami pożegnać. Uśmiechnęła się do nas serdecznie. Rozchodziły się nasze drogi. Jej oczy wymęczone łzami i podpuchnięte, nie pomalowane, przygasłe i zmętniałe. Już nie były w stanie rozświetlać jej twarzy. I wtedy z jakimż żalem zauważyłem brzydką zmarszczkę na górnej wardze, usta wydały mi się za szerokie, uchwyciłem też pewną nieforemność jej twarzy, nosa.... Nieszczęście ją obnażało. Dłoń płaska i sztywna nadawała się jedynie do formalnego uścisku. Ale tę dłoń pocałowałem dwukrotnie wzruszony jej bólem i z lojalności wobec Jima. I w tej samej chwili odczułem, że w jej ubiorze krył sie szczegół niepokojący, drażnił, zmuszał, bym ukradkiem szukał go. „Wiedziałem", że on chowa się, ale że „chce", bym go dojrzał. Powtórzyła się cała udręka, jaką w najgorszych razach musiałem pokonywać zbliżając się do sytuacji wrogiej. I było to coś niewytłumaczalnie wrogiego. Obcość, skoncentrowana obcość. Zobaczyłem. Był to rąbek apaszki, wychylał się spod kołnierza jej kostiumu. Delikatny, jedwabny. Fioletowy. Ona podchwyciła moje spojrzenie i pewna, że pamiętam jej słowa sprzed kilku miesięcy, powiedziała: – „To Jim, to Jim w swojej przekorze, kupił mi tę apaszkę i prosił, bym ją zawsze nosiła".

Madera odebrała tę katastrofę jak osobisty szok, zbijający ją z nóg. Nagle znów została pozbawiona szybkiej komunikacji z Lizboną. Statkiem podróżowało się w jedną stronę do trzech dni.

Lizbona milczała. Jej chwała, jej własna linia maderyjska, jej zwycięski nad angielską Aquilą ARTOP AIR runął w ocean.

Mroczna pani w fioletowej sukni, bukiecik fiołków przy stacji kolejki Green Park, teraz apaszka fioletowa....

362

# Gentleman Jim

Dlaczego Jim zginął?.... Może dlatego, że mnie wtedy z nim nie było? Patrzcie! Coraz głębiej zanurzam się w przesądy. Ale to fakt, że w tamtych latach byłem nadzwyczaj szczęśliwy w lataniu, sytuacje dla innych groźne – mnie szczędziły. Jeśli siadałem za sterami – zła pogoda się wyjaśniała. Ale zostawmy przesądy w ich stałym miejscu, tuż pod naszym naskórkiem, i wracajmy do rzeczy serio.

Jim miał sławę pilota, który doprowadzi samolot do celu punktualnie wbrew wszelkim piorunom, burzom piaskowym, śnieżnym zawiejom czy rozhukaniu mórz. Niestety sławy wymuszają haracze. Jim kochał ryzyko, ryzyko zaś nie kocha nikogo – stale. Może w postępowaniu Jima skłonność do ryzyka łączyła się z celowymi wyczynami dla podtrzymania sławy? Oto jeden z przykładów, jak Jim lubił igrać z ogniem, czyli wodą.

Kończył się pierwszy miesiąc naszych szczęśliwych lotów i zaczynały się jesienne obłędy wód Atlantyku. Od kilku dni siedzieliśmy na Maderze, uwięzieni falą. Pogoda piękna – ale na lądzie, prześliczna – ale w górach. Na oceanie nieogarnione „martwe" wzgórza wód sunęły ku Maderze z południowego wschodu, trafiały na równie wypiętrzone zwały sunące ukosem z południowego zachodu, uderzały o siebie i zwarte biły o urwiste brzegi wyspy, po czym z odbicia rodziły trzecią masę, masę pozbawioną rytmu i kształtu, masę o straszliwej energii rozedrganych fal, co rzucały się na siebie i wzajemnie rozwalały, jeszcze daleko od brzegów Madery. Takie warunki mogły pokonywać swobodnie jedynie dość duże statki. Granice wytrzymałości naszych wodnopłatowców na wysokim oceanie były nikłe.

Jak rzekłem, z lądu, z daleka czy z wysoka, niewprawne oko turysty nie chwyta tego, co się dzieje na oceanie. Nasze zmartwienia pomnażał fakt, że na Maderze byliśmy wystawieni na widok publiczny, bo mieszkaliśmy w tych samych hotelach, które wypełniali nasi pasażerowie. I tym więc razem podniosło się głośne oskarżanie załogi o to, że zajmuje się ona personelem żeńskim kompanii i spija dobre wina, miast latać. Pasażerowie! W każdym przedsiębiorstwie odbiorcy są kulą u nóg zarządu, tak jak dla niektórych rządów – narody. To nas różniło od takich rządów, że nie mogliśmy stale odmawiać racji tym, którzy nas utrzymywali. Poza tym, rzeczywiście, tam można było wpaść w bigamię pierwszego, a nawet drugiego stopnia. Żeby nas ratować przed tak srogim niebezpieczeństwem i zgniewany bezpodstawnymi zarzutami (tu sprzeczność relacji), Jim zdecydował sprawić sobie przyjemność, wydał rozkaz, że następnego ranka spróbujemy startować. Przed świtem wypłynęliśmy motorówką, by stwierdzić na wodzie, co się tam wyprawia, i znośnie, ale wiedzieliśmy, że warunki mogą się pogorszyć w ciągu godziny. Szybko załadowaliśmy pasażerów na spokojnych wodach portu Funchal, przy boi. Cieszyli się, że mieli rację i nad nami przewagę. Przygadywali nam. „Żal odlatywać w taki piękny dzień, prawda?". Wypłynęliśmy na małych obrotach silników poza falochron. Tam już czekał i rzucił się na nas ogromny grzywiasty bałwan, uniósł w górę przód samolotu, aż ten stanął dęba, błyskawicznie przesunął się pod kadłubem maszyny i dźwignął jej ogon, tym samym nos samolotu zanurkował w głęboką dolinę między złoczyńcą i następnym bałwanem. W samolocie rozległ się krzyk: „Wracać!". Łatwo krzyczeć. Zawrócić na rozbałwanionych wodach to inna sprawa. Już południowo-wschodni „martwiak" zdążył przybyć na poranną sesję. Jim potrafił dać sobie z nim radę, ale zanim genialnie operując zewnętrznymi silnikami zatoczył bezpieczne koło i wpłynęliśmy rozchybotanym samolotem poza falochron z właściwej strony, pewna mama do cna zdarła strony głosowe wołając: „Moje dzieci! Moje dzieci!". Wszystkim pot przylepił włosy do głów. O, jakże dobrze mówiono tego wieczora o załodze, jakże wychwalano naszą znajomość mórz i oceanów, jak obiecywano czekać na nasz sygnał bez słowa skargi! Nie znano przekory Jima! Następnego ranka, jak zresztą codziennie, co było naszą tajemnicą, o świcie wypłynęliśmy motorówką zobaczyć falę. Już opadła do połowy wczorajszej wysokości, warunki meteorologiczne zdawały się polepszać, można było liczyć na znośny stan powierzchni wody pod wieczór. Jim zapowiedział ewentualny start. Nie uwierzono. Po południu znowu oglądanie fal.... Wznosiła się! Sięgała pięciu stóp, a to nasza granica. Sytuacja krytyczna. Kto wie, czy jutro rano nie wzniesie się do siedmiu, ośmiu, dziesięciu stóp? Uciekać! I pędem wróciliśmy do portu, zerwaliśmy cały personel na nogi, by wywlekał pasażerów z kątów hoteli, basenów, jadalni, z zamierzonych wycieczek. Za godzinę ładować się! Do łodzi, do boi, do samolotu, start – jak najszybciej. Warunki tego startu wymagały większego doświadczenia niż moje ówczesne. Jim objął lewe siedzenie, kapitańskie, i tym samym pełne dowodzenie. Pasażerowie, gdy potrzeba poganiała, i w po ich myśli przecie, oczywiście gubili się, zapominali rzeczy, nawet paszportów, biletów, narzekali na pośpiech, nie byli pewni, czy radować się, czy wściekać. Uśmiechali się do nas fałszywie. Ruszyliśmy wreszcie, gdy słońce igrało już różowo na bieli pian, a woda ciemniała w granatową, ciężką masę. Po niespodziewanie łatwym starcie, gdy wznosiliśmy się spokojnie, z ulgą wykonałem nawigacyjne czynności, podałem Jimowi pierwszy kurs, czas do Lizbony i wstawałem, by pójść do kabiny pasażerów dla dwóch powodów. Pierwszy, to fakt, że obecność jednego z nas działała kojąco. Niektórzy bali się wody jak ognia, a powietrza bardziej niż wody. Drugi powód to kolacja, chwila wygodnego odpoczynku po wysiłkach odlotu. Potem zmie-

nialiśmy się przy sterach – jeśli lot nie nastręczał kłopotu. Właśnie podniosłem się ze swego siedzenia, gdy prawy silnik przerwał. Przerwał! Zaraz potężnie kichnął i znów przerwał. Zatrząsł maszyną, bo na chwilę stracił część mocy swych dwóch tysięcy czterystu koni. Usiadłem. Spojrzeliśmy na siebie, wpatrzyliśmy się w zegary, w ciśnienie oliwy, obrotomierz, temperaturę głowic. Jim automatycznie położył rękę na dźwigniach przepustnic. Silnik pracował spokojnie, Jim spojrzał na mnie z ukosa, z lekka uśmiechnął się i skinął głową. Wstałem, by odejść, gdy silnik znowu żachnął się, szarpnął, zaciął ... i jeszcze raz przerwał. Spojrzałem na Jima. Oczekiwałem Jego oczywistej decyzji, bym zawiadomił pasażerów, że wracamy da Funchal. Słońce tuż nad widnokręgiem, fala dobrze widoczna, wiatr pomyślny. Okazało się, że i ja nie doceniłem Jima. Rzekł: „Jeśli do godziny nie przerwie, to lecimy". Spojrzałem na zegarek. Pełna godzina miała nadejść za dwanaście minut. Myślałem: „On zna te silniki doskonale. Latał na nich w czasie wojny nad Pacyfikiem, po dwanaście godzin na patrolach. Jim wie, co mówi". Uśmiechnięty wszedłem do kabiny – wszystkie oczy uderzyły mnie pytaniem. Rzekłem:
– Kapitan prosi, żeby państwu powiedzieć, że o godzinie dwudziestej drugiej trzydzieści będziemy w Lizbonie. Kolacja zostanie podana za pół godziny. Jak zwykle. Na razie mają państwo bar do dyspozycji.

Ktoś zapytał natarczywie: „A co z tym motorem?".
– Ach! – odpowiedziałem – to normalne dla tych silników. W czasie wznoszenia się w wilgotnym powietrzu następuje kondensacja pary wodnej w jednym z silników, ale mamy po dwa gaźniki na każdym silniku.

Spokojnie usiadłem, na wolnym miejscu, spoglądając na zegarek. Do godziny brakowało całych pięciu minut. Obsługa żwawo zajęła się podawaniem napitków. Ja śledzeniem bardzo powolnych obiegów sekundnika i nader leniwego przesuwania się minut. Gdy do godziny pozostało pół minuty wstałem i poszedłem do Jima. Usiadłem na prawym siedzeniu. Już lecieliśmy poziomo na ośmiu tysiącach stóp, mieliśmy szybkość przelotową 145 węzłów, zapachu benzyny nie czułem. Jim wskazał na zegar pokładowy. Pełna godzina właśnie mijała. I w tejże chwili, w tej właśnie chwili, silnik zatrząsł, kichnął, zatrząsł, kichnął ... Jim roześmiał się bezgłośnie, szeroko i rozłożył ręce i rzekł: „Insh Allah!".

– Jim! Jeszcze widno, za piętnaście minut będzie za późno. Przecież w Funchal nie ma świateł na wodzie!

Myślałem urywkami pytań.... Czy Jim kocha niepewność aż tak dalece?... Czy nie ma wyobraźni?... Czy rozkoszuje się rozwojem sytuacji, wiedząc, jak sobie z nią poradzić? ...

– „Ja się z tym silnikiem założyłem, że on do Lizbony wytrzyma" – powiedział Jim.

– „Okey – odparłem – ty jesteś kapitanem". Dodałem w myśli: „Założyłeś się o cudze losy!".

Do pasażerów już nie poszedłem. Zacząłem ich nie lubić. Skłoniłem Jima, aby on się im pokazał. Chętnie się zgodził, na tablicy rozdzielczej zapalił światło w kadłubie, zamknął za sobą drzwi, żeby mnie nie raziło.

Zostałem sam. W mrocznej kabinie zegary świeciły białawo. Na zewnątrz ciemna pustynia wód, na czystym niebie nikłe gwiazdy, wysoko, wysoko dwie czerwieniejące chmurki, a nad nimi jedna jasna, biała. Za chwilę już szarawa, zgasła. Zgasły wszystkie. Firmament poczerniał. Gwiazdy nabrały ostrego blasku. Pozostały nam trzy godziny lotu. Wtem silnik bezgłośnie zatrząsł. Mocno. Raz. Strzałka obrotomierza zachwiała się, lecz wróciła do swojej pozycji. To milczące trzęsienie zaniepokoiło mnie jak pogróżka. Było gorsze niż przerywanie i kichanie głośne, znane dość łatwo wytłumaczalne. Jim wrócił, stanął za mną, patrzył na ciśniecie oleju. Za późno na powrót na wody Funchal.

– „Zmień kurs na przylądek — powiedział. Chodziło o Cabo de Sao Vicente. Zmieniłem kurs o parę stopni. Wiele nam to nie dawało. Nieco wcześniej będziemy bliżej lądu ... Jim dodał, czytając moje myśli: – Wolałbym lądować, niż wodować. Od tej pory jeden z nas siedział wśród pasażerów, by zagadywać awanturowanie się prawego silnika. Lewy pracował bez zarzutu, jakby za oba. Nie jestem pewny; czy na jednym silniku, przy pełnym obciążeniu utrzymalibyśmy się na poziomie. Sądzę że trzeba by było powoli schodzić z wysokości; żebrać pomocy wołając na krótkich falach kogoś, kto leciał dość wysoko, by z daleka odebrać nasz SOS i wodować przy świetle reflektorów pokładowych na niewiadomej fali.

Prawy silnik stopniowo tracił moc... Był to lot niezapomniany, jak mi to po latach przypadkiem spotkani pasażerowie wypominali.

Jim tamten zakład z losem wygrał. Promieniował! W hotelu postawił mi koniak, sam wypił kieliszek, co było rzadkością.

Do dziś nierzadko Jima wspominam. Lubiłem go, ceniłem jego fachowe umiejętności i nade wszystko jego przyjaźń. Często go wspominam. Przed kilku laty stałem na lotnisku w Londynie, oczekując przylotu specjalnego samolotu – właśnie próbowano pobić jego rekord Australia – Anglia. Nie pobito.

Ale, gdy próbuję ocenić Jima, znajduję, że celem jego instynktownych dążeń w życiu – a innych nie wyjawiał – był tylko hazard. Hazard na pozór łagodny – Jim nie grywał w pokera, bakarata, ruletę. Te odrzucał. Nie pił, nie palił. Ale majątek spadkowy zużył na konie wyścigowe, kochał je, hodował i na nich przegrywał. Pasjonowały go samoloty i rekordy na nich zdobywane. Podejmował każde ryzyko, a jeśli kosztów wymagało, to spokojnie je opłacał. Póki mógł. I równie spokojnie wyczekiwał na nagle pojawiające się wyzwania, czym gwałtowniejsze, czym groźniejsze, tym chętniej podejmowane. Z całym egoizmem. Obchodziła go bardzo forma wyzwania. Jednemu z nich uległ. Gentleman Jim.

# O snobach

Znalazłem w papierach brulion mego listu z r. 1967, pisanego z Libii, z Benghazi, do mego przyjaciela Stacha Sępa-Szarzyńskiego, nieżyjącego już niestety, człeka o wielkim poczuciu humoru i często kpiarza.

Taka była treść tamtego listu: „Stasiu kochany, czy mógłbyś uwodnić mi, że królowie duński i szwedzki są Twymi kuzynami? Twoje zapewnienie potrzebne mi dla następującej racji: jeżdżę tu, w Benghazi, od kilku już miesięcy na rowerze i moi chlebodawcy patrzą na mój rower – z trzema biegami! – ze wstrętem. Według nich mój status wymaga, bym jeździł Mercedesem, albo czymś równie rwącym w oczy – nową Toyotą. Jestem tu przecie kapitanem odrzutowca, Lear Jet 23, w eskadrze królewskiej, przeznaczonej li tylko dla króla, królowej (to my nazywamy tę miłą, skromną i brzydkawą, lecz bardzo nam życzliwą panią – królową. Oni redukują ją do – żony Króla. Jej to zdaje się być obojętne). Lata więc z nami na zakupy z Tobruku do Tripolisu i po każdym locie funduje załodze duże pudło świetnych czekoladek. Ano, według własnego uwielbienia, daj jej Boże, tylko ja muszę psuć królewską benzynę, żeby te czekoladki odstawiać tymże dżetem do mojej żony, na Maltę. W ramach treningu, samolot przecie trzeba uczyć latać w różnych kierunkach. Król nie lata nigdy, podobno od dnia, kiedy Włosi wyrzucili jego krewnych i poprzednią głowę rodziny Sanussich – z samolotu. Lecz królową zachwyca właśnie szybkość, wysokość, dżet! Niedawno wiatr nam na 39000 stóp pomagał, tzw. Jet Streem dął na wschód i w stosunku do ziemi mieliśmy 659 węzłów, tj. 750 mil, 1200 km na godzinę. Królowa nie posiadała się z zachwytu. Była przekonana, że to ja się tak postarałem i obiecała mi przez swoją ładną sekretarkę z Bejrutu (Bejrutankę?) jeszcze jedno pudełko czekoladek! Żona mi potłuścieje. Poza tym miewam jako pasażerów ministrów i wysokiej rangi gości zagranicznych: generałów tureckich (mieli oczy diabłem podszyte), górę rządu greckiego, wielmożów z Saudi Arabii. I po takich ocieraniach się – wsiadam na rower! W mieście! Wszyscy widzą! A przecie wszyscy wiedzą, com tu za graf! Dyrektor Libyan Airlines nie zdzierżył i ozwał się do mnie w te słowa: „Captain, pan nie powinien pokazywać się na rowerze. Pan – królewski kapitan?". I kręcił głową i taki miał „dotkliwy" wyraz twarzy, że ze współczucia i żeby mu nie psuć uroku dni mego tutaj pobytu, raptem rzekłem: „Well, you know, kuzyn mego przyjaciela Sępa, król duński i drugi jego kuzyn, król szwedzki, też jeżdżą na rowerach, nawet nie pozłacanych. Ponieważ zaś mnie łączą z Sępem serdeczne stosunki, a więc tym samym z nimi. Przeto uważam, że powinienem jeździć na rowerze. To królewskie zajęcie". Gdy skończyłem, mój dyrektor miał poważne oczy, patrzył na mnie z szacunkiem. Rzekł: „Well, I didn't know... ". Wybaczyłem mu, potrząsając głową. „Ale czy mógłbyś również mnie przekonać, że ci dwaj królowie rzeczywiście jeżdżą na rowerach?". Odpowiedział mi Sęp: „Stasiu, w Benghazi powinieneś jeździć na ośle. Nie wprowadzaj tam zamieszania i przedwczesnego postępu.... Samolotu ostatecznie nikt na ulicach nie widzi, ale rower? Moi krewni, owszem, jeżdżą na rowerach, ale czy już zostali królami Danii i Szwecji – jeszcze mi nie pisali. Lada dzień spodziewam się umyślnych pachołków, zaraz dam Ci znać. Tymczasem niech Ci biegi służą... ". Biegi służyły mi świetnie. Mianowicie chłopcy arabscy na mój widok poczynali, z reguły, gwałtownie kręcić pedałami, zadki podnosili z siodełek, rwali co siły i mijali mnie roześmiani. Wyzywali mnie na pojedynek. Ale to nie z królewskim kapitanem na welocypedzie z biegami! Bezlitośnie zmieniałem biegi i kręcąc z wysiłkiem, ale niewidocznym, bo powoli, ja z kolei ich mijałem, jeszcze szerzej roześmiany! A wtedy na ich twarzach wyrażało się zdumienie, zawód, niezrozumienie i gniew! I kręcili! I kręcili! Ale ja zostawiłem ich z tyłu. Trzybiegowy snob!

W rok później poleciałem na specjalną misję do kilku krajów Ameryki Południowej, w tym do Argentyny. Byłem wtedy doradcą w sprawach lotniczych Administratora Programu Rozwoju przy ONZ („UN Development Program"). W Argentynie miałem trzy problemy: dwa fachowe i jeden psychologiczny. Mianowicie nasz przedstawiciel na Argentynę (tzw. Resident Representative – Res. Rep.) bombardował Nowy Jork, domagając się własnego samolotu ONZ, oddanego do jego wyłącznej dyspozycji. „Kraj wielki, projekty wielkie, konieczność częstego odwiedzania ich wielka!" – pisał. „On także jest wielki!", rzekł do mnie w Nowym Jorku mój ówczesny dyrektor, niezapomniany Franucs. „Stash, see to it that he leaves us in peace on the score. Remember he is a South American" (Stasiu, zrób coś żeby nas zostawił w spokoju. Pamiętaj że on jest z Południowej Ameryki). Paragwajczyk czy Kolumbijczyk, nie przypominam sobie. Lecąc na południe wstąpiłem do Dallas, Texas, do mego przyjaciela, dziś dobrego rzeźbiarza, i kupiłem porządne ubranie, bardzo mi się podobało, a pieniądze wtedy miałem. (Spaliło się później w Bangladeszu). Szczegół okazał się ważny, kiedy bowiem szedłem z pierwszą wizytą do biura w Buenos Aires, sam się sobie podobałem. W biurze od razu wprowadzono mnie do gabinetu Res. Repa. Doradca lotniczy – była to nowa kreacja ONZ i ten pan obiecywał sobie po mnie wiele, mniemał że byłem odpowiedzią na jego listy.

Wszedłem więc. W podwoje. Jego. To było od razu widoczne. Bardzo duży gabinet, wysoki, ujęty przez dwie narożne ściany, dwa wielkie okna u styku tych ścian, pod nimi rozłożyste biurko, doskonale oświetlone przez owe okna. Za biurkiem – ON. Daleko. Szedłem po dywanie. On patrzył. Kiedy już minąłem niewidoczną, przez niego ustaloną, „linię zbliżania się gościa" on wstał. Był jak z igły: ubranko, koszula, krawacik, węzełek, spineczki, wszystkie elementy nowiutkie, błyszczące, pięknie dopasowane do figurki, do kolorków, cała osoba była wymanikiurowana, lakierem polana i chyba oblizana. Powiedział: „Pan jest bardzo elegancko ubrany". Odpowiedziałem: „Dziękuję. Daleko mi do pańskiego wyrafinowania". Zadowolony wyszedł zza biurka. Dłoń miał pulchną, lecz silną. Usiedliśmy, on słuchał, ja przedstawiłem mu mój zakres działania. (Tzw. „Mission reference" wydany przez HQ N.Y.). Sam te swoje zakresy działalności pisałem dla siebie po uzgodnieniu ich z wodzem: obejmowały one potrzeby danej placówki, zgłaszane w raportach, i moje, przewidywane, czysto fachowe punkty programu. Tym razem planowałem najpierw lot do San Carlos de Bariloche, w Andach, przepiękna miejscowość, gdzie cienie są ciężkie i granatowe, wody jezior między szczytami gór nieruchome, bryły przejrzyste, czy też odwrócone skały. Tam samolot nasz, nowy Piper Turbo-Azteck, miał niespodziewane i niebezpieczne problemy z „upierzeniem", czyli z płaszczyznami ogonowymi. Drgania i kłopoty z przedstawicielem Pipera. A latał na nim młody pilot, aż pod Patagonię, bywało w bardzo złe pogody. Potem, przez Buenos Aires, na północ, gdzie inny nieborak kitosił się w podzwrotnikowych upałach, źle je znosił i prosił, by go zabrać stamtąd. Koszta! Res. Rep. słuchał. Widziałem, że jest coraz bardziej zawiedziony. To nie były tematy o nim. Patrzył z lekka zdumiony. Ja patrzyłem na niego, ciekaw jak też on wybrnie ze swego zawieszenia, jak on podejdzie do wyłożenia mi, co on uważa za najważniejszy punkt mego programu: samolot wyłącznie dla niego. Executive. Kosztowny. Mierzył mnie pewnym siebie okiem. Zaczekałem. Rzekł wprost: „I chyba pan wie, że tu trzeba mieć prestiż! To jest Południowa Ameryka. Tu bez prestiżu – nic! Te rzeczy ja wiem. Pisałem". Odrzekłem: „Mam z sobą pańskie dwa listy. Zajmę się tą sprawą, gdy załatwię tamte dwie. Jestem pewny, że znajdę sposób zadowolenia pana". Rozjaśnił się. Żegnając odprowadził mnie aż do drzwi i otworzył je, po czym kazał bardzo przystojnej sekretarce, młódce, którą postarzał szyk, widać wymagany, zająć się mną, załatwić wszelkie moje papiery, bilety, pieniądze etc. Dziewczę było żwawe i orientowało się szybko. Miałem dzień wolny, zamówiłem więc przez nią wizyty u dyrektorów trzech firm lotniczych specjalizujących się w lotach executive. Zanim poleciałem w Andy, odwiedziłem jedną z tych firm. Niemcy. Mieli najnowsze typy maszyn amerykańskich, doskonałych, i świetnie utrzymane. Od razu polecieliśmy w teren. Prywatne lotnisko, dom niski olbrzym, topole, pola bezkresne. Latał dobrze. I pilotów miał szkolonych w Stanach, nie przyjmował bez licencji USA. Mechanicy także szkoleni fabrycznie, w Stanach. Po powrocie odwiedziłem dwie pozostałe kompanie, obie bardzo dobre. Ceny lotów według stawek opartych o amerykańskie, liczone w dolarach, nieprzesadne. Dla ONZ – pierwszeństwo wynajęcia zapewnione.

Było rzeczą przyjętą, że taki pan jak ja pisał projekt swego końcowego raportu tam, na miejscu i odczytywał osobom zainteresowanym, co napisał. Kiedy mój „dryft" był gotowy, zostałem niezwłocznie przyjęty, pierwsza konferencja dnia.

Odczytywałem. Pisałem tam że Res. Rep. nie potrzebuje swego samolotu, gdyż są tam aż trzy kompanie, wyposażone ponad moje spodziewania i gotowe do usług z prawem pierwszeństwa i do uzgodnienia specjalnych stawek, zrzeczenia się opłat za noclegi....

Gdyby biurko miał był mniejsze, wychyliłby się i wyrwał mi papiery z ręki. Patrzył oczami okrągłymi. Sowa. I wybuchł: „To pan z tymi Niemcami! Pan – Polak? Zdumiał mnie pan! I pan zupełnie mojego problemu nie próbował nawet zrozumieć! Prestiż!". Wiedziałem, że tak będzie. Od wczoraj myślałem, co mu odpowiedzieć. Ale nie przyniosłem z sobą nic poza sensownym tłumaczeniem, że koszta, koszta, koszta! Odwoływaniem się do rozsądku, że całkowity brak podstaw – Nowy Jork nie przyjmie. Budżety są obcinane! „Nowy Jork przyjmie, jeśli pan im udowodni – pan jest tu, pan widzi tu, pan rozumie tu, ale pan nie jest po mojej stronie! Pan jest z Niemcami przeciw mnie, pan utrudnia mi pracę!". I po chwili dopalił: „Jak ja wyglądam, kiedy ja przylatuję jak zwykły pasażer?".

Błysnęło mi! Wystrzeliło jak piękna rakieta! „Wiem, co to znaczy. Ale też z pewnością zobaczy pan, że pańskich nadziei nie zawiodę. Obiecałem, że pańskie potrzeby będą zaspokojone".

„Słucham".

„Czy widział pan, na filmach przyloty królowej Anglii? Samolot jest standardowy. Bezpieczeństwo, tajemnica, prawda? Ale natychmiast po wylądowaniu kapitan samolotu otwiera lewe okno i mocuje w specjalnej tulejce – małą flagę królowej. Pan jako Res. Rep. ma prawo do flagi ONZ. Kapitan ją będzie wystawiał. Tulejkę się załatwi". Powoli, patrząc sobie w oczy, obaj osunęliśmy się na oparcia krzeseł.

On rzekł: „No, wie pan, tak, owszem, naturalnie, przecież to oczywiste. No, bardzo panu dziękuję, widzę, że pan ma właściwe oceny sytuacji. Proszę mi przysłać kopię pańskiego raportu. Pan to wyraźnie w raporcie omówi?".

„I kwestię tulejki do flagi załatwię z firmami przed odlotem do Nowego Jorku".

„Dziękuję panu. Ja w miesięcznym raporcie stwierdzę, że pańska misja była potrzebna i udana".

# Miłość i wiza

Przed wojną było za wcześnie. Ona miała ledwie szesnaście lat. A po wojnie? O, tak. Od chwycenia pierwszych
kontaktów pisywaliśmy do siebie przez lądy i morza, przez
różne klimaty, przez całe półwiecze miesiąc temu zakończone. Pisywaliśmy z przyjemnością i nie tylko dla przyjemności. Zdecydowanie dla potrzeby utrzymania kontaktu. Koperty z moim nazwiskiem wypisanym Jej literkami
witałem jak szczególny podarunek poczty. Jej listy były
ciekawe, zadziwiająco pogodne, niekiedy ozdobione kiścią
dojrzałych wierszy. Kiedyś Jej napisałem: „Twoje liryki są
przezroczyste i mocne, jak skrzydełka łątki". Ucieszyła się
i szybko odpisała: „Dziękuję. Są drukowane. I także kilka
wydano w tomiku poetów Lublina". To Jej listy rodziły
we mnie moje najlepsze epistoły wysyłane do Niej. Kore-
spondowaliśmy więc często, lecz, co mnie dziś zdumiewa,
zawsze trzymaliśmy w ryzach śmielsze wypowiedzi, natomiast pisaliśmy, bardzo się powtarzając, że koniecznie trzeba się spotkać. Bo przecież skrycie żyły w nas obojgu wi-
rusy związku powstałego z wczesnego podobania się wzajem, z poczucia bliskości wypełnionej po brzegi zaufaniem.
A jednak poprzez wszystkie powojenne lata listowne chęci spotkania umykały przed rzeczywistością. Pewnego razu,
po dwudziestu czterech latach, znalazł mnie w Afganistanie
Jej list z fotografią i błysnęło z niego zupełnie inaczej. Ona
pisała! „Posyłam Ci fotkę, znad morza. Wychodzę z wody.
Nie na Cyprze wprawdzie, w Sopotach tylko, ale spójrz.
Jeszcze warto. Przyleć. Jeśli możesz". Szarpnęło mnie. Od-
nowione zainteresowanie. Ale nie poleciałem. Zobowiąza-

nie, lojalność, wierność. Właśnie! Wierność niezbyt dobrze uplasowana. Służbowe obowiązki, choć te dałyby się były przesunąć w czasie. Głównie jednak, przecie, wstrętnie mi było prosić o wizę okupanta! Okupantów prosić o wizę do mojego domu? I przez następne lata podziwiałem moją własną maksymę, że – w pełni oceniamy swoje uczynki (a i siebie) dopiero, gdy klamka zapadła – bowiem spoza sumy moich uznanych strat życiowych, nagle, wskutek listu z Sopot, Ona wyłoniła się jako strata szczególnie dojmująca.

I dopiero dziś, po pięćdziesiątce lat, zaczniemy nasze drugie spotkanie. Zetknięcie się?

Czekam na Nią. Przed dwudziestoma minutami Jej samolot wylądował. Motylki latają mi w żołądku. Nie wyrosłem ze zdolności do takich wzruszeń ani, okazuje się, nie wyrosłem z Niej. Za chwilę zobaczę tę Wenus sopocką. Ją.

Ostatni raz spotkaliśmy się przypadkiem na Kapucyńskiej, w Lublinie, w tysiąc dziewięćset trzydziestym dziewiątym roku. Ona, niedolatka, stała z koleżanką gimnazjalną, Urszulanką, ja przechodziłem spiesząc, zamieniliśmy przysłowiowe kilka słów. Ta Jej wczesność przeszkadzała mi coraz bardziej wobec silnego naporu Jej osobowości. Bystra, śmigła trzcina, gotowa stawiać czoło groźnym przypadłościom wszelkiej natury. Rozkoszna! Niestety uznałem, że jeszcze nie czas między nami na przypadłości najbardziej odsłaniające dziwy życia. W każdą rocznicę tamtej decyzji gorzko jej żałowałem. Powtarzałem: „żaden dobry uczynek nie ujdzie bezkarnie!". „Za wcześnie, za wcześnie było", usiłowałem łagodzić trwały żal. Obejrzałem się wtedy na ten stalowy pręt o szarozielonych oczach i widzę Ją tam do dzisiaj, nieświadom czemu ani komu Ją zostawiam. A Ona patrzy ma mnie odchodzącego do innych losów, do innych pań, na pięćdziesiąt z ogonem lat....

Od tamtej pory Ona szła na spotkanie ze mną dzisiaj – w wyobraźni, w listach. A ja? Także! W drodze kochałem wiele, przechodziłem wrzące morza i jeziora zakochań, nie mówiąc o zadurzeniach. Czy Ona podobnie? Z pewnością...

Pewnie! Nie byliśmy dość świadomi, że naprawdę, naprawdę, chcemy dotrzeć – tylko do siebie. Zwalnialiśmy kroku, nagle zatrzymywaliśmy się dla smakowicie przemijających zainteresowań, lecz by znowu, bez zdziwienia, podejmować kierunek ku sobie. Z radością! To była nieobliczalna, rozkoszna zabawa. Legendy o sobie uwijały się nam jak wieńce na głowach. Odległość, egzotyka. Dla mnie Ona, Bohaterka, w Kraju Rozpaczliwej Wojny, dla Niej ja w Krainach Wielkiej Geografii, otaczającej nimbem każdego, kto w nią wejdzie, wpłynie, wleci. To w tych nierzeczywistościach wyobraźni tak wytrwałe obcowaliśmy ze sobą i nierzeczywiście szliśmy ku sobie. Korzystając z takiego stanu naszych myśli, moja bardzo ściszona miłość do Niej miała się nieźle, wcale mnie nie dręczyła, jak i Jej nieużywane kochanie mnie pozwalało Jej żyć oko w oko, ząb w ząb, ze światem. Nie krępowały one nas wcale, czego teraz wybaczyć im nie możemy. W listach. Po tamtym z Sopot.

O tym, co Ją bolało, co Ją może niszczyło, nie myślałem. Czy dlatego, iż byłam pewny Jej szczęścia w życiu? Na jakiej podstawie? Czy dlatego, że w mej wyobraźni – pamięci taka otaczała Ją aureola żywotności, energii, radości, że wydawała się nietykalna dla nieszczęścia, ani nawet dla ciężkich zmartwień.

Już za trzy, cztery minuty zobaczę Ją w drzwiach wyjściowych z bagażem na wózku. Pierwsi idą. Idą coraz gęściej. Już prawie wszyscy wyszli. Dlaczego Jej nie ma? Czyżby nie przyleciała? Czyżby się była cofnęła w ostatniej chwili? Czyżby się coś zupełnie niemożliwego stało jak wtedy to, co spotkało mnie przed dwudziestu laty w Bangladesz. W Dakka. Pracowałem tam w grupie personelu ONZ. Wojna z Zachodnim Pakistanem już dogasała, wygrana przez Indie z pewną pomocą partyzantki bengalskiej, kwestia tygodnia, dwóch. Wiadome już było, że część personelu ONZ rozjedzie się do innych prac i grupa lekarzy przy ONZ–owskim zespole postanowiła zaprosić kierowników działów na wieczorne przyjęcie. Kanapki, whisky, pogadać miło, użytecznie. Senior w grupie lekarzy, Polak, dr X., dobry chirurg, prezentował się umiejętnie i szło mu to łatwo: wysoki, ciemny szatyn, o niebieskich przezroczystych oczach, wesoły, robił wrażenie człowieka zawsze przychylnego. Oczywiście – partyjny. Inaczej nie pracowałby w Bangladesz mimo jego dużych, dobrze ocenianych umiejętności. Gdy już znalazł się w grupie ONZ, jego spokojna i miła, ale i zręczna postawa wobec całego zespołu z kierownictwem, oczywiście, na czele, doprowadziła go do stanowiska wartego zazdrości w Dakka oraz otwierała dalsze możliwości. Przywitaliśmy się życzliwie. Wiedziałem, że on powalał się czerwienią tylko z wierzchu. No, trudno! Więc mimo mojego nieprzesadnego stosunku do Partii i jej poputczików, bo trudno w tym o przesadę, robiłem w pewnych wypadkach ustępstwa. On nie przynosił nam ujmy. Przywitaliśmy się ciepło.

– Cieszę się, że pan przyszedł.

– I ja się nie spodziewałem. Ale wie pan, taki dzień. Jakieś chandry, tęsknoty. I w końcu nie mogłem panu odmówić.

– Panu potrzebna pewna doza terapii – urlop w Polsce! Co?

– Et, doktorze! Do tej pory wytrzymałem.

– Ale czasem dusi?

– A dusi. Bywa, że dusi.

– Whisky czy gin?

– Whisky, proszę. On the rocks.

Zasiadłem przy poręczy wygodnej, dużej ławy, odsuniętej od stołu, lecz w łatwym zasięgu szklanic, obok mnie, po prawej, siadł szczupły młody człowiek. Nie znałem go nawet z widzenia. Równocześnie uśmiechnęliśmy się do siebie, ale rozmowy prowadzone po angielsku kierowały mnie w przeciwną od niego stronę, tak, że kiedy po dobrym kwadransie gospodarz zapytał mnie po polsku, czy może dolać mi whisky i dodać lodu, ów pan z prawej zdumiał się!

– To pan mówi po polsku?

– Mówię. To mój język z piersi mamy.

– No, wie pan! To pan jest Polakiem? A ja także jestem!... Ja jestem polskim konsulem tutaj! Tu, w Dakka! Ja wiedziałem, że pan jest doradcą w ONZ i rządu w sprawach lotniczych i że pan jest Brytyjczykiem, ale nie znałem pana prawdziwej narodowości. No, proszę! Co za spotkanie!

I w tym momencie pan konsul rozjaśnił się dodatkowo.

– Wie pan? Ja mam dla pana niespodziankę!

– Doprawdy. Hm. – Niespodzianka ze strony konsula PRL.

– Bo niech pan sobie wyobrazi, mój wicekonsul jest bratem pańskiego kolegi, to jest był bratem pańskiego kolegi. Pański kolega został zestrzelony w Anglii, gdy w nocy wracał znad Niemiec.

– Przez „marudera".

– Tak, tak, właśnie. Przez „marudera"? To się tak nazywało?

– Tak. Od czasu do czasu niemieckiemu myśliwcowi nocnemu udawało się przyjść nisko nad wodą na teren Anglii i czatować koło lotniska naszych bombowców. Kiedy zapalano światła pasa do lądowania i światła pozycyjne na lądującej maszynie, a była już nisko i na małej szybkości – on strzelał.

– Tak. Właśnie. Jego brat był pilotem. Jest pochowany z całą załogą na polskim cmentarzu w Newark.

Poświadczyłem głową.

– No, za pańskie szczęście!

– Dziękuję.

Podniosłam szklankę, wypiliśmy. Przyglądałem mu się, kiedy mówił. Niespodziewanie młodo wyglądał, bardzo sympatycznie, otwarty, chyba się mylę, albo dopuszczono go do tego stanowiska przez przeoczenie. Tam nie ma przeoczeń. Zagadka. Konsul przyglądał się mnie. Coś przyszło mu do głowy. Postawił szklankę na stole i jakby z namy-

słem zapytał:
– Czy pan był w Polsce po wojnie?
– Nie.
– I nie ciągnęło pana?
– Ciągnęło.
– Więc? ...

Uśmiechnąłem się do tego sympatycznego pana, czy raczej towarzysza konsula i rozwinąłem temat.

– W 63–cim roku – opowiadałem mu – latałem po rozmaitych kątach południowo–zachodniego Sudanu z grupą ekspertów leśników, Szwedów. Pewnego dnia oni z przyjemnością zawiadomili mnie, że dołączy do nich specjalista od zachodniosudańskiego drzewostanu – z Polski. Wybitny leśnik. Na pewno mnie to ucieszy. (Ucieszyło!) I że będziemy razem pracowali, tj. z samolotu patrzyli, czy pod granicą ówczesnego Konga pnie drzew są proste, czy krzywe. I że po powrocie do Chartumu nieco czasu nam obu Polakom zostanie na rozmowy o naszych sprawach narodowo–intymnych. Tak się też stało. Polski wybitny leśnik dobrze się prezentował i po pracy ubierał się „formalnie", w Chartumie był zawsze jakby świeżo wyprasowany, miał zadbane zęby i mówił znośną angielszczyzną. Naturalnie zaprosiłem go do siebie. Mój kucharz, Dwele Drimba (nieoceniony), zastawił nam stół wielkim pieczonym okoniem nilowym z pieczarkami, z ziemniakami gotowanymi na oliwie, potem smażone banany, po nich włoskie lody z czekoladowym sosem i mocna, aromatyczna czarna kawa. I Cognac, a nie koniak, czy brandy. Słowem – rozluźnienie. A więc i jego spodziewane przeze mnie pytanie „Co pan sądzi o Kraju?". Odrzekłem: „Ja Kraju nie sądzę". On powiedział: „No, przecież pan mnie rozumie?". I niewinnie, idąc za swoją myślą o wiele dalej, mówił: „Wie pan, kiedy w 44–tym roku mój ojciec, jako dowódca batalionu piechoty, spotkał się pod Lublinem z jednostkami polskim, mógł zrobić tylko jedno! To, co nakazywał mu rozum – połączyć się z nimi! Prawda? Dzięki tej decyzji ojciec przeżył, ja jestem dziś tu, w Sudanie, w pana samolocie, u pana na kolacji...", I tak się rozpędził, że raptem wypalił wcale imperatywnie: „A kiedy to pan do Polski wróci!", Uprzednio, żeby się mniej krępował, gdy mówił, patrzyłem w okno na ciemny balkon, a że się prawie spowiadał, słuchałem życzliwie. Teraz spojrzałem na niego zaskoczony i przejmując jego ton, odpaliłem mu z podświadomego automatu, z dawna załadowanego: „Kiedy wy przestaniecie być „właścicielami" mego Kraju"! Potem, panie konsulu, Szwedzi się dziwili, że Polacy nie okazują sobie spodziewanych czułości. Widzi pan, to określenie „właściciele Kraju" narodziło mi się spontanicznie w Sudanie, w 63–cim roku! Ucieszyło mnie to sformułowanie. Wkrótce dowiedziałem się, że równie nagle pojawiło się w wielu stronach polskiej diaspory.

Konsul się nie obruszył. Roześmiał się.

– Ależ, proszę pana, co za ujęcie! Wiem, że się dawniej tak u was mówiło, ale minęło prawie dziesięć lat! Wie pan co? Pan odlatuje z Dakka niedługo, prawda?

– W maju. Tak.

Znowu pojawiła się w jego oczach myśl i wahanie. Ale rzekł:

– Wraca pan do Nowego Jorku po nowe zadanie?

–Na razie wracam do siebie, na Maltę.

– No, to ma pan swobodę i czas! Niech pan leci do Polski! Ja panu dam wizę! Niech pan sam zobaczy! Po ilu latach?

– Minęły trzydzieści dwa.

– Ta ja panu mówię – zobaczy pan, nie pozna pan! Chodźmy do mnie, do konsulatu. Napijemy się po kieliszku nie whisky, ale prawdziwej, domowej dereniówki. Mój ojciec ją robił. Pogadamy. I spotka pan brata swego kolegi. Pan ma przy sobie paszport?

– ONZ–owski. Mam.

– Zostawi mi pan. Jutro panu wystawię wizę. Albo jeszcze dziś. Co pan na to?

Pochwiałem głową na boki, po bengalsku, żeby pokryć konsternację. Lecieć do domu!

Teraz jeden z okupantów podaje mi wizę na tacy. A ja potrzebowałem tylu wiadomości, informacji. Mogę je zdobyć tylko tam i tylko osobiście. Ani ja istotnych pytań nie prześlę, ani nikt na nie mi nie odpowie. Tam zobaczyć, pytać, zrozumieć. I ... znaleźć Ją.

– Skoro pan podejmuje inicjatywę... I zaprasza bez kozery?

– Ależ o jakie tam kozery może chodzić! Panu taka wizyta dobrze zrobi.

– I panu. Ile punktów daje akt nawracania?

– No, jeśli pan tak mnie widzi... Więc?

– Ufam panu.

Uśmiechnąłem się patrząc na Nią, na tę nieprawdopodobną dziś, kobietę ... Dobrze, myślałem, polecę do Bejrutu, tam u Mieczysława zostawię bagaż i – do Warszawy, do Gdańska, do Krakowa, do Lublina! Do Lublina, odwiedzić Moich na cmentarzu. Coraz to rozszerza się panorama, leci już nie dokoła, lecz wzdłuż pamiętanych ludzi, pól, miast, dróg, lasów, sklepów, rzek, ciągów dzikich kaczek!... Uspokoić się, proszę siebie uspokoić i uporządkować się. Na własne oczy zobaczę także ZOMO, UB, „ICH", rozmaitych „ICH". A może przyjaciela serdecznego. Podobno jest w Lublinie, z Rosji wrócił, z katorgi. Tacy długo nie żyją. Jako chłopak 17–letni ułanem był w 20–tym roku, więc w 48–tym przypomniano mu to.

Gospodarz zapytał czy mi dolać whisky, więc rzekłem:

– Dziękuję. Idziemy na polską domową wódkę do konsula.

Doktor zrobił wielkie oczy. Rzekł:

– Naturalnie! Niech konsul załatwi panu wizytę u rodziny.

– Dobranoc. Dziękuję – za to spotkanie z konsulem.

Wyszliśmy w rozgwieżdżoną ciemność. Konsul miał wóz. Nie było daleko. Więc ... zobaczę Ją. Oczywiście! Czy raczej nie myślę podskórnie, że chcę jechać, żeby przede wszystkim zobaczyć Ją? Słucham sam siebie....

TAK. Teraz, w samochodzie konsula, już stawałem przed furtką ogrodu Jej domu. Zaskoczę Ją! Zrobię Jej niespodziankę całego życia i niech się stanie, co zechcemy! Patrzyłem czy Ona się zbliża. Ona? Czy może ktoś inny? Czy może Ona chciałaby podbiec, lecz ktoś Ją wstrzymuje? I ma prawo Ją wstrzymać. A może Ona na widok mnie odwraca się? Niepojęte też się zdarza. Przeszły mnie dreszcze.

Konsul postawił samochód w garażu, w konsulacie świeciło się tylko w prywatnym pokoju wicekonsula. Weszliśmy bocznymi drzwiami, konsul zapalił lampy w dużym pokoju biurowym i zawołał do dalszego pokoju, w dół:

– Panie L. Jesteśmy!

Z tamtego pokoju, niższego, odezwał się głos jakby zaspany.

– A co? A z kim?

– Mamy gościa. Kolega pańskiego brata! Lotnik. Niech pan do nas przyjdzie.

– Zaraz.

Było to niechętne mruknięcie. Konsul zrobił w jego kierunku kpiący ruch głową, usadził mnie na kanapce petentów i powiedział:

– Ja tymczasem zrobię kawę. Neskę, co?

Miała być dobra kawa. Skinąłem głową i on wyszedł. Z dołu, po dwóch schodkach, ciężko szedł nieduży starszy człowiek, bez szyi, z mocno w plecy wsadzoną siwą kulą o sztywnym włosie, ostrzyżony na jeża. Był niedogolony. Ślipki mrużył kierując je w górę, ku mnie i marszczył nos. Stanął przede mną. Wstałem. On z trudem wciągając powietrze podał mi, jakoś połowicznie, dość twardą rękę i powiedział nazwisko. Wyglądał na podpitego tym sposobem zawodowego pijaka, który oczy ma mętnawe od dziesiątej rano i przez cały dzień je podlewa. „Ale widocznie swoje robi", pomyślałem. „Swoje robi?". Co? No, oczywiście! Pilnuje konsula. Trująca purchawka. „Towarzysz"! Poglądaliśmy na siebie bez ciekawości. Konsul wniósł wódkę i uśmiechnął się, powiedział: „Dereniówka! A co, gadacie sobie? Siadajcie, siadajcie. Zaraz będzie kawa". I wyszedł. My staliśmy.

– To pan znał mojego brata. – Stwierdził bez pośpiechu.

– Nie.

– No, to co mi konsul pieprzył! – ożywił się.

– Nie znaliśmy się wszyscy. Uzupełniano nas. Ja latałem gdzie indziej.

– Gdzie? – chrypnął.

– Na Bliskim Wschodzie. We Włoszech.

– To co pan tam robił?

– Latałem, jak kazano.

Wydął usta, parsknął.

– Jak Anglicy wam kazali!

– Byliśmy pod ich dowództwem, we wspólnej sprawie.

Powtórnie wydął usta. Szybko narastał między nami zły nastrój.

– To mój brat dał się zabić za Anglików.

– Zginął na wspólnym froncie, za swoją ziemię, za swoje prawo do niej, czyli za Polskę, czyli za siebie!

– A tam, panie!

Usiadł, przymknął oczy. I ja, nieproszony, usiadłem. Przyglądałem się mu z ukosa. Wyglądał jak sowa, nieduża, zasypiająca po nocnym polowaniu. Milczał. Aż głęboko wciągnął powietrze, nie otwierając szerzej oczu wysoko podniósł brwi i zmarszczył czoło. Trwał w tym przygotowaniu do ważkiej wypowiedzi – i nie omyliłem się. Ważką wypowiedź wymruczał:

– A tam, panie.... Trzeba przyznać, co tam gadać, Stalin miał rację!

I potwierdził te słowa kołyszącym ruchem swej siwej kuli. Wziął butelkę, nalał dwa kieliszki, podniósł jeden. Spojrzał na poziom płynu, wypił, postawił kieliszek na tacy.

– A pan? Nie pije?

– Nie.

Wstałem. Wtem z kuchni dobiegł mnie gwizd czajnika. Ten trywialny dźwięk stał się przenikliwym sygnałem naglącym do odejścia. Sygnałem ostrzegawczym. On bez słowa patrzył, jak wychodziłem.

Stanąłem w ciemności. Znałem nieco tę część miasta, bywałem niedaleko, w konsulacie francuskim, drzwi z tyłu pozostały zamknięte. Ruszyłem teraz do siebie, ale droga już nie prowadziła do lotniska, do Bejrutu, do Warszawy, do Lublina. Do Niej. Szedłem na swoją kwaterę w Dakka.

Rzecz prosta, nie chodziło się tam po nocy bezpiecznie. Można się było nadziać na patrol któregoś odłamu bengalskiego podziemia, wciąż wrogiego ONZ, albo na pseudowojskową grupę rabusiów. Wyboru nie miałem. Szedłem świecąc sobie latarką, by omijać zwierzęta, dalej, by nie zsunąć się na sypkiej ziemi do wody małego stawu. W tym stawie niedawno pływały trupy kilkunastu profesorów uniwersytetu Dakki, obrońców praw języka bengalskiego, zabitych przez wojska Zachodniego Pakistanu, chroniące jedności Państwa.

Szedłem do mojej kwatery coraz bardziej rozbity i truty świadomością, że moja podróż do Polski tak raptem bliska, tak gorzko się urwała. Długo stałem przed furtką mego armeńskiego gospodarza. Przeszedłem przez pachnący jaśminem ogród, nieco rozjaśniony wschodzącym księżycem. Otworzyłem drzwi mego pokoju i gdy zapaliłem światło zobaczyłem na stole listy. Przynoszono je z kwatery głównej, czasami późno. Wśród nich list od Niej. Na Boże Narodzenie pisałem, podałem ten adres. Ledwie dotknąłem koperty, przeczułem złą wiadomość. Pisała: „Tak strasznie chciałam Cię choć raz zobaczyć. Tyle, tyle naszych prób spotkania nie doszło do skutku. Klęłam wielkie nadzieje. Nie ukrywam, że je miałam, mimo wszystko, mimo Twoich powiązań – miałam. Miłość jest egoistyczna. Na pewno sam o tym dobrze wiesz. Dziś jestem pewna, że już nigdy. Powiem Ci o sobie prawdę. Tak, przez trzydzieści lat miałam partnera, kochanka, jeśli chcesz. Byłam i jestem zdrową kobietą. Nie kochałam go i nie mogłem na nim polegać, ale był. Od dwóch lat nie żyje. Moja siostra też niedawno zmarła. Nie jestem już w stanie łudzić się ani dawać sobie radę z sobą, z Twoją nieobecnością, z nieosiągalnością Ciebie. Z tą moją przeklętą miłością. Wychodzę za mąż! Mam nadzieję, że kiedy Ty, w tym Twoim świecie, otrzymasz mój list – ja będę właśnie szła po tak zwanym „ślubnym kobiercu"! W kwietniu. To będzie policzek mojemu Losowi, może i Twojemu. W każdym razie, obniżając rejestry, kropka zamykająca zaczętą i nigdy nie napisaną opowieść o czymś ważnym. Prawda? Całuję Cię jak nikogo nigdy całować nie będę".

To były pierwsze dni kwietnia. Wreszcie położyłem się, ale nie po to, żeby spać. Dochodziła druga, a zazwyczaj o tej porze przylatywał bombowiec z Kalkuty. Przylatywał po cichu, nisko i dopiero nad miastem nabierał wysokości, krążył i grzmotem silników na pełnych obrotach groził każdemu życiu pod sobą, na ślepo. Po czym przymykał silniki i w ciszy lotu ślizgowego zrzucał bomby byle jak, byle gdzie, byle na ludzi. Przed kilku dniami trafił w sierociniec: zabił około dwustu malców, wielu poszarpał. Budziliśmy się wszyscy i oczekiwaliśmy jego dwu, trzech dużych bomb. Nie mieliśmy żadnej obrony przeciwlotniczej ani nie rozumieliśmy, o co Kalkucie chodziło.

Tej nocy niebo nad Dakką milczało. Ale wsłuchiwałem się w nie uważnie. Gdyby wczoraj było tak ciche i mijała pora bomb myślałbym był jedynie „co za szczęście, że dziś do nikogo Los nie uśmiechał się szyderczo puszczając kulkę tej rulety w ruch". Dziś zaskakiwały mnie moje prywatne bóle. Rosły. Pojęcia nie miałem, że były one aż tak prawdziwe w Polsce i teraz, tu, we mnie. Gdybyż konsul był zatelefonował, zapytał, co się stało... powtórzył swoje negujące i wesołe „ależ, proszę pana, co za ujęcie! Ja panu zaraz wystawię wizę, co pan na to?" byłbym mu podziękował. Pragnąłem jego wizy. Nazajutrz, że byłem zmęczony nocą, każdy dźwięk telefonu w moim biurze podniecał i rozstrajał mnie. Nie zadzwonił. Oczywiście. „Wice" nie dopuścił. Wieczorem, idąc do siebie, myślałem o nim ze wstrętem i byłem mu szczerze wdzięczny.

Wkrótce przyszła ulga – masa pracy. I po roku znowu pogodny list. I od tamtego listu następne, nieczęste, ogromnie życzliwe. Niczego nie życzące sobie, prócz równie miłej i nieczęstej odpowiedzi.

Jest!... Jest! Tchu mi nieco zabrakło. Odebrałem Ją na lotnisku. Dzisiaj, dzisiaj! Teraz!

Jedziemy do mnie. Milczymy. Chichotać by! Razem wieziemy w tym samochodzie ponad sto czterdzieści osiem lat!

Dni poczęły mijać nas, gdy za śmiechem, jak młodziaki, cieszyliśmy się wspomnieniami o nas samych, kiedyś tak sobą zachwyconych. Ona ciekawie poznawała mój światek pisań, czytań, gadań, odkrywała dziwy, jakie pozostawiał tu człowiek – od neolitycznego do dzisiejszego – czar okrutnej historii tego kraju, język odrębny, rośliny inne, nieznane Jej owoce. I cieszyły Ją widoki morza z wysokich skalnych ścian i dalekie cienie wysp.

Tak Los przyzwolił. Częściowo – jak to On. I komedię wplótł. O naszych latach mało wiedzą znajomi i sąsiedzi. Wspólnie wyglądamy na ledwie sto dwadzieścia – i w tym cały kram. Posądzają nas o rozkoszny, młody, grzeszny (tu ludek oficjalnie pobożny), wściekły romans, bom na razie samotny, a Ona pyszna!

Co za figura! Co za postawa! I skórę ma piękną, artretyzmów na pierwszy rzut oka nie widać, kolana skrzypią tylko na deszcz, a tu teraz pora sucha. Ja? Choć mam grubo więcej na życiowym koncie, a mniej na głowie to, tak na oko... Jakże trudno przeczyć znakami rzetelnymi, lecz delikatnymi, tak, by nie zostały przyjęte odwrotnie, jako potwierdzenie podejrzeń. Szczególnie, że są one sygnalizowane z żalem... Tak dumnie byłoby – nie przeczyć!

W końcu jednak przed całym miasteczkiem – to moja siostra. Przyrodnia. Mamę Jej osiodłałem drugim zamęściem i jego wynikiem – Nią. To wyjaśnia Jej splendory w porównaniu z moim ubóstwem. Prosperujemy więc obok siebie wesoło, swobodnie, chciałoby się powiedzieć – szczęśliwie! Tak dalece, jak na to wszelkie powiązania platonicznych przyjaźni pozwalają. Aż pewnego wieczoru otrzymałem pierwszą wskazówkę, że Ona jest INNA.

Staliśmy na dachu domu obserwując zachód słońca. Krąg nabrzmiały, stygnącą krwią, zanurzał się. Nisko, obok młodego księżyca, błyszczała Wenus. Intensywnie. Poważnie. Nieruchomo.

Widnokrąg wchłonął barwy. Stopniowo czerniejące niebo poczęło spoglądać na nas wątłymi migotami milionów małych oczu.

Wtedy Ona powiedziała! „Teraz z twojego nieba patrzą na nas oczy strasznego Owada Wszechświata. Co jest niesyty ludzkiej krwi". Roześmiałem się, spojrzałem na Nią uważnie. Powiedziałem! „Wiesz, to trochę niezwykłe widzenie gwiazd. Oryginalne. Bardzo poetyckie. Ale poczekajmy tu chwilę. Niebo bardziej sczernieje i gwiazdy nawigacyjne wybiją się własnym światłem przed oczy twego „Owada". Zobaczysz je, jak płyną w swych konstelacjach, przychylne wielu nawigatorom świata.

I ja się nimi posługiwałem w latach moich dawnych podroży w lotnictwie cywilnym. Dziś nie są mi już niezbędne, ale zawsze bliskie. „Jak ja?", roześmiała się. Niepewny, o której części mego zdania żartowała, odpowiedziałem też lekko i chętnie żartując: „Tak, Ty jesteś jak gwiazda". „To dlaczego... To może... ". „Co?". „To dlaczego nie nawigujesz według mnie?". Uśmiechnąłem się obronnie. „Ja już straciłem licencję". „Z tego wnioskuję, że jeśli świecę, to jak wystygła planeta, nie gwiazda!". Ale śmiała się prawdziwie. Jej trudny nastrój minął. Niemniej zrozumiałem, że Ona żyła w przezroczystej kuli zapiekłych obaw, może nawet ukrywanego strachu i patrzyła na zewnątrz przez jej

388

szyby wykrzywiające świat. Zacząłem dążyć do wydobycia z Niej tego, co Ją tak w głębi pustoszyło. Opierała się. Stanowczo. Uparta! Lecz widziała, że proszę by mówiła, bo mnie to obchodzi, więc jednak po kilku dniach powierzchownych opowiadań, przy butelce, tym razem najtęższego wina wyspy, wycofaliśmy się do naszej intymnej wzajemności. Najpierw ja, oszukując, w jeden kłąb zwinąłem moje główne błędy, głupstwa i rzetelne dokonania i widząc, że ona zasłuchana jest raczej w siebie, powiedziałem: „... i to wszystko". Ona uśmiechnęła się i skinęła głową. Zaczęła opowiadać o potwornościach Jej osobistej wojny, o grozą i wstrętem napełniających zetknięciach się z SS, z komuną, o biedzie, o sprzedaży domu rodzinnego, o wycięciu drzew wokół niego, o zwaleniu wielkiego kasztana, pod którym pierwszym pocałunkiem zaczęliśmy stwarzać sobie ten nasz dodzisiejszy węzeł. Mówiła o zamordowaniu Jej ojca, potem matki, o swojej służbie w AK, w Powstaniu i – o ucieczce w małżeństwo. Zastanowiło mnie to. Potwierdziło poprzednią obserwację. Spodziewałem się po Niej niewyczerpanej odwagi – Ona okazała się brawurowa, wściekła wobec wroga, a trwożna wobec codziennego życia i jego zawsze z lekka groźnej niepewności zwykłego dnia.

Następnego wieczoru zauważyłem na Jej skroni, pod uchylonym lokiem włosów, bliznę. „To w Powstaniu, w Warszawie – powiedziała – Ale tylko zemdlałam".

– A co Ty masz na kiści? Cooo? Czy Ty przecinałaś sobie żyły? Pokaż drugą!

– Ja? Mój drogi – ja? To armia PRL wiązała ręce drutem, nam Akaczkom! I wydawała nas w ręce Polaków z UB. To oni wybijali nam zęby i pałami odbijali nerki....

– Opowiedz!

– Daj spokój! Nie chcę.

– Opowiedz!

– To nalej mi ginu. Nie wina.

Nalałem. Nalałem Jej, ale nie sobie. Ona chciała ginem tępić ból opowiadania, ja chciałem odbierać jego całą ostrość.

– Proszę. Mów.

– Nie gadam o tym, bo nie chcę pamiętać. Szkoda, że tobie tak na tym zależy.

– Zależy.

– Sądzili mnie. Nie. Najpierw wyciągnęli mnie z celi na przesłuchanie. I ten zbir, Polak!, uderzył mnie w twarz i zęby mi boczne wybił. Ty wiesz, czym dla nas było uderzenie w twarz! Plunęłam mu w gębę krwią i zębami. Nie powiedział ani słowa. Stał umazany, wytrzeszczał się na mnie. Wyszedł i wrócił z trzema. Jeden podciął mi nogi, drugi zwalił mnie brzuchem na stół i siadł mi okrakiem na karku, tamten trzymał za pięty, a trzeci gumową pałą walił po zadzie, po plecach, właśnie – w „słabiznę". Bokiem widziałam jak się jego nogi odchylały przy zamachu. Koleżanki w celi smarowały mnie masłem ze swoich paczek. Ja nie miałam żadnych. Potem mnie sądzili: Rosjanin i dwóch Żydów w polskich mundurach. Wrzeszczeli! „Po rosyjsku mówić!" Najgorszy był prokurator. Polak. Opryszek i szmata, jak większość z nich. To na jego domaganie się oni skazali mnie na piętnaście lat. A ja miałam dwadzieścia. Ale mnie nasi odbili. I już nie dałam się złapać. Żeby zetrzeć ślady wyszłam za mąż, pierwszy raz, i zmieniliśmy nazwisko jego, także.

– Za kogo wyszłaś?

– Za takiego, co wrócił z niewoli, przyjaciela mego ewentualnego, bo ciebie straciłem. Ale ten mój ewentualny, tak jak ty, pognał w świat. Chciałam, żeby się ktoś nareszcie mną zajął. Początkowo wydawało się, że dobrze. Byliśmy ładną parą. Łóżko nas bardzo łączyło. Czy chcesz wiedzieć więcej?

– Nie.

– No, więc! Opowiadaj ty.

Powtórzyłem to, co już opowiedziałem, czego Ona uprzednio prawie nie usłyszała i zmieniliśmy temat.

Były jeszcze przebłyski wesołości, beztroski nawet, lecz krótkie. Ostatecznie Ona opowiedziała mi o swoim drugim małżeństwie. Ono sprawdziło się gorzej niż się spodziewała. Uciekła od niego szybko. Jej nowy mąż okazał się miernotą, spryciarzem i cynikiem. Rychło przestała go znosić. Aż pewnego dnia, mocno podchmielony, pochwalił się dotychczas nieznaną Jej kartą jego nieboszczyka ojczulka, ten był prokuratorem wojskowym w latach tuż po zajęciu Polski przez bolszewię. Ta wiadomość podnieciła Ją, wydobyła z niego, gdzie to ojczulek prokuratorował i kiedy? Tak, to był jeden z tych, którzy skazywali Akowców. Los odpalił jej policzek, którym, Jej się zdawało, Ona ukarała Los! I ten cios pozostawił w Niej ślad nie do zatarcia. Uraz prześladowczy. Rozpoczęła życie niespokojne, ruchliwe, zmienne, niby wesołe, życie ucieczek. Od tamtej przeszłości i od rozpaczliwej samotności. Przylot do mnie był wyprawą w nadziei, że poczniemy bawić się, biegać i uciekać razem. Że we mnie ostoja. Ja natomiast, pod ciśnieniem lat i jedynego pragnienia, ba!, żądzy wykończenia moich dawno zaczętych prac, osiadłem, by już nigdy, nigdzie nie pędzić. Sądziłem, że Ona osiądzie ze mną jako pomoc, może nawet partner. Wierzę w znaczenie tego, co robię, oddaję się wyłącznie pracy. Owszem, odrywam się od niej, ale tylko na krótko, jak tym razem – dla Niej!

Więc, w „ostatecznym rozliczeniu", Ona chce się opalić pod tutejszym słońcem i ma bilet powrotny.

Wiza już niepotrzebna. Za późno.

# Sudan dzisiaj

30-go czerwca ubiegłego roku wojskowy zamach stanu
zniósł w Chartumie rząd cywilny, legalnie wybrany w
roku 1985-tym, zrazu ogłosił jednostronne zawieszenie
broni w wojnie z powstańcami Południa kraju. Ta wojna
trwa od roku 1955-go. Przygasała, wzmagała się. W tym
roku gorzała. Obecnie tli się. Zamach przeprowadził
pułkownik Omar Hassan Ahmad Al Baszir (zaraz
mianował sam siebie generałem), na czele oficerów
średnich stopni i wieku. Obalony rząd prowadzony
był przez Sadyka el Mahdi, prawnuka sławnego el
Mahdiego, wodza religijnego, politycznego i wojskowego
z osiemdziesiątych lat ubiegłego wieku. Przyczyną
tej gwałtownej zmiany rządu w Chartumie nie była
czułość serca nowego generała i jego kompanów dla
mordowanego Południa, ale fakt dla armii nieznośny: że
ona wojny z Południem nie była w stanie wygrać ani
myśleć o wygranej, natomiast rząd Sadyka zmuszał ją do
dalszych walk i ponoszenia ciężkich strat.

Dwaj przywódcy głównych partii politycznych (obie
są ramionami wielkich ugrupowań religijnych) tj. Sadyk
el Mahdi, dynastyczny przywódca-partii Mahdystów – UM-
MA, oraz jego szwagier, Hassan el Turabi, wódz Braci Muzułmańskich, domagali się bezwzględnego zniszczenia sił
wojskowych Południa. Natomiast trzeci przywódca ważnej
siły politycznej, Demokratycznej Partii Unionistów, DUP,
Sayed Mahammed Osman el Mirghani, widząc katastrofę
kraju, usiłował z własnej inicjatywy dogadać się z przy-
wódcami południowych powstańców – wcale skutecznie.

Jesienią roku 1935, po długich i ciężkich rozmowach w Addis Abebie, obie strony uzgodniły projekt planu pokoju. Ludność Chartumu przyjęła tę wiadomość z zadowoleniem, warunki nie przedstawiały się zbyt źle. Żeby zasiąść do rozmów o pokoju, Południe żądało primo, wycofania Szarii, tj. kodeksu średniowiecznych praw islamskich, często okrutnych; następnie porzucenia przewidywanych paktów wojskowych i politycznych z innymi krajami arabskimi, które miały prowadzić do ścisłych związków. Sudan winien nabrać wyraźnego kształtu państwa afrykańskiego, nie wyłącznie arabskiego.

Gdyby Sadyk el Mahdi uznał był to osiągnięcie za podstawę do zawieszenia broni i do rozpoczęcia praktycznych ustaleń warunków pokoju, mógł był wreszcie zapoczątkować nową epokę współżycia Północy z Południem, plemion nubijsko-arabskich z plemionami murzyńskimi, i te począć przekształcać w lud równy cywilizacyjnie plemionom Północy i obie części związać w jeden Naród. Sadyk el Mahdi, niestary, miałby czas zapoczątkować proces takiego dzieła. Ale szwagier Sadyka, el Turabi, zaciekły fundamentalista, wystąpił z bojowymi hasłami fanatyzmu religijnego i utrącał całą inicjatywę. Sadyk, częściowo pod jego wpływem, częściowo, że przykro mu było, iż do pokoju podprowadzał właściwie el Mirghani, decydował się zbyt wolno lub wcale, uprawiał kunktatorstwo i posługiwał się religijnym oportunizmem. Obu udało się. El Turablemu, bo plan pokoju upadł, zaś Sadyk zabłysnął jako bystry manipulant parlamentarnych koalicyjek. Ale tylko tyle. Nie potrafił wznieść się ponad sposób myślenia Araba pogardzającego Murzynem. Rasizm rozwijał się w kraju od wczesnych dni napływu Arabów do Nubii. Dziś jest powszechny, ma się dobrze, wojna go żywi. Przykład zdekolonizowania jego własnego kraju przez Anglię pod naporem żądań ludności i polityków sudańskich, światowe ruchy sympatyzujące z przydeptanym człowiekiem, dążące do rzeczywistego wyrównania praw wszystkich ras mieszkających pod jednym dachem – nie miały dla Sadyka przemożnego znaczenia, mimo jego wykształcenia w Oxfordzie. On patrzył w głąb arabskiego średniowiecza. Dodać trzeba na jego obronę, że koncept wspólnej Ojczyzny dla różnych grup ludności, Rzeczypospolitej, daleki jest w Afryce od zrozumienia. Plemię się liczy. Cóż o Ojczyźnie wiedział sąsiad z Ugandy, Idi Amin albo jego poprzednik i następca, dr. Milton Obote, równy Aminowi „polityk", że wspomnę tylko lepiej mi znanych panów. I spójrzmy oczami Afrykańczyka na Europę, na Azję: w jakże wielu krajach tamtejszych myśl o wspólnocie ojczystej ulega przekreśleniu grubymi krechami na rzecz przynależności do plemienia zwanego Partią, dla adherentów ważniejszą niż wspólna Ojczyzna, a więc zgodnie z odwiecznymi tradycjami Afryki.

Trudno tam mówić o „domowej" wojnie – dla żadnej z części Sudanu druga jego część nie liczyła się jako wspólny dom; ani o wojnie „bratobójczej", gdyż nigdy Północ nie czuła się bratem Południa ani odwrotnie. W czasie ostatnich sześciu lat wojna prowadzona była z furią, z bestialstwem i gdy premier Sadyk zręcznie manipulował – wojna kładła cały kraj na łopatki. Północ, oprócz zabitych i rannych żołnierzy, straciła znaczenie gospodarcze. Znędzniała. Funt sudański, SP, przed wojną droższy od sterlinga, dziś wart jest jedną dwunastą dolara US. Południe wyniszczono i gospodarczo i, przede wszystkim, ludnościowo. Raporty biskupów katolickich i protestanckich i dziennikarzy zachodnich mówią: setki tysięcy ludzi wymarły z głodu, z chorób, armia i milicje przez armię zbrojone, wymordowały całe wsie i miasteczka. Wielkie bandy łowców niewolników porwały dziesiątki tysięcy dzieci i młodych kobiet na sprzedaż do niewoli. (Pytanie: w jakich państwach rynki zbytu niewolników, poza krajowymi, na północy Sudanu? Odpowiedź winna dać komisja ONZ zajmująca się tymi sprawami. Ona wie, że ten handel uprawiają członkowie ONZ. Sudan też jest członkiem ONZ.)

Najwyższy czas na krótkie odsłonięcie korzeni konfliktu. Wiemy, że starożytny Egipt miał nubijskiego niewolnika, że miał go także Rzym Nerona. Był to człowiek wzięty z północy dzisiejszego Sudanu, Nubijczyk, wtedy rasy odrębnej, lecz, począwszy od późnego średniowiecza, dość szybko i całkowicie wymieszany z napływową ludnością arabską. Kiedy na północy Nubii Egipt wyczerpał odkrywkowe złoto i coraz drożej kosztowała kość słoniowa i Nubijczyk spokrewniony z Arabem stał się Sudańczykiem i wyznawał Allaha, wdarł się handlarz arabski, egipski, głębiej w południowe krainy. Tam znalazł nieprzebrane dobra, bezbronne, bo bronić się umiały tylko dzidą i tarczą z hipopotamiej, bawolej, czy krokodylowej skóry, nietrudnej do przebicia pociskiem napędzanym prochem. Znalazł i kość słoniową, ale wobec mas ludzkiego niewolnika mniej pożądaną, wnet zawiązały się bandy, ba!, całe armie handlarzy niewolników, Arabów, i kiedy w latach 1800 na wodach Zachodniej Afryki i na oceanie Atlantyckim proceder ten już był zwalczany przez floty Anglii i Francji, na wschodzie kontynentu wzmagał się. Począwszy od roku 1820, walnie się przyczynił do jego rozkwitu wicekról Egiptu, turecki kedyw, Albańczyk rodem, Muhammed Ali. Życzył on sobie nie tylko zagarnąć nowe terytoria na południe od Egiptu, by osiągnąć pewne cele polityczne przeciw Etiopii, lecz przede wszystkim dojrzał na Południu rezerwuar niewolników dla swego wojska i dla handlu dziećmi i kobietami. Użył więc swego autorytetu i władzy, by oficjalnie otworzyć trwały sezon podboju i łowów.

W 1881 roku Muhammad Ahmad ihn 'Abdallah ogłosił się „oczekiwanym Mahdim". Stanęło państwo Mahdyjskie pod jego wodzą. Ale w myśli Mahdiego Południe nie miało żadnego znaczenia jako partner w sudańskiej Ojczyźnie. W poglądach następcy Mahdiego, Kalify Abdullahiego, Południe dalej miało służyć tylko jako teren polityki okupacyjnej. Rajdy band arabskich łowców niewolników na wsie południowych plemion nie ustawały. I jeśli się one broniły, niekiedy skutecznie, niszczyły je zupełnie ekspedycje karne!

Aż w roku 1898, po bitwie pod Omdurmanem, „nastała Anglia", jak powiedział Sienkiewicz w „W pustyni i w puszczy". I Anglia zabroniła Północy wstępu na Południe. Rząd angielski, mimo że wówczas jeszcze niezbyt zainteresowany Sudanem, zdawał sobie sprawę ze stosunku Północy do Południa – odciął ją więc. I Południe poczęło powracać do zdrowia, poszarpane rodziny, wioski, plemiona odradzały się. Pozostały im jedynie walki z sąsiadami, rabunki krów i zwyczajowe sąsiedzkie nienawiści lokalne o stosunkowo małym znaczeniu dla szerszego oddechu całego ogromnego kraju. Nie należy sobie wyobrażać, że nastąpił tam szybki postęp gospodarczy i wszechstronny rozwój, bo któż miał by zań zapłacić. Lecz były to lepsze czasy.

Lepsze czasy trwały do roku 1956-go, kiedy Anglia z Sudanu odeszła na zawsze, wtedy Północ objęła całą administrację Południa wprowadziła swoje wojsko i w oddziałach czarnych swoich oficerów. Rozpoczął się okres wewnątrzkolonialny, ludność miała wyrzec się swych wierzeń, przyjąć język arabski i islam z jego drakońskimi prawami, oraz w dalszym ciągu dostarczać materiału ludzkiego do wojska, do służby domowej – ale o szkolnictwie, o uniwersytetach, o dostępie do administracji i do rządu wiele nie mówiono. Wkrótce na Południu poczęły się nie tylko formować, ale i formułować myśli o oderwaniu, o uwolnieniu się od całkowitego zwierzchnictwa Chartumu – mówiono o federacji z Północą, a nawet o oderwaniu się. Północ odpowiedziała żądaniem poddania się całkowitego. Wskutek takiego obrotu sprawy Południe chwyciło za broń. Kto w latach 1950-tych interesował się Afryką Wschodnią, ten pamięta sudańską Anya Nya. Tamten okres zaciętej wojny nie przyniósł zwycięstwa żadnej stronie, natomiast wykazał determinację obu: północnej – dania Południowi przerażającej nauki i wpisania w jego nowoczesne dzieje lekcji o jego bezapelacyjnej, poddańczej przynależności do kraju rządzonego przez Chartum. Południe wykazało determinację niebywałą, podziwu godną, w samoobronie, w zaprzeczaniu roszczeń Północy do bezwzględnego prawa rządzenia całym krajem, bez pełnego udziału Południa.

Wojnę przerwał generał Gafaar Numeiri układem z przywódcą największego plemienia Południa, Dinka, Abel Alier Wal Kuai'm. Ten akt dramatu rozegrał się w Addis Abebie w scenie wyreżyserowanej przez cesarza Haile Selassie. Zgodę nań wyraził Józef Lagu, szef Anya Nya. Południe Sudanu otrzymało namiastkę, czy cząstkę – samorządu. Był to rok 1972, rok dobrych nadziei. I nie poszło. Trudno. Samorządzenie się wymaga doświadczenia, a w złych warunkach – poświęcenia i umiejętności, poświęcenia i inteligencji i cierpliwości i – poświęceń! Tam panowały warunki okropne, doświadczenia, zrozumienia nie miał nikt, umiejętności małe, zamiast poświęcenia narastały wrogości plemienne, bo o partyjne było trudniej. I generał Numeiri złamał układy i wprowadził dla całego kraju, mając na uwadze przede wszystkim Południe, Szarię. Muzułmanie, za wyjątkiem fundamentalistów, przyjęli Szarię z troską, z niezadowoleniem. Murzyni wręcz ją odrzucili. Cóż oznacza Szaria? Szaria to według Islamu całość Boskich praw regulujących życie człowieka (każdego), uważanych za objawione, a więc nie wynikłe z ludzkiej legislacji. Numeiri zamierzył przez narzucenie tych praw Południu zmusić je do uległości wobec Islamu, do przyjęcia wiary w całości, tym samym do poddania się nie tylko religii, ale i rządowi jej wyznawców. Szaria nie ma litości dla grzeszników dnia powszedniego, i tak – za pijaństwo, za nierząd, karą jest chłosta, bywa publicznie odliczana. Za zdradę małżeńską, oczywiście przez kobietę, ukamienowanie. Za kradzież – obcięcie dłoni. Za napad rabunkowy zbrojny – śmierć i ... ukrzyżowanie! Ani jej duchowa część, ani propozycja praktycznego stosowania się do Szarii nie wyzwoliły na Południu entuzjazmu i, jak wiemy, postawiło ono jako pierwszy warunek rozpoczęcia nowych rozmów o przyszłym pokoju i strukturze państwa – odrzucenie tego żądania generała.

Według Południa Szaria winna by obowiązywać wyłącznie muzułmanów. Murzyni, animiści i chrześcijanie znają szersze ścieżki do raju. Ze strony wyznawców Islamu krytykę posunięć generała najlepiej wyraził ówczesny czołowy opozycjonista, wódz partii Umma, sam Sadyk el Mahdi! Powiedział on generałowi: „Jeśli Szaria ma obowiązywać obywateli, to rząd musi obowiązywać opieka nad obywatelami tak dalece, by oni nie mieli żadnej potrzeby łamać praw Szarii. Jeśli ojciec rodziny ukradnie chleb, by nakarmić dzieci, to nie on jest winien, ale rząd. Nie jemu obcinać rękę, ale przepędzić rząd". Za tę wypowiedź, ilustrującą prawdziwego ducha islamu, Numeiri zamknął el Mahdiego w więzieniu. I wkrótce doprowadził do wybuchu groźnego zatargu z Powstańcami o naftę znalezioną na Południu. Wojna rozszalała na nowo.

W roku 1983 Numeiri wyjechał na narady do Kairo, Kie wrócił. W Chartumie obalono jego władanie – Sadyk el Mahdi został premierem i – od tamtej pory niczego nie poprawił. Szarii nie odwołał, pokoju nie przybliżył, sposoby prowadzenia wojny pozostawił w rękach armii coraz bardziej zdesperowanej i rozbestwionej. To już nie były walki żołnierzy przeciw powstańcom, ale organizowanie śmierci ludności cywilnej. Historia zbrodni Północy przeciw Południu (dalekiemu od świętości) powstała z grobu jak zbyt krótkim kołkiem osikowym przebity wampir. A że w tym samym czasie, w polu, armia wciąż ponosiła, dla niej obraźliwe, klęski, oskarżała premiera Sadyka o brak należytego uzbrojenia. Jakiego to uzbrojenia potrzebuje ona przeciw broni powstańców? Czy nawały samolotów rosyjskich, czołgów – amfibii, gazów trujących? Pewnie wystarczyłoby jej więcej dzielności. To dziwne! Żołnierz sudański znany był dotychczas jako doskonały bojownik. I nie można wątpić o ogromnej pogardzie arabskiej armii dla Południowców – Murzynów, ani o jej przekonaniu, że wszystko, co Południe posiada, jest własnością Chartumu. A jednak? Czyżby żołnierz Północy „podświadomie" rozumiał, że walczy po stronie zła? Więc czyżby instynkt podszeptywał mu, że każdy z nich, pojedynczo, osobiście, dopuszcza się zbrodni? A ponadto brał wybitny udział w akcji swego dowództwa, które jako kompensatę za przegrywane bitwy niszczyło ludność cywilną. Mianem głównego wroga rządu określono wielkie plemię Dinka i małe, ale wojownicze, Szilluk. Dinka! Dinka muszą być tępieni. Oni stanowią trzon Południa i jego ochotniczych wojsk. Armia Północy prowadziła dzieło karczowania tego plemienia używając wojska, zbrojnych band handlarzy niewolników oraz sąsiadów Dinka, wrogich im tradycyjnie, po sąsiedzku, lecz raptem rozjuszonych na skalę dotychczas nieznaną – armia nimi kieruje, organizuje prowokacyjne mordy nocne i agituje do mściwych napadów i odwetów. Są to rajdy straszliwe. Niosą tortury, mord rozpruwaniem brzuchów, gwałty kobiet i są kończone rabunkiem resztek tego, co ofiarom pozostało i paleniem ich wiosek. Trzeba dodać, że armia Południa też ponosi ogromną winę za nieszczęście swoich – też ich rabuje i nie dopuszcza do nich pomocy międzynarodowej, by jej nie przejęła armia Północy.

Akcję protestacyjną prowadzili wszyscy hierarchowie kościołów chrześcijańskich. Pisali listy i raporty adresowane do premiera Sadyka el Mahdi. Ale w tych pismach mówili o losie „jego ludności". Błąd ich zawierał się w tym właśnie pojęciu, bo dla premiera „jego ludność" to jedynie ludność Północy, a chrześcijaństwo jest wrzodem, który musi być przecięty, usunięty i ślad po nim zatarty.

Ostatnie doniesienia analityków (obecnie już historyków) polityki Sadyka el Mahdi mówią, że na jakiś czas przed jego czerwcową katastrofą począł rozumieć, iż bez zawarcia pokoju z Johnem Garangiem, wodzem sił zbrojnych Południa i członkiem plemienia Dinka, nie uda się uratować niczego – ani Szarii, ani władzy Chartumu, ani, być może, nawet przynależności Południa do Sudanu. Natomiast stawało się pewne, że zawali się w nędzę cały kraj.

29-go czerwca wysłał swoich przedstawicieli do Addis Abeby, by przygotowali konferencję „okrągłego stołu", przy którym sam chciał zasiąść do rozmów z Johnem Garangiem, Za późno.

Za późno. Te słowa nie są podzwonnym dla tragicznej postaci. Sadyk el Mahdi nie został złamany, gdy po upartym dążeniu bliski był wielkiego celu, gdy już otwierał podwoje.... Nie. To tylko zamknięcie drzwi jego sklepiku.

50-go czerwca Sadyka el Mahdi usunął do więzienia generał Al Baszir. Przejął poszukiwania szczeliny do wyjścia na drogę zawaloną zaporami o charakterze rasowym, religijnym, kulturalnym, językowym i przesądami Północy o jej pańskiej, bo semi-arabskiej, wyższości nad Południem murzyńskim. Pewne, że stanął on u stóp piramidy prawie-niemożności. Naturalnie, dobra silna wola góry przenosi, więc może i piramidy. Ale dziś widać, że generał nie miał i nie ma zamiaru podjąć pracy ku zjednoczeniu Sudanu w pokoju i współpracy, w wzajemnym poszanowaniu.

Sudan, miast być nędzarzem, mógłby przemienić się w „kosz chleba karmiący Afrykę", jak o nim mówiono w Saudi Arabii. Okazuje się, że jest tylko polem coraz krwawszych poczynań polityków spod ciemnej gwiazdy i takiegoż rozumu.

Tam trwa wojna o wyniszczenie ludów Południa i – ostatnio – ludów zachodu kraju, Kordofanu i Darfuru. Tego życzy sobie Gadafi, który szuka drogi zduszenia Czadu przez napaść także od wschodu. I od kilku dni pisma donoszą, że w Sudanie stacjonuje kilka brygad irackich, plus rakiety Scud-B. Wymierzone są na Saudi Arabię.

# Umieć powiedzieć „nie"

Mój kolega, dobry pilot myśliwski w czasie wojny w Anglii, w Ugandzie wracał na helikopterze do polowego lądowiska w nocy. Z pewnością zobaczył ognisko znaczące środek ziemi, gdzie miał maszynę posadzić i zszedł z wysokości dolotowej nieco wcześniej. Leciał nisko. W ciemności uderzył w odziomek ściętego drzewa. Było to zakończenie jego grubo przez grzeczność zapóźnionego lotu.

Wszędzie, gdzie się lata na lekkich maszynach bez żadnych elektronicznych pomocy, „na zmysły", trzeba mieć ich sześć. Ten szósty to doświadczenie swoje i cudze, mocno zakodowane w tym komputerze, który się zawsze nosi pod czapką. We mnie Lech swoją katastrofą pogłębił przykazanie wypracowane w ciągu lat latania w Sudanie: „trzymać się katechizmu pilota", nie dać się odwieść od swoich ocen sytuacji, a gdy trzeba – umieć powiedzieć NIE! A takoż umieć powstrzymać swoje zapały.

W trzy lata później jako pilot kontraktowy ONZ przyleciałem z Nowego Jorku do Rzymu, z lotniska wprost do FAO, na spotkanie z Dougiem. Skierowany do niego przez mego szefa w UNDP. Jutro z nim i jego ekipą polecimy do Chartumu. W Sudanie będę ich pilotem. Gdy oni skończą swoje prace, ja tam zostanę dla innych zadań.

Douglas Eva. Australijczyk. Przystojny, niewysoki, silnie, foremnie zbudowany, nadzwyczaj spokojny. Pilot na Spitfire w obronie Malty, we wczesnych miesiącach druzgotania Wielkiego Portu Valetty i wszystkiego, co po morzu płynęło do Wyspy, by zaopatrzyć ją w żywność i środki obrony. Wyjątkowe nazwisko – Eva. Obecnie wysoki urzędnik FAO, znawca agroekologii w krajach północnej Afryki, szczególnie w Sudanie. Tam latałem z nim wiele, lubiliśmy się. Dziś go zobaczę. Pójdziemy do dobrej restauracyjki włoskiej, opowiem mu nowinki z Kwatery Głównej, pośmiejemy się, potem on da mi zarys swego programu w Sudanie. O dwunastej. A teraz jest jedenasta piętnaście. Jadę do jego biura, na trzecim piętrze, pukam, „Proszę wejść!", zaprasza głos żony. Otwieram drzwi, uśmiechnięty, nie ma go, pewnie na konferencji. Ona siedzi na jego miejscu. O?... Sekretarki tego nie robią, nawet, gdy są równie wykształcone jak szef, a poza tym przeszły egzaminy w stosunkach prywatnych. Ona nie uśmiecha się. Patrzy mi w oczy uważnie i mówi: „Douglas nie żyje. Zginął w Sudanie. Z całą misją. Wracali z Zalingei. W nocy". Telefon zadzwonił na jej biurku. Usiadłem. Gdy słuchała, spojrzała na mnie, odpowiedziała w kilku słowach, zwróciła się do mnie: „Pytano, czy już jesteś. Jutro nowa ekipa uda się z tobą do Chartumu na kilka dni. Zadowoleni, że UNDP cię przysłało. Wiedzą, że ty jesteś tam w domu. Możesz im wiele pomóc". I dodała, odwracając głowę do okna, „Chyba są bardziej pewni, że wrócą", „Tina, Tina, co się stało? Pogoda?". „Nie wiem". „Który pilot, jaka maszyna?". „Nie wiem. Jeszcze dochodzenia trwają. Ty się dowiesz tam, na miejscu?". Było to pół pytanie, pół żądanie. Patrzyła w okno. Wstałem. „Teraz ty prowadzisz jego dział. Przyjdę do ciebie po powrocie" – powiedziałem. Skinęła kilka razy głową, nie odwracając jej od okna. Ich córka nie mogła mieć jeszcze roku.

W drodze do Chartumu samolotem Sudan Airways siedziałem na otwieranym siodełku w kabinie pilotów, byłych kolegów sprzed niewielu lat. Owszem, wiedzieli o kraksie samolotu ONZ-tu, przed dziesięciu dniami w nocy. Około 50 mil przed Omdurmanem. Wracali skądś z Zachodu. Rano musieli lecieć do Rzymu, nawet lot opóźniono, czekając na nich całą godzinę. Pogoda już była dobra. Habub minął w godzinę chyba po zachodzie. Habub?... ściana pyłowa, nieprzenikniona, od ziemi do czterech, a i pięciu tysięcy metrów. Hm. Który to pilot? Nie wiedzieli. Rozbili się przed Omdurmanem. Niedaleko od lotniska Chartumu. Dlaczego? Habub w nocy? Prawie na pewno pilot zgodził się wracać za późno. Habub przeszedł przez Chartum i powlókł się na zachód, na ich powrotną trasę.... On dlatego od początku lotu nie mógł nawiązać kontaktu z Chartumem, tylko trzaski w słuchawkach. Czy miał bieżący trening w lataniu na instrumenty? A może silnik mu nawalił i usiłował posadzić maszynę przy świetle słabego reflektora pokładowego i trafił na mały, mizerny tebeldi tree, ledwie widoczny samotny baobab. Rozbili się w drzazgi. Jak mój kolega, Lech Jankowski, w Ugandzie. Podobnie, podobnie.

W Chartumie dowiedziałem się nazwiska pilota i szef Działu Dochodzeń powiedział mi, że za miesiąc otrzyma raporty i przyczyna katastrofy zostanie wyjaśniona. Dla mnie raporty już nie miały znaczenia. Złożyłem kondolencyjną wizytę rodzicom pilota. Trenowałem go swego czasu. Był ambitny. Nieco nerwowy, ale potrafił się opanować i sprawnie operował samolotem. Ocena ogólna – zdolności średnie. Chciał latać na dużych maszynach, tam miałby czas na dotrenowanie się, długi okres pracy jako drugi pilot, dokształciłby się, niewykluczone, że po kilku latach zostałby kapitanem na dobrze znanych trasach. Ale po moim odejściu z Sudan Airways skierowano go na maszyny lekkie. A ten rodzaj latania, tam, szczególnie na południu Sudanu, wymagał o wiele więcej inicjatywy i, co tak ważne, żeby zostać przy miłym życiu przez długie jego okresy, nieustannej oceny swoich możliwości w stosunku do warunków, jakie składają się na sytuacje niespodziewane. Wiele z nich wymaga stopniowo zdobywanego doświadczenia opartego o możliwie szczegółową znajomość terenów, więc ziemi i tego, co się na niej znajduje i klimatów, pór roku z ich suszami, burzami, potopami, co tworzą kilometry kwadratowe bagien. I wędrówek ludzi, pasterzy, plemion.

Swego samolotu.... Czy i o tym mówić? Tam umiejętności samozachowawcze domagają się, tak samo jak wszędzie, tylko jeszcze bardziej, jasnego pamiętania o tym, co się robi „instynktownie" przeciw zaskoczeniom. I potem, jeśli się udało, myśleć, ewaluować. WMD: wiedza, myślenie – doświadczenie. Przydaje się i wyobraźnia! Stale. I szczęście. Szczęście! No, cóż ... „Insz Alla", powiedziałem do jego ojca. On skłonił głowę.

Dla mnie zagadka ułożyła się we wzorek wyraźny, a jako klucz do niej wyłoniła się zgoda pilota na tamten nocny lot. Zgoda wymuszona. Z Zalingei, niedaleko granicy z Czadem, do Chartumu, lekkim samolotem leciało się około cztery i pół godziny. Nocą, bez żadnych pomocy radiowych, nawigacyjnych, na kompas i gwiazdy. Ostre, jasne sudańskie gwiazdy, milionem zasiane na nieboskłonie, jego horyzont wskazują tym, że go nie dotykają. A ziemia? Ziemia w nocy odrzuca wszelkie pozory. W ciemności, pod samolotem i niebem – złowroga aż do świtu. O świcie zaczyna wrogość maskować światłem dnia. Ziemia oddaje się człowiekowi – na ziemi. Gdy on znajduje swoje szczęście ponad i w oderwaniu od niej, ona nie wybacza mu zdrady – zdradza go. Od tej chwili szczęście pilota to praca silnika, jego szczęście to powietrze przezroczyste, tak, jakby go nie było, jego szczęście to świetna, swobodna umiejętność latania na instrumenty. Posługiwanie się tym wszystkim, co ma do dyspozycji i co może zaobserwować i w danej chwili wykorzystać. Ale najważniejszy aspekt jego szczęścia, błyszczące jądro szczęścia, to umiejętność, możność otwarta, beznamiętna, bezsporna, spokojna, niezależna, odważna, zdecydowana, zawodowa, swobodna powiedzenia „Nie".

Wyobraziłem ich sobie tam, w Zalingei. Grupa ekspertów z FAO, z Douglasem Evą. Mieli do dyspozycji długie popołudnie. Prowadzili rozmowy z lokalnie bazowanymi specjalistami, a tamci gorliwie wprowadzali ich w wyniki swych prac, omawiali plany na następny rok czy dwa, coraz więcej chodzenia, oglądań, pytań, ten projekt FAO okazuje się nadzwyczaj interesujący, jeszcze i to i tamto i rozmowy zamiast kończyć się, odkrywają nowe aspekty. To trzeba zobaczyć, owo sfotografować, zanotować. A wieczór bliski. No to co, wrócimy trochę później do Chartumu, samolot do Rzymu mamy dopiero jutro rano. A gdzie jest nasz pilot, niech on powie. A jego nie ma, on został w obozie. Ale na pewno nie odmówi lotu, on w pewnym sensie odpowiada za wykonanie planu naszej misji. Musimy być w Rzymie około południa i zaraz pisać i dyktować raporty. Już słońce nisko. Nie ma co, trudno, spieszmy się, żeby on mógł wystartować, bo tu nie ma świateł na tym wąskim, zakurzonym niby-pasie startowym. No, kapitanie, przykro nam, że tak późno skończyliśmy pracę, ale widzi pan tu wspaniałe osiągnięcia, nie mieliśmy pojęcia, że tyle zrobiono, to trzeba było zobaczyć, no, lećmy, tak rzadko, tak trudno się tutaj dostać, pan sam to rozumie, daleko, pan na pewno nie ma obiekcji, pan Eva nieraz stąd późno wracał, byleśmy za widoku wystartowali, my musimy, koniecznie musimy, bez kwestii musimy jutro wcześnie złapać samolot do Rzymu! Więc lećmy, lećmy, lećmy! Zaraz, to jest za parę minut, tylko się prędko się pożegnamy ... Pan taki doświadczony pilot! Arabowie nie mają w zwyczaju ani wzdychać z powątpienia, ani kręcić głową w takich wypadkach, ani tracić twarzy. Ostatecznie noc będzie jasna. Więc polecieli. A potem? A potem może jednak.... Może jakieś sto pięćdziesiąt mil przed Chartumem, nagle stało się! Wlecieli w tę gęstą, czarną ścianę z drobnego pyłu, więc on wyciągnął samolot pod gwiazdy, grubo powyżej wysokości przelotowej, odetchnął tam, pod znowu widocznym znajomym niebem, ale w zdenerwowaniu zapomniał o konieczności zmniejszenia dopływu paliwa do mieszanki i na nowej wysokości zużycie benzyny tak wzrosło, że zabrakło jej na ostanie pięćdziesiąt mil do lotniska. W ciemności rozbili się o jedno jedyne drzewo. Zbiegi okoliczności lub przypadków splatają się w łańcuszki konsekwencji. Los

405

Douglasa dał mi drugą dosadną lekcję. Okrutnie potwierdził dawniejszą Lecha Jankowskiego. Dlatego dochodziłem ich przyczyn tak dociekliwie.

W dwa lata później w Nigerii powtórzyła się sytuacja. Byłem kapitanem dużej maszyny, pełnej międzynarodowej wysokiej rangi delegacji do rządu tego kraju. Nie pamiętam jakiego akronimu. Wracaliśmy grubo za późno, by wcześnie następnego ranka mogli złapać samolot do Paryża. Musieli, musieli, koniecznie. Nie wiedzieli, że w połowie drogi do Lagos miałem do dyspozycji Benin z jego dobrym lotniskiem. Zaraz po starcie, przez radio, zapewniłem sobie jego ewentualne usługi. Gdy na przelotowej wysokości próbowałem osiągnąć Lagos, pogodę, warunki lądowania, nic z tego nie wychodziło. Czym bliżej, tym gorzej, tym więcej zakłóceń i bełkotań. Bez żadnych przeprosin wielkich panów, bez nadprogramowego uprzedzenia i wyjaśnień, wylądowałem w Benin. Zdziwili się, że tak szybko przylecieliśmy do Lagos, że ich na razie nie wypuszczam z samolotu, lecz proszę o chwilę cierpliwości. Poszedłem do zwykłego telefonu. Zadzwoniłem do kolegi mieszkającego niedaleko lotniska w Lagos. Odebrała jego żona. Nie, jego nie ma. Gdzieś pracuje, bo pogoda. Poprosiłem: „Wyjdź przed dom, popatrz na niebo w kierunku lotniska". Za chwilę powiedziała mi: „Nad lotniskiem już stoi burza, wiedz jak to tutaj, potrwa do rana". Wróciłem do samolotu, oświadczyłem delegacji, że nocujemy w Benin. Powiedziano z pytajnikiem i wykrzyknikiem, że co takiego! Że to absolutnie wykluczone, że jak to, że to niedopuszczalne, że będę za to odpowiadał, skarga na mnie pójdzie do mego szefa, administratora UNDP w Nowym Jorku, że ja sobie coś podobnego....

Kolacja w hotelu była marna. Pokoje po dwu panów nieprzygotowanych ani do swego towarzystwa, ani do tamtych pościeli, ani do braku szczoteczek do zębów. Ja spałem dobrze.

Ledwie w promieniach brzasku zaróżowił się mój biały

samolot, zbudziłem swych pasażerów, bez śniadania poleciełiśmy do Lagos. Po burzy bijącej piorunami w dół, w górę, w poprzek chmur, nad rozległymi okolicami do drugiej nad ranem – pogoda brylantowa.

Samolotu do Paryża nie złapaliśmy, bo samolot z Paryża nie przyleciał. Nocował na lotnisku alternatywnym. W ich hotelu, na ich miłe zaproszenie, wszyscy mieliśmy czas na śniadanie i na ich podziękowania złożone mi zupełnie szczerze.

# Przelot i spotkanie

Rok 1969 zaczął się dla mnie pomyślnie. W jego pierwszych miesiącach uzyskałem do wykonania trzy dalekie loty, wszystkie nadzwyczaj atrakcyjne, wszystkie jako produkt moich obowiązków w służbie Programu Rozwojowego ONZ. A doszło do tego tak: posiadaliśmy w Chartumie dwa samoloty dobre, lecz już niewystarczające na potrzeby siedemnastu dużych Projektów rozmieszczonych daleko i szeroko w kraju tak wielkim jak Sudan. Byłem wtedy odpowiedzialny za dostosowanie sprzętu lotniczego do wymagań Programu, co oznaczało: 1. zakup większej maszyny w Anglii, 2. umieszczenie dwóch maszyn z Sudanu w krajach, gdzie takich samolotów właśnie potrzebowano. Miałem więc do wykonania loty: a. z wyspy Weight w Anglii do Chartumu b. z Chartumu via Nairobi w Kenyi do Lusaki w Zambii i z Lusaki do Doliny Luangwa na północy kraju i potem trzeci lot najtrudniejszy, jak mi się wydawało, z Chartumu do Dakaru, w Senegalu. Senegal był mi ważny z dwóch powodów: po pierwsze, sam doprowadziłem do oddania jednego samolotu z Sudanu dla zachodnioafrykańskiej organizacji do zwalczania szarańczy, z siedzibą w Dakarze, po drugie, Senegal pilił. Szarańcza miała zacząć lęgi już lada tydzień i ten samolot był tam konieczny do lotów zwiadowczych i śledzenia, dokąd lecą stada, by składać złoża jaj, tam bowiem wkrótce pojawią się nieprzeliczone masy ciemnych ruchliwych owadów, które trzeba niszczyć, zanim porwą się na skrzydła i staną się równe pożarom, powodziom, huraganom.

Niezgrabnie nazywająca się organizacja – L'Organization Commune de Lutte Antiacridienne et de Lutte Antiaviare – miała skrót OCLALAV, co wymawiało się lekko i depeszowało tanio. Lecz tenże skrót, jako podpis pod depeszami naglącymi mnie do jak najszybszej dostawy maszyny, wkrótce począł niweczyć mi równowagę duchową. Ja spieszyłem! Przecie to mnie było pilno po raz pierwszy przelecieć Afrykę w poprzek, bez mała całą długością geograficznego Sudanu, lecz nie miałem podstawowych warunków, by ten lot rozpocząć: brakło mi prawem wymaganych kryształów do radia HF dalekiego zasięgu, nie miałem map Zachodniej Afryki i wciąż brakło arcy-ważnego elementu – depeszy-dokumentu od Regionalnego Reprezentanta GUZ z Czadu (w skrócie: Rez. Rep.), zawierającego zgodę rządu Nigerii na przelot i lądowanie moje na ich lotniskach w Maiduguri i Sokoto po paliwo. Rez. Rep. z Czadu, czyli szef Programu ONZ na tamten kraj, ambasador Onzetowski, osoba szanowana przez rządy (w miarę ich potrzeb), osoba która „miała dostęp", ta osoba depeszowała, że z rządem Nigerii nic zrobić nie może. Tam właśnie rozstrzeliwano Biafrę, każdy więc samolot pojawiający się na ich zachmurzonym niebie, choćby o tysiąc mil od frontu, był dla ich żołnierzy po prostu celem. „Jeśli samolot ONZ zechce lądować w Maiduguri, będzie zestrzelony", brzmiała ostatnia informacja z Lagos via Port Lamy (obecnie N'Dżamena). (Lecieć musiałem). Decyzja więc należała do mnie. Postanowiłem rozwiązywać problemy trasy poza Czadem w Port Lamy i ruszać czym prędzej. Nadzieje pokładałem wyłącznie w Rez. Repie tamtejszym, tam stacjonowało trochę lotnictwa francuskiego, oni musieli mieć radiowe warsztaty i dział nawigacyjny. Jeśli by oni odmówili Rez. Repowi pomocy dla mnie, stanąłbym wobec pytania: co robić? wrócić do Sudanu? To wywołałoby awantury pomiędzy rządem Senegalu (w małych krajach małe sprawy są rozmiarów państwowych) i kwaterą główną

ONZ w Nowym Yorku, po drodze wzniecając gniewy niedaleko Łazienek Caracali w Rzymie – w pao, nie mówiąc już o fali odbitej i powrotnej-wielokrotnej w Chartumie. I dziś wcale się sobie nie dziwię, że wtedy powziąłem decyzję węzłowatą co prawda, lecz krótką – Lecieć! I bardzo to się okazała decyzja szczęśliwa, o czym z wolna łaskawy czytelnik się dowie.

Miał to być mój pierwszy lot za zachód poza granice Sudanu-państwa. Miałem zobaczyć wszystkie inne kraje Sudanu geograficznego, który ciągnie się całą szerokością kontynentu pomiędzy Saharą i dżunglami tropików, od gór Etiopii po piaski pięknych plaż, czy urwiska brzegów Afryki u wód Atlantyku, gdzie omywa on Senegal i Mauretanię. A więc przelecieć północny Czad, północną Nigerię, Górną Woltę, środkowe i południowe Mali (obecnie Burkina Faso) i wreszcie cały Senegal i Dakar, jego stolicę, przez setki lat zwaną przez Francuzów „grobem białego człowieka". Dakar, gdzie białego żarła Żółta Febra, był też i grobem człowieka czarnego, tego bowiem zżerała tam zaraza zwana handlem niewolnikami. Dakar i wyspa Goree, dziś śpiąca przed jego portem, były ośrodkiem handlu złej sławy. Stoją na wyspie Goree domy szejków, jednopiętrowe, na pierwszym piętrze strojne pokoje mieszkalne właścicieli towaru i panów, przy nich izby bawialno-administracyjne dla klientów; dół to kuchnie, składy, zbrojownie. I piwnice – więzienia towaru; w głodzie, w gnoju, w żelazach. Jakże znosili szejkowie smród bijący z dołu ku ich nozdrzom tam, na górze? Widocznie dla nich były to zwykłe wonie pieniądza, przecież człowiek musi cierpieć, by zdobyć grosz dla rodziny, a rodziny mieli duże.

Kiedy już decyzję lotu powziąłem, rzekłem do Joe Donaghy, szefa mechaników Lekkiego Dywizjonu Sudan Airways, miał on bowiem ze mną lecieć: „Joe, czy może pan być gotów na pojutrze rano, o szóstej?". Joe zwrócił ku mnie, do góry, twarz barwy słońcem spalonej szkockiej czerwieni, opatrzoną dużymi niebieskimi oczami brzydkiego niemowlęcia w okularach. Podniósł też brwi, lecz oczy wyrazu nie zyskały. Nie rzekł nic. To już oznaczało gotowość i zgodę. I nad program stał się dziw: Joe wysunął dolną wargę, wywinął ją i uśmiechnął się! Joe Donaghy uśmiechał się! Jak do butelki piwka! All right.

Oj, nie lubiliśmy się zrazu, gdy ja nastałem jako szef pilotów tegoż Lekkiego Dywizjonu S.A. Ja myślałem: „Ten karłowaty piwo-osesek. Co za pech!". On myślał: „Cóż to za obcy kołtun. No nie ma już swoich?". Ale nam to przeszło, gdy zaczęliśmy pracować razem i w wyniku – szanować się wzajem. To – przed sześciu laty. Teraz ja wróciłem do starych kątów w Sudanie i znowu często współpracowałem z Joe. On trwał tam statecznie, bo ceniono go, polubił też Sudańczyków i już pokochał ich zimne piwo Camel, brudnożółte jak sierść tego zwierza, równie jak on mocne, dobre, byle pierwsze galony przełknąć, w czym upał wieczorny pomaga. Joe zasługuje na dalsze dwa słowa. Pijak. Poważny, rzeczowy, dzienny i nocny pijak. Mówię „i nocny", bo na nocnym stoliku ustawiał był trzy butelki zimnego Camela u wezgłowia. Po ostatniej butelce dnia o północy zasypiał. Budził się o trzeciej – pił pierwszą; o czwartej – drugą; po trzeciej butelce o piątej godzinie drzemał chwilę, lecz o szóstej i pół już był w hangarze, już można było zobaczyć jego nogi sterczące z brzucha samolotu. Uczciwy był. Punktualny. Znał się. Eks-pilot. W czasie wojny latał na Sunderlandach, w Costal Command, był oficerem. Ale przyszło piwko. I piwko. Uczciwie zmienił specjalność i poznałem go już jako poważnego szefa mechaników, który też pracował, jak każdy z jego podwładnych. W tym okresie ONZetowskim lataliśmy razem na długie dystanse, z Europy do Afryki i na południe Afryki i w czasie takich lotów traktowałem Joe jako „Georga" – automatycznego pilota. Ustalałem wysokość lotu, kurs i moc silników i podniesieniem rąk do góry „włączałem" Joe. Niekiedy prócz wysokości i kursu Joe trzymał i swoją buteleczkę piwka Camel. I tak razem żeglowaliśmy przestworzami.

411

26-go ostatnia depesza o naszym starcie z Chartumu poszła do Czadu. 27-go zaczęliśmy senegalską przygodę o godzinie szóstej rano, na Dornierze 28 A, o dwu silnikach Lycoming 250-cio konnych i rejestracji STACO. Ciężko obładowany zapasowymi częściami i kilkoma galonami wody do picia na wypadek przymusowego lądowania – wzniósł się pięknie. Na ośmiu tysiącach stóp wyrównałem maszynę i pomknęliśmy nie bardzo chyżo, aleć ostatecznie jak huragan, bo robiąc 240 km/godz. Po kilkunastu minutach mieliśmy wstępne dane nawigacyjne sprawdzone, poprawki na wiatr przyjęte, kursy kompasowe obliczone, podniosłem więc obie ręce i Joe objął stery. Od tej pory zająłem się wzrokową nawigacją, znałem tę drogę, każdy jej dżebel i khor i ślad karawan wielbłądzich do El Fasher, potem kompleks górski rozległy i zaskakujący wśród płaszczyzn (leżały na nim szczątki francuskiej DC6. W nocy lecieli, przed laty) Jebel el Marra. Za nim Zalingei, skąd już mniej znana mi trasa prowadziła do El Dżenejna, pod granicą Czadu. 606 nm – 1120 km, 5 godzin 40 minut. Do 28 A mocna, dobra maszyna, ale cóż to za pułapka dla załogi, co za niewygodny grat! W El Dżenejna benzyna, formalności graniczne i ostatni nocleg w typowym, bardzo starej daty sudańsko-angielskim zajeździe. Tym różnił się ten zajazd od wszystkich innych w Sudanie, że tam na kolację na blaszany talerz kładziono pyszne kurczęta z rożna!

Zasypiając po pierwszym dobrym dniu lotu, orzeźwiony nim, zdecydowałem, że, jeśli nie otrzymam żadnej pomocy w Fort Lamy, będzie mi musiała wystarczyć podstawowa nawigacja na kompas i zegarek, oraz dwa łuty szczęścia, tj. stały wiatr. Grunt nie dać się złapać nigeryjskim burzom. Omijać je północą.

Następnego ranka znowu wczesny start, wznoszenie w pięknej pogodzie i oto na zachodzie od Sudanu otwierała się nieznana głębia.

Jak pływak śmiało i z przyjemnością pływa w znanych sobie wodach i nad znanym dnem, lecz nagle „mrowieje" mu tył głowy, gdy ujrzy pod sobą ciemną głębię, nad którą niebacznie dał się znieść prądom, tak podobne wrażenia i odczucia odbiera pilot, gdy na małym samolocie, z ograniczonym zasięgiem, wylatuje nad ogromne pustki o nieznanych „rysach twarzy". Wówczas decydującą rolę gra zaufanie do siebie oparte o doświadczenie.

Dziś, gdy piszę to opowiadanie, przerywam je, by czytać w wspaniałej książce Jerzego Cynka, „Polish Aircraft 1893–1939", o wielkich lotach polskich pilotów, na polskich samolotach, dokonanych w Afryce, w latach jeszcze wczesnych dla lotnictwa w ogóle, a dla sprzętu czysto polskiego w latach niemowlęctwa prawie, bo w 1929 – 1934. Major Wacław Makowski, 1929; Kapitan Stanisław Karpiński, 1931; kapitan Stanisław Skarżyński, kapitan Edward Peterek. Myślę tylko o ich lotach w Afryce, wówczas nadzwyczaj trudnych, bo niemalże bez żadnych pomocy z ziemi. I wspominam także z podziwem kolegów moich, którzy w latach 1941-1942 z nagła znaleźli się – wobec ogromów Afryki Zachodniej z zadaniem przeprowadzania samolotów ze Złotego Wybrzeża przez północną Nigerię, kraj szczególnie złej pogody, przez Czad, Sudan, do Egiptu. To były loty! W dwadzieścia kilka lat później sam wszystkie te kąty Afryki po wielekroć oblatałem, lecz krótszymi odcinkami, mając dobre pomoce radio-nawigacyjne i kilka lat doświadczeń w Sudanie, w Ugandzie, w Kenii. O ileż łatwiej mi było. Dlatego i na ten pierwszy lot do Dakaru pozwoliłem sobie wiedząc, że mu dam radę. Oczywiście pod skórą gnieździł się niepokój. Jakże tak – bez niepokoju? To niebezpiecznie!

O godzinie 06.30 przelecieliśmy granicę Sudanu. Żadnych kości nie rzuciliśmy, bo czym mieliśmy rzucać? Kośćmi tych kurcząt z kolacji? Z powietrza? Wkrótce z prawej strony trasy uchwyciliśmy ślady drogi spływającej pewnie z Abeche, już czadowskiego miasteczka i wyglądało na to, że ta droga też chciała by trafić do Fort Lamy, lub przynajmniej do jeziora Czad. Pozwoliliśmy jej więc od czasu do czasu ukazywać się i biec pod nami. W połowie trasy udało mi się sprawdzić szybkość w stosunku do ziemi i okazało się, że nie powinniśmy mieć trudności z paliwem. Po jeszcze jednej godzinie lotu nabraliśmy dobrych humorów, zaczęliśmy spoglądać na siebie, z lekka kiwać głowami, poruszać skurczonymi nogami – ten Dornier! Znowu minęło pół godziny. Patrz! Tam! Miasto szarzeje na widnokręgu i na prawo ciemnieje jezioro Czad. Błyszczy! Widzisz? A lotnisko? Jest! Jest! Napięcie zupełnie minęło, pojawiło się miłe podniecenie i wylądowaliśmy w świetnych humorach. Bonjour, Fort Lamy!

## Część druga

Gdy zatrzymywałem silniki w pobliżu wieży kontrolnej, zobaczyłem, że idzie ku nam bardzo wysoki pan. Podszedł, czekał spokojnie, aż się wygramolimy z kabiny. Jeszcze pokurczeni przez Dorniera stanęliśmy mali przed tym dużym panem, który nachylił ku nam wąską głowę i patrzył bystrymi siwymi oczami, rodzielonymi sępim nosem. Uśmiechnąłem się i skinąłem mu głową, z czego ten pan wywnioskował, że jestem szefem ekipy. „Captain Wujastyk?", zapytał, wymawiając pierwsze słowo na kształt angielski z akcentem polskim. „Tak", odrzekłem zadowolony.

– No, to skoro już nie ma wątpliwości, że pan jest Polakiem, to welcome tym bardziej. Ja nazywam się Wacław Micuta, jestem Rez. Repem na Czad.

Uścisnęliśmy sobie ręce i poczułem się w domu.

– Proszę, niech mi pan przedstawi kolegę.

Przed stawiłem Joe, jak należało, z uwagi na jego wiek i urząd i rzekłem do niego:

– Joe, my mamy szczęście. Widzisz? Czy inny Rez. Rep. przyszedłby nas spotkać na lotnisku? Co? Ręczę ci, że połowa zmartwień z głowy.

– O zmartwieniach pomówimy później. Teraz chodźmy, moja żona czeka z obiadem. Zamieszkają panowie u nas.

Odniosłem ciekawe wrażenie: jakby on ogarnął nas z góry szerokimi skrzydłami. Szliśmy do wieży kontrolnej.

– Pokażę panu plik depesz na pański temat wymienionych z Nigerią. Niech pan planuje lot północą, przez Niger. W godzinę później, gdy samolot został opatrzony, zabezpieczony, okryty, opłaty i formalności załatwione, następny plan lotu zarejestrowany, zajechaliśmy przed rozłożyste bungalow nad rzeką Logone. Przeszliśmy przez dużą osiatkowaną werandę i wewnątrz domu przywitała nas pani Janina Micuta. Nieczęsto widuje się w Afryce panie domu tej klasy. Lecz także wydało mi się, że ta dorodna pani to osoba chłodna i zamknięta, zwykła przyjmować tylko z musu urzędowego gości rzeczywiście arcy-ważnych i nawet tych taktować bez wylewności. Bonjour i basta!

– Ocho! – mruknąłem w duchu – To jednak może by do hoteliku jakiego? Powiem, że obaj tak chrapiemy, że sufity opadają.

– Wacku, proszę, zaprowadź panów do ich pokojów, a ja dopatrzę obiadu. Dziś jest obiad specjalny, bo dawno nie mieliśmy tu nikogo swojego.

Byliśmy więc pod właściwym dachem. Bodaj to francusko-afrykańskie bungalows w rękach poznanianki! Było tam przestronnie, czyściutko, wygodnie. A po obiedzie, też szczęśliwie o charakterze polsko-francuskim, mieliśmy ustalony plan akcji. Najpierw do francuskiej „bazy" lotniczej, do ich baraku radiowego i żeby popytać o mapy, potem do latających misjonarzy katolickich następnie do oddziału OCLALAV i w końcu do małej linii lotniczej operowanej przez dwóch młodych Francuzów, którzy dręczyli dwie stare Dakoty. Ba! Neo-kolonializm szalał w Czad!

Jeszcze więc tamtego popołudnia francuski radiota wstawił do mego aparatu kryształy o częstotliwościach wymaganych przez prawo lotnicze, czyli Joe, Dornier i ja staliśmy się w powietrzu Zachodniej Afryki – legalni. Na drugi dzień wczesnym rankiem poszedłem do biura mego gospodarza, by za jego pośrednictwem umówić potrzebne mi spotkania i także, by rozpocząć rozmowy o rodzaju transportu lotniczego koniecznego dla Projektów w Czad. To było moje drugie zadanie: ocena i raport na temat tych potrzeb ONZ.

Pana Micuty nie zastałem w biurze. Powiedziano mi, że musiał pojechać na konferencję w sprawie lasu, lecz że niedługo wróci. I żebym sobie usiadł. Zdziwiło mnie, że tutaj krzywe drzewka i kolczaste krzaki nazywają lasem. Nie wiedziałem, że właśnie wstąpiłem na trop niespodzianek... Usiadłem więc sobie cichutko, żeby nikomu nie przeszkadzać w pukaniu w maszyny i zapatrzyłem się na palce młodziutkiej maszynistki z krajów Dalekiego Wschodu i bajecznych tańców, która nad klawiaturą maszyny do pisania wyczyniała zachwycające czary: jej dwie dłonie, delikatne jak skrzydełka, ich cieniutkie palce o nadzwyczaj długich paznokciach, niepojęcie wyginające się pięknym łukiem w górę i w tył, unosiły się nad klawiaturą jak dwa motyle lub kolibry, krzyżowały się, zatrzymywały drżące w powietrzu, jakby nad kwiatem; niekiedy nawet na literkach osiadały, nie czyniły krzywdy ani klawiaturze, ani papierowi. Był to balet dłoni przeniesiony tu z klasycznego tańca jej ojczyzny. Idylla. I moje myśli też zatańczyły niegodną parafrazą: „tak kultury wyglądają, gdy przypadkiem się spotkają".

Po niedługiej półgodzince szef zajechał jeep'em przed biuro i wypełnił drzwi swą dużą osobą. Pracował szybko, ale zwalniał tempo, by ciepło przywitać gościa, po czym znowu rwał w zadania. „Już telefonowałem do OCLALAV i spotkałem misjonarzy. Chodźmy, czekają na nas". Naturalnie zapomniałem o swym zaciekawieniu tutejszym „lasem" pana Micuty i pojechaliśmy zdobywać dla mnie mapy. Ba! Za chwilę uśmiałem się ze swej naiwności: powinienem był wiedzieć, że misjonarze od lat latali tu nad ograniczonym terytorium, znali tu każdy szczegół dotyczący ziemi i powietrza, oni map nie potrzebowali i nie mieli ich. C'est tous. Wyjaśnienia sytuacji dane nam w OCLALAV nauczyły nas podstaw zwiadowczej pracy pilotów zawodowo zwalczających szarańczę. Ich zadaniem było śledzić loty mas

416

szarańczy do lęgowisk. Leciały one z wiatrem, zawsze, bo ten wiatr przynosił także chmury, czyli wilgoć konieczną jajom do rozwoju. Masowe loty szarańczy miewały różne, lecz znane im od lat fazy. Nie posiadali map. Wtedy rozumując jak chłop, dziecko lub 007, oceniłem, że skoro ślady Francji były w Czad tak arcy-wyraźne – winny tam być Micheliny! Świetne mapy drogowe. I drogi istniały, aż do Atlantyku, o wiele liczniejsze i lepsze niż mieliśmy w Sudanie. Bogatsze krainy. Mój problem zwęził się więc do zaznaczenia na Michelinie, możliwie najdokładniej, kilku prymitywnych lądowisk misjonarzy i antyszarańczarzy i gotów byłem do dalszej drogi. Zostawiłem, więc pana Wacława (szybko nam szło zbliżenie) jego pracy i poszedłem omówić z Joe naszą trasę na jutro. Jako jedynie trudny przelot widziałem odcinek trasy z Fort Lamy do Zinder w Nigrze; może także i stamtąd do Niamey, stolicy Nigru. Niger, jak inne kraje Afryki, zdawał się być bez kresu, bez granic, ale też i bez wyraźnych punktów charakterystycznych. Pod zachód słońca wrócił gospodarz do domu, pozdrowił nas zamaszyście i wypytał o jutro.

Po dłuższej chwili ogólnej rozmowy zostawiliśmy panią Jej zadaniom, Joe na fotelu przed domem przy piwku i poszliśmy pogadać po polsku nad rzekę, bo tam działo się pięknie. Na tym odcinku rzeka płynęła szeroko, więc spokojnie i, że nie osłaniały jej zarośla, otwarta była słońcu. A słońce właśnie niespiesznie schodziło za widnokrąg i nas pozostających żegnało zorzami – obietnicą wschodu. (Tam, w afrykańskim zmierzchu odczuwa się, że to nieodwołalny kres dnia. Choć to tak odległe przyrównanie, jak dalekie są światy – lecz podobne stany psychiczne tworzyły we mnie powolne zimowe kwadranse opadania zmierzchu na śniegi milczących pól w Polsce.)

Rzeka z cicha bulgotała w ciemności i opędzaliśmy się od komarów, lecz wciąż rozmawialiśmy o kraju Czad, o kraju jak inne kraje Afryki, spragnionym wybuchu dawnej świetności w nowych formach. Natychmiast! Przy pomocy

ONZ, Banku Światowego, Europy. Lecz na moje zapytanie, o jakich to lasach konferował pan Rez. Rep. dziś rano, usłyszałem zdania zastanawiające, zdumiewające: „Proszę pana, ten kraj trzeba zalesiać. W całej Afryce, gdziekolwiek można, trzeba sadzić lasy. Tu brak drzewa! Czy pan wie, jak wiele drzewa idzie rocznie na opał, do gotowania, a wiele nowego się sadzi? Dziewięćdziesiąt procent milionów ton drzewa ścinanego rocznie w Afryce idzie pod kociołki do warzenia strawy. A jaka wydajność tych ognisk? Dobrze, jeśli 7%". I podał mi inne cyfry świadczące o prostym fakcie, że skoro ludności przybywa, drzewa zaś nie – Afryka będzie ogołocona z drzewa opałowego w bardzo niedalekiej przyszłości. „Mówią mi eksperci, że tu nic się nie da zrobić, że trzeba długich studiów, że ziemia twarda jak skała. Ale ja myślę, że oni się mylą, muszę sam zobaczyć co z mego planu wyniknie. Tu dawniej były lasy! Mam na oku jednego leśnika, on mi powie co można tu zrobić. To Żyd-Polak, dziś Izraelczyk, pan N. Pelled. On zalesił Negev w Izraelu. O niego się staram, tu go chcę sprowadzić". I dalej mówił ten ONZ-etowski gospodarz: „Tu nie ma pługa, brony, kosy, nie ma cepa, nie ma tu kieratu, tej podstawowej maszyny przetwarzającej powolny chód konia, osła i wielbłąda, czy wołu na szybkie obroty młocarni, wialni, sieczkarni, nawet żaren, jeśli się je dostosuje. Jak pan widzi, politycy robią wielkie polityki, ekonomiści wielkie ekonomie, przemysły chcą budować i to możliwie ciężkie, wyrwać tych ludzi z ich poletek ziemi, proletariat z nich zrobić, z jego nędzą w budach z tektury i blachy wokół stolic. Czy kto myśli o Murzynach jako o zwyczajnych chłopach, czy rybakach? Tym ludziom trzeba poprawić ich obecne życie, nie zmieniać go jeszcze, ale dać im proste narzędzia, porządny polski pług, polski kierat. Niech ich kowale im to dostosują do ich rąk. I dać im drzewo – lasy!".

Wtedy słuchałem tych wywodów jako zupełnie oczywistych, potwierdzały się w nich i moje obserwacje z kilku już lat. Dopiero później przyszło oszołomienie i pomyślałem: jakże to nie pasuje do moich doświadczeń z wysokimi urzędnikami na kierowniczych stanowiskach. Ten Rez. Rep. wykraczał poza ograniczenia oficjalnych poruczeń, rozszerzał je, a nawet tworzył swoje Programy! I dziś, gdy On jest na emeryturze, oddaje się tym sprawom całą swą pomysłowością. Well, jak powiadają nasi znajomi. Wtedy byłem oszołomiony, dziś jestem pod urokiem jego pracy i dlatego napiszę o niej osobno, zaraz po skończeniu tej podróży, którą właśnie odbywam ponownie, po dziesięciu latach – tym razem na papierze.

Następnego ranka pożegnaliśmy się już zaprzyjaźnieni. Pogoda piękna, wdzięcznie wróżyła dobry przelot, co mnie cieszyło, przewidywałem bowiem, że następna „noga" będzie najtrudniejsza.

## Część trzecia

Rozpoczęliśmy przelot z Fort Lamy do Zinder, małej dziury w ogromnym Nigrze, położonej na brzegu niemal pustyni i trudnej do znalezienia. Ponieważ musieliśmy ominąć terytorium Nigerii, trzeba było przelecieć na ukos jezioro Czad, pełne fauny wodnej i ptactwa, i w nagrodę dogoniliśmy nad nim w powietrzu dwa klucze żurawi. U północnego szczytu jeziora, nad N'Guigmi, już nad terenem Nigru, wziąłem kurs na zachód, do najbliższej benzyny w Zinder.

Niger. Są kraje na świecie, które zdają się mieć tylko nazwę unoszącą się w powietrzu nad płachtą ziemi i przedstawicieli w ONZ. Wschodni Niger z mojej wysokości to sawanna bezkresna, naga, ledwie upstrzona plamkami krzaków ostrokolczastych – kolcami bronią marnej egzystencji przed niewielu gazelami. Wiatr niósł tam piaski i pyły i kierunek tych miotów, widoczny na chudej ziemi jak smugi na wielkich wodach, pomagał mi określać kierunki jego niskiego ciągu i tym samym, po wprowadzeniu poprawek, przybliżony wiatr na dziesięciu tysiącach stóp. Było to tym łatwiejsze, że w tej porze „chłodnej i suchej" wiał zwykły dla szerokości podzwrotnikowych pasat północno-wschodni, niezbyt silny, cenny tym, że nie zdradziecki. Od jeziora do Zinder byliśmy o 240 mil morskich, czyli 460 kilometrów nad bezdrożem. Dzięki stałości wiatru na trasie poszło nam nieźle. Trudności pojawiły się dopiero pod samym Zinder: słaba burza piaskowa zakryła to miasto małe, niskie i szare i ta sama burza wykrzesała z pyłów atmosferycznych dość elektryczności, by moje mizerne pomoce radiowe zniweczyć. Nawiązałem wprawdzie kontakt na krótkich falach z wieżą kontrolną, lecz trzaski i trudności językowe, duże, nie pozwoliły mi dowiedzieć się, na jakim wektorze od punktu orientacyjnego miałem szukać lotniska? Ani tym bardziej – co było tym punktem orientacyjnym? W pocie czoła dobrnęliśmy do lotniska w Zinder, w pocie czoła. Otóż kiedy radio mamrotało najgłośniej, zacząłem tzw. Square Search, kwadrat prawdopodobieństwa bo szukać igły na sawannie trzeba podobnie jak małej łodzi z rozbitkami na morzu – systematycznie latając na czas i kierunek, kursem rysując przybliżony kwadrat na powietrzu ziemi. Już bardzo gorąco mi się robiło, gdy Joe zobaczył lotnisko po swojej stronie i w przyspieszonej procedurze, bez ceregieli, wylądowałem na nim. Ba! Co za pretensje o to wniósł ów kontroler nigrski swym nawet wtedy ledwie zrozumiałym francuskim. Nastroszony, pełen gróźb. Odrzekłem mu, że żądam tłumacza na polski. Na to dictum on zamiast się rozjątrzyć – pękł ze śmiechu! I zawołał coś, co dałoby się przetłumaczyć w przybliżeniu tak: „Nie rozumie? Mój przyjaciel? Ty jesteś Polska? Gdzie to? Skąd przybywasz?". I tak dalej. No! Po zapłaceniu za „usługi" i benzynę, bez żalu wzięliśmy kurs z Zinder na Birni-n-Konni i Niamey, stolicę Nigru, by tam znowu zabrać benzynę i przenocować. Z Niamej wznosiliśmy się na kursie do Ouagadougou w dobrej pogodzie i wśród pysznej widoczności. Pod nami ziemia stawała się bogatsza, ciekawsza, życzliwsza punktami orientacyjnymi, zgodnymi z moim tak dobrym Michelinem. I zaczynała do nas przemawiać historia tych krain. Oto wlatywaliśmy nad terytoria dawnej świetności zachodnio-afrykańskich państw historycznych, jak chcą niektórzy murzyńscy historycy – ówczesnych imperiów. Historyczna Ghana, kraina złota i soli, po niej Mali, państwo młodego Sundiaty – „Głodnego Lwa", do dziś czczonego króla-bohatera, który chłopcem pokonał swoje kalectwo, stał się siłaczem i wtedy zabił mocarnego tyrana swej ojczyzny. Zginął młodo w walce z rosnącym imperium, najpotężniejszym – Songhai. Pamięć o władcach i bohaterach pozostała w pieśniach, opowieściach, ustnie więc przekazywana, bo nie pisano tam historii, gdy była dniem powszednim. Dziś jest ona ustalona w oparciu o arabskie przekazy, choć może należałoby rzec – przyjęta, gdy chodzi o szczegóły i daty. Ale to pewne, że historia owa miała rozmach naturalny na olbrzymich terenach, że ludzie – zarówno jej twórcy, jak i jej pionki, nie zdawali sobie sprawy z jej rozmachu. Handel i wojna w poprzek całej Afryki Zachodniej i nawet Północnej, jak i z krajami tropików na południu. I kiedy przyszedł czas zagłady, sięgnęła ona po nich aż od morza Śródziemnego, z północnego Maroka, szablami arabskich fanatyków i łupieżców sekty Almoravidów, żądnych ich złota, soli i niewolnika. I w zamian za zniszczenie ich struktur państwowych pozostawili tym ludom tęsknotę do Mekki. Oto lecimy nad tą naturalnej wielkości mapą ich dawnej okrutnej wspaniałości i ich nowszych dróg do zbawienia lub śmierci, lub niewolnictwa, którymi po dziś dążą na wschód. Co biedniejsi idą pieszo, z rodzinami, niektórzy wyczerpani zatrzymują się i giną, inni osiedlają się gdzie można, bywają i tacy co wyprzedają wszystko, nawet dzieci, by iść, iść, po chwałę tytułu Al Hadżi. Zdrowi i silni niejednokrotnie żenią się na tej drodze, rozmnażają, zarabiają na rodziny – idą. Bogaci lecą.

Gdy przeminęło i najpotężniejsze ich mocarstwo Songhai, znowu zniszczone przez Arabów z Maroka, już bronią palną zakupioną w Anglii, nastąpiło rozdrobnienie, potem zbiednienie i wiek handlarzy niewolników. Aż „nastała

Europa". A gdy Europa u siebie uklękła na kolana, wy-
krwawiona przez rodzime wilki, przyszło wyzwolenie z jej
objęć, nowa niepodległość, stare nazwy odżyły i próbuje
się odnowienia cywilizacji, obudzenia kultury przy pomocy
ONZ, Ameryki, Europy.

Minęliśmy Ouagadougou, Bobo-Dioulasso, tam znowu
wzięliśmy paliwo, gdyż wolałem nadłożyć drogi i trzymać
się linii kolejowej, widoczność bowiem zeszła nad całym
krajem niemal do pionowej tylko, podobnie jak w „smogu".
Palono sawannę pod uprawę poletek, dym stał w nieruchomym powietrzu panującego tu wyżu, jak zasłony zawieszo-
ne aż do dziesięciu tysięcy stóp. Wreszcie Bamako w Mali.
Tam celnik zajął się wyłącznie przeprowadzeniem dowodu o wyższości papierosów amerykańskich nad lokalnymi,
które czyniły go nieszczęśliwym, za co jeszcze musiał płacić. Później bywałem tam często i zawsze ten sam celnik
przeprowadzał ten sam dowód.

I już Senegal. Tambacounda, ciche, przytulne, pachnące
dzikimi ziołami lądowisko. A potem – Dakar. W kilka dni
później Joe odleciał do Chartumu, do swego piwka Camel,
z ulgą w oczach. Dosłownie, gdyż przez dni w Dakarze
oczy miał nadmiernie rozszerzone: widok mnie delektującego się ślimakami (importowanymi z Polski! „Winniczki",
mówiłem do Joe, „posłuchaj, jak to brzmi: winniczki... ".
Lecz i to nie pozwoliło Joe mnie zrozumieć. Czyż on by jadł
ślimaki szkockie?). Widok ludzi jedzących żaby! Zmęczony
rozwieraniem oczu i wstrząsaniem się Joe odleciał, ja zostałem, by dokończyć formalności przekazania samolotu i
czekać na nowe instrukcje z Nowego Yorku.

Gdy pożegnałem Joe, pojechałem daleko poza miasto,
do małej restauracyjki nad oceanem. Był to wczesny dzień
tygodnia, siedziałem więc sam przy długim stole, przy butelce Muscadet należycie ochłodzonej, czekając na ostrygi.
Przede mną Atlantyk zalecał się koronkami pianek na plaży
niepojęcie długiej (jak to Pan Bóg w chwilach szczodrości
daje ludziom, nawet nie wybranym!). Na niebieskiej głębi

oceanu dekoracyjnie sterczał stary wrak japoński. Słońce, ocean, wino znad Loary – piękne bywają dni pilota po pracy, nie przeczę. I w tej chwili zadowolenia nadeszła refleksja: co na przestrzeni tego lotu było wydarzeniem najciekawszym, najwartościowszym? I patrząc na Senegalczyka-restauratora, niosącego mi ostrygi, pomyślałem: „on może jada ostrygi i importowane winniczki, lecz jego bracia?". Nie tak dawno marnowały ten kraj okresowe susze, wszędzie tu rozlegał się straszliwy ryk bydła, któremu ozory puchły z pragnienia, aż padało, traciło się. Potem padały dzieci, potem ich matki. Nie, nie wstałem od stołu dramatycznie wrzucając talerz ostryg do oceanu, natomiast pomyślałem, że najważniejszym wydarzeniem było spotkanie Wacława i Janiny Micutów i zapoznanie się z Jego pracami, stosunkiem do biedoty Trzeciego świata, z Jego planami pracy na własną rękę. Nie wątpiłem, że on dokona, albo na marginesie swoich zadań oficjalnych w ramach ONZ-etowskich Projektów, małej, ale bardzo ważnej rewolucji leśnej i narzędziowej, albo zacznie ją później, sam. I jeszcze uśmiechnąłem się na myśl, że prawdą jest, że za każdym mężczyzną, który czegoś dokona, stoi podpora-kobieta. Dziś Ona stoi obok Niego.

# Don Kichot i bawoły
## (czyli fantazja o dojrzewaniu)

Zła wiadomość jak piorun przyleciała do Kampali i tam zatrzymała się zadyszana, bezradna: bawoły idą z Tanzanii, ogromnc stada, każde liczy setki sztuk, a wszystkie oblepione muchami tse-tse! Śpiączkę niosą! Śpiączkę! („To Polityczny Atak Tanzanii! Śpiączką! – Odwet!". Wołają sztabowcy Ugandy)

Śpiączka grozi południu Ugandy i to natychmiast, a jeśli się tego nie powstrzyma, to zagrozi także całemu zachodowi kraju, bo tam poniosą ją bawoły pasące się na najlepszej trawie. Dojdą do wielkiego Parku Narodowego imienia królowej Elżbiety, na granicy z Zairem, wtedy klęska ogarnie tę Perłę Ugandy – tam zatrzasną się wrota turyzmu. Turyzm padnie! Ratować! A na proste pytanie, „jak?", nie ma odpowiedzi. Żmudne wyprawy strzelców policji czy wojska, czy myśliwych nie załatwią sprawy. Zabiją wiele sztuk zwierza, większość rozpierzchnie się, lecz pójdzie dalej, a muchy z zabitych i niesione przez żywych utrzymają stan zagrożenia.

Problem ten przyniósł do biura operacyjnego Skrzydła Lotniczego Policji Ugandy, Police Air Wing, Fred, jeden z wysokich, jeszcze angielskich urzędników Służb Wywiadu. Znano jego zamiłowania ekologiczne, to wystarczyło, jego szefostwo wydelegowało go do tej sprawy. Fred zamówił lot do Parku Narodowego imienia królowej Elżbiety, by tam przekazać ostrzeżenie i naradzać się z specjalistami, jak sobie z groźbą dać radę. Pan Prezydent Apollo Milton Obote żądał bezzwłocznej odpowiedzi. Naturalnie.

Fred, Fred.... Przystojny urodą męską, a jego spokój i poważną skłonność do krytycznego kpiarstwa z trudem udawało się dojrzeć poza zbytecznym „uśmiechem dla każdego", który jest jak small talk, czyli uprzejmość z pustego świata. Drugą jego cechą, pierwszą w rzeczy samej ... to jego spojrzenie przenikające, pewne siebie, tak, że człowiek (ja!) znajdujący się na linii jego wzroku, myśli: „On mnie widzi tak, jak ja bym chciał siebie choć raz zobaczyć". A inny czym prędzej usiłuje zejść z drogi tego skalpela. Były to wskaźniki, dlaczego on tutaj, w Ugandzie, został szefem angielskiego wywiadu. A oprócz tego, sprzecznie, miał w sobie ciepło. Nawet łagodność? Dla mnie pewną ukrytą jasność. Lubiłem go. I wiązało nas coś ważnego.

Tamtego dnia bardzo chętnie oddałem swój wolny dzień na lot z nim, choć przecie zamierzałem o 10-tej rano siąść w moim kwiecistym ogrodzie w fotelu i czytać, czytać bardzo dobrze napisany życiorys Cervantesa. Pasjonujące życie! Człowiek nękany wielką biedą i torturowany wyczuciem swoich możliwości, dla których nie potrafił znaleźć formy, a więc ujścia, Cervantes w mojej wyobraźni zrazu nieszczęśnik napełniony trotylem talentu zatkanego w nim – miast zapalnikiem powodzenia – kołem dębowym lekceważenia. Gdy jego wulkan wzbierał do wybuchu – dymił zaledwie wątłymi namiastkami sztuk teatralnych, gdy Lope da Vega wylewał ich lawę, tak wspaniałą dla ulicy, że konie jego powozu wyprzęgano, kiedy jechał po nowej premierze. I jakże często! A Miguel de Cervantes w swej nędzy obu znaczeń czuł, że jest olbrzymem ponad Vegę, ale nie pojmował jak w sobie tę potęgę wyzwolić. Pragnął i rozumiał, że piórem i pisał nim to, co miało konkurować z de Vegą, a co ulica przyjmowała z politowaniem.

Od początku naszej, nie bardzo dawnej, ale pogłębionej znajomości z Cervantesem, ostro cierpiałem na jego

425

wczesny los. Wiedziałem, że pewnego dnia nędza doprowadzi go do więzienia, zostanie oderwany od życia i tam istniejąc tylko w sobie – stworzy Siebie! – na drogach jemu przeznaczonych i wtedy jego ogromny talent uchwyci rząd całą jego umysłowością, jego świadomą ręką i porwie nią zwycięskie pióro.

Fred także kochał Cervantesa. Ja kochałem mistrza za jego nieszczęście w nieuświadomionym szczęściu ogromu talentu, Fred za jego nieumiejętność przegrania. Dość często udawały się nam, ułamkowe co prawda, rozmówki o Wielkim C. Interesujące dla nas obu. Byliśmy różnych kultur, Polak i Anglik, ale mamy wspólne obszary ocen, fantazji, wizji i – praktyczności. (W tym czasie zamierzałem kończyć pobieżny, wstępny opis moich nalotów na nosorożca. I przedyskutować tę bezecność z Fredem.)

Polecieliśmy. Z Entebbe wzięliśmy kurs na południowy zachód do granicy z Tanzanią. Pozostawiliśmy po prawej miasteczko Masaka (Masakra?) i ciągnęliśmy dalej, nie wysoko, by sprawdzić, czy doniesiono wiadomości o zagrożeniu prawdziwym, czy przesadzonym. Po mojej lewej niedalekie wody jeziora Victoria odbijały niebieskości całego wszechświata.

Pogadywaliśmy z Fredem. Jak zwykle otworzył się przy mnie. Mówił, co go w jego służbie frapowało, obiecywało coraz więcej, rozmaiciej. Zawsze chciał – wyjaśniał mi – docierać do tła wydarzeń, zagadnień, wtedy łatwiej dojść do sił napędzających ludzi, wzmagających ich energię. Tym razem sięgnął głębiej po swoje „realistyczne fantazje", powiedział, że po powrocie do Anglii zacznie pisywać awanturnicze „arcy-ciekawki", „zbrodniówki". Sprawca będzie kreował kryminał według cech wybitnego, ale zwichrowanego wzorca. Fred zapowiedział sobie rok kolekcjonowania not, notatek i prób. Ha, ha!

Dolatywaliśmy do spodziewanych obszarów inwazji. Trzymałem się na wysokości trzech tysięcy stów, to dobra wysokość, by z daleka je dojrzeć. W Sudanie widy-

426

wałem niewielkie stadka, grupki na południu kraju. Tam zorientowałem się, że samolot, a nawet jego cień, rzuca je w panikę. A w Ugandzie, przed kilku miesiącami, siedząc na brzegu krateru olbrzyma, pewnie by się pół Szwajcarii w nim swobodnie czuło, z podobnej odległości patrzyłem przez lornetkę na setki ich, gdy ławą szły pasąc się na bujnych trawach ziemi, którą przez wieki atmosfera i korzonki roślin wypracowały z lawy wystygłej, kiedy skończyło się gwałtowne wypiętrzanie się gór dziś zwanych Księżycowymi, lub łańcuchem Ruwenzori. Kratery na ich południowych pogórzach, zgodnie z ogromem przestrzeni afrykańskich, to wielkie krainy samoistne. Obrzeża kraterów często spadają hen w dół jako niemal prostopadłe ściany, a tam daleko i nisko i dziko i jak w ogrodach rajskich, pełno zwierza, traw, krzewów, rzadkie małe drzewka nie ograniczają wglądu w widoki, zależą one jedynie od możliwości soczewek lornetki. Patrzyłem na te czerniejące masy w dali ... powoli parły przed siebie pasąc się ... obojętne ruchome skały.

Tam, poza nimi, poza kraterem i wzdłuż szczytów Gór, granica odcinała Ugandę od Zaire.

Miałem więc zielone pojęcie o tym, co ku nam szło. My lecieliśmy na czołowe spotkanie. Właśnie odwracałem się do Freda, gdy wydało mi się, że w dali ziemia pociemniała. A tu Fred szukając czegoś w swej torbie wyjął z niej ... Cervantesa „Don Kichote z La Manchy"! „Nasza lektura w podróży, jeśliby się zdarzyły „puste" godziny. A może dnie. Bywało tak". Uśmiechnąłem się, spoglądając na jego księgę. On żywo skinął głową, potwierdził, że jest good boy, bo nie zapomniał jej wziąć.

Szybko odwróciłem się by patrzeć na to „ściemnienie" ziemi i palcem wskazałem mu, że coś już widzę. On natychmiast wyjął lornetkę, przychylił się do okna i zaraz rzekł: „Są!". Obniżyłem nos maszyny, żeby je szybciej zobaczyć z bliska i dla przyjemności niskiego dolotu nad soczystą, rozległą zielenią....

427

Raptownie zmieniła się ciemna linia, grubiała, odstawała od ziemi, przekształcała w ogromny blok, a ten już nie statyczny, ale wyraźny i z wolna posuwający się obszar bawołów, rozkoszne poczucie naszej szybkości i gwałtowna chęć nagłego ataku na tę gęstwę czarnych kształtów, przetykaną osobnikami siwymi z wieku lub unurzania w błocie, najeżonych rogatymi łbami. Potęga! A jaka byłaby ich panika! Przerażająca! Poderwałem maszynę! Nie można, tak nie można, tak się zwierząt nie traktuje... Wznosząc się rozległą spiralą, obleciałem te kolosalne stada, krążyliśmy dość daleko i wysoko po ich drugiej stronie, one uspokojone, rozsnuły się w luźniejsze tabuny i szły przed siebie, pasąc się. Zorientowaliśmy się, gdzie są ich wodzowe, w jakiej odległości idą przed posuwającymi się masami a raczej submasami rozciągniętymi, długości zmiennej i niepokojącej. Nie policzyliśmy ich. Nie mieliśmy na to czasu, wystarczył na razie rachunek na oko, 2000 sztuk? Więcej? Zapytałem Freda, czy wyobraża sobie, jakby się ono zachowały wobec nas, gdyby nagle nawalił nam silnik i musiałbym posadzić maszynę w ich zasięgu, a może nawet pomiędzy nimi? Czyby tylko podeszły i patrzyły ciekawie... a potem poszły by sobie paść się, pewne, że to pudełko nie ma związku z ich sytuacją? Czyby któryś raptem wściekł się i rzucił całą swoją tonę rogatej wagi na naszą cienką blachę. Bawoły umieją dodawać dwa do dwu. To nie tępe nosorożce. (Przy pierwszym spotkaniu z wielkim okazem nosorożca, czarnego samotnika, dopuściłem się bezsensownej próby wydobycia z niego krzty inteligencji. Nalatywałem na niego łeb w łeb, na minimalnej szybkości, na minimalnej wysokości, tak nisko, że... Kiedy on mnie dostrzegał, galopem atakował. Tuż przed jego nosem przeskakiwałem go. Zostawał w zupełnej dezorientacji, nie łączył dźwięku motoru przed nim, za nim, nad nim z obrazem, jaki widział w ułamku sekundy, gdy znów byłem przed nim. Pojęcia nie miał gdzie szukać tego przeciwnika). Mówiłem: „Bawoły bywają zaskakująco bystre. A przy przymusowym ładowaniu różnie bywa, można podłamać podwozie, przewrócić na plecy, wygrzebywać się z maszyny, bo zawsze by groziło zapalenie się benzyny rozlanej na silnik, czyli stanąć na otwartym terenie wobec nich, bardzo zagniewanych. Czy bawolica – wódz powiązałaby nasz napad na nie z naszą obecnością na ziemi? Wiem, że rozdrażnione lub ranne są podstępne, mściwe, potrafią rozwinąć akcję mistrzowsko rozłożoną". Refleksją Freda nie zachwyciłem się. Powiedział obojętnie: „Takim jak ty silniki nie nawalają". Dopiero grubo później złapałem, co on już wtedy miał za pasem na konferencję w Parku.

Wystarczy! Wiemy, gdzie są, jaka to masa, przed nim wyraźnie oddzielona sztuka prowadzi całość. Ogromne wrażenie. „Na pewno bawolica", powiedział Fred. No, lecimy do Parku, po decyzje, czy propozycje, wrócimy do Kampali, żeby premier dr Apollo Oboto, czy jego minister, plany zatwierdził i zlecił wykonanie ich.

W parku Fred brał udział w rozmowach. Ja słuchałem. Zarząd miał pewną koncepcję, jakiej akcji nie należy brać pod uwagę. Słusznie. Żadnego strzelania. Trzeba by fantastyczną bitwę wydać bawołom, z karabinami maszynowymi, z artylerią może, i ośmieszyć się na całą Afrykę. A przecie nie wystrzela się much. Więc? „W końcu chodzi o muchy", orzekł Fred. On nie lubił polowania na grubego zwierza, mierziła go myśl masakry na taką skalę. Propozycja mordu mas bawołów także nie mieściła się w wyobraźni dyrektora Parku, administratora i hodowcy. Miał rację. Siedzieliśmy w jego kancelarii, szybko opróżnieni z pomysłów. Czekaliśmy na rychły powrót szefa Ochrony Zwierząt i przede wszystkim opiekuna wszystkiego, co miało grubą skórę w Parku, a i poza Parkiem, gdzie zwierzynę mordował kłusownik. Ten młody Anglik, entuzjasta, od kilku dni zajęty sprawami goryli pod granicą Ruandą, na południu Parku, wezwany przez radio, spieszył do nas.

Ciekawili mnie obecni. Dyrektor, plemienny, ale nie płomienny rodak szefa sztabu, generała Idi Amina Dada, mężczyzna wcale do ogromnego Amina niepodobny, drobny, o małej głowie, poważny, patrzył na nas zza okularów, spokojnie oczekując błysków myśli. Fred, to tak, Fred szczupły o zmiennych napięciach energii, to szybki w słowach, ideach i ruchach, to odpływał w spokoju, jak fala na plaży jego rodzinnego Torquay w Devonie. Wtedy zamyślał się, nie było go. Jeśli musiał – roztropnie debatował, lecz często z trudnym do przyjęcia humorkiem. Teraz, hm, teraz ... czekał na sposobność by podrzucić petardkę kpin ... ku mnie. Starszy strażnik Parku, z królestwa Angole, rozumiał słonie, wyhodował dwie słonice, od małego mieszkały nad wschodnim brzegiem jeziora i witały turystów „tańcem", dreptały z nogi na nogę, polewały się wodą, przyjaźnie wywijały trąbami i niby to odchodziły „tanecznym" krokiem, przy czym mniejsza wdzięcznie oglądała się i powiewała wielkim uszkiem. Oczywiście on bywał u nich regularnie z workiem przysmaków. Znał na wylot lwy trzymane z dala od terenów Parku, na podgórzach łańcucha Gór Księżycowych czyli Ruwenzori. Wiedział wiele o hipopotamach, o gazelach, ale obce mu były bawoły. Liczono na szefa ochrony, powinien zdążyć na obiad. Na razie pogadywano o ratowaniu krokodyli w jeziorze George, w kanale Kazinga. Zarabiali na ich skórach kłusownicy z gór. Kłusownicy – ból głowy dyrektora Parku. Co tam te bawoły! Żeby nie tse-tse, to by je chętnie przyjęto w całej Ugandzie, bo to też wielki zysk. Ja.... Zapatrzyłem się w myślach na ich stada. Bije od nich skoncentrowana moc, prymitywna siła, sama Przyroda. Idą pasąc się, spokojnie pochylone głowy, młode osłonięte. W razie napaści przez lwice czy hieny, matki bronią ich aż do swojej śmierci. A jednak nocami lwy i hieny porywają małe spod ich nosów. Noce są długie. A stare samce? Chodzą niekiedy we dwa, trzy. Na nie porwie się tylko człowiek. Ale na pojedynka-samotnika lwy rzucają się zgrają we trzy, cztery, lecz bywa, że za wcześnie, że on jeszcze za silny i jeden z amatorów jego mięsa pada rozpruty, lub racicami zabity, inne pokaleczone, podłamane. On zwycięża i goi rany. Bitwy heroiczne. Po takich zapasach pole zryte racicami i pazurami, pełne kudłów, strzępów skór i krwi, oczyszczają hieny. I czekają w pobliżu, patrzą na niego, wyją z głodu. A on coraz szybciej ślepnie, traci słuch, zęby już starte, nie ma czym żuć. Słabnie. Wtedy biorą go lwy. Nędza, nędza i koniec w czyichś pazurach i szczękach. Resztki, jak zawsze, hieny i ptactwo.

Szef przyjechał. Wszedł żwawo, zadowolony ze swej wyprawy do kraju goryli. Wysoki, mocny, energiczny, a ostrożny w słowach, o za długim nosie, jakby ten nos przyuczał do pilnowania języka. A jednak hałaśliwy. Zaraz podniósł temperaturę zebrania i zebranych, bo powiedział krótko: „Jest jedna możliwość. Jedyna. Zawrócić stada". Spojrzał na nas po kolei i powtórzył: „Zawrócić". I wzruszył ramionami. Roześmieliśmy się. Dyrektor powiedział: „Jużeśmy mówili o paleniu ogni przed nimi, o biciu w bębny i trąbieniu, jak przeciw szarańczy i wszystko to podobnie jak z szarańczą nie wytrzymuje krytyki. Chodźmy na obiad. Może kto z talerza wyłowi dobrą myśl". Gdy siadaliśmy do stołu, do pysznej zupy jarzynowej, zwrócił się do mnie Fred: „Stasz, a tyś nic nie powiedział". Odrzekłem „Tyle wiem o nich, co panowie. Idą. Jedna krowa, przepraszam, bawolica, prowadzi i one idą. Zwarte. Nie rozchodzą się na boki. Ona prowadzi, one pasą się. Ją zawrócić. Zawrócić ją. Jak?". Zakończyłem pytaniem. „O nią chodzi – ją zawrócić!", niemal wykrzyknął Fred i pytająco wpatrzył się we mnie. Zdziwiłem się. „No, tak", rzucił szef, „to właśnie myślałem". „Jak?", zakpił dyrektor. „Złapać ją na lasso i zmusić, żeby szła za jeepem" dorzucił, a starszy strażnik parsknął w zupę. Jedliśmy i dowcipkowali. „A jakby to zrobili nowocześni cowboje?", zapytałem nieostrożnie i to pytanie osadziło mnie w centrum debaty. Podnieśli głowy. „Ale my nie mamy ani lassa, ani koni, ani cowbojów", mówił dyrektor. Fred uśmiechem wręcz przynaglającym, rzekł: „Ty odpowiedz!". Odpowiedziałem, nie-

431

świadomie pogrążając się tym głębiej: „Wzięliby helikopter i serią nalotów zmusiliby prowadzącą sztukę do zmiany kierunku". Oni z uśmiechami niedowierzania popatrzyli na siebie i znowu na mnie. Odezwał się dyrektor: „A czy pan swoim samolotem tego by nie zrobił?". Fred zdecydowanie, podstępnie szybko, powiedział: „To jest.... To wydaje się najpoważniejszą propozycją.... Warto spróbować, co, Stash? To jakby — wiatraki... ". Ja tej końcówki nie przeoczyłem. Naturalnie tylko ja. Nikt inny. I zaskoczyła mnie! To nasza tajemna zaczepka literacka. Ale poza tym wynikł z jego poparcia szefa ogólny śmieszny napór na mnie. Nieodpowiedzialny! Karykaturalny! Wart wybuchu śmiechu w talerz zupy. Mimo woli spojrzałem na starszego strażnika. I na nich wszystkich. Oczywiście... oni patrzyli na mnie! Oni oczekiwali mojej radosnej zgody! Gotowi mi winszować. Powiedziałem z całą powagą: „Na to musiałby się zgodzić pan premier". Od razu atmosfera spadła pod stół. Zaczęło się pokasływanie, chrząkanie, ktoś powiedział „no, pewnie", ale ktoś inny rzeczowo zabrał głos: „No, to zapytać pana premiera telegraficznie i powiedzieć, że to jedyne wyjście i że pan się zgadza". Ten ktoś to był dyrektor Parku. I patrząc na mnie dodał „Pan się zgadza, czy tak?". Raptem osaczyli mnie. Nie miałem czasu na swoje własne, prywatne debaty z sobą. Skinąłem głową. Fred powiedział „Byłem pewny, że nie przepuścisz takiej okazji. Napiszesz kapitalne opowiadanie. Absolutnie dramatyczne! Albo ja ci je napiszę. Mam tytuł: Czego don Kiszot by mi pozazdrościł". Miałem nagłą chęć obejść stół, stanąć naprzeciw niego, roześmiać się i przyłożyć mu pięścią. Niegrzecznie. Dyrektor rzekł: „No, to mamy coś konkretnego do przesłania prezydentowi, niech on decyduje. Dziękuję. Do pracy, proszę panów". I wyszedł. Powstali wszyscy i wychodząc, z uśmiechami poklepywali mnie po plecach. Zostaliśmy, rozdzieleni przez stół, z Fredem. On zadrgał ze śmiechu i powiedział: „To nie będzie trudne. Tylko wyobraź sobie, że masz lancę. Zostaniesz bohaterem Ugandy". „Wpakowałeś mnie", powiedziałem spokojnie, „ale ja dam sobie radę. Zobaczysz. Przecież ty polecisz ze mną?". I nie czekając na Fredowy śmieszek i żal, że niestety inne sprawy go tam zatrzymują, poszedłem dopilnować, by mi nalano pełne zbiorniki paliwa.

Telegraficznie nie osiągnięto niczego. Kampala zawiadomiła dyrekcję węzłowato: „Pan prezydent wczoraj udał się na Daleki Wschód, by wziąć udział w Konferencji Premierów Brytyjskiej Wspólnoty. Stop".

Nie wiadomo dlaczego – ulga. Teraz ja mam pełną swobodę. Czego? Oczywiście ... akcji! Jednak akcji! O, cholera! Niech to diabli, ale wycofywać się nie będziemy. Jazda! I z fantazją, z humorem, skutecznie! Zabawa! I to jaka! Na razie zmęczony nieproduktywnym gadaniem poszedłem „podładować swoje baterie" – odpocząć, zdrzemnąć się. Robi się późno.

... właściwie trzeba to wszystko odłożyć do jutra. Przemyśleć, inaczej to zrobić ... licho wie jak, ale inaczej. Znużenie, niesmak, niezadowolenie, że się dałem złapać, wzbierały we mnie. Niespodziewanie zasypiałem, wpół budziłem się ... zacząłem coraz gwałtowniej, w pół-śnie widzieć karkołomne sytuacje... przeżywać je jak prawdziwe... oceniać je, zmieniać, poprawiać, odrzucać, notować ... powtarzać sobie. To nie trwało dłużej niż godzinę. Z tych bardzo „gęstych" fantazmów majako-realizmów pilnie zebrałem, co się we mnie wtłoczyło, zapisało, co ciągle widziałem i czułem, co najwłaściwiej nazwać „Kształtem i Obrazem nastroju". Jego „Obrazem"!

Gdy przyszedł Fred, miałem to wyraźnie zebrane. Moją – postawę. Bliską ewentualnej, może jednak możliwej, może przypadkowej – niewykluczonej rzeczywistości. Nie do przyjęcia.

Teraz podaję tę całość opracowaną. Na trzeźwo.

... cisza dokoła, chyba wszyscy drzemią w to upalne popołudnie... Bez żadnych pożegnań i mielenia gadulstwa poleciałem, świetna maszyna ta moja Cessna 180. Jakże udany model i ta właśnie. ST-ABO, na której wylatałem już ponad 1000 godzin w najrozmaitszych sytuacjach, lądując na brzegach błot, na krótkim szczycie góry Boma Bóg wie ile razy ... ja myślałem, a „ona wykonywała, co myśl nakazywała". Jak kiedyś czeska BH33, to pudełko od zapałek z potężnym silnikiem, jak nasza „siódemka" Pułaskiego, jak Spitfire dwójka, czy piątka. Teraz się popiszemy. Zatka ich. Wszystkich.

Już widzę je! Ta ujemna masa, z mej odległości jakby brunatna pokrywa narosła nad dużym obszarem ziemi, ten strup na już wypasionym, zdeptanym, okaleczałym kraju.... A prowadzi go jedna jedyna samica, bawolica, krowa ogromna, chytra, zdecydowana. Ona wie, co robi – ona myśli! To Madam-premier bawołów. Za chwilę się okaże, czy ona zna się na kpinach? Co? Czy ona rzeczywiście, aż o tyle inteligentniejsza, niż mój nosorożec, ogłupiały? O ile ona cwańsza? Pasja mnie ogarnia, przymusza mnie, żeby zrobić w stosunku do niej to samo, co zrobiłem nosorożcowi. Zabawić się! Jemu może zrobiłem krzywdę, jej dam szkołę! Za karę! Dolatuję, schodzę z wysokości, widzę ją wyraźnie, ona o dobre pół kilometra wyprzedza ławicę stada, czy stad, i pomniejszych przywódczyń.

Teraz wszystko poleci jak z pistoletu!... jestem na jej poziomie – na małych obrotach śmigła, na ledwie-szybkości, no, plus parę kilometrów, ciągnę, żeby mnie zobaczyła przed sobą, bo chcę pokonać przekonać się, jak ona zareaguje. Mam doskonałą widoczność ponad i przed nosem silnika. Czy ona stanie jak wryta i podniesie łeb, czy pochyli go i rzuci się do ataku, czy najzwyklej wyrwie na bok i ucieknie. Hej, w którą stronę! Nagle jestem o jakie pięćdziesiąt metrów przed nią, i ona zrywa się do ataku na mnie, a ja bęc – kołami uderzam o zielony pagór niedopatrzony, wstrząs, szok, krew do głowy, otwieram pełny gaz, zadzieram nos do góry, ani cala wyżej!, bo zwalę się na ogon, kierunku nie zmieniam, bo przechyłem skrzydła stracę ostatnią cząstkę nośności, lecę na nią, ona na mnie, krew zamarza, byle skoczyć nad nią, minąć ją, mijam ją o kilka metrów nad jej grzbietem i w tej pozycji z nosem zadartym wcale nie śmiesznie, przednie krawędzie skrzydeł chwytają oparcie o powietrze najwyższym kątem natarcia, bez możności wznoszenia, bez szans na manewr, mogę tylko się obniżyć i zwalić na te łby rogate, już je mam przed sobą i dokoła, i tak niosłem się zmartwiały, z pustą głową, w prawej ręce ściskając manetkę od gazu, jakby moją broń – lancę! – do wykonania zawieszonego w próżni obowiązku, niosę się tuż nad tą masą, a one rzucają się na boki, w przerażeniu i wściekłości, kotłują się, tłuką o siebie, rozbijają, pewnie łamią sobie nogi, nadziewają się wzajem na nieobliczalne pchnięcia potężnych rogów, przewracają, zwalają, a wszystko to z okropnym bekiem, ja ten bek słyszę ponad grzmot silnika! i odsłaniają mi wąski pas pomiędzy sobą ... jakbym go lancą strzaskaną w pierwszym uderzeniu wyciął, wyszarpał, wykruszył na ich kościach, na ich rogach, w ich żywej masie.... Jeśli bym stracił odrobinę nośności skrzydeł – rąbnąłbym nosem maszyny w ziemię, czy w grzbiet lub bok bawoła, a one natychmiast łbami i kopytami rozniosłyby mnie i cały kadłub samolotu, rozdeptałyby go i w nowej panice rozpierzchłyby się, bo silnik by wybuchł, podniesie łeb oblany własną benzyną. Po mnie zostałby placek-ogarek.

Kiedy minąłem 300-400 metrów gęstwy bawołów, teren za nimi opadał. Milimetr po milimetrze odpuszczałem ster, obniżałem kąt natarcia skrzydeł, zwiększałem szybkość, ledwie pozwalając sobie na rzut okiem na licznik, wsłuchany w pracę silnika, aż odzyskałem pewność, że szybkość mam, że mocno na niej siedzę, że mogę zmniejszyć moc silnika i nad piękną pochyłością stoków ku granicy z Tanzanią ustawiłem samolot poziomo.

Zawróciłem. W tył na lewo, dalekim i wysokim kręgiem, by znowu stado i ją, wiodącą, nagle zaatakować z boku i ku przodowi, zmuszać do zataczania półkola, którego promieniem, stał się okropny ślad mego koszmarnego,

435

idiotycznego przelotu nad nimi. A potem, z normalną ludzką zaciekłością, ogarniającą przy trudnych zadaniach, gdy pyszałkowatość z zarozumiałością nie dopuszczają rozwagi, ani wybaczania oporom, Don Kichote zawsze pewny był swej racji, a teraz ja!, walczyłem ze skorumpowanym, okrutnym, rogatym przeciwnikiem.... Dysponując ich nieustającą paniką przed samolotem powtarzałem naloty, coraz natarczywiej, coraz szybciej, coraz wyraźniej w kierunku ich odwrotu. A przy każdym natarciu rzucałem je przerażonymi kłębami grubych cielsk na siebie. Widziałem, że wygrywam! Ale jak... ! W zażarciu straciłem poczucie granic cynizmu i – kontakt z zegarkiem. Aż poszła ona i za nią poszły one, jak chciałem.

Patrzyłem za nimi z wysoka, znów skupione stada szły swoimi śladami przez siebie zdeptane, wyjedzone połacie sawanny. Te po niedługim czasie odżyją. Patrzyłem z podziwem na kraj nie tylko żywiący bujną trawą, ale który i wszelkim mlekiem powinien opływać.... Krążyłem, aż wreszcie pozwoliłem sobie – mimo wszystko – na spiralę zadowolenia! Ten samolot nie był zbudowany po to, by dla uciechy kręcić na nim beczki, więc tylko położyłem go skrzydłem prostopadle do ziemi, ściągnąłem ster na siebie ... i przerwał mi silnik!... Wyprowadziłem maszynę ze skrętów, równocześnie przydusiłem nos, silnik jeszcze chwycił ostatnie łyki paliwa, natychmiast wziąłem kurs ku najbliższemu odcinkowi tarmaku drogi, zawołałem kontrolę w Entebbe. Nie dociągnąłem, posadziłem maszynę koło drogi. Po trzech godzinach przywieźli mi bańki z benzyną, wszyscy zdziwieni moim lądowaniem na sawannie. Bez uszkodzeń. Ale – dlaczego! Przeciągnęliśmy maszynę na drogę. Po czym wysłałem ich zobaczyć moje pole popisu. Tam leżało ich kilka rozwalonych „dzięki" mnie, kilka stało, okulanych, więc żywych-zabitych. Stada rysowały się w dali cienkimi linijkami, coraz niewyraźniej, schodziły na swoje tereny. Wystartowałem do Parku Narodowego, po mojego partnera w projekcie zawracania głów bawołom.

Nie dałem mu wycisnąć ze mnie nic, nie opowiedziałem mu nic. Wracając – pokazałem. Powiedział: „Coś ty zrobił! Ty chyba miałeś działko!" Po chwili mruknąłem: „Miałem lancę. Kopię"! I poczułem nieznany mi zimny wstyd. Z gniewnym uśmiechem spojrzałem mu w oczy i dodałem: „Tego Don Kichot by mi – nie pozazdrościł!".

Skończyłem. Przede mną leżało – rozliczenie się z sobą i z moim zadaniem. Powoli zsiadłem z mojego bułanka Rosinante, postawiłem lancę-kopię w koszu na parasole i laski. Resztki podniecenia opuszczały mnie.

Ktoś zastukał do drzwi. Na pewno Fred. Ściemniało się, szybki mrok zwrotnikowy sprowadzał wieczór. Wstałem, rozprostowałem nogi, grzbiet, zapaliłem światło, otworzyłem drzwi. Wszedł Fred. Oczy mu błyszczały, roześmiał się: „Przyszedłem oznajmić ci kolację i wieczorną konferencję. Czekają na ciebie.... Oho, ho! Papier i pisak! A miałeś się tylko przespać – odkorkowałeś wyobraźnię, co?". Skinąłem. Fred przyznał: „Temat niecodzienny, to prawda. Teraz masz plan akcji, co?" „Mam". „Coś ty taki zdawkowy?" „Wybacz. Jeszcze jestem pod wrażeniem tego, co napisałem". „No, wiesz – brawo!" „Dziękuję. Teraz wiem, czego mi robić nie wolno. A co jest konieczne". „Świetnie! Zaskoczysz ich. Chodźmy".

Na konferencji przedstawiłem według mnie najbezpieczniejszy, najbardziej ludzki sposób zakończenia tego zadania. Jutro. Dwa, może trzy samoloty. I mój plan rozłożony w czasie. Trochę humanitaryzmu!

## Epilog

Po przeliczeniu na szylingi Ugandy całość mego zadania okazała się chwalebna. Po raporcie Freda obiecywano mi, gdy....

... na kraj spadła najstraszliwsza z plag – prezydenturę w Kampali porwał Idi Amin Dada. Apollon Milton Obote w drodze powrotnej z konferencji na Dalekim Wschodzie uciekł do Tanzanii. W Kampali, w Entebbe – radość!

Płomienna! Zuchwała! Taneczny szał do upadłego, bębny, wtem – niedowierzania, dławiący strach!!! I znowu wielka Prawda i bębny roznosiły radość po kraju: Amin uwolnił ich od masowego mordercy Obote! Pojęcia nie mieli, jaki reżim szykował dla nich Amin. O mnie zapomniano. Tylko szef mechaników powiedział mi przy piwku, że wśród jego personelu podśmiewają się i pytają, czy ja współpracowałem z Aminem, bo łączą zawrócenie bawołów do Tanzanii z zawróceniem tam Obote.

A potem Obote wrócił. Na grzbietach piechoty armii Tanzanii.

P.S. W moim późniejszym zawirowaniu straciłem Freda z pola kontaktów, ale nie z pamięci. I może on pisze swoją pierwszą „Realistyczną Fantazję", w której wszystkie udręczone, umordowane ludy Pereł Afryki pokotem przypadły uchem do swoich ziem ... wszystkie w milczącym napięciu wsłuchują się ... kiedyż ... kiedyż doleci ich ... tętent Rosinante, ich rodzimego Don Kichota....

438

# Egipskie okruchy
## Rozmówki niespodziewane

Pierwsza niezapomniana, w drodze z Heliopolis do Kairu. Niedziela to była. Szedłem w wiosenny poranek 1946 roku, w lekkim mundurku oficerskim, z wyraźnym napisem na ramionach Poland, kawał to gorącej drogi, gdy zaszemrał oponami i zatrzymał się przy mnie Rolls-Roys, z chorągiewką dowódcy bazy lotniczej na skrzydle wozu. On zaprosił mnie do chłodnego wnętrza. Zdziwiony siadłem naprzeciw świetności Jego i Jego miłej żony. I należycie wpół uśmiechnięty milczałem, w myśli roztropnie dociekając przyczyny tej grzeczności. Szemrały opony wozu-wozów po piasku. Wtem On zapytał mnie: „Jak pan sądzi: Czy Rosja ma bombę atomową? Co się u was o tym myśli?". Takie dwa pytania, takiego Pana, zdumiały mnie i On to zobaczył. Prawie uśmiechnął się: „Powszechnie się mówi, że wy, Polacy, w polityce macie często inne zdania niż kto inny, prawda? Tak więc — jak pan uważa?". Pani też patrzyła z uśmiechem, zaciekawiona. To zaproszenie do wypowiedzi zabłysło mi, jakby przedwojenna pięcio-złotówka znaleziona na piasku Egiptu.

Nie pominąłem jej. „Nie", powiedziałem twardo. Z kolei on spojrzał na mnie twardo. I rzekł: „To poważne stwierdzenie. Czy nie zbyt ... łatwe? ... ". „Nie", powtórzyłem. Wszelkie ślady uśmiechów jakby hamsin wymiótł z wozu. „Na czym pan opiera... ?". Nie miałem wyboru. Zanim on zakończył, być może słowem nie do przyjęcia, podjąłem tak zdecydowane wyzwanie. „Za pozwoleniem pani, przytoczę tłumaczenie naszej oceny tej sytuacji, w niezbyt delikatnej formie, z polskiego". Pytające spojrzenie przesłałem pani. Pani przekazała je mężowi. On zdecydował krótko. „Proszę". Niespiesznie, bo nie miałem wątpliwości, że po tym, co powiem, skończy się moja sielanka w Rolls-Roysie, a szkoda, niespiesznie więc, poglądając na zmianę obojgu w oczy, przetłumaczyłem: „Gdyby mieli, to by natychmiast tę pięść podsunęli Anglii i Ameryce pod nos. Nie mają. Jeszcze. Ale będą mieli. Ukradną". Pani spojrzała za okno wozu w lewo. On w prawo. O ile pamiętam, czekałem na konkluzję naszej „biesiady politycznej" ledwie dziesięć sekund. On stwierdził: „ My udajemy się do Kwatery Głównej w Heliopolis, a pan idzie do Kairo, prawda?". I zwrócił się do szofera: „Please, stop, the Flight lieutenant wishes to resume his walk". Następnie do mnie z bólem wygłosił: „Dziękuję panu. To jednak prawda, że nie umiecie uszanować aliantów". Skinął mi. Oboje mi skinęli....

## Rozmowa ze Sfinksem

Tego wieczoru zdobyłem się na to — stanąłem przed Nim. Późno. Jego twarz — mroczna plama na amarantowym tle końcówki dnia. Rozedrgany swym pomysłem, szeptem zapytałem Go: „Czy to prawda, co mówią Arabowie, że niekiedy w taką noc spokojną i czystą, podobnie jak za dnia Twojego urodzenia, można usłyszeć Twój wieszczy głos...".

Usłyszałem szept!: „Po cóż ci moje wieszczenie. Dawno temu narodziła się prawda, która martwo padła na wasze uszy. A przecie tak oczywista...".

Zadrżałem. Wybuchłem! „O, wieczysty! Bądź, mi łaskaw do końca! Powiedz, czego my o sobie nie wiemy! Powiedz!"

Zdawało mi się, że podniósł głos! Powiedział!

Dał już przykład
Bonaparte
Jak was wyzyskiwać.

A wy ciągle, wręcz uparcie
pozwalacie się używać!...

Zachód tracił resztki barw. Wracałem do Heliopolis,
do lotniczej bazy RAF-u. ... byłem pewny, że mi piasek pod
stopami zamarzał....

# Afganistan – 1968

Stoi na moich półkach z drobiazgami śliczna szkatułka z płytek lapis–lazuli. Otrzymałem ją jako pożegnalny prezent od dyrektora Administracji Lotniska w Kabulu. Nie był to wyraz jego wdzięczności za moją działalność, lecz jego dobrych manier. A w jakiej sytuacji miał ten dar miejsce, lecz o kogo mi przede wszystkim chodzi i dlaczego, opowiem poniżej.

Dzisiaj tamten kraj to nie temat do rozbawionych wspomnień. Moje opowiadania o dwu Polakach, których rozdzielały lata i stanowiska, gdy przebywali w Afganistanie, w bardzo różnych okolicznościach i dla niewspółmiernych zadań, obędą się bez żadnych nadróbek. Tylko o tyle miłe, o ile miła była dla mnie przygoda z roku 1968, z kwietnia chyba, bo w kwietniu najpewniej, roku 1968go otrzymałem spodziewane wezwanie do służby w UNDP (ONZetowski Program Rozwóju) jako doradca Administratora w sprawach lotnictwa. Z biura Administratora tej szlachetnej Organizacji przyleciało telegraficzne skierowanie mnie z Benghazi w Libii do Kabulu w Afganistanie. Żeby z ramienia UNDP tę upragnioną wtedy rolę doradcy królewskiego w Jego sprawach lotniczych podjąć — a chodziło o zakup samolotów dla Jego rządu — i żeby zwolnić się z urzędu jednego z pięciu królewskich pilotów w pre–kadafijnej Libii (...jak to świetnie brzmi!), poleciałem do mej Firmy macierzystej w Anglii, by zakończyć z nią sympatyczny kontakt i kontrakt; następnie: a) żeby dobrze zorientować się w zadaniu i ująć je należycie, poleciałem do Nowego Yorku po oświecenie bez ochyby; b) żeby nauczyć się wszystkiego o samolotach w kwestii – poleciałem do ich fabryki w Kanadzie. Tam zdobyłem uprawnienia kapitana na Twin Otter, Mark 1 & 2 i c) poszybowałem, i to co prędzej, do Teheranu. Gdzie bowiem, poradzono mi, znajdę Buck Tailora, który przepracował w Afganistanie piętnaście lat jako mistrz we wszystkim co elektryczne i elektroniczne, znał Kabul arcy–dokładnie, ludzi tam wiele znaczących wielu i także sposoby, w jakie należy z nimi rozmawiać. Buck Tailor, Anglik, w Kabulu poznał, spotkał, poklepał wszystkich, za wyjątkiem króla, nawet tę ładniusią Polkę, która zarządzała działem turystycznym w najlepszym hotelu tamtejszym. Zamężna za krewnym królewskim, główna jego zdobycz z lat studiów w Warszawie. Ale przede wszystkim Buck przez pięć lat, 1952–1957, pracował był w Afganistanie przy budowie nowoczesnych lotnisk, w zespole specjalistów pod kierownictwem... Zaraz, zaraz, co najciekawsze to za chwilę, teraz powiem tylko, że Buck żywo cieszył się pamięcią o tamtym kierowniku.

Buck Tailor. Nadzwyczaj przyjemny, wesoły, serdeczny! Otwarty, nie trzeba dodawać, a jeśli, to tylko dla podkreślenia, w jakie ręce trafiłem w Teheranie, jeszcze szachowym. (Buck już przewidywał przyszłe fakty i szukał innego miejsca ciekawej pracy, w ramach ONZ). Mnie przyjął jakby wyproszonego od losu, bo się wtedy w tamtym interesującym mieście islamskim nudził, oni o jego piętnastu latach w Kabulu więcej słuchać nie chcieli — na wokandzie mieli rozprawę z szachem, i w dodatku głównym bohaterem zachwytów Buck'a, za jego heroicznych dni, był — pułkownik Wacław Makowski! Polak! Czy wtedy, w Kabulu jeszcze ktoś inny wiedział, co znaczy to słowo — Polak? A tu raptem z nieba wylądował mu znowu — Polak, i w dodatku taki, który palił się do słuchania opowiadań zwartych, rzeczowych, o treści tamtych lat, co rodziły legendy kabulskie — o których nie wiedział nic, a urzędowo i z natury ciekawy był wszystkiego, od zupełnie nieznanych, zaskakujących opowiadań o sławnym pułkowniku przede wszystkim, i o królu, o Kabulu, o tej Polce w hotelu, o całym Kraju – Afganistanie, o którym Buck potrafił gawędzić do rana.

Zaczęliśmy od „mojego" pułkownika Wacława Makowskiego, bo o Niego mi tu chodzi. Ja opowiedziałem Buck'owi, co o Nim wiedziałem z kilku dawnych artykułów w gazetach, czy może z zapomnianej prasy fachowej, potem z opowiadań kolegów, którzy Go znali z czasu wojny. Więc, że to przedwojenny szef LOT-u, że gdy w 1938 roku nakłonił rząd polski, by nowy samolot zakupić nie w Niemczech, lecz w USA, to tym Lockheedem przyleciał z fabryki w Californii, przez północ Ameryki Południowej, Atlantyk, Zachód Europy, do Warszawy, na Okęcie, do LOT-u. Wtedy samoloty sprowadzano ze Stanów w skrzyniach, statkami. Wiedziałem, że w Anglii, w 1940 roku, On dowodził pierwszym polskim Dywizjonem Bombowym 300. Ceniły go załogi. U brzegów Francji niszczyły sprzęt niemiecki szykowany do inwazji Anglii. Następnie był dowódcą jednej z baz lotniczych w Anglii. Że po 45 roku przeniósł się do Montrealu. Zapytany w kilka lat po wojnie, czy przyjmie awans na generała, jakoby odpowiedział: „Owszem, dobrze... po wygranej wojnie". To jeden z Jego „twardych", bolesnych dowcipów. Taki był ów dawny dyrektor LOT-u, dawny dowódca na wyższym szczeblu, przy tym poważny, dobry inżynier lotniczy, obeznany z całością zagadnień i wymagań nieustannie stwarzanych przez samoloty. Poza tym wiedziałem o Nim mało, a tu niespodziewany Buck Taylor rozsupłał swój wór opowiadań o tym pułkowniku–Polaku, który otrzymał w Montrealu, w montrealskiej dyrekcji ICAO, zadanie zbudowania nowoczesnego lotniska w Kabulu, czyli bazy dla nowej, afgańskiej, międzynarodowej linii lotniczej. Powiedziano mu, że będzie musiał zaczynać od zera, po angielsku to brzmiało: start front scratch. Jego pierwsza depesza do Montrealu, po wstępnym zorientowaniu się w

444

lokalnym stanie rzeczy i możliwościach pracy, brzmiała: „Gdzie jest ten scratch"? Pracował tam przez 5 lat, przychylny podwładnym, spokojny, nie ulegał katastrofom ani w pracy, ani prywatnym. Buck z wielką satysfakcją opowiedział mi przykład Jego opanowania: pewnego dnia, gdy debatowali w biurze nad problemem założenia kabli wysokiego napięcia, tak, by w żadnym wypadku prąd nie poraził owiec przechodzących przez lotnisko, telefon wyraźnie gorączkowo zadzwonił. Pułkownik przyjął rozmowę. Krótką. Powiedział: „Zaraz", położył słuchawkę, wyjaśnił: „To moja żona. Przepraszam panów, wypada mi przerwać narady, nasz dom się pali. Proszę kontynuować. Po południu razem wrócimy do rzeczy". Spokojnie poszedł do samochodu. W ciągu pierwszego miesiąca rozmów na rozmaitych poziomach i w wyniku konkretnej pracy organizacyjnej osiągnął zaufanie władz w Kabulu i w Monterealu, co przyniosło mu późniejsze honory. Kiedy nadszedł rok 1957, główne miasta kraju miały nowoczesne lotniska: Kabul, Kandahar, Herat, Mazar-i-Szarif i Kunduz. „Jego pięcioletnia praca w tamtym kraju to materiał do epickiego opowiadania", pisał Fred Hotson, Amerykanin, administrator, który z nim te lata przepracował. Oczywiście przysłano mu doskonałych fachowców do pomocy, zespół przez Niego dobrany, w tym takich specjalistów od budowy lotnisk, jak Bertel H. Hellman. Ale w tamtym wysiłku zewnętrznego świata, by Afganistan wydobyć na światło 20-go wieku, tą potężną dźwignią wiedzy, umiejętności i funduszów ONZ-tu, przeważnie dostarczanych przez Amerykę, operował Wacław Makowski – „Mac". „Jego myśli skrzesały iskry rozwoju, który wciąż ma wewnętrzną energię. Inni ludzie przejęli kierownictwo, tamte wczesne osiągnięcia są, jak i inne części historii Afganistanu, barwną opowieścią o prawdziwie twórczym, praktycznym wyniku rzetelnej pomocy dwustronnej". Tak Fred Hotson zakończył zarys opowiadania o dziele

Wacława Makowskiego, skierowanego do Afganistanu po Drugiej Wojnie niemieckiej w Europie. A już w roku 1956 jeden Amerykanin i jeden Kanadyjczyk, Peter Baldwin i Len Halley podjęli na własną rękę, na swoje ryzyko i za swoje pieniądze, pierwszy krok w rozwoju Cywilnego Lotnictwa Afganistanu. Najpierw rozpoczęli regularną komunikację między Kabulem a Indiami, potem wprowadzili coroczne loty do Mekki, przewożąc muzułmańskich pielgrzymów. Za ich przyczyną stanęła w hangarach Ariana Afgan Airline. Następnie Pan American Airlines przybyły do Kabulu. Według instrukcji Departamentu Stanu, Amerykański Program Pomocy Technicznej rozpoczął szkolenie całego personelu nowoczesnej Linii Lotniczej, a więc pilotów, nawigatorów, speców od komunikacji, mechaników, personelu pokładowego, personelu naziemnego. Wszyscy musieli osiągnąć wysoki poziom znajomości międzynarodowego języka Lotnictwa Cywilnego — języka angielskiego. Całość wykształcenia według standardów Pan Am i Lotnictwa Cywilnego US. Piloci końcowe przeszkolenie do poziomu Licencji Cywilnej US, a także trening do stopnia kapitańskiego, otrzymywali pod kierunkiem kapitanów Pan American Airlines. W Texasie. Trudno o lepsze wyszkolenie. Arcykosztowne. Bezpłatne.

Podstawowe osiągnięcia pułkownika Wacława Makowskiego doprowadziły do powstania Afgan Air Authority — Departamentu Lotnictwa Cywilnego Afganistanu.

A teraz czas na mnie. Gdybym był wyższy o kilka decymetrów, napisałbym: „Przybyłem. Zapoznałem się. Doradziłem — by tego nie robiono". Ale zrazu przyjęto mnie bardzo uprzejmie. Cieszono się, że jestem Polakiem. Każdy, „kto był kimś", pamiętał Pułkownika! Rząd chciał utworzyć drugą, dość dużą linię lotniczą domową. Przede wszystkim dla siebie. By mieć kontrolę nad całym krajem, przez cały rok, a przede wszystkim przez miesiące zimowe. Szczególnie, by osiągnąć wgląd w to, co się dzieje po północnej stronie wielkich masywów gór, które, zawalane śniegami, dostęp poza siebie blokują i czynią tamte części kraju „samodzielnymi". Dla spełnienia tej koncepcji kupiono trzy doskonałe kanadyjskie samoloty, które ja właśnie dokładnie poznałem w fabryce producenta. Zamysł naturalny, prosty. Tylko żeby UNDP zgodziło się wyasygnować pożyczkę, czy pomoc, czy wręcz fundusze na zakup jeszcze siedmiu takich samych samolotów w Kanadzie. UNDP zdecydowało polegać na Mw swoim orzecznictwie. Wśród władz w Kabulu niewątpliwie sądzono, że ja, jako spadkobierca Pułkownika, napiszę do mego szefa w Nowym Yorku skuteczny raport. Trzy takie maszyny już latały po kraju od pierwszych dni dobrej wiosennej pogody, wobec czego odbyłem z afgańskimi pilotami loty proponowane dla nowej linii, trasami określanymi jako całoroczne. Najpierw do Bamijan, gdzie zdumiała mnie sztuka budowniczych potężnych figur Buddy, ale zaraz potem w głąb Hindukuszu. Dwa loty dały mi przeżycia wzywające pióra Mickiewicza, którym pisał „Sonety krymskie", ale nie do napisania nim raportu do dyrektora UNDP. I to w sprawie zakupu siedmiu samolotów pomyślanych do zupełnie innych przeznaczeń, raczej nad mniej pagórkowatą częścią pięknej Kanady. Napisałem: „Samolot na osiemnastu pasażerów, bez opieki stewarda, bez toalety, i przede wszystkim bez ciśnienia w kabinie, prowadzony przez jednego pilota, na wysokości około 10 000 stóp, wśród wijących się przełęczy o ścianach sięgających rzędami szczytów dwudziestu kilku tysięcy takich samych stóp, w powietrzu o szalonych możliwościach wznoszeń, ześlizgów, zawirowań. I ten samotny pilot bez radia nawet, by powiedzieć, co mu się przydarza i gdzie, bo krótkie fale radiowe nie przebijają gór. Według mej oceny samolot przeznaczony do tamtej pracy winien mieć dwu pilotów, jeden z nich oddany tylko nawigacji i jeśli gdziekolwiek i kiedykolwiek w czasie lotu można by, to usiłowałby utrzymywać komunikację radiową z bazą. Pasażerowie: najwyżej szesnastu, winni mieć toaletę i opiekę stewarda, mężczyznę silnego, który niekiedy potrafiłby, niektórych swoich pax przekonywać, że w czasie dłuższego lotu rozkładać ogniska na podłodze w celu zagotowania wody na herbatę nie zaleca się. Ogólnie: ten typ samolotu, do normalnych zadań w północno-wschodniej części kraju, nie nadaje się. W żadnej porze roku. Kierunki północno-wschodnie mogłyby być obsługiwane jedynie w wyjątkowych sytuacjach, w odpowiednich warunkach atmosferycznych. W tamtej części kraju ten samolot nie zapewnia podstawowych warunków bezpieczeństwa lotu. Natomiast jest godny zalecenia do obsługi większości innych przewidywanych tras".

Naturalnie moja ocena przydatności tego typu samolotów okazała się dla „czynników" decydujących deprymująco niska. Zawiedli się na mojej, jakby automatycznie otrzymanej w spadku po Pułkowniku, przychylności. Wyraźnie mi to okazali. W dniu odlotu otrzymałem co prawda pożegnalny prezent, podobnie jak koledzy z innego działu technicznej grupy, ale najmniejszy. Jednak bardzo ładny: szkatułkę z lapis lazuli, która stoi na mej półce. Otwarta.

Ja mogę w tej szkatułce zamknąć trzy czwarte moich omawianych doświadczeń afgańskich. Inne wiążą się z innymi wspomnieniami z tamtych zadziwiających stron.

Pułkownikowi najwyższy szacunek okazali Amerykanie. W sposób należny i odpowiedni, a także barwny. I tym bardziej zadawalający, że po wielu latach. To Amerykanie podnieśli Jego znaczenie w świecie lotniczym, cywilnym i wojskowym, jako pioniera, zawsze pilota, jako umiejętnego twórcy, organizatora, wykonawcy projektów, wybitnego kierownika dużych zespołów wysoce wykwalifikowanych specjalistów, powszechnie szanowanego gentlemana.

Uczyniono to w charakterystyczny sposób: jesienią roku 1983 zaproszono Pułkownika do wzięcia udziału w dorocznych uroczystościach zakończenia kursu Szkoły Sztabu Lotniczego w bazie Sił Powietrznych Maxwell, Montgomery –

jako „jednego z wybitnej grupy członków żywej historii lotnictwa". Pułkownik, tym razem wbrew swej skromności, zaproszenie przyjął. Wraz z żoną. Czytając o tym — jestem pewny, że pomyślał o „obecności kogoś z Polski".

Pułkownik Wacław Makowski nie żyje od jedenastego czerwca, roku 1986. Pamięć o Nim w Kabulu to w tej chwili pewnie okruchy rozbitej tablicy pamiątkowej z lapis–lazuli, o złotych literach, a może nawet szczątki Jego popiersia zniszczonego w Ministerstwie Lotnictwa. Tam pamięć o nim trwała nieumniejszana z latami. To jest do chwili otwartej agresji rosyjskiej.

Zrazu ta agresja przybrała formę dobrosąsiedzką, naturalnego zrozumienia. Skórę yaka. Dosłownie. „Yak" to wtedy nowy, bardzo dobry samolot odrzutowy rosyjski, dla czterdziestu pasażerów, krótki start, krótkie lądowanie, w tamtym kraju wszędzie doleci, ponad wszelkimi górami. I właśnie trzy takie samoloty Rosjanie ofiarowali Afganistanowi, jako „dar nie do odmówienia". A z samolotami całe masy części zapasowych dla Afgańskiej Partii Komunistycznej, w postaci tłumu mechaników wszelkich rodzajów i potrzebnych ilości. Ciąg dalszy znamy.

Mam nadzieję, że mimo wszystko na lotnisku w Kabulu znów znajdzie się „znak pamięci o Pułkowniku Wacławie Makowskim". I może inny polski inżynier przyczyni się tam do odnowienia połysku polskiego imienia. A jeśli do tego dojdzie, to przypuszczać trzeba, że ponownie za ogromne sumy pieniędzy Ameryki.

Na razie czas szkatułkę z lapis lazuli zamknąć.

Pułkownika Wacława Makowskiego Dziesięć Przykazań

Dla Pracowników Pomocy Technicznej, Rok 1957

(Przekład z angielskiego oryginału – Stanisław Wujastyk)

Jesteś przysłany do pomocy w kraju „rozwijającym" się. Pamiętaj, że znajdziesz tam niejednego człowieka bardziej „rozwiniętego" od siebie.

Przybyłeś tutaj z kraju „rozwiniętego", lecz czy sam przyczyniłeś się do jego rozwoju? Wobec tego bądź dumny ze swego kraju, lecz trzymaj na wodzy dumę osobistą.

Twój kraj rozwinął się szybciej, ponieważ wybitni ludzie znaleźli metody używania materiałów i pracy ludzkiej w sposób wyjątkowo korzystny. Bądź podobnie wyjątkowym w odnajdywaniu środków i sposobów operowania nimi odpowiednich dla rozwoju tego kraju, w jego warunkach.

Nie pomniejszaj lokalnych osiągnięć. Próbuj udoskonalić i pomnożyć je. Tego rodzaju osiągnięcia są trwalsze.

Nie oceniaj niczego jako „tanie" dlatego, że kosztuje tylko $. Ten $ może stanowi miesięczną pensję urzędnika.

Nie jesteś tu po to, by jedynie opisać ten fakt w raporcie do szefa... Ale po to, by zasugerować, jak praktycznie wprowadzić w życie nowe możliwości.

Nie tłumacz swej klapy nieudolnością lokalnych czynników w stosowaniu twego planu i metod pracy. To twoja osobista klapa.

Pamiętaj, nie jesteś turystą bawiącym w nowym i dla ciebie jako tako interesującym kraju – na koszt Międzynarodowej Organizacji Pomocy Technicznej.

Nie jesteś płatnym przez twoją Organizację krytykiem lokalnych ludzi, obyczajów i warunków bytu.

Bądź roztropny i przychylny we wszelkich stosunkach lokalnych. Grzeczność sama siebie gorąco rekomenduje w każdej sytuacji. Wobec tego nigdy nie bryzgaj błotem spod twych opon na przechodniów. Idących bez chodnika czy po chodniku. Grzeczność zawsze okaże ci wdzięczność i pomoc w twych stosunkach tutaj i na całym świecie.

# Droga do Palassy

„Stachu! Depesza z Nowego Yorku!", zawołał z drugiego pokoju mój przyjaciel i gospodarz, Jan Abramski, inżynier elektryk odpowiedzialny za dostawę prądu dla połowy miasta olbrzyma, Lagos. Jakbym usłyszał dzwon wyzwolenia! Jan wszedł roześmiany, „Czekałeś na to, prawda? Od dawna?".

„I prawda i od dawna! Indie?", przyznałem, porywając mu z ręki depesze. I czytając ją, usłyszałem baryton mego szefa: „Proceed New Delhi stop Report Res Rep concerning further use of UNDP helicopter in India stop as carlier discused with you stop Check and advice on the craft operating in Hyderabad Bangalore Madras stop Your full report and estimates required soonest stop copy Res Rep New Delhi stop Skyvar remains Lagos. On return resume duties stop Signed". (Proszę udać się do N. Delhi stop Omówić z Rezydującym Reprezentantem potrzebę helikoptera ONZ w Indiach stop według naszych uprzednich rozmów ocenić stan i operacje maszyny pracującej w Haiderabadzie Bangalore Madrasie stop Dokładny raport i propozycje oczekiwane możliwie najszybciej stop Skyvan pozostaje w Lagos stop po powrocie proszę kontynuować obowiązki stop Podpis)

Ta ostatnia linijka!... Więc nie tak pysznie, jak mi to serce wzruszeniem obiecywało, ale, no cóż i owszem. Podobno Los podaje kąski swej łaski na małych talerzykach, lub łyczki w filiżaneczkach. Ba! Jak komu. Nie narzekam.

Służyłem wtedy w Programie Rozwoju ONZ jako doradca w sprawach lotniczych, głównie logistyki lotniczej i jako pilot. W Nigerii, na mój gust o kilka miesięcy za długo, operowałem bardzo dobrym samolotem Programu, Short Skyvan z Belfastu, którym zaopatrywałem w konieczne materiały wojną zniszczony kraj plemienia Ibo, Biafre. Z trudem znosili to właściciele Nigerii.

Humor mi powrócił, natychmiast uwolniłem się z rak wojskowych administratorów lotniska w Lagos, usiłujących w niemałym stopniu administrować i mnie. Bywało niemiło.

By nie zwlekać, poleciałem przez Marsylię, choć mnie ostrzegano, że tam na połączenia do Rzymu, a tym bardziej do Indii, może będę musiał czekać i kilka dni. A w Marsylii (pięknego imienia) groziło mi zajadanie sie bouillabaissem, picie Du ... Dubo ... Dubonnet już o jedenastej rano, Cote-du Rhone do arcy-obiadu, koniaku Bisquit do kawy, digestifu o piętnastej a ledwie wybije ósma wieczorem – Chabli do dwu tuzinów ostryg. I nie daj Panie, jeszcze pewnie Armaniac do poduszki, żeby nie stracić okazji. Ach, byłbym opuścił, że przecie na śniadanie baquette z „en ver de blanc"! Wiedziałem, wiedziałem, że co Francuz wymyśli dla stołu i kielicha, to Polaka może doprowadzić do otyłości. „Ale to nie ze mną tak, panowie „przyjaciele" Francuzi! Ja tam u was będę przelotem w sprawach poważnych, przeżyję o chlebie i wodzie (et qui mal y pense). Jedyne z mej strony ustępstwo to zakup w wolnocłowym sklepie lotniska największej przenośnej butli koniaku zdobionego imieniem Napoleona. Co? Stare polskie sentymenty? O, co to, to nie, panowie! Wyłącznie dla rodzinno-psychologicznych racji".

Ja od lat latałem po świecie, więc by na szybkie powitanie-pożegnanie w domu na Malcie butlę tę rzucić w objęcia mej żonie, ucałować jej drogie czoło i odlecieć w hinduską dal. Odlecieć.... Ona w takich sytuacjach tuliła butlę do piersi (...aż się szkło rumieniło!) i szeptem zapewniała, że gotowa mi być wierną do ostatniej kropli tego napoju, oczekując następnej butli... Los żony zawodowego pilota.

Umowa stała. Lecz tym razem nie wyszło. W rzymskim biurze ONZ-tu doręczono mi depeszę z Nowego Yorku, nakłaniającą do natychmiastowego lotu do New Delhi! Zauważyć więc proszę: Malta została na uboczu – butla koniaku ze mną. Pragnąłem ją uczciwie dochować przez następne tygodnie, by jednak pewnego gwiaździstego wieczoru, na ciepłym dachu naszego domu, upoić tę ładną kobietę doskonałym Napoleonem. Zobaczymy, co mnie i koniakowi zgotował indyjski los....

Nie dolatując do New Delhi wysłałem z samolotu depeszę do naszego Rez. Repa (Rezydującego Reprezentanta Programu), by pogłębić jego przekonanie, że zbliża się osoba ważna. Z lotniska samochód służbowy zabrał mnie do pięknej okolicy miasta, do naszego biura. Tam moją obecność przyjęto uprzejmie, z marginesowym zainteresowaniem. Byłem specjalistą od spraw nikomu bliżej nie znanych, z własnym programem zajęć (ułożonym przeze mnie, telegraficznie wysłanym i odesłanym do Lagos z podpisem mego szefa) a program ten wyglądał tak: z New Delhi hinduskimi liniami do Viśakhapatnam. To największa baza morska Indii na ich wschodnim wybrzeżu. Tam miał przylecieć na spotkanie ze mną helikopter ONZ-tu, żeby mnie zabrać na loty operacyjne nad lasami Haiderabadu i innymi na południu, bym uzyskał wyraźny obraz całości operacji lotniczych, o jaki chodziło czynnikom Programu Rozwoju decydującym w Nowym Yorku, plus moje rekomendacje z terenu, dotyczące przedłużenia umowy o wypożyczeniu maszyny Ministerstwu Lasów lub zakończeniu jej. Dodatkowe treści mego zadania miały pozostać w gestii Przedstawiciela Programu Rozwoju, rezydującego w New Delhi.

Zatrzymałem się w starym hotelu, niskim, rozległym, typu bungalow, o wielkich pokojach i o łazienkach jak pokoje, gdzie drzemał wiktoriański chłód wobec każdego upału na dworze i także o innym znanym mi wspomnieniu kolonialnych lat – woni z dawna syconych wilgocią, z dawna nie malowanych ścian. Obsługę, naturalnie także „wiktoriańską", reprezentował „batman", personalny służący, od razu biorąc gościa w opiekę, gotów bronić gościowej wygody, bezpieczeństwa dewiz i dokumentów i co tu wyszczególniać dalej – zadowolenia i koniec (Ten hotelowy anioł-stróż ubierał się w kostium mody „Moguł". Czy jeszcze istnieje po nim ślad ?).

Od razu rozdzwonił się w moim pokoju staruszek telefon. Przedstawił się sam wysoki szef, jeden z najstarszych i najwyższej rangi Rezydujący Reprezentant UNDP, tutaj nasz lokalny Pan. Grzecznie. „Kolego", powiedział. I zaprosił na herbatkę. Wzruszony, uszom nie dowierzając, że mi donosiły aż takie szczęście, upewniłem się ogródkiem, że herbatka ma być pita nie jutro o jedenastej w biurze, w przerwie na cup of tea – ależ skądże! U niego, w prywatnej willi, dzisiaj! Niemal zaraz. Five o'clock! Bardzo wysoko zamniemałem sobie o sobie. Widocznie ta depesza szybsza niż samolot. Głosem mierzonym jak dostojne kroki wyraziłem zadowolenie, że tak szybko mogę mu przedstawić mój plan działania, i gdy kładłem słuchawkę na jej wysokie widełki, załomotało mi w umyśle pytanko: czego to sobie zażyczy pan tak ważny w tym kraju o żywej tradycji radżów, ten maharadżdża UNDP? „Uważaj, Stasiu, bo to potem będzie twoja wina" (... już uprzednio wielcy panowie naszej instytucji próbowali przedstawiać mi swoje przekonania do stosowania). Pełen podstępnych myśli jak tu zasmarować, gdy przyjdzie odparować, wyświeżony prysznicem, strojem i nastrojem przygotowany, wezwałem służbowy wóz. Pojechałem. Co za spotkanie! Drzwi willi otworzył sam pan... Ujął mnie za rękę i za ramię i wprowadził w chłód wystawnie i szanownie wyposażonego salonu. Co za gust: Co za kunszt! Co za możliwości! A sam pan o głowę ode mnie wyższy, równie postawny jak ja, nadto o tzw. rasowej twarzy, która, jak godna zaufania księga, zapisała wszystkie jego degustacyjne zamiłowania. Zdobiła się uśmiechem ostrożnym, dość szczerym, by interesująco kontrastować, a jednak współgrać, z chłodem oczu.

Zasiedliśmy w wspaniałych klubach, w możliwie niedbałe rozluźnionych, a wyszukanie grzecznych pozach.

Wszedł służący. Sygnał, bym się od razu dał poznać jako osoba niełatwa – przez fakt, że nie pijam nawet najorginalniejszych alkoholi, marek najdroższych, w ogóle ich nie znam, nie palę, choćby to były kubańskie cygara. Nie. Pan skłonił głowę, objawił zadawnioną niechęć do alkoholu, choć pewne szczegóły twarzy temu przeczyły, odprawił tacę z karafkami, z lodem, ze szklanicami rżniętym na wyspie Murano, w zatoce weneckiej. I rzeczowo przeszedł do zracjonalizowanych postulatów, wynikających z poważnych cyfr, wskaźników, ostatnich statystyk. Spokojnie malował obraz dokonań UNDP, t.j. swoich, w Indiach, między innymi w gospodarce leśnej, która obecnie, w dziale obsługi, to jest pomocy lotniczej, szczególnie wymagała ostatecznego, lekkiego, ale fachowego potwierdzenia potrzeby, a raczej konieczności użytkowania w tutejszym leśnictwie helikopterów. Na razie jednego, a może dwóch. To oczywiste. A ja od razu dostrzegę, że wydatek po sto tysięcy dolarów rocznie, czy po dwieście, przez następne trzy, może cztery lata na lease-lend helikopterów – to bezsens wobec jednorazowego wydatku. Ależ i to nie.... W tym roku, kiedy chodzi tylko o jedna maszynę, to zwykłego uzgodnionego skreślenia kosztów jej w książkach naczelnego płatnika w Kwaterze Głównej, tym bardziej, że bieżąco ona tak doskonale służy w Haiderabadzie, w Bagajore; Ministerstwo Zasobów Leśnych wyraża najwyższe zadowolenie i obawia się.... Sprawa wydaje się bezdyskusyjna. Po co ponosić koszta transportu maszyn do innych krajów, tu są konieczne, są bardzo dobrze obsłużone, operowane, wiec jedynie trzeba bym sam zobaczył, skonstatował, napisał obiektywny raport, ten raport jemu przedstawił, jak tego wymaga normalna służbowa rutyna, na kilka dni przed odlotem do Nowego Yorku, tak byśmy mogli dopracować razem....Ten ostatni punkt jego programu przyjąłem, zwyczajem angielskich dziewczynek bawiących się w odczynianie przyrzeczeń z góry, trzymając w kieszeni skrzyżowane palce. Czy po to przyleciałem tutaj żeby po każdym przebudzeniu się rano wdawać się w niepotrzebne walki z sobą o poziom moich kwasów żołądkowych?

Zza ażurowej zasłonki jego ambitne plany, uśmiechnięte, puszczały do mnie perskie oko. Ale cóż on mógł na tym zyskać? Medal? Order! Ależ, prawda! Hindusi zażądaliby przedłużenia jego kontraktu na dwa-trzy lata i na pożegnanie ten order. O, tak. A jakbym wyglądał ja? Doskonale wiedziałem, że w Nowym Yorku dla „niektórych kół" byłem niewygodnym, bardzo nowym, bardzo „cudzym" osobnikiem o zdaniach trudnych do zaprzeczania, bo pierwszym tego rodzaju ekspertem, w nieznanej materii, niewiadomo jak się go pozbyć, więc jeśliby się nadarzyła możliwość.... (Tu przepraszam czytelnika, że nie żartuję, przyznając się, że mam takie oto swoje motto: każdy sukces Polaka, jest sukcesem każdego Polaka, natomiast każdy anty-sukces – łagodnie to nazywając – jest umazaniem twarzy każdego Polaka) (Gombrowicz: jest przydaniem każdemu Polakowi – GĘBY!).

Na razie rozstaliśmy się, mając nadzieję, że wzajemne braki ufności są niesłuszne.

Z luksusów New Delhi odleciałem bardzo wcześnie najnowszym odrzutowcem do Kalkuty. Publiczność ... tu pamięciowe wyrywki z czasów, gdy jako pilot latałem na liniach lotniczych niezadługo po wojnie..., kiedy ilość pasażerów bywała niewielka, niekiedy dla Linii groźnie niedostateczna. Obdarzaliśmy ich słowem czułym „nasi pasażerowie", our pax, nikomu do głowy nie przychodziło patrzeć na nich jak na zawadę w czasie lotu. Ale też tamtymi czasy pax przeżywali lot, mieli się za współ-bohaterów. Godnych naszej opieki i pięknie się nam współ-latało. Lecz teraz ja, pasażer, jeden z tłumu bezładnie dążącego do schodów z przodu, czy przez wysoki ogon samolotu, widziałem siebie i ich jedynie jako „publiczność" – równie dobrze mogliśmy iść do kina. Żadnych obaw na twarzach! To już dno spowszednienia... Jak się to dawniej załoga pysznie czuła, gdy chwytała trwożne spojrzenia, albo ktoś z cicha mówił: „...wiecie, że jesteśmy w waszych rękach...". A dziś? Lezą, tylko im o miejsce chodzi, a to żeby przy oknie, a to żeby właśnie na odwrót, a to im za ciasno. I kiedy w czasie kołowania na start stewardesy usiłują ich wystraszyć opowiadaniem o przymusowym lądowaniu, lub gorzej, o wodowaniu, kiedy żądają, żeby panie przed wyjściem przez okna palącej się maszyny lub tylko tonącej, zdejmowały pantofle na szpilkach, po czym siadały na przemian z obcymi panami bez butów na gumowym ześlizgu, by siupnąć na ziemię, lub do oceanu, czy zaledwie do morza, to oni, dzisiejsi pax gadają między sobą! O byle czym! Ano, trudno. W tym samolocie mogłem im to wybaczyć, tu wszystkie panie i panowie w sandałach, w łapciach.

Ulokowali się. Hm. W jakim to towarzystwie będę przemierzał ich przestrzenie powietrzne. Owszem, owszem, kolorowo tu, dostatnio, przewaga strojów z materiałów cienkich, zdobionych nitkami złotymi, srebrnymi. Cieszy mnie to, że panie ukazują gładkie, ciemne pasy ciepłej skóry w pół ciała. To miłe. Panowie: jedni brody czarne, inni siwe w siatki uwikłali, to je wygolili, za to wąsy noszą srogie. Turbany. Ale i siwizny i łysiny widać. Białe koszule z kołnierzykami niskimi, stojącymi, na guziczek zapinanymi, na to kamizelki czarne. Powaga.

Wznieśliśmy się na wysokość przelotową i oto chyli się ku mnie cud-zjawisko, jakie pewnie tylko na tej wysokości można zobaczyć i tylko w Indiach - „z kroplą krwi pomiędzy łukami smolnych brwi..", w rymy wpadam na wspomnienie, wysoka trzcina assamska o prześlicznych rysach, widocznie przez Sziwę uczynionych w czas Jego rozmyślań nad urodą pań i pytało mnie to cudo, opiekuńczo patrząc w me oczy, czy życzę sobie z mięsem, czy jarsko, ale za to z hinduskich jarzyn. Dreszczy można dostać wyobrażając sobie hinduskie jarzyny. (Te pierwsze oszołomienia

457

bez względu na wiek! Dla was warto podróżować!). Z westchnieniem wracałem ku rzeczywistości, lecz jakże zdumiony, bo do najprawdziwiej bajecznej! Oto lecieliśmy wzdłuż Himalajów w powietrzu tak suchym i przejrzystym, że kiedy głowę zwróciłem ku olbrzymom patrzyłem wprost w ich twarze! Świetlistej bieli, bliskie. Odległość przez ich ogromy i moja wysokość przestała istnieć, szybkość tez stanęła w miejscu. Nie uszliśmy jednak innego aspektu naszego chwilowo indyjskiego losu: w głośnikach chrapania, pukania, metaliczne, zgrzyty gwałconych mikrofonów i bełkot kapitana – oznajmiał nam, że jego Linia Lotnicza troszczy się o nas. Rychło potem cudo obojętnie wetknęło mi w ręce tackę z curry, jarskie, mdławe i chłodnawe jak drugie wrażenie wywołane przez to, no, owszem, niczego sobie dziewczę. (Dobrze mu tak, prawda?). Wkrótce zeszliśmy z wysokości wśród nadzwyczajnych pykań w uszach, zatrzęśliśmy się przy twardym dotknięciu kołami lotniska i – Kalkuta. Tu upał i przykra niespodzianka. Zmiana samolotu na maszynę „Domestic Flight". Odrzutowiec miał się ponieść do Bangkoku. Mnie z jego luksusu przeładowano do skromnego wnętrza turbo-śmigłowego Fokkera 27. W jego brzuch, ogarnął nas obecnych taki gorąc, że w mgnieniu oka oblaliśmy się czym kto mógł wyprodukować z siebie dla ochrony wysychającej skóry. Zaczęło się długie kołowanie na start. Trzęsienie się na sztywnym podwoziu. Nudne rozpędzanie się. Leniwe wznoszenie. Powolny lot nad nieciekawym terenem. (A to czelność z mej strony! Ja, przestarzalec z Dakoty itp., rozparzony na Lear Dżecie, na Fan Dżet Falcon i znowu strącony na turbo-propy, doskonałe zresztą, ale ... ). A jaka inność dokoła mnie. Splendory społeczne pozostały w Kalkucie, lub już leciały do Bangkoku. Tutaj zwolna przesuwał się powietrzem drobiazg finansowy, pozaklasowy, tam nieprzynależny. I ja. O, ten mięsisty, grubej kości, w czarnym ubraniu typ, może kupiec zardzewiałego żelastwa, może handlarz chudym bydłem; przy nim cienki skryba z ciemnego kantorka, żyjący z abakusa; przy skrybie, już o wiele lepiej, tłustawy młodzieniec o jasnej, czystej skórze. Sympatyczny. Szare kobiety, mimo że wszystkie czarniawe brązowe. Tobołki paskami spinane, wiązane powrózkami.

Lecieliśmy w ciszy, szczęśliwie wolni od objawień kapitana o troskach jego firmy o nas, i dla mnie, w coraz bardziej zadawalającym, moim mocnym szumie silników i śmigieł. W takim szumie przeżyłem niejeden tysiąc godzin, więc on szybko odzyskiwał swe prawa cieszenia mnie po cudzych odrzutowcach.

Po dwu godzinach lotu dziwiło nieco, że nie pytano o nasze gusta w jedzeniu, a przede wszystkim w piciu. Natomiast po jeszcze małej godzince moc silnikom zmniejszono, kadłub pochylił nos ku ziemi i – dotknęliśmy betonu niespodziewanego lotniska. Gdy wszelki ruch maszyny ustał drzwi otworzono. I ...? Ani słowa. Najwyraźniej wypuszczano nas. A wiec jednak co kraj, to kiepski obyczaj. Zszedłem na tarmak, rozejrzałem się: bardzo małe lotnisko, bardzo mała wieżyczka kontrolna, za nią widać bardzo małe miasteczko. Co mogło sprowadzić nas z powietrza w ten jasny dzień – tutaj?

Wyraźnie zmienił się ton podróży. Byłem w krainie innej. Załoga samolotu znikła, obsługa ziemna nie pojawiła się, tłumek pax zrzedł ani w dusznej, ciasnej poczekalni, ani dookoła niej, ewentualnego informatora nie dostrzegłem. Zaciekawiła mnie sytuacja. Dochodziła pierwsza. Należało działać. Dla mnie, wtedy zawodowego pilota, oznaczało to przejście szybkim krokiem do wieży kontrolnej. Do pięterka obserwacyjnego prowadziły strome drewniane schodki. Wszedłem nimi tam, gdzie „obcym wstęp wzbroniony". Na tle okna stał kontroler zwrócony do pleców owego grubasa w czarnym garniturze, tego rzeźnika z samolotu. Jak to! Ja, to co innego, ale jakie prawo miał ten człowiek do wejścia w zakazany rejon wieży kontrolnej jakiegokolwiek lotniska? I trzymał w ręku słuchawkę radio-telefonu! Kontroler łagodnie spojrzał mi w oczy, po hindusku zachwiał głową na boki, nic powiedzieć nie był w stanie, bo grubas właśnie zakrzyczał do telefonu szybko, agresywnie, zmusił nas do słuchania tego. Ale jednak, ale wreszcie, przekrzykując grubasa przedstawiłem się kontrolerowi: jestem wysłannikiem ONZ-tu, ściślej UNDP, w misji dotyczącej helikopterów wypożyczonych rządowi Indii etc. Jestem w drodze do bazy morskiej w Visiakhapatanam, tam mam umówione spotkanie z załoga etc. No, dość. Tymczasem grubas ucichł, z słuchawką przy grubym uchu czekał na głos z daleka. Zapytałem, dlaczego samolot wylądował tutaj? Kontroler nie wiedział. Kiedy lecimy dalej? To wiedział. Nie lecimy wcale. Kapitan odmówił dalszego lotu. I odjechał. Z załogą. Hm. Koniec kwestii. Ale jak mogę się dostać do Visiakhapatnam? A?... O! Oto ten pan, ten niesympatyczny grubas co właśnie przestał męczyć telefon to... wice-admirał Marynarki Wojennej, komendant bazy w Visiakhapatnam!... Przed chwilą zawiadamiał swego adiutanta o opóźnieniu powrotu. Żebym się z nim porozumiał. On się bardzo spieszy. I przestawił nas sobie. Admirał przez chwilę patrzył na mnie twardym czarnym okiem i nie uśmiechnął się do swego gościa. Na razie nie postrzegał w mym projekcie podróży do jego bazy korzyści. Wtem powiedział: „Jak pan chce, jedziemy taksówką, zmieści się pan z nami, jest nas trzech. Podzieli pan koszta". I wtedy rozjaśnił się. Ale nie bardzo. „Ile to mil" zapytałem. „350, może 400, a na kilometry około 600. Piękna szosa, wzdłuż Zatoki Bengalskiej". Ucieszyłem się. „To część Oceanu Indyjskiego", dodał. „Kiedy ruszamy?". „Zaraz! Ani tu nie ma co jeść, ani ja nie mam czasu", rzucił. „Ale" z krzywą niby-uprzejmością-dowcipem rzekł: „Jak pan chce. Tu drugiej taksówki nie ma".

Zeszliśmy przed budyneczek portowy. Na ulicy bez chodnika stali dwaj panowie, co-pax z samolotu. Admirał przedstawił mi ich: ów chudy (mój „skryba z ciemnego kantorka") o wąskich piecach, ostrożnym spojrzeniu spod wydatnych bezwłosych kości brwiowych, to intendent bazy, administrator finansów; młodszy, „czysty" młodzieniec, krewny płatnika, też urzędnik bazy. Od razu go polubiłem, choć lepiej by mu było „do twarzy" trochę za pełnej, gdyby wyższy był o kilka centymetrów. Poprawiała jego wygląd wesołość oczu, spokojna otwartość. Przed nimi samochód, Vauxhall, model sprzed wielu lat, tanio zakupiony przez Indie w Anglii dla produkcji krajowej, grat już w dniu narodzin z nieudanej koncepcji. Dach już miał obładowany tobołkami i starą walizką. Jako szofer wyłonił się chłopak w podartych szortach, w podkoszulku, co dziurami odsłaniał jego chude żebra. Nie powstrzymałem zadziwienia! Czy to jest ta „taksówka"? „Tak", odparł czarny admirał. „Ta taksówka! Wy tam, w USA. nie potraficie zrozumieć naszej pomysłowości. U nas jeździ się na sznurkach, ale się jeździ!" Powiedział to ponuro, jak wszystko co powiadał, a jednak zabrzmiało to niespodziewaną cienka kpinką, umiejętną satyrą. I już ładował swą ciężką wagę do przedniego siedzenia, bez europejskich ceregieli wobec mnie, ale logicznie. Dwaj inni nie zmieścili by się z nim na tylnym siedzeniu. Niemniej od tamtej pory rozwinęła się między nami nieustająca niema bitwa o prestiż. Milcząca i zajadła z jego strony, z mojej ubawiona, bo świadoma, ale równie zajadła, tym bardziej, że często w nieznanych warunkach poprztykiwana w nos. On miał wszelkie prawa na swej ziemi, w swej bazie, w swym stopniu admiralskim, według uznania międzynarodowego i tym bardziej krajowego jego stopnia i stanowiska. Ja? ... ...Ja składałem się z dwu elementów: mnie samego, czyli „osoby", a po drugie byłem wysokim wysłannikiem Programu Rozwoju, więc ONZ-tu, mającym za zadanie dobrze czynić jego krajowi. Chodziło mi o taki stosunek jego do mnie, bym mógł swobodnie wyzbyć się traktowania mego stanowiska ponad potrzebę serio, lecz by to nie odbijało się na powadze moich decyzji. Trudna kombinacja w duchocie i ciasnocie starego pudła taksówki. Na wielkie szczęście obaj jego towarzysze okazali się naturalnie uprzejmi, a on milczał tam przed siebie.

Ruszyliśmy na południowy wschód Indii, kierunek to skomplikowany tym, że tam całe wybrzeże ucieka ku zachodowi.

Milczeliśmy. Droga asfaltowa, szeroka, szofer bosymi stopami z rzadka operował pedały hamulców i sprzęgła przy mijaniu arb o kołach wyciętych w poprzek odziomków wielkich drzew, a ciągnące je bawoły zdawały się poczynione z odrzynków tych samych pni. O wiele poniżej i po obu stronach szosy – równiny ryżowych pól. Tam, daleko, ludzie stojący nieruchomo, może zapatrzeni w tego owada sunącego po szosie, znikąd donikąd, ludzie siedzący w kucki z zadkami umoczonymi w wodzie, postacie pochylone nad lśniącą wodą, okręcone do pasa białymi chustami, a ich poziome tułowia – ciemne kreski zakończone białą kropką zawoju. Ledwie niekiedy, hen z lewej, błyskała Zatoka Bengalska, srebrna, otwarta wiatrom z nad oceanu. Monotonię tej drogi po trosze ratowały szeregi wysokich eukaliptusów i choć nie stały tak bliskimi sobie szeregami jak włoskie topole, dalekim wspomnieniem przydawały perspektywie uroku włoskich dróg. Vauxhall sznurkami wiązany ciągnął pracowicie i niespiesznie, jakby od wołów i bawołów przejął ich posłuszną wytrwałość w pracy.

Widoki niezmienne, szum samochodu, gorąco – nawet resztka ciekawości opuściła głowę.

Zbudziłem się kaszlać, nos i gardło zaschnięte. Ach, tak! Jestem w Indiach... I z powrotem zanurzyłem się w męczący stan, ni to sen, ni majaki o Nigerii, o niej? .... nad Zatoką Gwinejską plaża w słońcu ciągnie się nieskończenie na wschód, zaciera się... siódma fala oceanu toczy ku mnie zwały niepojęcie przewyższające moją wyobraźnię spod Lublina, ogrom baśniowy, potwór-kobra, jej granatowy brzuch wgięty do uderzenia łbem zielonawo-białym, szerokim na całą długość niekończącej się plaży, zaraz zwali się grzywa rozpieniona, z złowrogim sykiem zagarnie cokolwiek dosięgnie, wchłonie pod siebie, w głębię, i tam zatopi co żyło ... wysoko, wysoko na grzbiecie dwunastej, najpotężniejszej fali igra w słońcu łódź jaskrawo malowana, długa, wąska i wywrotna, pewna w rękach artystów żeglarzy, to wracają pogromcy głębi, rybacy z pełnymi sieciami, ich fala-potwór nie chwyci, przed nimi skłoni pienisty łeb i złoży ich łódź na domowym brzegu łagodną dłonią.

Na plaży niewidomi grają w siatkówki. Biegają, podskakują, Śmieją się. Rosjanie, Czesi, Polacy. Tamci. Pojedynczo i zbiorowo poprzegradzani niewidzialnymi ścianami dla niewidomych od ziemi do chmur, patentu jeszcze patronki braterstwa w ramach Panslawizmu. W patencie zastrzegła dla siebie ostrą przejrzystość ścian. Tyle, że nasycono je czerwienią, tym przenikliwszą. Podejrzliwie poglądają dokoła. I wrogo.

W głębi plaży roztańczone, rozśpiewane, urokliwa murzyńska moda, kolorowe grupy wyznają coś, modlą się do czegoś. Wielbiciele magicznego wudu. Podejrzliwie poglądają dokoła. I wrogo.

Niebo. Niepojęcie rozległe i wysokie, tu błękitne, a tam czarne, pełza po ziemi, ogarnia ją, zalewa, obezwładnia, wbija w nią kolosalne pioruny. Lecę po obrzeżu ciemności.

Lecę na coroczny egzamin w powietrzu, dziś moim egzaminatorem jest inny Polak. Roman Hrycak. Tutaj szef wyszkolenia pilotów linii lotniczej Nigerii. Mamy tu kilku ważnych Polaków.

Na biurku cztery pięści. Za biurkiem dwie bryły w mundurach. Majorów. Grożą mi zestrzeleniem przy ładowaniu – ONZ, czy nie ONZ – jeśli się zbliżę do Maiduguri, do Ibadanu, bez pozwolenia tych pięści. Indyjski admirał stoi za nimi. Rytmicznie kiwa głową ... mają prawo, mają prawo, mają prawo....

Po raz drugi obudziłem się i otrząsnąłem z tych majaków, zmęczony nimi, ze zdrętwiałą lewą ręką. Ale.. co to? Dokoła cisza. „Martwa". Kompletna. Żadnego... Nic! Taksówka mija drzewa, one są jak ruchome tło rysunkowego filmu, bez dźwięku. Nie słyszę motoru, najmniejszego szumu. Czy ja ogłuchłem? Jestem w czymś nierealnym! Moi towarzysze siedzą niczym figury woskowe. Patrzą za okna w lewo, czasami poruszają ustami, nie słyszę ich słów. Ja też zwróciłem głowę w lewo – tam nie ma nic.... W prawo – też nic! To nie mgła, ale świat zaciągnięty jasno-szara powłoką, ani śladu ludzi na polach, ani samych pól. Szarość. Patrzę w przód, pomiędzy głowę szofera i ramię admirała – tam trochę drogi widać. Wtem jeden eukaliptus upadł w prawo, poza szosę, i widziałem że jego korona uderzyła... w wodę! Z rozpryskiem. I zatonęła. Cała znikła. W ciszy. Raptem przed nami usiadła na szosie duża matowo-biała, bardzo jasna kula. Bezgłośnie. To – zrozumiałem. Przed dziesięciu laty piorun z czystego nieba strzelił w nos Dakoty, którą leciałem z Brukseli do Luton. I tak właśnie wyglądał: matowa jasna kula. Milcząca. Grzmot jej zagłuszyły silniki. Rozsypała się w ogniste ogony wzdłuż kadłuba samolotu. Stewardesa wpadła do cock-pit'u: „Czy zapalił się silnik! Prawy! Szmaty ognia przeleciały za oknami... !". W ciszy sunął wóz, zwaliło się duże drzewo, pojawił się inny, matowy obco-planatariusz. Zacząłem zdawać sobie sprawę, że przecie słyszę wysoki dźwięk, świst cienki ostry, jak jęk tarczy elektrycznego noża na szalonych obrotach. On wciskał się we mnie podstępnie, aż go wreszcie dostrzegłem całą głową, może całym sobą. Otaczał dach samochodu. I zacząłem pojmować, że dokoła nas lecą masy wody, poziomo, pewnie porwane z powierzchni Zatoki Bengalskiej, wody niewiadomej grubości, czy raczej głębi. Masy, a niepojęta potęga, tępa, obojętna, niesie je ze wschodu na zachód. Nie uderzają. Tak jednostajny to ruch, że nie odczuwa się ich naporu na wóz, żadnych zmian. Przesuwamy się przez nie....

Przez okno widać, że woda na tym, co było niskimi polami po obu stronach szosy, już dorównuje poziomowi jezdni, a skoro tak, to ona się wzniesie powyżej szosy i zaleje silnik samochodu. Że też on jeszcze pracuje,

464

ten Vauxhall. Wreszcie trąciłem w ramię mego młodego sąsiada i mimicznie zapytałem, co to za indyjskie licho? Wyjaśnił mi w ucho: „Cyklon!" No, tak, że też sam się nie zorientowałem. Wybaczam sobie mój pierwszy cyklon. I natychmiast zrozumiałem, dlaczego siedzę tu, w taksówce od siedmiu sznurków z zalanym silnikiem, zamiast już dawno temu składać oficjalną wizytę temu admirałowi z przedniego siedzenia, co wymusiłoby na nim zaprosiny do przyzwoitej kwatery. Jasne! Tamten kolega pilot otrzymał radiowe ostrzeżenie o cyklonie. Hm. Hm, hm. A tu znowu. Po stronie prawej wielkie drzewo milcząc, z wolna, lecz przyspieszając, złożyło się z bryzgiem w wodzie. I prawie zatonęło. A co jeśli drzewa od strony oceanu, czyli z lewej, zawalą drogę? Trzy białe kule. W krótkich odstępach. Trzy białe matowe kule siadły na szosie... I znowu jedna. Pioruny siadają przed nami, biją w szosę, w drzewa, któryś zdecyduje się rąbnąć w nas. Taksówka to nie samolot. Różnica? Wszystkie części samolotu są „elektrycznie związane", jest on „Puszką Faradaja". Każdy ładunek elektryczny pozostaje na jej powierzchni, żaden nie może dostać się do jej wnętrza! Ale ten gruchot-taksówka nie jest żadną „puszką." Świst na dachu się wzmagał. I wtem stało się. Wóz zwolnił. A więc! Toczył się krok, dwa. Stanął. No, tak. Woda na powierzchni szosy na dobre dziesięć centymetrów. Milczące pioruny biją i gasną. Mijają długie, długie chwile, ...daje się wyczuwać spadek napięć. Tendencje do uspokojenia. Jeszcze napór potężny, ale maleje. Może zmniejszył się ciężar wody. Lecz białe kule siadają przed nami. Jak umówieni, bez gadania, wyskoczyliśmy by pchnąć wóz między odległe od siebie drzewa. Woda ciepła. Gruby admirał nie ruszył się z wozu. Jego też pchaliśmy.

Podrysował tym swoją sylwetkę. Zmokli, przemokli, weszliśmy do wozu. Grzebaliśmy w rzeczach podręcznych, czym by się okryć. Gdzie tam. Trzeba by wysiąść do bagażnika, zdejmować z dachu, odwiązywać, zawiązywać. Najmniej kłopotu w tej kwestii miał szofer. Trząsł się na swoim dziurawym siedzeniu, w dziurawej szmatce. Intendent dał mu sweter. Młody urzędnik płachetkę. Oni zawsze mają z sobą rodzaj szala, czy zawoju, czy płachty na „lungi", rodzaj spódnicy. Ja woziłem lekką kurtkę i chustę po cowbojsku na szyi wiązaną. Nieco pomogło. Nikt nie narzekał, nie pytał, „co będzie, co zrobić". Sytuacja sama się namotała, sama się musiała rozmotać.

Ściemniało się. Cichło. Nic już nie siadało na szosie rzece. Drzewa wchodziły w noc spokojnie pochylone gałęziami i długimi liśćmi ku zachodowi. Wszyscy zadrzemaliśmy.

Obudził nas wstrząs, dudnienie, szum przerwanej wody, silne światła. Z czarnej nocy za nami wychynął ogromny autobus. Osie jego kół zobaczyłem na wysokości moich siedzących oczu. Stanął. Jakby piorun trzasnął w admirała, podniosło go i wyniosło, przez wodę zaleciał na drugą stronę szosy do szofera autobusu i tam krzyczał. Wrócił zchlastany, machając rękami wezwał chudego intendenta, by wysiadł, porwali co mieli podręcznego, powiedzieli coś młodemu urzędnikowi i znikli w ogromie autobusu pełnym ludzi. Teraz widzieliśmy, jak ciemne sylwetki robiły im miejsca. Ani słówka do mnie. Autobus ruszył, jego młyńskie koła głośno chlupały w wodzie. Drżał nasz wózek, gdy nas mijał długi szereg jego przyćmionych okien. Zcichło. Czerwone światełka. I tym ciemniej. Natomiast błysnął głos młodego urzędnika: „To autobus robotników. Wracają do domu, do Palassa. Admirał załatwi dla nas pomoc policji. W Palassa będą na nas czekać i razem pojedziemy do Viśakhapatnam". „Palassa? To brzmi obiecująco, jak siedziba wielkopańska", zażartowałem. „Nie, ale to ładne miejsce", odrzekł mój rozmówca. „Nie mamy nic do jedzenia", powiedziałem. „Ja mam chleb", rzekł młody człowiek. „Chce pan?". „Proszę. Ale czy szoferowi może pan coś dać, bo nam zesłabnie". Urzędnik wetknął mi w rękę placek. „Do rana wystarczy, a rano śniadanie w Palassa", podziękowałem. On roześmiał się. Nie powiedział, w czym dowcip. O wiele później odgadłem, że był lojalny wobec swego szefa nawet poza jego plecami w autobusie. Rozmawiał z szoferem, dał mu prócz chleba coś do okrycia się. Orientowałem się po szmerach, poruszeniach i cichych przyjaznych półsłówkach tych młodych ludzi. Kokosiliśmy się do snu. Ale niewygoda, ciasnota, wilgoć, dreszcze od parowania tej wilgoci na skórze przez cienkie koszule, zapowiedź grypy czy innej formy tzw. „przeziębienia"? Tego rodzaju nieznośne choroby, niby lekkie, bardzo odbierały mi energię. Wtem przypomniałem sobie moją marsylijską butlę koniaku! Gdzie ona! Oczywiście w mej walizce na dachu. Mowy nie ma o tym, by w resztkach zlewy, w ciemnościach, stojąc w wodzie borykać się z kluczykami. Jutro. Jutro rano, jeszcze przed Palassa. Sama myśl o tej desce ratunku przywróciła mi nadzieję spokojnego snu.

Cyklon ledwie żył. Jeszcze słyszeliśmy dorywcze chlusty wody, czasem ich strugi, a chwilami już znajomy deszcz. Moi niewidoczni partnerzy z wolna dematerializowali się w ciszy.

...szarość za oknami jaśniała... Co mnie tak uwiera w lewy bok? Na czymś twardym oparłem dwa żebra pod sercem – co to? Ach, to szyjka mojej butli! Moja szyjka! Szyjka mojej marsylianki! I bez korka! Zdumiony wyciągnąłem ja spod siebie – ledwie ćwierć drogiego płynu w niej zostało. Ale przecie mi sucho? Nie wylało się... Ba, naturalnie, że się wylało, przecież to już trzeci poranek od „Nocy Autobusu"'! A my w tej taksówce z rozmokłym motorem – w tej pułapce bez jedzenia, bez wody, dwa dni, dwie noce, nie! trzy dni, licząc dzień pierwszy tej jazdy, trzy noce, to dzień czwarty, zdrowi, w doskonałej formie, w brylantowych humorach, amatorscy mistrzowie rozwoju przyjaźni międzykulturowo-narodowej i absolutnie bezklasowej. Bez językowej. Może dlatego? Sama esencja ludzkiej materii. Materii? Anglicy to milej ujmują: „mleko ludzkiej dobroci... ", to „mleko" to trzy-czwarte mego Napoleona z, w porę otwartej butli. „We właściwym miejscu, we właściwym czasie", według

467

zasad (british) dyplomacji każdego dnia. Koniak małymi łyczkami w dwu metalowych nakrętkach (daj Boże zdrowie jasno widzącemu konstruktorowi) rozlewałem na trzy części i przez te poranki i południa i wieczory ten brązowo-złocisty płyn zamieniał się w owo cudowne mleko ludzkiej sympatii. I zdrowia! Jeszcze zostało mi mego Bisquit na ten poranek i pewnie cały dzień. Pomoc admiralska to przemijający cyklon – wielka w obietnicy w huczącą noc, przemijająca po spadku ciśnienia. Trzeba mieć Napoleona. Znowu rozdzieliłem łyczki z połowy ćwierci ostatka koniaczku. Co za gospodarka! Cierpliwość nasza, podlana Napoleonem, pozwoliła sobie na występy gościnne w roli nadziei. W dwie godziny później następne pół ćwiartki i... uszom nie dawaliśmy wiary ani za chwilę oczom: z przeciwka jeep, policja! Podjechali już suchą stopą. Z nami nie gadali. Nawet nie widzieli nas. Jeepa ustawili tyłem do nas, gruby, bardzo włochaty jasno-żółty powróz przywiązali taksówce pod brodą i poszli do jeepa. Mój młody przyjaciel powiedział: „włochaty, bardzo stary, przegniły". Tamci ruszyli. Sznur bez namysłu pękł. Oni coś tam dowiązywali, my wypiliśmy po ósemce ćwierci i jeep ruszył. Silnik im zgasł. Więc my po następnej ósemce ćwierci, może jeszcze która kicha nawali i – szarpnięci – potoczyliśmy się. Droga sucha, choć jej powierzchnia ledwie ponad poziomem wody dokoła. Świetny nasyp pod szosą. Wytrzymał i chyba nie pierwszy raz. Dojechaliśmy do pierwszych wielkich drzew zwalonych cyklonem w poprzek szosy, leżały poprzecinane, by otworzyć drogę, odcięte korony pospychane precz, pnie wśród szturpaków bezwładnych gałęzi, unurzane kupami ubłoconych liści. Natura naturze. Ostrożny przejazd możliwy. Jeep ciągnął, napełnioną nakrętkę trzymałem w pogotowiu. Policjanci wreszcie łaskawie udzielili młodemu wiadomości, że stąd do Palassy nie będzie przeszkód i woda dopiero za Palassa wstrzymuje komunikację do Viśakhapatnam. Trzeba poczekać dwa-trzy dni. A więc w końcu – Palassa!

W lewo od głównej szosy. Ulicówka. Jej błotnista droga wznosiła się ku stojącemu na pagórku zajazdowi, oficjalnie zwanemu Rest House, czyli chałupka po-kolonialna dla wygody podróżnych. Przed nią zatrzymał się jeep i kaleka – taksówka. Wysiedliśmy... jak astronauci po lotach dokoła księżyca. Kilka schodków prowadziło stromo do cementowej platformy przed budyneczkiem i przechodziła ta platforma w podłogę zajazdu, gdzie nikt nas otwartymi ramionami nie witał. Natomiast w małym pomieszczeniu, za skrzypiącymi drzwiami i zaraz za progiem, ciemno połyskiwała kałuża wody kapiącej z dachu. Pod przeciwną ścianką stół. Oparty o stół – on, admirał. Po lewej usunięta na bok rama łóżka, na niej zardzewiała siatka. Naga. Na siatce intendent. Naturalne rozmieszczenie tych, co pierwsi. Szofer został przy swoim pojeździe, by go zaraz ratować do dalszej drogi i w nim mieszkać. My dwaj tj. ja, gość Ministerstwa Lasów i Wód, oraz młody urzędnik Admiralicji Marynarki Wojennej, znaleźliśmy się w bardzo łatwej sytuacji: w uśmiechniętym milczeniu zająć następną komnatę, kawał suchej podłogi na prawo od stołu-łoża admirała (o super nieprzychylnym wyrazie twarzy). Młodzieniec od razu zakrzątnął się zakwaterowaniem najwyraźniej przyznanego nam kawałka cementu i ofiarował mi udział w jego dużym puszystym śpiworze. Był to świetny szwedzki śpiwór. I admirał i intendent zdawali się zaskoczeni poniewczasie.

„Trzeba coś zjeść", rzekłem do intendenta, już tu obznajmionego z tą kwestią. „Niech panowie pójdą do restauracji, po lewej stronie ulicy", odrzekł bardzo układnie uśmiechnięty. Jego angielski o wiele lepszy od admiralskiego. Najlepszym operował mój gospodarz od śpiwora.

Na niebie słońce starało się przedrzeć przez coraz cieńsze altostratusy; oby dało sobie radę do jutra. Szliśmy do restauracji. Przez wąskie drzwi domostw patrzono na nas jak wszędzie na głuchych wsiach, gdzie chłop zobaczy „miastowego", z tą różnicą, że tu patrzący zdawali się ciemnymi pasemkami pionowo ustawionymi w uchylonych drzwiach. Patrzono w nieruchomym napięciu. Może w przyszłości to nasze przejście i przeskakiwanie z kamienia na kamień ponad błotem ich ulicy stanie się pamiętnym przecinkiem na karcie życia Palassy. Znowu wąskie drzwi, do restauracji. Długa izba, stoły, stołki, grube, za nakrycia liście bananowe. Jedzą ryż. Palcami. Gdy jeden kończy, wysoki młody restaurator zimną wodą oblewa liść, wyciera go szmatką wystarczająco brudną i podaje na liściu nowe warząchwie gorącego ryżu. Z trudem zrezygnowałem z gorącej lubianej potrawy i to na liściu, ale, och, ta szmatka, i zapytałem przez młodego kolegę od śpiwora (dzieliłożec?), na co mogę liczyć poza tym? „Jajko. Mam jeszcze jedno jajko", sympatycznie zachwiał głową na boki gospodarz. „Dobrze. Gotowane. Na twardo," zgodziłem się. W ten sposób jajko mogło się obronić przed naczyniem, uratuje je. Sądziłem! Nie znałem uczynności restauratora wobec gościa spoza jego światów. Po kilku minutach idąc od pieca kuchni przeraził mnie: obierał mi jajko z skorupki, palcami obejmował białko. Gdy doszedł, wyciągnął ku mnie rękę, w której trzymał czerniawą kulkę. Przyjąłem ją dziękując, rozłupałem, wyjadłem żółtko, powiedziałem że w mojej sekcie nie wolno jadać białka. To grzech. Mój towarzysz zjadł nieco ryżu z czubka kupki. W drodze powrotnej do śpiwora kupiliśmy u piekarza placki właśnie wyjęte znad ognia.

Trzy dni Palassy, trzy dni ludzi patrzących na nas sztywnymi oczami, moje równie sztywne uśmiechy do nich, trzy dni proceder następujących: rankiem admirał wstawał ze stoła, wzywał przez uchylone drzwi chłopca, który za drzwiami sypiał na betonie owinięty w płachtę. Chłopiec o poranku zmieniał tę płachtę w oponę, czy tunikę i wedle rozkazu szedł po kawę, pewnie do znajomej miejskiej restauracji.

Pijaliśmy tę kawę z plackami od lokalnego piekarza, smacznymi. Czy chłopiec także coś pijał? Nie dano mi odpowiedzi. Po naszym śniadaniu mały dziw – niepostrzeżenie wsuwała się do izby postać z marzeń każdego reżysera bajek dla dzieci. Prześliczna staruszka, o rysach tak szlachetnie rzeźbionych, że nie poddawały się jej wiekowi. Była nieustająco piękna. Jej drobne kostki wycieńczonego ciała układały się w szkielecik wymodelowany przez naczelne bóstwo godziny jej narodzin. Miotełką z delikatnych gałązek wymiatała wodę przez noc zebraną w zagłębieniu cementu przy drzwiach i na resztę dnia rozpływała się w wioskowej nirwanie. Nie mogłem napatrzeć się na nią, na zjawisko z końcowych dni piękna dziewczyn, pojawiających się niekiedy jako stewardesy na samolotach Indii.

Raptem szok! Droga sucha, samochód gotowy, wyjazd z Palassy dziś. Ruszamy za godzinę. Podniecenie. O co, po co? Śpiwór zwinąć, walizki znieść na dach samochodu? Ach! Przecież wielka scena akcji się otwiera: scena opłat za te twarde noce na stole, na rdzawej ramie łoża i za te najwygodniejsze na cemencie w śpiworze. Także za usługi. Jakie? Wysoki urzędnik z zarządu Palassy, z swoim sekretarzem-kasjerem, wyjaśnili: używanie miejskiego posłańca do posług osobistych, równa się rupii X, razy trzy dni plus czwarty poranek. To ten biedaczyna, co sypiał na cemencie przed drzwiami zajazdu i przynosił kawę. Wysoki urzędnik, wysoki też wzrostem i duży tuszą, zapowiadającą w późniejszym wieku nalaną twarz plus oficjalny brzuch, obliczał z pomocą swego kasjera i intendenta admirała... Patrzyłem ciekawie; po chwili całość tego obrazu pogłębiła się o element dramatu – oto gromka osoba wysokiego urzędnika, masywna postać admirała, dwu kasjerów zaabsorbowanych rozliczeniami ... i, tuż poza nimi, ledwie rysująca się na tle dnia postać staruszki z bajki. Trwożnie śledziła czynności możnych panów... Najwyraźniej świadoma swego nieistnienia, że nie wchodzi w ich wielkie rachuby w tej ogromnej grze – jednak trwała w pobliżu, coraz widoczniej zrozpaczona. Zdawało się, że chciała uczynić krok ku tym potężnym ludziom, chwiała się ku przodo-

wi, cofała się. Pochyleniem ciała dawała do zrozumienia
– nikomu – że chciałaby bliżej, może nawet coś szepnąć...
Ale kurczyła się. Aż doszło do ustalenia sum i wypłaty rupii. Intendent admirała wyjął sakiewkę i wysypał sobie na
dłoń pieniądze. Sięgnął po nie kasjer wysokiego urzędnika
Palassy. I wówczas staruszka z bajki uczyniła jeden gest
ku nieprawdopodobieństwu: wyciągnęła do dłoni z admi-
ralską sumą swe chudziutkie palce ułożone w łyżeczkę –
po grosik. Nastąpił szybki sekwens akcji: niespodziewanie dla siebie samego wziąłem z tych pieniędzy szczyptę
i włożyłem w jej dłoń. Zamknęła ją. Zaskoczony, wielki urzędnik Palassy chwycił tę dłoń, ścisnął, ona bólem
zgwałcona otworzyła ją, zabrał pieniądze, precz odrzucił
dłoń, ramię, ją. Zachwiała się, wpół obrócona kuliła się, z
dłonią mimowolnym gestem wciąż wyciągniętą w pustkę.
Coraz mniejsza. Zelżona.

„On ma prawo. To jej syn." – surowo pouczył mnie
admirał.

Szybko wyciągnąłem swoją portmonetkę i zdając sobie
sprawę ze swego wobec nich nietaktu, ostentacyjnie włożyłem w jej dłoń kilkanaście pieniążków, w ich ocenie majątek dla niej. Nie zamknęła dłoni. Tego nie zrozumiała. Nikt
nie zareagował. Cofnąłem się. Możliwie najzwyczajniej zapytałem wysokiego urzędnika, co się należy ode mnie za
pobyt tutaj. Otrzymałem odpowiedź, zapłaciłem. „Thank
you", powiedziałem uprzejmie i „Good bye". Milczano. Gdy
odchodziłem, ona stała nieporuszona. W kilka minut później zbieraliśmy rzeczy, zanosiliśmy je do taksówki, młody urzędnik od śpiwora rzekł nie patrząc na mnie „on jej
pańskie pieniądze odbierze. Jej syn". Było w tym bezradne
potwierdzenie nie zaprzeczonego prawa obyczaju.

## Droga poza Palassę

Nareszcie Palassa błyskotliwego imienia, a wielki jej urzędnik, syn pięknej staruszki i brat, brat jak się okazało, po-

sługacza z zajazdu, drugiego jej syna, pozostali za nami. I z nim ona.

Pogoda żywa, złoto-niebieska, na szosie długie szeregi ciężarówek zatrzymanych cyklonem, już zaczynają wyrzucać spod siebie czarne wydmuchy spalin dislowych. Wyjechaliśmy poza nie, przed nami szosa przebija widnokręgi, gdy raptem wysoko za nami gwałtownie załopotało, już i nad nami i o setkę metrów przed nami zawisł nad szosą helikopter! Biały, z wielkimi literami UN. Siadł. Miękko. Zatrzymał rotor. Roześmiałem się. Znaleźli mnie. Co za zabawa. Podjechaliśmy, wysiedliśmy. Z helikoptera wyłuskało się dwóch pułkowników Indyjskiego Lotnictwa. Przywitali po kolei admirała i jego panów, zwrócili się do mnie. Wysunąłem się. Pułkownik pilot przedstawił się i przedstawił mi pułkownika inżyniera-mechanika. Obaj specjalnie odkomenderowani do służby na samolotach ONZ-towskich. Wyjaśnili, że szukali mnie drogą radiową wzdłuż trasy z Kalkuty do Viśakhapatnam, obawy powstały po wiadomości, że poleciałem z Kalkuty lokalną linią w kierunku potężnego cyklonu zbliżającego się od południowego wschodu. „No, wszystko dobre, co znowu dobrze się zaczyna, prosimy do kabiny", rzekł pułkownik-pilot. „Musimy admirała odwieźć do jego bazy, zanim ruszymy do Haiderabadu", powiedziałem i zapytałem, czy załoga się zgodzi. „Helikopter jest do pańskiej dyspozycji aż do zakończenia pańskiej misji". „Dziękuję, więc polecimy do Viśakhapatnam. Panie admirale, proszę... ". Na nieszczęście admirał już sadowił się na przednim siedzeniu. Pułkownik pilot powiedział do niego, może nieco za oficjalnie: „To jest miejsce dla przedstawiciela ONZ-tu. Panowie siądą z tyłu. Zmieszczą się panowie we trzech, tak jak my we trzech z przodu". Niestety, nie zareagowałem. Admirał bez protestu siadł z tyłu, ja przed nim, z pewnym wobec siebie, niesmakiem, teraz on był moim gościem. Ale może on uznał służbową rację? Po połowie drogi podałem admirałowi mikrofon, by zawiadomił bazę o swoim przylocie. Skorzystał. Godzina lotu i rozmów z załogą o ich pracach z urzędami Ministerstwa Leśnictwa, o stosunkach na południu kraju i przylecieliśmy nad Viśakhapatnam. Ostatnie minuty lotu nad rozkosznymi plażami Zatoki Bengalskiej, nad drogą wysadzaną palmami z widokiem na ogromne wody teraz przyjacielsko rozbaraszkowane ... jeszcze nie uprzedziły nas, jaki splendor dojrzewa, jaki zobaczymy przy i po wylądowaniu. Tam oczywiście cały personel i ich rodziny zostały zaalarmowane wiadomością, że admirał przybywa helikopterem! Na miejsce lądowania wskazano nam duże patio najlepszego hotelu poza strefą wojskową Marynarki. Z powietrza widok równał się najelegantszym w krajach wielkiego turyzmu, lub kasyn gry w świetnych dla nich latach trzydziestych. Ku elegancji hotelu też chyliły swe czuby rzędy palm znad bliskich plaż, a jego wyniosłe, ozdobione sztuką Indii, frontony załamane pod kątem prostym ubezpieczały patio z dwu stron przed resztą lokalnego świata. Świat przybyły na niespodziewane powitanie otulony w wspaniałe sari, osypany złotem pań i panów, opowiadał swym wyglądem o baśniowych czasach byłych i – obecnych....

Lekko dotknęliśmy patio. Rotor zatrzymywał swe wichry już ponad głowami wysokich rangą oficerów i tłumek żywych klejnotów ruszał na spotkanie admirała, zwalczając ostatnie podmuchy. Rotor stanął. Otworzono drzwi. My usunęliśmy się. Admirał wysiadł. Za nim intendent i jego młody krewny, sympatyczny. My przestaliśmy istnieć. Dokoła podniosły się solowe arie raportów i chóralnych respektów. Admirał stał bez słów. Ruszył. Tłumek rozstąpił się. On nie spojrzał na panie, strzepnął niecierpliwym ruchem głowy podwładnych i zniknął w samochodzie, już swoim. Koło szofera jego ludzie. Nas wyrzucił z świadomości.

Pozostaliśmy w tamtejszej urodzie życia przez resztę dnia, omawiając wstępny plan naszych zadań. Nikt z lokalnej society nie zbliżył się do nas. Wieczorem, po dobrej kolacji, przyjemnie zdziwiony, zobaczyłem i kupiłem w barze

474

hotelu dużą butelkę koniaku Bisquit Napoleon. Następnego dnia wczesnym rankiem odlecieliśmy nad lasy Haiderabadu i do Bugalore, na konferencję z tamtejszym przedstawicielem ONZ-tu, znawcą lasów w krajach Azji. Dobrze było nareszcie wrócić do konkretnej współpracy z fachowcami, z reguły życzliwymi dla nas, innej specjalności, wspomagającej ich. Wyczuwało się tam poczucie obowiązku i chęć pogłębienia swoich umiejętności przez doświadczenie.

Mój końcowy raport dla Kwatery Głównej Programu Rozwoju ONZ okazał się bardziej zbliżony do opinii „samego pana" z New Delhi, niż się tego początkowo spodziewałem: w kwestii jednej maszyny, na ograniczony okres pracy. Była ona należycie obsługiwana i wykorzystywana. Potrzebna. Niemniej Indie mogły sobie pozwolić na helikoptery własne.

A ona? Staruszka z Palassy? Udając się na to pamięciowe spotkanie z Indiami, pierwsze, najsilniejsze, z ich niespodziewaną Palassą – przede wszystkim dążyłem do niej. Jej syn, demonstrując jej ustalony los, utrwalił ją w moich oczach. Ona w tamtej chwili godna była miejsca wśród symboli wszystkich odrzucanych z życia. Niezapomniana.

Dlatego napisałem „Drogę do Palassy".

# Arabskie kazanie

Chwile, kiedy wydaje się, że świat niespodziewanie zmienia się w pomyślny sposób, bywają warte zanotowania. Niedawno, bo ledwie trzydzieści parę lat temu, przeżyłem takie zaskoczenie w kościele katolickim w Benghazi. Mszę „uroczystą" (czy bywają msze nie uroczyste?) celebrował biskup. Kiedy miało się ku końcowi nabożeństwa, jeden z księży podszedł do mikrofonu stojącego koło ołtarza. Tam księża mówili bardzo długo, po włosku, czego nie rozumiałem, wziąłem więc głęboki oddech i zacząłem prywatne pacierze. Wtem uszy mi się rozwinęły w wachlarze i zwróciły w kierunku kaznodziei, on bowiem mówił po arabsku! Jeszcze nowicjuszem tam byłem, więc z naiwnym zdumieniem rozejrzałem się dookoła, żeby się moją niespodzianką wzrokowo podzielić z innymi. Nikt nie raczył spojrzeć na mnie. Zaświtało mi inteligentnie, że tamtejsi katolicy operowali arabskim jak swoim, choć to Włosi i Grecy. Lecz nie w tamtej chwili skończyły się moje zdumienia się w Benghazi. Po tamtym arabskim kazaniu i po skończonej mszy kilkunastu sąsiadów przeżegnało się po mojemu, ale włożyło na głowy – w kościele – fezy!

Poszedłem tedy do zakrystii, by zapytać o wyjaśnienie. Otóż ci w fezach to lokalni Arabowie katolicy, ksiądz kaznodzieja okazał się misjonarzem z Bejrutu, więc też Arab, tyle, że libański. Objeżdżał całą północą Afrykę, zbierał fundusze na sierociniec w Bejrucie. Nie znał włoskiego ani angielskiego. Porozmawiałem z nim przez tłumacza, składając ofiarę i dowiedziałem się, że w Libii mieszkało sporo chrześcijan, przeważnie uchodźców z Egiptu lub libańskich kupców. Libańscy zaś chrześcijanie-maronici stanowili około 40% ludności kraju. W Libii duch rządu przeciwny był nawróceniu się tubylców na chrześcijaństwo rzymskie, ale podtrzymywał politykę liberalną wobec wszystkich wyznań. (Tolerancja oficjalna, ograniczona, jak za czasów panowania Arabów w Hiszpanii, na Sycylii, na Malcie). Tak działo się w Libii królewskiej, zanim obalił ją Kadafi. Ciekawie słuchałem tamtego kazania arabskiego księdza Libańczyka: miało ono patos, sztuczną wzniosłość w krasomówstwie, mówcy arabscy dążą ku takim efektom naturalnie. Słyszałem przemówienia polityków. Podobnie brzmieniem sentencji porywali słuchaczy w kraj swej wyobraźni. Mistrz w tej sztuce, stary miły gaduła, prezydent Tunezji, Burgiba, nigdy nie pudłował. Godzinami trzymał słuchaczy w transie. Odbieraliśmy go niekiedy w telewizji maltańskiej.

✠✠✠✠✠✠✠✠✠✠✠✠✠✠✠✠✠✠✠✠✠✠✠✠✠✠✠✠

# Ocet i miód i – tekturka

16 grudnia 1995 znalazłem notatkę z 4 lipca 1964. Oto jej treść: ... i tym razem, gdy upał dosięgnął 42 stopni Celsjusza w moim mieszkaniu, oderwano mnie od szklanki świętego napoju chłodzącego. I zanim opowiem dlaczego, kto, gdzie, i na jak długo taką mi niedogodę uczynił, oddam przysługę przyszłym pokoleniom pilotów w krajach słońca, rekomendując napój nad wszystkie inne stawiający na nogi ludzi zmordowanych gorącem, kurzem, długimi godzinami pracy na otwartych przestrzeniach pod parzącym słońcem. A więc: weź cienką szklankę, wlej w nią miodu dwie łyżeczki, dalej wedle smaku octu z cydru i zamieszaj. Teraz zalej tę wspaniałość, tę mieszankę wybuchową tej energii, wodą zimną wprost z lodówki i sodową. A! Jak pysznie, jaka ulga.... Co? Już człowieka to podrywa, już się człowiek nie zapada w głąb fotela i nie zgina grzbietu. Przypływ sił i humoru – chce się mówić, chce się komuś opowiadać, chce się słuchać, chce się nawet pod uwagę brać zarzuty – tych nie brakuje....

W takiej kapitalnej chwili nie należy szarpać człowieka telefonem, żądać, by odstawił szklankę-cudo, zerwał się i zaraz wyszedł w ten żółtawy świat pod niebem, aż zbielałym z przerażenia, co słońce z nim wyprawia! Nie wolno! Tym razem jednak odstawiłem szklankę-rozkosz na wezwanie nie cierpiące żadnej zwłoki. Samolot, z którego wydobyłem się przed godziną, stojąc przez tę godzinę przed hangarem na słońcu Chartumu tak na niego zajadłym, stracił swój chłód wysokości, którym go poiłem dziś od rana.

Teraz – biec. Nim usadowiłem się w nim, sprawdziłem, czy wszystko będzie działać jak trzeba i zapiąłem pasy. Byłem mokry tak, że mi na udach spodnie pociemniały.

O godzinie piętnastej, czyli w porze, gdy temperatura ziemi i powietrza dochodzą tam do najwyższych, a chmury z ich obiecanką ulewy i miłego wieczoru ledwie się formowały – czarne, grube, coraz grubsze, na niedalekim widnokręgu. Na mojej drodze bardzo grube, gdy je widzę już z powietrza. Na razie, zamiast wody i ochłody, zapewniają mi poniewierkę samolotem i konieczność omijania ich ośrodków gromowych, groźnych dla mnie jak góry lodowe dla statków. I jeszcze ich pionowych prądów powietrza, przeciwnych sobie i mijających się wewnątrz wypiętrzonych chmur z szybkością w Sudanie grubo ponad 70 km na godzinę (bywa że i pod 100-120 km/godz.) i nie tylko wewnątrz, ale i poza chmurami, w odległości od kilku kilometrów od nich. Siły, jakie tam powstają, narażają samolot na łamiące napory, gdy przelatuje w poprzek niewidzialnej ściany ścierających się przy mijaniu tych przeciwnych sobie szałów powietrza.

Ruszam więc na spotkanie tych rozmaitych możliwości. Pobieranie decyzji co robić nie były zawikłane. Miałem niezawodną metodę. U początku mojej sudańskiej kariery poddał mi ją mój dobry kolega Reginald (Redż) Stidolph, wówczas Rodezyjczyk, przyzwyczajony do tego rodzaju latania i pogód w wojennych czasach w Birmie, potem u siebie w Rodezji i wreszcie od kilku lat tutaj, w Sudanie. Otóż woził on w teczce kawałek czarno-szarej tektury. Sam ją na te kolory pomalował. Kiedy zbliżał się do chmur zawalających drogę, ciężkich, obwisłych grubo poniżej wysokości jego lotu – Redż wyjmował z teczki tekturę, stawiał ją przed sobą na ramce okna swej Dakoty, porównywał jej kolory i odcienie z tamtymi na zewnątrz. O ile były bardzo do siebie podobne, Redż chował tekturę do teczki, przechodził do drugiego punktu programu: może udałoby się je ominąć, albo warto by zejść pod chmury, albo wleźć ponad nie, choćby na wysokość ich szczytów, na krótko, bo tam tlenu mało, żeby tylko przepchnąć się na drugą stronę frontu (i napatrzeć się po drodze na wspaniałości wypiętrzających się gwałtownie i rażących przeczystą bielą zmieniających się form), lub wreszcie – zawracać do domu, zanim by go otoczyły i złapały w pułapkę nowe szybkie formacje burzowe. W Birmie, powiadał, lądował gdziekolwiek to było możliwe, by przeczekać nawałnicę, lecz tutaj, w Sudanie, angielskie przepisy, zaraz by się to liczyło jako przymusowe lądowanie, dochodzenia. Ja wcześniej przejąłem jego taktykę, tekturki ze mną nie latały, to by były „plagiaty", naruszenie jego „patentu". Wykształciłem w oceanie kolorów i odcieni chmur i kształtów ich szósty zmysł, według nauk mistrza, w oceanie turbulencji, czyli zaburzeń powietrza, „rzucania", tych miotań pionowych i bocznych, co w żargonie pasażerskim omawia się jako „próżnie" w powietrzu. Takich zdumiewających zjawisk oczywiście w powietrzu nie ma, powietrze jest płynem, a czy kto widział „dziury", albo „próżnie" w pełnym kieliszku wódki, czy nawet w kuflu piwa?

P.S. Wynalazek mojego „drinka" zastosowałem w klubie angielskim, w Chartumie. Kolor zawartości wysokiej szklanki napełnionej miodem, octem i sodową wodą, zimną, uznałem, że wyglądem naśladuje szklankę whisky z sodą – do złudzenia! Mogłem więc cieszyć się tą odżywką, nie narażając się na obniżenie mojej wartości jako pilota w oczach kolegów – zaprzęgających whiskacza do ratowania energii wypoconej, wymęczonej w lataniu. Służyło mi. Dziwili się, że moja szklanka bywała ciemniejsza od ich W & S, a tyle jej mogłem wypić! Moje walory jako pilota rosły. Nie wiedzieli, że ja miałem umowę z barmanem.

# Dziwny sposób na moje lenistwo

Pięćdziesiąt lat temu plus, żeby się przekonać, jak szeroki jest Sudan suchego imienia, musiało się wsiąść na wielbłąda, bo żaden osioł by się na taką współpracę geograficzno–badawczą nie zgodził. I namordować się wspólnie z tym urodzonym męczennikiem marnych sawann i pięknych pustyń przez dwa tygodnie, albo i trzy. Do zastępowania zwierząt końmi mechanicznymi – już w tamtych latach – zmuszano samoloty. Broniły się. Gdy któryś śmigłem doprowadzony do ostateczności znalazł się w powietrzu – raptem nawalał, niespodziewanie lądował byle gdzie, byle tam nie było telefonu, co prowadziło wprost do stwierdzania, że psiakrew lepiej było pojechać na wielbłądzie. A kiedy się dobiło do obszaru docelowego, nie wiedziało się o tym szczęściu, bo żadnych odmienności od przebytej trasy, żadnych informacji na żaden temat oko nie widziało, ucho nie słyszało i nie można było zrazu zorientować się, po jaki łup mieszkaniec zielonej Europy się tam wmusił. Ale właśnie tam objawiła mi się nauka wielkiego znaczenia na całe moje zawsze młode życie. A doszło do tego „poznania" stopniowo tak: gdy w Chartumie doprowadzono samoloty do stanu zgodnego z moimi pojęciami o ich przeznaczeniu, kilka z nich oddano w moje ręce jako ich szefa. Nadszedł dla mnie interesujący okres odkrywania, kto mieszkał w tamtych rozłogach od setek lat, czego przez ten okres czasu nie dokonał i jak Europa próbowała przemyślnymi doświadczalnymi pracami dowieść, że tubylcy mieli rację.

Ale od dnia, gdy nastał wiek osiemnasty, niewiele piasków przesypały wiatry, a już obcy zaczęli tymi obszarami zarządzać. Zorientowali się, że przecież, że jednak ktoś tam zbija wcale pokaźny grosz, a podatków nie płaci. Na przykład ma owce, kozy i wielbłądy, stąd wspaniałe ciężkie dywany wieczyście trwałe z powyżej wskazanej wełny owczej, koziej i wielbłądziej. Dywany – meble. Do użytku w glinianych domach, w namiotach, przed namiotami. Na sprzedaż w Egipcie i jakoby aż w Etiopii. A co za dochód z wielbłądów hodowanych dla Egiptu i karawanami odprowadzanych tam na rzeź. Bogactwo. A kimże byli ci bogacze, cieszący się, że Chartum aż tak daleko, że nie był w stanie zaciskać im lewej garści na gardłach, gdy prawą szukał ich portfelów. Kto zacz ci, co tam mieli się za klasę wybitną rasowo, religijnie i obyczajowo. I z jakiej racji i dlaczego? A to tylko dlatego, że po latach wielkich uniesień i wojen mahdyjskich ich przodków oni nabrali przekonania, że za ostatnią (1898) wojnę przegraną do Anglii należy się im – kompensata. Jak kompensata i to tylko psychiczna (wtedy jeszcze nikt napastnikom nie płacił dolarami za ich przegraną potworną wojnę) – to na odurzającą skalę! Więc przodkowie! Przynajmniej sławetni dziadowie, potomkowie czysto i arcy-arabskich rodów. Tacy, co w przepastnych wiekach wdarli się z Półwyspu Arabskiego i z Egiptu nie tylko na Północ, ale i na Zachód, właśnie na Zachód Sudanu! Zuchwali synowie co znaczniejszej arabskiej szlachty i arystokracji. A lokalny ciemny lud pretensji nie zgłaszał. Skromnie nazywał się FUR. I wystarczało mu, że od niego kraj nazywał się Dar Fur, Darfur. Kraj Fur. W takich warunkach Zachodni Arabowie, potomkowie rodów z pretensjami, potworzyli mini organizacje szczepowo-religijno-państwowo-patriotyczne i ich „produkt”: sułtanaty i szeikaty. Te, jako twory suwerenne, rzucały na siebie dzidy o każdą ładną wielbłądzicę, albo i kozę. I z męskich nudów. Dla treningu w odwadze. Co Anglicy obserwowali jako przeszkodę w ściąganiu podatków.

Ale dość długo bez nerwów. Lecz gdy w czasie WW1 sułtanaty poczęły przychylnie reagować na Niemieckie próby flirtów (...brak znajomości prowadzi do naiwności...), Anglicy ocenili sytuację prosto: na dalekim Zachodzie trzeba położyć i utrzymać w tej pozycji – niezawodną rękę. I w tym miejscu, w tym miejscu tego świetnego opowiadania, zaczyna tryskać źródło mojej nauki – prawdziwie, uczciwie to stwierdzam – nauki ważnej. Teraz jestem leniem świadomym, wyszkolonym. Abu leniem, czyli Ojcem mego lenistwa.

Akcję angielską można by nazwać „Efektem Kolonialnym". Rozmaite narody wypracowywały rozmaite metody wprowadzania „Efektu Kolonialnego". Po metodzie wprowadzania go można by poznać, kto też to taki brałby się do dzieła. Np., wyobraźmy sobie (angielskie podejście do rzeczy):

Naród A. Ten założyłby w El Faszer lub w Nyali, stały obóz Legii Obcoziemskiej, pod sławnym generałem Laire, zdobywcą Dżebel Marra, potężnego masywu gór we władzy najbardziej zakochanego w swej wolności Sułtana. Sułtan by potężny był i wolny jak szczyty gór, miałby armie niewolników Fur i wodę z ich jeziora na szczycie Dżebel oraz sól z drugiego jeziora, tym bardziej sławnego z czyściutkiej soli, o którą zabiegano w krajach Afryki, świetnie się sprzedawała, i inne przyprawy do jego niebywałych afrykańskich uczt. Generał Laire przy pomocy swoich niewolników przyniósłby wolność niewolnikom Fur. Od tej pory obóz generała stałby na wzgórzu, otoczony wysokim murem, zamykanym na dzień i noc kolosalną żelazną bramą. Strzegłby handlu soją, dostarczaną pod dozorem Legii przez uwolnioną ludność Fur. Prócz tego, w środku, więzienie dla buntowników i dezerterów z Legii, a o paręset mętów od wzgórza i bramy wcale dobra restauracyjka. Za murami więźniowie-legioniści przepowiadaliby codziennie, trzykrotnie, chóralnie, litanię swoich przewidzianych przez władze grzechów popełnionych, oraz z pewnością przyszłych, jako oczyszczającą i prewencyjną spowiedź przed dzielnym wysłużonym sierżantem szefem o rozdętym poczuciu służbistości zastępującym mu resztę myśli, czy uczuć (żaden oficer, jeszcze nieobrany z prywatnych nerwów, tego by nie zniósł). Tam grano by rano i wieczorem na trąbce pod słupem, u którego szczytu powiewałyby symbole pojęć pięknych. Niedaleko, poniżej wzgórza, rozwinęłoby się miasteczko z szpitalikiem, z domem publicznym, dozorowanym przez majora lekarza, odwiedzanym w wyznaczone dni tygodni według stopni wojskowych i rang personelu administracyjnego!, jak wspomniałem, z kawiarenką tak-sobie i z dobrą restauracyjką. Z przyjemnością to powtarzam. A to by się duch najwyższej cywilizacji miał po czym oblizywać. I chętniej by tam trwać.

Naród B. Znalazłby zbocza wzgórz dla założenia winnic. I poniżej makaronije i lazanije. Świetne. A sułtana, lub najważniejszego arystokratę z gór zaproszono by na przelocik przyjemnościowy i nad jego domem skłoniono by go, by – mimo sporej odległości w pionie – wysiadł. Pewnie przy pomocy. To podobno ma nazwę. Zbliżoną do „defenestracji".

Naród C. Pewnie by na sygnały niepokojów, czy buntów, wysyłał kompanie karne, z nieograniczoną ilością amunicji. Kompanie znane z ich pobożności wyznawanej przy pomocy klamr na pasach ich mundurów. Te wracałyby do koszar nad Nilem. Nad bramą wejściową z łukiem o barwach tęczy szczyciłby się napis: „Twoje szczęście w naszej niewinności". Tam, w obojętnie płynącej wodzie Nilowej, „akcje bojowe" zmywano by z pamięci, ale, by zachować wrodzone poczucie zawsze-słuszności, fotografię kompanii w drodze powrotnej po „akcji" oprawiano by w ramki chwały. Szczypta paradoksu służyłaby jako szczypta soli.

Naród D. ... położyłby szerokotorową linię kolejową do ośrodków swej kultury. Arystokrację zastąpiłby kakistokracją. Uwolniony lud Fur budowałby nowe wagony, w których by go wywożono. Tam, gdzie według koncepcji sławnej agro-filozofii mieszałby najprzedniejszy w świecie śnieg z rodzimym piaskiem.

Naród Y. Picadore Pizzarro, zasłynąłby na ubitej sawannie! Na wielbłądzie przeciw bawolim bykom!

Naród X, czyli „Dziedziców Sznura Po Złotym Rogu". Jeśliby się posługiwał własnymi praktykami z wieków swych autentycznych splendorów, zagubionych w sejmikach i sejmach, tudzież na wschodnich rubieżach – to ... No, cóż, poddaję się. Nie wiem. A jeśli myślę, że wiem, to nie powiem.

Na tym kończę rozpustę wyobraźni. Pozostaję przy tym, co jako tako wiem.

Czyli Anglicy. Raczej naturalnie zaczęli od Oxfordu. Uniwersytetu. Młody amator służby w administracji kolonialnej, szczególnie w Sudanie, poważny nad wiek, co odpowiadało wymaganiom przyszłego urzędu i stanowiska, uczył się języka arabskiego, klasycznego, z jego finezyjną poezją włącznie, następnie potocznych wytworów gardłowych miasteczek i wiosek, karawan, oraz jednego, lub dwu języków mniejszego znaczenia, powszechnie używanych w okolicy miejsca jego przyszłego urzędowania. Zapoznawał się z obowiązującymi religiami i ich odłamami, strukturami socjalnymi i historiami ludów i ludków. Tak zaopatrzony młody Anglik, Szkot, Irlandczyk, Walijczyk obejmował ważny punkt zarządu krajem – bardzo odległym od mamy, taty, starszego brata, przyjaciela. Bez żony. Sam wśród obcych, co prawda nieco podobnych do tamtych, poznanych w dobrze napisanych książkach, ale teraz tu spotkanych na żywo. Ci podejrzliwi, niewiadomych myśli, zamiarów, stosunku do Anglii, do Chartumu, do niego. Mówią językiem owszem, zbliżonym do wyuczonego, ale tylko, bo językiem „tamtejszym". Zanurzał się w nich podobnie jak w nowy klimat strumieni ognia ze słońca i chłodów nocy spod sopli gwiazd. Pomocnikiem i ludzkim kontaktem bywał mu rodzaj ordynansa, noszącego niby mundur. Bywał – bo nie z reguły trafiał się inteligentny, chętny mu służyć pomagać, doświadczony, stary Arab. Uczciwy łącznik. Taki – na wagę.

Młody, załóżmy, że wysoki, szczupły, wysportowany szatyn o ciemnych oczach w wąskiej wygolonej twarzy – wiedział, że tam od pierwszej godziny przez wszystkie godziny lat służby musi utrzymywać własną dyscyplinę, czyli wygląd, spokój zewnętrzny zgodny z spokojem wewnętrznym. Punktualność. Jasność decyzji. Rzeczowo, tym samym, wyraźnie, krótko wypowiadanych. To ledwie część aspektów jego służby. Musiał codziennie opierać się o kamień probierczy swej osobowości – swój charakter ukształtowany według niezawodnych zasad. Czy noc miał przychylną, czy nieznośną, od chwili punktualnego wstania z łóżka utrzymywał rytm czynności: golenia, mycia, ubierania się, śniadania, jego czasu i rodzaju, po czym urzędowania zgodnie z zadaniami wyznaczonymi w rozkładzie dnia i godziny ściśle dotrzymywane. Nadzwyczajne wydarzenia też zamykały się w programach ograniczonych w czasie.

W końcu 1961 roku przyleciałem do Chartumu. Spotkałem przeważnie życzliwych kolegów: Anglików, Szkotów, Walijczyków. Niemal każdy z nich miał już w głowie „jedną książkę do napisania" o Sudanie fascynującym, nadspodziewanie ciekawym. Sudańczycy-koledzy i moi uczniowie w lataniu na nowych dla nich typach samolotów, czasami chętnie i celowo, czasami przypadkiem pozwalali nauczyć się czegoś o sobie. Z rozwijającą się pasją słuchałem opowiadań o ludziach Północy, a szczególnie Południa. Dowiadywałem się, co i jak się działo w ich historiach tak różnych, jak różne są połacie ich kraju, ich rasy. I po małej chwili zacząłem rozumieć, jacy to ludzie zapisali się i jeszcze zapisywali się w tamtejszych annałach. (I dziś zapisują się. Strasznie.)

Któregoś wieczoru, gdy daleko od gdziekolwiek, siedzieliśmy przy butelkach piwa „Camel", dobrze ochłodzonego lokalną sztuką, której nie zdradzę, mój dobry radiotelegrafista i kolega, od lat latający w Sudanie, opowiedział mi anegdotę ilustrującą ważność właściwej osoby na oficjalnym miejscu. To opowiadanie jak soczewka ujmowało zabawne, „być może prawdziwe", zdarzenie z lat 1950–ch: Oto nagle walki wykwitające jak zły ogień w Kraju Fur. Znowu mała krwawa wojna. Między ważnymi grupami! W Chartumie zdumienie. Tam od kilku lat spokój trwał, aż dziw, pod ręką młodego District Commissionera. Angielski Chartum niemal zapomniał o dawniejszych tam niepewnościach, zadrażnieniach, zagrożeniach. A tu raptem! Adiutanci! Natychmiast w samolot i przywieźć tu odpowiedzialnych szeików! To się musi na początku zdusić! Itd. ....

Wrogowie przylecieli. Rodowi. Dumni. Nie patrzą na siebie. Ale zgodnym hurmem oskarżają tego młodzika DC, tego starostę, czy wojewodę, przez Chartum tak cenionego, który tam odpowiadał za wszystko, co urzędowe.

Jak to! – zdumiał się Chartum – Przecież jego od trzech tygodni nie ma! Poleciał do Anglii na swój co dwuletni urlop! Nie ma go!

A właśnie! O to chodzi! – zgodnym chórem zawrzaśli szeikowie – Gdyby był, to by do tych bitew nie doszło!

I ułagodzeni i pogodzeni odlecieli płacić podwyższone podatki.

Ben trovato?

Lecz jest w tym dla mnie pożyteczny morał. I oto ten „Dziwny Sposób Na Moje Lenistwo!" Ilekroć nie chce mi się wstać o osobiście wyznaczonej sobie porze, (niby to, żeby jeszcze przez pięć drobniutkich minut pomarzyć o czynach, jakimi mogłem był upiększyć siebie i swoich ... i przywołać całość mych głupstw, błędów i niedorosłości na rozprrrrawę! I myśleć o Jednym Wielkim Czynie, którym bym Jednym Wielkim Zamachem skasował je – bym mógł wstać Wolny!). Lub, na przykład, ilekroć, nie chce mi się golić przed śniadaniem (trzeba brodzie dać urlop od żyletki, to skórze dobrze zrobi, ona też ma prawa, prawda, kochanie?). Kochanie leczy moje lenistwo tak: natychmiast przypomina mi moje własne opowiadanie o samotnym młodziku na placówce w Kraju Fur. Decyzję pozostawia mnie. I patrzy srogo. ...moje lenistwo karleje, a charakter rośnie!

# Alistair Cooke broni polskich zasług wojennych

Alistair Cooke, sławny publicysta, felietonista, pisarz, a przede wszystkim wielki reporter, co tydzień ogłasza w BBC (i w dziesiątkach innych rozgłośni, pism, w internecie) „Listy z Ameryki". Od niemal zapomnianej ilości lat, no, przesadzam, pewnie od roku 1948, bo „List", który leży przede mną, nosi numer 2364, a datę czerwca 1994 roku. Że obecnie mam zamiar napisać o innym interesującym nas wspomnieniu – jest konsekwencją mego poprzedniego omówienia jego znaczącego „Listu". W tamtym „Liście" on z podziwem przedstawiał i komentował wpływy (a ze smutkiem dostrzegał tu i ówdzie ich brak – może chwilowy?) obecności Papieża naszego, w Ziemi dla Niego i dla nas Świętej, a profanowanej zbrodnią nienawiści i wojny przez wyznawców wspólnego Boga nakazującego „Nie zabijaj". Papież samą swoją obecnością świadczył, czego Bóg nie pozwala, a za wszystkich swoich grzesznych, z całej ich historii, w której grzęzną tam właśnie popełniane Wojny Krzyżowe, przeprosił świat wiernych Bogu Jedynemu. Czy oni – mieszkańcy specjalnego skrawka Ziemi Boga – poczują brzemię swoich wciąż ponawianych grzechów?

    29 kwietnia b.r. londyński „Tydzień Polski" zamieścił tamto opracowanie „Listu z Ameryki" Alistair'a Cooke'a. Po kilku dniach pani O. Jabłkowska z Londynu przysłała mi kopię innego „Listu z Ameryki", o wiele wcześniejszego, z czerwca 1994 roku. W tym liście, dla mnie nowym,

Alistair Cooke mówi o podrzędniejszych negatywnych, a charakterystycznych cechach ludzkich, powszechnie praktykowanych, i z lekka (gentleman!) podnosi głos w obronie dokonań, a tym samym dobrego imienia, wojsk kilku narodów pominiętych i konsekwentnie pomijanych w czasie obchodów pamiętnych dni i wydarzeń z ostatnich okresów Drugiej Wojny Światowej XX wieku. Wojska Polski, Nowej Zelandii, Południowej Afryki, Maroka. Dniem celebrowania pamięci jest 12 maja 1944 roku, dzień rozpoczęcia ofensywy Aliantów na Sycylię, na Włochy, pod dowództwem angielskiego generała Alexandra, przeciw polnemu marszałkowi Kesselringowi. 12go maja 1944 dla wielu atakujących tego dnia wojska Niemców to dzień równie pełen krwi i chwały, jakim potem będzie bliski już dzień 6go czerwca, D-Day, dzień lądowania na brzegach Normandii po bezwzględne zwycięstwo nad hitleryzmem. „Widziałem", wspomina Alistair Cooke, „dwa, lub trzy programy telewizyjne amerykańskie, jeden francuski, i wreszcie to, co pokazywano w Anglii. We wszystkich telewizyjnych opowieściach podawano delikatnie, lecz perswazyjnie, że: zrazu wyniki lądowania na brzegach Normandii nie wróżyły najmniejszych sukcesów, lecz niewyobrażalna brawura wojsk francuskich zagwarantowała je! (na ekranach telewizji francuskiej), niesłychana brawura wojsk angielskich umożliwiła je! (na ekranach telewizyjnych angielskich), szaleństwo bitewne wojsk amerykańskich ukoronowało je (na ekranach telewizyjnych amerykańskich). A nigdzie nie widziałem, nie słyszałem ani jednego słowa o Polakach". I Alistair Cooke obdarowuje słuchaczy wspomnieniami o nas, od naszego pojawienia się w zasięgu jego postrzegania, aż od czasów tak niedawnych, do 1994 roku. Opowiada: „Pamiętam ich z dawnych lat, pierwszych emigrantów na Long Island, osiedlali się koło nas, na Północnych Widłach wyspy, na piaszczystych polach, nadających się pod ziemniaki. Mieli i swojego księdza. Choć był to Irlandczyk, to jednak mówił po polsku. Ba! Gdyby dziś ktoś zamówił u mnie program o D-Day, o Dniu wyruszenia Aliantów na Normandię, to mówiłbym przede wszystkim o polskim wkładzie w ten czyn. W to dokonanie. Przez całą wojnę wszędzie byli i bili się świetnie. A proszę pomyśleć! We wrześniu 1939 roku dwie potęgi zniszczyły ich armie, to, co z nich pozostało, internowano w kilku krajach centralnej Europy. Dopiero w 1942 roku część polskich jeńców wypuszczono z niewoli rosyjskiej, wygłodzonych, wynędzniałych. Wyszli do Persji, do Iranu. Ale po niedługim czasie już walczyli pod El Alamein, pod Tobrukiem, w Italii. A jeszcze w zimie 1939 roku ogromny strumień ponad stu tysięcy polskich uchodźców przeszedł z Bałkanów do Francji. Tam ich wysoce wykwalifikowani piloci weszli do francuskiego lotnictwa, francuskiej armii dali Polacy trzy dywizje piechoty i Brygadę Karpacką. Kiedy, jak my wszyscy, zostali rozjechani przez nazistowską wojnę błyskawiczną, około dwadzieścia tysięcy polskich żołnierzy uszło do U.K. Pewnie moje wspomnienia dotrą do niewielu już siwych słuchaczy, a ci przywołają w pamięci Polaków w ich porządnie utrzymanych mundurach, ich pewność siebie, zuchowatość, dobre maniery, ich obojętność na krew i grozę w sytuacjach podnoszących włosy na głowie. Dobrze było mieć ich w Anglii w czterdziestych latach – ich obecność pomagała morale brytyjskiemu. A prócz tego kreowali atmosferę odporu przeciw hordom pyszałkowatych Amerykanów. Lecz nie spodziewano się po nich wielkich wyczynów: mieli wiele swady, ale prawie żadnej broni. „Co z nimi zrobić?", debatowano w dowództwach angielskich i amerykańskich, w Londynie. Podobała się ich zamaszystość, uznano więc, że gdy pomnożą się zapasy broni, zorganizuje się z nich rodzaj rezerw dla armii. Mylili się ci panowie. Nie o rezerwach myśleli Polacy. By dramatycznie ściąć dłuższą opowieść do minimum, przypomnę, że generał Sikorski ogłosił każdemu kto chciał, czy nie chciał słuchać, że oprócz Dywizjonów Lotniczych, oprócz Dywizji Piechoty, uformuje Polską Dywizję Pancerną. Niemieckie radio, słysząc o tych „absurdach", kpiło z „turystów" Sikorskiego. Sikorski swego dokazał i jego wojsko wywiązało się z zadań ponad wszelkie pochwały. Niemcy odczuli to na swej skórze.

Chciałem tu powiedzieć, że pewnie każdy naród nadmiernie wychwala swe wojsko kosztem innych, niemniej w każdym narodzie jest także jego część o raczej zrównoważonych poglądach i na te sprawy".

Na tej wypowiedzi pana Cooke'a pozwalam sobie „zaokrąglić" jego „List 1994", mistrz bowiem odchodzi od tematu dla mnie zasadniczego do innych rozważań.

P.S. Dla polskiego czytelnika tekstu pana A. Cooke'a, tak nam powyżej, w swym „Liście", przychylnego: wyraźnie jego wiadomości o naszej wojennej obccności są nie... pełne. Czy nie okaże się miłym gestem naszej wdzięczności, dla niego ciekawym, przesłanie mu „Serca Europy", autora „Bożego Igrzyska"– Normana Daviesa? Via BBC. (...aż dwu panów o podobnych sentymentach na tle wielu antypolonizmów to dar.... A dla wielu z tych „wielu" to pouczenie...).

# Śniadanie w piekle

„...to, co robią ludziom na co dzień komuniści, musi być opowiedziane jak najdobitniej!" Paweł Morga, „Notatki o Symbolach", „Kultura", styczeń 1985, str. 19.

"„Śniadanie w piekle" to tytuł książki doktora Myles'a Harrisa. Dramat zawarty w tym tytule nie jest przesadzony. Zamykam okładki książki i biorę głęboki oddech ulgi, przekonany, że skończyłem czytać autentyczny reportaż z piekła, dobrze, mocno napisany.

Opowiem o nim. Ale zrazu zapoznam czytelnika z autorem tego reportażu, żeby go uchronić od podejrzeń, że to niedowarzeniec, może histeryk. Jest to Anglik, lekarz wykształcony przez uniwersytet w Manchester, który ukończył w 1964 roku. Po kilku latach praktyki w Anglii, jako człowiek już dojrzały, uformowany przez społeczeństwo raczej nieegzaltowane, przeniósł się do Australii; tam praktykował wśród tubylców, w pustyni. Następnie przyjął pracę na Nowej Gwinei, lecząc łowców głów. Od roku 1975 ponownie studiował w Anglii, konsolidując nabytki z praktyk, by następnie pracować w innych warunkach w północnej Kanadzie, po czym w misyjnym szpitalu, w pustyni Kalahari. I znowu leci do Anglii na dalsze studia, specjalizacje i po dwóch latach wraca do środkowej Australii. Stamtąd, w roku 1984, Kwatera Główna Międzynarodowego Czerwonego Krzyża w Genewie pilnie powołuje go da pracy w Etiopii. Tam głód na olbrzymią skalę. Do ogromnej akcji ratunkowej potrzeba tak doświadczonych lekarzy, jak dr Myles Harris.

493

Doktor Harris, w myśl swego kontraktu, usiłował w Etiopii pracować. To, co tam zobaczył, czego doświadczył, co potem przemyślał, opisał pod jednoznacznym tytułem swej książki.

Napisałem, że usiłował pracować, całość bowiem jego wysiłków z tamtego czasu należy określić paradoksem: „akcją człowieka spętanego". Wezwano go z drugiego końca świata, po jego szybkim przylocie pokazano mu straszliwe nieszczęście i sytuację totalnego zagrożenia MAS LUDZI i zaraz skrępowano go całą siecią nieosiągalnych pozwoleń, urzędowych niemożności, ustrojowych gróźb, prywatnych niechęci itd., by nie mógł udzielać minimalnej, osiągalnej pomocy. A kiedy „oni" widzą, że doktor potrafi rozluźniać pęta – zapada decyzja! Jako zbyt zainteresowany w niesieniu pomocy, zostaje uznany przez władze tego kraju rozpaczy za wroga, zmuszają go, by się wyniósł. Od tajnych decyzji nie ma apelacji. Doktor odszedł, musiał, ale też musiał napisać tę książkę.

Na wstępie opowiada doktor wydarzenie, któremu daje tytuł właściwy: „Przybycie Wodza". Wprowadza nas ono w atmosferę całego kraju, wytworzoną przez jego rządców. Oto ona: doktor Harris stoi na uboczu nagiego placu w obozie karmienia tych, co jeszcze mogli przyjmować pokarm i płyny, pomniejszające ich stan odwodnienia. Na środku placu zwisa flaga etiopska. Długie, długie oczekiwanie, podniecenia rośnie, bo oficjałowie zdenerwowani. Już godzina jedenasta! Tysięczne tłumy nędzarzy sterczą jak okiem ogarnąć. Cisza. Wtem z okolicznych wzgórz wytryskają żołnierze, ciurek pojazdów, poprzedzany wozem na gąsienicach, poczyna zsuwać się z wzgórz ku obozowi. Spływ takich sił wróży wizytę wysokiego oficjała. Tyły tej kolumny zamyka oddział żołnierzy wypełniający cztery ciężarówki sowieckie. Doktor ocenia to wojsko jako wyborowe. Dowodzi tego szybkość, z jaką wpadają oni do obozu i rozmieszczają się w strategicznych i taktycznych punktach namiotów szpitalnych. Już klęczą po dwu, nawet po trzech, ba! i po czterech, na skrzyżowaniach przejść, inni w pozycjach czatujących wlepiają się w ściany namiotu dla lżej chorych, większe ich siły rzucają się do oddziału opatrunkowego. Jeszcze inni już ustawili ciężki karabin maszynowy pomiędzy masowymi grobami na wzgórzu panującym nad namiotami jeszcze żywych. Flaga Czerwonego Krzyża, zabraniająca uzbrojonym żołnierzom wstępu na teren jego jurysdykcji, chwieje się bezwładnie nad braną obozu. Doktor Harris świadczy, że nie pierwszy to najazd na szpitalny obóz Czerwonego Krzyża. Przed tygodniem wpadli oni podobnie i porwali pięć tysięcy głodujących ludzi. Transport do „żyznych okolic"? Kto z nich żywy dojedzie? Europejskie siostry zaprotestowały i wyszły z obozu. Etiopskie? Gdyby były wyszły, każda z nich zostałaby zesłana do więzienia na 10 lat.

Patrzmy dalej wraz z doktorem Harrisem: pośrodku konwoju sunie biały jeep, w nim ważna osoba. Kiedy wóz zatrzymuje się pod etiopską flagą, okazuje się, że sztywno siedzący w nim osobnik to tylko szeregowiec, usadzony tam jako przynęta w razie ataku powstańców. Tymczasem ponad szczyty gór wynosi się helikopter, ześlizguje się w gorących jęzorach powietrza nad rzeszę, wpatruje w trzydzieści tysięcy zeschłych twarzy mrużących ku niemu oczy. Krąży. Wreszcie w wirach ceglastego kurzu zawisa nad ziemią i czeka aż oddziałek żołnierzy ustawi się pod nim. Dopiero gdy oni kierują lufy kałasznikowów na żebraczy tłum, poczyna się powolutku opuszczać. Silnik milknie. W ciszy słychać zgrzyt, drzwi się otwierają, opadają metalowe schodki. Schodzi nimi pięciu dobrze odżywionych mężczyzn w mundurach wyższych oficerów. Rozglądają się, oceniają warunki bezpieczeństwa, po czym zwracają głowy ku drzwiom. Pauza, wtem wychyla się z otworu w maszynie mała osoba, zbiega ze schodów i otoczona przez pięciu rosłych sztabowców szybko rusza ku delegacji oficjałów obozu, stojących poza kręgiem żołnierzy. Imperator przybył. Mengistu Haile Miriam. Przewodniczący Koncylium

Wojskowego Tymczasowego Rządu Wojskowego Socjalistycznej Etiopii; Generalny Sekretarz Koncylium Chłopów i Robotników Etiopii; Prezydent Sił Wojskowych, Demokratycznej Etiopii; Szef Sztabu Sił Powietrznych i Lądowych; Generał Dowodzący Biurem Zbrojnej Walki Z Imperialistyczną Agresją w Tigre i w Erytreii; Naczelnik Doradczego Komitetu Bezpieczeństwa Osobistego. (Jakoby istnieje Akt jego nominacji na Admirała Floty Powierzchniowej i Podwodnej, oraz Hydro-Helikopterów. Akt nabierze mocy prawnej, gdy Imperator uzyska opiekę nad Dżibuti. Wzorem afgańskim.). Imperator, w otoczeniu swych marszałków, ogląda jedno z jego pól bitew z połowy XX wieku; obóz pokonanych głodem obywateli. Wprowadzono go do namiotu, gdzie cała grupa dostojników powstała wśród smrodu, much i tłoku umierających, usiłując nie patrzeć na matowe, już niewidzące oczy dzieci. Tylko jedzenie mogłoby wiele z nich uratować. Mangistu odwrócił się do lekarza i rzekł: „Dlaczego nie zrobicie im wszystkim transfuzji krwi?". Dr. Harris komentuje: „...że transfuzjami nie ratuje się umierających z głodu – można by mu wybaczyć... ". Zaiste, doktorze, co za wyrozumiałość dla terrorystów porywających narody i pastwiących się nad nimi!

Doktor Harris opowiada historię początków komunistycznego terroru w Etiopii. Otóż przed ośmiu laty, wobec wciąż żywej w kraju euforii rewolucyjnej, Mengistu począł obawiać się o nowo nabyty tron. W Addis Abebie domagano się wyborów powszechnych, dwuizbowego parlamentu na wzór brytyjski i – prezydenta z wyboru! Wobec takiego schorzenia narodu Mengistu zwrócił się o radykalną pomoc. Otrzymał ją na znanych warunkach; on, przede wszystkim, musiał nawrócić sie na komunizm; otworzyć kraj dla sowieckich baz; przyjmować stałą, wielokrotną, bardzo kosztowną pomoc zbrojeniową. W wypadku Mengistu Moskwa uczyniła więcej, jako że projekt zawładnięcia południową bramą Kanału Sueskiego wart był pomocy specjalnej. Posłała mu ona jednostkę Wschodnio-

Niemieckiej Volkspolizei. Jednostkę wzorową, kształconą w tradycji Bismarka przez zakłady naukowe Hitlera, z dyrektorem Himmlerem – odpowiedzialnym za poziom. Po upadku i zniszczeniu Trzeciego Rajchu okazało się, że ci wartościowi elewi owych zakładów mają niejedną misję do spełnienia dla luminarzy postępowej części ludzkości. Przemalowali więc co prędzej swastyki na czerwone gwiazdy i interes ruszył „jak zwykle". Oni to dali Mengistu swą klasyczną radę: wymordować opozycję znaną i ewentualną; potem przypuszczalną. Ich ko-mentor, Stalin, swego czasu zapytał: „Jeśli aresztujemy tylko winnych, to czym przerazimy niewinnych?". Także Volkspolizei ojaśniła Mengnistu, iż terror musi być należycie przykrojony do ofiar, albo, lepiej, ofiary do terroru. Prawdziwy komunista zawsze przykrawa klienta do kaftana. I żeby Mengistu pamiętał, że każdy człowiek i każda ludność, nacja, coś szczególnie cenią, lub uważają za święte albo – przerażające! Mengistu lekcję pojął. Uznał, że aby naukowo wprowadzić terror i ukazać całą wewnętrzną prawdę Marksizmu-Leninizmu, należy wyrządzić psychice wszystkich członów narodu Etiopii krzywdę najstraszliwszą, należy zadać cios żywym – przez umarłych! Odmówić im pogrzebów!

Dla Etiopczyków ryty pogrzebowe są jedną z najważniejszych spraw życia. Leżeć niepogrzebanym, być opuszczonym w śmierci, jest tak przerażające, że nawet dzisiaj ci, co przeżyli terror, nie chcą opowiadać o tej potworności. W tym kraju, w czas największego głodu, każdego umarłego układano należycie, myto, okrywano, i chowano, nawet kiedy żałobnicy ledwo się trzymali na nogach z wycieńczenia. Mengistu rozkazał, by zabici przez służby jego bezpieczeństwa leżeli niepochowani i aby ci, co by chcieli – zabierać ich ciała dla pogrzebu – byli natychmiast mordowani. Latarnie uliczne Addis Abeby obrodziły powieszonymi chłopcami, uczniami szkół i studentami uniwersytetu, oni bowiem próbowali ratować ciała ojców i braci dla pogrzebania ich. Kiedy wstępna fala tej „akcji" przewaliła się – z pięciu tysięcy uczniów i studentów stolicy pozostało przy wciąż zagrożonym życiu – tysiąc pięciuset. Tu trzeba odnotować dla całości obrazu, i dla pamięci, przeżycie lekarza egipskiego, który jednej z tamtych nocy w Addis Abebie jechał mercedesem na przyjęcie w Kwaterze Głównej ONZ-u. Pięć lat później opowiadał, że jezdnie zalegały ciała tak, że wóz z trudnością omijał ich ciemne kształty leżące wśród wyrw i dziur – cienie, gdyż latarnie ledwie rzucały światło spomiędzy trupów wiszących na nich chłopców. (Nie można powstrzymać pytania; a kto to wydawał w tamtym czasie owo przyjęcie w Kwaterze Głównej ONZ-u?).

Mengistu... Nie ma on twarzy typowej Etiopczyka. Jest to okrągła buzia, raczej murzyńska, zawsze uśmiechnięta i o wyrazie nieco zdziwionym. Za wypowiedzenie uwagi na ten temat można oberwać pięć lat więzienia. Tamtejszego! Bo to podważanie autorytetu najwyższej rangi! (Rangi ... autorytety ...)

Nie można pominąć organizacji zajmujących się niesieniem pomocy Etiopii – dawniej. W latach sześćdziesiątych pracowały tam misje protestanckie ogromnej organizacji amerykańskiej. Sadowiły się one w najtrudniejszych okolicach kraju i na skraju Sudanu. Operowały małymi samolotami i donosiły ludności żywność i lekarzy, niosły im Naukę Dobrej Nowiny, czym niejednokrotnie temperowały ich dzikość. Przeminęły one i wszystek ślad po nich zasypał piach komunizmu. Zasypał trop pracy długoletniej, wytężonej, niebezpiecznej, wykonywanej z oddaniem, z dumą z jej wyników, bo dźwigała chorych, karmiła głodnych, dosłownie poiła spragnionych. Pozostał lotny piach....

Dziś istnieje wiele organizacji zajmujących się pomocą Etiopii – zawodowo. Oto jak doktor Harris opisuje osobników delegowanych do tych zadań: „mężczyźni w garniturach dyrektorskiego typu, kobiety starannie przybrane w niedbałe stroje podróżne z drogimi akcesoriami dyskretnie – dobrze widocznymi, o twarzach napiętych i entuzjastycznych, o umysłach – bibliotekach aktów, kompromisów, niespełnionych obiecań i nawet oszustw. Wszyscy oni rządzeni są żelaznymi prawami krótko-terminowych kontraktów, odnawianych im wyłącznie pod warunkiem całkowitego poddania się instrukcjom. Kto ocenia długość kontraktów, konieczną dla wypełnienia zadań według wymagań rzeczywistości, niekoniecznie zgodnej i instrukcjami? „Przeciw tym ekspertom" – i to dosłownie, przeciw nim, jak i przeciw doktorowi Harrisowi, występują i działają, lub odmawiają w ogóle działania, urzędnicy tzw. rządu etiopskiego ludowego. Doktor pisze: „ich programy i agendy grzęzły w pajęczynach uśmiechów, kłamstw, ćwierć prawd i uników. Oni jako jedyny pewnik przyjmowali, że my byliśmy szpiegami". Jakież były jeszcze akcje owych wielkich organizacji i lokalnych rządów i jaki ich wynik? Doktor uprzedza pytania czytelnika i odpowiada mu: „ONZ pomagała w budowie Centrum Organizacji Jedności Afryki. Ogromne budynki i ich wyposażenie kosztowały $ 1.000.000.00.00. Za $ 100.00 można było wyżywić jedno dziecko przez miesiąc, 1.000.000.00 dzieci nie głodnych przez cały miesiąc. No, cóż, miesiąc szybko mija, OAU pozostaje". Inny wysiłek ONZ-u to WADU, Wollaita Agricultural Development Unit. Ściągnięto Misję ONZ, czyniono studia nad wprowadzaniem nowych zbóż, przybyły gromady ekspertów z Nowego Yorku, z Lagos, z środkowego Wschodu. Musiano zbudować biura, pracownie, kwatery mieszkalne. Wystawiono dziesięć budynków za $ 400,000.00. Ta suma równała się rocznemu dochodowi tysięcy chłopów w tamtej okolicy. A kiedy po roku zakończono budowę, tych 10-ciu budynków – wielki entuzjazm, by wypełnić je wiedzą rolniczą rozproszył się wraz z mgłą wśród okolicznych gór. Budynki zamieniono na stale zamknięte składy dóbr rządowych, tzn. partyjnych, czyli prywatnych grupy komunistów, właścicieli kraju porwanego, jego środków produkcji i rozdziału i oczywiście wszelkich darów i pomocy zagranicznych.

Kończmy ten rzut oka na tragedię ludu Etiopii i Erytrei. Ostatnim spojrzeniem zanotujmy w pamięci, jak systemowi wyniszczania ludności przeciwstawia się tamtejszy chłop. Doktor Harris opowiada obrazami, więc widzimy, jak z najgłębszej ciemnoty raptem wyłaniają się zdumiewające, prymitywne, ale i wizjonerskie postawy sił samozachowawczych. One wymuszają bezlitosne decyzje wobec kwestii życia, czy śmierci – tak rozdzierające, jak śmierć ptaków w szponach sokoła. Czytamy: „cienki, wysoki mężczyzna, w wieku około trzydziestu lat, stał w tym zimnie, okryty dwoma kocami. U jego stóp, przy wygasłym ognisku, drżało na ziemi wychudzone dziecko – nagie. Na nasze pytanie odrzekł, że koce są jego, więc żadnego nie odda. A dziecko – czyje? Też jego. Dziecko umrze! Wiem, odrzekł on. Ale i on umrze, jeśli odda jeden koc A bez niego więcej jego dzieci wymrze". Ci ludzie, pisze doktor, kochali swe dzieci bardzo, lecz rozumieli, kto musi przeżyć, aby żyło plemię. Rytuały i obyczaje wyrosłe z doświadczeń wieków, mówiły im, że pierwszy obowiązek to ratować dorosłych. Oni noszą w sobie nasienie, oni mogą odtworzyć dzieci. Dzieci siebie nie odtworzą. W drugim rzędzie ratować starych. Oni opiekują się chorymi, pomagają przy porodach, wiedzą co i kiedy, i gdzie najlepiej siać i sadzić, uczą dzieci, opowiadają, co było dawniej, podtrzymują plemienne wiary, nie zapominają umarłych, przepowiadają przyszłość. Bez nich plemię byłoby ślepe i głuche. W końcu ratować dzieci – ale najstarsze! W nich nadzieja, one są najbardziej wartościowej otoczone miłością. Najmniej ważne dla życia plemienia są dzieci dopiero co odstawione od piersi matczynej. Jeśli ono śmiertelnie zasłabło, opuszczano je. Dla tamtych chłopów nasze wysiłki, by ratować najsłabszych, a nie najsilniejszych – przede wszystkim, były przerażająco złe. Obce statystyki, może obiektywne, mówią, że Etiopia ma przyrost ludności. Przyrost! A więc te szkielety matek rodzą! Usiłują ratować ich rodzaj. Jakież pokolenia wydadzą ich nędzne łona na świat śmiertelnego głodu i mordu głodem? Ale to już moje pytanie.

Trzeba prosić, by tę książkę czytał każdy, kto umie czytać. Była ona wydana w roku 1966 i wtedy omawiana. W roku 1988, drugiego kwietnia, BBC World Service nadał wywiad z jej autorem. Doktor Harris niczego ze swej opowieści nie ujął.

# Z Sudanu do Blackpoolu

Że w roku 1978 byłem już za stary, by zarabiać w sposób mniej mi znany, wróciłem do latania, mimo, że już w 1972 roku nikt ze mną nie chciał na ten temat gadać. Wtedy uparcie starałem się o kontrakt lotniczy i przeprowadzałem rozmowy telefoniczne, kosztowne, bo z panami w dalekich krajach. Rozmowy szły świetnie, aż do chwili, gdym wyjawiał rok swego urodzenia, rok początku niemieckiej wojny, ale tej wcześniejszej, 1914. Wówczas następowała cisza. Krótka. Po niej zagrywała pozytywka, ta sama bez względu na kąt świata, w którym ją dany pan nastawiał: „Niestety mimo pańskich kwalifikacji i ważnej licencji. Wiek. Widzi pan, nasza ubezpieczalnia nie godzi się". Nicponie! Wtedy mieli na rynku pilotów pęczkami, sixpence a Bunch. Ale w r. 1978 zaczęło ich brakować. Lotnictwo wojskowe przestało wypuszczać młodych, zaopatrzonych w cywilne licencje (na nasz koszt!) konkurentów dla nas, krzepkich dziadków – pradziadków. Wtedy właśnie zobaczyłem w gazecie foto pewnej pani, grubo ode mnie starszej, tuż po jej przelocie przez Atlantyk, we własnym samolocie. Małym. Na mnie dobry przykład dobrze działa, bez żadnych więc nadziei, lecz natychmiast zadzwoniłem do firmy w Blackpoolu, poszukującej pilota z licencją zezwalającą na: „latanie z pasażerami za wynagrodzeniem".

„Proszę, tak. Od zaraz" – usłyszałem tak wyraźnie, że zbladłem i po tygodniu zgłosiłem się do pracy. Miało to być latanie w ramach dużego klubu lotniczego, loty przyjemnościowe, loty fotograficzne, bardzo ciekawe, dla wydziału archeologicznego uniwersytetu w Lancaster, próbne, z amatorami nauki latania. Zanim zacząłem pracę, musiałem zdać egzaminy w powietrzu i za badania lekarskie zapłacić. Cieszyliśmy się wszyscy: lekarz, że mi wino zdrowia nie zrujnowało, bo sam je chce pić jeszcze przez długie lata, obaj egzaminatorzy, ten klubowy i ten ministerialny, że ich zdrowo z maszyny wypuściłem. I po latach znalazłem się na „swoim" miejscu. Sam. Z tą prostą i skomplikowaną odpowiedzialnością za pasażerów i maszynę. Z tą wielką satysfakcją, że sam. Znowu więc przepiękne widoki w pogodne dnie, drażniące napięcia wśród innych maszyn koło lotniska we mgle, w deszcze zalewające widoczność, uszy przepełnione gadaninami i nawet krzykiem innych załóg i kontrolerów z wieży lotniska. Ale też rozkosz w poranki oblane słońcem, gdy samolot rozpędzał się ku plażom, ku morzu, i wznosił się w łagodnym powietrzu. W takie poranki wspominałem dawnego przyjaciela Australijczyka, który w podobnie przychylnych chwilach, wołał do naszej starej Dakoty: Rise, my beauty, rise!. „Wznoś się moja piękna, wznoś!" – bywało tak pięknie, że mawiałem do pasażerów: „To ja powinienem płacić im, a nie oni mnie".

Tu muszę powiedzieć „dwa słowa" o moim właścicielu na sezon latania. Boss, szef, B. B., to nie Brigitte Bardot, lecz Brian Bateson, syn pilota mego pokolenia. To od razu ustawiło go wobec mnie właściwie. Jego ojciec po wojnie zaczął bawić letników w Morecambe lotami z plaży na Austerze i budował klub. Zabił się na dobrej maszynie, w dobrym zdrowiu, w jasny dzień, nie wiadomo dlaczego. Syn, wtedy chłopak dorastający, przejął po ojcu inicjatywę i dziś ma poważne przedsiębiorstwo lotnicze oraz ambicje dalszego rozwoju. Duży mężczyzna, mocny, inteligentny, szybki, zna teorie, praktykę, technikę, sam lata pięknie, z pieprzem, często ryzykownie dla przyjemności lub gdy interes każe. I bawi się lataniem, swymi sukcesami, interesami, nowymi pomysłami i, oczywiście, wojenkami z władzami lotniska. Śmieje się wybuchowo, bardzo głośno, a już pęka ze śmiechu, gdy uda mu się kogoś nabrać na kawał, lub trafić w czyjąś tajoną prawdę. Trochę to poszukiwacz „prawdy" na własną rękę, szkoda, że bez pomocy formalnych studiów, wart by ich był. Lecz „to nie jego przeznaczenie".

Polubiliśmy się niemal od razu, bo okazało się, że ja znalazłem się przy mojej słuchawce telefonu tak w porę, że serce BB wezbrało radością, odzyskał bowiem wiarę w zarobki tamtego sezonu. Wkrótce też okazało się, że ja się nie spóźniam, nie bywam przemęczony, nie wyglądam wieczora, nie odmawiam jeszcze jednego lotu, nie narzekam na silniki, złe pogody, za niską płacę – przyjąłem kontrakt, więc! Na przyszyły rok poprawię go. A do wszelkich trudności naciągań możliwości do ostatnich granic już od lat byłem przyzwyczajony w afrykańskich „szkołach". Ułożyło się więc dobrze i niespodziewanie jeszcze poprawiło się w zabawny sposób. Pewnego dnia BB przyszedł rano elegancko ubrany (on w takich wypadkach lakierki nosił!) i taką mi podał racje tej przemiany: „Stash, idę do sądu. Dwa lata temu miałem tu nowego pilota, dałem mu trening, zapłaciłem za jego egzamin i dostał dwa typy maszyn na licencję. Zaraz po wpisaniu mu tych typów do licencji – wziął lepiej płatną pracę i mnie zostawił na lodzie, z dnia na dzień. Na samym początku sezonu! I jeszcze zażądał, żebym mu zapłacił za okres jego treningu i latania w testy. Zaproponowałem mu wiesz co, więc podał mnie do sądu i dziś właśnie będzie sprawa. On nie wie, co ja mam sędziemu do powiedzenia. Opowiem ci, jak wrócę". Poszedł roześmiany. Po kilku godzinach usłyszałem jego śmiech już w korytarzu budynku. Wpadł wołając: „Wygrałem! Wygrałem!" Zwrócił się do mnie: „Ten facet najbardziej bił na to, że ja go wykorzystałem, że wymagałem długich godzin, że robił po dwanaście lotów dziennie! A ja sędziemu powiedziałem: Your honour, u nas sezon jest krótki, trzeba pracować intensywnie, ile ma lat ten pan? 26? A ja teraz mam u siebie pilota, który ma prawie 65 lat i lata po 20 razy dziennie i więcej jak trzeba. Sędzia zapytał tylko go, czy on o tym wie? On potwierdził. I wygrałem!".

Naturalnie stosunki nasz popłynęły jak po śmietankowym maśle. BB zaczął mi płacić bonusy. A nieco później inne wydarzenie tym bardziej stosunki nasze podwiązało. Na lotnisku w Blackpool odbywała się doroczna wielka zabawa powietrzna, „cyrk", pokazy. Latały modele radiem kierowane, akrobaci na specjalnych samolotach, zawodowi spadochroniarze ześlizgiwali się po powietrzu na nowych typach spadochronów, ciągnąc za sobą kolorowe dymy. Spiker piał do mikrofonu opisując to wszystko, ja stałem z moją obsługą pasażerów przy naszej maszynie, czekając na zakończenie pokazów, żeby od razu porwać rozochoconą publikę w powietrze! Tymczasem przyglądałem się samolotom z wojny niemieckiej, drugiej, które miały stanowić „clou" programu: sławetna amerykańska Latająca Forteca, angielskiej marynarki chwała Sea Fury i najsławniejszy ze sławnych Spitfire! Dziewiątka. One miały latać jako ostanie, jako dowody brytyjskiej sławy i minionego bohaterstwa, gdy Niemcy realizowali swe propozycje filozoficzne. Spitfire jest dziś synonimem wielkości, zwycięskiej maszyny i sugeruje heroicznego pilota. I wtedy ledwie uniknąłem kreowania mnie na jednego z wielkich żyjących jeszcze, bo nieopatrznie powiedziałem do mego pomocnika, szesnastolatka przepełnionego entuzjazmem dla Spitfire'a i szczęśliwców co na nim latali, że bardzo lubiłem tę maszynę. Piorun w niego strzelił! Oczy mu zaokrągłały! „To pan na Spitfire'ach latał?". „Tak". „To ja lecę do spikera, niech na całe lotnisko ogłosi, że my mamy pilota, który na Spitfire'ach latał". Ledwiem się od tej chwały wybronił, tylko dzięki temu, że on zgodził się, że tłum i tak mnie nie zobaczy, bo telewizji nie ma. Ale ten zdolny chłopiec zaraz wprowadził do sprzedaży biletów handel mną, jako tym, co to itd. Owszem, to często sprzedawało bilety. Na szczęście było to robione dyskretnie. Lecz BB uznał skuteczność tej metody i moja wartość znowu wzrosła w jego dalszych planach. Mam zaproszenie na sezon 1980.

Ale także Spitfire był przyczyną bardziej interesującego

wydarzenia, o którym opowiedział mi mechanik obsługujący tę maszynę. Otóż w 1977 roku, w czasie pokazów, podszedł do tego samolotu starszy pan, Polak, pogadał, przyglądał się samolotowi, raptem zmienił się na twarzy, ręce wyrwał z kieszeni i krzyknął: „To moja maszyna! Numer! To moja ostatnia maszyna! Ja mam ten numer zapisany w książce lotów!" Niestety ten mechanik nie umiał mi powiedzieć nazwiska ani gdzie go szukać. Może ten kolega sam opowie to wydarzenie? Może napisze list do „Wiadomości" i do „Skrzydeł"?

O tak, więcej wzruszeń spotkało mnie na starym lotnisku w Blackpool, dawniej, za „polskich czasów", zwało się Squire's Gate. Na pewno ta nazwa, jak i sam Blackpool, znajdą żywy i wesoły oddźwięk w pamięci wielu starszych panów spod znaku Szachownicy i Orła w Koronie. Oto one....

... Pewna żona Polaka, Angielka, wsiadając do samolotu, rzekła: „Czy to aby na pewno prawda, że pan Polak? Ja od dawna chciałam się przelecieć, ale się bałam. Lecz jak się dowiedziałam, że tu lata Polak, to powiedziałam do męża – teraz albo nigdy!", I chytrze spojrzała na mnie, dodając: „Pan jest Polakiem, co?",

Wkrótce inny Brytyjczyk, ważna osoba, bo to jeden z kilku lokalnych milionerów, człek, który wydrapał się na śliską górę złota wściekłą pracą i pomysłowością, pilot-amator, rzekł do mnie przy pożegnalnej kolacji: „Stash, jak pan wie, ja stąd pochodzę. I kiedy byłem chłopcem, nauczyłem się ciekawej rzeczy od Polaków. Oni mieli tu szalone powodzenie u kobiet i ja prędko zorientowałem się dlaczego! Oni dbali o swój wygląd, mieli dobre maniery, każda była traktowana jak księżniczka i przedtem i potem. I oni używali wody kolońskiej! Wszystko to było dla Anglików zdumiewające, ale ta woda kolońska biła rekordy! Wyśmiewali się! Ale ja sobie wodę kolońską kupiłem i nigdy tego nie żałowałem!" I roześmiał się szczęśliwie salutując mnie kieliszkiem Chateauneuf du Pape, bo ono według niego uchodziło za ulubione wino Polaków. Powiedziałem: „Ron, nic dziwnego, że pan dziś jeździ swoim Rolls Royce'em. Pan umiał patrzeć".

Inny przykład. Pasażer w wieku około 45 lat, z synem. Kołujemy do startu i długa to droga dokoła pasa lotniska do pasa startowego 28, ojciec więc nawiązuje rozmówkę: „Czy pan jest Czechem?". „Nie, Polakiem". Na to ojciec zwraca się do syna: „Widzisz, Polacy i Czesi robili w czasie wojny dla nas to, czego ja nie mogłem robić, bo byłem mały". I znowu do mnie powiada: „Nie mogę darować sobie, że nie byłem z wami. Chcę, żeby mój syn wiedział, co robiliście dla nas". No, nie wprowadziłem korekt do jego miłych wywodów, bo może by się zdziwił, ż my tacy egoiści, co to usiłowali zrobić coś i dla siebie.

W notatniku lotów, który prowadziłem na gorąco, zapisywałem krótkie zdanko, lub słówka jak: „uścisk ręki i słowa: dziękujemy, nie zapomnieliśmy czasów wojny i prośba o wspólną fotografię". I znowu: „Stary polski pilot, prośba o autograf". Albo: „Dziś przysłano mi pięknie zrobioną fotografię na tle samolotu". Albo: „Przez dziesięć lat mieszkałem przy polskiej rodzinie, czułem się jak wśród swoich". Te słowa były mi szczególnie miłe. Aż pewnego dnia zastała mnie w klubie arcy-niespodzianka, wzruszająca, szarpiąca. Wszedłem mocno zmęczony po wielu lotach, by napić się kawy i usłyszałem, że BB wykrzyknął: „To on!" Wówczas podszedł do mnie dobrze prezentujący się siwy pan, z chłopcem może dwunastoletnim, którego objął ramieniem, skierował jego uwagę na mnie i prosto, bez uśmiechu, zapytał mnie: „Pan jest Polakiem, prawda?". „Tak". „Ja byłem pilotem RAF-u. Niemcy zestrzelili mnie nad Francją i trzymali w niewoli pod Toruniem. Uciekłem przy pomocy Polaków i oni ukrywali mnie. Potem widziałem, co się działo, gdy weszli Rosjanie". Zwrócił się do chłopca: „Uściśnij rękę tego pana i pamiętaj, że podał ci ją Polak". I dodał, mówiąc z trudnością, ale wyraźnie, po polsku: „Angielski kapitan dziękuje Polakom". Powtórzył to po angielsku, skinął mi lekko głową i w ogólnej ciszy wyszedł, ramieniem wciąż ogarniając oglądającego się chłopca. Na szczęście już przedtem inny eks-rafowiec wygłosił był w tej Sali pochwałę Polaków jako towarzyszy broni i kolegów w niewoli.

Ale bywało, że trzeba było bronić kraju i Polaków przed przykrymi atakami. Dwa razy zostałem uderzony takimi słowami: „Cóż to za partacka robota, co za brakoróbstwo, cóż za niszczenie materiałów i czasu!". Mówili to: specjalista od budowy samochodów i specjalista od wyrobów materiałów tekstylnych, obaj właśnie wrócili z Polski, gdzie pracowali w polskich fabrykach. Naturalnie ich słowa podniosły zastawę mojej wymowy i główny nurt tego wodospadu tak brzmiał: „Tak pracują ludzie świadomi, że są niewolni i okradani. Komuniści są antyludzcy, robią narodowi jak najboleśniejszą krzywdę, którą pokolenia będą musiały cierpieć i odrabiać – łamią kręgosłup moralny narodu. Świecą przykładami kłamstwa i rabunku, któremu słabszy oprzeć się nie może". I argument końcowy, nie do odbicia, nawet przez niechętnego krytyka: „Dziś każdy Anglik ma swojego Polaka, kolegę, przyjaciela, szwagra, żonę, krewnego. Tu, w Blackpool, mówi się, że Polak potrafi zbudować dom i założyć w nim kanalizację (Anglicy podziwiają takie umiejętności), najlepszy klub tutaj jest polski, lotniczy, tam też jedna z najlepszych restauracji w mieście. I chyba najprzyzwoitszy hotel też należy do Polaków. Domy polskie są porządne, samochody, zamożność. A więc? Dlaczego u siebie w kraju nie mogą mieć podobnych wyników? Co niszczy ich pracę?". I znowu trochę łopatologii. Łopatologia jest konieczna. Przybysz z innych krajów widzi, że strona polska w Anglii cierpi na brak ogromny, zdumiewający – nie stosuje łopatologii. Wskutek tego, o ile Anglicy znają „angielskich" Polaków, lub pamiętają ich z dni wojny, o tyle najczęściej nie orientują się co to za ptak, ta Polska? Czy animals, vegetable, a może mineral? To nie są „dziury" w ich wiadomościach, to są białe pola wielkości tych, co świecą na mapach Antarktyki. Pyta mnie moja gospodyni, przez całe swe rodowite życie Blackpoolanka, pani o bardzo wysokiej opinii o tamtejszych Polakach, pani chwytająca się nawet pióra w lokalnych pisemkach i członkini różnych klubów, pyta mnie ta wcale przystojna kobieta: „Stash, czy to prawda, ż Polska ma granicę z Rosją?". Nie łżę! Niech mi się Blackpool pod nogami zachwieje! A widząc w TV niewykończone z powodu strajków statki dla Polski: „Stash, przecież Polska nie ma portów?". I kiedy zapytała, czy przed wojną mieliśmy w Polsce stal! – załkałem na jej łonie, co ją dziwem napełniło dla niepojętych reakcji Słowian na proste pytania. Wiem, że jej wina z naszej wielkiej winy się wywodzi. My konsumujemy „poloniki" zazdrośnie, drugim dajemy niewiele. A przecież opinia publiczna w Anglii jest jak zawsze nadzwyczaj ważna. Trzeba ją informować. Inaczej cofamy się w cień przeszłości, tylko stare pokolenie pamięta nas jako wyraźną część narodu, jako wojsko polskie, natomiast dziś, wśród młodego pokolenia angielskiego, imię polskie pokrywają niechwałą opinie wyrabiane naszemu narodowi przez chwilowych „właścicieli kraju". Trzeba mówić, metodą Światowida – na cztery strony świata.

# Notatki z Blackpoolu

W r. 1978 wróciłem do latania. Kiedy już zwątpiłem w swoje możliwości w tym względzie – drobna wiadomość z gazety postawiła mnie na nogi. Przeczytałem, że pewna Amerykanka przeleciała Atlantyk, na jednosilnikowym samolocie, żeby zrobić coś innego niż codzienny zakup jadła. (W Anglii, że dobijała, czy przebijała siedemdziesiątkę, odmówiono jej tymczasowego prawa jazdy samochodem, jako zbyt wiekowej, powiedziała więc czynnikom słowa rzeczowe, zamiotła ogonem po lotnisku i poleciała do domu. Przez Atlantyk. Mam wycinek z gazety z jej fotografią! To moja pin-up. Ja wyglądam młodziej.) Za jej przykładem, choć po męsku przygotowany na odmowę, zgłosiłem się, zostałem przyjęty i w tym roku wybieram się na trzeci już sezon do Blackpool & Fylde Aero Club, zaproszenie mam.

Było to latanie w ramach dużego przedsiębiorstwa – klubu lotniczego. Taki klub to duży interes – co okazało się fontanną ciekawostek na temat amatorów lotów przyjemnościowych. Gdy człowiek staje się pasażerem lub turystą, lub Anglik urlopowiczem, to na czas trwania tego stanu różni się od zwykłych ludzi. To wiemy. Ale o ile? Na przykład ich zupełna obojętność na pogodę. Nie słyszałem słów: „Dziś taka piękna pogoda, więc przyszliśmy polatać!" Natomiast ci ludzie przychodzili i w mgłę, w deszcz, gdy pułap chmur był niewiele wyższy niż klub, w chlapy, w zimna, z bardzo małymi dziećmi (ale gdzież mają te biedne stworzonka zostawić?). Siedzieli. Czekali na lot bez słowa. Czasami nawet nie palili papierosów, nie pili nic. Siedzieli.

Gdy przychodziła ich kolejka, szli bez radości, ciekawości. Przyszli, bo mieli potrzebę gdzieś „pójść", coś „robić" – byli przecież na wakacjach, lecz morze było właśnie rozbuchane, wiatr dojmujący tak, że nawet oni nie chcieli ... w to sierpniowe, czy lipcowe, zimno chodzić stadkami, objuczeni torbami z owym jadłem, Coca-Colą i czymś tam jeszcze, kafejki (nie kawiarenki! Kafejki) z wstrętnawą kawą i nawet herbatą pomyjowatą też im obrzydły, budy z automatami wśród wrzasku z płyt na tej „Złotej Mili", tej ulicy obrzydliwej, wypranej, wymydlonej, wybrakowanej, wyświechniętej, wy, wy, wy... ! – już z nich większość pieniędzy wyłomotały. Zaprawieni w złym guście od pokoleń – pieniądze wystrajkowane wydają w obskurny sposób. Człowieczeństwo ich oznajmia się dopiero przez końcowy rezultat ich corocznych wakacji: przez tę właśnie ich nieludzką nudę. Można by sparafrazować powiedzenie Norwida: „Człowiek tym różni się od niektórych zwierząt, że potrafi się nudzić". (Od „niektórych", bo niektóre też to potrafią.) Nuda, od której uciekali do samolotu nawet, gdy mgła zamazywała widoczność przed nosem, pozwalając widzieć świat tylko w dole, pod bardzo ostrym kątem i to mętnie.

Lecz przeważały dni znośne, były i piękne, nawet i bardzo piękne, gdy ludzie reagowali na latanie – wedle natury ludzkiej. Najczęściej było o wiele weselej, niż ta moja uwertura sugeruje. I ciekawiej, gdyż obie strony, pilot i jego „PAX" (to fachowy skrót od pasażera) miały siebie pod ręką, bo maszyny były małe.

Oczywiście lot w małej maszynie zupełnie inaczej wpływa na pasażera, niż lot w latającym wagonie. Tu się jest w powietrzu. Widzi się odległość od ziemi i ma się wrażenie zawieszenia i bezruchu nad głębinami. Z czasem to wrażenie mija.

Faktem jest, że poczucie ruchu maleje z wysokością, czyli z odległością od przedmiotów, wobec których przesuwamy się. Po oderwaniu się od ziemi, samolot zdaje się zwalniać i już na 500-600 stopach „stoi" w powietrzu. Jeśli do tego chwieje się, lub „przepada", lub trzęsie się, to człeka nieobznajmionego ogarniają uczucia inne niż w dorożce. „Nie ma dziur w powietrzu!", mawiałem „pax". „Czy można wyobrazić sobie dziury w morzu? My siedzimy w statku powietrznym i płyniemy morzem powietrza. Dziur nie ma". „No to w co my wpadamy, proszę pana? Jak pan opowiadał, że dziur nie ma, tośmy wpadli w pięć!". Innym razem mówiłem, że powietrze to też płyn, jak woda, istnieje nawet zwrot „Pić powietrze". „A pij pan", powiedział mi czerwony na gębie Szkot, jakby Wiecha posłuchał, „ale dla mnie to ląduj pan, panie szanowny, żebym jeszcze w tym życiu zdążył napić się, czego należy".

Ach, ci „pax"! Skoro się bez nich obejść nie można, trzeba ich choć trochę polubić, dbać o ich zadowolenie, mawiałem więc: „Patrzcie państwo na morze, na miasto, bo nikt wam ich nie pokaże piękniej!". Oni zazwyczaj milkli i patrzyli tylko, jak ta okropna, ta najbrzydsza część Blackpool, tzw. Golden Mile – Złota Mila, chlubiła się przez kilka chwil naszego przelotu nad nią swą najlepszą partią, plażą kilkumetrowej długości wzdłuż tej brzydkiej, sklepowej i „rozrywkowej" ulicy, domami upiększonymi słońcem i wieżą. WIEŻĄ sławetną, curiosum Blackpool'u, kopią zmniejszoną pana A.G. Eiffla (co jednak nie daje Blackpool'owi prawa do miana „Paryża Lancs", nie samą zmniejszoną wieżą uzyskuje się takie przyrównanie!) i wtedy odwróceniem głowy ku morzu opuszczałem swych „pax", zajętych widokami lądu. A tam, jeśli słońce sprzyja, widnokrąg jest granatowy, bliższe wody zmieniają barwy zależnie od ich głębi, rodzaju dna, pozycji słońca, od czystości powietrza, od zamgleń i od nagłych rozświetleń spośród przemieniających się chmur.

Naturalnie, najciekawsze były dla mnie kobiety (może dlatego, że wciąż, że nieustająco, że od zawsze do nigdy nie znam ich i znać już nie będę, skazany na tę niewiedzę ich tajemniczością przepastną dla mej płci i osoby). One, te wrażliwe, czułe, te pełne obaw, zdumiewające decyzją lotu, mimo, że wchodząc do samolotu, spoglądają na mnie spłoszonymi oczami lub unikają zetknięcia się oczu wprost. Lecz niektóre panie zaczynają się w czasie lotu uśmiechać. I po locie są zachwycone. Inne coraz bardziej żałują, że postawiły stopę na stopniu kadłuba czy na skrzydle. Siedzą w napięciu, trzymają się czegoś lub kogoś, skulone, za nic nie wyjrzą za okno, pocą się lub trzęsie je zimno, sztywnieją. Ta młoda mocna kobieta, długo po locie nie mogła rozprostować skurczonych palców. Śmiała się, lecz jeszcze z daleka pokazywała mi dłoń z palcami, które nie chciały się wyprostować. Niekiedy słyszałem: „On mnie zmusił!".

Ta śliczna dziewczyna tak go prosiła żeby ją zostawił, żeby poleciał sam, lecz on całował ją, przypierał do ściany budyneczku i całował aż uległa i potem, w locie, okazało się, że to on bał się tak, że bez niej by nie poleciał, ale z nią bał się mniej, bo ona bała się bardziej, więc czuł się ważnym opiekunem, koleżkom zaś musiał pokazać, że latał!

Pamiętam dzielną staruszkę, miała ponad osiemdziesiąt lat. Powiedziała mi: „Zawsze chciałam spróbować prawdziwego lotu, jak to się dawniej latało – palcami dotykając powietrza!". Potem, odchodząc, dreptała wesoło oparta o ramiona córki i wnuka i powiewała mi dłonią o palcach, co kiedyś chciały dotykać powietrza, dziś pokrzywionych wiekiem pracy. Drugą moją faworytką stała się bardzo zmurszała staruszka, niewidoma. Po locie podała mi zimną rękę i rzekła: „Marzenie, by polecieć wracało do mnie co pewien czas. Dziś, nareszcie, byłam w samolocie! Jestem panu bardzo wdzięczna. Na przyszły rok znowu polecimy razem". „Dobrze", powiedziałem jej, „ja tu wrócę, by panią osobiście zabrać w powietrze. Mamy więc rendez-vous". I uśmialiśmy się serdecznie.

Dzieci, dzieci! Dzieci chytrze zakładają, że nieduży samolot to zabawka, więc popatrzeć nań i pozadawać pytania – można. Ale w zabawkę wcisnąć się, być w niej psem przywiązanym i w końcu w tej zabawce zostać wywindowanym w górę i tam zawisnąć – taką propozycję dzieci traktują podobnie jak ich pokolenie starsze. Często na ku-

szenie w rodzaju: „Nie bój się syneczku, patrz, tatuś także!"
nabierać się nie dają. Słyszałem, jak dziecina zanosiła się
płaczem i wrzała: „To dlaczego mamusia nie?". Poradziłem
mamusi, żeby to inteligentne dziecko z sobą zatrzymała, my
z tatusiem zabraliśmy tylko to drugie, które tak skamieniało
ze strachu, że milczało. Jakże protestować wargami z cementu? Ale potem rozhuśtało się i nawet sobie swobodnie
pojechało do Rygi. Maleńkie dzieciątka, jako do niedawna
aniołki, wiedzą, co się święci i spłakane drą się wniebogło-
sy, ale je wkrótce szum silnika i lekkie wibracje maszyny
usypiają.

Gama więc zachowań się dzieci w obliczu samolotu jest
równie rozległa jak i starszych. Różnica w tym, że stopnie ich rozkoszy, czy przykrości są najczęściej wyraźnie
wokalizowane: krzyczą z radości, wrzeszczą ze strachu, to
znowu przemiły świergot w samolocie, gdy sobie pokazują
rzeczy, tam w dole! Niektóre ogarnia obawa wyjrzenia na
zewnątrz, milczą zamknięte w sobie, lecz bywa, że, choć
przerażone, pełne są uwagi. Niekiedy gorzej – histeria i
wymioty.

Po lotnisku kołowały tam i siam odrzutowce różnych
firm i znęcały się nad ludźmi wyciem silników podszytym
przykrym gwizdem ich turbin. Gdy stratowały, wycie to
zmieniało się w huk, po czym rozwydrzało się w domi-
nujący grzmot, uszy smagał bliski jęk i świst odrzutowego
śmigłowca oraz łopotanie natrętne i szybkie łopat jego motoru, jakby tam bajeczny pilot-olbrzym łupił w swój latający
dywan, odkurzający tuż przed lądowaniem. Zanurzona w
tym nieszczęściu dźwiękowym stała przed naszym hangarem mała dziwna rodzina. Ojciec trzymał na ręku chłopczyka i jakby z radością, nawet z entuzjazmem, zwracał
jego uwagę na najbardziej ryczące monstrum, ba, zachwa-
lał mu je. Matka patrzyła na nich z troską. Gdy podszedłem
do niej, powiedziała: „Przywieźliśmy tu naszego synka, by
oswoić go z samolotami. Może, gdy popatrzy się na nie i na-
słucha ich dźwięków, przestanie się ich tak okropnie bać?

My mieszkamy blisko lotniska wojskowego. Nagły huk ich przelotów wstrząsa domem i po każdym uderzeniu dźwiękiem on martwieje, nie jest w stanie poruszać się, mówić, czasami aż przez pół godziny. Może po tej wizycie nie będą go tak przerażały?". Zapytałem o jego imię i zwróciłem się do chłopczyka: „Curtis, prawda, że samoloty są piękne? Czy podobają ci się?". Nie zareagował. Popatrzyłem na jego główkę, jakby narysowaną przez Wyspiańskiego, lecz o szklistych oczach. Jego matka uśmiechnęła się i powiedziała: „Jeśli on będzie tej nocy dobrze spał, to jutro z panem polecimy". Nie, nie widziałem tej rodziny więcej.

# Co znalazłem w sanskrycie

Dlaczego sięgam do sanskrytu? Dla dwóch przyczyn. Pierwsza: przed 5 laty przebywałem w Indiach kilkakrotnie, zawsze krótko, ale zaciekawiony po uszy. Oto migawka: w New Delhi celebrowano urodziny Kriszny – tłumy kolorowo odziane, z wieńcami kwiatów na szyjach i w dłoniach wstępują i zstępują po rozległych stopniach świątyni, stamtąd płynie muzyka harmonium i śpiew kantora. Naturalnym wówczas dla mnie odruchem było schwytać magnetofon i dać się tłumom wnieść do wnętrza wielkiej świątyni, obejść jej posągi bóstw i bogów, przypatrzeć się modlącym się, ich pozom, skupieniu ich w czas zanoszenia modłów i składania ofiar, nawet dość odważnie zapytać o treść próśb. Można było. Dowiedziałem się, że przed bóstwem o nazwie KUBERA rzucano pieniążki, by uprosić go o pomoc w bogaceniu się. Innych bogów też się o poprawę finansów prosi.

Podszedłem do kantora, skłoniłem się i pokazałem mu mikrofon. Skinął głową nie przestając śpiewać i grać: jedną ręką kalikował, drugą gładził klawisze płaskiej przenośnej harmonii, czy też harmonium. Obok niego siedział na podłodze młodzik i towarzyszył jego muzyce, klepiąc szybkimi dłońmi skórę płytkiego bębna, a ona odpowiadała im obu wysokimi klaśnięciami i krótkimi jękami. Nagrywałem muzykę kantora, harmonium i śpiew, specyfikę bębna, a tymczasem koło mnie zbierała się grupa młodzieży hinduskiej z sympatią przyglądając się moim poczynaniom. Był to słynny pieśniarz religijny z Bombaju, przyleciał na uroczystości do New Delhi specjalnie zaproszony i zapłacony równie wyróżniająco. Pozwoliłem sobie wyrazić moje uznanie dla jego artyzmu i także pochwalić jego akompaniatora na bębnie (byłem już nieźle osłuchany w grze na tym instrumencie w Afryce i chociaż porównywać afrykańskich technik z hinduskimi nie należy, dałem wyraz...). Kantor oznajmił mi, że to lokalny student, sztukę gry na bębnie uprawia się w Indiach powszechnie, ale, owszem, ten młodzik sięga już artyzmu. Wtedy stojąca blisko mnie dziewczyna o grubych warkoczach błyszczących oczu rzekła, że to jej narzeczony i zapytała, czy – skoro jestem tak widocznie ciekawy kultury Indii – zechcę towarzyszyć im do domu jej rodziców na zebranie młodzieży, właśnie tam udają się tam tu obecni studenci. Oczywiście ucieszony poszedłem. Poznałem jej ojca, rymarza i matkę bieliźniarkę i doznałem olśnienia – sanskrytem. Mianowicie po wstępnych rozmowach o sytuacji politycznej Indii, o jej gospodarce, o mojej roli tam jako gościa z ramienia ONZ, przeszliśmy do mych zaciekawień krajem, jego historią, jego religiami i szczególnie obrzędami religijnymi. Wtedy, jeszcze na poziomie, czego nie ukrywałem, turystycznym. Ale temat ten z miejsca niespodziewanie się pogłębił – ojciec mej studentki począł mówić o znaczeniu i pięknie świętych ksiąg Veda. I ten rymarz z New Delhi przeszedł na sanskryt, by w języku ksiąg Veda cytować ich wersety tak lekko i płynnie, i długo, i ku takiemu zachwyceniu obecnej młodzieży, że moje zdziwienie przeszło w podziw, podziw w szacunek, szacunek w zainteresowanie i nim, i Vedą, i sanskrytem.

Po kilku tygodniach podróży po Indiach i Bliskim Wschodzie wróciłem do domu na Malcie i tego samego wieczora dowiedziałem się, że mój syn właśnie zaczął studiować poza szkołą sanskryt! I to stało się drugą przyczyną moich zaciekawień tym, co sanskryt kryje.

Dziś Dominik jest doktorem od tego języka i ja, przez niego oświecany, od czasu do czasu rozkoszuję się wiedzą o człowieku pięknie ujętą w księgi hinduskie, pisane sanskrytem przed 3500 tysiącami lat, od wieków tłumaczone na arabski, późno syrjacki, perski-pehlewi, hebrajski, staro hiszpański, francuski, angielski, niemiecki i polski? (wzajem sobie służące jako źródła.) Księgi te to: „Panczatantra", czyli, „pięcioksiąg" ułożony prozą i wierszem, oraz „Hitopadeśa", wywodząca się z „Panczatantry" i innych źródeł. Są to zbiory bajek o ludziach – niby to zwierzętach, o królach i mędrcach-pustelnikach: dydaktyka, nauki etyki, roztropności, „niti-czastra", czyli podręcznik moralnego prowadzenia się króla w sprawach polityki i etyki socjalnej. Napisane z wdziękiem, z humorem, ogromnie pomysłowo. Podobno korzystał z nich Ezop frygijski (Grek, Żyd, Pers?), układając swe bajki. Potem francuski La Fontaine, o czym on mówi nam w drugim wydaniu swych „Bajek". Polskie echo tych ksiąg może da się usłyszeć w „Pamiętniku znalezionym w Saragossie" Potockiego, a to przez układ „Pamiętnika", „szufladkowy", taki właśnie stosowany jest w księgach „Panchatantry" i „Hitopadeśi" po raz pierwszy w literaturze świata.

A oto „rodzynki w koszyku", kilka wierszy z „Panchatantry" w moim wolnym przekładzie, poprzez angielski.

Do Biedy

O Biedo, biedactwo Ty moje,
Żal mi Twego losu.
Od dawna jesteś moją przyjaciółką,
Tak już dawno u mnie zamieszkałaś.
Gdzież Ty kąt znajdziesz
Gdy mnie już nie stanie?
Najdroższa, jeśli mnie kochasz....
Najdroższa, jeśli mnie kochasz prawdziwie
Cóż rai po radościach Niebios?
Najdroższa, jeśli mnie nie kochasz wcale
Cóż mi po radościach Niebios?
„Zbudź się i zjedz coś" – powiedziałem cicho,
Lecz ona kącikiem ust poruszyła,
Pół oka otworzyła,

I znowu je zamknęła.
Odwróciła się z westchnieniem,
I wtuliła głębiej w ciepło mego łoża.
Rada
– Do człeka starszawego,
Który wciąż pragnie ocalić
Swe Ego: Więc
Odczep od siebie rzep
Twych sześciu wad:
Snu, zbytku, lenistwa po wstaniu,
Strachu i gniewów,
Niedbalstwa i dłużyzny
W twej mowie
I w twym piśmie,
W twej myśli
Potrafisz?
Może więc zadziwisz świat!
Do człowieka młodego
Wstań wcześnie synu,
I na ten dzień przemyśl swe czyny.
Spójrz w oczy Światu,
Który zimno na cię czeka.
I bądź pewien, że żadne z Twych poczynań
Nie pozwoli Ci o sobie zapomnieć.
Skąpiec i filantrop
Człek wielkiego serca
Skąpcem jest:
Zabiera ze sobą wszystkie swe zalety.
Człek chciwy
To filantrop prawdziwy:
Gdy mrze, wszystkie swe złota zostawia.
O doktrynerach
Byleś piach dość długo przesiewał,
Diamenty na pustyni znajdziesz.
Byleś wody dość mocno pragnął,
Kroplę spijesz z mirażu.

Wcześniej czy później uda ci się znaleźć
pozłacany róg
Na łebku zwykłego królika!
Ale nigdy, przenigdy
Nie łudź się, że odmienisz
Głupca upartego, Głupca urodzonego.
Jeśli potrafisz delikatnie wyjąć
Rękę z krokodylich szczęk,
Jeśli potrafisz przepłynąć ocean
W czas straszliwych burz,
Jeśli potrafisz owinąć wokół swego czoła
Zręcznie, spokojnie – kobrę!
Jeszcze nie sądź, że potrafisz odmienić
Głupca upartego,
Głupca urodzonego.
Przestrogi
Mistrz, który życiem zbrzydza swe morały,
Duchowny nieuk co kazania prawi,
Król co poddanym ucha nie udziela
Żona co głosem jak bicz męża zdziela,
Pasterz, co marzy o swym szczęścia w mieście,
Golarz tęskniący do wiatrów, lasów, pól....
Każdy z nich jest groźny jak dziurawa łódź na morzu.

# Najpiękniejszy język świata

Chyba nikt z Państwa nie ma wątpliwości, że chodzi mi o język nasz, polski. Od dawna dojrzewało we mnie przekonania, że gdyby Anglikom przetłumaczyć całe ich życie na polski ... hm, toby się im przyjemniej żyło. Bo przecież ich Język jest, jak oni sami to określają, pedestrian. No, proszę, jak można o Języku mówić że „chodzi na piechotę". Co za brak poezji, ale trzeba im przyznać, że to powiedzenie oddaje treść z procentem. Tak jest na każdym kroku tego języka: on określa, gdy nasz daje pojęcie. Na przykład serweta. Oni powiedzą: table-cloth, czyli stół-sukno, i nawet przy złej woli człowiek zmuszony jest zrozumieć, że to jakieś płótno, albo plastyk na stół. I tyle. A my powiemy właśnie serweta i choć to słowo niczego nam nie opowie technicznie, to pobudzi wyobraźnię i zobaczymy nie tylko nakryty stół, ale i wazę na nim z naszym polskim kapuśniakiem. Dymiącą. Nie można po angielsku powiedzieć, że zupa „dymi", że the soup is smoking.... Pewnie dlatego nigdy nie mieli dobrych zup.

A teraz, siedząc tu, w Benghazi, z pewną niezdrową nostalgią zaglądam do przewodnika po Londynie. Hm! Nazwy ulic. Tu dla ucha polskiego język polski odkrywa rozkosze zamglone angielszczyzną. Na przykład cóż znaczy dla czyichkolwiek (polskich) bębenków – Ash Str.? A jakże właściwą rzeczą okaże się pójść tam na przechadzkę w czasie Wielkiego Postu, bo to, po polsku, ulica Popiołów. Pięknie. A odwrotnie, gdy wchodzi się w Ashtree Dell, jest nam wesoło i łajdactwo na myśli, ash tree, bowiem, to jesion, a dell to wąwóz, lub wesoła córa Koryntu, choć w grubo dalszym znaczeniu, wobec czego wkraczamy tu już w sprawy gustu. Co kto woli, ja nie lubię wąwozów, ale wesołe dziewczę pod jesionem, gdzieś w okolicach Koryntu ... ba! To niemal tak piękne jak ostrygi z zimnym Muscadet'em na pustej olbrzymiej plaży Atlantyku, pod Dakarem. Przepraszam za dygresję. Aspen Gardens. Nie, to nieudany przykład: Ogrody Osikowe. Fe. Także, i jeszcze gorzej, Asylum Road: Droga do Domu Wariatów, albo Droga Ściganych ... nie, nie, wstrętne polityczne aluzje. Ax Street, czyli Ulica Siekiery – też odpada, to nie Siekierki. Nie ... szukam przykładów ... Aaa, mam! Beech Grove – zagajnik Brzozowy. Owszem. Miło. Słyszę taki dialog:

– Gdzie pani mieszka? –
– W Zagajniku Brzozowym. –
– Co pani mówi? A ja w wolnych chwilach grywam na fujarce... –
– Naprawdę? –
– A niedługo przeprowadzam się bliżej pani, w Aleję Czarnego Lwa. –

(Wyobraźnia dalej pracuje: wkrótce oni zamieszkali razem na Linden Tree Corner, czyli na Rogu Pod Lipą.)

Oxfrod Gardens. Mój Boże, jakie to na trójkę. A po polsku – Ogrody Oksfordzkie! Albo Ravenscourt Alley. Po angielsku, no, owszem, od biedy, ale przejdźmy w polski skarbiec słów, a wkroczymy w świat baśni: oto idziemy Alejami Pałacu Kruków!..

Ale, ale cóż ja tutaj widzę? Red Bridge Lane... Brzydkie. A po polsku – straszne: Ścieżka Czerwonego Mostu. Widzę krzywy mostek nad kanałem pełnym zapleśniałej, czarno zielonawej stęchlizny, cały skrwawiony, to krew nieletniej dziewczyny, zamordowanej tutaj późnym, zimnym wieczorem, gdy trwożnie oglądając się wracała do domu, a on bezgłośnie wychynął z cienia, chwycił jej gardło i wyciągnął nóż.... Ach, wyjdźmy na Windmill Street, na ulicę Wiatraków, niech nas owieje świeży wiatr....

Tam daleko, w śródmieściu, przy użyciu polszczyzny znowu napełniaj uszy dźwiękami rozniecającymi iskry wyobraźni. Nie potrzeba nawet rzucać, po prostu idąc do mego kąta Londynu przejdźmy najpierw przez Knightebridge – przez Rycerski Most! I stąd pojedziemy do Shepherd's Bush, czyli do Krzaku Pasterza i wreszcie, wreszcie do Goldhawk Rd., przy Goldhawk Rd. Station. Cóż to za gardłowe bełkoty, a przecie to była moja ulica i stacja kolejki podziemnej, oto one w przecudnych dźwiękach mojego języka – dech mi zapiera – ulica i stacja Złotego Jastrzębia! Ja mieszkałem przy ulicy Złotego Jastrzębia i codziennie rano wyjeżdżałem w świat ze stacji Złotego Jastrzębia! Całe życie chciałbym przemieszkać przy ulicy Złotego Jastrzębia – byle mi ona łączyła np. ulicę Kozią z Krakowskim Przedmieściem, albo żeby prowadziła na Rury Jezuickie. Na okropne „Rury", jak się po prostu w Lublinie mówiło. No, tak, ale tam, na Rurach mieszkała kiedyś moja wczesna miłość gorąca o oczach pięknych jak niebieskie talary[*] i o pięknym imieniu.... Nie, nie powiem.

Nigdy więc nie popełnię przekładu Jezuickich Rur na angielski (Dżezuits Tjubs... ?).

---

[*]Każdy, kto Ją raz zobaczył, natychmiast poszerzał swoje wiadomości o świecie, dowiadywał się bowiem zdumiony, że istniały takie talary, których złoto było niebieskie.

# Granice „spraw wewnętrznych rządów, państw"

Oczywiście poniżej spisane notatki dotyczą konieczności przyszłego wieku, czy wieków. Czy bowiem już wiek XXI da sobie radę z strasznym stanem umysłów ludzi rządzących narodami? Z zatwardzeniem myśli, niezmiennym od nastania człowieka na ziemi, aż do dnia – naszego?

Notatki więc:

W dniu tworzenia Organizacji Narodów Zjednoczonych rozumiano i podpisywano zgodę przez Kraje Członkowskie na oddanie części ich konstytucyjnych, czy innych, np. według praw lokalnych, prerogatyw (aktów „suwerennych") w sprawach wewnętrznych na rzecz działań według WSPÓLNYCH PRAW OBOWIĄZUJĄCYCH WSZYSTKICH CZŁONKÓW ONZ-tu, CZYLI UDZIAŁU W NAJWYŻSZEJ FORMIE SUWERENNOŚCI NA SKALĘ OBEJMUJĄCĄ TE NARODY. (Z CZASEM NA SKALĘ ŚWIATOWĄ?)

Ten układ stosunków pomiędzy członkami ONZ-tu stał się wskaźnikiem kierunku, w którym winien zdążać powszechny rozwój stosunków międzypaństwowych.

Nie używam terminów: stosunki międzyludzkie czy międzynarodowe, ponieważ rządy najczęściej odsuwają ludy, czy narody, od możności świadomego, rzetelnie poinformowanego i zdecydowanego wypowiadania się na specyficzne tematy, szczególnie w krytycznych sytuacjach, kiedy zakłamują wszelkie dane, informacje, ukrywają swoje koncepcje, sposoby myślenia i opinie.

Ten tryb myśli wskazuje, że:

a. Musi zostać ustalona przez Organizację Narodów Zjednoczonych granica, powyżej której „Nie ma spraw wewnętrznych żadnego rządu". Zadanie tzw. niemożliwe, lecz podstawowe, niezbędne, jako jedynie zgodne z pojęciem wspólnej NADRZĘDNEJ suwerenności.

b. PRAWO WETA MUSI BYĆ ZLIKWIDOWANE. Prawo weta PRZECZY samej zasadzie, samej myśli o ustalonym i stałym działaniu, w ramach wspólnej praktycznie pojmowanej i obowiązującej suwerenności, a więc według wspólnego PRAWA. Prawo weta jest nieprzystojną kpiną z WSPÓLNEGO PRAWA NARODÓW.

c. Musi wzrastać autorytet ONZ-tu, aż do granic przyznanych Organizacji przez zwykłą większość członków.

d. Musi być zwiększona i ustalona możność wywierania nacisku przez ONZ na każdy rząd. Na każdy rząd, nie na kraj. Widzimy, jak zbrodnicze są rządy w wielu krajach, jak są przeciwne narodom im podległym. Jak bywają straszne ludom w ich mocy, jak rzucają przeciw naturalnej legalnej opozycji bandy umundurowanych uzbrojonych kryminalistów operujących jako „oddziały specjalnej ochrony" itp., one, właśnie „legalne"!

e. Nawet minimalne przekroczenie granicy spraw wewnętrznych, ustalonych przez ONZ, musi być karane z całą bezwzględnością przez usuwanie takich rządów z Organizacji i piętnowanie ich publicznie, głośno, aż do zaprzestania ich działalności przeciw narodowi przez nie dręczonemu, do wycofania się z swej przestępczości, lub ustąpienia.

Akcja ONZ-tu musi obejmować te narody, lub ich części, które popierają zbrodnicze działania ich rządów. Hitler miał swoje „sprawy wewnętrzne", miał je Stalin, ma je Saddam, Miloszewicz, ma je zbrodniczy rząd Sudanu. Innych bieżąco rozpaczliwie, wiele. Z rosyjskim rządem jak zawsze na czele, gdy chodzi o mord sąsiadów, czy mniejszości tamtego kraju.

Na razie dopatrywanie się wyraźnego postępu w podobnym kierunku nie jest zbyt zadawalające. Niemniej można sądzić, że twórcze myśli utrzymają się przy życiu. I że coraz szersze kręgi członków społeczeństw o podobnie krystalizujących się przekonaniach nie odmówią im, i wzajemnie sobie, wsparcia usilnie wyrażaną wolą. W swoim własnym, dotychczas groźnie nierozumianym, tymczasem nie bronionym, interesie.

# Ostatnia sesja Rady Bezpieczeństwa ONZ

Z Karolem utrzymujemy nieczęstą, ale interesującą korespondencję. Rozumiemy się, szanujemy swój czas, więc podajemy sobie wiadomości tylko o wydarzeniach nadzwyczajnych, rzadziej o sobie. Wczoraj otrzymałem od Karola gruby list, naturalnie otwierałem go pewny ważnej treści. Nie zawiodłem się. Po przeczytaniu go napisałem do niego, pytając, czy mogę opublikować jego tak zaskakujące doniesienia. Bo ten list wykraczał daleko poza granice kilku kartek omówień wydarzeń nawet bardzo istotnych. Zgodę otrzymałem bez żadnych zastrzeżeń. Oto, co mi Karol zreferował:

Przyjechałem znowu do Nowego Jorku z British Columbia, gdzie teraz mieszkam. Tak, przeniosłem się tam, gdyż Nowy Jork mnie za bardzo wciągał i męczył. Ale mnie wzywa i oprzeć mu się nie zawsze mogę. Jest jak dawna kochanka, wciąż młoda i natarczywa. I tu nagle, z nowojorską gwałtownością trzasnęła mnie wiadomość, że to ostatnie dni ONZ-u, że upadek i rozwiązanie ONZ-u czy zawieszenie jego istnienia, nie, nie prac, ale istnienia, samego istnienia na czas nieokreślony, będzie ogłoszone lada chwila. Skurczyłem się. Jakby mnie bokser huknął w pleksus solaris. Poszedłem

więc tam, do „mojego" Nowego Jorku, stanąłem przed budynkiem głównym ONZ-u. Senty-
ment. Tyle lat dobrych przepracowałem w tej
Organizacji, moją miłością było jej ramię – Program Rozwoju. Patrz – wspaniałe flagi wszystkich narodów płyną z wiatrem, u szczytów wysokich masztów. I flaga mojego narodu pospołu
z nimi. Wzbudzają się we mnie uczucia sprzed
lat i wiem, że, mimo jego wielu wad, ONZ nas
ratował; gdyby nie on – trzecia wojna światowa
dawno by już była nas wszystkich wyniszczyła
doszczętnie, jak to sobie jedni drugim obiecy-
waliśmy. Inne rezultaty pracy najlepszych ludzi
w ONZ też dawały się widzieć w wielu krajach
świata. A teraz krach. Finansowy upadek. Stany Zjednoczone przestały płacić, Wielka Bryta-
nia przestała płacić, przestały płacić inne kraje.
Dlaczego? O co chodzi? Komunikaty prasowe,
jeszcze wczoraj drobne i nie natarczywe, dzisiaj
krzyczą: „Tylko nieprawdopodobny cud zgody
może odwrócić katastrofę!". „Dziś odbywa się
ostatnia sesja Rady Bezpieczeństwa!". Muszę jej
posłuchać. Może będę świadkiem cudu, może
z ust przedstawicieli narodów tam zebranych
pojawią się słowa-baranki, słowa-troski o dobro sąsiadów, słowa-ręce Fatimy chroniące ode
złego. Ciągle to wspaniale ziarno gorczyczne
nadziei rozrasta się we mnie.

Wszedłem do budynku. Dwóch olbrzymich
policjantów, stróży bezpieczeństwa wewnętrznego, kołysząc się w biodrach stanęło
nade mną. Jeden czarny, drugi rudawy. W
podnieceniu wyjaśniam im, o co mi chodzi
i że tu przepracowałem lata. Czy mam jakiś
skrawek dowodu na to? Niestety, nie mam.
Sorry. Dziś obowiązuje tutaj bardzo ścisła

kontrola. Specjalna. Tylko osoby z przepustką z Kwatery Głównej... Wtem spostrzegam kolegę z tamtych dni. Utył, nos mu zgrubiał, oczy za okularami, spoważniał – może to nie on? Poznał mnie. Podszedł i na jego słowo wpuszczono mnie. On, okazuje się, jest już wysoką osobistością w Programie Rozwoju. Jest dobrze poinformowany o wszystkim, co tam piszczy. I on, trzymając nerwy na wodzy, szedł na to decydujące zebranie. Idąc do olbrzymich i szerokich drzwi sali obrad, on przystanął, wycierał okulary i patrzył stępiałymi oczyma, a ja przypomniałem sobie, że mu było Chris, Australijczyk. Obejrzał się na mnie, przeprosił za zagapienie się na swoje myśli i wprowadził mnie w przykrą panoramę stosunków na wysokich i najwyższych poziomach ONZ-u. Wyschły dopływy pieniędzy, ostatecznie bowiem załamały się najbardziej istotne próby dojścia do zgody na wstępne, choćby ustalenia kryteriów bezpieczeństwa zbiorowego. Potrząsnął głową gniewnie. Przerwałem mu naiwnym pytaniem: „Więc nic tam nie dociera? zawsze to samo?". Chris wysunął wargi do przodu: „Twoje poglądy są proste – rzekł – tam siedzą – wskazał drzwi sali – doświadczeni politycy, ludzie zdolni do ostrych przemyśleń, zręczni i przez długie okresy czasu wszechstronnie opracowujący swe napaści. Stratedzy. Na każdym posiedzeniu Rady Bezpieczeństwa potrafili udowodnić zebranym, że są sprytni i niebezpieczni. I to wystarczało, by mogli zdobywać Poklask, Podziw, Poparcie – nadzwyczaj cenione tutaj „3 P". Od przeszło roku chodziło o przyjęcie deklaracji formułującej pojęcie „Napastnika" i „Obrońcy". I możność usuwania z Rady tych jej członków, którzy by po podpisaniu deklaracji dopuszczali się napaści na innych członków ONZ. Tymczasem nie było siły, by ten topór, bijący w same korzenie ONZ-u, usunąć przez przyjęcie odpowiedniej formuły i wprowadzenie jej w życie. A wojny wybuchają, rozlewają się, coraz bardziej idiotyczne, różni złoczyńcy w to swoje bagno wciągają Boga, przeczą prawdzie, że On stworzył nie plemiona, ale człowieka. Każdy z nich chce Go mieć w swojej szafce na półce i wyprowadzać na swoje pole bitwy, by raził sąsiada. Jak przed czterema tysiącami lat".

Chris rozgorączkował się. To nie był dawny młody człowiek, ostrożnie pnący się wzwyż. On stał się zuchwałym wyznawcą Idei ONZ-u. Ucieszyłem się. On włożył na nos okulary, poprawił je i znowu wybuchnął: „Od wiek wieków Bóg człowiekowi daje, a człowiek niszczy. Ale teraz, tutaj – mówił rozżalony, ale i z gniewnym zadowoleniem – skończy się wolny wybieg inteligentnych głupców i błazeńskich intelektualistów. Skończy się! Kto płaci, ten wymaga. Na terenie ONZ-u ta kapitalistyczna i, proszę ciebie, demokratyczna zasada dotychczas nie obowiązywała. Skończą się straszne igraszki strasznych ludzi". „No, może jednak... ", wyjąkałem. Ale mnie nie usłyszał. „Po raz drugi zawiodła nadzieja, że ekologię można zastosować do ludzi: Liga Narodów, ONZ, no i ta cała Europa, niby zjednoczona. Tylko chytrzy i bezczelni będą dalej wygrywać, ale już nie tutaj". Chris po raz drugi wytarł okulary, wziął mnie za ramię niespodziewanym u niego gestem, jakby przepraszając za swe nieopanowanie, i weszliśmy na salę. Oszołomiony stanąłem u jej progu, jak zawsze olśniła mnie wspaniałość idei, która to miejsce powołała do życia i ozdobiła ściany dekoracjami, ogromnymi, a one też były zwierciadłem myśli unoszącej się nad głowami obecnych, lecz wysoko pod stropem. Westchnąłem, zbyt konwencjonalnie zmartwiony. Na pewno zrozumiesz tę moją dwojakość odbioru silnych wrażeń. I, słuchaj! Równocześnie ogłuszył nas wrzask! Zrazu rozumiałem, że był to tylko tumult, harmider skłębionych gadań, przekrzykiwań się, normalny właściwie w takim sejmie, że to chwilowa wrzawa pomiędzy debatami. Ale zaraz zobaczyłem piany na ustach i zdałem sobie sprawę, że straszne oskarżenia szalały tam jak błyskawice, mijały się, zderzały, wybuchały czerwonym obłędem oczu, warg, gestów. Syczano. Ciężko oskarżali Arabowie Izrael, Izrael arabskich terrorystów, jeden Izraelczyk jęczał koło mnie: „Tyle mamy do dania. Zawsze tyleśmy mieli do dania. Ale zaczęliśmy źle. Wina, wina wszystkich, ich wina i nasza, a tyle mieliśmy do dania...". Posłyszał go Arab i wrzasnął: „Pluję na wszystko co twoje, bądź przeklęty i pluję, pluję. My w piasek pójdziemy i piasek jeść będziemy, piasek będziemy pić, ale ty zdechniesz i twoi pozdychają. Wojna święta przeciw wam!". Na to porwał się Chris: „Nie ma żadnych wojen świętych! Są tylko wojny zbrodnicze!" Nie wiem, co by się stało, gdyby nie zakrzyczał wszystkich Murzyn. Ten basem wyklinał neokolonialistów i Południową Afrykę, jego przyjaciele rytmy wybijali na pulpitach stołów i jako tam-tamy służyły im siedzenia foteli, z których wydarli poduszki. Południowa Afryka żądała potępienia Chile. Chile uwagę kierowało na zbrodnie Chin, Chiny skrzeczały przeciw Indiom, Rosja grzmiała, popierając wszystkie strony. Wszyscy oskarżali USA. „Widzisz – powiedziałem do przyjaciela – mam rację, że bez ONZ-u dawno wojna byłaby nas zżarła". „Widzisz – powiedział on – ja mam rację, że nie ma człowieka, który by ich doprowadził do jedności. Ci ludzie nie mają w sobie za grosz dobrej woli. Przedstawiciele prawie całej ludzkości emanują jedynie wściekłość wobec siebie. Oni już zgubili ONZ i sami są przekreśleni". „Wybacz, że tak późno pytam, inaczej sobie to wszystko wyobrażałem... Powiedz mi, o co na tej ostatniej sesji chodzi? Skoro ostatnia, to po co ona?". „Ech, to taka nadzieja Sekretarza Generalnego. Jemu chodzi o „Testament zdrowego rozsądku". Może pod wpływem zagrożenia uda się osiągnąć choćby jakiś przebłysk. W gruncie rzeczy chodzi o jasne i ścisłe określenie dające się zastosować w większości sytuacji, a jeśli nie dające się zastosować, to wskazujące przynajmniej kierunek poszukiwań określenia: Kto jest napastnikiem? Określenie rysujące kształt napastnika i obrońcy, napadniętego... ". „To wiele – rzekłem – to bardzo wiele". „Tak, wiele. Ale bez takiej definicji, przyjętej przez tych, tutaj, spoconych wściekłością, przedstawicieli ludów – wytniemy się wszyscy w pień. Nikt nie ucieknie spod noża historii, którą sami tworzyliśmy, udając, że to ona nas tworzyła. Nie ujdziemy maczugi naszych sąsiadów, czyli najnowszych broni naszych braci rasowych, religijnych, kolorowych, finansowych, czy po prostu naszych braci przestępców. Zginiemy, my, ludzkość, flak ziemi!". Skamieniałem. Obaj opuściliśmy głowy, żeby nie patrzeć na klęskę ostatnich nadziei, ogłuszani huczącą kakofonią.

Wtem jakoś dało się odczuć, że ona załamała się w sobie, jakby straciła napięcie i ... cichła. Podnieśliśmy oczy, zdumieni. Czyżby usłyszano słowa Chrisa? Rozejrzałem się po Sali. Wszyscy patrzyli ku wejściu. A tam, koło drzwi, stał człowiek młody, ubrany w popularny dziś strój – dżinsy, sandały i jakiś kubraczek. Miał pociągłą twarz, małą brodę, długie włosy i ciemne, wielkie łuki brwi. Fascynujący, niewolący, nie sposób było oderwać od niego oczu. Wolnym, pewnym siebie krokiem podszedł do katedry mówców. Na sali słyszało się tylko szelest jego kroków, stąpnięć po dwu stopniach do pulpitu. Ostatni, przed chwilą jeszcze rozkrzyczany mówca, skonsternowany, usunął się przed nim szybko. On stanął na mównicy, spojrzał na nas wszystkich z głębokim spokojem, odczułem że objął nas wzrokiem. Wyraźnie objął nas nim. Zaczął mówić. Mówił cicho, czy może nie mówił, chyba nawet nie poruszał wargami. My słyszeliśmy go dobrze. Nagle, jakby z karabinu wypalił, ktoś krzyknął: „ŻYD", „PRECZ!". Wszystkie głowy zwróciły się ku krzyczącemu. Ten stał wyzywająco – raptem jakby zatkał, może nawet jęknął, skulił się i głowy powróciły ku postaci na katedrze. On podjął swoje słowa. Znane nam były. Tak, to były słowa dobrze nam znane, a znaczenie ich sięgało i oświetlało i te umysły, które sens ich, ten sam lub podobny, dotychczas inaczej słyszały, inaczej rozumiały i powtarzane inaczej, przekazywały dalej – inaczej. Zmusiłem się spojrzeć na te rozmaite twarze: Były bardzo sobie podob-

533

ne. Wspólne rozumienie słów zdawało się rozjaśniać całą wielką gromadę słuchającą z oddaniem, dopraszającą się, przymilną. Byli jak ci, co niespodziewanie, idąc w mgle po nieznanej drodze, natrafili na przewodnika od dawna upragnionego, tego – przy którym bezpiecznie, łatwo, wszystko wyjaśnione. Którego pożądali, choć o tym, że go poszukują ani sami nie wiedzieli, ani o nim nie myśleli, ani nie zamierzali zrobić żadnych wysiłków, by go znaleźć czy się do niego zbliżyć. Pewnie przyjmowali, że takie spotkania należałoby zaliczyć do legend ludzkości Wschodu, Dalekiego Wschodu. Jak okowy opadły z nich opory. Zachwycali się pięknem jego języka, spoglądali na siebie i ruchami warg, pociągnięciami noga, podnoszeniem brwi, przekrzywianiem głów i kołysaniem ich na boki, dawali sobie znaki podziwu. Nikt nie kasłał. Patrzyłem. Po chwili była to sala przymkniętych oczu, splatanych i rozplatanych palców. Szeptem powtarzali słyszane słowa. Tak było po kilku minutach przepływu jego słów do nas.

On mówił krótko. Gdy skończył, podjęto w najbardziej naturalny sposób chrząkania, wycierania nosów, gadania, wreszcie dyskusję, głosowanie, i bez oporu, czy niemal bez oporów, przeprowadzono wybór najsensowniejszej propozycji nowej Uchwały Rady Bezpieczeństwa. Jeden z mówców powstał i rzekł – jakby potwierdzając Chrisa – że są tylko wojny piekielne i obronne. Przez chwilę patrzono na niego ze zdziwieniem, ciekawie, po czym błysło kilka uśmiechów, potrząsano głowami z powątpiewaniem oraz z podziwem dla jego odwagi, po czym rozkładano ręce, co znaczyło, że przy głosowaniu ustępowano by dla dobra większości, a to wystąpienie zrelegowano ku niepamięci. Coraz więcej uśmiechów osadzało się na obliczach. On zstąpił z podwyższenia katedry i swoim naturalnie poważnym, miarowym krokiem wyszedł. Zostawił poza sobą ciszę. Trwała długo. Wtem ktoś krzyknął: „Kto to był?" I – zaczęło się. Jedni wołali że to był Żyd, inni wołali że to był Arab. Inni wołali, że to był Murzyn z Południowego Sudanu, inni wołali że to Chińczyk, inni wołali że to był Koreańczyk, inni wołali że to był Europejczyk, inni wołali że to był prawdziwy Tybetańczyk, ktoś że to był Eskimos. Potem, coraz częściej, przywłaszczano go sobie. Każdy z obecnych wykrzykiwał, że ten człowiek był z jego narodowości i dlatego okazał geniusz, doprowadził do uzgodnienia i przyjęcia najlepszej uchwały. I wtedy nastąpił kryzys. Złowrogi. Na szczęście milczący, bo byli wyczerpani sobą. Ale gorycz rosła. Nie mogli się uspokoić. Wreszcie uczucia obecnych zręcznie zwrócił na boczny tor przewodniczący zebrania. Podniósł się poważnie i poważnie rzekł: „Proszę pozostać na swoich miejscach". I zaproponował szereg pytań dla administracji budynku ONZ. Kto wpuścił, kto wypuścił, dlaczego kontrola i ochrona okazały się niedostateczne? Czy ktoś sfilmował, czy są jakieś odciski, czy są jakieś ślady? Wszyscy zdawali sobie sprawę, że – oczywiście – żadnych nie było, zaczęto się orientować, że to sprawa bardzo dziwna. Bano się. Czym więcej o tym mówiono, tym ciemniejsza stawała się atmosfera Sali. Bano się coraz dotkliwiej. Strach otwarcie rósł. Wtedy rzucono się ku tuszowaniu sprawy. Robiono dowcipy. Niegodne.

Wyszliśmy z Chrisem. Stanęliśmy przed budynkiem. Było ciepło, powiewał mały wiatr. Spokojnie łopotały nasze flagi. Chris – oddalony, nieobecny – przeżuwał, przełykał swoje „niedyplomatyczne" wypały, znowu wycierał okulary, w końcu z namysłem rzekł: „Byliśmy świadkami ogromnego precedensu. To osiągnięcie, wiesz, Bóg nie da ludzkości zginąć... z własnej ręki". „Nie wiem – odrzekłem – nie chciałbym, byśmy wystawiali Go na próbę. Pamiętaj! Kuszenie Boga nie jest dozwolone. Drugie przyjście, „oficjalne", może mieć miejsce po wydarzeniach w dolinie Megiddo".

Na tym bym, mój Drogi, to moje sprawozdanie zamknął, gdyby nie fakt, że na drugi dzień napisał jeden z ważnych komentatorów wielkiego pisma nowojorskiego, co następuje: „... rzeczywiście stało się coś nadzwyczajnego. Uzgodniono i bez wahań sformułowano kontestowane deklaracje ONZ-u w sprawie definicji terminu „napastnik" i jego statusu jako zbrodniarza. Więc zasadnicze zmiany w międzynarodowym prawie? Okazuje się bowiem, iż powiedziano wyraźnie, że każdy człowiek, który z bronią w ręku wchodzi na teren ojczyzny drugiego człowieka w celu zabrania jego ziemi, zmiany jego sposobu życia, jego obyczajów, a narzucenia mu swoich, obcych, zabronienia jego religii, zmuszenia go do przyjęcia wyznania agresora – jest zwyczajnym kryminalistą i nie ma prawa do tytułu żołnierza. Dotyczy to wszystkich jednostek danego zespołu, od najwyższych rangą do najniższych stopniem, bez względu na narzucone im rozkazy, przymusy lub ich własne ideologie czy przekonania. Do tytułu żołnierza mają prawo tylko obrońcy swej ojczyzny! Zauważmy, że mówi się powyżej nie o „wojsku", lecz o „zespole". Niedługo ktoś zażąda, by zbrojne pacyfikacje rozruchów przeciwrządowych uznano za napaście rządu na ludność! Ale wydaje się, że delegaci głosowali w stanie, w którym dla niejasnych powodów na dłuższą chwilę utracili wolną wolę. Może świat odniesie z tego korzyści, lecz my zawsze stoimy na stanowisku, że musimy w pierwszym rzędzie bronić Wolnej Woli i jej prerogatyw wszędzie, zawsze, przeciw wszystkim, a szczególnie przeciw nieuchwytnym, a jak niektórzy obserwatorzy ryzykancko i nieopatrznie sugerują – „transcendentalnym" przyczynom. Miejmy nadzieję, że administracja gmachu ONZ-u sprawę zbada, wyjaśni i nie dopuści do powtórzenia się skandalu, bez względu na to, kto by chciał sobie nań pozwolić. Na przykład jakiś spóźniony prorok naszego dnia". Jeśli masz komentarz do ofiarowania, bardzo Cię o niego proszę.

Karol

537

# Niemieccy Polacy i Niemcy i Polacy

Polacy z korzeni niemieckich powiązanych z korzeniami polskimi są Polakami par excellance, jakże często obywatelami o wielkich zaletach charakterów, umysłów, energii, zdolności w rozmaitych dziedzinach. Historia Polski wystawia doskonałe świadectwa tym wybitnym obywatelom, wiernym do ostatka ich polskiej Ojczyźnie. Uczonym, pisarzom, artystom, kolegom i przyjaciołom. Ich wkład w życie narodu polskiego tak podnosi sumę osiągnięć kultury polskiej, że o tym dokonaniu na polskiej ziemi myślimy z radością i patrzymy nań jako na naturalny etos polski, jaki dziś znamy. Patrzymy z zadowoleniem, że tak się ta nasza wspólnota zakrzewiła nad Wisłą, że tak się wypłaciła, że przez nich skorzystaliśmy tak wiele z tego, co oni otrzymali od wielkiej przeszłości świata zachodniego (Grecji, Rzymu, Włoch, Francji) i powiązali ze swoją wybitną twórczością, gdy podstawą jej było Chrześcijaństwo.

Sumując: dobre, naturalne ludzkie związki pomiędzy naszymi narodami dziś, gdy ponownie jesteśmy całkowicie obrysowanym kształtem narodowym i państwowym, są nie do przeceny. Ich znaczenie dla obu narodów i tym samym dla Europy będzie na skalę oczekiwaną w naszym europejskim świecie.

Sądzę, że nie będzie tu od rzeczy, gdy pozwolę sobie przypomnieć to, co powszechnie wiadome: od tak zwanego „zarania"' wszyscy ludzie budowali kultury, lecz jedni drugim niszczyli je z pasją, nie wiedząc, co czynią. I rabowali szczątki nie dosięgnięte ich ogniem i mieczem. Wchłaniali je. Po czym szczycili się poziomem kultury, swojej niższego rzędu, zapłodnionej przez wyższą zrabowaną, jako jedynym pięknem na ziemi. I tak „wyłaniało się nowe". I szło do innych żyjących poza dalekimi polami bitew żołdaków przeciw artystom, twórcom, przetwórcom-nowatorom, i ci dalecy także krzewili wśród siebie ich „nowe". Kulturę, jakby pałeczkę do przekazania, niósł przez wieki niezmordowany biegacz, niósł ją jako znak zwycięstwa ducha nad nieokrzesaniem człowieka, zwycięstwa, bez którego człowiek obejść się nie może, biegł z nią i chcąc nie chcąc przekazywał innemu człowiekowi, nawet nienawistnemu, a ten wkrótce powtarzał proces i dodawał swoje. I tak ona rosła, hamowana, niszczona przez okresowe coraz straszliwsze katastrofy. Konieczna do życia. Nam tę złotą pałeczkę przekazywało kilku biegaczy, w tym, najwcześniej, Kościół Rzymski i, potem, Niemcy. Oprócz innych nosicieli pałeczek....

No, cóż, wracamy do naszego czasu post-katastrofy katastrof.

Obecnie coraz dokuczliwiej oddalają się daty przyjęcia nas do Europy. Ten błąd rodzi obawy tragicznych krzywd, katastrof! Ten paradoks! I co za paradoks! Europa pod koniec swego drugiego tysiąclecia odeszła od jej chrześcijańskich fundamentów i dopracowała się własnym instynktem i rozumem półwiecza klęski! Polska, od wieków i przez całe minione półwiecze swej (ostatniej?) klęski spowodowanej przez Europę, trwała zacięta w obronie siebie i Jej, Europy — wbrew Niej samej — ostatnim tchem i do ostatniego tchu! Co cała Europa o tym wie? A nie potrzeba cofać się do epoki wielkich wojen z Mongołami, z Turcją. Dość spojrzeć na Dwudziesty wiek! 1920, 1939, 1944 i do końca 1945 i wreszcie 1989. Który z krajów Europy zdał taki egzamin? Bez kolosalnej, oficjalnej pomocy Ameryki! Który z nich bardziej zasłużył na pochylenie przed nim głowy? A który z nich doznał bardziej raniących aktów zdrady, odsunięcia od prawa korzystania z własnego zwycięstwa, przehandlowania całego Kraju w jasyr barbarzyńców przez głupią bezecność handlarzy. Dziś urzędnicy Europy liczą pieniądze, jakie Polska musi przez lata wyrywać ze swoich trzewi, by im dorównać w zamożności, w bogactwie. I to lata coraz odleglejsze, niepewniejsze. Bo się wielkie pieniądze nie mogą zdecydować czy zarabiać w Polsce, czy nie? Rządy nie mają funduszów na życiodajne tanie kilkunastoletnie kredyty dla polskich rządów. Mają je dla Rosji. „Mane, Tekel... ".

Kanclerz Kohl umiał przeczytać, co Palec pisze na ścianie. Kanclerz Schröder ma nie mniej ostry wzrok, powiedział dość wyraźnie: poparcie dla Polski stanowczo, jak najszybciej, bo to leży w własnym interesie Niemiec! Potwierdził strategiczną myśl kanclerza Kohla. (Stąd te uściski obu kanclerzy). A jednak... Gdy ściska naszego premiera i obiecuje pomoc w przyjęciu Polski do Europy już za dwa lata, to drobnym drukiem dodaje: „... jeśli Polska spełni warunki... ". A wtedy, kiedyś, Polska zacięta w obronie (nawet po swoim trupie), będzie obecna, by pewnego dnia Europie zapewniać czas, marnowany z punktu widzenia obrony, gdyż ona na bogacenie się wciąż jeszcze miała czas. Polska w Europie – w interesie Niemiec! Ale na wyłącznie swój koszt. Czy Polska to brat-partner w Europie, czy stróż Jej progu, nieodpłatny?

Dziś jedynie Rosja znaczy, jej trzeba gorąco, bieżąco, wystarczająco pomagać, to ją obłaskawi, od Chin odwróci. („Czyżby?" jak zapytał mąż, gdy mu kochanek żony właśnie złapany in flagranti, wyjaśniał, sam zdziwiony, że pomylił mieszkania). A cóż — Polska? Cała Europa liczy, waha się i liczy... bo cóż Polska; Cóż — Polska nawet w ochronie progu!

(A może my rzeczywiście żyjemy w romantycznych halucynacjach o naszej bardzo ważnej europejskości? W dziwactwie narzuconym nam przez Wieszczów oszalałych Polską i Europą, gdy prawda prawd o naszej jawie to „Nieszczęsna Komedia" zawieszona w próżni?).

Kanclerz Schröder powiedział „... szybko, jeśli spełni warunki... ".

Taka geopolityka, taki los. Skoro się ma pretensje do trzeźwości, to należy zastanowić się nad swoją pozycją. Czy absolutnie wykluczone by coś w niej zmienić? Niemcy po Zjednoczeniu mają w sprawach Europy głos ponad inne głosy. Skoro im, a więc Europie, na nas zależy, i oni przyznają, że im zależy, to dlaczego my dążymy do pozycji obrońców progu Europy wyłącznie kosztem naszej ledwie wspomaganej biedy? Czy rzeczywiście jesteśmy cenieni na szczytach Niemiec? Europy? Czy to tylko taka gadka, póki się Putina nie obłaskawi?

Jubileuszowy Rok — 2000! Wielkie Targi Książki w Frankfurcie! Polska gościem honorowym. Przez najpiękniejszą część tego Roku będzie trwała promocja polskiej kultury, literatury, filmu, muzyki, sztuki. Niemal w całych Niemczech. Opracowane, oprogramowane, ujęte w fachowe ręce przez szereg instytucji kulturalnych niemieckich z inicjatywy polskiego Ministerstwa Kultury i Dziedzictwa Narodowego w współpracy z Zespołem Literackim Willi Decjusza w Krakowie. Wydaje się że kto żyw w Niemczech coś organizuje, w czymś bierze, albo weźmie udział, lub już popiera. Skutecznie. Intelekt Niemiec skąpie się w polskiej śmietance.

Przed tym, w Lipsku od 23 marca, przez trzy dni brzmiały chwałą nazwisk polskich czołowych literatów Lipskie Targi Książki. Dodając do siebie chyba słusznie spodziewane wyniki tylu prac i kosztów obu imprez, może pod koniec roku wyłonią się wskaźniki, jakie grupy intelektualistów, szerokie warstwy inteligentów niemieckich ciekawi polski autor. Jakie szanse miałaby książka opisująca wnętrze życia polskiego. Do jakiego stopnia, i jaka, książka polska wejdzie w codzienność życia tutejszego. A do jakiego stopnia na oddźwięki tych świetności otworzą się powszechne uszy polskie w kraju? By wyciągnąć wnioski? Dni nadziei. Może okażą się zarodzią o skutkach znacznych rozmiarów.

Polska garściami sypie lśniące nazwiska twórców, Niemcy przesypują je garściami twórców-tłumaczy, organizatorów, interpretatorów. Wprowadzają Polskę na Wielki Bal. Nie będzie on szybko zapomniany.

A jak daje sobie radę informacja o naszym Kraju, widziana z innej, niewonnej strony? Naszą pozycję plączą nieznośnie właśnie te „nie wonne", mniejsze węzły do rozcięcia – przez nas samych. Gdy się wchodzi do salonu (och!), należy od razu zdobyć szacunek. Trzeba mieć Twarz! A jaką to twarz pokazujemy my, tym co nas potrzebują (?), w tym kwietniu oo roku, ale w głębokim tle Targów ? Szczególnie w Berlinie? Te sprawy „mniejsze" są nie do pominięcia! Nasz kryminalista... A, przepraszam! Że to osoba wciąż niemal pod ochroną naszego prawa, więc tę osobę owinę w bawełnę nazwy „socjopatolog". Socjopatolog, bez bawełny to bandyta, zbir, łajdak, szakal, to zdrajca społeczeństwa. Ten socjopatolog, poczyna sobie w Kraju jak okupant, obdziera Kraj prawie bezkarnie, a, by większą krzywdę zrobić społeczeństwu, wychodzi za granicę. Tam jednym swoim wystąpieniem potrafi przekonać otoczenie, że jest przedstawicielem całego naszego narodu.

Wiemy, że jeden człowiek potrafi naród uratować. Że jeden człowiek może zahamować, a i cofnąć, rozwój narodu. Obecnie dociera do nas nauka, że jeden człowiek jest w stanie utworzyć i przylepić narodowi na czoło nalepkę nie do zdjęcia przez dziesiątki lat, czy pokolenia. Przesada? Do przesady można by zaliczyć te słowa, jeśliby nie było wokół nas języków chętnych do podchwycenia każdej okazji, by każdą naszą sromotę szeroko rozreklamować, tak, by cały świat na pewno o niej usłyszał i zapamiętał ją. Przede wszystkim świat, czy światek, „opinio-twórczy". „Owoce" działań naszych socjopatologów posiadają zdumiewające siły kreowania osobliwej wiary w nie, kłamliwego mnożenia ich, wykrzywiania. Na targowiskach światowych sprzedają się lepiej niż owoce zalet i zasług. Mają przedziwną siłą przebicia i bytowania. Jak perz. Właśnie. Jak osty,

pokrzywy i perz. To są byliny. Antypolonizm z nich żyje. Antypolonizm ma się dobrze. Na dowód, że nie wysy-
sam z lewego palca tego, co powyżej napisałem o wielkiej trwałości rozmaitych, nieprawdopodobnych oskarżeń,
pozwolę sobie przytoczyć, choć z innej beczki, przykrą i
głupią zjadliwość, którą udało mi się obrócić w dowcip –
przed trzydziestu laty, a ona wywodziła się ze złośliwo-
ści jeszcze starszej o drugie trzydzieści lat. Otóż w Dacca,
ósmego maja, jak to jest właśnie dzisiaj, zaprosiłem kilka
osób. Pod koniec miłego mi imieninowego wieczoru, mój
gość, Holender, dość miał mych barwnych opowiadań o
zwyczajach polskich i postanowił mnie „splantować". Porozumiewawczo spojrzał na obecne panie i zapytał mnie:
„Wasze wojsko w czterdziestych latach Anglicy trzymali w
Szkocji, bo się bali o swoje kobiety. Wasi żołnierze odgry-
zali dziewczynom sutki u piersi. Było tak czy nie? Co?".
Zdumiony zorientowałem się, że w nagłej ciszy patrzą na
mnie zaokrąglone oczy pań. Na szczęście, na słodkie szczęście, wpadł mi do głowy nasz stary kawał opowiadany
Anglikom o naszym księżycu. Wytrzymałem chwilę napięcia i powiedziałem: „Ależ tak! Cieszę się, to pan o tym
słyszał? To stary polski zwyczaj, niestety przywoływany
jedynie raz do roku, w noc Świętego Jana, kiedy w polskich puszczańskich miastach świeci ogromny kwadratowy księżyc. Szkockie dziewczęta bardzo ten obyczaj lubi-
ły... ". Panie się uśmiały. On szybko wyszedł. Powtórzył
był ostrzeżenia kawalerów szkockich z tamtych lat, jakimi
nadaremnie usiłowali przestraszać swoje lasses. To wesołe.
Dawne. Ale czy na tym koniec? Napoleońskie: „Bądźcie pijani jak Polacy!", czym odpierał lekceważące uwagi swojej
starszyzny, że Polacy zdobyli wąwóz Samosierry, bo byli
pijani — pozostało we Francji jako potwierdzenie naszego powszechnego pijaństwa. Na ponad wiek. Czy nie do
dziś?

Artysta pospolity czasami w kabaretach niemieckich
bawi publiczność przybliżając widzom naszych socjopa-

tologów. Przytoczę dowcip, którym jeden z nich zbierał ogromne brawa w pewnym mieście północnych Niemiec. „Czego pragnie młody Polak?", pytał komik, „mieć syna, upić się i ukraść samochód", odpowiadał sobie wśród huraganu braw. Mając kolosalne poczucie humoru, można by wraz nimi zawyć ze śmiechu. Na ulicach Rzymu inaczej. Gdy pięciu rodaków usiłuje tam, w jasnym świetle rzymskiego dnia, zgwałcić dziewczynę, ten zabawny akt przedstawia publiczności policja. Ubawiona prasa bije brawa dziewczynie, bo aż pięciu Polacco nie dało jej rady do chwili, gdy policjanci udowodnili im, że „Polak nie potrafi". „Dziewucha nie samochód" napisał jeden. „Samochody kradną składniej, a raczej rozkładniej: rozbierają je na części, zabierają co zamówione, nowe taktyki faworyzują wywózkę na raty. Dokąd? Czy trzeba pytać? Oczywiście do Polski". Włosi mniej radzi zapewniać siebie i Europę o takich naszych charakterystykach, niż Niemcy. Inne tradycje. Niedawno chodziły słuchy o projekcie wprowadzenia w Niemczech „Dowcipów polskich". Na poziomie warstwy starszej i średniej wiekiem jeszcze dość daleko do umiłowania nas. To bardzo ważna nasza sprawa. Wszyscy słyszeliśmy wiele o konieczności podjęcia przez państwo, więc przez społeczeństwo, akcji w tej wojnie obronnej, przeciw socjopatologom. Naród nie może pozwolić sobie na tępienie swego imienia, swej twarzy, swego obrazu, w całej Europie i w świecie, bo tak życzą sobie jego odpady. Społeczeństwo ma prawo postawić swoje prawo w stan ostrego alarmu! Żądać obrony. Nasze powodzenie w Niemczech bardzo od tego zależy.

My musimy zdobyć się na pewien urok. Na czystość. Na porządność. Na uczciwość. Bieda rodzi kryminał, kryminał mnoży biedę – zaraz więc, natychmiast, wszystko przeciw socjopatologii, bez względu na jej wiek.

My musimy zacząć podobać się. Nie tylko sobie. Wyglądać przyzwoicie. Może z odrobiną elegancji? Mieć chodniki zadbane, domy malowane, jezdnie bez kałuż. Perspektywy ulic wesołe, nazwy ich jednowyrazowe, duże, czytelne z samochodów, autobusy, te wiekowe autobusy miejskie, wymyte, czyste, opatrzone ich numerami także i z tyłu i bez zalepionych okien, a natomiast z systemem informacji. I najtańsze zimowe „fufajki" skrojone nie byle jak, lecz tak, by człowiek był jednak, jeśli już nie ozdobą, to nie anty-ozdobą swojej ulicy. Moda, bogini Moda! Niech się ukaże na ekranach TV Polonia i konkurentów. Potężna. Potrafi przemienić sposób patrzenia, widzenia, skłonić do zmiany przyzwyczajeń, do zmiany zachowania, korzystania z „in-nego", zachęcić do uczenia się formowania ocen! Tej jakże koniecznej umiejętności. Potęga Mody! Do wykorzystania. Oby tylko uczciwie, z dobrą wolą, fachowo i z talentem zastosowana ... na Starym Mieście nasi drodzy rozmamłani dorożkarze....

Niemcy i my. Luigi Barzini, „... jeden z najbardziej mą-drych i dowcipnych dziennikarzy", jak określa go nota na okładce jego książki wydanej przez Penguin Books, zwraca uwagę czytelnika na, według niego, fakt niemieckiej zaska-kującej przemienności. Zaskakującej? ... W 1848 roku Pola-ków opuszczających ojczyznę, by iść do Francji, w Niem-czech fetowano, wiwatowano na naszych dziadów cześć. Dodać można, że to nie dziwne, jeśli się przyjmie „zmien-ność" za fakt, ale przy tym pamięta, że kameleon potrafi zmienić barwę, ale nie kształt. Czy tym razem jesteśmy świadkami trwałego odbarwienia? Historycznego? Czy po-myłki pana George'a F. Will'a z „Newsweek", który piąte-go marca 1990 roku napisał: „... umysły są bardziej dojrzałe. Lwy odeszły, orły odleciały, sztandary zwinięto".

A Francja? Pan Barzini jest zdania, że Francja zdecydo-wała wreszcie, że po ostatniej wojnie kraje silne, bogate, pewne siebie – zmarniały. Teraz Francja musi współdziała-łać z Niemcami. I trzymać się ich tak blisko, tak serdecznie ich obejmować, by wyraźnie wyczuwać ich puls, a uści-skiem naśladować boa. Jeśli Francja sama nie jest w stanie dominować Europy, może wspólnie z Niemcami będą Jej

przewodzić. Dlatego i Francji trzeba się przyglądać i przy-
słuchiwać biciu Jej serca. Polska musi wytężać słuch.

# Wariat i literatura

Od końca Drugiej Wojny moje macierzyste Stowarzyszenie zajmowało duży Dom w Londynie. U trudnych początków Zarząd sądził, że Dom wspomogą dochodami restauracja i bar, oraz duża sala konferencyjna i, naprzeciw niej przez korytarzyk, obszerna, schludna kawiarnia. Kawiarnia nad kawiarniami! Ta kawiarnia szczyciła się aż trzema atrakcjami: primo – zarządzała nią bardzo miła pani, pani Skarżyńska, wdowa po naszym wielkim pilocie i człowieku szczególnie godnym pamięci i naśladowania w jego stosunku do podwładnych i innych ludzi. Secundo – pani Skarżyńska nie tylko cennym uśmiechem, ale darzyła także swych gości dobrą kawą własnego warzenia, tertio – sławetna cukiernia eks-warszawska Dakowskiego, z Doliny Szwajcarskiej, mimo, że przesunięta o dwadzieścia jeden stopni szerokości geograficznej do stolicy Anglii, i że otrzymała tam arcy fiu-fiu! Nazwę „Daquise" – dostarczała ciastek według swej dawnej chwały, dużych i smacznych.

Ale oto kawiarnia marniała. Jej adres nie leżał na „szlaku", sama kawa dochodów nie sposobiła, zaś podawania alkoholu w kawiarni, angielska wstrzemięźliwość tamtych czasów – nie dopuszczała. Jak ożywić ten bezgrzeszny lokal?

Zarząd się martwił i w barze umartwiał. Był to pewnie rok 1960. Ja w tamtym czasie już moje pasje teatralne zmusiłem do drzemki, ale przecie drgały mi w pleksus solaris spragnione czynu, gotowe na zawołanie. Tymczasem jako pilot linii cywilnych, po katastrofalnych perypetiach na hydroplanach w Portugalii, latałem z lotniska Lydd, w Kent. W Domu SPL bywałem chętnie, niekiedy.

Zdarzyło się jednak, że gdy przy barze sekretarz generalny Domu miotał się bezsilnie nad trzecią „double w." na temat kawiarni – nagle stanąłem przy nim. By po koleżeńsku zamiotać się wspólnie. Jego tarapaty były mi znane. O, tak. I lubiłem go. On postawił mi podwójną, po czym nieco niewyraźnie zapytał, czy nie miałbym pomysłu uzdrawiającego ów groźny stan lokalu na pierwszym piętrze?

– Owszem – rzekłem – Pomysł mam. Od dawna!

– A to skąd?– rapem trzeźwo zdumiał się kolega sekretarz – ja pytałem ot tak, dla ulżenia sobie, że nie tylko ja nie wiem....

– Mam. Z moich teatralnych czasów. Gdy pisałem na scenę i poza nią, itd. Otóż powiązać salę konferencyjną z kawiarnią... i – literaturą.

– No, to... No, to co? Jak? Po co?

– Zaraz wyłożę jak na tym barze....

– Ej! Kolega mnie tu chamęci. Co kawiarnia ma do konferencji i literatury?

– Ma! Z magią literatury w ogóle ma! Zawsze polskie kawiarnie z prawdziwego zdarzenia, we wszystkich ważnych miastach jaśniały literaturą! Kraków! O! Czy można koledze z lodem, czy tylko z sodą....

– Z wodą.

Kolega sekretarz był na krawędzi decyzji, czyby nie zapłacić za moją drugą whisky, gdy ostatnie moje dictum strąciło go na niewłaściwą stronę tej krawędzi. Schował portmonetkę. Patrzył zdegustowany. Ale słuchał.

– Urządzać nawet dwa razy na miesiąc w sali konferencyjnej wieczory, czy popołudnia nadzwyczajne, niebywałe, jedyne, pionierskie, wesołe! Oby powtarzalne, polsko-londyńskie, z czasem ogólnopolskie....

– Gdzie pan pędzi?

– Spotkania literackie? Arcyciekawe literackie sądy! Sądy Literackie!

– A to co znowu? Co za sądy, nad kim sądy? – Kolega sekretarz był zaskoczony i srogi.

– Otóż zbierzemy utwory przyszłych literatów, intelektualistów! Jeśli damy znane nazwiska speców od literatury jako sędziów i adwokatów, jeśli wstęp będzie dostępny, a osobne opłaty w kawiarni za świetną kawę i ciastka-pycha, to....

– O, ho. ho! To kolega, widzę, projektuje „nasz lotniczy wkład do europejskiej kultury", prawda, co?

– Prawda! Najpierw opowiem koledze, jak widzę technikę wieczorów: sala zastawiona krzesłami dla publiczności, przed publicznością podwyższenie, na nim długi stół, za nim cztery krzesła, po jego bokach po jednym krześle....

– Kolega bardzo zaawansowany w tym projekcie. Dlaczego?

– Pewien wieczór spędziłem słuchając odczytu literackiego właśnie w tej sali. Było to pierwsze szkiełko w mozaice myśli na temat użycia takiej sali, kiedy się szczęśliwie ją ma. Wiem, jak mi dobrze zrobił tamten wieczór, wiele nauczyłem się. Brak mi było i ciągle jeszcze mi brak – pisarskiego rzemiosła. Techniki pisarskiej. A są rozmaite, każdy dział pisania ma swoje wymagania. To szeroka prawda. Prawda?

– Słucham dalej – trzeźwo rzekł kolega.

– Tam zasiądzie Sąd i jego „głos". Ten będzie czytał, czyli przedstawiał Sądowi i publiczności przyjęte materiały. Po bokach: z lewej oskarżyciel, czyli krytyk negatywny, po prawej obrońca, krytyk pozytywny. Pisarze początkujący, czy zawansowani nawet, nadeślą swoje materiały. Będziemy nazywać ich autorami.

– Skąd kolega weźmie tych sędziów, adwokatów?

– Mamy kolekcję świetnych nazwisk w „Ognisku", czasem w „Daquise" niemal codziennie: pan Ferdynand Goetel, pan Wacław Grubiński, pani Maria Kuncewiczowa, osoba mi życzliwa i wpływowa, pani Dozia Lisiewicz, lubimy się przez lotnictwo, siostra naszego majora-pisarza, pan

Sergiusz Piasecki zejdzie z Wielkiej Niedźwiedzicy, a może mi się uda dotrzeć do pana Balińskiego....

– Wystarczy, wystarczy. Za wiele osób, przecież trzeba płacić?

– Zobaczmy. Jeden najwyższy sędzia, lub sędzina, jeden czytelnik utworów, dobry aktor z głosem, z dykcją, Wojciech Wojtecki, dwu krytyków. Minimum. To trzeba zrobić i robić w nieskończoność dla naszej średniej literatury – uczyć rzemiosła. Talent – to jajko, a umiejętny pisarz to – dorosły ptak. Weźmy księgarnie londyńskie – nas nie ma! Samym „Quo Vadis" nie przeżyjemy. Nam potrzeba całej masy mocnych dobrych i średnich autorów. Tłumaczonych! Na angielski, przede wszystkim. I na niemiecki, na francuski i hiszpański, na portugalski! Wie pan kolega co? Trzeba publiczność naszą zachęcić do świadomego słuchania, do umiejętnego czytania, do krytycznego patrzenia na to co nam pokazują na ekranach. Uczyć publiczność wiedzieć – i widzieć – i wiedzieć. A przede wszystkim zaczyna się od świadomego czytania.

– Mnie się podoba kolegi „świadome czytanie", jak „świadome macierzyństwo", ale czy kolega słyszał, żeby tu, w Londynie, kto kogo uczył jak czytać, jak słuchać? Czy w ogóle czytać? To tak jak kogoś obrażać.

– Dlatego nie publikować naszego celu numer dwa. Tylko cel pierwszy: rozwijać pisarstwo, zachęcać, rozszerzać wiedzę fachową, A dla słuchaczy, tu, od razu, sporo orientacji i talerz z ciastkami w kawiarni i dochód jaki-taki dla....

– Właśnie? Ja wciąż nie widzę kawiarni.

– Ależ tak? My na te wieczory i na tę kawiarnię stworzymy Modę! A Moda to dźwignia i rząd dusz!

– Dobrze, dobrze, ale gdzie ta kawiarnia?

– Już otwiera drzwi w rzęsistych światłach! Zaraz po przeczytaniu utworu wybranego na dany wieczór publiczność idzie do kawiarni na pół godziny, czy trochę dłużej, tam każda osoba może osądzić co usłyszała, może to uczynić okrutnie, albo pewnie, zawistnie, z rozkoszą, krytyk upojony kawą i ciastkami, za które płaci, ma prawo do niesprawiedliwego widzi-mu-się, równie jak, o, zgrozo! do oceny słusznej. Pół godziny mija, wracamy na salę, przed sąd! My swoje zdanie mamy. Teraz oskarżyciel robi co może najgorszego, a obrońca tylko czeka, żeby mu tę robotę popsuć. I pani czy pan sędzia ogłasza sumę krytyk plus i minus, ze szczególnym podkreśleniem tego co w utworze najlepsze, a co trzeba odrzucić, bo talenty się rozwijają prędzej, jeśli są zauważone i pochwalone. Publiczność wyskakuje z miejsc, klaszcze, albo protestuje i klaszcze.

– No dobrze, dobrze, przedstawię kolegę z tym pomysłem na zebraniu zarządu.

– A kolega co na to?

– Ja posłucham, co powie zarząd. Uf, do widzenia.

Zacząłem od Annasza. Annaszem był pan Ferdynand Goetel. Jużeśmy się znali z „Ogniska". Gorąco przed nim rozwijałem, o co mi chodziło. Słuchał jak Sfinks. Tyle, że głowę skłaniał coraz niżej. Upolowałem pana Grubińskiego. On z radosnym uśmiechem poprosił, żebym mu powtórzył co powiedziałem, bo go niekiedy zawodziły bębenki w uszach. Ale po drugiej próbie zgodził się sędziować. Pani Maria Kuncewiczowa? „Naturalnie, panie Stanisławie, ależ tak, dobra myśl. Potrzebna". Wojtak Wojtecki nie miał cienia wątpliwości, że każdy funt zarobiony jego pięknym głosem i sławną dykcją jest wartościowszy od itd.... Droga pani Dozia Lisiewicz też pochwalała.

Odjechałem na lotnisko w Kent. Ideę zostawiłem podwiązaną i zaopatrzoną: lokalem, meblami, kawiarnią, sądem, założeniem akcji, planem proceduralnym, obsadą personalną reprezentatywną, kompetentną, chętną. Instrukcje szczegółowe pozostawały w gestii zarządu. Oby – ruszyć!

Z Lydd unosiłem pasażerów do Paryża i z powrotem co dnia przez cały kwiecień, maj, czerwiec.... W lipcu leciałem Dakotą z Luton do Lourdes z pątnikami rozmaitych narodowości. Zwyczajem przyjętym w naszej firmie, w połowie lotu jeden z pilotów wychodził do naszych dobrodziejów

551

okazać im naszą dbałość o ich dobry humor. Wypadło na mnie. Stanąłem przed drzwiami kabiny pilotów i uśmiechnięty skłoniłem się z lekka pierwszemu rzędowi i następnym i wtem usłyszałam tuż przed sobą spłoszony okrzyk „Ach!". Spojrzałem.... Pani w pierwszym z brzegu siedzeniu miała okrągłe oczy, otwartą buzię i zasłaniała ją rączką.... Ponieważ na pewno nie byłem usmolony, bo samolot to nie wczesna lokomotywa, przyjąłem to szalone wrażenie na mój widok za owszem, owszem, właściwe. Tym bardziej uśmiechnięty poszedłem do końca rzędów siedzeń, polując, nieznacznie, na drugi taki okrzyk, porozmawiałem tu i ówdzie, wszystkim przepowiedziałem dobrą pogodę skoro lecą ze mną i poważnym, mierzonym krokiem wracałem odpocząć przy automatycznym pilocie.

Gdy mijałem panią w pierwszym rzędzie, pani lekko chwyciła mnie za rękaw.

– To pan Wujastyk, prawda? – Po polsku?

– Tak.... Tak, miło mi....

– To pan nie jest wariatem!

Odchyliłem się.

– No, bo skoro pan jest pilotem.... Pana badają?

– Badają, ale w tej chwili nie jestem pewien.... Skąd pani wie, że to ja?

– Och, pamiętam pana ze sceny w „Ognisku", w „Orle Białym" też. Więc pan nie jest! ...

– Jeśli pani ręczy, że nie jestem.... Ale dlaczego pani w ogóle?

– No, bo jeden stary pisarz wygaduje w „Ognisku", a za nim inni, że pan zwariował, bo pan chce uczyć ludzi talentu. Że pan bzik?

– Czy pani zaświadczy w „Ognisku", że nie?

– Obiecuję!

– Złoży Pani przysięgę – Napowietrzną?

– Przysięgam!

Roześmieliśmy się. Coraz wyraźniej wyczuwając ocet w ustach i niechcąco poważniejąc, podziękowałem pani

552

ukłonem i czym prędzej schroniłem się w kabinie. Na moim miejscu. Silniki mruczały przyjaźnie. Nie zapytałem ją o nazwisko.... Kolega zapytał mnie, czy OK? Odrzekłem: OK. I odwróciłem się, by patrzeć na pogodę OK....

... więc teraz jasne, dlaczego Zarząd SLP nawet nie upominał się o moje zapyziałe składki ... Echa o moim szaleństwie zagrzmiały w barze Domu.

Kawiarnia się nie dźwignęła. Nikt się z moim dziecięciem bawić nie chciał....

# Johnny – notatki z Blackpool

„Publiczność chce wiedzieć, kto jest naszym superpilotem, sprowadzonym na cały sezon – specjalnie! Na ogólne żądanie! Co?", zafilozofował Brian the boss i parsknął śmiechem, „Dla publiczności trzeba stworzyć konkretną postać. To musi być bohater popularny, zdobywca powietrza, jak z rysunkowych filmów!". Brian lubił subtelne kontrowersje. I nie żartował! Na afiszach reklamowych Lotów Przyjemnościowych jego aeroklubu w Blackpool ukazały się duże napisy: „Dzwoń pod numer 69, Captain French oczekuje Ciebie!". Na głównym ogłoszeniu narysowano tego asa jako Popey'a ze szpinakiem i z fajką nim nabijaną, z samolotem – zabawką i z jego ukochaną Olive, jako pasażerką. Bardzośmy się, piloci, tym ubawili i czekaliśmy, czy dowcip chwyci. Chwycił! Doskonale! Konkurencja zbladła. Ale wkrótce uszom nie wierzyłem i nie wiedziałem gdzie oczy podziać, bo okazało się, że Captain French – to ja! A okazało się tak: w chłodne i puste popołudnie siedziałem w cieple samolotu na „służbowym" postoju i czytałem Hostowca „Eseje dla Kassandry", gdy powoli, z innego świata, dotarł do mnie cienki głosik powtarzający: „Captain French! Captain French!". Zmarszczony spojrzałem przez okno. Za zagrodą dla publiczności stał, okraczając ramę swojego roweru, mały jasny chłopiec i wołał do mnie, za nim zaś grupka ludzi patrzyła ciekawie w moim kierunku. „Captain French! Oni chcą polecieć z panem!". Cóż miałem robić? „...chcą polecieć!". To były magiczne słowa dobywające na powierzchnię świadomości pracownika cały zasób jego lojalności wobec firmy. Wygrzebałem się więc z „Esejów", jak niepyszny stanąłem przed tymi ludźmi i rzekłem: „Bardzo proszę maszyna czeka. Lecz proszę wybaczyć, że ja z wami polecę, bo Captain French ma dzisiaj dzień wolny". I skromnie uśmiechnąłem się, gdy Johnny radośnie zawołał swym falsetem: „A wcale nie! Ja wiem! To ten pan jest sławnym Kapitanem French!" I tak mianował mnie. Ja, niestety opowiedziałem o tym w klubie....

Johnny codziennie bywał na lotnisku. Nie schodził z roweru, lecz stawał okrakiem nad jego ramą, tuż za siatką oddzielającą łączkę dla publiczności od terenów lotniska, blisko naszych maszyn i patrzył na nie urzeczony. Ale wigor jego chłopięcej fantazji wciąż kazał mu wykrzykiwać do mnie niestworzone rzeczy, np.: „Mój tatuś jest bardzo bogaty i zabierze mnie na wakacje samolotem!". „Moja mamusia też jest pilotka i ciągle lata!". Że wołał to po angielsku, nikomu nie przychodziło na myśl kwestionowanie tego pilotażu. To znowu wykrzykiwał: „Captain French! Wczoraj widziałem, jak pan latał na akrobację!". I najczęściej: „Mój tatuś przyjedzie i obaj polecimy z panem!", ten motyw stał się jego głównym tematem. Nudził mnie, wreszcie już drażnił. Lecz taki był ten chłopak ładny i miły i taki entuzjasta latania i, w końcu, już bardzo do mnie przywiązany, że zacząłem go ostrożnie wypytywać o jego rodziców. No tak, matki nie miał, rzeczywiście gdzieś latała na akrobacje, ojciec był ubogim sezonowym sprzątaczem w jednym z tamtejszych rozrywkowych lokali i że synowi nie był w stanie dać opieki – dał mu rower. Znał swego syna. Po tych rozmowach Johnny poczuł się tym bliższy kapitana French. Jeszcze tego popołudnia dozorca parkingu restauracji lotniskowej rzekł do mnie przymrużając oko: „Ma pan fajnego syna. Johnny to fajny chłopak". „Co?" „Jak Johnny jechał do domy to mi powiedział, że jutro z panem poleci, bo pan jest jego ojcem". Przede wszystkim zdumiała mnie jego decyzja o jutrzejszym locie ze mną, ale fakt, że mnie to moje „ojcostwo" rozśmieszyło, rozbroiło, spodobało się! I na drugi dzień rano, gdy miałem wolne, zabrałem chłopaka, posadziłem koło siebie i pozwoliłem mu trzymać ręce na sterach. Joanny stracił oddech, siedział różowy, skamieniały, po locie wyszedł niemy, poprowadził rower bez słowa, zaczarowany. Odjechał.

Nie było go przez kilka dni. Wtem znowu usłyszałem cienki głosik: „Captain French! Captain French! Ja mam coś dla pana!". Westchnąłem i spojrzałem – tym razem Johnny stał obok roweru, cały w pąsach i wskazywał na torbę wiszącą u kierownicy. „To dla pana! Od mojego tatusia!". Szybko położył rower na trawie, chwycił torbę i pobiegł do maszyny. Stał tam nisko. Otworzyłem drzwi. Johnny wyjął z torby butelkę sherry: „To dla pana... ". I wtedy popełniłem jeden z grzechów głównych. Powiedziałem kwaśno: „Johnny! Ja nie przyjmuję napiwków w żadnej postaci. Oddaj to ojcu, proszę". I odwróciłem się do książki. Jednak po chwili, może nie całkiem przyjaźnie, spojrzałem na malca. I natychmiast zrozumiałem, com zrobił. Ten chłopiec zmięty i zgięty, wlókł torbę z tą nieszczęsną butelką, minął swój rower leżący na trawie i szedł do parkingu, do wyjścia z lotniska. Zapomniał o rowerze! Wyskoczyłem z samolotu i w tej chwili, w tej szczęśliwej chwili, zobaczyłem dwóch pasażerów z biletami w rękach, idących ku nam. Chwyciłem chłopca za rękę, odwróciłem ku sobie i zawołałem: „Johnny! Lecimy! Chodź, jest miejsce wolne, ty będziesz trzymał ręce na wolancie przy starcie i przy lądowaniu także. Chodź!".

Johnny zapłonął.

„...a ja ogromnie lubię właśnie to sherry... ", gadałem.

I gdy szliśmy do samolotu, musieliśmy wyglądać jak ilustracja reklamy – Captain French i Syn.

# VIII    Malta

# Z powodu września

Dnia ósmego września malutka, śliczna, jasna stolica Malty, o pięknej nazwie La Valetta, pełna jest świątecznego nastroju. Obchodzi swe Otto Settembre, rocznicę dwóch wojen zwycięskich.

Bez mała przez cały dopołudnek dzisiejszy chodziłem po jej wąskich, czystych ulicach, z przyjemnością patrzyłem na domy z rodzimego kamienia wapiennego, często koloru szarego złota i często, na starość, z rumieńcem wypalonym na nim przez słońce. Lubię tu widoki morza u wylotu ulic, szczególnie, gdy przesuwa się tam statek lub żaglówka, jakby na wysokości oczu, wiele bowiem ulic spływa w dół, do środka miasta, by potem znowu podnieść się do widnokręgu, do linii morza.

Zawsze łatwo jest nawiązać rozmowę z Maltańczykami, lecz dziś tym chętniej wymieniają pozdrowienia i pytają, czy mi się tu podoba, miasto jest przecież specjalnie ustrojone. Ja odpowiadam im rzetelną prawdę, gdy mówię, że dzisiaj czuję się u nich niemal jak u siebie w domu. A to dlatego, że kolory flagi maltańskiej są biało-czerwone i choć ułożone inaczej niż nasze, bo przy drzewcu mają biały kolor a czerwony na zewnątrz, lecz chorągwie ozdobne, pionowe, długie, są po prostu z góry na dół biało-czerwone. I dlatego ogólny kolor miasta jest biało-czerwony. Mimo woli zbliża mnie to do tego tłumu wesołego, rozgadanego, niefrasobliwego, który z dnia dzisiejszego czerpie tylko beztroską zabawę. Jakże to normalne.

Teraz, po południu, stoję na wysokich balkonach ogrodów Barakka i stąd mam nieograniczony widok na Wielki Port Malty. Główna, szeroka zatoka portu ciągnie się z północnego wschodu na południowy-zachód. Po przeciwnej stronie widzę szerokie poprzeczne odnogi portu, pełne okrętów, statków i, w głębi, sławne suche doki Malty. Ku mnie wysuwają się stamtąd wąskie półwyspy opasane średniowiecznymi murami groźnych ongiś fortów: Vittoriosa, St. Angelo i Senglea. Na lewo, w otwarte morze wchodzi najmniejszy, lecz w swoim czasie ogromnie ważny fort St. Elmo. Wszystkie te miejsca były w historii zlane krwią obrońców – dosłownie. Jak Westerplatte. Po raz pierwszy w roku 1565, kiedy cała potęga morska Porty zwaliła się na tę małą wyspę i wyładowała na nią wielotysięczną doskonałą armię Sułtana, by zniszczyć Zakon Maltański, pokarać ludność jasyrem i z wyspy uczynić bazę wypadkową, w której by rychło galery i galeony Solimana Wspaniałego podniosły zwycięskie żagle, aby płynąć ku nowym triumfom na Sycylii, a potem na Rzym. W Europie nikt nie wątpił, że jeśli Turcy wezmą Maltę, to z kolei już łatwo wezmą Sycylię, wejdą w głąb Italii, a wtedy! ...Europejczycy wiedzieli, jakie okropności zagroziły ich krajom, lecz Malcie składano tylko dobre życzenia i Zakon zagrzewano do walki. Na szczęście dla Malty, dla Zakonu i dla Europy, Mistrzem Zakonu był wtedy jego największy przywódca, niezrównany starzec, siedemdziesięcioletni Francuz – Jean Parisot de La Valette. On posiadał wolę zwycięstwa za każdą cenę i dar przekazania swej woli rycerzom Zakonu i ludności Malty. Dzięki niemu Malta zwyciężyła wbrew wszelkim brakom i trudnościom, zdumiała sama siebie i wrogów i „widzów", czyli Europę. W dzwony dziękczynne bito w całym chrześcijańskim świecie. Jak w wiele lat później po obronie Wiednia.

La Valette za życia stał się legendą. Umarł w nowym mieście warownym, które zamyślił w czasie oblężenia i zaraz po wojnie zbudował. I dał mu swe imię.

Zwycięstwo maltańskie przypadło na 8 września 1565 roku. Rzecz działa się 409 lat temu, lecz wie się o tym tutaj tak, jak u nas wie się o bitwie pod Grunwaldem. To sprawa naturalnie wbudowana w życie, choćby chwilowo, młodsze pokolenie mniej było tego świadome. Dla pokolenia drugiej wojny światowej pamięć o tamtym zwycięstwie spokojnie unosi się nad murami Valetty, jak owa stara pieśń ponoć ułożona przez żołnierzy tureckiej armii, w czas ich odwrotu, gdzieś przy ogniskach wieczornych na Cyprze, jak przypuszczają historycy. Ale pewniej ta pieśń ułożona przez poetę jednego z ciemiężonych przez Wielkiego Turka ludów – ku pocieszeniu serc, że przecie największa ta potęga przegrała z Dawidem:

Malto złota, Malto srebrna, Malto z cennych metali,
Nigdy ciebie nie weźmiemy.

Nie, nigdy choćbyś miękka była jak dynia,
Choćby chroniły cię tylko mury
cienkie jak łuska cebuli.

A z jej murów powiadał głos:

Otom ja, którram zdziesiątkowała galery Wielkiego Turka

I jego wojowników przednich z Konstantynopola i Galaty!

Co czynić w dni obchodów Zwycięstwa przepisał w swym Dekrecie Wielki Mistrz Rycerzy Św. Jana, La Valette: „...my, świadcząc, iż tak znaczna Wiktoria przypadła nam przy Boskiej pomocy Pana Naszego, Jego Matki Najświętszej Dziewicy i Jana Świętego Chrzciciela, Protektora naszego, aby zachować w Zakonie naszym pamięć tak szczególnych łask, ustanawiamy to prawo, które według woli naszej winno być obserwowane na wieczność i bez jakichkolwiek uchybień, i tym prawem rozkazujemy, ustalamy i dekretujemy, że od tych dni począwszy, we wszystkich kościołach przynależnych Zakonowi, Święto Błogosławionej Dziewicy ma być obserwowane z respektem i oddaniem, z procesjami i innymi kościelnymi obchodami i ceremoniami, i żeby poema pochwalne było wypowiadane cześć Jej pomnażając. Stało się bowiem poprzez Jej prośby zanoszone do Boga, iż byliśmy w stanie tak chwalebną Wiktorię odnieść. I dodajemy, by w wigilię święta samego Requiem solennie było celebrowane, z należnymi modłami i oracjami dla uzyskania przebaczenia i spokoju dla dusz braci naszych, i tych innych, którzy życie postradali w tej okrutnej wojnie za Wiarę i Religię".

Od tej pory po dziś dzień przykazania te są dochowywane, jak również i to życzenie Mistrza, by w samym dniu obchodów po odśpiewaniu „Te Deum", Orator Roku przemawiał do tłumów na placu Wielkiego Oblężenia i by wzywał obecnych, aby w swoim życiu codziennym zachowali odblaski swej wspaniałej przeszłości. I by pamiętali!

Po raz drugi śmierć już nie podpłynęła pod Maltę, lecz nad nią zawisła na skrzydłach włosko-niemieckich. To oblężenie z powietrza rozpoczęte przez Włochów, przejęte i prowadzone było przez Niemców. Jak – to my wiemy. Oblężenie niemalże rzuciło Maltę na kolana, czarne krzyże roiły się nad La Valetta i jej Wielkim Portem jak stada makabrycznych nietoperzy. Lecz i tym razem mieszkała tu wola zwycięstwa. Pod koniec roku 1943 niemieckie geszwadery poczęły rzednąć i rozwiewać się, aż 8 września niebo nad Maltą znowu stało się czyste i jak zwykle niebieskie. W obu wypadkach wyzwolenie z ohydy wojny przyszło w dniu święta Matki Boskiej Zwycięskiej.

Po skończonej wojnie nie narzucano Malcie żadnej okupacji, wybrała całkowitą niezależność i wydaje się, że w najbliższej przyszłości grożą jej tylko ukryte siły wewnętrzne, jak się to dzieje w całej Matce Europie.

Ale dziś La Valetta pełna jest swego wesela. Dorasta drugie powojenne pokolenie Maltańczyków, nosi arcy-szerokie spodnie, długie włosy i wierzy w gitarę i Hondę, a Soliman Wspaniały, ba! To raczej historia znana mnie, niż tym młodym obywatelom Malty. Oni do niej dopiero dorosną. Niemniej tradycyjne obchody są dla wszystkich interesujące, gdyż mają w sobie ważny element sportowy: na pierwszy plan dzisiejszych zawodów i zabaw wybijają się zawody wioślarskie, wyścigi łodzi, ku pamięci nieocenionej służby, jaką oddały w walce przeciw Turkom wtedy. A więc dziś wszystkie miasteczka leżące wzdłuż wschodniego brzegu Wielkiego Portu La Valetty, miasteczka o historycznych nazwach Vittoriosa, Sanglea, Cospicua, Kalkara, Marsa i Marsaxlock, forty i wsie oblężone za tureckiej potrzeby, lecz ostatecznie zwycięskie – dziś wystawiają do wyścigów swoje łodzie i załogi na tych samych wodach portu i na tych samych szlakach i odcinkach wód, na których ich prapradziadkowie, wówczas krzepcy i młodzi, jak oni dzisiaj, nocami wypływali na śmiertelne wyścigi z łodziami tureckiej floty, by przebijać się przez blokadę i dowozić amunicję, żywność i posiłki dla ludzi dokazujących nadludzkich czynów wytrzymałości w fortach miażdżonych ogniem artylerii Wielkiego Turka, po którym to ogniu uderzały na osłabione mury fale, fala za falą, straszliwych i pięknych janczarów w białych galabijach, z czaplimi piórami w turbanach; które to fale zalewały zaraz rowy forteczne krwawą masą, brudną od gotującego się oleju.

Maltańczycy pasjonują się sportami, lecz to nie lekko-atleci, nie mają po temu smukłej sprężystej budowy: są to krępi, mocni rybacy, wytrzymali wioślarze. I takie są ich łodzie rybackie, zwane luzzu, robocze, ciężkie, tęgie rów-nie z powodu wyglądu jak i mocy, jak przystało na łodzie morskiego połowu. Podobnie ich łodzie pasażerskie, dhaj-sa, choć przypominają nieco, niby dalekie krewne, gondole weneckie – są krótsze, szersze, masywniejsze, o prostych liniach i zamiast „lekko sunąć" po wodach zatoki po pro-stu płyną. Dawniej służyły komunikacji w Wielkim Porcie, obecnie sprawiają przyjemność turystom napędzane mo-torkami. Ale dzisiaj, w czas wyścigów, będą rozpychały wody wpierane w nią wiosłami, jak za dawnych dni ich wojennej chwały.

Stoję więc wysoko pod portem, przy balustradzie ogro-dów Barakka i patrzę na to cudowne morze, fluternie zaczesane w białe grzywki. Krążą po nim dhajsy zawodników i widzów i luzzu z turystami. Szukam oczami moich – dostrzegam ich wreszcie i machamy do siebie rękami, bo oni mnie z łatwością zobaczyli tu, na stosunkowo niewielkim balkonie. Na Malcie tylko duch jest wielki, wszystko inne małe, nietrudno więc się odnaleźć nawet na większą odległość. Oni, tj. moja żona, syn i jego koledzy, wynajęli luzzu i podpływają do sznurów ograniczających trasę wyścigów. Ich luzzu jest, jak one wszystkie, piękne i pracowicie malowane. Nad linią wody ma czarny pas błyszczącej farby, wyżej pas żółty, nad nim zielony, ponad tym pas czerwony, wreszcie burty z niebieskimi kesonami, a z obu stron dzioba patrzą malowane oczy. Naturalnie są odmiany w doborze i układzie kolorów, malowanie łodzi to bardzo ważna i osobista sprawa dla każdego właściciela luzzu.

Jeszcze do rozpoczęcia zawodów dobre pół godziny, patrzę więc na kolorowy, drobny ruch w porcie, na okręty wojenne w głębi, ciche i spokojne, niekiedy podnoszę głowę na grzmot silników samolotów, dziś przeważnie pasażerskich, i mimo woli przypomina mi się wezwanie Oratora Roku, by przeszłości nie zapomnieć, by pamiętać!

Ja tego kłopotu nie mam. Dziś aż nazbyt łatwo myśl ześlizguje się do naszego Września i do jego konsekwencji. I do niedawnych spotkań z różnymi Niemcami. I zamiast cieszyć się Maltą, jej beztroską – mój temat zaczyna mi się zmieniać z maltańskiego na niemiecki. Drobna spuścizna naszego Września. Zresztą, jak tu na Malcie, o Niemcach zapomnieć? Zaszedłem dziś rano do kościoła w Mosta. O tak, już go całkiem wyreperowano, a ten rozbrojony niewypał przyniesiono do zakrystii i tam stoi na pamiątkę. To bomba, która wbiła się w ten kościół, gdy pełen był ludzi podczas sumy. Bo wtedy Niemcy i w niedzielę pracowali. Niedawno przeczytałem stroniczkę pamiętników Rommla: uskarża się, że Malta kosztowała niemiecką armię wielu, wielu żołnierzy. A przed kilkoma dniami wyborna historia miała miejsce: moja żona wyjaśniała lekarzowi Maltańczykowi, że nazwisko nasze jest polskie i przy tym nadmieniła, że niestety tutaj ludzie często mnie biorą za Niemca. On na to się uśmiechnął i spuszczając oczy powiedział: „Chyba za dobrego Niemca. No, chyba istnieje jeden dobry Niemiec". Moja żona odpowiedziała: „Mój mąż twierdzi, że nie ma. Oboje wiemy, że on żartuje, ale on tak właśnie żartuje". Maltańczyk znowu się uśmiechnął i rzekł: „Może on ma rację. Ja co prawda mam nadzieję, że tam znalazłoby się nawet i dziesięciu sprawiedliwych, ale co to na siedemdziesiąt milionów". Kiedy Abraham targował się z Panem Bogiem o Sodomczyków, nie było więcej niż pięćset, co? I w porównaniu – jakie to tam były ich grzechy!".

A z tymi dobrymi Niemcami to tak: przed kilku laty byłem przelotem w Genewie i w hotelu młody chłopak niemiecki, może miał osiemnaście lat – student posługujący dla wakacyjnego zarobku, spojrzał na mnie czystym, miłym okiem i zapytał: „No, to jak to będzie z tymi nowymi granicami Polski?", na to mu odpowiedziałem: „Słuchaj, mój drogi, to zależy od was, młodego pokolenia. Wasi ojcowie, o ile się nie mylę, dobrze się w naszej pamięci nie zapisali. My was o nic nie pytamy. My do was teraz nie mamy pretensji. A czy wy jakieś w sobie i w nas wzbudzicie?". Rozeszliśmy się, obaj mając oczy nic niemówiące. I przypomniałem sobie innego Niemca, to było w Entebbe w Ugandzie. On operował tam i może do dziś kwitnie, jako łowca dzikich zwierząt, które sprzedawał do różnych klatek po świecie. Żona Irlandka łapała żyrafy na lasso z ciężarówki, opowiadali mi niepojęte przygody, oboje bardzo mili, kupiliśmy od nich dla naszego chłopca małpkę z niebieską gębą i białą brodą, i tak ta znajomość się zaczęła. Rozmówki różne, miłe i herbatki, opowiadania o polowaniach, i o najnowszych sposobach wyprawiania skór na buty i torebki. Pewnego razu, pod jego nieobecność, ona mi mówiła, jaki on dobry, jak on nikomu by krzywdy nie zrobił, poczciwy. On zaś wkrótce pochwalił się tym, że jego dziadek był Żydem, ale czuł się tak dobrym Niemcem i taki był dobry dla ludności, że mu ta ludność niemiecka wystawiła pomnik miejscowy i nawet hitlerowcy owego pomnika nie ruszyli i że ów pomnik do dziś stoi – tam, po polskiej stronie. I pewnego dnia, pod łagodny wieczór pod wielkim i granatowym jak morze jeziorem Wiktoria, zapytał mnie on: „Stanisław, słuchaj, tyś taki inteligentny człowiek, odpowiedz mi: jak to się mogło stać, że wy, Polacy, zabraliście Niemcom ich odwieczne ziemie?". I znowu zaczął o tym dziadku i o pomniku. No cóż, odpowiedziałem wtedy Tomowi, nazywał się bowiem Tomasz Mann, odpowiedziałem więc temu Tomaszowi Mannowi, trochę w tym wypadku czując się pogwałcony, że ja jestem chłop i że on pewnie wie o tym, iż wielu Polaków z mego pokolenia to chłopi albo szlachciury, od chłopów uczuciowo nie różniące się wiele, a dla chłopa jedyną kompensatą za śmierć bliskich, za krew rozlaną narodu mego, za otwarcie na oścież naszych granic wschodnich, przez wieki przez nas bronionych, dla nawały z tamtej strony, jedyną kompensatą – musi być ziemia. I to ziemia, która wróciła. Ot, spotykaliśmy się później, owszem, wśród uśmiechów, ale już nie na herbatki.

I cóż jeszcze o Niemcach.... Spotkałem eks-pilota z Luftwaffe, w dalekim, południo-wschodnim kącie Sudanu, w tymczasowym obozie geologicznym ONZ. Ja utrzymywałem z tym obozem komunikację w czasie pory deszczowej. Schmidt, chudy był, o suchej twarzy, przystojny. Pił. I stale śmiał się, jakby musiał. Lubił pogadać. Jego towarzyszem pracy i partnerem dzielącym namiot był – Rosjanin, stary bolszewik, też geolog. Siwy, rosyjskiego chłopa twarz, małe czyste oczy, twarde. Niezachwianej wiary w bolszewizm, w Lenina. Niemiec wyzywał go na pojedynki butelkami whisky. Rosjanin odmawiał. Niemiec pił sam, ale zazwyczaj około ósmej wieczorem, już na szybkich obrotach, zajeżdżał Rosjanina kpinami i to nawet po rosyjsku, bo nauczył się tego języka w niewoli. Udało mu się przeżyć, wrócił i teraz kpił z bolszewizmu w Sudanie. I wybuchał śmiechem, jego towarzysz patrzył na niego spokojnie, wyraz jego oczu nie zmieniał się. Były wystarczająco twarde. Niekiedy musiałem nocować w tym małym obozie, dwukrotnie nocowałem w namiocie tych dwóch: Niemca i bolszewika. Jak ONZ to ONZ. Ale tylko dwa razy, bo za drugim razem Schmidt zapytał mnie wesoło, wobec kilku oenzetowskich kolegów różnych maści i naści, co ja sądzę o polskości Kopernika, o polskości Gdańska i Torunia? Nawet Torunia. I pięknie było w okolicach Dęblina, on mieszkał w Dęblinie w roku 1940, czy ja znałem Dęblin? Więc, co ja sądzę o dalszych losach Thorn? Ja, już po dużej kropli jego whisky, też rozochocony i wesoły odpowiedziałem mu, że według mego najlepszego przekonania, oni znowu przyjdą nas rżnąć, w myśl ich germańskiej zasady, że skoro nie wycięło się dawnymi czasy, skoro się nie domordowało w trzydziestym dziewiątym roku i później, to trzeba odczekać, odsapnąć i znowu porządnie, po niemiecku, wziąć się do noża. Gdy się zjednoczą. Jakiegoś Hitlera znajdzie się na okrasę. I pewnie Rosjanie pomogą. Bolszewik nie brał w tym udziału, on po angielsku nie gawarił, lub prawie nie, albo kto go tam wiedział. Schmidt roześmiał się głośno, biorąc obecnych świadków i obszedł się bez zaprzeczeń. Na ogół obecnym obcokrajowcom uszy powiędły jak liście kapusty, lecz w niektórych oczach zobaczyłem iskierki śmiechu. Zachęcony tym, podpity, dodałem, mówiąc do Schmidta, że wtedy, już po ich Wielkim Zjednoczeniu, my Polacy będziemy właśnie dzięki Niemcom neo-poganami XXI wieku, bo poza nawiasem Zjednoczonej Europy Zachodniej. Czego więc możemy się spodziewać? Neo-Drang nach Osten? To zrozumieliśmy tylko my dwaj, poczuliśmy się odosobnieni i zbliżeni, jak koza z rzeźnikiem i wypiliśmy do siebie ze śmiechem.

Lecz bywało jeszcze zabawniej. Na przykład w Monachium, w mieście pięknym, dla Polaków nadzwyczaj ciekawym i, być może, o wadze większej niż średnia. Otóż przyleciałem do monachijskiej fabryki samolotów, o nazwie też

Polakom dobrze znanej: Dornier. Celem moim było odebrać po remoncie jeden z tych Dornierów, pomniejszy, powojenny model dla służby ONZ w Sudanie i w Senegalu. Przyjmowano mnie u Dorniera nie byle jak – reprezentowałem zamożnego nabywcę. Mój zwykły tytuł lotniczy cywilny, przetłumaczono na „Herr Hauptman" i ja, z wielkim zdziwieniem, smakowałem swą nową sytuację: „Herr Hauptman Wujastyk – na Dornierze!". „Dziwy w dwadzieścia lat później" – taki dałbym ogólny tytuł tym wspomnieniom, bo wśród owych wspomnień mieści się także szofer firmowy, oddany do mej dyspozycji, razem z Mercedesem 22OSL, doskonały, grzeczny, przykładny: drzwi mi otwierał i przed tym i po tym, trzymając czapkę w ręku. A gdy pewnego razu żona szefa sprzedaży ucięła z nim pogawędkę dla zabicia kilku minut oczekiwania na jej męża – dowiedziałem się z ich rozmowy, prowadzonej po niemiecku, że on całą wojnę spędził w Polsce. Ciekawe, że tam właśnie nauczył się był tak dobrych manier wobec Polaków. Ale nie w tym był „ubaw" główny. Drugi rozdział wspomnień z Monachium jest taki: trzeciego dnia mego pobytu u Dornier okazało się, że mój samolot nie będzie gotowy do lotu przez kilka następnych dni. Żeby mnie spacyfikować, szef biura sprzedaży urządził obiad w co lepszej restauracji i, żeby dodać obiadowi uroku i atmosfery przyjaźni, zaprosił nań swą żonę i swego syna. Jedzenie było dobre, wino doskonałe, rozmowa pod psem, aleć wreszcie skończyło się to bełtanie wiader bezbarwnych ogólników przy pomocy kiepskiej angielszczyzny o bawarskim akcencie i wyszliśmy na ulicę. Tam słońce panowało tak, że przed Jego Wysoką Jasnością trzeba było silnie zmrużyć oczy. Ten fakt, w połączeniu z inną drobną okolicznością, miał skutek niespodziewany, prowadził bowiem wprost do zaskoczenia żony mego gospodarza widokiem – dla nich o charakterze czerwonej płachty! To z kolei spowodowało w niej wybuch olśniewającej petardy słownej. Otóż kiedy my przymykaliśmy oczy, zbieg okoliczności wysuwał zza rogu ulicy jednego z tych nowoczesnych bisurmanów, i bimbaczy i protestatorów i „poszukiwaczy" – hippisów, co się w Niemców też wcielają. Był to okaz doskonale standardowy, typical – hippical: łeb miał kołtuniasty, portki podarte, wielkie, brudne, bose łapy. I właśnie w chwili, w której pani szefowa ponownie otwierała oczy – on się przed nami przesuwał. Na jego widok błyskawicznie zalała ją zła krew, spąsowiała i wystrzeliło spośród jej warg, jak pocisk karabinowy: „Hitler by im na to nie pozwolił"!. Ach! I natychmiast pojęła! Skuliła się i łypnęła na mnie okiem zastraszonym, i złym, i pełnym cholery na swą własną gafę. Tak mnie to ubawiło, że jej dobrodusznie i z całym zadowoleniem przytaknąłem: „Ja, ja", przeciągając oba „ja" jakbym sam od urodzenia był Bawarem. To jej wyprostowało plecy i spojrzała na mnie jeszcze raz, dłużej, niepewnie, badawczo. Była wtedy tak „otworzona", że do tej pory rzewnie ją wspominam.

I cóż jeszcze o Niemcach? Ano, ich cmentarz w Tobruku. Było to przed kilku laty. Otóż królowa Libii, żona króla Idrysa, ogromnie lubiła latać małym dżetem po sprawunki z Tobruku do Tripoli i używała jednej z trzech maszyn Dywanu. Bardzo to była miła i skromna pani. Po locie, przed odjazdem samochodem z lotniska El Adem do Tobruku, zazwyczaj obdarzała nas, załogę, uśmiechem i jedynymi słowami znanymi jej w angielskim: „Thank you" oraz pudłem czekoladek. Pewnego razu, po powrocie z Tripoli, królowa użyczyła nam także swego samochodu i szofera dla zwiedzenia Tobruku. Szofer obwiózł nas, mego kolegę Kanadyjczyka i mnie, po zatoce, potem zabrał nas do cmentarza – pomnika wojennego, wystawionego poległym tam Niemcom przez Niemcy Zachodnie. Gdy dojeżdżaliśmy – ledwie oczom wierzyłem. Kształt tego cmentarza zabitych Niemców to – twierdza. Na wzgórzu panującym nad Tobrukiem stoi niemiecka twierdza, miniatura średniowiecznych twierdz. Malborg. Mój kolega odebrał takie same wrażenie jak ja. Żelazne ramy. Potężne mury, a gdy się w nie wejdzie – schody w mury wbudowane prowadzą na szczyty blanków, skąd obserwacja nieograniczona – na Tobruk. Wewnętrzny podwórzec, pod drapieżnym słońcem, pusty, milczący. Na ścianach gotykiem wypisane nazwiska zabitych, a pod ziemią podwórca, w skrzyniach, leżą szczątki knechtów. To właśnie jest cmentarz. Podobno zbierano z pola bitwy nawet piach ze śladami ich krwi. Brak na środku podwórca pomnika Hagena von Troneck, lub któregoś z braci von Jungingen, opartego o miecz dwuręczny.

Potem pojechaliśmy zobaczyć cmentarz angielski. Nazwę temu miejscu dano dziwaczną: cmentarz Knight Bridge. Dlaczego? Jest to smutny spłacheć pustyni, otwarty na wszelkie sirrocca i hamsiny. Leży tam wielu Polaków, polskie orły ich znaczą. Każdy ma swój grób osobny i kamienny zagłówek głoszący nazwisko, stopień i wiek. Dwadzieścia, dwadzieścia jeden, dwadzieścia dwa, dwadzieścia trzy lata tego „wieku". I na tym cmentarzu, który, wbrew pustyni i dziwnej nazwie, ma coś z charakteru cmentarza wiejskiego, żyje inny duch. Tam, w niemieckiej twierdzy zamknięte jest posłuszeństwo celowi i pożądanie wytyczające ten cel. Z tamtych prochów mogą powstać nowi Kultur Traegerzy. Duch ich narodu trwa w milczących murach. Czuwa. Die Wacht am Tobruk.

A na cmentarzu angielsko-polskim wydawało się, że skarga bije: „Panie, o Panie nasz, oto, co nam się stało z woli Twojej. Dlaczego?".

Dość, dość. Wracam do pięknej Malty. Jej oblężenia dawno się skończyły. Z morza słychać nie strzały, lecz wrzawę wesołą, gwizdy, wiwaty, bo zwycięża, znowu i jak zazwyczaj, łódź zespołu wioślarzy z Vittoriosa! Wszyscy tu dzisiaj, ósmego września, lody jedzą, bawią się, pokrzykują, oglądają się na dziewczyny, a one odwzajemniają się śmiechem.

Skończyły się procesje, obchody, mowy, wyścigi. Wieczorem na głównym placu ulicy Królewskiej, w La Valette, w kawiarni pełnej młodych głów pod pogodnym niebem, długowłosi gitarzyści brzęczeć będą na strunach z ogromnym temperamentem, do mikrofonów orkiestry podejdzie dziewczyna i ostrym głosem zaśpiewa o pragnieniu miłości. Nie o wojnie.

Dwa mam postscripta: 1. Tak było. I tak dalej by było. Lecz może trzeba, by nasze pokolenie spojrzało na Niemców oczami młodej Europy. Ona przecież rośnie. Spróbujmy rosnąć z nią. 2. Lokalny humorysta powiada, że Maltę czeka jeszcze trzecie oblężenie: sputnikami ze strefy niskoplanetarnej.

✠✠✠✠✠✠✠✠✠✠✠✠✠✠✠✠✠✠✠✠✠✠✠✠✠✠✠✠✠✠✠

# O Malcie, srebrach i okupantach

W kwietniu 1995 r. w Pałacu Prezydenckim w Valletcie Maltańska Fundacja Skarbów Ojczystych urządziła wystawę „Srebra Malty". Na jej usilne zabiegi dla dobra turystyki Maltańczycy zdecydowali się odsłonić w ulubionych odsłonach w metalu zawsze jasnym, lśniącym, jeśli właściwie pielęgnowany, nigdy nierdzewiejącym – szlachetnym. Eksponatów pilnie strzeżono i podkreślano, że pokazywano je niechętnie, mimo wysokich ubezpieczeń. Są rodzinnymi skarbami, a na wystawie oddane oczom może kalkulującym późniejszy rabunek i wywóz zabytków na sprzedaż. Tutaj też operują rodzimi łupieżcy.

O Malcie dawniej słyszałem, że biedna. Widok tych wspaniałości podkreślił moją grubo wcześniejsze przekonanie, że „są biedy biedne i biedy bogatsze".

Malta żyła w bezpieczeństwie i spokoju od 1539 r., gdy osiadł na niej Zakon Rycerzy św. Jana z Jerozolimy, Cypru i Rodos – objął bowiem wyspy jako lenno od Karola Wielkiego Piątego, za co rocznie płacił mu symbolicznego sokoła. Zakon stał się tarczą i mieczem Malty. Niemal zupełnie ustały napady korsarzy afrykańskich z Barbary Coast, Wybrzeża Barbarzyńców, dzisiejszego Tunisu i Libii. Walka z tą plagą i flotami Turcji, której Zakon odmawiał prymatu na Morzu Śródziemnym, osiągnęła apogeum w 1565 roku, kiedy to przebrała się miarka cierpliwości Solimana Wspaniałego, sułtana Turcji, o jedną galerę, o statek bogaty, załadowany świetnymi towarami, wysłany na korzystny handel do niewiernych Włoch. Galery porwały te dobra i uprowadziły na Maltę. Przed sułtanem stanęła jego ukochana żona. Ona miała największy udział w porwanych kosztownościach, za nią żona wezyra i żony wielmożów Wielkiej Porty. Prawdopodobnie ona rzekła: „Że Neapol osłaniają, że Wenecję chronią, że Genua z nich korzysta i Hiszpanie za nimi się kryją – to w mądrym trudzie przetrawisz. Ale, żeby ci osobiście, bo twojej żonie i osobom twego dworu, wydzierali majątek na twoim morzu – tego nie ścierpisz!". Nie ścierpiał. Nawet wielki sułtan nie uporał się z natarciem tylu możnych żon. Cała jego flota i armie usłyszały jego potężny głos: „Do broni! Bandery w górę! Na giaurów! Znowu ci sami przeklęci – przepędzeni przez nas z Rodos! Bandery w górę! Na Maltę!!!".

Wiosną 1565 r., w zatoce Marsaszlok, na południowowschodnim krańcu Malty, wojenne galery Turcji przesłoniły wody. Ponad 200 galer. I wyroiły się na brzegi Malty: 40 tysięcy najzajadlejszych, najwaleczniejszych żołnierzy tureckich, z dwoma tysiącami janczarów, w białych płaszczach i z pawimi piórami w torbach na czele – przeciw ośmiuset rycerzom i kilku tysiącom maltańskich wolontariuszy. Straszliwe lato przeżyły małe forty Wielkiego Portu Malty, uprzednio tam wzniesione przez Zakon. Na płaskowyżu, gdzie później wyrosły wspaniałe mury Valletty – stanęła najpotężniejsza w Europie artyleria Turcji. Ale sławni maltańscy nurkowie zdążyli zamknąć wody portu podwodnymi łańcuchami i wroga flota nie przerwała ich.

Dwa tysiące białych janczarów pochłonęły fosy fortu St. Elmo, zanim jego obrońców co do jednego starła turecka artyleria. Ale niczego więcej nie dokonała. Jesienią, wyniszczone nieustającymi szturmami wojska Wielkiego Turka, uchodząc do domu przez Cypr, tak śpiewały przy ogniskach wieczornych:

Malto złota, Malto srebrna
Nigdy ciebie nie weźmiemy
Choćby Cię broniły ściany cienkie jak
Łuska cebuli...

Taki hołd strasznego wojska Turcji zachował się w historii tamtej wojny maltańskiej, oblężenia z lądu i morza.

W następnych wiekach spokoju i bezpieczeństwa (koniec XVI, XVII i XVIII) Malta przyciągała ludzi interesu i co przedniejszych przedstawicieli świetnych rzemiosł, w tym artystów-złotników. Ci łatwo znajdowali patronów w rycerzach, członkach najbogatszych rodów Europy i w rodach maltańskich wzbogaconych kupiectwem nobilów, wśród osiedlających się tutaj bankierów z Włoch i Sycylii, bogatych armatorów. Na małej wyspie zbierano wielkie skarby – ale rządził nią Zakon – bez Maltańczyków. Wydaje się oczywiste, że z wolna, wśród bogacących się sfer, wśród coraz dumniejszych notablów, rozwijała się dwojaka linia postępowania: ich rodzaj pozytywizmu korzystający z protekcji Zakonu oraz odsuwanie się od niego, zamykanie się w pałacykach, w domach, kształtowanie, może wzorowanych na rycerskich, ale własnych form bytowania. Na taki sposób reagowania przeciw politycznym ograniczeniom wpływała też maltańska geografia. Jak się to objawiało, lekko wyjaśniła mi pewna Maltanka: „Nasza wyspa jest mała. Ledwie ruszamy w którąkolwiek stronę, a już wpadamy nosem w morze. Ono jest piękne, ale zwracamy się ku naszym domom. Kochamy je, zdobimy, pielęgnujemy, chwalimy się nimi! I właśnie jedną z najcenniejszych ozdób naszych zamkniętych światków są – srebra".

Srebro! Tu wkraczamy w domenę pasji do srebra. Impuls dali jej rycerze. Oni, jako przede wszystkim Szpitalnicy, zbudowali w Valletcie szpital, jaki cała Europa podziwiała i tam, tym bardziej ku niedowierzaniu świata, wszystkim chorym – nie rozróżniając ich znaczenia poza szpitalem, czy to wielmoża, czy biedak pątnik do Ziemi Świętej, czy żebrak (a nawet muzułmanin) – wszystkim podawano posiłki na talerzach srebrnych ze sztućcami srebrnymi. Srebro: tak czyste, jak czysta była intencja służenia chorym w Imię Chrystusa.

Bezpieczna Malta, bogata Malta, aż do 1798 r., zniewolił

ją Napoleon. Płynął na podbój Egiptu, wstąpił na Maltę. Zakon już osłabiony, pod wodzą ostatniego mistrza, Niemca, Hompesza; Napoleon wprosił się i Maltę złupił. Wielki żaglowiec transportowy załadowano skarbami kościołów, pałaców i nobilów. Prócz tego Napoleon postawił załogę, która przez dalsze lata wydzierała Maltańczykom, czego nie zdołali ukryć. Statek ciężki od złota i srebra Nelson zatopił na wodach Egiptu, w bitwie pod Abukirem. (Już zaczynają się interesować nim obecni specjaliści od wydobywania zatopionych skarbów).

W 1800 r., na wyraźną pisemną prośbę notabli Malty wysłaną na ręce Nelsona, Anglia objęła protektorat nad Maltą. Na Kongresie Wiedeńskim stan rzeczy potwierdzono. Znowu rozkwitł handel maltański, sięgając wszędzie, gdzie dopływała flota Anglii. Wzrastało bogactwo, z nim – pragnienie własnych rządów. Przeciw niemu – angielskie rozumienie strategicznego znaczenia Malty.

Rok 1995. Przez cały kwiecień Malta szczyciła się wystawą swoich sreber, zjeżdżali się kolekcjonerzy i znawcy z całej Europy i kupcy, ale ci mieli małe nadzieje, by się Maltańczycy zechcieli ze swoimi ulubionymi srebrami rozstawać. Oprawę wystawy stanowiła pyszna sala, oryginalnie tronowa, Wielkiego Mistrza Zakonu, następnie reprezentacyjna królewskiego namiestnika Anglii. Obecnie sala przyjęć Prezydenta Republiki Maltańskiej, sala równa pięknością najznaczniejszym w Europie tamtych czasów. Już sam pałac, podwórzec, marmurowe schody, korytarze, otaczają przepychem ozdób, każdy ich szczegół wart jest starań, by je utrzymać w stanie godnym ich doskonałości.

Stoły i gabloty. Blaski sreber. 995 przedmiotów wystawiono, więc talerze, misy, sztućce, cukiernice, dzbanki, dzbanuszki, kafetierki, lichtarze, lampy oliwne i lampiery, tj. lampy wymyślne o zasadzie kilku połączonych kaganków nad zbiornikiem paliwa, a nad nimi osłona z wypolerowanego srebra kierującego światło według życzeń. I ówczesne dziwy, jak na przykład strusie jajo ujęte w srebrną koronkę filigranową i ... narzędzia chirurgiczne wyrobione ze srebra, i przy nich srebrne flaszki na oleje święte dla ostatnich namaszczeń. I – guantieri. Nie pomińmy tego szczególnego zabytku z czasów rycerskich, jest ich tu wiele egzemplarzy. Są to srebrne tace na rękawice rycerskie.

To hasło – „rękawice rycerskie" – wprowadza nas w rycerski świat. Cofnijmy się w XVII, czy XVIII wiek i zobaczmy, w jakich okolicznościach służyły tam owe guantieri. Każdy rycerz otrzymuje swoją guantierę, naturalnie każda oznaczona jest herbem właściciela. Naliczyliśmy ich czterdzieści. Mistrz czeka na podwyższeniu za swoim stołem, zdziwiony i gniewny, bo zapóźniona służba teraz dopiero wnosi ozdobę stołów: bukiety srebrnych kwiatów, bujne, kolorowe dzieła francuskich złotników malowane według ich fantazji; wówczas nie umiano jeszcze kwiatów hodować na Malcie przez cały rok, więc fantastyczne srebrne kwiaty zdobiły stoły.

Przed luksusowymi zaprawami nie widać pucharów na wino. A wiemy, że rycerze sprowadzali wina z całej Europy: więc z Portugalii, z Hiszpanii, z Madery i reńskie i francuskie, sycylijskie i włoskie i greckie. Ale obyczaj picia wina wytworzyli niespotykany gdzie indziej: pucharki, niewielkie, wyrobione w kryształach bramowanych złotem i zdobione herbem panującego Wielkiego Mistrza, pochodziły z Murano, wyspy artystów w szkle, w Zatoce Weneckiej. Pucharki stały w pieczy podczaszego i pod-podczaszego u roboczego końca stołów, na srebrnej tacy – oczywiście! Obyczaj wymagał, by biesiadnik dał znać podczaszemu, ten podchodził, odbierał życzenia, napełniał pucharek, podawany do wypicia i ... zabierano pusty, lub zostawiano wino, by pijący powoli radował się bukietem, barwą i wytworną harmonią wina.

Niewiele pijano przy ucztach, natomiast stale jadano bardzo wiele mięs. Powstaje pytanie: w jaki sposób potrafili kwatermistrze i kuchmistrze Zakonu przechowywać duże ilości mięsa w tym kraju przez cały rok ciepłym i o kilku miesiącach upalnych? Znaleziono sposób trudny, niezwykły i skuteczny. Oto Zakon zawierał umowę z przedsiębiorcą o dostawę lodu codziennie i absolutnie niezawodnie, dawał ofertę bardzo lukratywną i równie niebezpieczną. Była to oferta szalona dla szalonych żołnierzy, bo dostawy cennego lodu płynęły statkami żaglowymi z Sycylii przez morze, gdzie korsarz z brzegów Barbarii, a nawet turecki, nierzadko Zakon wyzywał. A zimą morze to dzieli Maltę od sycylijskiej Catanii do Wielkiego Portu Valletty, wiele kilometrów wód okrutnych, zdradliwych, rozpasanych burzami! A skąd zbierano lód? Nie do wiary, nawet dziś nie do wiary! Lód wyrąbywano u szczytu wulkanu Etny! Wulkan dymi i często zionie ogniem, ale u jego wysokich obrzeży, niedalekich od kraterów bulgoczących lawą, krzepnie lód! Wyobraźmy sobie w XVII i XVIII wieku codzienną wyprawę na górę Etny, na jej zamarznięte szczyty, tam rąbanie brył lodu, znoszenie ich nisko na drogę, gdzie czekały wózki zaprzężone w osły i ciągnięte do dalekiego portu Catalonii, po czym ładowanie lodowego złomu na statek, wreszcie statek chwyta w żagle wiatry, szczęśliwie, jeśli zachodnie, leci, wywija się, ucieka korsarzom (może się im opłaca?) i dociera pod osłonę świetnych galer i galeonów Malty i wyładowuje lód absolutnie niezawodnie, codziennie do spiżarni wielkiego Zakonu. Bujna to historia małych ludzi, zapomnianych, przesłoniętych wydarzeniami i wielkościami o znaczeniu i sławie światowej. A na zakończenie tej opowieści powstaje nieuniknione pytanie: jak kończyła się sprawa, jeśli nie udała się podroż, jeśli rębacze lodu się nie spisali, dróżki zboczy Etny oślizgły zbytnio, jeśli wiatry nie sprzyjały i za wiele lodu rozpłynęło się po drodze? Jak, czym odpowiadał, skuszony wielkim zarobkiem, dostawca? Odpowiedź niespodziewana i prosta: odpowiadał – gardłem! Wieszano go, zapewnia tradycja. Faktem był codzienny lód w spiżarniach Zakonu. Jako fakt przyjmuje się w ocenach historyków tę metodę zdobywania lodu.

Jeszcze raz spójrzmy na salę, posłuchajmy gwaru rozmów prowadzonych pewnie na przemian w siedmiu czy ośmiu językach, czyli langues, odróżniających narodowości rycerzy Zakonu, więc: hiszpański i kataloński, portugalski, francuski i prowansalski, niemiecki i bawarski, flamandzki; przed Elżbietą Pierwszą słyszano tu i angielski i szkocki. Ale też mieli oni język łączący ich ponad wszystkie własne – łacinę.

Wyszliśmy do ogrodu pałacowego, ja i przyjazny mi Maltańczyk, i stanęliśmy koło fontanny, pod figurą Neptuna. „No, to się cieszę, że zobaczyłeś – uśmiechnął się. – Zobaczyliśmy 995 przedmiotów bez funkcyjnej wartości. Ozdoby normalnie ukrywane, istniejące dla pewnie już obojętnych oczu". Te słowa uderzyły w moje przekonanie, że zobaczyliśmy okruch, mini-ułamek ... pałeczki kultury, jaką człowiek mimo woli przekazuje dalej i dalej, aż do dnia zniszczenia jej przez innego człowieka, zazwyczaj przez masę dwunożną. Powiedziałem: „Mój drogi, byliście przez wieki pod zaborami, ale wasz narodowy Los, Los Malty, postarał się, by każdy z zaborców przysporzył wam czegoś nieocenionej wartości. Drapieżni Arabowie pierwsi zbudowali sobie, ale zostawili wam, piękną, oryginalną stolicę – Mdinę. Dziś nazywacie się Citta Nobile, lub Silent City, gdzie mam wrażenie, że ona pozwala mi chodzić wąskimi uliczkami, obok jej nienaruszalnej ciszy. Mdina jest perłą waszych miast. Rycerze Maltańscy zbudowali wam dzisiejszą stolicę, Vallettę, rozwinęli Wielki Port, pozostawili wam ich nieustająco podziwiany Wielki Szpital, świadectwo imperatywu ich estetyki, dziś przerobiony na Centrum Międzynarodowych Konferencji, znane w świecie nauki, medycyny i – coraz szerzej – polityki. Wysoko podnosi imię Malty. Rycerze uchronili nas od wielu najazdów, potem Anglicy przynieśli wam bezpieczeństwo, aż do drugiej wojny niemieckiej, ustalili tu nowoczesne systemy rządów i prawa, wojska i policji, otworzyli handel światowy i turystykę, wasz Wielki Port zdolny dziś przyjmować największe zamówienia flot morskich i oceanicznych.... Porywacze waszej wolności zostawiali wam coś ze swojej kultury i z majątku – a u nas? Przewalały się hordy barbarzyńców upodlonych doktrynami, masy zbrodniarzy organizowanych przez państwa i nazywanych „żołnierzami"! Wam zaborcy zwozili rzemiosła, szkolnictwo i w końcu język międzynarodowy, a to już niemało... ".

„No dobrze, Stanisław, ale oni wszyscy tutaj żyli z naszego kraju!".

Odpowiedziałem, pomijając odpowiedź: „... a czy wiesz, że broniły was także dwa okręty podwodne – polskie? Nasz Dzik i Kujawiak? I wiesz co, chodźmy do zbrojowni w Muzeum Pałacu, tam pokażę ci hełm polskiego husarza z wieku naszej zdolności do samoobrony... ".

# Kościół świętego Dominika

## Stół Ostatniej Wieczerzy

Jestem w Kościele św. Dominika, w Vallettcie, stolicy Malty, w kościele sławnym z jego zdobnych, wielkich Stołów, ku pamięci Ostatniej Wieczerzy, budowanych, bo jakże te prace inaczej określić, na tygodnie przed Świętami Wielkanocnymi, ujmującymi dni Chwały, Ustalenia Sakramentu, dni rozpaczliwej Drogi ku Nadludzkiej Chwili Ostatniej Decyzji i Śmierci i Boskiego Zmartwychwstania.

Jesteśmy w kościele Św. Dominika, w Vallettcie, w wielkiej sali Wieczernika. Kościelna załoga pomocnicza zajęta zdobieniem stołu Ostatniej Wieczerzy. Rozmowę ze mną prowadzi ojciec Dominie Borg.

Zwyczaj z przygotowywaniem Stołu Ostatniej Wieczerzy dla uświetnienia obchodów Wielkanocnych wprowadzono w czwartym wieku, kiedy to w Rzymie Papież zbierał 13-tu ubogich księży dla pokornego powtórzenia Chrystusowego aktu mycia stóp Jego Apostołów. Ceremonia odbywała się w pałacu Laterańskim, dokąd ich papież zapraszał również i na obiad. Zwyczaj przejął emperator bizantyński. I ostatecznie papież rzymski. (W Anglii obyczaj jest zachowany do dzisiaj). Ten zbożny, pokorny rytuał pielęgnowały wszystkie zakony rycerskie: Templariusze, Rycerze Świętego Jana tj. Zakon Maltański, etc.

Początkowo 12 ubogich dostępowało pięknego obrządku, aż pewnego roku papież Grzegorz Wielki dokonując rytuału — zobaczył, wśród 12-tu ubogich, trzynastego męża wielkiej jasności i pojął, że był to sam Najświętszy Pan. Od tamtego dnia trzynastu ubogich brało udział w uroczystościach, trzynastu ubogich dostępowało zaszczytu, błogosławieństwa i — obiadu przy Stole, upamiętniającym Ostatnią Wieczerzę. Z czasem obiad zmienił charakter na symboliczny. Za naszych dni nastąpiły dalsze zmiany w formie „obiadu" — ubodzy uczestnicy tej Wielkiej Chwili otrzymują – miast symbolicznych dań — dary większej pociechy i wartości na kilka dni. Są to ogromne bochny chleba i butle wina.

Na Maltę obyczaj ten został wprowadzony w 1530 roku przez Rycerzy Świętego Jana, od tamtego czasu znanych jako Rycerze Maltańscy. Zrazu odprawiali służby Wiary w kościele St. Wawrzyńca Conventual Church, poczem przenieśli się do St Angelo, tam bowiem ustalono Kwaterę Główną Wielkiego Mistrza. A kiedy, po wielkim zwycięstwie nad potęgą turecką oblegającą Maltę w 1565 roku, Vallettę zbudowano, wszelkie uroczystości i posługi religijne i obyczajowe przeniesiono do Kościoła świętego Jana. Stamtąd, po skończonej mszy, Wielki Przeor wraz z Rycerzami procesją szli do Pałacu Magistralnego, gdzie Wielki Mistrz podejmował ich obiadem i obdarzał jałmużną. Ten zwyczaj zachowany jest i praktykowany w Anglii, gdzie królowa w Westminter Abbey umywa stopy trzynastu wybranych i rozdziela między nimi pieniądze. Pomimo odejścia od kościoła katolickiego, zachowano te tradycje.

13 plates of pasta, plus a loaf of breadf of five rotolos, a bottle of good wine, sałaty, cytryny, etc.

Przyjaciele kościoła przychodzą pomagać w pracy nad ustrojeniem ogromnych stołów, ustawionych w podkowę; stoły wypełniają komnatę, „Praca nad ustrojeniem stołów" — zajmuje im godziny wieczorne, godziny ofiarowane po pracy, przez pięć tygodni i, naturalnie, ostatnie dwa dni pełne gorączkowego pośpiechu, zakończonego o poranku dnia uroczystości. Wystrój stołów to naczynia, talerze, misy, półmisy, szklanice, dzbany — historycznego wzoru, rozmiaru, koloru, a na nich przedmioty naśladujące historyczne dania.

# Malta zbliża się do Bożego Narodzenia

Gdy powiem, że dopiero niedawno polubiłem rybaków, proszę, nie sądzić, że z miejsca odpadam od tematu.... Miałem im za złe, że ryby skazują na zgon przez uduszenie – ale teraz jeden z nich należy do mego opowiadania. Nadeszła bowiem przedwieczorna pora, w tym roku, w której uratował mnie od śmierci w wodzie – rybak. Już ściemniało się, lecz jeszcze wypatrywał, gdzieżby wędkę na drugi dzień rano zapuścić, gdy zobaczył mnie siedzącego w zalewisku morskim, na skraju Malty, w pochlapujących wodach Morza Śródziemnego – nie wiadomo po co – później okazało się, że spadłem z wysokiego brzegu na skałki i ... Ale nigdy nie wydało się dlaczego. Mniejsza o to. Ten powyższy fakt miał – znaczące i unikalne (jakby się to teraz u nas brzydko powiedziało) konsekwencje. Po pierwsze; mam nowego przyjaciela Maltańczyka i to rybaka. (Właśnie nadesłał mi świąteczne życzenia, co mu zaraz odpłacę świetną kartą, na której czwórka polskich rumaków brnie po kostki w śniegu, według pana Józefa Chełmońskiego). Po drugie: zawieziono mnie do szpitala św. Łukasza w Guardamangia (czytaj: Gwardamandżia), niedaleko Msidy, niedaleko Valletty. Tam doszedłem do przytomności, a lekarze do wniosku, że jeszcze przed świętami Bożego Narodzenia będę hasał o własnych siłach. Zostałem więc tu u nich na wygodnym łóżku, na codziennie zmienianej bieliźnie pościelowej, wśród wielu współzawodników w biegu do zdrowia, a każdy z czymś urwanym lub potrzaskanym. Sala duża, podzielona przesłonami, a szkoda, bo przychodziły odwiedzać chłopców całe rodziny, w tym młode dziewczyny wymalowane, wylakierowane, wystrojone, tryskające ogniami z płomiennych oczu, aż chciało się co szybciej zdrowieć.

Wszyscy palili papierosy, bo było to zakazane, grali na radiach, kasetach, przenośnych TV-sach, pojawiali się wśród gości śpiewacy. Można się jednak było dogadać z sanitariuszem, jeśli mi się nad głową nisko pochylił. I także chwytać oczami litery w książce, chociaż podskakiwały. Nie było w tym harmidrze metody, lecz ludzkie ciepło....

Mijał młody grudzień. Lecz gdy nadciągnął 15ty – o 7mej rano całe piętro rozdygotało, rozbrzmiało, rozgrzmiało nowym hałasem, a ten rozniósł i nakrył, i nałożył się na codzienną awanturę, i okazał się pozbawiony czułości, był niejednolity, nierytmiczny, zmienny – obcy nam, swojakom, podstępnie milkł, by raptem wybuchać okrzykami, zgrzytami pił, biciem młotków, szuraniem niewidocznych desek i wołaniami ludzi zdrowych, silnych! To była hurma szpitalnych rzemieślników – amatorów dekoratorów, adeptów sztuki strojenia całego szpitala świątecznie. Nasza sala nie uniknęła inwazji! Chryste Panie, co oni na Twe spodziewane narodziny na Malcie na ścianach i pod nimi naprzybijali, namocowali! Nazawieszali i jeszcze na podłogach poustawiali! Co poustawiali? Na całej wielkiej sali, we wszystkich jej kątach, na każdym skrzyżowaniu przejść świątka postawili! Józefa, tam Mikołaja, całą gromadkę aniołów i pastuszków, a za moją głową postawili wielkości naturalnej figurę Matki Boskiej. Za to byłem im wdzięczny.

Od tych urządzeń i ozdób aż grało w oczach, a ściany szpitala od swych dawnych początków przyzwyczajone do takich sezonowych naporów – nie zawaliły się. Raptem cisza.

Oni zrobili swoje, znikli. Ucichło. Ale sala im uległa, odmieniła swój wygląd ze szczętem, pozieleniała brzegami, rozświeciła się błyskotkami wyglądającymi spośród papierków i kokardek. Wielki obraz Matki Naszej z małym Jezusem zmuszał do spoglądania na Nią, co dało początek ciurkom moich pytań skierowanych do beznogiego partnera z mego kąta Sali, o tym jak on będzie obchodził Święta, bo powiedziano, że na czas wróci do domu. Musiałem pytać, bo choć przeżyłem na Malcie wiele miesięcy, które złożyły się na wiele lat, raz tylko byłem tam, i to dawno, w Święta Bożego Narodzenia. Gdzie indziej wzywały mnie sentymenty rodzinne. Ledwie inne osoby z gromady odwiedzających kolorowych ptaków i owadów usłyszały, o czym chcę się dowiedzieć, posypały się informacje.

Wypuszczono i mnie na Święta do domu. Wyszedłem! Wyszedłem ze szpitala i zostałem na Malcie, i jak każdy, kto podobnego szczęścia doznał, ruszyłem na tak zwanych skrzydłach, czyli autobusem, by zanurzyć się w znanym tłumie i napatrzeć się na zwyczajne miejsca – do Valetty więc! A przy tym ciekawość mnie parła zobaczyć, co Jej zdobnicy zrobili. Mostem, dawniej oczywiście zwodzonym, nad głębokimi na kilkadziesiąt metrów fosami, z których wynoszą się mury miasta, wszedłem przez główne wejście. (Tu, w nawiasie, muszę dodać, że widok tych murów, ich ogrom i kształt, wywołuje we mnie gest jakby powitania, przyjazny ruch głową, uśmiech podziwu). Ale wracajmy do miasta. Wchodzę przez główne wejście, oryginalnie była to potężna brama, lecz w nowych czasach usunięto ją i przejście wolne rozwarło się na rozległy plac. Stoją na nim ruiny opery rozbitej bombami ostatniej wojny. Z placu w środek stolicy wchodzi główna arteria, dawniej ulica Królewska, dziś Republiki, teraz cała ustrojona rozmaitymi światłami zawieszonymi w poprzek niej i nad jej środkiem, girlandy i wielkie gwiazdy świetlane i aniołowie pokaźnych rozmiarów i instrumenty muzyczne do niebiańskich przygrywek i co tam bujna fantazja artystom strojącym Vallettę podsunęła. W tym roku ustawiono wzdłuż całej arterii głównej niezwykłą ozdobę: drzewka bożenarodzeniowe, choinki zielone. Cieszą one Maltańczyków i turystów, bo tu o takie drzewka niełatwo. Najważniejszą atrakcją Świąt są bardzo pięknie wystrojone kolebki PanaJezusowe. Żłobki. W całym kraju są budowane najrozmaiciej: od małych plecionek do dużych, z deseczek malowanych, a obok nich postacie Matki Boskiej, Józefa świętego, królów i pasterzy i wołu w głębi obórki, i osiołka, i koniecznie klęczące lub leżące owce. Takimi dziełami na modłę tradycyjnych, ale co roku nowymi pomysłami urozmaiconymi, przechwalają się wszystkie parafie kraju. Zbiera je muzeum miejskie Valletty i wystawia na pokaz – w tym roku aż sześćdziesiąt.

W katedrze Valletty uważanej za ko-katedrę, bo właściwa stoi w pradawnej Mdinie, zwanej miastem szlachetnych, Citta Nobile, była ona bowiem stolicą w epoce przedvallettyńskiej, narodziny Pana obrazują żywi parafianie, poczytujący sobie za zaszczyt i zasługę dla turyzmu tworzenie żywych obrazów w ciszy i skupieniu i przez długie, acz nieliczne godziny, codziennie. Powszechnie żłobki, ozdoby, zabawki, prezenty, przesyłane karty świąteczne, wizyty, nastroje wesołe lub choćby odległe od frasunku i stoły zastawione obficie – to rozkosze dla dzieci i męka dla matek. Jak wszędzie. Zamożni zasiadają do stołów z królującym na nich indykiem, bo ucztują z angielska, w pierwszy dzień świąt, i kończą ucztę przysmakiem zwanym Christmas pudding i winami z Francji lub włoskimi. Ostatnio i Malta ma dobre wina. A tradycjonaliści, z powodu mniejszych dochodów, zaczynają od narodowej „tympany", czyli rurek makaronowych zapiekanych z mielonym mięsem, a potem kontentują się kurą, czy mięsiwem z jarzynami, w końcu łasują zajadając trifle – drobnostka, to też wynalazek kulinarny, angielski deser, jeśli umiejętnie zrobiony i z rozmachem, to pyszny; składają się na jego smakowitość warstwy biszkoptów moczone w sherry lub innym winie, przekładane konfiturami i owocami, oblane kremem i podawane na chłodno. Dzieci już śnią o prezentach, nie mogą doczekać się zebrania licznej rodziny, gdy będą z rówieśnikami krewniakami i kuzynami szaleć wśród kochającego je tłumku i objadać się słodyczami. Matki stają się coraz bardziej nerwowe, a ojcowie coraz spokojniejsi – ich interesy i prace ustają.

A tymczasem dogasa ostatnia z czterech świec zapalanych w każdą niedzielę adwentową w kościołach i w niektórych domach.

Noc cudu blisko.

# Niezwykły pan Zymelman i Komandor X

Londyn. Wkrótce po wojnie. I dwaj niezwykli panowie.

Pierwszy – to człowiek dobrze znany w polskim Londynie i w innych miastach w latach 1950-60, pan Zymelman. Kupiec. Przyjaciel klientów. Człowiek szerokich horyzontów.

Drugi – to ze wszech miar niezwykły Komandor X. („X", bo prosił bym nie ujawniał jego nazwiska. Uszanujmy to życzenie). Po laurach zdobytych pod wodami Morza Śródziemnego – w Londynie tonął bez rozgłosu. Na razie.

Obaj panowie zetknęli się ze sobą przez interesy. Jak rozwinęły się ich stosunki, dowiedziałem się po pół wieku. Komandor i ja przylecieliśmy z różnych stron na Maltę – wiążącą nas od lat. I zdzwoniliśmy się metodą „na wszelki wypadek – a może on tu jest?". Któregoś dnia siedzieliśmy nad urwiskami południowego brzegu ponad cudownym morzem, patrząc na wysepkę-skałkę zabawnie nazwaną Fifla. Cisza, odległy szum, milczało się nam wraz z ruchem fal, tu i ówdzie przełamujących grzbiety, by się nieco wyróżnić białymi grzywkami. Czas spokojnie nas omijał. Aż przyjaciel westchnął: „Szkoda. Pojutrze muszę wracać". „Wiesz co" – powiedziałem – „Zanim się znowu „rozlecimy", chcę cię zapytać o twoje początki w Londynie. Dawno już chciałem, fascynują mnie wszelkie początki: książek, sztuk, małżeństw, rozwodów, nowych losów – a już szczególnie – dokonań. Dolatywały mnie strzępy o twoich sukcesach, o wzorowym przedsiębiorstwie. Opowiesz?".

Moja prośba sprawiła mu przyjemność: „Nie opowiadam o sobie, ale skoro ciebie to tak interesuje.... Tylko proszę – możesz to opowiadać dalej, możesz nawet wydrukować, ale bez mego nazwiska. Bardzo cię proszę".

„Naturalnie!" Zgodziłem się. I oto opowiadanie Komandora X:

– Muszę zacząć od przypomnienia „George'a", Szymona Zymelmana. Pamiętasz go?

– Ależ tak!

–Zymelman był Żydem i całym sercem Polakiem. Poza tym miał niezwykle podejście do swego kupiectwa, służyło mu do specjalnego celu. Uważał, że Polska bez względu na to, co się z nią chwilowo dzieje, musi utrzymywać nowy, wypracowany – zalążek choćby – prywatnego handlu zagranicznego. Na Zachodzie. To była jego maksyma patrioty i jego praktyka. Zdobył sobie wiele szacunku. A ja? Znalazłem się jak większość z nas w Londynie. Wtedy był to tylko z nazwy „suchy ląd", bo w rzekach jego ulic wielu tonęło. Miałem wtedy energię, inicjatywę, szybko przeszedłem do ataku. Założyłem przedsiębiorstwo dostarczające małe tace z jedzeniem w kartonikach dla statków przybrzeżnych, małych linii lotniczych, jachtów itp. Dania były małe, przedsiębiorstwo małe, kapitał zakładowy mały. Wkrótce stałem u progu małej, ale kompletnej katastrofy – na granicy bankructwa. Po namyśle poszedłem do bardzo mi przyjaznego Polaka-Żyda, już wtedy niemłodego businessmana, domyślasz się do kogo, i powiedziałem wprost: „Panie Zymelman, jestem w trudnościach". Na to on podniósł głowę znad faktur i zapytał: „No cóż, panie X. Jak ja panu mogę pomóc?". „Potrzebuję pożyczki". „Ile pan potrzebuje?". „Tysiąc funtów". Wtedy to była suma! Pan Zymelman znał mnie już nieźle, od niego kupowałem wszystko dla mojej firmy, czasami rozmawialiśmy o moich interesach, pomysłach. Teraz spojrzał na mnie uważnie. Skinął głowa i rzekł: „Przedstawię pana mojemu bankierowi". Następnego dnia poszliśmy do jego znajomego menadżera banku.

Usiadłem na skórzanej ławie pod ścianą, w hallu. On zamknął za sobą drzwi gabinetu osoby dla mnie w tamtej chwili najważniejszej w świecie. Pamiętam, że nieustająco nakręcałem mój automatyczny zegarek. Aż pan Zymelman pojawił się w drzwiach. Zostawił je otwarte i szedł ku mnie. Nic z wyrazu jego twarzy nie mogłem wywnioskować. Spokojnie powiedział: „Niech pan wejdzie. Przedstawi mu pan swoją sprawę. Na pewno znajdzie się jakieś wyjście". I puścił mnie przodem. Weszliśmy obaj. Zza biurka podniósł się człowiek wyższy ode mnie, silnej budowy, o wyblakłej twarzy i szczupaczej dolnej szczęce. Wlepił we mnie oczy matowe ni to obojętnie, ni to wiercące i przywitał mnie uśmiechem kruka, któremu przedstawiono chodzącego jeszcze nieboszczyka. Pan Zymelman pożegnał nas. Zostaliśmy sami. Poczułem się jak w złym śnie. Tysiąc funtów stawało się coraz wyższą górą, a ja u jej stóp coraz mniejszym człowiekiem. Mister White bez wstępów zaczął rozmowę. Chłodno. A ja martwiałem z minuty na minutę, jak sztubak o talentach poetyckich na maturalnym egzaminie z fizyki i chemii. On wypytywał mnie o najmniejsze szczegóły tego, co robię, jak i jak długo, o moje sukcesy, o niepowodzenia, o alternatywne pomysły i o ... nadzieje. Widziałem, że oceniał moje walory kupieckie i osobiste: charakter, przedsiębiorczość, wytrwałość, zawziętość, gdy walą się trudności, roztropność i zwykłą odwagę. Wreszcie zapytał o konkretne plany użycia pożyczki. Omawialiśmy je. Mój nastrój się zmienił. Byłem zmordowany, ale świtała mi nadzieja – natychmiast tłumiona. I byłem głęboko zadowolony, że miałem sposobność rozmawiać z takim facetem. Mówiłem łatwo, rodziły mi się nowe sformułowania, niespodziewane pomysły. Wszystko miało sens z prawdziwego zdarzenia. Ale kiedy mnie zapytał o wysokość pożyczki – zachłysnąłem się. Tysiąc funtów! Zatykała mnie ta suma. Zobaczyłem przed sobą wesołą twarz znajomej, która za tysiąc dwieście funtów kupiła niezły domek. Tysiąc funtów z banku! Toteż, gdy, nie mając wyboru, wypaliłem te słowa, skazując się na nicość – on z lekka cofnął się w fotelu. Milczał i tym bardziej patrzył na mnie jak kruk: czekał, aż mi oczy uciekną w głąb czaszki.

Wreszcie rzekł: „Panie X., nie, nie mogę panu dać tysiąca funtów, ale... ". Wstałem. Mniejsza suma to dłuższa agonia. Nie. Ukłoniłem się, na razie, jak to zazwyczaj w ciężkim wypadku, nie czując bólu uderzenia. Właściwie nie zawiedziony! Banki! Co my wiedzieliśmy o bankach? Błyskawicznie przemknęło mi przez głowę to, co Mark Twain o nich powiedział: „Bankier to człowiek, który pożycza ci parasol, gdy słońce świeci, ale zabiera natychmiast, gdy deszcz zaczyna padać".

On nie wstał na pożegnanie. Poczułem wstyd, niesmak, gniew. Na siebie, na niego, na Zymelmana. A tu Mr. White prosi, bym znowu usiadł. Czego chciał? Usprawiedliwić się? Wytoczyć krucze powody? Jego zapraszający gest trwał. Usiadłem. A on zaczął mi wcierać sól w ranę. „Niech pan daruje, tysiąc funtów panu nic pomoże. Niezbyt umiejętnie pan kalkulował koszta zmian". Na szczęście przerwał, westchnął. I gdy pochyliłem się nieco, by wstać, dodał: „Ja panu otwieram kredyt na dziesięć tysięcy funtów. Sądzę, że... ". Już nie słyszałem, co dalej mówił! Dziesięć tysięcy funtów!!!

W tym miejscu Komandor przerwał opowiadanie. Uśmiechnął się: „Wyobraź sobie, że oniemiałem". I ciągnął – „Od tamtej pory miałem wolną rękę. Po niewielu miesiącach utarło się, że jak równy z równymi, jak ważny businessman, spotykałem się z panem Zymelmanem i z menadżerem już „naszego" banku na kolację. Co miesiąc. Do śmierci pana Zymelmana – „George'a", we trójkę, potem we dwóch. Po kilku latach przyszedł dzień, w którym te dziesięć tysięcy spłaciłem. I tego wieczora spotkałem się z Mr. Whitem na tradycyjną kolację. Wspomnieliśmy „George'a", gawędziliśmy, wyraził mi swoje uznanie. Z przyjemnością, patrzyłem, jak przy tym poruszał swoją dużą szczęką, już dla mnie nie drapieżną.

A przy koniaku spojrzał na mnie tym swoim tępym, uważnym wzrokiem, już zza okularów i rzekł: „Well, some more about George.... Well, teraz mogę ci powiedzieć.... To nie moje dobre serce.... To George ocenił twoje zdolności i okazał chęć pomożenia ci. Powiedział mi, że gwarantuje kredyt dla ciebie, cokolwiek się stanie. To był jego sekret".

Podziękowałem panu White serdecznie. Wyjawił mi, że przez wszystkie moje, trudne jednak lata, miałem przy sobie przyjaciela – niezwykłego. I dodał niespodziewanie, nieco agresywnie: „W Londynie pan Zymelman został doceniony. Za jego pracę, a głównie za jego postawę. SZANOWANO, LUBIANO GO i do końca życia cieszył się, że żył wśród ludzi bardzo mu życzliwych".

✠✠✠✠✠✠✠✠✠✠✠✠✠✠✠✠✠✠✠✠✠✠✠✠✠✠✠✠✠✠✠✠✠✠✠✠✠✠

# Sycylijskie wieczory

### Armata

Nareszcie u mego przyjaciela... – Od dawna nie siedziałem na jego bajecznym sycylijskim balkonie, unoszącym
nas, jakby w koszu balonu, w szybkie zmierzchy dni nad
morzem świateł zatoki Morza Śródziemnego.... Powiedział:
– Nie widziałem cię od wieków. Szkoda. Lubię twe opowiadania, a mało już zostało nam czasu. Ale, ale! Co tam,
niedawno, na tej twojej małej wyspie tak hałasowało? Raczej przesadnie.

Odpowiedziałem: – A, „przesadnie!". Chętnie zorientuję
cię, co tkwi w tym „hałasowaniu". Ja ten casus opisałem.
Pozwolisz, że przeczytam?

Odparł: – Wolę cię słuchać, gdy opowiadasz, lecz proszę.

Zacząłem od uwagi: – Jak wiesz, ja tak dawno u ciebie
nie rozkoszowałem się widokami i winem, bo tam budowałem swój dom!

– Przepraszam cię! – niemal zawołał – Wiem, wiem i
nie pamiętam, to starość, wybacz. Zaraz przyniosę wino.
Jakże mogłem. Czerwone Corvo – uśmiechnąłem się za
nim. Ze szklanicą przede mną zacząłem „mój wieczór": Ta
niebywałość nosi tytuł „Armata". I oto ona:

Stoję na moim dachu. Na moim! Odpoczywam. Od
dawna zawzięcie budowałem ten Dom-zamek! Bo znowu
„takie czasy", Na razie przede mną nic. Teren leci sobie w
dół, aż tam daleko wznosi się i ponad nim otwarta niczyja

593

przestrzeń.... Dobrze mi na moim dachu. Ale przecie tu dostęp dla wrogów łatwy! Ależ ich nie ma. No, to co? To będą. Wtem uderza mnie korzystny fakt: właśnie sąsiadka, czysta, schludna, wylewa przez rurę odpływową ze swego domu wody z łazienki, kuchni, pralki, podłóg. Te wody leją się z jej rury na mój chodnik! Bo niżej. Na ten widok genialny błysk! Chwytam łopatę, kopię rów dokoła całego Domu-zamku. Buduję fosę! Wpuszczam jej wodę. Świetna woda, tak brudna, że nie widać jak głęboka. Nie przejdą! Teraz czuję się bez mała uspokojony.

O! Już są! Oni! Ci sami. Są naprzeciwko! Uśmiechają się. Kłaniają się. Ulotkami obiecują wszystkim pomoc! Wolność! Oni – nam? I budują niby ...dom. A to forteca! Już wieże, wieżyczki dla strzelców wyborowych, no, pewnie, widać jak na dłoni. A natomiast to, co tam się kryje, to ogromna armata, takich armat jeszcze nikt nie widział. Najnowsza. Trójatomowa z dopalaniem. I skierowana na mój zamek. Na mnie wypróbują tę ultra super armatę, model Atomsk-Zwiei. Tą armatą zmuszą wyspę do poddania się. Atak lada chwila. Przez mój nowy mostek na fosie przechodzi znajomy. Mówię – patrz! On spogląda przez lornetkę w dziurę lufy i mówi: A tam! Co tam! Ja mówię: A ja ci mówię! Przez mój mostek przychodzi więcej znajomych, patrzą, mówią: A tam, co tam! Wtem dostrzegam, że tam armatę ładują, celują, za cyngiel ją ciągną! Armata robi huk! Straszny! Co za huk! Ale nam się nic nie dzieje, tylko zęby kołaczą. Jesteśmy zdziwieni. Rozwiewa się dym. Jasne! Cały tyłek armaty wybuchł. Urwał się i zabił obsługę. Speców. I to jakich. Do joty. Właściciele stoją bezradni. Zmartwieni. Nie mają pieniędzy na drugą armatę. Poprawioną, Atomsk-Drei. Z lufą Kruppa. Patrzą na nas smutni. Moi znajomi mówią: Trzeba zrobić na nich zbiórkę. Tam lada dzień zima, bieda, głód. Małe dzieci. I do mnie: Wal na pocztę, poślij im depeszę kondolencyjną i wieniec do wrzucenia do morza koło domu. Mówię do żony: Idę! Wyślę depeszę gratulacyjną i żywe kwiaty! Tobie i sobie. Nam!

Idę!

A tam wszyscy znajomi mówili: A cóż to za brak nawet szczypty ludzkiego współczucia i zrozumienia międzynarodowych wysiłków, żeby zakończyć.... Więc schroniłem się na twój balkon.

A ja dziękuję ci za jeszcze jedno szkiełko z mozaiki znanej mi pod tytułem: „Siedzę na progu". Albo „...na dachu". Nie zawiodłem się.

Tylko tyle! A co myślisz o tym, żebym to „szkiełko" zadedykował pewnemu panu prezydentowi? Spokojnie mi odparł: Wybacz. Ja na takie tematy od pewnego czasu nie medytuję.

Nie wybaczyłem. Wypiłem mu całe Corvo.

Karmienie stworzeń

Zdarzyło się pewnego dnia, że Synowie Boży
Przybyli i stanęli przed obliczem Pana.
A był wśród nich szatan.
I zapytał Pan szatana:
„Skąd przybywasz?".
Szatan, odpowiadając Panu, rzekł:
„Krążyłem po Ziemi i wędrowałem po Niej
Ale naga jest".
Rzekł Pan do szatana:
„Miałem to w rozmyślaniu swoim
Od wieków. I nakryję Ziemię
Przelicznymi stworzeniami.
Od roślin podwodnych
i od tych co w wodach pod wodami krążą.
Do naziemnych. Do wszelkich wytworów Naszej Woli
I potrzeby Ziemi.
Na Niej, w Jej łonie i w Jej powietrzu.
Ale nie zwróciłem Swej Myśli jeszcze do pytania
Jak je, nieprzeliczone wszelkie masy,
A jakże ludzi ogromne liczby
Wyżywić...

Nim Pan zakończył był zdanie,
Ozwał się szatan: „To proste. Panie,
Niech się zjadają nawzajem!".
Pocieszenie:
„i tak pozostało na wieczystą chwilę w Pańskim
Planie ewolucji...

***

## Dwaj w podróży

Szli dwaj w błocie z kurzu i krwi. Spotkali się. Jeden smutny, drugi radosny. Zapytał radosny: A czemu tyś taki obwi-
sły? Ach, mój drogi, zgrzeszyłem. Nazwałem sąsiada wrogiem i zabiłem. Idę do piekła. A czemu ty jesteś taki wesoły? Ja? Ha, ha! Ja sąsiada nazwałem wrogiem i zabiłem!
Idę do nieba! I w milczeniu ruszyli do Rozstajnych Dróg.

# „Tancerka" i jej nadzwyczajny brat

Malta! Już maj. Przyleciałem tu, „do siebie", w nocy. Rano poszedłem na szczyt wewnętrznych schodów, otworzyłem drzwi na dach i – radość nie zawiodła! Radość obiecywana sobie, nareszcie obecna. Z lewej – wrażenie wielkiej przestrzeni, od różnorodnej zieleni doliny spływającej półkami do morza, przez morze do dalekiej, maleńkiej wyspy-skałki, śmiesznej nazwy – „Fifla", gdzie mieszkają tylko ptaki pośród pocisków-niewypałów z dawnych ćwiczeń artylerii Anglii. Powietrze od morza tak przejrzyste, że nieobecne dla oczu, bo Libia śpi, jej wiatry śpią, jej piaski, pyły, kurze przywarły do ziemi, oczekują dnia, w którym się podniosą, ruszą, by zanieść na maltański złotawy kamień kopuły kościoła Matki Boskiej w Mġarr (Mdżarr) osad różowy, z czasem ciemniejący w rdzawy rumieniec. Dobrze, że dziś Libia śpi. Przed nią morze rozperlone, wieczorem rozzłości się, rozczerwieni, spurpurowieje. Patrzę, wzdycham, cieszę się, idę do siatki na krańcu dachu, żeby tym bardziej zbliżyć się do otwartej przestrzeni. Wtem kątem prawego oka chwytam szybki ruch, skok, bieg czegoś niewielkiego. Odwracam się piruetem, widzę w otwartych drzwiach podniesiony ogon koci i zadek, to kocię pomknęło w dół schodów, do mieszkania.... Po co?... Ależ do kuchni! Ściągnąć coś. To ona! To „tancerka"! To o niej dowiedziałem się w telefonicznych rozmowach od wnuczek, które tydzień temu odleciały z rodzicami do Londynu, to ta mała kotka, taka zabawna, trochę w niej złodziejaszka, a trochę figlarki, ma dopiero parę miesięcy, jeszcze nieco dzika, ale zuchwała, nie chce głaskania, wymyka się wyciągniętym dłoniom,

597

potrafi złapać ze stołu, co się jej w pośpiechu spodoba i w podskokach uciec. Dziewczynki nazwały ją „tancerką". Oglądam się na jej brata, on jest zupełnie innego kroju. Poważny kawaler, siedzi dość daleko ode mnie, patrzy mi w oczy. Chyba pewny, że jeśli ona coś przyniesie, to się podzieli. Co ona tam kombinuje? Zdejmuję pantofle, na bosaka ciszej niż kot schodzę ze schodów, już jestem w pokoju, gdy ona wypryskuje z kuchni, trzyma w pyszczku ćwierć kilograma sera Cheddar, który po szybkim śniadaniu zostawiłem na lodówce. Kawałek większy niż jej głowa. W zgrabnych podskokach mija mnie, wpada na schody, znika, ale ser wypadł jej na pierwszym zakręcie. Podniosłem, w kuchni pokroiłem i w misce kociej zaniosłem im na dach. W drugiej misce trochę mleka. Jeszcze są, choć dziś pewnie bardziej spłoszone, bo jestem obcy, ona już na poręczy siatki okalającej krawędzie dachu, dawną zastawę dla zabezpieczenia dzieci Dominika, gotowa zeskoczyć na ogrodowy mur, uciec. A to mały rudzielec! Jej czarno-biały brat wisiał zaczepiony czterema łapkami już po drugiej stronie siatki, pokazując biały brzuszek, i on gotów do ewakuacji. Ale patrzył na mnie uważnie, poważnie, spokojnie. Postawiłem miski, zniknłem z ich oczu za załomem ściany, gdzie stało trzcinowe krzesło. Wyglądałem. One po małym wahaniu wróciły do misek, zajadały ser, napiły się mleka. Już bez oznak niepokoju.

Od tego serowego zawarcia znajomości prowadziliśmy normalny tryb życia. One dostawały jedzenie pomiędzy dziesiątą a jedenastą rano. Ta dwójka kochała się, jadała razem, zanurzając pyszczki w smakowitości, na przykład sardynki ugniecione w owsiance z oliwą i kawałki sera, a to miąższ chleba namoczony w mleku i coś tam z mięsa. Ja kładłem się w drugim końcu dachu i opalałem plecy. Czytałem jedną z dobrych gazet maltańskich, po angielsku.

W tydzień chyba potem – wydarzyło się. Leżąc na brzuchu, gazetę trzymałem szeroko rozpostartą, łokcie na ręczniku, dłońmi podpierałem jej brzegi, czytałem tekst umieszczony w połowie stronicy. Artykuł tak interesujący, że zapomniałem podglądać, czy się kotuszki dalej cywilizują. One już okazywały wyczucie upływu dni od dobrych do lepszych dań, ocenę smaczniejszych jadełek, co się przejawiało przerwami w jedzeniu i oblizywaniu się przed dalszym ciągiem. Po zakończeniu oblizywano się tym zamaszyściej, dłużej, także i łapki oraz wycierano sobie wąsy. Nawet lizano sobie piersi. Zaspokojenie. Poczucie, że się jest w domu. Dziś, że to niedzielny poranek znów dostały większą i lepszą porcję, ku chwale dnia. Żeby i koty wiedziały, że to Dzień Szczególny. One sobie tam jadły, główka przy główce, bez pośpiechu, a tu moja płachta gazety pochylona do płyty dachu pod kątem 45 stopni, nos skierowany do jej środka. To proszę zauważyć, bo.... Ni z tego, ni z owego ... górna krawędź gazety pochyliła się i dziwnie, coraz dziwniej, przechylała w dół ... ode mnie ... stopniowo. Stopniowo też podnosiłem głowę. Stopniowo coraz mnie dowierzałem oczom. Brzeg gazety odchylała czarna łapka w białej skarpetce, a nad nią, wpół widoczna ponad skrajem papieru głowa kotka i jego intensywnie wpatrzone we mnie oczy ... dwoje ciemno zielonych oczu, jedno współbrązowe.... Patrzyliśmy sobie oczy w oczy, bo tak zwane „oko w oko" wymaga chyba większej odległości. On odsłonił sobie moją gazetę, żeby na mnie spojrzeć z bliska! ...patrzył, wpatrywał się, a ja? ...także.... Patrzyliśmy na siebie, obaj zdumieni sobą ... dłuższą chwilę ... jak długą? Aż uśmiechnąłem się do niego, aż on łapkę cofnął. Gazeta podniosła krawędź i zasłoniła go całkiem. Kiedy opuściłem ją i zobaczyłem go znowu, on „miarowym krokiem" odchodził ku swojej siostrze. Przyszedł do mnie z odległości siedmiu metrów. Potem zmierzyłem. Nie wróciłem do artykułu, artykuł stracił pieprz, sól, przestał być kością w gardle – obserwowałem tę dwójkę: ona polizywała wnętrze miski, on siadł koło niej, opanowany, jakby nic nie przeżył, jakby nic nie miał jej do opowiedzenia. Czy różnica intelektów? Czy tylko naturalna kwestia bra-

ku środków? A może zupełnie inaczej przekazują sobie?....
Czekał na nią. Po wielu jej oblizywaniach się oboje odeszli,
położyli się w cieniu zbiornika wody i tam zasnęli. Ja zamiast czytać, co ludzie robią ludziom, rozważałem, co mnie
spotkało od kota. Kot ciekawy człowieka! Coś tak kapitalnego, zagadkowego, przejaw nieznanej inteligencji. Kocia
ciekawość człowieka! Niebywałe. Co najmniej niebywałe.

Od tamtej pory byliśmy tym życzliwsi sobie, zbliżeni
poprzez wzajemne zainteresowanie, a w tym lekkie, niepewne spodziewanie innych zaskoczeń. To z mej strony.
A poza tym – ot, człek i kot. Jedzonka. I żadnych piesz-
czot. Ona nie życzyła sobie. On za poważny na takie-tam.
Wkrótce wyjechałem. A potem nie widzieliśmy się więcej.
Może wyjechałem za wcześnie?

# Kotka

Po przeciwnej stronie kawałka miłej ziemi „murek". W cudzysłowie, bo nie z cegieł i wapna, ale ułożony z kamieni przedawną umiejętnością chłopską. Powierzchnia tej kamiennej miedzy szerokości dużego kamienia — na sześć kocich łapek. Za nią pólko opada łagodnie, daleko, do dna doliny szerokiej, żyznej. Potem ziemia dolin wznosi się gwałtownie i staje się rzędem wzgórz. Tam wiele krzewów, tam mieszkają i mnożą się rodziny ptasie. Czasem odwiedzają nas po tej stronie murku.

Po murkowej ścieżce kociej idzie stara kotka. Znajoma. Dziś stąpa powoli, smutna, zmęczona, może zadumana o kociej młodości. Tak sobie stawia smukłe nóżki ze dwadzieścia metrów przede mną. A z mego podniesienia w krześle na progu domku widzę, że z dalekiego pola od wzgórz zbliża się szybkim, falistym lotem ptaszek. I musi przeciąć drogę kotki na murku. Leci tak nisko, czyż jej nie widzi? Nagle się wznosi, przelatuje niemal przed jej łebkiem — drobny ułamek sekundy! Ona jak rakietę, jak cowboy rewolwer, wystrzela doń łapkę! Ale nieco zbyt odległy ptaszek przeniósł się na moją stronę i nieświadomy strzału jej pazurków frunął w zacisze drzewka oliwki. Zdumiała mnie jej szybkość. W jej wieku! Reakcja wbudowana w „system"?

Pogoda wypełniona światłem, ciepłem, lekkim poruszaniem się powietrza.

# Zepsuła się klamka

Przypadek sprawił, że pomyślałem o prostym tytule SIE-DZĘ NA PROGU, gdy w jasny poranek wczesnej wiosny na Malcie siedziałem przed moim domkiem i – chlusnął deszcz! Nagle, krótko. Spłoszył mnie, cofnąłem się nieco, ustawiłem krzesło wewnątrz korytarzyka i siadłem prawie na progu. Wyżej. Odmieniły się moje widoki. Teraz patrzyłem ponad biało-żółte korony rumianków, za nimi stały osty, wysokie, srebrzyste z karmazynowymi czubkami. A dalej, na zielonych nóżkach, w rytmie poruszeń ciepłego powietrza chwiała się gęstwa dzikich maków. Zajęte wyłącznie sobą, mrugały do siebie, namiętnie rozchylały swoją czerwień, ukazywały ciemne dna kielichów, płatkami delikatnymi jak kochane dłonie tuliły się do siebie. Poza nimi zielona trawa opadała do kamiennego murku, a przezeń pochylały się, aż do ziemi dwa boleśnie pokręcone drzewka oliwne o biblijnej sławie.

***

Na kwiatach pracowały pszczoły. I motyle. Jakże motyle latają! Jak się wznoszą, zmieniają kierunki, co za ześlizgi na kwiaty. Wiele owadów to mistrzowie powietrza. Zobaczyłem lecącą ku mnie pszczołę ... jak pocisk! Już by siadła była na bliskim mnie kwiecie, gdy raptem zmieniona w bezwładną kulkę upadła na mój wąski chodnik. Leżała na plecach, nóżki pokulone, nieżywa. Jakże to? I pszczoły miewają ataki serc? Pszczoły? No, no. Ano, trudno. Trzeba czytać dalej. „Liryki o Przyrodzie". Wtem, w dobre pół godziny później, nieboszczka zerwała się na równe skrzydła, na lekki wiatr, w zapachy kwiatów, po miód! I tylem ją widział. Spadła jak po deszczu kropla wody z liścia. Kilka lat temu ja nagle upadłem na skałki przybrzeżne z wysokości około czterech metrów, wobec tego jedno się we mnie złamało i pękło drugie. Ona upadła, w proporcji do jej rozmiarów, z czterdziestu metrów, czy iluś tam i nic! A przecie oboje przeżyliśmy podobne zaburzenia ważnych systemów. Zebrała się i pędem poleciała. A ja? Usiadłem na szpitalnym krześle. Inny stosunek masy do wysokości.

\*\*\*

Mój domek jest już obudowany nowymi domami z przodu. Teraz z tamtego progu mogę zobaczyć, jak naprzeciwko samochody wpuszczają się w podziemne garaże, lub z nich, jak jaszczury wychylają się ku mnie, charkoczą groźnie i kpiąc, puszczają mi w nos cuchnący dym.... Jak z rozklekotanym hałasem pędzą ciężarówy, niemal ocierając się o moje kolana i tylnymi kołami wyrzucają żółty, gęsty pył. A teraz, tym razem z boku, ryczą motory brudnych, czerwonych cielsk na gąsienicach, znowu domek drży od hurkotania gardzieli wygarniaczy gruzów i od ciosów potężnych mechanicznych kilofów rwących tam, w skale, miejsca na garaże. Wstrząsają ścianą domku, murem ogródka. Mną. Już nie siaduję na progu. Co w ostatnich miesiącach, tygodniach zobaczyłem, musi mi wystarczyć. Kilka drobiazgów zanotowałem.

I – siedzę na progu....

# Pszczółka, ja, moi przyjaciele

Wiosennego dnia na Malcie notowałem w „Siedząc na progu", że z pól leciała ku mnie pszczółka i, gdy mijała mnie tuż-tuż, spadła z powietrza, jakby z wielu pięter – bęc na chodnik, koło mej stopy. Upadła na plecki, nóżki na brzuszku splotła, jakby je na zawsze złożyła. Patrzyłem na nią zdumiony, primo, że tak sobie z powietrza spadła, a secundo, że się nie rozsypała; porównując jej osobę z wysokością spadku oceniałem wytrzymałość jej budowy, tym łatwiej, że przed niewielu miesiącami i ja nagle, bez znanej przyczyny, spadłem z nadmorskiego chodnika na głazy nadbrzeżne, ledwie z wysokości może pięciu, sześciu metrów i połamało się we mnie kilka kości. Co prawda też nie rozsypałem się, skóra nie puściła. Większa różnica naszych możliwości objawiła się wtedy, po połowie godziny, gdy ona nagle zerwała się, „na skrzydła, na wiatr, w ciepłe powietrze, po miód!", i wnet znikła mi z oczu. Zupełnie zdrowa. Ja? Nie poderwałem się do lotu „w ciepłych powiewach". Do maltańskiego szpitala. Na trzy miesiące, jak to ocenił polski chirurg. Lecz po trzech miesiącach, co do dnia, zerwałem się z krzesła na spacer – jak tamta pszczółka, koleżanka z byłej sytuacji. Ale teraz to, co powiem, to nie żarty: to kwestia. Ja upadłem „bez dania racji", jak mówili w Józefinie, czyli bez „namacalnego" powodu, na chwilę straciłem przytomność. Od tamtej pory lata minęły i jestem tak samo zdrów jak przed upadkiem. A pszczółka? Upadła, nagle nieprzytomna, z jakiego powodu? Odpoczęła i w pełni sił zapuściła silnik. Pewien jestem, że zdrowo latała do końca należnych jej dni. Nieco później mój przyjaciel dołączył do kompanii „pszczółka i ja". Dwa-trzy lata temu, gdy gotów do spaceru z żoną, w dobrym humorze, raptem becnął nieprzytomny na twarz, nabił sobie sińców, przez dwa tygodnie je pieścił, lecz prócz tego żadnych objawów zaburzeń nie doznawał. Od lat. Jak i ja. Więc dlaczego w kwestii małego sińca pana prezydenta G. W. B. pisywano o podduszeniu Go przy pomocy niemieckich precli? To już nie czasy rasowego KGB. Prasa wodzi nas za nosy od rzeczy. Po co te precle. Nagle upadł, nabił sobie guza, ale przecie zdrów jak ryba? Jak pszczółka, ja i Edward. A przed kilku dniami niemal dołączył do nas trojga Aleksander. Jak stał, tak siadł, zupełnie bez sił. A po godzinie pojechał samochodem do domu. Niechże się medycy wezmą do naszych tajemnic, bo w tej bajce, a nie baśni, kpinek nie ma. Wiwat nasze Nieuszkodzone Zdrowia, Panie Prezydencie! (Wybory).

# Ataki ptaków na Maltę

Ataki nie ustają! Doprawdy, wytrzymałość ludzi tutejszych, Mdżaryjczyków, a szczególnie tych dzielnych obrońców doliny pomiędzy Mdżarr i wzgórzami Koncesjoni, jest podziwu godna. Przedwczoraj atak ptaków był straszliwy! Świadczyła o tym kanonada obrońców. Mianowicie, najgroźniejsze małe i najmniejsze ptaszki rzucały się przed i na ludzi zaciekle, przed same ich oczy, biły tych i owych, tu i tam niemal namacalnym lotem, śpiewały i ćwierkały nieostrożnym w uszy, czepiały się ich dolnych warg, podkreślając w ten sposób, że nieustępliwie pragną wedrzeć się do maltańskich garnków i piecyków.

Dzielny lud Malty, zaopatrzony w wielostrzelne bronie, oparł się nalotom, choć trwały całe długie popołudnie. Słyszy się, że wobec tak groźnych znaków przyszłości fabryki Kroops i Msida zakładają nowe fabryki defensywnej broni śrutowo-maszynowej. Broń ta, wielolufowa, już rychło strzelać będzie śruto-mgłą i zapobiegnie zgubnemu dla światowej ekologii rozmnażaniu się ptactwa, żaden bowiem gatunek, rodzaj czy jego odnoga, tego nie przeleci. Entuzjastyczne poparcie dają Włochy, Sycylia, Francja. Hiszpania, i jakoby – Portugalia, Wszystkie te zagrożone kraje szukają kredytów w USA.

Miejmy nadzieję. Malta poprowadzi Europę, a tym samym cały inteligentny świat, przeciw ptakom, bez względu na ich rozmiary i trudy ich dzielnych strzelców.

P.S. Istnieje poważna obawa, że ptaki powiążą się w alianse z motylami i pszczołami, a wówczas.... Nie, nie wystarczy drżeć... !

# Zdumiewająca Opowieść z Ogrodów Busket na Malcie

Ataki ptaków na Maltę dziś, dn. 29. 10. 1989 roku Pańskiego, nie ustają! Doprawdy wytrzymałość ludzi tutejszych, a już niebywała obywateli w mieście Mgarr – na zboczach łagodnie spływających ku dolinie pomiędzy nim a wzgórzami Koncessioni jest podziwu godna. Przedwczorajszy atak okazał się straszliwy – świadczyła o tym kanonada OBROŃCÓW, kanonada, od której drgała i niebezpiecznie się chwiała kopuła kościoła w mieście Mgarr. Psy, czując grozę położenia ludności, naprzemian szczekały i wyły, nie mogąc się zdecydować, co lepiej określi Światu położenie Kraju około godziny trzynastej.... Najgroźniejsze małe i najmniejsze ptaki rzucały się na ludzi zaciekle, latały im przed oczyma to daleko to blisko, mamiły wyglądem, lotem, zuchwałym ćwierkaniem, a nawet, podobno, śpiewem! I jakoby usiłowały dać do zrozumienia, że nieustępliwie pragną wpadać do garnków, na gorące patelnie lub wprost do piecyków! A nawet – te najmniejsze – groziły samoopieczeniem się na słońcu i samowpychaniem się do ust dorosłych i dzieci poniżej wieku strzelania z dubeltówki ojca. Straszna sytuacja.... Lecz dzielny lud mgarrski, zaopatrzony w wielostrzelne bronie brukselskie oparł się nalotom, choć trwały falami i pojedynkami przez długie popołudnie. Aż w desperacji zamknięto drzwi do wszystkich kuchni.

Słyszę, że Belgia, ratując Maltę, szybko rozpoczyna produkcję trójlufek śrutowych o pocisku pikającym ołowiem i woda sodową, czyniącym „ścianę podmuchu". Żaden ptak jej nie ujdzie! Niech się żadne ptaki przelotne nie łudzą. Podobne wytwórnie nowych anty-ludzkich i przeciwptasich wynalazków zakładają w sławetnej z wojen ptasich miejscowości Busket – fabryki; Krops, Volksov i Stalinov, z kapitałem milionów Markoliri. Poparcia dla tej inicjatywy przeciw zgubnym dla światowej Ekologii mnożeniom się ptaków na obu Półkulach, udzielają najwydatniej Francja, zawsze na czele ruchów intelektualistów, Włochy i Sycylia, Hiszpania i nawet nieco Portugalia. Na razie wszyscy poszukują kredytów w USA. Miejmy nadzieję, że to w końcu Malta poprowadzi Europę i cały świat przeciw ptakom, bez względu na ich rozmiary, bez względu na trudy ponoszone przez dzielnych strzelców i łowców tych ptasich przestępców, którym udało się wkraść się do klatek, oraz wysiłki Związków Taksydermistów, tych nieocenionych Historyków Istnienia Ptaków na Ziemi w Okresie Przed Prochowym. Aż do końca okresu Łuku i Strzały.

Do czynu! Bez zwłoki! Istnieje bowiem obawa, że ptaki podstępnie powiążą się w alianse z motylami i pszczołami! A wtedy – drżyjmy! Ale „czy potrafimy zdobyć się na Dreszcze Ocalenia" – zapytuje znany i poważany minister Ekologii ONZ. I dodaje: „Once Paradise is Lost – you can't hire it." Co wykłada się okropnie: „Raz straconego Raju – nie można wynająć"!!!

## Maltański bój przeciw ptakom

W grudniu to było, w chłodnym wietrze siedziałem wysoko nad morzem, na południowym brzegu wyspy o ścianach pionowo spadających ku niekończącym się zwałom morza sunącym, by tam nisko, u skał, wytryskiwać spienionymi fontannami lśniącej bieli, po czym złudnie delikatnie migotać srebrnymi blaszkami, aż następny zwał rzuci swą masę w górę, ku mnie. Usunąłem się tutaj od pięknych pólek obrobionych przykładowo, cierpliwie, pracowicie przez wieśniaków maltańskich, by nie słyszeć Godzinnej, a w niedziele nasilonej strzelaniny do małych ptaków.

Któregoś dnia na spacerze między półkami – z daleka usłyszałem i zobaczyłem trzech chłopców z jedną strzelbą, żywo podawali ją sobie i na zmianę strzelali do ptaków. Gdy ich mijałem, z radością pokazali mi zastrzeloną jaskółkę, pokręciłem głową, odwrócili się obrażeni i dalej palili do kilku innych jaskółek – z pięciostrzałowej belgijskiej śrutówki. (P.S. Belgijski producent tej strzelby myśliwskiej, aż pięciostrzałowej, nie miał na myśli uczciwego myśliwego, ale partacza lub kłusownika.)

Innej niedzieli patrzyłem, jak pod górkę do miasteczka szedł stary człowiek, zmęczony, z kijem w dłoni, by tym kijem mógł wspierać swój gruby tułów, za ciężki dla jego wysłużonych nóg; przez plecy przerzuconą miał strzelbę, u pasa zwisały mu zabite małe ptaszki. Czyż ... Nie, tamtemu staremu człowiekowi żywość ptaka, jego zachwycająca zdolność latania, powinny były, ale nie były w stanie powstrzymać ręki. Więc tak znaczną przyjemność sprawiała mu umiejętność zastrzelenia kilku drobiazgów ptasich? Czyż go to „odmładzało"? Upewniało, że jeszcze miał rękę i oko zdolne trafiać? Tamci chłopcy nie dorośli do pojęcia, w czym piękno życia mieszka, że sam lot, że zwinność w powietrzu jest cudem natury i tego cudu nie wolno niszczyć dla bezsensownej, okrutnej przyjemności.

Tej niedzieli, w stolicy, ma być zawierany „narodowy" pokój między walczącymi z sobą, już krwawo, grupami politycznymi. Dla spokojnej rozrywki pojechałem do małego, ładnego lasku, gdzie ptaki mają szansę przeżycia pod ochroną państwową, pod ochroną obowiązującą przez rok cały. Nagle tam, w lasku pokoju, zagrzmiała palba! Strzelano, jakby odpierano straszliwą inwazję co mniejszych ptaków. Ludzie widocznie nie chcieli pokoju z ptakami, jak nie chcieli go między sobą. Wróciłem tu, na wysoki brzeg morza, patrzyłem na sunące zwały fal. Wiedziałem – pod ich gładką rytmiką, pod ich powierzchnią i do najgłębszego dna, nieustająco, wzajem pożera się wszystko, co żyje. A jednak ... co innego fakty Przyrody, a co innego pragnienie ponad Naturą, przeciw Naturze, w świecie ludzi, którzy już potrafią odróżniać to, co choćby tylko bliskie bieli, od tego, co na pewno nie jaśnieje przecie.

Wtem usiadł przy mnie mały ptak. Zadyszany, drżały mu skrzydła, drżały jego nóżki cienkie, dziobek otwierał się szybko, patrzył na mnie przerażonym okiem. Patrzył. Powiedział: „Uciekłem! Udało mi się! Jakbym pomiędzy śrucinami przeleciał.... Strzelało do mnie kilku ludzi z wielostrzałowych strzelb drobnym, gęstym śrutem.... Jak mi się udało uciec, pojęcia nie mam. Mnie Przyroda każe, to nie moja wina, że ja tędy muszę ... na tę wyspę tak straszną wobec nas.... Ja tędy muszę z Europy na Południe, do obcych krajów.... Ja bardzo niechętnie to robię, ale.... Ja nie jestem w stanie pomijać tego miejsca, to jest mój hotel, ja muszę tutaj przystanąć.... Czy ludzie zawsze do podróżnych strzelają? Ja jestem gościem! Żebym potrafił, to bym im co najpiękniejsze pióra oddał, bo chyba tylko o te pióra im chodzi, o to chcą mnie zabić, poranić. Po co im to, czy to moja wina, że czasem zaśpiewam sobie? Co ja mam zrobić?" „No, tak", powiedziałem, „tutaj od dawna bardzo znani ludzie pracują, nad zmianą tej sytuacji. Książki się pisze, bardzo dobre książki... ". „Kto te książki ceni? Pan – obcokrajowiec. A który z tutejszych strzelców te rzeczy czyta? Ja nie widziałem nikogo z jakąś księgą w dłoniach, ja widziałem tylko ludzi z ogromnymi strzelbami w rękach, z pięciostrzałową bronią, po kilku razem, w zawody! Oni napadają na mnie z zasadzki i palą razem! Co ja mam zrobić? A ja przecież muszę mieć dzieci! Cały mój ród wyginie!".

Westchnąłem. On odleciał nad morze. Słuchałem, czy z brzegu nie padnie dalekosiężny strzał lub najokrutniejszy strzał – ze ścigającej go łodzi. Obiecałem jemu i sobie powtórzyć tę naszą rozmowę.

# Zepsuła się klamka

...,. u drzwi do mego maltańskiego ogródka. Mała klamka, nic takiego. Toni, brat Mariji, mojej dochodzącej, specjalista, zaraz zreperuje. A na razie, od miesiąca, drzwi mogłem otwierać aż do ściany od ogródkowej strony. A tam pogoda urocza, bezwietrzna. W lutym! Jej niezwykły spokój. Przyzwyczaiła mnie do ciszy wśród burzy bouganvillii, hibiskusów, geranium, powojów. Czerwienie gęste, czerwienie przejrzyste, zielenie ciemne, biele, gdzieniegdzie żółte listki przemijania. Wszystko to zwarte i głębokie, i co małe, to wielkie i przede mną i niemal nad głową. Susza – tym bardziej cudownie poić je wodą, wdzięczność, wręcz eko-człeko-logiczna jedność ..., aż do poranka, kiedy, około jedenastej, odwrócony od drzwi sięgałem po suszący się ręcznik i wąchałem kwiatek – za mną raptem do ogródka wskoczył wiaterek-wicherek, powietrzny diablik dobrej pogody, trąbka powietrzna, jeśli kto woli, i szelma zalotnie trącił drzwi pod ścianą, podwiał je do tańca na zawiasach, one radośnie dały się uwieść i z coraz szczęśliwszym impetem, w pół obrocie – ćśśsiam-klap! Zamknęły się. Wiaterek-łobuziak, co zabawił się drzwiami, poleciał drażnić jaskółki po polach – pyły im w oczy podnosić! Drzwi szelmy skromnie w szybkach odbijały moją super przemianę w ogródkowego-karła-głupka, choć bez czerwonej kapuzy na głowie – stoję w mojej studni! Ogródek mały, maltańską modą wysokim murkiem otoczony. Moja drabina, naturalnie, u sąsiadów za murkiem. Od dawna. Nasłuchuję, czy są, czy się u nich coś dzieje.... Nic.

Ich piesek-awanturnik, bokser – szczeniak imieniem Holeiro, nie ujada, synalek malutki niczego nie rozbija, śliczna mamusia nie zaklina ich przeraźliwie, by się obaj uspokoili. Cisza. No, taaak. Słonce. Miło, Bez wyjścia!!! Nie ma się na czym położyć, nie ma co czytać, nie można pisać ani powiedzieć do mikrofonu fachowego artykułu, np.: O nowoczesnych dowodach dlaczego Malta do dziś tkwi w Morzu albo: Prehistoria a karłowate słonie na Malcie. Nic. Cisza. Ale, ale! Przecież! Na dach się wdrapać! Ale jak? Jasne! Za załomem murku stoją drewniane, zmurszałe drzwi ogródkowe, połamane, szyby w nich popękane – ostrożnie! Ale próbować trzeba. I nie tracić humoru! Nie tracić! Za nic nie tracić! Niczego nie tracić! Za nic!... I po tych szczątkach dosapałem się, domanewrowałem do krawędzi płaskiego dachu, wyciągnąłem się nań. No, odetchnąłem. Uff. Gorąco. Rozejrzałem się. Na szczęście moje drzwi frontowe otwarte, można wejść przez miły korytarzyk, drzwi do ogródka otworzyć, teraz może da się kogoś zwabić. Ha, ha, ha! Tralala... O! Z prawej nadjechał do siebie na szybki obiad daleki sąsiad, robotnik budowlany, zawsze miał na głowie chustkę do nosa zawiązaną „w pierożek", taka na budowach moda, wysoki, smagły, chwiałem ku niemu obu ramionami i ręcznikiem, bystro chwycił, że sprawa poważna, nie miał czasu do stracenia, ale porządny chłop, pobiegł. Ja po maltańsku tylko w jeden ząb, ale mamy międzynarodowe migi, on zobaczył drzwi frontowe otwarte. Zrozumiał. Zniknł miz oczu i zaraz się pojawił – w ogródku! No, chwała! On jeszcze poczciwie zajął się pytaniem mnie gestami, czy mi pomóc złazić z dachu, ja gestami dziękowałem, nie, nie, nie trzeba ... gdy wiaterek do ogródka wpadł, zatańczył koło moich niepoczytalnych drzwi i śszszciap – zatrzasnął je. Zastygłem wpół drogi z dachu. On skoczył do drzwi. Odwrócił się do mnie – roześmiany! Wyjął zza pasa dłuto, wetknął je w miejsce klamki, pokręcił, otworzył? Otworzył drzwi! Zeskoczyłem z połamanego okna za murkiem, upadłem, chciałem go uścisnąć, on nie czekał aż się pozbieram, krzyknął „Sacha!" (Cześć!) i już biegł, żeby się ode mnie odczepić i na prędki obiad. No, świetnie. Uwolniony, pomyślałem o nagrodzie, o kwiatku na stole, więc sięgnąłem po piękny okaz hibiskusa, gdy z tyłu drzwi śszsszciap – zatrzasnęły się. Ja – w sytuacji wyjściowej.... Z płomiennym kwiatem w ręku! Ale teraz już hop! Na dach po starych drzwiach ze spękanymi szybami – kwierutały mi się pod stopami, jakbym tam pomiędzy nie wpadł to – no! Wdrapałem się, wodzę sokolim okiem i widzę, że z dalej położonego domku właśnie wyszła mniej znajoma sąsiadka, ta młoda, ta ładna, tylko o zbyt zaokrąglonej buzi, ale o dużych, czarnych, niebezpiecznie smolnych oczach. Ta, co ubiera się przeciw swoim sąsiadkom. Wołam do niej, obejrzała się, słucha, skąd to głos dolatuje ... aż mnie zobaczyła. Więc udaje zdziwioną, że do niej macham, dlaczego, co i po co, ale najwyraźniej zaciekawiona tym moim niezwykłym machaniem. Ruszyła, coraz szybciej, bo coraz natarczywiej macham, żeby nie miała ochoty nic pomyśleć. Z bliska zawołałem: „Proszę, niech pani wejdzie do domu i otworzy drzwi do ogrodu". Moment wahania, czy sąsiedzi zobaczą, bo mają oczy dookoła głowy, ale ryzykantka, bystra, zrozumiała, co jest, odkrzyknęła OK! OK! I już weszła do ogródka, patrzy na mnie w górę, roześmiana i pyta, jak to się stało, ja dziękuję, gdy tuż za nią ... drzwi śszczciap – zamknęły się. Omal nie parsknąłem śmiechem, ona w panice! Sąsiedzi! Na pewno wiedzą, że ona tu! Desdemona złapana na gorącym uczynku!! Więc nic nie parskam, tylko patrzę, Ona odbiera mój wzrok jako drapieżny, przesadnie wystraszona, nieświadomie aktorsko odchylona w tył, wygląda pasjonująco: ogromne, rozżarzone oczy, złe, twarz wydłużona, rysy ostre, usta otwarte do krzyku ... drobne białe zęby – co za portret: „Kobieta i Jej Straszny Los", że też nie mam aparatu! Kątem oka postrzegam – idzie do nas moja dochodząca, Marija, Marija sama energia, sama dobra rada, Marija – niebieskie oczy i ratunek „w porę"! Więc niby radośnie wołam: „Chodź, chodź, ty masz świetne wyczucie, kiedy przyjść, otwórz te drzwi bez klamki". Marija szybko mówi, że jej brat teraz wreszcie to zreperuje, ale o tym zapomniała, gdy weszła do ogródka i zobaczyła znajomkę, och! Witały się, jakby właśnie przyleciały z zagranicy na różnych samolotach i Marija krzykliwym śmiechem zgasiła tamtej świetną chwilę i ona z miejsca opowiadała Maryji, jak się przeraziła, co się tu nie stało, jak się teraz bardzo lęka, że sąsiedzi, ale pewna, że Marija nikomu nie piśnie i już chytrze poglądając na siebie zaśmiewały się, a drzwi na to sobie śćcszciap – klap! Mam je teraz dwie. Raptem naprawdę złe. Dobrze, że na dachu siedzę. Ale widzę, że tam z lewej, idzie do mych drogich sąsiadów pewnie to urzędnik, bo pod krawatem i z teczką, i zaraz mi za rogiem zniknie, więc czym prędzej zawołałem: „Halo! Drogi panie, na pomoc proszę, tu, do nas!". On zobaczył mnie na dachu, och, taki poważny, w okularach, jak można go tak wołać, głową wstrząsnął, jakby parsknął, lecz się zbliża, dobry człowiek, już to czuję i powiadam delikatnie, jakbym pisał urzędowy list do jego Ego: „Drogi panie, drzwi się tutaj mi zamknęły, niech pan będzie tak uprzejmy, wejdzie tam do mego domu i łaskawie drzwi otworzy do ogródka i nareszcie nas uwolni... ". On poważną głową skinął, żwawym krokiem wszedł do domu, ogródkowe drzwi otworzył, tam zobaczył dwie kobity – podejrzanie uśmiechnięte i gdy pyta, o co chodzi to drzwi lekko śszszklap!... Powiedziałem: „No, to teraz sam pan widzi." Już czas na otwarcie drzwi i wejście do jej domu z pakunkami. Już słychać szczekanie. Teraz! I na moją dyrygendę wołamy chórem: „Bunty! Bunty! Chodź, i wybaw z nas rajskiego ogrodu, bo nas tu za wiele!". Ostatnia ofiara z teczką też woła, ale do mnie i pyta: „Bunty? Missis Bunty Samut?". Kiwam głową, potwierdzam. Bunty nas usłyszała, czym prędzej przybiegła, weszła do ogródka, spojrzała na naszą czeredkę i na widok tego pana z teczką powiedziała: „Cieszę się, że pan na mnie tu poczekał. Bardzo się spieszyłam. I do mnie – dziękuję ci, że zatrzymałeś pana Velia na chwilę." I już chce mu rączkę podać, lecz na szczęście zdążyłem zawołać: „Trzymaj te drzwi, trzymaj! Nie puść!". Bo do dziś byśmy tam siedzieli. Oni na tle kwiatów. Ja na dachu. Od tamtej pory wchodziłem do mego ogródka z dłutem za pasem. Aż nauczyłem się zakładać klamki.

# Duży palec prawej stopy
## (Węzły i Sploty)

### Węzeł Pierwszy

Siedzenie w wygodnym fotelu jest ważne. Siedzę w takim fotelu z trzciny sprowadzanej z dalekich krajów w ręce maltańskich speców i, jakby ta trzcina była im przyrodzona, tworzą z niej meble ładne, mocne, warte kupienia. Drogo.

Patrzenie ważniejsze. Przez koronkę firanki na drzwiach do ogródka widok mam na ogromne bukiety kwiatów, lecz trzeba je wzbogacić, co znaczy zróżnicować. Do fioletów bougainwilii i ostrych czerwieni hibiskusów, co tu rankiem niespodziewanie wytryskują, to nisko, to wysoko, to pośrodku bukietu, rozwinięte na ten jeden dzień, tylko do zachodu słońca tego jednego dnia, kiedy zwijają się w długie pomarszczone tuleje; dodać by im, na przykład dołem, żółcie i czernie bratków, i najsilniejsze niebieskości, te aż granatowe, za nimi delikatne różowości powojów? Powojów? Najlepiej w głębi, w kątach tylnej ściany ustawić ... dwie wysokie, ależ tak! – ustawić dwie wysokie MALWY! I będzie jak w Józefinie pod oknami karbowego.... Ha, ha. Znowu mi – Józefin. A tu Mdżarr. Na Malcie. Na miłej mi obczyźnie. Czasem trudno, ale dobrze. Właśnie kwiatowa masa opanowała skrawek mojego światka.

A najważniejsze w tej chwili jest to, że prawą stopę trzymam na podołku siedzącego obok mnie pół-Anglika. To wnuk mego Ojca, a mój syn z jego kochanej albańskiej mamy. Zmarłej. Tak okrężnie go określam, żeby wyraźniej było, bo Ojciec mój dawno już w prochu naszej historii, lecz zawsze żywy, teraz jest tu, po mojej lewej, a ten po prawej, nieznany mu. Mój jedynak, co od czterdziestu kilku lat świetnie wspina się w światach jego Dziadowi najabsolutniej obcych, a ja, pośrodku, obu ich moim uczuciem najserdeczniej wiążę.

## Splot Pierwszy

Zabawne skutki drobnych potrzeb. Dominik, ozdobiony doktoratem oksfordzkim. Senior Reserch Fellow etc., in Sanskrit, wykładowca kilku dyscyplin naukowych odsłanianych przez niego w tamtym języku, wykładowca znany w Niemczech, w Stanach Zjednoczonych, oczywiście w Indiach – obcina mi dokuczliwy paznokieć dużego palca prawej stopy. Ja przed ponad siedemdziesięciu laty obcinałem podobnego dokuczliwca mojemu Ojcu, w Józefinie. Ojciec, duży, tęgi pan, czekał na moje przyjazdy tym niecierpliwiej, że tylko mnie ufał w sprawie DPPS (Dużego Palca Prawej Stopy). Naturalnie chodziło o wrastający z prawej strony tego Palca – paznokieć. Nikt, kto od pewnego wieku ma DPPS problem, nie dopatrzy się w mojej opowieści przesady i wie, że w tym celu trzeba mieć zręcznego syna, najlepiej naukowca, bo naukowiec wie, że w każdej trudności można znaleźć jej WPS (Właściwy Punkt Słaby) i jak do istoty rzeczy docierać. Ja zagadkę powstawania tego kłopotu i męki starszych, tęgich panów zaobserwowałem mając lat niewiele, po czym powoli wypracowałem sobie domową, skuteczną technikę niesienia mojemu Tacie ulgi, ale mój ulubieniec-syn, jak tylko skończył wydział fizyki na uniwersytecie londyńskim (przed Oksfordem i Sanskrytem), jako fizyk, od razu chwycił, w czym rzecz, grzecznie odrzucił moje wyjaśnienia i od tamtej pory kładł moją prawą stopę na swoje kolana. W tym miejscu trzeba mi – w kwestii DPPS-ów – powrócić do bardzo dawnego dnia w

Lublinie. Zdarzyło się to wieczorem, pewnie w miesiącu miłym tylko narciarzom. W lutym.

## Ważny Splot wiele wyjaśniający

Przy ulicy Konopnickiej 5 (a jeśli nie, to osiem), na pierwszym piętrze pod numerem 7, u drzwi wejściowych zazgrzytał mechaniczny dzwonek. (Dzwonek ten ręcznie dręczony, spracowany, wydzwoniony od pokoleń, pamiętał staruszek, jak pierwsi lokatorzy w dziewiętnastym wieku przykręcali go na drzwiach: wtedy błyszczało półkuliste wieczko i kręciołek z grubego metalu, ozdobione esamifloresami – hej! ... ). Teraz męczył się w zimowej, przykrej, wczesnej ciemności dnia.

Na chwilę wyrwany jego zgrzytem z fantasmagorycznych kręgów i spirali, kolorowych zygzaków sprowadzanych na mnie przez napad duszności, atak astmy bronchialnej, podniosłem swoją ośmioletnią głowę z oparcia o wałek kanapy. Mówiło się: „Stasia dusi" i że z tego wyrośnie. I tyle. A mnie już po południu, oznajmiając atak, opadały halucynacje, nagłe zmęczenia. Pod wieczór zasypiałem, jeśli kamienie zasypiają, to właśnie tak. Zapadanie w majaczenia poza snem dręczyło. Zapadanie w sen ratowało nieco. Lecz około drugiej w nocy budziłem się prawie uduszony, zipiąc po tlen. W pół siedząc, czekałem końca mordęgi. Mijało, mijało przez dzień, dwa, trzy i potem robiło to ze mnie ofermę zwalnianą w szkołę z gimnastyki. Pomagało istnieć coś, co raptem absorbowało uwagę. Teraz stary dzwonek podratował odrobinę. Ciekawość: „Kto tam?". O tej porze? Patrzyłem w ciemny brzuch korytarza z pokoju do kuchni i do drzwi wejściowych, do mieszkania. Tam, w drugim końcu mroku, po małej chwili zdziwienia i namysłu, kogo by niosło do nas przed szóstą po południu, o godzinie za wczesnej dla Ojca, Mama szeroko otworzyła drzwi kuchni oświetlonej lampą naftową, rzuciła na podłogę korytarza chodnik żółtego światła i rozjaśniła drzwi wejściowe duże, brązowe, teraz czerwonawo-złotawe. Patrzyłem na te nagłe żółcie, brązy, otaczające je czernie, trochę trzeźwo, trochę wplątując je w moje pół majaki, broniłem się przed światłem, pragnąc go, bo wydobywało mnie z omotów, z których miałem wyrosnąć, lecz o lata później, gdy tymczasem dzwonek powtórzył swą trzeszczącą prośbę „wpuśćcie" i Mamy ciemno-złocone plecy odpowiedziały mu przez drzwi pytaniem: „Kto tam?" Po stronie dzwonka burknęło niewyraźnie. Mama, widocznie zaskoczona, zapytała o wiele wyższym tonem „kto?" i przytuliła lewe ucho ku drzwiom, przychyliła do nich policzek i ponowiła intensywne „kto to, kto?", i gdy znowu wsączył się pomruk, Mama raptem odrzuciła w tył głowę, odsunęła zasuwy, przekręciła klucz w zamku, uchyliła drzwi, na ile łańcuch dopuścił i w Jej ponownym pochyleniu ku czarnej szparze zionącej ciemnią i zimnem aż do mnie, przejawiło się Jej niewierzące uszom podniecenie! Wtem wykrzyknęła nazwę jakiegoś ptaka, kłapnęła drzwiami, zerwała z nich łańcuch, odrzuciła ich skrzydło i tam wlazł na tylnych łapach niedźwiedź! Siadłem, by wrzasnąć, ale on zdjął czapę i Mama rzuciła się na niego, objęła to, co mogło być jego szyją, jakby załkała i wybuchnęła śmiechem, wołając: „Janie! Janie! To wy! Stasiu, to Jan Sokół! Ten Jan! Jan! Wiesz? Jan! Jakżeście nas tu znaleźli? Chodźcie do środka, taki ziąb, pana nie ma, ale niedługo przyjdzie, chodźcie, bo zimno (mnie ono mile owiało! Zdziwienie!), zdejmijcie burkę! Co za niespodzianka! Ależ, no coś podobnego!". I kiedy on z niedźwiedzia przełuskiwał się w goryla, potem w czarny nadludzki sześcian, Mama pomagała mu i mówiła, mówiła, potem pozamykała jeszcze otwarte drzwi wejściowe na wszystkie ich spusty, zawołała do mnie „To Jan!", wciągnęła go do kuchni – odcięła chodnik światła. W ciemności zasnąłem.

Wiedziałem. „Ten Jan", który w czerwcu 1914, w Józefinie palonym przez artylerię niemiecką, gdy dom i wszystkie murowane budynki gospodarskie dokoła gumna strzelały wysoko płomieniami, z palącej się stajni powyganiał konie, jedną parę opanował, założył do wózka i Mamę i nas dwu, mnie półrocznego i Janka czteroletniego wywiózł do „Pałaców", czyli do Nadleśnictwa, po drugiej stronie Wysokiego, do rodziców Mamy. Tam nadleśny Ordynacji Zamoyskich, Mamy Ojciec, Leon Łaguna, oczekiwał decyzji Ordynacji wytyczającej Jego dalsze postępowanie. Niemcy zajmowali Wysokie, gdy otrzymał polecenie: „W razie konieczności ewakuować Nadleśnictwo".

Konieczność naparła na pięty. Dziadkowie i my, obywatele rosyjscy; mój Ojciec, trzej bracia Mamy – oficerowie armii rosyjskiej, gdzieś walczyli przeciw Niemcom. Jeden wcześnie zabity. Jan Sokół zostawił nas w „Pałacach", wrócił gasić pożary Józefina. Tam ocalały dwa czworaki i, jak czarny dowcip, jeden drewniany parnik w pobliżu spalonego nowiutkiego domu, prezentu Ojca dla Jego nowiutkiej żony, która miała zostać naszą Mamą. Jan, jak i inni fornale, rozpoczął chłopską gospodarkę, każdy z nich na dziesięciu mniej więcej morgach dobrej ziemi. My zatrzymaliśmy się w Łubniach.

### Rozmowy z Janem Sokołem. Splot przemienia się w Węzeł

Po nieokreślonym dla mnie czasie zbudziła mnie głośna rozmowa w kuchni. Oczywiście wtedy nie chwytałem jej treści. Po kilku latach Mama opowiedziała mi najważniejsze jej części. Dziś odtwarzam ją sobie tak: Ojciec zdumiał się przyjazdem Jana nie mniej niż Mama. Gdy wszedł, powiedział: „Przed domem stoi wózek chłopski i koń porządnie derką nakryty, jakby to któryś z moich fornali". „Tak, Stasiu, niezupełnie się mylisz, ale mylisz się o tyle, że to już nie twój fornal, to gospodarz z Józefina – Jan Sokół!". „Co takiego? Sokół? Który? Jan? Co go sprowadza?". Mama odpowiedziała, że jeszcze nie wie, Jan sam Ojcu powie. Tatuś podobno tylko mruknął: „Czy on może chce pożyczki? Ja? Skąd?".

W tamtym czasie Tata nie miał żadnego obrazu dalszego życia, jedynie wiedział, że brak najmniejszych możliwości znalezienia pracy w Jego zawodzie. A także, że po skończeniu służby wojskowej zostanie bez grosza. Nie płoszył Mamy, mówił Jej, że zamierzał szukać czegoś interesującego w polskich siłach. Na razie służył jako porucznik wojsk polskich, stacjonujących w Lublinie, tj. jeden z czterech oficerów liczby ogólnej. Oddziały ojcowej części tych „sił" obejmowały rozmaitości pod ogólnym dowództwem pułkownika Terleckiego, sympatycznego pana (zapomnianego imienia. Szkoda.). Składały się one z taborów, piechoty, szczątków artylerii i Szkoły Jazdy Konnej, którą Ojciec prowadził. (Pozostał u nas długi mocny bat, podstawa pracy instruktora na maneżu). A dwaj inni oficerowie to bracia Mamy w stopniach kapitanów. Dzielili przydzielone im przez wojskowe władze zarządy w mieście następująco: Stefan, saper, miał w pieczy lubelski dworzec kolejowy, tabor i odcinek linii do Radomia. Sławomir objął zarząd magistratem miasta. (Jego pierwszy Krok w służbach samorządowych. Ostatnim była prezydentura miasta Siedlce. I z tej racji w 1939 śmierć w rękach sowieckich.)

Ojca wstępny dialog z Janem Sokołem odtwarzam według informacji od Mamy, wówczas powszechnych obyczajów oraz według pamięci Janowego dialektu:

Jan: „Niech będzie pokfalony... ".

Ojciec: „Na wieki, Janie! A tościе tu do nas trafili! Widzę, żeście już pojedli trochę i herbaty się napili, to opowiadajcie. Trzymacie się, co? Jak wy tam sobie radzicie? Opowiedzcie mi, co wy w Józefinie wszyscy robicie? Jak mieszkacie?".

Jan: „A to, prószy pana, my siedziem w tem czwórniaku, co to pirszy od gościńca do Wysokiego. My se wzini po kawołku grontu, po dziesińć morgów i tak se tamój kużden jeden sieje, zbira, ziemia dobro, baby majo po ogródku kole czwórniaka od tyj drugij strony, nie tyj co od gumna, tyko od gościńca, to majo kury, a to kaczki, a to chtóroś tam świnioka hoduje, żeby był na Wielkanoc. To i tak. I my wszyćkie czekamy, co bedzie. Nam w gminie mówiły, że w nowyj konsytucyji stoi, że będzie parcylacyji. I jak ta parcylacyji, tak po prawdzie, będzie – to Józefin pódzie pirszy, bo, powiedali, tyn majuntek z brzega, chtóry ni ma njijakich przemysłów, znaczy sie a to gorzelni, abo co drugiego. A Józefin to tero ino goła ziemia. Co pan wymurował, obory dworskie i czeladnie, owczarnie, stajnie, wozownie, stodołę i śpiksz, to spalili abo miemcy, abo ruskie. Ino te mury stojo. Caszem jak sie chtóra ściana wali, to taki grzmot, taki huk idzie z gumna, że jaż. Jak w nocy, to sie wszystkie bojo. Istoi tyn parnik drewniany, co to niedaleko kole Dworu był, bo jak sie Dwór palił, to wiater w druge strone wioł i ognia na niego nie naniós.

Mama: „To był piękny dom, ale nie żaden Dwór... ".

Jan: „Ano, juści, ale to my zawdy tak mówili".

Ojciec: „A ten pierwszy czworak, który w lewo od parnika stał? Stoi?".

Jan: „A stoi. Pusty. Nik tam nie chce siedzić, bo tam jak te ruskie i giermańce na bagnety poszły, to w tern czwórniaku jedne drugiech nabiły i w kużdej chałupie tężały pobite, to jedyn, to dwoch, to kobity sie bały że będzie straszyć i zostało. Puste".

Mama: „Mój Boże, Boże!".

Jan: „Miemce to swojech zabrały, a ruskie to ino tam za gościńcem wielgi grób wykopały i na niem tyn jech krzyż postawiły i on tam stoi. A kole studni to jak dyszcz idzie, to sie woda zbira w dołku, gdzie tam taki oficyr ruski, ze swojem kuniem leży i zakopały ich sołdaty. Piękny kuń był i oficyr takżesamo, ale ino z za śpaleru ogrodu wyjechoł to jak go z antyleryii trafło... ".

Ojciec: „Są więc dwa czworaki. Ten od gościńca, gdzie wy mieszkacie i ten opuszczony. A co z środkowym?".

Jan: „Jego to tyż antyleryjo ze wszystkim rozstrzylali, my cegłę rozebrali, I tyla".

Ojciec: „To wy macie mieszkania. A gdzie trzymacie

konie, krowy, inwentarz, jaki tam macie?".

Jan: „A to szopy my postawili i w tych szopach co chto mo, to trzymo. Tak to wszyćko czeko".

Ojciec: „Na parcelację".

Jan: „A juści. I żeby pan wróciół".

Ojciec: „Na mnie czekacie?".

Jan: „Aino, Jak my sie dowiedzieli o tyj parcylacyji, co to ma być, jak w nowy konstytucyji, abo i w tem Warsiawskiem sejmie stoi, to żeśmy powiedzieli tak: jak pan z wojny wróciół, to żeby pan Józefin od Ordynacyj znowy w kontrakt wzion i my wszyćkie razem bedziem na parcylacyj cekoć. Jak do Wysokiego Czyrwony Krzyż przyiżdżoł, to my sie o pana pytali. I ony nama powiedziely, że, a juści, pan tero je Lublinie i nama adres dali. I że panin ociec, starszy pan, co tu przed wojno w „Pałacach" za nadleśnego był, tyż w Lublinie jest. My także pytali w Ordynacji, w jech aministracyji, w Zwierzyńcu. Ony wiedzo. No, to żeśwa uradzili tak: my pana znomy, my do panaśmy przyszli służyć za tomali jak młode ludzie, ze Starego Dworu nas pon wzion. I tak – jak my tam tyle lat przerobili, i bez te wojnę tyż, to jak pon znowy tam będzie, to w taki sposób my te ziemie jak parcylacyj przyjdzie dostaniemy. A jak pon nie przyjdzie, to przyjado tam drugie, inne ludzie i swojech przywiezo i nas wyrzuco. W Wysokiem ludzie mówio, że tamój w Sandomierskiem to takie so, co majo grosz gotowy. To kupio. A jak pon wróci sie i z Ordynacyj nowy kontrakt zrobi, to w taki sposób my wszystkie ostaniemy i sie doczekumy i pon inszych nie wpuści i my weźniem te ziemie. A pon ważnie ośrodek".

Ojciec w opresjach nie wzdychał.

Powiedział: „Mój Janie – ja nie mam za co zaczynać. Józefin to 560 rosyjskich mórg i trochę łąk pod Zabłociem. Każda morga to prawie hektar. Na każde 30 mórg trzeba mieć czwórkę koni. No, to sobie policzcie, wiele czwórek potrzeba. A wozy, a pługi, brony, kultywatory na tę zapuszczoną ziemię, siewnik, żniwiarkę, młocarnię, nawet sieczkarnię, nawet kierat... ".

Jan: „Kierat to jest.... ".

Ojciec: „A przede wszystkim – budynki! Stajnie, obory, stodołę, wozownię! Za co to kupić, czym zapłacić. Spalić nas było im łatwo, bezczelnie marnować nasz kraj było tym złoczyńcom nawet przyjemnie. Odszkodowań nie ma. Z żadnej strony. Tylko z jednej krwawej wojny, z drugiej doprowadzenie do krwawej rewolucji. Wszystko to wywoływane przez łajdaków Historii. At! Nie o tym mówimy. Zrozumcie; jak ja przyjadę na ten Józefin, to potrzeba będzie więcej ludzi, fornali, czeladzi. To gdzie ja was podzieję. Gdzie wy wszyscy będziecie mieszkać?".

Jan: „Czeladzi wincyj nie trza, nasze chłopaki i dziewuchy popodrastali i robotne so. A co o chałupach, to proszy pana, my tak se myślili, że bedzim po dwie rodziny w jednyj chałupie, z komoro. Komory so duże, przy kożdej chałupie. A że pinindzy nima, to będzie tak: po żniwach pon da zboża na odsyp i ogrody bedziem mieli za czwórniakiem, aż do gościńca, tyko trza będzie postawić oborę i kole nij chlewy. I będzie. Gnój z tyj obory to my weźniem do ogrodów, kużden jedyn do swoigo. A s tych trześni. co pon zasadził przed wojno, to duże urośli od gościńca do gumna, to pon każdymu do – po jednymu abo i po dwa, lo dzieci. Bo jak dla Dworu, to czereśnie so tamój za starym Dworem, w sadzie".

Mama: „Toście pomyśleli o wszystkim".

Jan: „A juści. I będzie sie kole roboty chodziło jak trza, a co grosz gotowy – to na tyn przykład u pana sie zapisze na kryde. A jak Józefin znowy stanie jak za dawna stał, to i piniondz będzie. My widzieli, jak pon pirszy roz na Józefin przyszeł i jak sie gospodarzył. Tam tyko jedna kiepska wozówka stała i ta sama studnia była, woda dobra, że lepszy nie znajdzie, ino głymboko, że jaż! Tyko, że choć i koryto to trza było nowe z wielkij sosny wyrobić. I niczegój wincy nie było. Fornale ze Starego Dworu to kużden swoje czwórkę kuni przyprowadzał z ranią, na godzinę szóste, i na odwieczyrz wszystkie wracały do Starego Dworu, bo Józefin to był ino folwark. A jak pan odchodził na wojnę, to były wszyćkie budynki murowane, to były kunie i były owce i bydło jak sie patrzy, i na ostatek postawił pon Dwór i ogrody wkole niego i sady za niem. Na ostatek – po gospodarsku. Poprzódzi co sie do gumna przynależy. To i tero jak pon znowy przyjdzie to pon postawi to wszyćko jak było i będzie. A jak będzie – to my przydziem po gotowiznę i pon zacznie płacić, co tam chtórymu sie uzbira".

## Sploty – Sploty

Mama łzawo na Jana patrzyła. Ojciec znowu papierosa zapalił, Janowi też podał. Jan odmówił, powiedział: „Żem rzuciuł. Bo to musi tak-roku na wiesne było, że jakżem z rania skręciuł i zapolił to mie tu na zatylu głowy cało skóra sie skurcyła i tamój wszyćkie włosy wstawali, a popóźni to taki mie tu w środku ból łapał, żem sie zalunk i rzucruł. I już nie chce".

Ojciec przez chwilę palił w milczeniu, wydawał się zajęty końcową odpowiedzią. Powiedział: „Tak było. Tylko, Janie, w innych czasach. Wtedy, jak wiecie, zrazu byłem pana Trepki doradcą i głównym rządcą, prawą ręką w jego „Kluczu". Jak po żniwach jeździłem do Lublina, do banku po zaliczkę na jesienne siewy, to musiałem prosić dyrektora, żeby mi dawano pieniądze papierowe, bo kasjerzy chcieli, bym brał złoto, ruble złote, a to mi było ciężkie i niewygodne. Kiedy pan Nekanda Trepko umarł i pani Trepczyna odjechała ze swoim bratem, tym niewidomym, do swoich krewnych, właśnie w Sandomierskie, i nikt całego „Klucza" nie miał możności objąć, to ja zdecydowałem porwać się na Józefin. Inne majątki w tamtym „Kluczu" były prawie dwukrotnie większe, a nawet przekraczały te rozmiary: Stary Dwór, Nowy Dwór, Kajetanów, Łosień. Kiedy pojechałem z moim projektem do Banku Rolnego – oni mnie już znali. Porozumieli się z Ordynacją i pomoc zapewnili. W Zwierzyńcu spodziewano się mnie. Kiedy tam pojechałem podpisać kontrakt – wszystko było jasne. Mogłem kupować, inwestować, budować, robić! Teraz Banku Rolnego nie ma, Ordynacja w biedzie – hrabia Zamoyski, Maurycy, daje wielkie sumy na potrzeby państwa, lasy wyprzedaje, Józefin to ruina i perz, ziemia wyjałowiona, poza tym małym kawałkiem waszym. I mnie nikt nie zna. Rubli na szczęście pozbyliśmy się, ale nie zatrzymaliśmy złota. Skąd ja mam wziąć na nowe początki?".

Jan: „A to, proszy pana, my tak se myśleli, pon mo jednygo i drugiego i trzeciego śwagra. Te dwa, co so we wojsku to za kapitanów służo, to niezgorzyj. Trzeci pon, nizinier w Warszawie, pon Antoni, dyrechtor Dypartymynta, co drogi buduje – może panu jako pomogo? No?".

## Sploty i Węzły

Mama, raptem rozjaśniona, wtrąciła: „Stasiu – powiedziała – mój kochany, nie ma innej drogi, trzeba spróbować, dowiedzieć się, co bracia powiedzą, ciebie lubią, szanują. Może Antoś da choć gwarancję na pożyczkę. Rodziców nawet nie ma co pytać, żyją nadzieją na posadę, o którą Ojciec się stara. O wiele ważniejszą niż powrót na stanowisko nadleśnego w Ordynacji. A jeżeli ją dostanie, to będzie miał małe pieniądze i spore narosłe długi, ale jako Inspektor Ochrony Lasów Województwa Lubelskiego zyska duże znaczenie. I może wtedy w Ordynacji Zamoyskiej w Zwierzyńcu okaże się, że Jego pamiętają, i ciebie także, wiedzą, co potrafisz, może znośny kontrakt ci dadzą. Co? Spróbujemy rozmawiać w rodzinie".

Ojciec: „No, Janie, sami widzicie, że teraz nic wam powiedzieć nie mogę. Tyle, że starać się będziemy. To możecie naszym ludziom zawieść. A jeśli uzyskamy, co potrzeba, to ja zaraz do was depeszę wyślę po konie, żeby przyjechał po mnie, kto ma najlepszego. A gdzie ja z rodziną bym mieszkał? Chyba w tym pierwszym czworaku, koło parnika. Trochę by się poprzerabiało. A Bartłomiej Skowronek? Jest?".

Jan: „A juści – jest! Jest i Skowronek i jego syn, Władek, co już kuniem w polu robi i Kwardoski i Sadło i Marcin Borowicz i swoje czeladź majo... ".

Ojciec: „Karbowego nie ma. No, ale to nieważne teraz. Może, może, może! Janie, macie tutaj trochę pieniędzy, więcej nie mogę, żebyście sobie nocleg w zajeździe zapłacili. Pani wam tu jeszcze da zjeść i na drogę. I wracajcie z tym ... powiem wam otwarcie: Józefin to od wczesnej młodości mój Dom i teraz – to moja wielka nadzieja. Będziemy się starać!".

Ojciec pochwalił Jana za to, że konia nakrył derkami. Pojechał. Mróz folgował. Po roku, czy dwu, dowiedzieli się Rodzice, że Jan nie nocował w lubelskim zajeździe. W sześć godzin, bo sanna była niezgorsza i droga nie kopna i księżyc pomagał, zawiózł do Józefina te trochę pieniędzy i nadzieję na być może szczęśliwą parcelację, mimo, że nocą musiał przejechać rozległe lasy Chrzczonowskie, gdzie zadawniony bandytyzm tym bardziej po wojnie rozkwitł. Bandyci nigdy nie zrozumieli, że wreszcie byli u siebie i w Rodzinie.

Dla Ojca rodziły się lata upartych trudów. I co gorsza – zawodów. Dla Mamy cierpień. Dla mnie kilka szczęśliwych, józefińskich wakacji. Świat „powrotów"....

## Sploty, Węzły, Sploty

Rok 1923, a może 24-ty – powróciłem! Józefin – sama rozkosz przestrzeni, światła i powietrza. I lekkich barw. Tatuś już go odbudowuje! Jeszcze w tle nowej stodoły drewnianej i pod strzechą dwa duże szkielety murów wypalonych w 1914 roku. Idziemy z tatą polną drogą w kierunku Łosienia, do próbnego łanu „Puławki Wczesnej", pszenicy jarej, sianej na pierwsze wskazówki, że wiosna tuż-tuż, ma ochotę i już nie boi się zimy. Albo gdy bociany wróciły. Ojciec sprowadził ją przed dwoma laty, z Instytutu Hodowli Zbóż w Puławach, teraz ona przechodzi drugą próbę, od dziś trzeba codziennie oceniać, czy ona gotowa do swego żniwa, bo jeśli się tego nie dopatrzy, to ziarno zacznie sypać się z kłosów na tan kawał świetnej podlubelskiej ziemi-popielatki – dla chomików. A chomików na tym polu jakby garścią nasiał. Wiedzą spryciarze od poprzednich żniw, gdzie dobra pszenica i potrafią uzbierać jej aż po garncu każdy, to znaczy całą kolonią ze dwa korce („metry") na pole. Jak? Byli tacy, co mówili, że one słomy podgryzały i kłosy leżące na ziemi łapkami młóciły, żeby czyste ziarna w pyszczkach zbierać. Ja chomiki lubię, bo są ładne i zacięte w obronie swej jamy, nie uciekają, choć mają po kilka tuneli ków do wyjścia, do końca się biją. Waleczne. A dziś właśnie z powodu bohaterstwa napotkanego chomika odkryłem, co się dzieje z Dużym Palcem Prawej Stopy, gdy on przy chodzeniu pracuje. Zaczęło się tak: jak powiedziałem, Tatuś uznał, że dojrzałem, by dać mi praktyczną lekcję o zwyczajach „Puławki Wczesnej" i zabrał mnie z sobą do niej. Oczywiście biegła koło Niego Norma, Jego wyżlica. Ja szedłem i słuchałem Go „obok", bo patrzyłem, gdzie hasa mój Azorek. (...czy to jeszcze był nasz Puk? Nie. Mój Azorek – Foksterier). Ganiał het po ściernisku, co w tamtym roku leżało odłogiem, a tu wtem od naszej lewej na prawo drogę szybciutko przebiegał nam – chomik! Duży, puszysty. Brązowy z białymi wąsami, z czarnym brzuszkiem. Norma rzuciła się, omal mnie nie przewróciła, skoczyła, prawie dopadła go na brzegu pola młodego jęczmienia i zaczęła się tam wojna! Charkoty, szczekania, skowyty, bo chomik ciapnął ją w nos zębami – tumult! Bieganina to w jęczmieniu, to na drodze, to w kółko, to pogonie, to groźby szczekaniem, gdy naprzeciw siebie stawały na chwilę, on ćwierkający słupek, ona z rozwariowanymi uszami i rozhaa-hauhanym pyskiem przy ziemi. Ojciec krzyknął; „Norma! Do nogi! Więcej stratują, niż ten chomik zje!" i podniósł na nią laskę. Obaj byliśmy po stronie mniejszego, wbrew gospodarskim interesom. Norma zawahała się, chomik hycnął w zborze, Norma wbrew rozkazowi za nim. Ojciec laskę opuścił, a tam nowe szały, podskoki, wymyki, ucieczki, już są na drodze, widocznie chomik chce wracać do siebie, więc zabiegi, szczekania, warczenia, kurz i wrzawa wojenna! Usłyszał to daleki Azorek. Nagle zamienił się w białą kulę toczącą się przez ściernisko, przez drogę, wpadł w to zamieszanie i – zatrzymał się z chomikiem w zębach!

A to szelma! Coś podobnego! Co za wyczyn! Skoro bitwa była skończona, Tata odwołał Normę i ruszył do „Puławki", Norma nie oglądała się, tylko merdała kurtyzowanym ogonkiem, spoglądała na Ojca, przepraszała, prosiła o pogłaskanie. Ja złapałem Azorka za kark, odebrałem mu zabitego, odrzuciłem go co siły w pole, skąd przyszedł, Azorek zaszalał mi w ręku, podniosłem go, przycisnąłem do siebie i szybko poszedłem za tatą. To wtedy, to właśnie wtedy, gdy z tyłu zbliżałem się do Ojca, zobaczyłem, co robiły Jego stopy. Podobnie, ale każda po swojemu.... Lewa: piętą opierała się o ziemię, potem jej podeszwa i przód buta i w nim palce stopy po tej samej linii, zupełnie prosto.... A prawa stopa? Pięta tak samo, ale przód buta i palce stopy kierowały się nieco w lewo i przechylały się ciut-ciut w prawo. Ubawiło mnie to. Dopiero kiedy na drugi dzień umyłem ojcowe stopy i obcinałem ich paznokcie, zacząłem rozumieć w czym rzecz. Otóż wskutek tego przechyłu nacisk ciężaru osoby na prawy duży palec jest największy i to na jego prawą ściankę i dlatego paznokieć wciska się w prawo, w poduszkę palca.... Olśniło mnie. Nikomu o tym nie powiedziałem, tylko od tamtej pory podglądałem prawe stopy w ruchu ulicznym. Tak! Faktycznie tak ludzie chodzą. To jest – mężczyźni. A jak płeć przeciwna? Zamiast na prawe stopy, wzrok mi się wślizgiwał wyżej i do dzisiaj nie wiem i obecnie w naukowej rozmowie na ten temat nic synowi nie przekażę. Może co w medycynie przed tysiącami lat, sanskrytem pisanej, już o pracy prawych stóp pań obszernie powiedziano. Tam – wszystko.

Wypuściłem niespokojnego Azorka z objęć. Tatuś stał przed swoim doświadczalnym łanem, zrywał kilka bliższych, dalszych kłosów, rozcierał je na dłoni, odmuchiwał pszeniczne wąsy, bo „Puławka" to wąsatka, zostawały duże ziarna w czerwonawych łuszczkach, a w nich jasne, białe jądra. Piękna mąka!

Zza granicznego pagóra z Łosieniem wypadła para świetnych koni. Skaro-gniady i biały. Łosieńskie cuganty! Gniady bardzo dobry, jego ojciec – biały ogier doskonały. Niebezpieczny. Gryzł i kopał każdego w jego zasięgu, poza jego stangretem. Podjechali do nas, pan Konstanty Żebrowski i jego syn, Roman. „A my jedziemy do pana, panie Stanisławie. W sprawie pańskiej nowej pszenicy. Roman przypomniał mi, że u pana lada chwila zaczną się wczesne żniwa „Puławki". Czy to ta?". „Tak". „Czytałem o niej w „Gazecie Rolniczej", dwa artykuły, sama pochwały Puław. Podpisuje ktoś tylko inicjałami S.W.". Chwilka i „Ależ to pewnie pan!". Ojciec skinął i śmiechem zaczęła się sąsiedzko-gospodarska rozmowa. Patrzyłem na tych trzech panów, a każdy z nich to osoba inna z domu, z życia, ze śmierci.

Ojciec mój, potężnie zbudowany, podtyły, ciemny szatyn, o dużej głowie krótko strzyżonej, czasem golonej, co w urzędzie wojewódzkim dało skrybie asumpt do napisania w dowodzie: blond łysina; pod mocnymi brwiami ciemne oczy, nos duży, prawie czarne wąsy, przyjemne usta (określenie Mamy) odsłaniały zęby drobne, za mojej pamięci zawsze zdrowe. Latem nosił szarą lekką marynarkę, koszulę bez krawata, spodnie wpuszczone w sztylpy, kamasze. W ręku cienka trzcinowa laska. Łatwo śmiał się, lecz gdy zgniewany patrzył na winowajcę, to temu nie było do śmiechu. Nikt nie kwestionował Jego autorytetu.

To zdanie przylegało i do pana Konstantego. Był to nie tylko okazały mężczyzna, ale mąż senatorskiej prezencji, w wieku lat ponad siedemdziesięciu, siwy, o twarzy jak z portretów polskich z kontuszowych epok. Zawsze w formalnym ubraniu, z krawatem spływającym z sztywnego kołnierzyka. Dobry sąsiad. A Roman? Jego najstarszy syn

Roman, wykształcony w Szkole Rolniczej w Cieszynie, prowadził gospodarkę Łosienia. Czasami zasięgał opinii Józefina. Ogorzały, o wyrazistych niebieskich oczach, spadku po Matce, bardzo energiczny, prawie zawsze na koniu: Łosień wtedy, przed parcelacją w 1934/5 roku, wymagał gospodarza ruchliwego. Całą duszą i myślą oddany Łosieniowi i rolnictwu jako sztuce. Szczupły, dobrego wzrostu, miał w sobie coś z oficera rezerwy. Wesoły, zawsze gotów zakrztusić się ze śmiechu. Jego stosunek do mnie spowodował, że polubiłem imię – Roman.

A jak się im żyło, pracowało i odchodziło? Ot – z grubsza, tym razem ledwie, ledwie. W zarysie. Ojciec z sierocego początku inteligencją i pracą z pomocą Banku Rolnego w Lublinie (jak jestem tego niemal pewien), około 1900 lat doszedł do znacznych osiągnięć. W 1914 roku spalili go swoją wojną Niemcy i Moskale, po nich, w wolnej Polsce, depresje rynkowe, klęski gospodarskie. Parcelacja. Którą jednak serdecznie popierał. Na szczęście udało mu się, ciężko schorowanemu, umrzeć przed ponownymi katastrofami Polski i Europy. Pan Konstanty wcześniej, w dość posuniętym wieku, w spokoju zażył zgonu w ciszy domowej. Strasznie wypadło Romanowi. Jako młodziak zaciągnął się był do Legionowej kawalerii i już jako doświadczony ułan w „Dwudziestym Roku" brał udział w ostatnich sławnych szarżach na konne masy Budionnego. Zwycięskie były to szarże. Moskale widocznie notowali urzędowo na kim się mścić. Romana zebrali z życia zaraz na początku swego napadu w '39-tym. Wrócił do Lublina w '47-tym, opowiadał mi o tym w Londynie jego brat stryjeczny, pułkownik broni pancernej, Marian Żebrowski. Dowiedział się listownie od krewnych w Lublinie. Roman zniszczony, czterdziestokilkuletni starzec bezzębny, umarł tam po sześciu miesiącach.

## Serdeczny Węzeł

Zmierzchało. W milczeniu patrzyliśmy obaj z Domem na kwiaty hibiskusa już zwijające się do ich pierwszego i ostatniego snu i ja „słuchałem". Teraz mówiła Mama: „...wróciliśmy do Polski z pięknej Syberii, znad rzeki Ob. Ja się tam urodziłam. Tutaj przede mną otworzyła się cudowna Lubelszczyzna, była mi ona zupełnie nową krainą, naszą, do której serce moje od razu przylgnęło, i dlatego tak łatwo zakochałam się w twoim ojcu. Przedtem zabiegali o mnie Sybiracy-Rosjanie, bogaci handlarze futrami. Szczególnie jeden mi się podobał. Saneczkami do nas przyjeżdżał, miał takie ładne koniki. I „żeby Maniusia nie wyszła za Moskala", twój Dziadek porzucił tamtejszą doskonałą posadę Nadleśniczego w „tomskiej obłasci" i wróciliśmy do Polski. W 1908? Wkrótce twój ojciec zabrał mnie z domu rodziców do swego domu w Józefinie, do tego cacka zbudowanego według jego planów z drzewa modrzewiowego. Żartowaliśmy, że już jakby z myślą o mnie. Jak ono pachniało po letnim deszczu! Zabierał mnie w pola i uczył rozpoznawać zboża. Bo ja byłam panną znad rzeki jesiotrów, ogromnych szczupaków i dzikich lasów. Zamiast piesków i kotków mieliśmy tam małego niedźwiadka, dopóki nie wyrósł na niedźwiedzia. W Józefinie chodziliśmy na długie spacery piechotą lub jeździliśmy linijką. Wiesz, co to była linijka? Teraz ich nie ma. Ale w słownikach jeszcze ją opisują, jako: „lekki pojazd gospodarski, czterokołowy, jednokonny, z wąskim siedzeniem na resorach, do siedzenia okrakiem". „Okrakiem". To brzydko. „Pojazd jednokonny". A ten jeden konik to był Arab, śliczny siwek, mały, ale nazywał się Kebir, to po arabsku znaczy „Duży". Ojciec kupił go okazyjnie ze stadniny Sanguszków, bo on tam w wypadku stracił prawe oko. Ojciec postanowił „podrasować" swoje konie fornalskie, już wtedy miał kilka czwórek doborowych, szykowną parę do wyjazdu, no i Kebira do linijki. Pokazywał mi rozmaite ptaki polne, czasami w sposób drastyczny. Naturalny dla myśliwego. W czasie jednego ze spacerów niedzielnych zapytałam go, czym różni się kuropatwi kogut od kuropatwiej kury. On powiedział: „Pokażę ci jesienią, Mario". Nazywał mnie tak poważnie, choć miałam siedemnaście lat. Nie żadna tam „Maniusia". Bardzo mi się to podobało. I kiedy po żniwach weszliśmy na żytnie ściernisko, raptem porwało się do lotu stadko kuropatw, zawieruszyło się przed nami, poszło w górę i skierowało się w lewo, ojciec podniósł dubeltówkę, strzelił, jeden ptak spadł. Norma go przyniosła. Ojciec zawsze miał Normę, ta była pierwszą „naszą". Ojciec odebrał jej ptaka, pokazał mi go i powiedział: „To jest kogut. Prawda, jaki kolorowy? Kury są szaro-brązowe. Spójrz na jego łebek, jaki piękny". Stałam zdumiona strzałem! I że ten wspaniały ptak jest tuż przede mną. Bezwładny, cudny łebek. Jego wpół przymknięte czarne oko błyszczało. Był piękny! Chwycił mnie żal, że pytałam o jego wygląd. Ojciec zobaczył, że zrobił mi przykrość, przepraszał mnie. No, cóż, powoli dorosłam do towarzystwa myśliwych. Tylko z nich żartowałam, że nie myślą....

Kiedy ja miałem prawie czternaście lat i nabierałem myśliwskich ciągotów, zapytałem Ojca, jak doszedł do jego niesłychanej pewności strzału? „Przypadkiem – powiedział – Początkowo świetnie trafiałem w nawet bardzo małe cele, byle się nie ruszały, a zupełnie uciekały mi zające i ptaki. Aż w pośpiechu nadrzuciłem przed kaczkę i ona spadła. To było dla mnie „Jabłko Newtona". Od tamtej pory zacząłem brać pod uwagę odległość, kąt, szybkość celu, tego wymagało polowanie na bekasy. Nabrałem wprawy. Wtedy zwierzyny było bardzo dużo, polowało się często". Ojciec większość zawiłych spraw rozwiązywał sam.

## Sploty

Sąsiedzi odjechali. My poszliśmy obejrzeć inne pola i Tatuś powiedział do mnie, że chce zobaczyć, co teraz rośnie w małym parowie, w tym na środku pola po naszej lewej stronie. „Tam, gdzie ty się w przeszłym roku schowałeś, kiedy trzeba było odjeżdżać do szkoły. Już z takich figlów wyrosłeś, co? Ale na wszelki wypadek każę ten parówek zaorać". „Tatusiu, nie! Tam tak ładnie. I ja tam widziałem łasice! Jedną żywą i jedną nieboszczkę". „Kiedy?" „Ja tam poszedłem zaraz po przyjeździe". „Tak – rzekł Tatuś – tam od dawna mieszkały łaski". „Ja wiem. Mama mi opowiadała jak wy raz, dawniej, kiedy po ślubie chodziliście na spacery po całym Józefinie, bo dla niej wszystko było tu nowe i widzieliście jak nad tym parowem latał taki wielki, siwy jastrząb to naraz rzucił się i porwał jakieś spore zwierzę i już je niósł, gdy raptem zaczął bić skrzydłami coraz prędzej, i prędzej, i wznosić się niemal pionowo, coraz wyżej, i wyżej, aż nagle zwalił się tam z powrotem na ziemię i wy polecieliście do nich i zobaczyliście, że on nie żył, a w pazurach trzymał łasicę za jej zad i ona zwinęła się, i wykręciła się, i w locie przegryzła mu szyję, a on nic nie mógł jej dziobem zrobić i ty laską przycisnąłeś jej szyję i kazałeś mamie tak ją trzymać, i ona trzymała, a ty z łasicy wyciągnąłeś jego pazury i ona powlokła się w krzaki i nie wiedzieliście, czy przeżyła, czy nie. Mama była bardzo zadowolona, że pochwaliłeś Ją za pomoc". Ojciec zapytał mnie: „To mama ci to opowiedziała?". I uśmiechnął się, i dodał: „To było tak niedawno, ale bardzo dawno. W tamtym Józefinie". Zawróciliśmy do domu. Norma już odzyskała dobry humor i spokojnie szła koło ojca, a ja się rozglądałem, gdzie się podział Azorek. Wołałem go bez skutku. Myślałem, że poleciał do domu, ale go tam nie było. Nikt go nie widział przez całe popołudnie. Ani nie przyleciał, kiedy Franka wołała psy na kolację. Już wielki miedziany księżyc wschodził nad widnokrąg, a Azorka ani śladu. Noc.

I raptem coś mnie tknęło żeby go poszukać tam, gdzie go zgubiliśmy. Wziąłem kij i dużą latarkę i pospieszyłem na drogę do Łosienia. Noc jeszcze ciemna. Ledwie po lewej minąłem wysoki czarny narożnik szpaleru cichego sadu, a z prawej stodołę mroczną, rozkraczoną, zaspaną, z zaspanym kieratem przed nią, a za nią poważne mury przedwojennej stodoły, mimo śniegów, deszczy kilku lat osmolone – świadectwo tego, co im uczyniono, i uszedłem kawałek drogi

– usłyszałem jego dość dalekie szczekanie! To dziwnie natarczywe, to urywane, to wściekłe salwy mieszane z rozpaczliwymi strzępami zajadłego skomlenia! Pobiegłem. Już słyszałem go bardzo głośno, blisko, ale go nie widziałem! Minąłem go! Zawróciłem wprost na głos. I zobaczyłem, że na brzegu pola jęczmienia ziemia tryskała spod szczeku i zaraz jego biały zadek, tkwiący głęboko w jamie, którą on wciąż kopał. Ziemia nieustannie tryskała spod jego zadka. Więc on tutaj tyle godzin, od południa! ...

Coraz bielszy księżyc oświetlał scenę. Na moje dotknięcie go i zawołanie on gwałtownie cofnął się o tyle, żeby się obejrzeć, gdyby to człowiek, to bym powiedział „krwawym okiem" i z powrotem rzucił się w jamę. Z oszalałym skowytem-szczekiem. Chwilę stałem bez ruchu. Zaskoczony. Byłem po stronie chomika. Rozsierdziłem się tak, że mogłem napastnika zdzielić kijem, mogłem chwycić go za tylne nogi, wyrzucić z jamy i nie dopuścić go do niej, ale podziwiałem zacięcie, wytrwałość jego, mojego Azorka, ale jednak chyba bardziej – chomika. Czy ucieknie? O chwilę za długo. Ucichło. Wtem stłumione warczenie.... Zad Azorka powoli wychyla się. On ciągnie ... ciągnie ... chomika za pyszczek, głucho warczy, nie ustaje, wyciągnął go całkiem na brzeg jamy i nagłym rzutem głowy, równocześnie puścił jego pyszczek i chwycił grzbiet. Chomik zwisł.

Stałem bezradny przed Azorkiem-zwycięzcą. Zgniewany na siebie, zawróciłem do domu. Byłem pewny, że on zaraz przybiegnie, wyczerpany, bardzo głodny, będzie drżał. Dam mu pić. Jeść. Umyję go jutro. (Czasami, później, przepytywałem siebie – który z nich wskazał mi coś naprawdę ważnego?).

## Ostatni Węzeł i nowy Splot z nadzieją

Dominik paznokcie mej stopy załatwił. Widząc, że od kilku chwil koncentrowałem się na innych tematach, lekko ścisnął mój duży palec, stopę z swoich kolan zdjął i czekał na mój powrót do niego. On prawie wszystko, co powyżej

635

napisałem od dawna wiedział, słyszał w luźnych opowiadaniach.

Zapytałem go o zdanie, jak najlepiej przyozdobić ogródek.

Dom powrócił do pasjonującego go Sanskrytu i do Jego Rodziny w Londynie.

W moim wygodnym fotelu zostałem sam.

Mam pomysł! Zamówię drugi fotel, zaproszę mego przyjaciela z Sycylii, tego inżyniera o polsko-rzymskim profilu ze Lwowa i będziemy projektować kwiatowe obrazy. A może się któryś pomysł da opatentować?

Ale tymczasem aaach! Drzemka... Ale, ale, a to co? Azorek do mnie biegnie.... Norma za nim uszami wachluje w galopie... O! Ależ to Rodzice idą ku mnie! Jak miło! Jak wesoło rozmawiają, śmieją się, żartują, przerzucają się zgadywankami – co też ze mnie wyrośnie....

# Opowieść piątkowa

Przed dziesięciu laty osiedliłem moją małą rodzinę na Malcie – na rok, lub dwa – latałem bowiem wtedy w Libii. Na Malcie były dobre szkoły dla naszego jednego, i jedynego i moja żona, i ja prawie natychmiast poddaliśmy się prostemu urokowi Malty i jej ludzi. Kupiliśmy tam dom. Daleko. Na drugim końcu wyspy. (Kto zna wyspę, ten od razu zrozumie geograficzne położenie naszego domu. A ci, co wyspy jeszcze nie znają, zrozumieją ją w pierwszym tygodniu pobytu). Nasz dom ma wiele zalet; jedną z nich, ważną w tym opowiadaniu, że stoi on tuż za kościołem, a jest to kościół ogromnie wdzięczny, szczególnie przyjemny od naszej strony, od strony południowo-zachodniej. Ten kościół równie ważny dla mego opowiadania, jak ważny jest dla swego małego miasteczka, czy może dla tej wielkiej nowoczesnej wsi.

Kościół jest dobrze ustawiony na małym wzniesieniu pośrodku, choć nie w centrum, miasteczka, co przydaje mu wyniosłości i czyni go widocznym z daleka, ze wszystkich kierunków. Kościół jest zbudowany ze złoto-szarego kamienia Malty, wapienia – piaskowca tej wyspy, wyspy jedynej w świecie, dlatego, że na niej możesz wybrać miejsce na swój dom, wyciąć kamień spod swoich stóp, uładzić go nad swoją głową i wkrótce będziesz miał swój dom dookoła siebie. (Proszę, bardzo proszę nie wierzyć mi w tej chwili, mimo, że ja wierzę, że tak można by tam zrobić naprawdę). Kamień kościoła jest starannie dobrany, bardziej złotawy niż żółty jest zazwyczaj i już otrzymał dojrzały rumieniec na południowej wypukłości kopuły, naniesiony przez wiatry południa. Te wiatry zbierają najdrobniejsze z drobnych pyłów czerwonej ziemi libijskiej i niosą je aż tu do Malty i dalej na Sycylii. Część z nich osiada na kopule naszego kościoła.

We wnętrzu nawy jest posadzka położona przez specjalistów włoskich, niedawno, przed kilku laty. Przedstawia ona Hostię marmurową z marmuru żółtego, gorącego, która leży przed ołtarzem głównym i poziomo promieniuje na całą nawę, promieniami koloru ziemi. Kto wejdzie do nawy, staje na promieniu prowadzącym do Niej! Kościół nie ma dzwonów .wszędzie w miasteczku i wzdłuż całej doliny obok, gdzie ludzie pracują na żyznych poletkach. „Ten kościół mówi do ludzi"- powiedziała do mnie moja żona, gdy przyleciałem, by odwiedzić ją po raz pierwszy w tym naszym domu za kościołem.

I tak rzeczywiście jest. Kościół podaje ludziom czas porannej modlitwy, mówi, co się dzieje w jego nawie w ciągu dnia, ogłasza o nowym życiu, oznajmia jeszcze jedną śmierć, oraz inne wieści prawdziwe, ważne.

Jeszcze szczególną wiadomość powtarza kościół światu każdego piątku o godzinie trzeciej. O tej godzinie główny dzwon poczyna mówić, każde uderzenie jego serca wywołuje drżenie ust dzwonu, czyste powietrze niesie ten dźwięk ponad miasteczko i ponad dolinę, do wzgórz po drugiej stronie, gdzie głos się rozpływa, zanim następne uderzenie serca dzwonu wprawi w drżenie powietrze na potwierdzenie tego, co poprzednie smutnie obwieściło.

Miałem zamiar zapytać młodą dziewczynę, która przychodziła do pomocy mojej żonie, o czym to mówił dzwon w piątki o trzeciej, lecz zapominałem. Aż nadszedł piątek, w którym dowiedziałem się o tym od niej w sposób niezapomniany. Miała ona na imię Marija, Maria, my wówczas nazywaliśmy ją Mery. Mery była skarbem. Miała lat tylko piętnaście, lecz była mocna, ładny blondas o niebieskich oczach, żywa, zawsze w dobrym humorze, zawsze pracowała chętnie, dobrze. Bardzo ją lubiła nasza trójka, ona zaś najbardziej lubiła moją żonę. Wszyscyśmy uważali, że ona należała do „naszego kawałka" Malty. A ona, by okazać swe uczucia do nas, często przynosiła rano kwiatki uzbierane, lub kiedy ja bywałem w domu, małe kozie serki matczynej roboty, którymi ja za nic z nikim dzielić się nie chciałem.

Pewnego dnia przyleciałem na długi week-end, włożyłem któreś stare portki, zaraz poczułem się w domu i wyszedłem, by kupić maltańskiego chleba, świeżego, chrupkiego, prosto z pieca. Było około trzeciej. By od nas dojść dokądkolwiek w miasteczku trzeba przejść z tej, lub z tamtej strony kościoła. Gdy zacząłem iść pod łagodny spływ dróżki, odezwał się dzwon, powoli i poważnie. Nie zwróciłem nań uwagi, bo właśnie z sieni swego domu wyszedł nasz stary sąsiad, podaliśmy sobie ręce, było to jakbym w garść wziął gałąź starego dębu, popatrzyliśmy razem na drzewo figowe, na owoce kaktusów, na pólko ziemniaków, psu przykazałem kota zostawić w spokoju i zobaczyłem, że Mary schodziła ku nam. Mery była najwyraźniej zafrasowana, zmartwiona, miała łzy w oczach. Marijka – tak zawsze wesoła. Rzekłem: „Mery co się stało?". Ona spojrzała na mnie, uśmiechnęła się, uśmiech wycisnął dwie łzy na jej policzki. I powiedziała prosto, objaśniając mnie: „Jezus umarł. Dziś piątek, Trzecia godzina".

✳✳✳

Dziesięć lat minęło jak ciche westchnienie i ostatnio poleciałem na Maltę, do naszego domu, na krótkie wakacje. Uczucie spokoju i swojskości wstąpiło we mnie odrazu. Cóż, moja żona przemieszkała tam siedem pięknych lat i mój syn tam wyrósł. Znowu włożyłem tę samą parę spodni i poszedłem kupić świeżego chleba, odwiedzić starych przyjaciół. Marija ma teraz dwadzieścia pięć lat, wysokiego przystojnego męża Joe, dwóch świetnych brzdąców, samochód. Jest energiczna, nowoczesna, zajęta. I dlatego narzucało mi się pytanie... Poszedłem do niej tuż przed trzecią. Ona wiedziała, że pamiętam jej łzy sprzed lat.

Kiedy dzwon zaczął powtarzać wiadomość o Jego śmierci, zapytałem ją: „Marija, czy jeszcze i dziś czujesz wzruszenie w piątek o trzeciej?".

I ona odpowiedziała mi prosto i łatwo, jak wtedy: „Tak. W piątki zawsze pamiętam o Nim".

# Posłowie

Oddajemy w ręce czytelnika dzieło dość niezwykłe, wspomnienia z długiego życia kogoś, kto niebawem będzie obchodził swój stuletni jubileusz i byłoby rzeczą trudno zrozumiałą, by przy takiej okazji nie życzyć Sędziwemu Autorowi dobrego zdrowia i pogody ducha na dalsze lata! Formuła „wspomnienia" nie przylega dokładnie do zawartości i charakteru tej książki, której autorem i bohaterem jest Stanisław Wujastyk, obejmuje bowiem ona nie tylko to, co jest dziełem pamięci, w tym przypadku wyjątkowo pojemnej, ale także publikacje ogłaszane na łamach prasy i czasopism emigracyjnych, sylwetki ludzi, którzy przeszli już do dziejów naszego lotnictwa, pisarzy, aktorów i reżyserów, jakimi szczycił się nasz teatr na obczyźnie, słowem, jest to dzieło pełne smakowitych rzeczy, zdolnych zaspokoić najbardziej wybredne gusta. Mówi na przykładzie biografii jednego człowieka o burzliwych i dramatycznych kartach najnowszej historii Polski, lotnika, który opuścił kraj w pamiętnym wrześniu 1939 roku, by już nigdy do niego nie wrócić. Związany z dziejami naszej emigracji powojennej jest jednym z nielicznych żyjących świadków tamtych wydarzeń, a dotyczą one spraw różnych, widzianych z perspektywy człowieka, który znakomicie potrafił sprostać im pisarsko. Bo jest Wujastyk pisarzem, autorem sztuk, grywanych na scenach brytyjskich, zakochanym w polszczyźnie, jaką wyniósł z domu i przechował – jak wielu pisarzy na emigracji – w czystej i nieskalanej formie, odpornej zarówno na fałsz, jak i patos. Czytelnika czeka zatem prawdziwa przygoda ze świadkiem historii i człowiekiem o niezwykłej wrażliwości na pejzaż ludzkiego świata, który ma różne dymensje geograficzne, niekiedy zupełnie egzotyczne i dlatego jest tak bardzo kuszący dla wszelkiej maści podróżników, ludzi spragnionych wiedzy, która przekracza ich własne granice, lokalne tradycje, swojskie obyczaje. W tej księdze różności, trochę przypominającej dawne sillvae rerum, każdy znajdzie coś, co mu posłuży i z tą nadzieją puszczamy ją w szeroki świat, zawojowany dziś przez media elektroniczne.

Czytelnikowi należy się też krótka informacja o Autorze. W tym celu posłużymy się biogramem, jaki sam sporządził na prośbę jednej z instytucji działających na emigracji. Oto ów tekst, który przytaczamy niemal w całości i w takiej formie, jaką nadał mu Autor:

**Wujastyk Stanisław, Józef, Leon** Ur. 27.01.1914 w Lublinie, pilot, tłumacz, pisarz. Lata pierwszej wojny przeżył z częścią rodziny na Ukrainie i w Lubelszczyźnie. Uczył się w gimnazjach Lublina i Siedlec. W 1935 wstąpił do Szkoły Podchorążych Lotnictwa w Dęblinie. W następnym roku odniósł pierwszy sukces lotniczy – latania solo, oraz pisarski. W 1936 nakładem Departamentu Lotnictwa opublikowano jego książkę „Młodości Damy Ci Skrzydła. Rzecz o Szkole Pilotów Wojskowych", z przedmową Kornela Makuszyńskiego. W jesieni 1937 otrzymał przydział do Pierwszego Pułku Lotniczego na Okęciu pod Warszawą, jako podporucznik pilot i instruktor, w eskadrze treningowej. Tam, będąc 1-go września 1939 na służbie, ogłosił pierwszy alarm przeciwlotniczy. Od roku 1935 służył w Lotnictwie Polskim: w Polsce, we Francji, w Anglii, w Afryce. Po rozmaitych przydziałach i samolotach wojnę zakończył w angielskim Dywizjonie Transportowym, w Kairo. Uzyskał stopnie: angielski Flight Lieutenent a i polski Majora. Odznaczenia: polskie – Krzyż za wojnę w Polsce i Medal Lotniczy za w ogóle, o francuskie nie dbałem, angielskie – Medal Wojenny. 1946-1948 w Polish Resetlement Corps, w Anglii. W tamtych latach zdecydował się pozostać na emigracji. Stanowisko Rosji i komunistów polskich w stosunku do Polski było jasne. Jedyny brat jego, Jan, leży w Katyniu. Inny bliski krewny, w Ostaszkowie.

W latach 1948-1955 współpracował jako aktor z teatrem „KOMEDIA" Leopolda Skierczyńskiego, jako aktor i autor. Teatr ten wystawił jego sztukę p.t. „Osaczeni" (52 przedstawienia). Pracował i z innymi polskimi teatrami objazdowymi, występował także w teatrach klubowych angielskich i w kilku filmach. Napisał kilka innych sztuk teatralnych i radiowych, oraz dużych skeczów. Tłumaczył sztuki Polskich autorów na angielski (Romana Brandsaettera „Powrót syna marnotrawnego", Tadeusza Rittnera „Don Juan" i „Nieznajomy o Zmroku", swoją „Święty"). Po upadku teatrów objazdowych podejmował rozmaite prace. W 1956 rozpoczął studia by otrzymać licencję pilota cywilnego (British Pilot's Licence and Instument Rating).

W latach 1957-1968 pracował jako pilot w Anglii, w Portugalii, w Sudanie, w Ugandzie, w Libii. Od roku 1957 mieszkając w tamtych krajach starał się je poznawać, nagrywał wszelkie dźwięki, muzykę i tańce ludzi i piał do nich teksty dla Radia Wolna Europa, w Monachium. Od marca 1968 do 1972 w służbie UNDP (United Nations Development Program, czyli ONZowski Program Rozwoju) jako doradca administratora w kwestiach transportu lotniczego i jako pilot. Operacje obejmowały kraje Afryki Wschodniej i Zachodniej z Nigerią i Dakarem włącznie, Azji i Ameryki Południowej. W 1973 przyjął sześciomiesięczny kontrakt sekretarza Panoramy w Radio Wolnej Europy. Od lutego Dyrektor na Europę Polsko-Amerykańskiego Komitetu Imigracyjnego (angielska nazwa: Polish American Immigration & Rehabilitation Committee, czyli PAIRC). Organizacja stworzona po wojnie przez społeczność polską w Stanach Zjednoczonych. Działalność jej polegała na opiece nad uchodźcami z Polski i pomocy w emigracji do Australii, Kanady, a przede wszystkim do USA. W latach 1978 i

1979 ponownie sezonowe kontrakty lotnicze w Anglii oraz kontynuacja prac dla Polsko-Amerykańskiego Komitetu Imigracyjnego w Monachium. W latach 1984-1985 praca w Niemczech z ramienia ICM (International Committee for Migration), polegała ona na pomocy Rodzinom Polaków „Solidarnościowców" usuwanych z Polski, w emigracji do USA, na opiece, kursach informacyjnych wielu aspektach rozpoczynania nowego życia w Stanach. Po roku 1985 podróże do Stanów i do Kanady, by odwiedzić byłych podopiecznych. Od roku obalenia komuny coroczne wyjazdy do Polski. Od 1961 do 1966 rodzinę woził z sobą po Afryce, a w 1966 umieścił ją na Malcie. Od roku 1975 mieszka w zasadzie w Monachium i częściowo na Malcie. Jego teksty publikowano w londyńskich „Wiadomościach", „Orle Białym", „Tygodniu Polskim", „Środzie Literackiej". W Nowym Yorku: w „Nowym Dzienniku". W Toronto: w „Związkowcu". Drukował recenzje prac emigracyjnych pisarzy, m.in. Tadeusza Chciuka, Adama Tomaszewskiego, Wojciecha Krzyżanowskiego, Elżbiety Maji Cybulskiej-Finn. Autor słuchowisk radiowych nadawanych przez Radio Wolnej Europy.

Teksty zamieszczone w tej książce stanowią w większości przedruki z prasy i czasopism emigracyjnych, ale bywają też i nigdzie dotąd nie publikowane, wydobyte z archiwum pisarza, które przekazał Zakładowi Literatury Współczesnej Uniwersytetu Marii Curie-Skłodowskiej w Lublinie. Całość w opracowaniu Emilii Ryczkowskiej i Aleksandra Wójtowicza, posłowie pióra Jerzego Święcha. Szczególne podziękowania należą się synowi pisarza, profesorowi Dominikowi Wujastykowi, pomysłodawcy opublikowania tej książki.

J.Ś.

www.ingramcontent.com/pod-product-compliance
Lightning Source LLC
Chambersburg PA
CBHW020033170426
42812CB00113B/2916/J

* 9 788322 731550 *